La Clà do Parlà Gaga

(LA CLÉ DU PARLER GAGA)

A LA VILLE DE SAINT-ÉTIENNE

EN FOREZ

La Clà do Parlâ Gaga

(LA CLÉ DU PARLER GAGA)

COMPRENANT

UNE PRÉFACE DE L'AUTEUR ET TROIS PARTIES

I. MÉMOIRES SUR LE PARLER GAGA ET SES ORIGINES

II. GRAMMAIRE GAGASSE

III. DICTIONNAIRE GAGA-FRANÇAIS

PAR

Pierre DUPLAY

Dit : *Lou Pare Barounta.*

SAINT-ÉTIENNE

IMPRIMERIE URBAIN BALAY

26, Rue de la Bourse, 26

1896

Tous droits réservés

JE DÉDIE CET OUVRAGE

à la bonne ville de Saint-Étienne, où j'ai reçu le jour, et à tous mes chers Compatriotes, heureux de pouvoir leur offrir ce modeste témoignage de gratitude.

P. DUPLAY,
Dit : *Lou Pare Barounta.*

PRÉFACE DE L'AUTEUR

I

La ville de Saint-Etienne, se trouvant entièrement privée de principes réguliers pour écrire le langage gaga, a toujours manifesté, et de nos jours avec beaucoup plus d'ardeur encore, le désir de posséder un Dictionnaire Gaga-Français, complété de quelques règles grammaticales. Mais les difficultés d'un tel travail ont fait dire à beaucoup qu'il était peu possible de rencontrer un enfant du pays assez courageux pour entreprendre et mener à bien l'œuvre tant désirée. Car, pour bien écrire le langage d'un pays, est-il souvent répété, il faut bien le parler, et pour cela être attaché à ce pays par sa naissance, y avoir grandi en lui consacrant une grande affection suivie d'un profond respect pour la mémoire de ses aïeux.

C'est donc, pénétré de ce raisonnement, ainsi que des hautes considérations qui s'en suivent, que je me suis senti vigoureusement poussé vers le but à atteindre, et qu'aujourd'hui je suis heureux d'avoir accompli cette noble tâche.

Mais avant de poursuivre, chers lecteurs, qu'il me soit permis de vous exposer, dans une petite causerie intime, par quelles circonstances j'ai été porté sur le terrain de la littérature patoise :

« Issu d'une très ancienne famille stéphanoise, né et élevé dans un centre ouvrier, constamment entouré de bons vieux Gagas, j'ai toujours parlé et parle encore avec les miens le gaga.

« Peu favorisé pour avoir l'avantage de recevoir une instruction avancée dans la langue française (mes études s'étant bornées, ainsi que chez tous les fils d'ouvriers de l'époque, à la fréquentation des écoles communales de ma paroisse jusqu'à l'âge de treize ans), le patois a donc toujours été pour moi la langue chérie, permettant de m'exprimer le plus correctement, et surtout le plus franchement, pour traduire ma pensée et mes inspirations.

« Sans cesse animé par l'ardent désir d'imiter quelques-uns de mes compatriotes qui avaient déjà produit grand nombre d'œuvres patoises, je me hasardai, bien jeune encore, à faire quelques petites chansonnettes de circonstance; puis, enfin, prenant la résolution bien arrêtée de tenter une œuvre plus importante, j'écrivis Lou Panourama de vès Sant-Tchiève, 1882. Mais avant de me mettre à l'œuvre, toujours obsédé par le doute que j'avais sur mes connaissances littéraires, j'eus la pensée de m'adresser à quelques-uns de mes condisciples qui, plus heureux que moi, avaient l'avantage de fréquenter le lycée, pour leur demander s'il n'existait pas des conditions particulières et une règle déterminée pour écrire en vers? Hélas! la malchance me fit tomber à fausse adresse; car, soit par ignorance ou mauvaise plaisanterie, il fut répondu à toutes mes questions que c'était l'oreille et le sentiment qui donnaient la rime et la mesure des vers...

« Quoique nullement satisfait d'une réponse aussi vague, j'affrontai quand même le danger, comptant désormais sur la critique pour m'éclairer.

« Mes prévisions ne tardèrent pas à se réaliser. A peine cette publication fut-elle lancée, qu'un ami inconnu me renvoya sous pli cacheté un exemplaire de la première livraison, accompagné d'une lettre par laquelle, après m'avoir complimenté sur l'esprit de la chose, m'adressait quelques conseils bienveillants et m'indiquait très gentiment les fautes de versification « qu'il serait bon d'éviter à l'avenir », ajoutait-il.

« Cette lettre amicale fut un brillant trait de lumière pour moi. Au même instant, je me mis en quête d'un traité de versification et fus assez heureux pour trouver celui de Quitard, que j'étudiai avec beaucoup d'attention : ce qui me permit de terminer mon ouvrage selon les règles de l'art.

« J'avais donc fait ma première étape et me sentais beaucoup plus d'assurance pour continuer ma route, lorsqu'une circonstance toute fortuite vint encore exciter en moi une nouvelle ardeur et redoubler mon courage pour la lutte.

« Frédéric Mistral, l'illustre et grand poète, régénérateur de la langue provençale, sans me connaître personnellement, adressait au « pare Barounta » une lettre de félicitations très encourageante, me confirmant que le gaga faisait réellement partie de la riche langue d'oc; ce qui attira tous mes regards sur la Provence, où je vis que, là, des hommes éminents s'étaient groupés pour faire revivre et cultiver le parler de leurs ancêtres.

« Les Provençaux, admirablement bien organisés pour cela, et dotés du grand dictionnaire (lou Tresor dou Félibrige) que venait de terminer le célèbre Mistral, avaient un succès assuré bien digne d'envie pour quiconque n'a pas chassé de son cœur les sentiments qui l'attachent à l'humble pays qui lui a donné le jour. Car, a dit un savant : « C'est le sentiment qui fait aimer son pays comme on aime son père et sa mère, jusqu'au sacrifice de la vie. »

« Emerveillé de toutes ces choses, à partir de cet instant, une idée fixe s'empara de mon être en lui criant qu'il serait vraiment patriotique de tenter pour sa localité ce qui s'opérait avec tant de succès dans tout le midi de la France.

« Mû par cette nouvelle impulsion, je me livrai donc immédiatement à l'étude la plus minutieuse de notre parler gaga, dont, après plus de douze années d'un travail opiniâtre, je crois être arrivé à la connaissance complète, et par là, autorisé à pouvoir en fixer convenablement les règles, établir son orthographe et produire un Dictionnaire complet de tous les mots qui lui sont propres ».

II

Après avoir consulté fidèlement tous les documents pouvant exister sur notre langage, c'est-à-dire tout ce qui a été dit et écrit jusqu'à ce jour en gaga, j'ai reconnu que tous les auteurs, sans nul souci des règles orthographiques, s'étaient uniquement appliqués à consigner leurs inspirations pour les transmettre à leurs compatriotes.

Ce qui m'a entièrement confirmé dans cette opinion, c'est la lecture du poème tant cité de l'abbé Chapelon : « L'ontrà soulanella do marquis et de la marquisa de Sant-Prie » (du 8 février 1688), que l'auteur fit lui-même imprimer à cette époque. Dans cette pièce authentique et vraiment d'un grand mérite, il existe une diversité orthographique des plus surprenantes ; plusieurs mots sont écrits tantôt en patois, tantôt en français, tels que : moussu, moussieu, monsieu et monsieur. D'autres, de trois et même quatre façons différentes, comme : veyquit, veissit, veyquiat et veiquia (pour voici, voilà); vou n'y at, vou n'iat, vou l'ia (pour il y a), etc., etc.

Lorsqu'un siècle plus tard, en 1779, les œuvres éparses des trois Chapelon : Jacques, Antoine et Jean, l'abbé, ont été recueillies par l'abbé El. Chauve, prêtre sociétaire à la paroisse Notre-Dame, et rassemblées en un seul volume, l'orthographe a bien été autrement dénaturée par les éditeurs qui en ont fait une *véritable confusion; l'on y rencontre des mots fantaisistes, d'autres surchargés d'une foule de points, d'apostrophes, d'accents, de traits d'union, etc., qui rendent la lecture de ce livre très difficile. Ce qui a fait dire à L.-P. Gras, page 181 de son* Glossaire : « *Nos auteurs patois n'avaient pour guide, en écrivant leurs œuvres, que leur fantaisie ou une méthode personnelle, et ç'a été bien pis quand les éditeurs s'en sont mêlés* ». *Le Ballet forézien et les poésies des Chapelon sont un mélange incohérent de lettres et de mots à défier la sagacité du philologue indigène le plus patient et le plus habile* ».

Les vieillards, en lisant chaque soir au foyer les œuvres des Chapelon, qui jadis avaient leur place dans toutes les familles stéphanoises, savaient par amour de leur langage suppléer à toutes les imperfections. Rétablissant facilement le vrai sens des mots, ils les répétaient correctement aux jeunes, qui les conservaient intacts dans leur mémoire.

Ces regrettables désordres orthographiques ont été des plus funestes à la conservation de notre langage et ont certainement paralysé son développement, par la raison que bon nombre de nos compatriotes se sont vus privés de la faculté de traduire leurs inspirations, faute d'avoir une base.

C'est, également, ce qui a engendré tant de variétés d'expressions, quelquefois même d'un quartier à l'autre, et poussé ce langage à la corruption; chose qui n'aurait été nullement dangereuse si, comme la langue nationale, notre patois avait possédé une grammaire et un dictionnaire. Car, dans chaque ville, dans chaque province, *le français y est parlé d'une façon parfois bien différente, mais ne peut dégénérer pour cela, parce que lorsqu'il s'agit de l'écrire tous se reportent aux règles établies et forment l'unité la plus parfaite.*

Néanmoins, si le gaga n'a pas eu l'avantage d'être écrit correctement, il a toujours celui de compter parmi ceux qui ont le moins souffert du contact des autres langues, vu l'isolement dans lequel ont vécu pendant longtemps nos pères. Il semble, par là, avoir mieux conservé sa forme celtique, particulièrement dans les terminaisons en a *du genre féminin. Ainsi :* aleia, brasa, capa, cava, copa, drageia, fava, gouma, lama, mouna, pala, *etc., qui sont des mots celtiques, ont la même orthographe et la même signification en gaga.*

III

Ce serait assurément commettre une grave erreur de vouloir persister à soutenir, ainsi que le font certaines personnes hostiles à notre vieux langage, que celui-ci, n'ayant pas d'orthographe, ne peut avoir de littérature...

J'estime, au contraire, que le gaga, possédant de très riches expressions, peut parfaitement être soumis sans difficulté à toutes les règles qui régissent l'écriture de la langue française.

Ce n'est certainement pas sans avoir fait avec beaucoup de persévérance toutes les recherches utiles à la constitution d'une orthographe régulière et définitive, que je suis parvenu à trouver la solution de ce problème, des plus embrouillés.

Voici comment j'ai cru devoir procéder :

Le français, est-il souvent démontré, a construit son édifice en puisant ses éléments dans les langages primitifs (au nombre desquels le nôtre a tous les droits d'être compris). Et les règles qui ont présidé à sa formation lui ont permis de poursuivre sa route à travers les âges d'une façon régulière, tandis que le gaga, un de ses prédécesseurs, complètement abandonné à lui-même et ne pouvant le suivre dans sa marche, s'est sensiblement altéré, voire beaucoup dénaturé.

En cherchant ses matériaux épars afin de procéder à sa réédification, il m'est venu à l'idée d'établir quelques comparaisons d'ensemble avec le français, et c'est, en effet, de ce choc qu'a jailli la lumière indispensable à mon entreprise.

Pour procéder un peu méthodiquement, j'ai commencé par répéter en gaga tous les substantifs et adjectifs masculins que pouvait fournir ma mémoire ; ensuite, procédant de la même façon en français, j'ai remarqué que les premiers se terminaient invariablement par ou muet, tandis que dans les seconds c'était toujours par un e muet, ex. : hommou, sageou, peuplou, simplou, etc., homme, sage, peuple, simple, etc. Au féminin, l'e muet du français est remplacé par a ou i muets, ex. : femme sage, fenna sagi, etc. Les syllabes en sont toujours traduites par on, ex. : entendement, embranchement, prendre, tendre ; ontondamont, ombranchamont, prondre, tondre, etc., et ainsi de suite comme il sera entièrement démontré plus loin. Or, en comparant bien chaque mot (ce dont pourront se rendre compte les personnes parlant bien le gaga), j'ai été amené à conclure qu'une règle générale avait existé et que si quelques mots gagas s'en étaient écartés pour se franciser, il était bien facile de rétablir leur orthographe par comparaison avec leurs correspondants en français, sans préjudice des mots particuliers au gaga et que le Dictionnaire qui termine cet ouvrage donne dans leur vrai sens.

De même qu'avec ce principe, l'on peut facilement orthographier les mots nouveaux et traduire du français les expressions non usitées dans le parler gaga.

Pour écrire notre langage, j'ai cru devoir utiliser toutes les lettres de l'alphabet français, sans rien changer à leur valeur normale. Et pour en faciliter la compréhension aux lecteurs peu familiers avec le patois, je me rapproche, dans la composition des mots, le plus possible des mots français correspondants, c'est-à-dire sans exclure aucune lettre qui, quoique inutile, ne nuit en rien pour la prononciation, comme par exemple, dans le mot homme, on pourrait parfaitement bien supprimer l'h muet et écrire omou; *mais je crois qu'il est préférable de maintenir cette lettre en écrivant* hommou, *ce qui ne change rien à la prononciation et, par son rapprochement avec l'orthographe française, indique de suite la signification du mot.*

Il en est de même pour les terminaisons en ge : ombrage, courage, cage, *etc., qui pourraient s'écrire par un* j : oumbrajou, courajou, caji, *etc. Mais je trouve préférable de conserver le* g, oumbrageou, courageou, cagi, *etc. Sans oublier, cependant, que le* g *prend toujours un* e *muet devant les voyelles* o *et* u.

Exception est faite, de ce rapprochement de lettres, pour les mots où en français le t *joue le rôle du* c : ambition, nation, martial, partiel, *que j'écrirai par un* c; ombicioun, nacioun, marcial, parciel, *etc., pour bien conserver à la lettre* t *son rôle particulier.*

Voilà donc la théorie qu'il m'a paru logique de suivre pour arriver au résultat le plus sûr et le plus favorable pour le rétablissement de l'orthographe du gaga.

IV

En 1863, M. L.-P. Gras, le savant secrétaire archiviste de la Diana *de Montbrison, fit paraître un petit ouvrage d'une grande érudition* (Glossaire et Essai grammatical des patois du Forez), *et dans lequel on peut puiser de très précieuses indications; seulement, la variété des dialectes qui y sont traités amène forcément la confusion. Ajoutez que, pour ce qui concerne notre cité, l'auteur, n'étant pas indigène et ne parlant pas le gaga, n'a pu, dans ses productions, nous donner que des mots copiés fidèlement sur des imprimés où ils avaient été affreusement mutilés.*

Un an après, M. Onofrio, magistrat à Lyon, publiait également un Glossaire des patois du Lyonnais, Forez et Beaujolais.

En parcourant cet ouvrage, qui forme un beau volume in-8° de 455 pages, on constate un réel talent d'écrivain pourvu des plus grandes connaissances linguistiques; de plus, une ferme volonté attisée par un noble patriotisme. Mais, encore une fois, ce savant au cœur généreux qui a voulu doter son pays d'un travail précieux, n'étant pas de Saint-Etienne, ne parlant pas le langage gaga, s'est borné à copier servilement les mots et les nombreuses citations prises dans les œuvres des Chapelon, ou d'autres écrits défectueux, l'ont conduit à des erreurs d'interprétation fort regrettables, sans parler de la mauvaise orthographe des mots.

Néanmoins, l'ordre et la précision qu'ont apportés ces deux auteurs dans l'exécution de ce difficile travail, fait le plus grand honneur à leur savoir et leur acquiert en même temps la plus profonde reconnaissance de leurs compatriotes.

Ayant reconnu les diverses erreurs commises bien involontairement par les auteurs que je viens de citer, j'ai cru, comme étant de la localité et parlant son vrai langage, pouvoir présenter un travail dont je suis loin d'invoquer la perfection, mais qui sera, je l'espère, assez exact en ce qui concerne le langage parlé à Saint-Etienne exclusivement, sans préoccupation des divers dialectes de nos environs, ni des interprétations étymologiques où il est si facile de trouver l'erreur et tomber dans la confusion. Me bornant simplement à inscrire à la suite de quelques mots l'orthographe celtique du même mot, telle que je l'ai relevée dans le grand dictionnaire de Bullet (ouvrage dont il sera parlé plus loin).

Je ne me fais aucune illusion sur la controverse que pourront hasarder quelques critiques érudits, se basant sur leurs connaissances des lettres, sans souci de dénaturer la prononciation des mots.

Déjà, certains de mes honorables contradicteurs, pour rendre l'expression particulière que dans notre langage il convient de donner aux lettres d et t chaque fois qu'elles précèdent les voyelles i ou u, voudraient leur adjoindre un z et écrire tzu, tzi pour tu, ti, et dzu, dzi pour du, di ; ce qui, en faisant jouer ces deux lettres initiales, produit l'effet d'un zézaiement qui ne convient nullement à notre parler.

Pour répondre d'avance à ces objections et trancher la question dans le sens favorable, j'adopte, ainsi que beaucoup l'ont fait avant moi, l'orthographe suivante, qui ajoute au d la lettre j pour faire dju, dji, et au t les lettres ch pour faire tchu, tchi, prononciation rude, mais vraie. Car il ne s'agit pas, ici, de l'adoucir en la dénaturant, ni d'aller chercher une orthographe inutile, mais bien de s'appliquer à écrire le gaga tel qu'il est prononcé par toutes les personnes qui lui sont restées fidèles.

Au reste, malgré que les œuvres de l'abbé Chapelon aient été orthographiquement mutilées par les imprimeurs, on trouve au Noël X, qui semble avoir échappé à la torture, quelques mots où l'auteur s'est servi des mêmes lettres que je préconise, dj et tch ; dans le Dictionnaire provençal (F. Mistral) aussi se trouve coutchi. De même qu'on trouve dans Mireille les mots djin, djin, poun, poun !

Pour conclure, qu'il suffise au lecteur impartial de répéter lui-même (s'il parle le gaga) les mots tels que je les maintiens, et ensuite avec le z ; alors il appréciera la différence.

Maintenant, chers lecteurs, malgré toutes les connaissances acquises par mes longues études sur le parler gaga et l'attention soutenue que j'ai cru devoir apporter à l'exécution de mon œuvre, je n'ai aucune prétention de la croire parfaite ni de l'imposer sans discussion; bien au contraire : j'accepterai avec reconnaissance toute critique raisonnée et les observations légitimes que de vrais amis du gaga voudront bien formuler dans l'intérêt de la cause. Je me bornerai seulement à répéter que c'est pour mon pays que j'ai travaillé, que c'est au berceau de mon enfance que je dédie le fruit de mes études si péniblement acquises, avec l'espoir d'être agréable à mes chers compatriotes. Trop heureux d'avoir ouvert la marche et de leur servir de pionnier pour poursuivre dans cette voie, en essayant de perpétuer le bon vieux langage de nos pères et nous permettre d'entretenir et garder à jamais cet esprit gaulois d'où naissent les bons sentiments de famille, signes particuliers du caractère de tous les vrais Gagas.

P. DUPLAY.

PREMIÈRE PARTIE

MÉMOIRES

SUR L'ORIGINE DU PARLER GAGA

PREMIÈRE PARTIE

MÉMOIRES SUR L'ORIGINE DU PARLER GAGA

I

En remontant aux époques les plus reculées, l'Histoire nous apprend qu'un puissant peuple de la grande famille aryenne, ou indo-européenne, issue de Japhet, descendit du plateau central de l'Asie et passa en Europe pendant la période dite préhistorique, avant la migration d'aucun autre peuple aryen.

Ces peuples, appelés Celtes, peuvent et doivent être considérés comme les premiers habitants de l'Europe centrale et occidentale, comme les autochtones de la Gaule.

Peu à peu, le nom particulier de Celtes, donné aux peuples qui habitaient ce vaste pays que l'Océan, la Méditerranée, le Rhin, les Alpes et les Pyrénées bornent, disparut de la langue géographique, et l'on ne connut que les Gaulois.

Ce peuple prit de si prodigieux accroissements dans un petit nombre de siècles, que les contrées qu'il occupait ne purent plus le contenir. Les uns passent dans la grande île voisine de leur continent : ils l'appellent Bretagne. D'autres franchissent les Pyrénées, forment en Espagne des établissements. Les Alpes même ne peuvent fermer l'Italie aux Gaulois; ils y entrent, ils occupent d'abord la partie de cette région qui est au pied des montagnes, s'étendent ensuite de proche en proche dans cette riche contrée. Les Grecs, dans le même temps, abordent à l'extrémité orientale de ce pays et y fondent des colonies. Les deux nations augmentent à l'envi leurs établissements, se réunissent dans le Latium et ne forment dans ce canton qu'une société, qui fut nommée le peuple latin. Les langages de ces deux nations se mêlèrent ; de ce mélange naquit la langue latine, qui n'est effectivement composée que de termes grecs et gaulois.

« L'on opposera que Tite-Live et Plutarque ne font entrer les Gaulois en Italie que sous le règne de Tarquin l'Ancien (615-577 avant J.-C.). Mais il faut entendre ces auteurs de l'entrée des Gaulois en troupe et à main armée; car on ne peut pas douter que plusieurs particuliers de cette nation n'aient passé les Alpes bien avant l'irruption dont parlent ces historiens. » (1)

II

Lorsque Jules-César, poursuivant sa conquête, subjugua tout le pays de la Gaule, celle-ci était alors divisée en trois parties : L'*Aquitania*, la *Celtiqua* et la *Belgiqua*, d'après les trois différentes races qui l'habitaient. Les *Aquilani* (Aquitains) vivaient au Sud-Ouest, entre les Pyrénées et la Garonne ; les *Celtæ* (Celtes) ou Galli proprement dit, étaient fixés au Centre et à l'Ouest, entre la Garunna, la Sequana (Seine) et la Matrona (Marne), et les *Belgæ* occupaient au Nord-Est le pays compris entre la Sequana, la Matrona et le Rhin.

D'après toutes ces indications, il est facile de reconnaître que notre cher pays se trouvait presqu'au centre du territoire habité par les Celtes, et que, par conséquent, son bon vieux langage est incontestablement de pure origine celtique, ainsi que nous pourrons le voir plus loin par le grand nombre de mots restés intacts.

Après le règne de l'empereur Claude (2), une formidable insurrection fut

---

(1) *Mémoires sur la langue celtique*, par Bullet, premier professeur royal et doyen de la Faculté de théologie de l'Université de Besançon, de l'Académie des sciences, belles-lettres et arts de la même ville, 1754.
Bullet est longuement cité dans l'*Encyclopédie* de Diderot, pour son grand et savant ouvrage sur la langue celtique.
Nous engageons vivement les personnes désireuses de se former une opinion raisonnée sur la langue celtique, à consulter cet ouvrage, qui se trouve à la Bibliothèque de notre ville (3 volumes in-quarto).

(2) Né à Lyon l'an IX avant J.-C., mort empoisonné en 41.

réprimée dans toutes les Gaules, qui se romanisèrent alors de plus en plus. La langue latine s'implanta peu à peu dans toutes les parties de la contrée où les conquérants avaient établi leur résidence, mais sans parvenir cependant à étouffer le langage primitif que parlaient les vaincus. La langue romaine fut la langue de l'Etat ; seule, elle fut employée dans les lois des empereurs, dans les ordonnances des proconsuls, dans les sentences des tribunaux, mais le celtique continua d'être dans les Gaules la langue de la société et du commerce. Un petit nombre de Gaulois, sans oublier leur propre langage, apprirent aussi celui de leurs maîtres par des vues d'ambition et d'intérêt ; mais le gros de la nation conserva l'usage de la langue naturelle, et n'en parla point d'autre. Car il en coûte trop aux hommes pour changer d'aussi anciennes habitudes que celles de leur langage naturel. « Et les Romains, pour faciliter leur conquête, se faisaient un devoir de respecter le langage et les croyances de leurs vaincus. » (Montesquieu.)

Il est vrai que le mélange des peuples produit toujours quelques altérations dans les langues. Qu'une nation victorieuse s'établisse dans un pays, si elle est plus nombreuse que la vaincue, elle verra après un certain temps son langage universellement reçu. Si les deux nations sont égales en nombre, il se formera une nouvelle langue du mélange des deux autres. Mais si la nation conquérante est en plus petit nombre que la nation soumise, celle-ci conservera son langage.

Voilà précisément ce qui est arrivé dans les Gaules. Les Romains n'y furent jamais qu'en très petit nombre. « Le roi Agrippa, dans l'éloquent discours qu'il fit aux juifs pour les empêcher de se soulever contre Néron, leur fait remarquer avec quelle soumission tous les peuples de l'univers portent le joug de Rome : « Les Gaulois, leur dit-il, obéissent à douze cents soldats de cette nation, quoique ce nombre n'égale presque pas celui de leurs villes. » (Bullet).

Qu'était-ce que douze cents Romains dans un pays peuplé de plus de douze millions d'habitants ? Conçoit-on qu'un si petit nombre d'étrangers, dispersés en différents endroits de cette grande région, ait pu mettre les nationaux dans le besoin de quitter leur langue et d'en apprendre une nouvelle pour converser avec eux ?

Il est encore vrai que, sous les princes successeurs des premiers Césars, il y eut dans les Gaules un plus grand nombre de Romains qu'il n'y en avait eu du temps de Néron. Même que, outre les troupes préposées à la garde du pays, Rome y établit quelques colonies. Mais il faut convenir qu'en tous les temps, les Romains furent bien inférieurs en nombre aux naturels du pays.

Par ce fait incontestable, il s'en suit que le latin partout dégénéra et, l'élément celtique toujours dominant, il se forma la *lingua rustica* ou *romana* qui, au IVe siècle, était parlée du Rhin aux Pyrénées.

Or, par cette *lingua rustica*, composée du celtique et du latin (qui est lui-même issu du grec et du gaulois), nous avons la preuve indéniable que le latin ne fait pas uniquement la base de nos patois languedociens, comme le prétendent encore quelques auteurs.

Cela nous amène à conclure que, si notre langage gaga a certains rapprochements avec le latin, l'italien et l'espagnol, c'est que tous ont la même origine celtique, et, par conséquent, lorsque dans ces divers langages l'on rencontre des mots qui leur sont communs par l'orthographe comme par la définition, il faut croire qu'ils ne sont nullement tributaires les uns des autres, mais que c'est tout simplement la même forme originelle qu'ils ont conservée.

Il y a cependant exception, et l'on convient qu'il est quelques expressions communes aux Celtes et aux Latins, qui viennent sûrement de ces derniers ; tels sont les termes que le Christianisme a fait naitre et que les Gaulois ont reçus des Romains avec l'Evangile ; mais, ces mots sont en petit nombre et ne forment pas une exception bien considérable.

Malgré cela, on dirait qu'il a paru de bon ton à quelques auteurs de rechercher les étymologies exclusivement dans le latin, tandis que beaucoup de mots gaulois nous sont restés intacts, comme on en retrouve dans le dictionnaire celtique de Bullet, tels que les mots *admira*, admirer, que les dictionnaires français font dériver du latin *mirari* (regarder) — *applica*, applique, du préfixe *ad* et latin *plicare* (plier) ; — *arma*, arme, du latin *arma* ; — *borna*, borne, que Trousset fait dériver du bas latin *bodena*, et Larousse, du grec *bounos* (butte) ; — *bourra*, bourre, du bas latin *bura* (poil) ; — *bulla*, boule, du latin *bulla*, etc... Il y a une infinité d'exemples de ce genre que l'on pourrait citer. Qu'il nous suffise de faire observer que, d'après cela, il n'est pas surprenant que l'on veuille également faire dériver notre patois tout entier du latin.

C'est donc bien ici le cas d'apprécier quelle est la véritable origine des mots ayant le même radical et la même signification.

D'après l'hypothèse de Raynouard (1), la *lingua romana* était divisée en deux dialectes. Les Visigoths et les Burgondes du sud de la Loire disaient *oc* pour oui, tandis que les Francs et les Normands des bords de la Seine faisaient usage du mot *oil* dans le même sens : ce qui fit que ce dialecte du Sud, ou provençal, prit le nom de *langue d'oc*, tandis que le dialecte du Nord, ou *roman wallon*, fut appelé *langue d'oil*.

Les patois wallons, ou de la langue d'oil, règnent depuis Liège (Belgique) jusqu'à l'embouchure de la Gironde. Ils comprennent le wallon proprement

---

(1) Ecrivain français, 1761-1836, élu secrétaire perpétuel de l'Académie en 1817.

dit, le franco-flamand, l'artésien, le bourguignon, le franc-comtois, le lorrain, le picard, le poitevin, le saintongeais, le berrichon, etc...

Au sud de la France, les différents dialectes de la langue d'oc sont : le provençal, le languedocien, le gascon, l'aquitain, le limousin, l'auvergnat, le forézien, le dauphinois, le lyonnais, le beaujolais, etc. Les Basques et les Bretons ont également leurs langages particuliers.

C'est dans le champ de ces divers dialectes gaulois que le français qui, d'après M. Bullet, est formé du celtique, du latin et de quelques termes teutons, que l'on a reçus des Francs lorsqu'ils s'établirent dans la Gaule, a recueilli tous les matériaux nécessaires à la construction de son édifice, qui, commencé dans le courant du IXe siècle, ne se développa pas avant le commencement du XIIIe siècle, où parut en 1207 la *Chronique de la Conquête de Constantinople*, par Villechardouin (écrivain français, 1167-1213); les *Mémoires de Louis IX*, par Joinville (historien français, conseiller de Louis IX, 1224-1318) et, un siècle plus tard, les Chroniques de Froissard (chroniqueur français, 1337-1410), ouvrage qui est resté le modèle de son genre. (1)

III

François Ier (1494-1547) substitua le français au latin pour tous les actes publics; il fut pour la première fois employé comme langue diplomatique aux conférences de Nimègue (Pays-Bas) en 1678. Grossière et naïve sous la plume des premiers chroniqueurs, elle s'est épurée peu à peu et a atteint un haut degré de perfection au XVIIe siècle, qui fut en quelque sorte son âge d'or. Richelieu, reprenant l'idée de Ronsard (célèbre poète français, 1524-1585), fonda notre célèbre Académie française, qui reçut ses lettres patentes signées du roi le 2 janvier 1635. Son but était d'épurer et de fixer la langue; elle fut supprimée le 8 août 1793 par décret de la Convention. La Restauration lui

---

(1) Monsieur de Grandval, conseiller au Conseil d'Artois, de la Société littéraire (1757), a dit que notre français n'est rien autre chose que le gaulois des vieux druides, insensiblement déguisé par toutes les métamorphoses qu'amène nécessairement la succession des siècles.

« Le fond du langage que nous parlons présentement, appartient aux âges les plus reculés de notre existence nationale. » (Littré).

« Le fond de notre langue est plus gaulois que latin, disait, il y a quelques années, M. l'abbé Espagnolle, du clergé de Paris, titulaire de la Société des études historiques. »

« *Lou founs de nosto lengo es lou celtic* », a dit Albert Arnevieille, poète languedocien, né à Alais (Gard) en 1844.

rendit son organisation primitive. Elle se compose aujourd'hui de quarante membres appelés Immortels, ayant mission de conserver la langue française.

De nos jours, la langue française, répandue dans le monde entier, en se montrant fière de son légitime triomphe, semble un peu trop déverser son mépris sur nos vieux patois et ne pas assez se pénétrer de reconnaissance pour tous ceux qui lui ont servi de base, favorisé sa constitution et dont le concours lui est encore parfois très précieux, sinon indispensable, pour écrire l'histoire aussi bien que pour retrouver l'origine et la véritable étymologie de ses noms de lieux. Car, ainsi que l'ont très bien soutenu de réels savants, tels que Littré, entre autres : « Il est bon de savoir que dans un grand « pays, ce n'est pas la langue une et commune qui forme les dialectes ; ce « sont les dialectes qui forment la langue une et commune. » Puis, il ajoute autre part : « On ne ferait pas mal de se répandre sur les ouvrages des anciens poètes « provençaux, et rien ne servirait plus à perfectionner la science étymolo- « gique qu'une recherche exacte des mots particuliers aux diverses provinces « du royaume, etc. »

Un autre savant ajoute aussi : « Il faudrait au plus vite recueillir tous « les patois ayant fait partie de la langue celtique. C'est le trésor de la « Patrie. »

....

Du jour où s'éleva le français, cette langue progressa même assez rapidement ; mais, pas plus que le latin apporté par les Romains, elle n'effaça les dialectes auxquels on la substitua officiellement pour tous les actes publics, à la cour du roi, chez les seigneurs et dans la ville principale de chaque province. Mais, adoptée comme langue nationale, elle fut cultivée. On établit des dictionnaires (dont la première édition de l'Académie parut en 1694 et la septième en 1877), ce qui fit son unité et sa conservation : tandis que nos patois qui lui avaient fourni ses principaux éléments, n'ayant pas les mêmes avantages, dégénérèrent insensiblement ; il se produisit quantité de variations d'un lieu à un autre, quoique au fond la forme fût la même.

Malgré ses nombreuses divisions, le patois conserva encore la priorité jusqu'à la Révolution, où, après la nouvelle division du territoire en départements, la langue française s'introduisit plus facilement et vint porter de nouveaux coups à ses prédécesseurs.

Pour se rendre compte combien le patois avait encore de force et de vigueur à cette époque-là, malgré l'existence depuis trois siècles d'un français officiel et d'un français littéraire, tel que l'avaient fait nos savants du siècle précédent, il suffit de jeter un coup d'œil sur le long réquisitoire prononcé à la Convention, l'an II de la République, par l'abbé Grégoire, qui appelait l'exécration sur les vieux langages de nos pères.

Voici, du reste, un des passages à retenir :

« Il n'y a qu'environ quinze départements de l'intérieur où la langue
« française soit exclusivement parlée. Encore y éprouve-t-elle des altérations
« sensibles, soit dans la prononciation, soit par l'emploi de termes impropres
« et surannés... Nous n'avons plus de provinces et nous avons encore trente
« patois qui en rappellent les noms...

....

« On peut assurer sans exagération, qu'au moins six millions de Français,
« surtout dans les campagnes, ignorent la langue nationale ; qu'un nombre
« égal est à peu près incapable de soutenir une conversation suivie ; qu'en
« dernier résultat, le nombre de ceux qui la parlent purement n'excède pas trois
« millions, et probablement le nombre de ceux qui l'écrivent correctement est
« encore moindre. » *(Rapport par l'abbé Grégoire sur la nécessité et les moyens d'anéantir les patois et d'universaliser l'usage de la langue française. Séance de la Convention, du 16 prairial an II).*

....

Malgré les vigoureuses attaques de cet ardent réformateur qui, néanmoins, reconnaissait que l'étude des patois était intéressante, utile même, pour l'archéologie et l'histoire nationale ; malgré la multiplicité du français, nos dialectes ne cédèrent pas encore la place.

Cependant, un peu plus tard, la facilité et la rapidité des communications depuis l'apparition des chemins de fer, en provoquant le déplacement d'un plus grand nombre d'individus et, par là, un mélange complet de population, le français, plus ou moins pur, est parvenu à refouler les patois, qui se sont concentrés pour lutter dans les familles indigènes, où ils se parlent encore avec un amour passionné.

IV

Certains auteurs, toujours dédaigneux pour ce qui ne rentre pas dans leurs connaissances et ne peut leur procurer un brin de gloire, se sont écriés à plusieurs reprises, peut-être un peu trop inconsciemment : « Les patois ne « sauraient inspirer beaucoup d'intérêt ; ces idiomes sans littérature ont

« vécu ; ils sont faits pour disparaître, et bientôt ils n'existeront plus que
« dans le souvenir de leurs derniers partisans... »

Ces cris sentencieux ont produit l'effet contraire que pouvaient en attendre leurs sévères auteurs. Ils ont été en quelque sorte le réveil des patois en général, c'est-à-dire du patriotisme ; car, du Nord au Midi, sur tous les points de la France, des hommes de génie, des patriotes au cœur noble, aux sentiments généreux, se sont écriés à leur tour : « Non, le patois ne périra pas !
« Nous saurons, tout en respectant la langue nationale, faire revivre, conserver
« et perpétuer le bon vieux parler de notre terre natale » ; et, dans chaque région, on a vu surgir une littérature patoise, un grand nombre d'ouvrages en prose et en vers, des grammaires, des glossaires, dictionnaires, etc., de ces dialectes bien-aimés. A citer : Dictionnaire celto-breton ou breton-français, par Le Gonidec, Angoulême, 1821. — Glossaire de la langue romane, Roquefort, Paris, 1808. — Glossaire du patois poitevin, l'abbé Lalanne, Poitiers, 1868. — Vocabulaire du Haut-Maine, R. de Montesson, Paris, 1857. — Dictionnaire du patois normand, Edelestand et Alfred Dumeril, Caen, 1849. — Dictionnaire du patois de la Flandre française ou wallonne, Louis Wermesse, Douai, 1867. — Glossaire lillois, L. Debuire de Buc, Paris, 1867. — Glossaire étymologique du patois picard, l'abbé Corblet, Paris, 1851. — Dictionnaire roman-wallon, Dom Jean-François, bénédictin, Bouillon, 1777. — Dictionnaire du patois messin, D. Lorrain, Nancy, 1876. — Glossaire de Champagne ancien et moderne, P. Tarbé, Reims, 1851. — Dictionnaire du patois de Lille, P. Legrand, 1853. — Vocabulaire du patois lillois, A. Desrousseau, Lille, 1881. — Vocabulaire du patois de la Bourgogne, Mignard, Paris, 1870. — Lexique roman, Raynouard, Paris, 1838. — Dictionnaire provençal-français ou de la langue ancienne et moderne, Dr S.-J. Honorat, Digne, 1847, 3 vol. in-4°. — Dictionnaire provençal-français (*Lou tresor dou felibrige*), Frédéric Mistral, Avignon, 1878. — Grammaire provençale, Savinian, Avignon, 1882. — Glossaire et Essai grammatical des patois du Forez, L.-P. Gras, Saint-Etienne, 1863. — Glossaire des patois du Lyonnais, Forez et Beaujolais, Onofrio, Lyon, 1864. — Grammaire limousine, J. Roux, Brive, 1894, etc., etc.

Dire que tous ces ouvrages ont un degré suffisant de perfection pour atteindre le but proposé de la régénération des patois, serait peut-être bien se bercer dans l'illusion ; mais il est permis d'affirmer que tous révèlent beaucoup de zèle et d'érudition de la part de leurs auteurs, et si, par des causes diverses, quelques-uns sont incomplets ou renferment de petites erreurs, ils ont tous du moins le grand mérite d'ouvrir la voie, montrer le chemin et faciliter la tâche de ceux qui, avec des connaissances plus pratiques, viendront achever l'œuvre si bien commencée pour la rendre impérissable.

V

« Le patois de Saint-Etienne n'est pas d'une origine assez ancienne pour
« qu'il puisse se rattacher à la langue celtique ; et le bourg du Furan n'a pu
« être habité par les Gaulois », ont hasardé quelques historiens, se basant
sur ce qu'il n'existe aucun monument, aucune ruine dans le pays des Gagas,
qui puisse en faire l'attestation ; et, forts de ce raisonnement, ils ont paru ne
devoir admettre aucune hypothèse capable de les convaincre. Cependant, s'il
fallait compter exclusivement sur les monuments et les ruines antiques pour
constituer l'histoire, il faut avouer qu'elle serait parfois bien pauvre et soumise à beaucoup d'erreurs. Mais fort heureusement, il nous reste encore une
infinité de points d'appui autrement solides que ceux-ci pour nous servir de
base.

Nous avons, dans toute la région, les noms des lieux, des bois, des montagnes, des ruisseaux, rivières, etc., qui parlent avec une telle abondance de
preuves, que toute incertitude disparaît complètement pour faire place à la
plus entière conviction. Il suffit de citer tout simplement : Davèze, Deveis,
La Core, Laya, Planfoy, Guisey, Solaure, Patroa, L'Etrat, La Doa, etc., et
dans l'intérieur de la ville : Le Trève, Chavanelle, Heurton, Fontainebleau,
Les Gaulx, Tarantaise, Polignais, etc... Les rivières : Furan, Furet, Merderit,
Isérable, etc., dont la définition celtique se trouve tout entière dans le
dictionnaire de Bullet.

A ce sujet, Auguste Callet s'exprime ainsi dans son livre très bien
raisonné, *La Légende des Gagas :*

« Nos pères, dit-il, habitaient une forêt dont les débris, encore subsistant
« autour de la ville, ont gardé la marque visible du nom celtique primitif, et
« ce nom signifiait la forêt noire ou la forêt sacrée ; lieux du reste parfaite-
« tement propices, par leur condition géologique, aux travaux mystérieux des
« confréries de métallurges. La persistance de ces dénominations gauloises à
« Saint-Etienne et aux entours, atteste évidemment le séjour continu d'une
« peuplade indigène. »

Pour confirmer qu'en effet, le bourg du Furan était habité depuis la plus
haute antiquité, notre savant compatriote, guidé par un amour ardent de son
pays natal, en poursuivant ses laborieuses recherches, a trouvé de nombreuses indications révélant que le culte du soleil s'y pratiquait entièrement ;

que cet astre de feu et de lumière y était adoré sous des noms divers de dieux métallurges.

On pourrait facilement indiquer une infinité de traces dans les bois sacrés; mais il suffira de signaler seulement quelques noms bien connus, comme ceux de Fougerolles, à une lieue de Saint-Etienne, qui signifie en armoricain « Fougéer Heoll », glorieux Soleil. Et le Mont-Grenis (aujourd'hui « Croix-Courette ») tire encore son nom de « Granos », nom gaulois du soleil ; puis Chantegrillet, le hameau du Soleil, et plus loin, au Nord, l'antique village de la Tour-en-Jarez, où l'on exploitait des mines de fer à sa base. Or, au xiie siècle, sur la plus haute des tours de ses fortifications, se dressait encore un monument bizarre. C'était, dit-on, une pyramide quadrangulaire en pierre noire ayant sur chacune de ses faces une image du soleil rayonnant, et percée au sommet d'un trou assez profond pour qu'on pût y planter, en l'honneur du dieu, une torche flambante. Une espèce d'enduit résineux, qui couvrait toute la pierre, donne à penser qu'elle avait, en effet, servi à cet usage, et comme cette lumière s'apercevait de très loin, les Gaulois s'en servaient de phare pour donner le signal d'un appel aux armes, lorsque leur sécurité était menacée.

Tous ces indices sont donc bien suffisants pour démontrer que notre sol était habité bien avant l'invasion des Romains dans la Gaule ; car ce n'est pas le catholicisme qui aurait donné les noms cités plus haut.

....

Maintenant que l'origine celtique des Gagas, nos pères, nous paraît bien établie, il faut conclure que cette peuplade d'humbles forgerons perdus dans une immense forêt, sans route ni fleuve, en dehors de toute grande voie de communication, n'a jamais été beaucoup fréquentée par les peuples envahisseurs de la Gaule, ou du moins aucun n'y a fait un assez long séjour pour influer sur le langage qui s'est conservé et perpétué à travers les siècles presque entièrement dans sa forme primitive.

Ce n'est guère que depuis une cinquantaine d'années environ que le parler gaga a sensiblement commencé à s'altérer ; alors que Saint-Etienne, envahi par les étrangers, a vu sa population tripler. (1)

Sous cette avalanche humaine, le vieux pays des Gagas a inévitablement vu ses mœurs et coutumes sensiblement se transformer. Son parler, refoulé au sein des anciennes familles, sans disparaître entièrement, avance néanmoins beaucoup à se franciser.

---

(1) En 1841, la population était de 48.554, et en 1891, de 133.433, soit une augmentation de 84.879 ; une moyenne de 1.685 par an ; tandis que, de 1790,(16.671 habitants), à 1841 (48.554), l'augmentation n'avait été que de 31.884; soit une moyenne de 637 par an, au lieu de 1.685, et, par conséquent, un millier de moins chaque année.

Sans avoir la prétention de le remettre en usage d'une façon régulière, ni de lui faire reprendre la place prépondérante qu'il occupait jadis dans la cité, c'est assurément remplir une noble tâche que de recueillir fidèlement les mots et les expressions qui subsistent encore, afin d'accroître les archives du pays et fournir de précieux documents pour la tradition, l'histoire et les études philologiques. Car il est fort regrettable qu'aux époques de son triomphe, il ne se soit trouvé aucun écrivain porté de bonne volonté pour en établir l'orthographe, ce qui l'eût élevé tout en le perpétuant.

« On a dit bien souvent que, si Paris se fût trouvé sur la rive gauche de « la Loire, nous autres Français parlerions aujourd'hui patois... » (L. Gras, p. 190).

A part les noms du pays, rivières, montagnes, etc., déjà cités plus haut, nous retrouvons seulement les traces de notre patois dans un chant qui nous paraît bien antérieur au xiie siècle, comme on va le voir :

Luna ! luna blanchi,	Lune ! lune ! blanche
Préta-mei ta lanci	Prête-moi ta lance
Par allâ on Franci ;	Pour aller en France,
Préta-mei toun chavouais gris	Prête-moi ton cheval gris
Par allâ on paradjis.	Pour aller en paradis.
Lou paradjis é tant bais,	Le paradis est si beau,
O n'ia de jontes filléttes	Il y a de jolies fillettes
Que dansount sus les viéulléttes,	Qui dansent sur les violettes,
Et péu de jontchis garçouns	Et puis de jolis garçons
Que n'y joyount do viéulon.	Qui y jouent du violon.

Ce chant qui, de loin en loin, s'est peut-être beaucoup rajeuni dans sa forme, n'en conserve pas moins dans le fond la preuve de son époque. Car cette bizarre chanson nous reporte aux temps où les Gagas adoraient encore la lune sous le nom de « Jana-Cora », c'est-à-dire déesse lunaire chevauchant sur un coursier gris, et armée d'une lance qu'elle pouvait prêter à l'homme pieux qui l'invoquait pour combattre ses ennemis de la terre. C'est même de cette déesse que le ruisseau et le vallon de *Jan-on* tirent l'origine de leur nom.

On sait aussi que le Jarez, où était le bourg des Gagas, fut, non sans une lutte intrépide, incorporé à la France en 1173, et ce chant se reporterait bien avant les événements qui précédèrent cette annexion (V. la *Légende des Gagas*, Aug. Callet).

Depuis ce chant gaga, qui a une physionomie toute celtique, on ne retrouve rien autre jusqu'au commencement du xviie siècle, où Marcellin

Allard publia la *Gazette française*, 1605, dans laquelle figure le *Ballet forézien de trois bergers et de trois bergères*. Puis, vinrent les trois Chapelon : Jacques, Antoine et Jean (l'abbé 1648-1695). Après vint Georges Boyron, surnommé le *maître Adam* stéphanois (1730-1804). Et de notre siècle : François Linossier, dit *Patasson* (1819-1871) ; P. Philipon, dit *Babochi* ; Murgues, dit l'*Esprit* ; Thivet, J. Berquio, etc., etc.

Les œuvres que nous possédons de ces divers poètes sont assurément loin de nous montrer le gaga dans sa valeur primitive ; soit, d'abord, par l'ignorance complète des éditeurs qui ont voulu publier ces œuvres. Et les écrivains modernes n'ayant pu se baser sur ces anciens écrits, sont tombés involontairement dans un grand nombre d'erreurs.

Enfin, pour familiariser nos lecteurs avec le style gaga, nous croyons leur être agréable en reproduisant quelques chansons, fables, contes, etc., avec la traduction littérale à la suite autant qu'il est possible de le faire ; car, ainsi qu'on le verra, il est des expressions, non seulement difficiles à traduire, mais encore qui perdent beaucoup de leur valeur dans cette traduction.

EXTRAIT DU BALLET FORÉZIEN

de Marcellin Allard (1605)

———o———

*Bion granais seyant les meissouns,
Et Djiéu garde mâ lous garçouns
Que leissount la via et lou gére,
Par dansie avoués les bargéres ;
Les cartes, lous dâs et les guilles,
Par se galâ avoués les filles.
Que siêt-ou de se trazérie ?
Vou n'é que charchî des veïes,
Et se revoundre djïns la benna
De calamitâ et de peina ;
Qu'a jamais la malancounit
Ron que sei de pléid nous venit.*

. . . .

Lou chamarat de mes amoûs,
La fina gemma de mous joûs,
Moun ò, mount argeont et ma perla,
Moun buyet, moun bachat et ma gerla,
Ma girofléia, moun pt d'alueuta

. . . .

Et tei Guillot avouês Bidaót,
N'éléugiz pas lous soubressaóts ;
Má ompougnédes de courageou,
Les geontes filles do massageou,
Et vous vériz, sans me faóssá,
Coumma ji les vouais trimoussá.

. . . .

TRADUCTION

Bien grainées soient les moissons,
Et Dieu garde mal les garçons
Qui laissent le vivre et le coucher,
Pour danser avec les bergères ;
Les cartes, les dés et les quilles,
Pour s'amuser avec les filles.
Que sert-il de se tourmenter ?
Ce n'est que chercher des affaires,
Et se fourrer dans la benne
De calamité et de peine :
Qu'a jamais la mélancolie
Rien que soif de plaid nous venait.

. . . .

L'ornement de mes amours,
La fine (pierre précieuse) de mes jours,
Mon or, mon argent et ma perle,
Mon baquet (à lessive), mon auge, mon cuvier,
Ma giroflée, mon pied d'alouette.
....

Et toi Guillot, avec Bidaut,
N'épargnez pas les soubresauts,
Mais, empoignez de courage
Les jolies filles du hameau,
Et vous verrez, sans me fausser,
Comment je vais les trémousser.
....

EXTRAIT

des Œuvres de Jacques Chapelon (aïeul de l'abbé)

Acta de countricioun d'jün Feneiant

Grand Djiéu, maître de l'univês,
Prenez on grà mous petchits vês
Que j'ai fat à véutra louangi,
Sus ma misèra bion étrangi.
Ji vous promettou on geanou
Que jamais faréi plus lou fou ;
Vou'é fat, ji vouais me rondre sageou,
Et reglâ moun petchit ménageou ;
Lou vin, tant seit-ai boun marchit,
Ji ne seréi plus débaôchit...

Hélas! pa ma granda paressa,
J'ai má ompleït ma jouénessa ;
N'aïns ni pare, ni paront,
Má que d'amis que vaillant ron.
Quand ma fenna me counseillâve,
Un grand souflét l'accoumpagnâve ;
Zét, ji quittáva moun travouais,
Par gambadá sus ün chavouais,
Avouês des zaós, des bas de Ichiala,
Sarvïns de bouffon à la vialla.
J'ai mïngit mon pon blanc parmé,
Ore, souais sot coumma un pané.
J'outondou bramá ma counscionci
Que djit : féut faire pénitonci !
Car, j'ai fat pis qu'ün abadà ;
Jamais ji n'ai apprehondà
Les maladjies que nous avenount
Et bion souvont, que nous ommenount.

....

Féut que somblabla canailli
Crevése sus ün cléu de pailli,
Car, lou mélchie de sat de vin
Mène toujoúe a putafin !
Et l'héupitá n'a rai de pláci,
Par des viléins de véutra ráci.

....

Et par zos djire tout de boun,
Ji dotou de ma counvarsioun.

....

Car, quand ji veyou moun avit,
M'é-t-évîre que ji décorou,
Et vous djiriaz que ji tracolou.
Moun avit somble d'ompoueisoun,
Et me fat fúre la meisoun.
Tout lou joús équais ma s'aógmonte ;
Pis que jamais o me tormonte !

TRADUCTION

Acte de contrition d'un Fainéant

Grand Dieu, maître de l'univers,
Prenez en gré mes petits vers
Que j'ai fait à votre louange,
Sur ma misère bien étrange.
Je vous promets à genou
Que je ne ferai plus le fou ;
C'est fait, je vais me rendre sage,
Et régler mon petit ménage ;
Le vin, tant soit-il bon marché,
Je ne serai plus débauché...
Hélas ! par ma grande paresse,
J'ai mal employé ma jeunesse ;
Je n'avais ni père ni parent
Mais, que des amis qui ne valaient rien.
Quand ma femme me conseillait,
Un grand soufflet l'accompagnait ;
Vite, je quittais mon travail,
Pour gambader sur un cheval.
Avec des haut-de-chausse, des bas de toile,
Je servais de bouffon à la ville.
J'ai mangé mon pain blanc le premier,
Maintenant, je suis sot comme un panier,
J'entends crier ma conscience
Qui dit : Il faut faire pénitence !
Car j'ai fait pis qu'un vagabond ;
Je n'ai jamais appréhendé
Les maladies qui nous adviennent
Et qui, bien souvent, nous emmènent.

···

Il faut que semblable canaille
Crève sur une botte de paille,
Car le métier de sac-à-vin
Mène toujours à mauvaise fin.
Et l'hôpital n'a point de place
Pour des vilains de votre race.
....

Et pour le dire tout de bon.
Je doute de ma conversion.
....

Car, quand je vois mon étau,
Il m'est avis que je défaille,
Et vous diriez que je succombe,
Mon étau semble du poison
Et me fait fuir la maison.
Tous les jours ce mal augmente ;
Pis que jamais il me tourmente.
....

EXTRAIT

des Œuvres de Antoine CHAPELON (père de l'abbé)

Vieillessa de Bobrün

Mamoun, vou'é fal, ji m'onvouais vès ma fin,
Einsi zos véu lou rigouroux deschin :
Porlou mes donts et mous yéux djins mes saques
Et par marchie, n'érins pas vês Sant-Jacques.
Touta la nol ji ne fouais que craillie,
Gealou de freid au càrou do fouïe.

Mous réins, moun couaî, mes épales, ma têta,
Me fant souffri une ruda tompéta ;
Ma forci é loéin, j'ontondou sordamont.
Et j'ai pardju quâsi lou jugeamont.
L'aigua dos yéux défiale goutta à goutta
Et de moun naz é toumbe djïns ma soupa ;
Marchou corbâ, moun déus s'é-l-arroundjit,
Ma barba é blanchi, et moun groëin é frouncit.
N'ai que la païoncoulà sus les kéutes,
Finalamont souais tout farcit de déutes.
Et d'ondepéu lou crânou jusqu'aôx pies,
Souais si défat que le farïns pitchic.
Mous y'eux sount creux, mes oureilles ant de moussa,
Moun vontrou é blét et somble una panoussa,
Moun estoumat fiéule couma ün râchat,
Et mous pormous se foundount on crachat.
Par pouaire allâ, lou bâtoun me fëut prondre,
Et tchu djirie que n'ai que l'âma à rondre.
Souais relassit, si ji volou pissie,
Pissou on mous zaós lou plus loéin on mous pies.
Ji montchirins et ne serins pas sageou,
Si ji djisīns que j'essa boun courageou.
Si ji m'onvouais, ne tromparei léingün,
Ma mô fara rire et plourâ quéuqu'ün ;
Mei de moun lâ, creignou que n'on merésa
Et ma fillia qu'à péu que ji guarésa !

. . . .

TRADUCTION

Vieillesse de Beaubrun

Mamon, c'est fait, je m'en vais vers ma fin,
Ainsi le veut le rigoureux destin ;
Je porte mes dents et mes yeux dans mes poches,
Et pour marcher, je n'irai pas à Saint-Jacques.
Toute la nuit je ne fais que cracher,
Je gèle de froid au coin du foyer.
Mes reins, mon cou, mes épaules, ma tête,
Me font souffrir une rude tempête ;
Ma force est loin, j'entends sourdement ;
Et j'ai quasi perdu le jugement.
L'eau des yeux défile goutte à goutte
Et de mon nez elle tombe dans ma soupe ;
Je marche courbé, mon dos s'est arrondi,
Ma barbe est blanche et ma figure ridée.
Je n'ai que la peau encollée sur les côtes,
Finalement, je suis tout couvert d'infirmités.
Et depuis le crâne jusqu'aux pieds,
Je suis si défait que je te ferais pitié.
Mes yeux sont creux, mes oreilles ont de mousse,
Mon ventre est mou et semble une panousse,
Mon estomac siffle comme un milan,
Et mes poumons se fondent en crachats.
Pour pouvoir aller, le bâton il me faut prendre
Et tu dirais que je n'ai que l'âme à rendre.
Je suis en mauvais état.

. . . .

Je mentirais et ne serais pas sage,
Si je disais que j'ai bon courage.
Si je m'en vais je ne tromperai personne,
Ma mort fera rire et pleurer quelqu'un ;
Moi, de mon côté, je crains d'en mourir
Et ma belle-fille qui a peur que je guérisse !

....

EXTRAIT

des Œuvres de Jean CHAPELON, abbé

Nouês V

Etant venu do cie,
Un châcün vint vous caréssie,
V'ou n'é pas reisounablou
  Qu'ó demouris
Djins lou found dj'ün étrablou,
  Boun a meri.

Lous péurous païsans,
Vant être véutrous partchisans ;
Vous auris lio étrenna
  Do fin parmé,
S'icis-l'ant queuqua jalena,
  Au jaléné.

Lous maîtres coudjuries,
S'assomblount par vous habillie;
Eis vous vant faire veire
 Doux milla piats;
Avisaz les liséres
 Dos plus biaóx draps.

Lous chapelies vindrant,
Que sant couma eis se n'y prondrant
Par vous ourná la têta,
 Et vous preïe
D'être de véutra fêta,
 Si vou'agreïe.

J'ai véu de grand matchīn,
Lous éufficies de Sant-Crépīn
Que se fasiant querella,
 Par vous charchie
Qeuqua moda nouvella,
 Par véutrou pie.

Tous lous maîtres mountéus,
Lous canounies, lous émouléus,
Vous countarant lios larmes
 Et lio chagrīn :
Faites valei les armes,
 Qu'ayant près fīn.

Vous vériz lous chapléus,
Piquéus de rapes et trompéus;
Eis n'ant ronque lio trompou
 Par gagni-pou;
Hélas! moun Djiéu ji tromblou
 Qu'eis-l'ayant fou.

Lous maîtres coutelies,
Ant resolu de vous preïe:
D'ompachie que lio marqua
 Ne se ferei;
Counsarvaz bion la barqua
 Si vous voulez.

Lous aótrous fargerouns,
Vous érant veire à Cartérouns :
Onvouies sus Galera
   Lous dépoundjus
Que charchount la miséra,
   Quand tout la fut.

Par tous lous ribandjie ;
Eis n'ant que larmes à vous baillic.
Eis crévount sus l'ouvragcou,
   Et joûe et not,
Eis n'ant plus lou courageou
   De faire un cop.

Lous tchialaires sant tous
Qu'o ressomblaz ün péurou hountoux ;
Eis vous portount de tchiala
   De jontchi lïn :
Vou n'y a pas djins la vialla
   Que seit plus fin.

Tous lous aótrous mélchies,
S'assomblount djins châquou quartchie ;
Jusqu'a les revondéres
   Qu'ant resoulu,
De portà les panéres
   De lios perus.

Effant tant désirà,
Péu qu'os avez deliberà
De veni sus la terra,
   Saóvaz les geons ;
Presarvaz-nous de guerra
   Et dos surgeons !

TRADUCTION

Noël V

Etant venu du ciel,
Chacun vient vous caresser ;
Ce n'est pas raisonnable
　　Que vous demeuriez
Dans le fond d'une étable,
　　Bon à mourir.

　　Les pauvres paysans
Vont être vos partisans ;
Vous aurez leur étrenne
　　Du fin premier,
S'ils ont quelque geline
　　Au poulailler.

　　Les maîtres couturiers
S'assemblent pour vous habiller ;
Ils vont vous faire voir
　　Deux mille pièces ;
Regardez les lisières
　　Des plus beaux draps.

　　Les chapeliers viendront,
Qui savent comme ils s'y prendront
Pour vous orner la tête,
　　Et vous prier
D'être de votre fête,
　　Si vous agréez.

　　J'ai vu de grand matin,
Les officiers de saint Crépin
Qui se faisaient querelle.
　　Pour vous chercher
Quelque mode nouvelle.
　　Pour votre pied.

Tous les maîtres monteurs (de fusils),
Les canonniers, les aiguiseurs,
Vous conteront leurs larmes
    Et leur chagrin ;
Faites valoir les armes,
    Qui avaient pris fin.

Vous verrez les tailleurs de limes,
Piqueurs de râpes et trempeurs.
Ils n'ont rien que leur trempe
    Pour gagne-pain ;
Hélas ! mon Dieu, je tremble
    Qu'ils aient faim.

Les maîtres couteliers
Ont résolu de vous prier
D'empêcher que leur marque
    Ne se frappe;
Conservez bien la barque,
    Si vous voulez.

Les autres forgerons
Vous iront voir à Carteron ;
Envoyez sur Galère
    Les déguenillés
Qui cherchent la misère
    Quand tout la fuit.

Pour tous les rubaniers,
Ils n'ont que larmes à vous donner ;
Ils crèvent sur l'ouvrage,
    Et jour et nuit
Ils n'ont plus le courage
    De faire un coup.

Les tisserands savent tous
Que vous ressemblez un pauvre honteux,
Ils vous portent de toile
    De joli lin,
Il n'y en a pas dans la ville
    Qui soit plus fin.

Tous les autres métiers
S'assemblent dans chaque quartier ;
Jusqu'à les revendeuses
Qui ont résolu
De porter les paniers
De leurs poires.

Enfant tant désiré
Puisque vous avez délibéré
De venir sur la terre,
Sauvez les gens :
Préservez-nous de guerre
Et des recors !

EXTRAIT

des Œuvres de Georges BOYRON

Lou bal de chiz Turlurette

Chiz Turlurette baillount ün bal djijéu,
Eis volount pas passá par des groujéus ;
Eis l'ant mingit djins de bounes meisouns,
Qu'ant prés lios tchitrous dessus lous blasouns.
Zos volount rondre éinsi que de reisoun (bis).

O n'ia treis chats et treis challes on civé,
Ponsaz do moundou qu'o n'y deit avei ;
Et treis gréus djindous qu'ant étá estroupiás
A la batailli de moussú l'harpiá ;
Prés dj'ün doumainou de vês la Bâtchia (bis).

La vardjura frenira tout le vin;
Demandaz pas de qu'una cava o vint!
Vou'é-tch'ün luroun que sat bion soun métchie;
O-l'a des caves djins tous lous quartchies;
O n'on sat mais que tous lous gabelies (bis).

Vou'é damageou qu'o coumonce à passà;
S'io l'erre jouainou o cullirit la sâ!
Quand eis tchindriant lios granies bion sarràs,
Chiz Girardoun se trouvariant gouràs;
Vou'é-tch'ün gaillâ qu'a ün talont dourà (bis).

J'éssoubláva la marquisa Cancès;
Que deit sarvi tous lous plats de dessiés.
La jouaina Barba et la bella Pété,
Dessous lio bras chacuna a soun tété;
Devount sarvi lou café et lou thé (bis).

Si lou rei Piaffa voulit m'accordà
La parmissioun de veire sous soudas?
Ji li djirins : avisaz néutrou rei,
Véutrous soudas que n'ant pas la djiàré;
Vou'é des margots par grimpà les parés (bis).

Lou rei Corla, lous a véus l'an passà,
Djins una revua ayant chacün lio sa.
La reina n'ierre avouès touta sa coû,
Que lio tenit lous plus noublous djiscoûs,
Djisant : n'é pas de soudas de piéu-coû (bis).

Devouns tous preie Djieu pa néutrou rei,
Qu'o n'aille pas ontre quatrou parés.
Recoumandá djins toutes les meisouns,
Pondont ün mei de djire l'oureisoun;
Qu'o n'aille pas fumá vés Mounbresoun (bis).

TRADUCTION

Le bal chez Turlurette

Chez Turlurette donne un bal jeudi,
Ils ne veulent pas passer pour des grugeurs ;
Ils ont mangé dans de bonnes maisons,
Qui ont pris leurs titres dessus leur blason.
Ils veulent le rendre ainsi que de raison *(bis)*.

Il y a trois chats et trois chattes en civet,
Pensez du monde qu'il doit y avoir ;
Et trois gros dindes qui ont été estropiés
A la bataille de monsieur le *harpeur* ;
Près d'un domaine de la Bâtie *(bis)*.

La Verdure fournira tout le vin ;
Demandez pas de quelle cave il vient !
C'est un luron qui sait bien son métier,
Il a des caves dans tous les quartiers ;
Il en sait plus que tous les gabelous *(bis)*.

C'est dommage qu'il commence à passer ;
S'il était jeune, il cueillerait le sel !
Quand ils tiendraient leurs greniers bien fermés,
Chez Girardon se trouveraient volés ;
C'est un gaillard qui a un talent doré *(bis)*.

J'oubliais la marquise Cancer,
Qui doit servir tous les plats de dessert.
La jeune Barbe et la belle Pété,
Dessous leur bras chacune a sa bouteille,
Doivent servir le café et le thé *(bis)*.

Si le roi Piaffe voulait m'accorder
La permission de voir ses soldats ?
Je lui dirais : regardez notre roi,
Vos soldats qui n'ont pas la diarrhée ;
C'est des pies pour grimper les murailles *(bis)*.

Le roi Courge les a vus l'an passé,
Dans une revue ayant chacun leur sac.
La reine y était avec toute sa cour,
Qui leur tenait les plus nobles discours,
Disant : Ce n'est pas des soldats de pou-court *(bis)*.

Nous devons tous prier pour notre roi.
Qu'il n'aille pas entre quatre murailles,
Recommander dans toutes les maisons,
Pendant un mois de dire l'oraison,
Qu'il n'aille pas fumer à Montbrison *(bis)*.

EXTRAIT

des Œuvres de F. Linossier dit Patasson

Lou Crot et la Lumâcí

Sus la cima dj'ün pin, au bout dj'una mountagni,
  Una lumâci aïl grimpâ.
Un crot on la veyant aôssi hiaôl arrapâ,
S'approche et li djisit, on léingua de campagni :
« *Vileina bêlchi, dégoutanta lumâci,*
« *Tei qu'as toujoû vicu aôloù dj'una boulâssi,*
« *Par mountâ jusqu'équi, couma djiâblou as-tchufat?*
L'aôtra li repoundjit : « J'ai rompâ... »

Vous que la fortchuna a poussà pa l'échina ;
Effants de piquéu-d'ounci, arcandjies, éintrigants.
Vous sortchits de si bas, qu'êtes venus si grands ;
Piéus ravicoulàs qu'avez tant bouna mina,
Qu'êtes si éinsoulonts quand vou'avez una pláci ;
Djites-m'ün péu, qui vou'é que somble la lumáci ?...

TRADUCTION

Le Corbeau et la Limace

Sur la cime d'un pin, au bout d'une montagne,
    Une limace avait grimpé.
Un corbeau en la voyant ainsi haut collée,
S'approche et lui dit en langage de la montagne :
« Vilaine bête, dégoûtante limace,
« Toi qui as toujours vécu autour d'une citerne,
« Pour monter jusque là, comment diable as-tu fait ?
L'autre lui répondit : « J'ai rampé... »

Vous que la fortune a poussés par l'échine ;
Enfants de piqueurs-d'once, grippe-sou, intrigants,
Vous, sortis de si bas, qui êtes venus si grands ;
Gueux parvenus, qui avez tant bonne mine,
Qui êtes si insolents, quand vous avez une place,
Dites-moi un peu, qui est-ce qui semble la limace ?

EXTRAIT

des Œuvres de P. Philippon dit Babochi

La Richessa (1863)

Avouês la richessa partout,
    De tout,
  V'ou vïnt à bout.

Toine veyant grandjî sa filli,
De la mariâ prenit l'onvéin,
Par mountrâ qu'o-l'aït de béin
Et par agrandjî sa familli.

Ah! qu'una bella filli j'ai,
Djisit-ai : avouês sa varchéri,
Ma poula trouvara soun geai,
Sans marchandâ couma à la fèiri.

Mais portant, par la demandâ,
Léingün ne liquette à ma porta ?
Lis vïndrant vou pot pas tardâ ;
Nous passouns par des geons de sorta.

Nous écus tous attchirarant ;
Ma filli a bon des à-djire,
Mais, la fortchuna fat lou rang ;
Avouês lé, tout passe par rire.

Un joû, vïnt ün richou paillâ ;
Las el sèu de faire pampilli.
Achatchit pa la jouéna filli,
Mais, moéins portant, que par sous liâs...

Oh! qu'o-lé viéux! djisit la mâre,
El laidou a baillie lou dégout :
Mais, o-l-é richou, djit lou pare.
Equon par mei, vaôt miéux que tout.

« *Mous petchits effants serant richous ;*
« *Eis pourant viéure grandamont ;*
« *De tout lou restou, ji m'on fichou,*
« *Au djiablou veutrou sontchimont*
« *Vou'é tout djit : o-laôral ma filli !* »

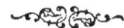

TRADUCTION

La Richesse (1863)

Avec la richesse partout,
De tout
On vient à bout.

Antoine voyant grandir sa fille,
De la marier prenait l'envie,
Pour montrer qu'il avait du bien
Et pour agrandir sa famille.

Ah ! quelle belle fille j'ai,
Disait-il ; avec sa dot,
Ma poule trouvera son coq,
Sans marchander comme à la foire.

Mais pourtant, pour la demander,
Personne ne loquette à ma porte ?
Ils viendront, cela ne peut tarder ;
Nous passons pour des gens de réputation.

Mes écus les attireront ;
Ma fille a bien des *à-dire*,
Mais la fortune fait le rang,
Avec elle tout passe pour rire.

Un jour, vint un riche paillard,
Las et soûl de faire pampille,
Alléché par la jeune fille ;
Mais moins, pourtant, que pour son argent...

Oh ! qu'il est vieux ! disait la mère,
Et laid à donner le dégoût ;
Mais il est riche, dit le père,
Cela, pour moi, vaut mieux que tout.

« Mes petits enfants seront riches ;
« Ils pourront vivre grandement,
« De tout le reste je m'en fiche,
« Au diable votre sentiment !
« C'est tout, dit-il, il aura ma fille ! »

DEUXIÈME PARTIE

GRAMMAIRE GAGASSE

DEUXIÈME PARTIE

GRAMMAIRE GAGASSE

CHAPITRE PREMIER

DES LETTRES

1. — Toutes les lettres de l'alphabet français sont employées dans le gaga avec le son même qui leur est propre. Néanmoins, ce parler possède certaines syllabes dont la prononciation est assez difficile à exprimer pour qui n'a pas l'habitude du langage.

Pour atténuer cette difficulté, nous allons indiquer, autant que possible, toutes les règles qui en régissent l'intonation.

DES VOYELLES

2. — Les voyelles a, e, i, y, o, u, ont la même valeur qu'en français; seulement, toutes possèdent des sons variés que l'on indique par des signes ou accents placés au-dessus de la lettre.

Si dans le gaga l'on admet des variétés d'intonations pour les voyelles, c'est qu'elles jouent toutes le même rôle que l'e du français; c'est-à-dire qu'elles sont muettes, fermées et ouvertes.

3. — Pour employer les caractères typographiques actuellement usités dans l'imprimerie, ces voyelles sont indiquées ainsi :

1° **A.** *a* muet, comme dans *toumba*, tombe ; *à* fermé, avec accent grave, dans *tombà*, tombé, et *â* ouvert avec accent circonflexe, dans *toumbâ*, tomber, etc.

2° **E.** *e* muet, comme dans *rondre*, rendre ; *é* fermé, avec accent aigu, dans *pané*, panier, et *ê* ouvert, avec accent circonflexe, dans *hivê*, hiver, etc.

3° **I.** *i* muet, comme dans *tranchi*, tranche ; *it* fermé, avec un *t*, dans *tranchit*, tranché, et *î* ouvert, avec un accent circonflexe, dans *finî*, finir.

REMARQUE : *i* ou *y* peuvent, dans beaucoup de cas, être employés indistinctement ; ce n'est que par simple rapprochement du français que l'on prend ce dernier.

4° **O, OU.** *o, ou* muet, comme dans *hommou*, homme ; *ò, où* fermé avec accent grave dans *majò*, major, *geanoù*, genou, et *ô, oû* ouvert, avec accent circonflexe dans *mô*, mort, *douloû*, douleur, etc.

5° **U.** *u* muet, comme dans *refusà*, refuser ; *ù* fermé, avec accent grave dans *menù, pardjù*, menu, perdu. Seulement, comme dans la prononciation il est de règle générale d'appuyer sur l'*u* final d'un mot, on peut se dispenser de le surcharger d'un accent aigu ; *û* ouvert avec accent circonflexe, comme dans *perû djû*, poire dure, etc.

CONSONNES

4. — Les consonnes jouent également le même rôle qu'en français. Mais comme dans cette langue, pour aider la prononciation de certaines finales masculines, on fait sentir la demi-syllabe *e* muet, bol-*e*, chef-*e*, club-*e*, etc. ; en gaga, c'est la voyelle composée *ou* muet qui se fait sentir, bol-*ou*, chef-*ou*, club-*ou*, etc.

5. — **C.** Le *c* est peu usité comme lettre d'appui, et l'on écrit : *respet, bet, accrò, brò*, etc., pour respect, bec, accroc, broc, etc.

6. — REMARQUE : Le *c* et l's rendant la même prononciation devant les voyelles *e, i, y*, peuvent être employés indistinctement ; ce n'est que par rapprochement du français que l'on prend l'un ou l'autre.

7. — **D.** Le *d* placé devant les voyelles *i, y* ou *u* s'adjoint toujours la lettre *j* et forme *dj* (ainsi qu'il a déjà été dit dans la préface) pour bien rendre la prononciation particulière à notre langage. Ex. : *Djiéu*, Dieu, *djiàblou*, diable, *djuvèt*, duvet, pardju, perdu, etc.

8. — **F** et **PH.** L'*f* joue le même rôle qu'en français ; ce n'est que par rapprochement de celui-ci que l'on emploie quelquefois le *ph*.

9. — **J** et **G**. Ces deux lettres ayant la même valeur que dans la langue française, c'est encore par simple rapprochement que l'on emploie le *g*, comme il a été dit dans la préface.

10. — **H**. L'*h* muet ou aspiré est également maintenu par rapprochement dans les mots français correspondants pour faciliter la compréhension.

11. — **K**. Le *k*, très peu usité, peut être employé concurremment avec le *q* et le *c* devant les voyelles *a*, *o*, *u*, mais il est préférable de prendre celle qui se rapproche le plus de l'orthographe française.

12. — **N**. L'*n*, sans changer de valeur, s'emploie euphoniquement devant l'adjectif démonstratif. Ex. : à-*n*-iquai soudas, à-*n*-iquel effant ; à-*n*-iquelle bargéri, etc. ; à ce soldat, à cet enfant, à cette bergère, etc.

13. — **R**. L'*r* ne s'emploie pas comme finale, si ce n'est dans la préposition pour, qui s'écrit *par*. Ex. : *par mei, par avei, par chantà*, etc., pour moi, pour avoir, pour chanter, etc. ; l'*r* se maintient aussi par euphonie dans la préposition *par* (qui s'écrit *pa*), lorsque le mot suivant commence par une voyelle. Ex : *par avontchura, una veis par an*, etc., par aventure, une fois par an, etc.

Différemment, cette lettre est toujours remplacée dans les finales par l'accent que revêt la voyelle qui précède. Ex. : à *tó*, trop *tà*, *djinà*, etc. ; à tort, trop tard, dîner, etc. (V. n° 4.)

14. — **T**. Le *t*, devant les voyelles *i*, *y* et *u*, prend toujours *ch* et fait *tch*, pour l'aider à rendre l'effet qu'exige la prononciation. Ex. : *tchimbala, petchit, battchù, tétchù*, etc. ; timbale, petit, battu, têtu, etc.

Par exception, *tch* s'emploie devant un *e* muet dans bête, au pluriel. Ex. : *una bétchi, doués bétches ;* une bête, deux bêtes.

Le *t* s'emploie également par euphonie comme dans le français. Ex. : *vindra*-t-*ai ?* viendra-t-il ?

15. — **Z**. Le *z* s'emploie aussi beaucoup par euphonie. Ex. : *vitou z'effants, et zellous, soun ziéu ;* vite enfants, et eux, son œil, etc.

16. — La lettre *z* a été fort prodiguée dans les écrits patois et placée bien inutilement devant les mots commençant par une voyelle, alors que le mot précédent, étant au pluriel, se termine par un *s* ou *x*. Ex. : *sous effants, sous yéux, des oulagnes*, etc. ; ses enfants, ses yeux, des noisettes, etc. On a écrit à tort ; *sous z'effants, sous ziéux, des zoulagnes*, etc. : tandis qu'en faisant la liaison, *sous-effants*, l'effet est tout aussi bien rendu et l'on évite des complications.

CHAPITRE SECOND

RÈGLES GÉNÉRALES SUR L'ORTHOGRAPHE ET LA PRONONCIATION

Comparées au français

VOYELLES COMPOSÉES ET DIPHTONGUES

17. — **AI**. Se change généralement en *ei*. Ex. : *reisoun, seisoun, meisoun, gueità, eisanci, pleisanci,* etc.; raison, saison, maison, gaité, aisance, plaisance, etc.

Il est quelquefois remplacé par un *a* muet, comme dans *amà, lana, roumana, semana,* etc.; aimer, laine, romaine, semaine, etc.

18. — **AIM, AIN**. Se changent en *éim, éin*. Ex. : *béin*, châtéin, refréin, tarréin, tréin, créindre, véincre, etc.; bain, châtain, refrain, terrain, train, craindre, vaincre, etc. Sauf quelques petites exceptions, comme : *fom, gron, pon, son,* pour faim, grain, pain, sain ; *deméu, londeméu, méu*; demain, lendemain, main, et *poulin* pour poulain.

19. — **AL**. Se maintient comme en français. Ex. : *jornal, fatal, moural,* etc., excepté dans les mots suivants où il se change en *â* et *à*. Ex. : *canà, capourà, héupità, mà, marechà, quintà, arsenà* (1), canal, caporal, hôpital, mal, maréchal, quintal, arsenal ; et *chavouais* pour cheval.

20. — **AM, AN**. Se changent quelquefois en *on*, comme dans *bon, song, bondo, songla;* banc, sang, bande, sangle ; mais c'est très rare ; généralement, il

---

(1) Au pluriel, ces finales se changent en *aòs* : *canà* fait *canaòs, capourà, capouraòs,* etc.

conserve son orthographe et son intonation. Ex. *effant, pondant, plourant;* enfant, pendant, pleurant, etc.

21. — **AU**. *au*, article contracté, ne change pas. Ex. : au *bounhœu*, au *malhœu*, au *travouais*, au *cabarèt*, etc. ; au bonheur, au malheur, au travail, au cabaret, etc. Différemment, il change toujours d'intonation et s'écrit *aô*. Ex. : a*ôba, daôba gaôchi, débaôchi, fraôda, jaôgi, aôna, chaôd, saôt,* etc. ; aube, daube, gauche, débauche, fraude, jauge, aune, chaud, saut, etc.

22. — **E**. L'*e* muet, dans la finale de tous les substantifs et adjectifs masculins se change en *ou* muet. Ex. : *ânou, lestou, noutairou, hounourablou,* etc.: âne, leste, notaire, honorable, etc.

Sont exceptés quelques mots qui conservent (par usage ou fantaisie) l'*e* muet comme en français : *frère, pare, prêtre, être, champêtre,* etc.

Il est encore maintenu dans la terminaison des adjectifs numéraux : *ounze, douze, treze, quatorze, quinze, seze,* ainsi qu'à l'infinitif de tous les verbes de la troisième conjugaison ; *prondre, rondre, vondre,* etc.

23. — Dans le corps des mots, l'*e* muet se change presque toujours en *a* ou *i* muet. Ex. : *abattamont, finamont, gravamont, foundamont,* etc. ; abattement, finement, gravement, fondement, etc. ; *adreitchimont, franchimont, freidjimont, parmérimont,* etc.; adroitement, franchement, froidement, premièrement, etc.

23 bis. — L'*e* muet se change encore en *a* ou *i* muet dans la finale de tous les substantifs et adjectifs féminins singuliers. Ex. : *sarvonta jouèna, tèta blanchi, grangi soulida, fàci bruna,* etc. ; servante jeune, tête blanche, grange solide, face brune, etc. Au pluriel, toutes ces finales reviennent à l'orthographe française ; *douées sarvontes jouènes, têtes blanches, granges soulides, fàces brunes,* etc.

24. — **É**. L'é fermé est toujours maintenu comme lettre initiale. Ex. : *écherla, écritai, égranà, épandji,* etc. ; écharde, écriteau, égrener, éclore, etc. Il est encore souvent maintenu dans la première syllabe d'un mot. Ex. : *dépéus, défondre, méfià,* etc. Et ensuite dans tous les mots qui n'ont pas d'orthographe particulière pour le gaga, tels que : abbé, évêché, café, jubilé, liséré, pisé, thé, etc.

25. — A part ces quelques exceptions, l'*é* fermé redevient muet dans le corps des mots. Ex. : *general, venerablou, preferablou, repetchicioun,* etc. ; général, vénérable, préférable, répétition, etc.

26. — Au participe passé singulier des deux genres, des verbes de la première conjugaison, l'é fermé se change en *à* fermé. Ex. : *boundà, assoucià, curà, danà, bordà,* etc.; bondé, associé, curé, damné, bordé, etc.

Le pluriel de ces participes en *à* se forme, au féminin, en changeant l'*à* fermé en *ais* : *boundà, boundais*; au masculin, en ajoutant simplement un *s* : *boundà, boundàs.*

27. — Dans les mêmes participes, il en est qui, au masculin singulier se changent en *it* fermé. Ex. : *forcit, croucisit, jugit, nichit,* etc. ; forcé, croisé,

jugé, niché, etc. Et le pluriel s'obtient en ajoutant un s, *forcit, forcits, croucisit, croucisits*, etc.

Au féminin singulier, ils se changent en *ià* ; *forcià, croucisià* ; forcée, croisée. Et au pluriel, en *iais* : *forciais, croucisiais* ; forcées, croisées.

28. — **È**. L'*è* ouvert est remplacé par *iò, ò*, dans : *chiòra, fiòra, liòra* ; chèvre, fièvre, lièvre, et par *à*, dans *fàra* ; fève.

29. — **EAU**, finale d'un substantif ou adjectif, masculin singulier, se change en *ais* ou *ai* (1). Ex. : *agnais, bai, râtais, batai, nouvais, chapais*, etc. ; agneau beau, râteau, bateau, nouveau, chapeau, etc.

Au pluriel, ces mêmes finales font : *iaòx*. Ex. : *agniaòx, biaòx, râtchiaòx, batchiaòx, nouviaòx, chapiaòx*, etc.

Il est quelques mots auxquels, par corruption, l'usage donne l'orthographe française ; tels sont : *cadeau, caveau, chalumeau, toumbeau*, et les mots : *ramaô, fléaô*, rameau, fléau, qui ne changent pas au pluriel, sauf qu'on ajoute simplement un *s* ou un *x*. (Voir le Dictionnaire.)

30. — **ÉE**, finale d'un mot féminin singulier, se change en *éia, ià* et *à*. Ex. : *idéia, dragéia, arméia, épéia, ponséia, mountéia*, etc. ; idée, dragée, armée, épée, pensée, montée, etc.

Au pluriel, l'*a* de ces finales est remplacé par un *e* muet auquel on ajoute un *s*. Ex. : *idéies, dragéies*, etc. ; idées, dragées, etc.

31. — **ÉE** se change en *ià* dans : *bouchià, parcià, brassià*, etc. ; bouchée, percée, brassée, etc. Il se change en *à* dans *onjambà, voulà, fusà, rousà, arrivà*, etc. ; enjambée, volée, fusée, rosée, arrivée, etc.

Au pluriel de toutes ces finales, l'*à* fermé se change en *ais*. Ex. : *bouchiais, parciais, onjambais, voulais*, etc. ; bouchées, percées, enjambées, volées, etc. (Voir le Dictionnaire.)

32. — **EIL** se change en *é* fermé, dans : *arté, counsé, paré, soulé* ; orteil, conseil, pareil, soleil.

33. — **EL** se maintient généralement dans cette orthographe : *Tel, appel, coulounel, tompourel*, etc., excepté pour quelques mots particuliers, comme : *Cie, Michie* et *mie* ; Ciel, Michel, miel ; *Nouès*, Noël ; *dégealé*, dégel et *sâ* pour sel. (Voir le Dictionnaire.)

34. — **EM, EN**. Cette orthographe n'existe pas dans le parler gaga ; elle est invariablement remplacée par *om, on*. Ex. : *ombellissamont, omportamont, on attondant, ontondamont, ancion, douyon*, etc. : embellissement, emportement, en attendant, entendement, ancien, doyen, etc.

35. — REMARQUE : Tous les substantifs et adjectifs masculins terminés en

---

(1) *ais* ou *ai*. Ces deux formes donnant le même son, peuvent être employées indistinctement, pour l'agrément de la poésie.

on, forment leur féminin en *éna*, et *ancion* fait *anciéna* ; *douyon*, *douyéna* ; *parision*, *parisiéna*, etc.

36. — **ER, IER,** dernière syllabe d'un mot, se change toujours en *î* ou *îe*. Ex. : *grangîe*, granger ; *bouloungîe*, boulanger ; *épicîe*, épicier, etc., avec l'accent tonique sur l'*i*, ce qui rend l'*e* muet final presque nul, comme dans les mots français : joie, foie, soie, haie, craie, plaie, etc.

37. — REMARQUE : En poésie, dans les mots au singulier, l'*e* muet final a la faculté de s'élider devant une voyelle : *bargîe et soudas*, ou d'être supprimé devant une consonne : *bargî de mountouns*.

Pour former le pluriel, dans les deux cas, on ajoute simplement un *s* : *bargîes, bargîs*.

Au féminin singulier, toutes ces terminaisons se changent en *éri*. Ex. : *grangéri*, *bouloungéri*, etc., et le pluriel se rapproche de l'orthographe française. Ex. : *bouloungéres*, *grangéres*, etc.

38. — **ER, ERS, ERT** (où l'*r* est sonore), se change en *ê* et *ês*. Ex. : *hivê*, pour hiver ; *revês*, revers ; *travês*, travers ; *councês*, concert ; *désés*, désert, etc.

39. — **ET,** conjonction, ne change pas ; mais comme dernière syllabe d'un mot, l'*e* prend un accent aigu pour lui donner une intonation particulière, *couplét, clarét, foulét, regrét, plumét*, etc.

40. — **EU** conserve souvent l'orthographe et l'intonation du français. Ex. : *aveu, bleu, meublou, aveuglou, veuva*, etc. Mais il est beaucoup de cas où l'on met un accent aigu sur l'*e*, pour changer l'intonation et donner un son plus frappé. Ex. : *Djiéu, chaviéu, fargéu, charchéu, ponséu*, etc. ; Dieu, cheveu, forgeur, chercheur, penseur, etc.

41. — **EUR** se change en *oû* long. Ex. : *couloû, douloû, floû, roundoû, vigoû, rumoû, suoû*, etc. ; couleur, douleur, fleur, rondeur, vigueur, rumeur, sueur, etc.

Il se change aussi en *œu* et se prononce comme un *e* muet sur lequel on appuie fortement. Ex. : *ardœu, bounhœu, vapœu*, etc. ; ardeur, bonheur, vapeur, etc.

Dans ces deux formes, le pluriel des deux genres s'obtient en ajoutant un *s*.

42. — **I** se change en *é* fermé dans les mots : *djimé, parmé* ; demi, parmi. Ce changement se fait aussi dans certains verbes de la 2me conjugaison, à la 2me et à la 3me personne de l'indicatif présent, ainsi qu'à la 1re de l'impératif. Ex. : *tchu guarés, o guaré* ; tu guéris, il guérit ; *tchu gemés, o gemé* ; tu gémis, il gémit, etc.

43. — **IE,** dernière syllabe d'un mot, se change très souvent en *it* fermé et forme une syllabe sonore. Ex. : *académit, argeontarit, épicarit, régit, foulit, irounit, manit, counfrárit, idoulâtrit*, etc. ; académie, argenterie, épicerie, régie, folie, etc.

44. — REMARQUE : Cette règle, que l'usage ou la fantaisie semblent avoir

consacrée, nous parait être le résultat de la corruption de notre langage ; car, dans le vrai principe, toutes ces finales en *ie* devraient se changer en *ia,* ainsi que beaucoup de mots l'ont conservé, tels que : *via, éclarcia, coupia, hardjia, poulia, séria,* etc. ; vie, éclaircie, copie, hardie, polie, série, etc. Et de même que le participe passé féminin singulier de tous les verbes de la deuxième conjugaison : *finia, bania, oudeurmia,* etc. ; finie, bannie, endormie, etc.

45. — Au pluriel, ces mêmes finales reviennent toutes à l'orthographe française, mais avec un accent circonflexe sur l'*î*, qui doit être long dans la prononciation. Ex. : *académîes, argeontarîes, éclarcîes, coupîes, finîes, banîes,* etc. ; académies, argenteries, copies, finies, bannies, etc.

46. — **IL**, finale d'un mot, se change en *it*. Ex. : *avrit, babit, barit, fusit, noumbrit, utchit,* etc. ; avril, babil, baril, fusil, nombril, outil, etc.

47. — **IM, IN**, préfixe d'un mot, s'écrit toujours *éim, éin,* pour bien rendre le son qu'exige le parler gaga. Ex. : *éimbibâ, éimpâssa, éimplourâ, éincapablou, éindoulonci, éinvontâ,* etc. ; imbiber, impasse, implorer, incapable, indolence, inventer, etc.

48. — A part ces exceptions, *im, in* s'écrit simplement avec un tréma sur l'*i*, et se prononce presque comme le *in* latin. Ex. : *fïn, assassïn, brïn, reisïn, sïmplou, chagrïn,* etc. ; fin, assassin, brin, raisin, simple, chagrin, etc.

49. — **IR**, comme finale d'un mot, se change toujours en *î* ouvert. Ex. : *finî, deurmî, ravî, pleisî,* etc. ; finir, dormir, ravir, plaisir, etc.

50. — **O** est remplacé par un *e* muet, dans les verbes en *oyer,* que l'on écrit *eïe*. Ex. : *breïe, charreïe, courreïe, dépleïe, neïe,* etc., ; broyer, charroyer, corroyer, déployer, noyer, etc. ; pour le pluriel, on ajoute un *s*.

51. — Il est employé naturellement dans quelques substantifs, tels que : *brochi, moda, étoffa, vogua, colla, toqua,* etc. Mais généralement, *o* se transforme en *ou*. Ex. : *bouna, trougni, ourangi, broudâ, coulâ,* etc. ; bonne, trogne, orange, broder, coller, etc.

52. — Comme préfixe d'un mot, il est quelquefois changé en *éu*. Ex. : *éubéissanci, éubligeanci, éuccuppâ, éuffonsa, éudoû,* etc. ; obéissance, obligeance, occuper, offense, odeur, etc.

53. — **OI** se maintient, par corruption, dans quelques finales de mots, tels que : *counvoi, ronvoi, voix, loi,* etc. ; convoi, renvoi, voix, loi, etc. (V. Dict.)

54. — **OI** se change en *ou* dans tous les verbes. Ex. : *élougnîe, ompougnîe, sougnîe, témougnâ, ronvouïe,* etc. ; éloigner, empoigner, soigner, témoigner, renvoyer, etc.

55. — Dans les substantifs et les adjectifs, *oi* se change généralement en *ei*. Ex. : *freidji, reidji, coueiffi, croueix, étreit, freid, dreitchi, boueitchi, meis,* etc. ; froide, roide, coiffe, croix, étroit, froid, droite, boite, mois, etc.

Sont exceptés quelques mots particuliers, comme : *parochi*, paroisse, *ûsai*, oiseau, *émouais*, émoi, *patouais*, patois.

56. — **OIE** s'écrit toujours sans l'*e* muet dans les quelques mots qui ont cette intonation finale. Ex. : *proi*, proie ; *Saroi*, Savoie ; *Troi*, Troie ; *voi*, voie. Les autres ont tous une orthographe particulière : *feujou* pour foie ; *jouais*, joie ; *oï*, oie ; *courreia*, courroie ; *seia*, soie.

57. — **OIN** s'écrit toujours avec un *é* fermé, ce qui fait *oéin*, pour donner le son aigu que réclame le gaga. Ex. : *besoéin*, besoin ; *temoéin*, témoin ; *joéindre*, joindre ; *moéins*, moins ; *poéint*, point, etc. ; excepté foin, qui fait *féin*.

58. — **OIR** n'existe pas dans le parler gaga ; les terminaisons de ce genre s'écrivent toutes sans l'*r* finale et se prononce *ouà*. Ex. : *abattoi*, *boudoi*, *parloi*, *rasoi*, *saôtoi*, *trouttoi*, etc. ; abattoir, boudoir, parloir, rasoir, sautoir, trottoir, etc. Sont exceptés quelques mots où *oir* se change en *éu*, tels que : *aberéu*, abreuvoir ; *arrouséu*, arrosoir ; *devonédéu*, dévidoir ; *dresséu*, dressoir ; *mouchéu*, mouchoir ; *lavéurou*, lavoir, etc.

59. — Une grande partie de ces finales suivent la règle générale qui change *oi* en *ei*. Ex. : *bounsei*, bonsoir ; *devei*, devoir ; *nei*, noir ; *pourei*, pouvoir ; *reveire*, revoir ; *savei*, savoir ; *sei*, soir ; *roulei*, vouloir, etc. Plus, les mots particuliers comme miroir, qui s'écrit *mirai* ; tiroir, *tchiran*.

60. — **OIRE**, dans cette terminaison dissyllabique, *oi* se change en *ouai*, ou *ouei*. Ex. : *aôdjitouairou*, auditoire ; *counsistouairou*, consistoire ; *déclamatouairou*, déclamatoire ; *écritouairou*, écritoire ; *glouairi*, gloire ; *histouairi*, histoire, etc. Sont exceptés quelques mots dans lesquels *oi* se change en *éu* : *branléuri*, branloire ; *écuméuri*, écumoire ; *mâchéuri*, mâchoire ; *nagéurou*, nageoire ; plus ceux en *ei*, comme *beire*, boire ; *neiri*, noire ; *creire*, croire, *feiri*, foire ; *Leiri*, Loire.

61. — **OIS** se change également en *ouais* ou *oueis*. Ex. : *abouais*, abois ; *borgeouais*, bourgeois ; *ompouais*, empois ; *gaôlouais*, gaulois ; *patouais*, patois ; *viallageouais*, villageois, etc. ; excepté : *meis*, mois ; *peis*, pois ; *treis*, trois, etc., qui suivent la règle générale qui change *oi* en *ei*.

62. — **OM, ON** s'écrit invariablement *oum*, *oun*. Ex. : *aploumb*, *blound*, *boun*, *jamboun*, *trouncoun*, *ploungeoun*, *soun*, etc. ; aplomb, blond, bon, jambon, tronçon, plongeon, son, etc.

63. — **OR**. L'*r* étant toujours supprimée à la fin des mots gagas, toutes les finales en *or*, *ord*, *orps*, *ort*, s'écrivent simplement par un *ô* fermé dans *majô*, *matadô*, *ténô*, *alô*, etc. ; major, matador, ténor, alors, etc., ou par *ò* ouvert dans *décò*, *abò*, *cò*, *fò*, *mò*, *rebò*, etc. ; décor, abord, corps, fort, mort, rebord, etc.

64. — **OS, ÔT**, long, se change en *éus* et *éut*. Ex. : *éus*, os ; *cléus*, clos ; *djispéus*, dispos ; *gréus*, gros ; *repéus*, repos, etc. ; *biontéut*, bientôt ; *dépéut*, dépôt ; *sitéut*, sitôt ; *éimpéut*, impôt ; *tantéut*, tantôt, etc.

65. — **OT,** bref, ne change pas, et l'on écrit comme en français : abricot, bardot, fricot, garrot, linot, rabot, tricot, etc. ; excepté lot, qui s'écrit léut et mot qui fait mout.

66. — **OU** se change en o muet : copa, corba, forchi, gorda, sorda, lorda, jorna, retochi, sorça, borsa, corsa ; coupe, courbe, fourche, gourde, sourde, lourde, fournée, retouche, source, bourse, course, et dans beaucoup de verbes ; mais dans un grand nombre de mots, ou se maintient comme en français. (V. le Dictionnaire.)

67. — **OUR,** par la suppression de l'r dans la finale des mots gagas, toutes les terminaisons : our, ourd, ourg, ourt, s'écrivent où long. Ex. : amoù, bounjoù, boù, secoù, etc. ; amour, bonjour, bourg, sourd, secours, etc. On ajoute quelquefois un e muet euphonique, lorsque le mot suivant commence par une voyelle : amoùe et glouùri (même règle que n° 37).

68. — **U** se change en éu dans la finale des verbes. Ex. : accréu, accru ; aparcéu, aperçu ; béu, bu ; déporvéu, dépourvu ; échéu, échu ; dépléu, déplu, etc. De même dans le corps de certains mots, tels que : bréuléuri, brûlure ; brouchéuri, brochure ; casséuri, cassure ; péurgi, purge ; teurquou, turque, etc.

69. — **UM, UN** s'écrit invariablement üm, ün, avec un tréma sur l'u, pour aider à la prononciation, qui est presque celle de un-e. Ex. : hümblou, humble ; parfüm, parfum ; brün, brun ; ün, un, etc.

CHAPITRE TROISIÈME

DES MOTS

70. — Les mêmes espèces différentes de mots qui composent le discours dans la langue française, c'est-à-dire : le *substantif*, l'*article*, l'*adjectif*, le *pronom*, le *verbe*, le *participe*, l'*adverbe*, la *préposition*, la *conjonction* et l'*interjection*, existent également pour le langage gaga et jouent dans celui-ci le même rôle qu'en français.

NOM OU SUBSTANTIF

71. — Ainsi que nous l'avons indiqué plus haut, en expliquant la transformation que subissent certaines voyelles pour fournir au gaga sa véritable prononciation, tous les substantifs masculins singuliers, terminés par un *e* muet en français, le sont par la voyelle composée *ou* muet, en patois; sauf les exceptions déjà signalées aux n°s 22 et suivants.

72. — Les substantifs féminins singuliers, terminés par un *e* muet en français, le sont par *a* ou *i* muets (n° 23).

FORMATION DU PLURIEL DANS LES SUBSTANTIFS

73. — Le pluriel, dans les substantifs gagas, se forme de deux manières :
1° Au masculin, en ajoutant simplement un *s* comme en français; excepté pour les terminaisons en *ai*, qui font leur pluriel en *aôx*. (Voir n° 29);

2º Au féminin, en changeant la terminaison du mot, ainsi qu'il est démontré au chapitre précédent, nos 23, 26, 27, 30, 37, 41 et 45.

74. — Si pour le nombre les substantifs gagas suivent les mêmes règles que leurs correspondants français, il n'en est pas de même pour le genre, et, tel nom qui est féminin dans l'un, se trouve masculin dans l'autre. Ex. : *ün relogeou,* pour une horloge; *ün perü,* pour une poire; *una ongla,* pour un ongle; *una serpont,* pour un serpent, etc.

CHAPITRE QUATRIÈME

DE L'ARTICLE

75. — Les articles gagas sont :

MASCULIN SINGULIER		MASCULIN PLURIEL	
Lou	le	*Lous*	les
Do	du	*Dos*	des
Au	au	*Aux*	aux

Sing. : *Lou valét do rei mounte au chôtai.*
　　　　Le valet du roi monte au château.

Plur. : *Lous chins dos chasséus fant la guerra aux ùsiaóx.*
　　　　Les chiens des chasseurs font la guerre aux oiseaux.

FÉMININ SINGULIER		FÉMININ PLURIEL	
La	la	*Les*	les
De la	de la	*De les*	des
A la	à la	*A les*	aux

Sing. : *La sarvonta de la reina, mode à la messa.*
　　　　La servante de la reine part à la messe.

Plur. : *Les bargéres de les campagnes venount à les fêtes.*
　　　　Les bergères des campagnes viennent aux fêtes.

76. — Les articles, aussi nombreux en gaga qu'en français, remplissent les mêmes fonctions et sont régis par les mêmes règles pour la contraction et l'élision.

Il est cependant quelques cas où l'article s'ajoute devant un nom propre (c'est même une règle invariable pour les noms de femmes), et d'autres où il se supprime à l'inverse du français. Ex. : *La Marie et la Luise se sount bagnaïs djïns Leiri,* pour : Marie et Louise se sont baignées dans la Loire.

77. — REMARQUE : On emploie l'article contracté *do*, du, seulement devant les noms masculins, pris dans un sens bien défini ; c'est-à-dire désignant d'une façon particulière la personne ou la chose, comme dans : *Lou frâre do patroun,* le frère du patron ; *Lous soudas do rei,* les soldats du roi ; *Lou chïn do garda châssi,* le chien du garde chasse ; *Vou'é do blà que n'ayant semenâ,* c'est du blé que nous avions semé ; *L'amoû do païs,* l'amour du pays, etc.

78. — D'autre part, la préposition *de* tient lieu de l'article devant les noms, pris dans un sens non défini, des personnes ou des choses. Ex. : *Mïngi de pon, de froumageou,* mange du pain et du fromage ; *veiquia de blà par semenâ,* voilà du blé pour semer, etc.

On voit que dans les phrases ci-dessus, les mots *pon, froumageou* et *blà ;* pain, fromage et blé, sont bien sans désignation particulière.

CHAPITRE CINQUIÈME

DE L'ADJECTIF

ADJECTIFS QUALIFICATIFS

79. — L'adjectif qualificatif joue les mêmes rôles qu'en français; il suit les mêmes règles de son substantif pour la formation du féminin et du pluriel. Ex. : *ün hommou soulidou, doux hommous solidous*, un homme solide, deux hommes solides; *una têta blanchi, doués têtes blanches*, une tête blanche, deux têtes blanches; *una djivinitá renoumá, doués djivinitais renoumais*, une divinité renommée, deux divinités renommées; *ün chavouais nouvais, doux chavaôs nouviaôs*, un cheval nouveau, deux chevaux nouveaux, etc.

ADJECTIFS DÉMONSTRATIFS

80. —

masculin singulier

quais, équais, iquais	ce
quettou, équettou, iquettou	
quél, équél	cet

masculin pluriel

quéllous, équéllous, iquéllous	ces
quéttous, équéttous, iquéttous	

féminin singulier

quélla, équélla, iquélla	cette
quétta, équétta, iquétta	

féminin pluriel

quélles, équélles, iquélles } ces
quéttes, équéttes, iquéttes }

81. — REMARQUE : Les adjectifs démonstratifs ; *quais, quéttou, quél, quéllous, quéttous, quélla, quétta, quélles et quéttes,* sont peu usités ; c'est plutôt par abréviation qu'on emploie cette forme. Ex. : *quais chavouais,* ce cheval ; *quéttou matchïn,* ce matin ; *quél hommou,* cet homme, etc. Il est préférable de dire : *équais, iquais, équétta, iquétta,* etc.

82. — C'est seulement lorsqu'ils sont précédés des prépositions : *à,* à ; *chiz,* chez ; *djïns,* dans ; *dj',* de ; *on,* en ; *par,* pour ; *sans,* sans ; *sous,* sous ; *sus,* sur ; *vés,* vers ; que ces adjectifs prennent un *i* comme première syllabe. Ex. : *à-n-iquais moumont,* à ce moment ; *chiz iquél ami,* chez cet ami ; *djïns iquéllous ondreits,* dans ces endroits ; *dj'iquélla fenna,* de cette femme ; *on iquélles charéres,* en ces rues ; *par iquais brávou,* pour ce brave ; *sans iquél hommou,* sans cet homme ; *sous iquélla tonta,* sous cette tente ; *sus iquellous batchiaóx,* sur ces bateaux ; *vés iquél éurrie,* vers cet ouvrier. Différemment, c'est l'*é* fermé qui s'emploie comme première syllabe ; *équais, équélla, équél,* etc.

83. — L'on écrit : *équéttou, équétta,* etc., lorsqu'on veut désigner le temps, ou une chose bien déterminée, comme dans : *eis sount arrivás équéttou matchïn,* ils sont arrivés ce matin ; *équétta not tout erre calmou,* cette nuit tout était calme ; *équéttes doués daréres veis,* ces deux dernières fois, etc.

ADJECTIFS POSSESSIFS

84. — Le gaga possède le même nombre d'adjectifs possessifs que la langue française, qui sont :

masculin singulier		féminin singulier	
moun	mon	*ma*	ma
toun	ton	*ta*	ta
soun	son	*sa*	sa
néutrou	notre	*néutra*	notre
réutrou	votre	*réutra*	votre
lio	leur	*lio*	leur

masculin pluriel		féminin pluriel	
mous	mes	*mes*	mes
tous	tes	*tés*	tes
sous	ses	*sés*	ses
néutrous	nos	*néutres*	nos
réutrous	vos	*réutres*	vos
lios	leurs	*lios*	leurs

85. — REMARQUE : *Ma, ta, sa*, se changent en : *moun, toun, soun*, devant un substantif féminin singulier commençant par une voyelle. Ex. : *moun âma*, mon âme ; *toun éumâgi*, ton image ; *soun ombicioun*, son ambition. Ce sont les mêmes règles qu'en français.

ADJECTIFS NUMÉRAUX

ADJECTIFS NUMÉRAUX CARDINAUX

86. — Comme en français, les adjectifs numéraux cardinaux, désignant le nombre, sont : *ūn* ou *īn*, un ; *doux*, deux ; *treis*, trois ; *quatrou*, quatre ; *cīnq*, cinq ; *sés*, six ; *set*, sept ; *vet*, huit ; *néus*, neuf ; *djix*, dix, etc.

87. — Ces adjectifs sont invariables, excepté : *ūn, doux*, qui font au féminin : *una, douès*, et ceux qui, non terminés par *s* ou *x*, prennent un *s* euphonique toutes les fois qu'ils précèdent un mot commençant par une voyelle ou un *h* muet. Ex. : *quatrous effants*, quatre enfants ; *cīnqs hommous*, cinq hommes ; *sets éuvries*, sept ouvriers ; *vets amis*, huit amis ; *néus ouranges*, neuf oranges ; et *younzes, douzes, trezes, quatorzes, quīnzes, sezes oulagnes*, etc.

Pour remarquer les heures, on n'emploie pas l's euphonique et, neuf heures, se dit : *néures* ; midi, *méjou*.

ADJECTIFS NUMÉRAUX ORDINAUX

88. — Les adjectifs numéraux ordinaux sont : *uniémou* et *parmé* ou *proumé*, unième et premier ; *douxiémou* et *segound*, deuxième et second ; *treisiémou*, troisième ; *quatriémou*, quatrième ; *djixiémou*, dixième ; *vīngtchiémou*, vingtième, etc.

Au féminin, *parmé* ou *proumé* font *parméri* ou *prouméri*, première ; *segound* fait *segounda*, seconde, et tous les autres suivent la règle des substantifs et changent leur finale *ou* muet par *a* muet : *treisiémou* fait *treisiéma*, etc.

89. — Pour la formation du pluriel, ces adjectifs suivent les règles déjà indiquées : on ajoute un *s* au masculin, et le féminin revient à la terminaison française : *parmés, parméres*, premiers, premières ; *segounds, segoundes*, seconds, secondes, etc.

ADJECTIFS INDÉFINIS

90. — Les adjectifs indéfinis, désignant vaguement les personnes ou les choses, sont : *aôcün*, aucun ; *aôtrou*, autre ; *ceartéin*, certain ; *châquou*, chaque ; *mêmou*, même ; *nul*, nul ; *plusñes*, plusieurs ; *qu'ün*, quel ; *quéuquou*, quelque ; *laô*, tel, etc.

Pour le genre féminin et les nombres pluriel et singulier, il faut se reporter aux règles générales ci-dessus mentionnées pour les autres, excepté pour le mot *plusñes*, plusieurs, qui reste invariable.

CHAPITRE SIXIÈME

DU PRONOM

91. — De même qu'en français, il y a, dans le gaga, cinq sortes de pronoms : les pronoms personnels, les pronoms démonstratifs, les pronoms possessifs, les pronoms relatifs et les pronoms indéfinis.

PRONOMS PERSONNELS

92. — Les pronoms personnels sont :

PREMIÈRE PERSONNE		SECONDE PERSONNE	
singulier	pluriel	singulier	pluriel
ji je	*nous* nous	*tchu* ou *tchi* (1) tu	*vous* vous
me me		*te* te	
mei moi		*tei* toi	

EXEMPLE : *Ji me sarvirei mei-mémou*, je me servirai moi-même. Mais pris interrogativement, le pronom *ji* se change en *jou*. Ex. : *ji me sarvirei* ; *me sarvirei-jou ?* ; *tchu te sarvirais tei mémou*, tu te serviras toi-même.

93. — REMARQUE : Devant une voyelle, les pronoms *tu* ou *ti* s'élident toujours. Ex. : *tch'aimes*, pour tu aimes ; *tch'ontonds*, tu entends. Il en est de

---

(1) On emploie indifféremment : *tchu* ou *tchi* devant le verbe, mais pris interrogativement, c'est toujours le *tchu* qui a la préférence : *ame-tchu ?*, *coumprond-tchu ?*, etc. ; c'est donc cette forme que nous emploierons.

même pour les pronoms *nous* et *vous* : *nous farouns ci que n'avouns dejà fat*, nous ferons ce que nous avons déjà fait ; *vous chantariz ci que vou'avez deja chantà*, vous chanterez ce que vous avez déjà chanté.

94. — Les pronoms pour la troisième personne sont :

SINGULIER				PLURIEL			
masculin		féminin		masculin		féminin	
o	il	*ei*	elle	*eis*	ils	*eis*	elles
lù, li	lui	*lei, li*	elle, lui	*zellous*	eux	*zelles*	elles
lou	le	*la*	la	*lous*	les	*les*	les
lio	leur	*lio*	leur	*lios*	leurs	*lios*	leurs

Plus : *se*, se ; *sei*, soi ; *on*, en ; *y*, y.

95. — REMARQUE : Le pronom *o*, il, prend un *l* euphonique lorsqu'il précède un mot commençant par une voyelle. Ex. : *o-l-ame*, il aime ; *o-l-é*, il est ; *o-l-ontond*, il entend, etc. De même pour le féminin : *ei-l-ame*, elle aime ; pluriel des deux genres : *eis l-amount*, ils ou elles aiment.

Le même pronom, pris interrogativement, se change en *ai* ou *ais*. Ex. : *vindra-t-ais?*, *o vindra* ; viendra-t-il?, il viendra, etc. Le féminin *ei* se change en *i* : *vindra-tchi?*, viendra-t-elle? ; pluriel des deux genres : *vindrant-tchis*.

Dans les verbes unipersonnels, il se change en *oû*. Ex. : *faôt-où?*, *o faôt* ; faut-il?, il faut ; *pléura-t-où?*, *o pléura* ; pleuvra-t-il?, il pleuvra ; *va-t-où?*, *o va* ; ça va-t-il?, ça va, etc.

96. — Comme au masculin, le pronom féminin *ei*, elle, prend un *l* euphonique devant une voyelle : *ei-l-ame*, elle aime ; *ei-l-é*, elle est ; *ei-l-ontond*, elle entend, etc. Pris interrogativement, il se change en *ï* long. Ex. : *vïndra-tchi?*, *ei vindra* ; viendra-t-elle?, elle viendra.

Le pluriel qui est le même pour les deux genres, suit également cette règle : *vindrant-tchis?* *eis vindrant* ; viendront-ils ou elles?, ils ou elles viendront, etc. ; et prend aussi l'*l* euphonique devant une voyelle : *eis-l-attondount*, ils ou elles attendent.

97. — Lorsqu'il précède le verbe après un autre pronom, et à l'impératif, le pronom lui, s'écrit *li*, pour les deux genres. Ex. : *ji li parlarei*, je lui parlerai ; *porta-li à beire*, porte-lui à boire, etc. Hors de là, parlant des personnes ou des choses personnifiées, ou encore, quand il est mis pour : soi, ce même pronom s'écrit *lù*, lui, pour le masculin et *lei*, elle, pour le féminin. Ex. : *lù parlara, lei repoundra*, lui parlera, elle répondra ; *meri par lù, vièure par lei*, mourir pour lui, vivre pour elle, etc.

98. — Dans certains cas, lorsqu'on exprime une idée d'ensemble, le pronom *lou*, le, se change en *zos* ou *zéus*. Ex. : *ji zos counnussou tout*, je le connais tout ; *ji li zos djirei*, je le lui dirai ; *ji li zos ai djit*, je le lui ai dit, etc.

99. — A l'inverse du français, quand un verbe à l'impératif a deux pronoms pour complément, l'un direct et l'autre indirect, c'est celui-ci qui s'énonce le premier. Ex. : *bailli-mei-lou*, donne-le-moi ; *prétaz-li-lou*, prêtez-le-lui ; *cedouns-lio-lou*, cédons-le-leur, etc.

100. — **Y**. Pronom ou adverbe, est toujours précédé de la lettre *n'*, ce qui fait *n'y*. Ex. : *onvouiz-mei-n'y*, envoyez-y-moi ; *vais-n'y*, vas-y ; *ji n'y vouais*, j'y vais ; *ji n'y souais*, j'y suis ; *ji n'y ponsou*, j'y pense, etc.

PRONOMS DÉMONSTRATIFS

101. — Les pronoms démonstratifs, moins nombreux en gaga qu'en français, sont :

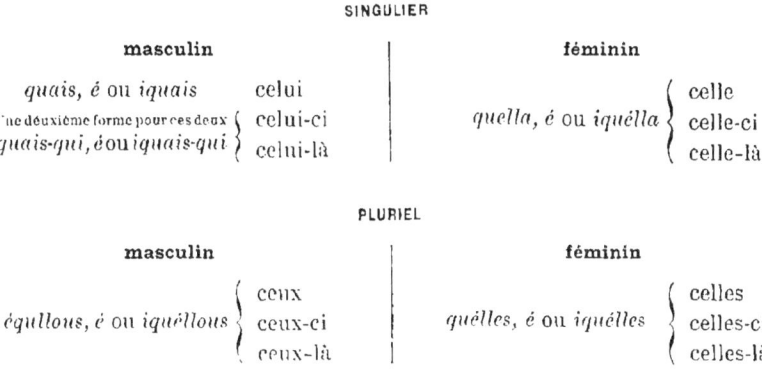

DES DEUX GENRES

Voù, où, ci ; ce, ça ; *équon* ou *iquon* ; ça, ceci, cela.

102. — Les pronoms démonstratifs ci-dessus : *équais, équélla, équéllous, équélles* et *équon*, sont soumis aux mêmes règles que nous avons indiquées pour les adjectifs démonstratifs ; en ce qui concerne les premières syllabes *é* et *i*, voir les nos 81 et 82.

103. — *Voù*, ce, ça, pronom démonstratif, s'emploie lorsqu'il précède immédiatement le verbe. Ex. : *voù sera*, ce sera ; *voù deit être*, ce doit être ; *voù marchara*, ça marchera, etc. Pris interrogativement on met *où*. Ex. : *é-t-où lù ?*, est-ce lui ? ; *é-t-où poussiblou ?*, est-ce possible, etc. Devant le pronom relatif, que, c'est *ci* que l'on emploie. Ex. : *ci que ji volou*, ce que je veux ; *ci que tchu djis*, ce que tu dis ; *ci qu'o fat*, ce qu'il fait, etc.

104. — REMARQUE : Il arrive parfois que, *voù*, ce, pronom démonstratif, est remplacé par *o*, il, pronom personnel. Ex. : *qui qu'o seit*, qui que ce soit ; *qu'o*

sera bion fat, que ce sera bien fait, etc. Mais, cette forme doit être plutôt considérée comme une fantaisie de langage, qu'une règle établie. Et, il est bien préférable d'employer *voù*, et d'écrire : *qui que voù seit, que voù sera bion fat*, etc.

PRONOMS POSSESSIFS

105. — Les pronoms possessifs, aussi nombreux qu'en français, sont :

masculin singulier		féminin singulier	
lou miéu ou *lou miénou*	le mien	*la mia* ou *la miéna*	la mienne
lou tchiéu ou *lou tchiénou*	le tien	*la tchia* ou *la tchiéna*	la tienne
lou siéu ou *lou siénou*	le sien	*la sia* ou *la siéna*	la sienne
lou néutrou	le nôtre	*la néutra*	la nôtre
lou véutrou	le vôtre	*la véutra*	la vôtre
lou lio	le leur	*la lio*	la leur

masculin pluriel		féminin pluriel	
lous miéus ou *miénous*	les miens	*les miais* ou *les miénes*	les miennes
lous tchiéus ou *tchiénous*	les tiens	*les tchiais* ou *les tchiénes*	les tiennes
lous siéus ou *siénous*	les siens	*les siais* ou *les siénes*	les siennes
lous néutrous	les nôtres	*les néutres*	les nôtres
lous véutrous	les vôtres	*les véutres*	les vôtres
lous lios	les leurs	*les lios*	les leurs

PRONOMS RELATIFS

106. — Les pronoms relatifs sont :

masculin singulier		féminin singulier	
lou	le	*la*	la
louqün (1)	lequel	*laquna*	laquelle
doqün	duquel	*de laquna*	de laquelle
auqün	auquel	*à laquna*	à laquelle

---

(1) On dit aussi : *louqunou, doqunou, auqunou*, pour le singulier, et *lousqunous, dosqunous, ausqunous* pour le pluriel.

masculin pluriel		féminin pluriel	
lous	les	*les*	les
lousqüns	lesquels	*lesqunes*	lesquelles
dosqüns	desquels	*de lesqunes*	desquelles
auxqüns	auxquels	*à lesqunes*	auxquelles

Des deux genres et des deux nombres

qui, que quei, on, dount ; qui, que, quoi, en, dont.

Ji voudrïns achetä ün chavouais ; vïns avouês mei par *lou* sugï ; tchu me djirais *louqün* fara bion moun sarviçou. Onsiéuta, dos treis que j'ai, tchu me djirais ïncoure *doqün* o faòt me défaire et *auqün* je deivou accouplà lou nouvais achetä. — Je voudrais acheter un cheval ; viens avec moi pour *le* choisir ; tu me diras *lequel* fera bien mon service. Ensuite, des trois que j'ai, tu me diras encore *duquel* il faut me défaire et *auquel* je dois accoupler le nouvel acheté.

PRONOMS INDÉFINIS

107. — Les pronoms indéfinis ne représentant que vaguement les personnes ou les choses, sont :

masculin		féminin	
aôtrou	autre	*aôtra*	autre
aôtrui	autrui		
ccartéin	certain	*cearteina*	certaine
chácün	chacun	*chácuna*	chacune
l'aôtrou	l'autre	*l'aôtra*	l'autre
lëingün	personne		
l'ün	l'un	*l'una*	l'une
l'ün l'aôtrou	l'un l'autre	*l'una l'aôtra*	l'une l'autre
nul	nul	*nulla*	nulle
plusûes	plusieurs		
quéuqu'ün	quelqu'un	*quéuqu'una*	quelqu'une
quicounquou	quiconque		
ron	rien		
tel	tel	*tella*	telle
tout	tout	*touta*	toute
voù } *eis* }	on		

108. — REMARQUE : Ne pas confondre *léingün*, personne, pronom indéfini, avec *pressouna*, personne, substantif : *Léingün ne rebutara équélla brâva pressouna* ; personne ne rebutera cette brave personne.

109. — C'est généralement le pronom indéfini *voù* (on) qui s'emploie au singulier : *voù djirit que*, on dirait que ; *quand voù se trove soù*, quand on se trouve seul ; *voù fat, voù djit*, on fait, on dit, etc. Mais au pluriel, lorsque plusieurs personnes semblent être indiquées, *voù* est remplacé par *eis*, comme le pronom personnel de la troisième personne du pluriel : *eis parlount de tei*, on parle de toi, c'est-à-dire plusieurs personnes vaguement désignées, parlent de toi.

CHAPITRE SEPTIÈME

DU VERBE

110. — Les verbes gagas, pour le moins aussi nombreux qu'en français, se terminent de cinq manières différentes : en *â, amâ,* aimer ; en *ie, tracie,* tracer ; en *i, fini,* finir ; en *ei, voulei,* vouloir, et en *re, rondre,* rendre ; ce qui pourrait porter à croire qu'il y a cinq conjugaisons de verbes dans ce langage ; tandis qu'en réalité, on n'en compte bien que trois : en *â, i* et *re.* Les deux autres : *ie* et *ei,* faisant exception, se conjuguent irrégulièrement sur la première et la troisième conjugaison.

111. — Il arrive très souvent que des verbes gagas ayant le même radical que leurs correspondants français diffèrent totalement par leur terminaison, et pour cela n'appartiennent plus du tout à la même conjugaison, tels sont les verbes : *benére,* bénir ; *omplire,* emplir ; *s'onfûre,* s'enfuir ; *aparciéure,* apercevoir ; *assetâ,* asseoir ; *deire,* devoir ; *reciéure,* recevoir, etc.

Pour rendre la chose compréhensible, nous croyons indispensable de mettre sous les yeux du lecteur le tableau des verbes auxiliaires *avei,* avoir et *être,* être, ainsi que celui des trois conjugaisons des verbes gagas.

112. — Nous croyons également utile de faire remarquer que dans le langage familier, le pronom personnel est souvent supprimé, par abréviation. On dira facilement : *souais maladou,* pour *ji souais maladou* ; *semmous rondjus,* pour *nous semmous rondjus,* etc., et encore, ce n'est qu'à la première personne du singulier et du pluriel. En sorte que c'est moins une règle qu'une licence permise, surtout en poésie, pour aider dans la mesure des vers.

VERBOU AÔXILIAIROU Avei | VERBE AUXILIAIRE Avoir

ÉINDJICATCHIF PRESONT	INDICATIF PRÉSENT
(onquéu)	(aujourd'hui)
J'ai	J'ai
Tch'as	Tu as
O ou ci-l-a	Il ou elle a
N'avouns	Nous avons
Vou'avez	Vous avez
Eis-l-ant	Ils ou elles ont

ÉIMPARFAT	IMPARFAIT
(Hie)	(Hier)
J'aïns	J'avais
Th'aïes	Tu avais
O ou ci-l-aït	Il ou elle avait
N'aians	Nous avions
Vou'aiaz	Vous aviez
Eiz-l-aiant	Ils ou elles avaient

PASSÀ DÉFINIT	PASSÉ DÉFINI
(La semana passà)	(La semaine passée)
J'aiéus	J'eus
Tch'aïs	Tu eus
O ou ci-l-aït	Il ou elle eut
N'aïmous	Nous eûmes
Vou'aïtes	Vous eûtes
Eis-l-aïrant	Ils ou elles eurent

2me FORME DU PASSÉ DÉFINI

(Vieux langage)

J'aguiéus	J'eus
Tch'aguis	Tu eus
O ou ci-l-aguit	Il ou elle eut
N'aguimous	Nous eûmes
Vou'aguites	Vous eûtes
Eis-l-aguirant	Ils ou elles eurent

PASSÀ ÉINDÉFINIT
(Équéttou madjïn)

J'ai-t-éu (1)
Tch'as-t-éu
O ou ei-l-a-t-éu
N'avouns-t-éu
Vou'avez-t-éu
Eis-l-ant éu

PASSÉ INDÉFINI
(Ce matin)

J'ai eu
Tu as eu
Il *ou* elle a eu
Nous avons eu
Vous avez eu
Ils *ou* elles ont eu

PASSÀ ANTERIŒU
(Nous djinamous quand)

J'aiéus-t-éu assu ma veya
Tch'aïs-t-éu
O ou ei-l-aït éu
N'aïmous-t-éu
Vou'aïtes-t-éu
Eis-l-airant éu

PASSÉ ANTÉRIEUR
(Nous dinâmes quand)

J'eus eu *achevé mon ouvrage*
Tu eus eu
Il *ou* elle eut eu
Nous eûmes eu
Vous eûtes eu
Ils *ou* elles eurent eu

2ᵉ FORME DU PASSÉ ANTÉRIEUR
(Vieux langage)

J'aguiéus-t-éu
Tch'aguis-t-éu
O ou eis-l-aguit éu
N'aguimous-t-éu
Vou'aguites-t-éu
Eis-l-aguirant éu

J'eus eu
Tu eus eu
Il *ou* elle eut eu
Nous cûmes eu
Vous eûtes eu
Ils *ou* elles eurent eu

PLUS-QUE-PARFAT
(Quand vou'arriviriaz)

J'aïns-t-éu sa visita
Tch'aïes-t-éu
O ou ei-l-aït éu
N'aians-t-éu
Vou-aiaz-t-éu
Eis-l-aiant éu

PLUS-QUE-PARFAIT
(Quand vous arrivâtes)

J'avais eu *sa visite*
Tu avais eu
Il *ou* elle avait eu
Nous avions eu
Vous aviez eu
Ils *ou* elles avaient eu

---

(1) On emploie une autre forme ou le *t* euphonique est remplacé par un i joint au participe passé *éu*, et l'on écrit iéu : j'ai iéu, tch'as iéu *ou* ei-l-a iéu, n'avouns iéu, vou'avez iéu, eis-l-ant iéu.

Cette forme s'applique à tous les temps composés, sauf au passé antérieur et au passé du subjonctif.

FUTCHUR SÏMPLOU
(Deméu, l'an que vînt)

J'aôrei
Tch'aôrais
O ou *ei-l-aôra*
N'aôrouns
Vou'aôriz
Eis-l-aôrant

FUTUR SIMPLE
(Demain, l'an qui vient)

J'aurai
Tu auras
Il *ou* elle aura
Nous aurons
Vous aurez
Ils *ou* elles auront

FUTCHUR ANTERIŒU
(Quand vou'arrivariz)

J'aôrei-t-éu sa visita
Tch'aôrais-t-éu
O ou *ei-l-aôra-t-éu*
N'aôrouns-t-éu
Vou'aôriz-t-éu
Eis-l-aôrant éu

FUTUR ANTÉRIEUR
(Quand vous arriverez)

J'aurai eu
Tu auras eu
Il *ou* elle aura eu
Nous aurons eu
Vous aurez eu
Ils *ou* elles auront eu

COUNDJICIOUNEL PRESONT
(Si ji voulïns)

J'aôrïns
Tch'aôries
O ou *ei-l-aôrit*
N'aôrians
Vou'aôriaz
Eis-l-aôriant

CONDITIONNEL PRÉSENT
(Si je voulais)

J'aurais
Tu aurais
Il *ou* elle aurait
Nous aurions
Vous auriez
Ils *ou* elles auraient

PASSÀ
(Si vous zos aiaz voulu)

J'aôrïns-t-éu
Tch'aôries-t-éu
O ou *ei-l-aôrit éu*
N'aôrians-t-éu
Vou'aôriaz-t-éu
Eis-l-aôriant éu

PASSÉ
(Si vous l'aviez voulu)

J'aurais eu
Tu aurais eu
Il *ou* elle aurait eu
Nous aurions eu
Vous auriez eu
Ils *ou* elles auraient eu

2ᵉ FORME DU PASSÉ

J'essa-t-éu
Tch'esses-t-éu
O ou *éi-l-esse-t-éu*
N'essians-t-éu
Vou'essiaz-t-éu
Eis-l-essiant éu

J'eusse eu
Tu eusses eu
Il *ou* elle eût eu
Nous eussions eu
Vous eussiez eu
Ils *ou* elles eussent eu

<table>
<tr><td>ÉIMPERATCHIF
(Onquéu et toujoù)

Aïe
Aïouns
Aïédes</td><td>IMPÉRATIF
(Aujourd'hui et toujours)

Aie
Ayons
Ayez</td></tr>
<tr><td>SUBJOUNTCHIF PRESONT OU FUTCHUR
(O féut, o foudrat)

Que j'aia
Que tch'aies
Qu'o ou ei-l-aie
Que n'aiouns
Que vou'aïz
Qu'eis-l-aiant</td><td>SUBJONCTIF PRÉSENT OU FUTUR
(Il faut, il faudra)

Que j'aie
Que tu aies
Qu'il ou elle ait
Que nous ayons
Que vous ayez
Qu'ils aient</td></tr>
</table>

2ᵉ FORME DU SUBJONCTIF

<table>
<tr><td>Que j'aiéza
Que tch'aiéze
Qu'o ou ei-l-aiéze
Que n'aiézians
Que vou'aiéziaz
Qu'eis-l-aiéziant</td><td>Que j'aie
Que tu aies
Qu'il ou elle ait
Que nous ayons
Que vous ayez
Qu'ils ou elles aient.</td></tr>
<tr><td>ÉIMPARFAT
(O foulit, o foudrit)

Que j'esse
Que tch'esses
Qu'o ou ei-l-esse
Que n'essiouns
Que vou'essiaz
Qu'eis-l-essiant</td><td>IMPARFAIT
(Il fallait, il faudrait)

Que j'eusse
Que tu eusses
Qu'il ou elle eût
Que nous eussions
Que vous eussiez
Qu'ils ou elles eussent</td></tr>
<tr><td>PASSÀ
(O féut, o foudrat)

Que j'aia ou aiézia-t-éu
Que tch'aies ou aiézes-t-éu
Qu'o ou ei-l-aie ou aiéze-t-éu
Que n'aiouns ou aiéziaz-t-éu
Que vou'aïz ou aiéziaz-t-éu
Qu'eis-l-aiant ou aiéziant-éu</td><td>PASSÉ
(Il faut, il faudra)

Que j'aie eu
Que tu aies eu
Qu'il ou elle ait eu
Que nous ayons eu
Que vous ayez eu
Qu'ils ou elles aient eu</td></tr>
</table>

PLUS-QUE-PARFAT	PLUS-QUE-PARFAIT
(O foulit, o foudrit)	(Il fallait, il faudrait)
Que j'essa-t-éu	Que j'eusse eu
Que tch'esses-t-éu	Que tu eusses eu
Qu'o ou ei-l-esse-t-éu	Qu'il *ou* elle eût eu
Que n'essiouns-t-éu	Que nous eussions eu
Que vou'essiaz-t-éu	Que vous eussiez eu
Qu'eis-l-essiant éu	Qu'ils *ou* elles eussent eu

ÉINFINITCHIF PRESONT	INFINITIF PRÉSENT
Avei	Avoir

PARTCHICIPOU PRESONT	PARTICIPE PRÉSENT
Aiant	Ayant

PASSÀ	PASSÉ
Éu, aiant éu	Eu, ayant eu

Dans les temps composés, le verbe *avoir* se sert d'auxiliaire à lui-même, comme en français.

———✕———

VERBOU AÔXILIAIROU **Être**	VERBE AUXILIAIRE **Être**

ÉINDJICATCHIF PRESONT	INDICATIF PRÉSENT
(Onquéu)	(Aujourd'hui)
Ji souais	Je suis
Tchu seis	Tu es
O ou ei-l-é	Il *ou* elle est
Nous semmous	Nous sommes
Vou'êtes	Vous êtes
Eis sount	Ils *ou* elles sont

ÉIMPARFAT

(Ilie)

J'erra
Tch'erres
O ou ei-t-erre
N'errians
Vou'erriaz
Eis-t-erriant

IMPARFAIT

(Hier)

J'étais
Tu étais
Il *ou* elle était
Nous étions
Vous étiez
Ils *ou* elles étaient

PASSÀ DÉFINIT

(La semanà passà)

Ji fieus
Tchu fus
O ou ei fut
Nous fumous
Vous fûtes
Eis furant

PASSÉ DÉFINI

(La semaine passée)

Je fus
Tu fus
Il *ou* elle était
Nous étions
Vous étiez
Ils *ou* elles étaient

PASSÀ ÉINDÉFINIT

(Equéttou madjin)

J'ai étà
Tch'as étà
O ou ei-t-a étà
N'avouns étà
Vou'avez étà
Eis-t-ant étà

PASSÉ INDÉFINI

(Ce matin)

J'ai été
Tu as été
Il *ou* elle a été
Nous avons été
Vous avez été
Ils *ou* elles ont été

PASSÀ ANTÉRIEU

(Nous djinamous quand)

J'aiéus étà
Tch'aïs étà
O ou ei-t-aût étà
N'aïmous étà
Vou'aïtes étà
Eis-t-aïrant étà

PASSÉ ANTÉRIEUR

(Nous dinâmes quand)

J'eus été
Tu eus été
Il *ou* elle eût été
Nous eûmes été
Vous eûtes été
Ils *ou* elles eurent été

2ᵉ FORME DU PASSÉ ANTÉRIEUR

(Vieux langage)

J'aguiéus étà	J'eus été
Tch'aguis étà	Tu eus été
O ou ei-l-aguit étà	Il ou elle eût été
N'aguimous étà	Nous eûmes été
Vo'aguuites étà	Vous eûtes été
Eis-l-aguirant étà	Ils ou elles eurent été

PLUS-QUE-PARFAT

(Quand vou'arriviriaz)

PLUS-QUE-PARFAIT

(Quand vous arrivâtes)

J'aïns étà	J'avais été
Tch'aïes éta	Tu avais été
O ou ei-l-aït étà	Il ou elle avait été
N'aians étà	Nous avions été
Vou'aiaz étà	Vous aviez été
Eis-l-aiant étà	Ils ou elles avaient été

FUTCHUR SÏMPLOU

(Deméu)

FUTUR SIMPLE

(Demain)

Ji serci	Je serai
Tchu serais	Tu seras
O ou ei sera	Il ou elle sera
No serouns	Nous serons
Vous seriz	Vous serez
Eis serant	Ils ou elles seront

FUTCHUR ANTERIŒU

(Quand vou'arrivariz)

FUTUR ANTÉRIEUR

(Quand vous arriverez)

J'aôrci étà	J'aurai été
Tch'aôrais étà	Tu auras été
O ou ei-l-aôra étà	Il ou elle aura été
N'aôrouns étà	Nous aurons été
Vou'aôriz étà	Vous aurez été
Eis-l-aôrant étà	Ils ou elles auront été

GRAMMAIRE GAGASSE

COUNDJICIOUNEL PRESONT OU FUTCHUR	CONDITIONNEL PRÉSENT OU FUTUR
(Si ji voulïns)	(Si je voulais)
Ji serïns	Je serais
Tchu series	Tu serais
O ou ei serit	Il *ou* elle serait
Nous serians	Nous serions
Vous seriaz	Vous seriez
Eis seriant	Ils *ou* elles seraient
PASSÀ	PASSÉ
(Si vous zos aiaz voulu)	(Si vous aviez voulu)
J'aòrïns étà	J'aurais été
Tch'aòries étà	Tu aurais été
O ou ei-l-aòrit étà	Il *ou* elle aurait été
N'aòrians étà	Nous aurions été
Vou'aòriaz étà	Vous auriez été
Eis-l-aòriant étà	Ils *ou* elles auraient été
ÉIMPERATCHIF	IMPÉRATIF
(Onquéu et toujoù)	(Aujourd'hui et toujours)
Seis	Sois
Seyouns	Soyons
Sédes	Soyez
SUBJOUNTCHIF PRESONT OU FUTCHUR	SUBJONCTIF PRÉSENT OU FUTUR
(O féut, o foudrat)	(Il faut, il faudra)
Que ji séza	Que je sois
Que tchu sézes	Que tu sois
Qu'o ou ei séze	Qu'il *ou* elle soit
Que nous seiouns	Que nous soyons
Que vous seïz	Que vous soyez
Qu'eis seiant	Qu'ils *ou* elles soient

ÉIMPARFAT
(O foulit, o foudrit)

Que ji fussa
Que tchu fusses
Qu'o ou ei fusse
Que nous fussians
Que vous fussiaz
Qu'eis fussiant

IMPARFAIT
(Il fallait, il faudrait)

Que je fusse
Que tu fusses
Qu'il *ou* elle fût
Que nous fussions
Que vous fussiez
Qu'ils *ou* elles fussent

PASSÀ
(O féut, o foudrat)

Que j'aia ou aiéza età
Que tch'aies ou aiézes età
Qu'o ou ei-l-aie ou aiéze età
Que n'aiouns ou aiezians età
Que vou'aïz ou aiézias età
Qu'eis-l-aiant ou aiéziant età

PASSÉ
(Il faut, Il faudra)

Que j'aie été
Que tu aies été
Qu'il *ou* elle ait été
Que nous ayons été
Que vous ayez été
Qu'ils *ou* elles aient été

PLUS-QUE-PARFAT
(O foulit, o foudrit)

Que j'essa età
Que tch'esses età
Qu'o ou qu'ei-l-esse età
Que n'essians età
Que vou'essiaz età
Qu'eis-l-essiant età

PLUS-QUE-PARFAIT
(Il fallait, il faudrait)

Que j'eusse été
Que tu eusses été
Qu'il *ou* elle eût été
Que nous eussions été
Que vous eussiez été
Qu'ils *ou* elles eussent été

ÉINFINITCHIF PRESONT

Ètre

INFINITIF PRÉSENT

Ètre

PASSÀ

Avei età

PASSÉ

Avoir été

PARTCHICIPOU PRESONT

Étant

PARTICIPE PRÉSENT

Étant

PASSÀ

Età, aiant, età

PASSÉ

Été, ayant été

OBSERVATION. — Les temps composés du verbe *être* se forment pour ainsi dire de deux manières différentes : avec le verbe *avoir*, comme en français ; ensuite avec le verbe *être* qui se sert d'auxiliaire à lui-même.

Ainsi, le participe passé *étà*, ajouté au présent de l'indicatif, forme le passé indéfini : *ji souais étà*, etc. ; ajouté au passé défini, forme le passé antérieur : *je fiéus étà*, etc. ; à l'imparfait, le plus-que-parfait : *j'erra étà*, etc. ; au futur simple, le futur antérieur : *ji serei étà*, etc. ; au conditionnel présent, le passé : *ji serins étà*, etc. ; au subjonctif présent, le passé : *que ji séza étà*, etc. ; à l'imparfait du subjonctif, le plus-que-parfait du subjonctif : *que ji fussa étà*, etc. ; à l'infinitif présent, le passé : *être étà* ; au participe présent, le passé : *étant étà*.

※

PARMÉRI COUNJUGUEISOUN ɴ â (1)	PREMIÈRE CONJUGAISON en **er**
Amâ	**Aimer**
ÉINDJICATCHIF PRESONT	INDICATIF PRÉSENT
J'*amou*	J'aime
Tch'*ames*	Tu aimes
O ou ei-l-*ame*	Il *ou* elle aime
N'*amouns*	Nous aimons
Vou'*amaz*	Vous aimez
Eis-l-*amount*	Ils *ou* elles aiment
ÉIMPARFAT	IMPARFAIT
J'*amâva*	J'aimais
Tch'*amâves*	Tu aimais
O ou ei-l-*amâve*	Il *ou* elle aimait
N'*amâvans* ou *àians*	Nous aimions
Vou'*amâvaz* ou *aiaz*	Vous aimiez
Eis-l-*amâvant* ou *àiant*	Ils *ou* elles aimaient

(1) On trouvera, dans le Dictionnaire, l'infinitif présent de tous les verbes avec indication de la conjugaison à laquelle ils appartiennent.

PASSÀ DÉFINIT	PASSÉ DÉFINI
J'amiéu	J'aimai
Tch'amais	Tu aimas
O ou *ei-l-amait*	Il *ou* elle aima
N'amimous	Nous aimâmes
Vou'amites	Vous aimâtes
Eis-l-amirant	Ils *ou* elles aimèrent
FUTCHUR SÏMPLOU	FUTUR SIMPLE
J'amarei	J'aimerai
Tch'amarais	Tu aimeras
O ou *ei-l-amara*	Il *ou* elle aimera
N'amarouns	Nous aimerons
Vou'amariz	Vous aimerez
Eis-l-amarant	Ils *ou* elles aimeront
COUNDJICIOUNEL PRESONT OU FUTCHUR	CONDITIONNEL PRÉSENT OU FUTUR
J'amarins	J'aimerais
Tch'amaries	Tu aimerais
O ou *ei-l-amarit*	Il *ou* elle aimerait
N'amarians	Nous aimerions
Vou'amariaz	Vous aimeriez
Eis-l-amariant	Ils *ou* elles aimeraient
ÉIMPERATCHIF	IMPÉRATIF
Ama	Aime
Amouns	Aimons
Amaz	Aimez
SUBJOUNTCHIF PRESONT OU FUTCHUR	SUBJONCTIF PRÉSENT OU FUTUR
Que j'ama	Que j'aime
Que tch'ames	Que tu aimes
Qu'o ou *ei-l-ame*	Qu'il *ou* elle aime
Que n'amiouns	Que nous aimions
Que vou'amiz	Que vous aimiez
Qu'eis-l-amant	Qu'ils *ou* elles aiment

ÉIMPARFAT	IMPARFAIT
Que j'améza	Que j'aimasse
Que tch'amézes	Que tu aimasses
Qu'o ou ei-l-améze	Qu'il *ou* elle aimât
Que n'amézians	Que nous aimassions
Que vou'améziaz	Que vous aimassiez
Qu'eis-l-améziant	Qu'ils *ou* elles aimassent

ÉINFINITCHIF PRESONT	INFINITIF PRÉSENT
Amâ	Aimer

PASSÀ	PASSÉ
Avei amà	Avoir aimé

PARTCHICIPOU PRESONT	PARTICIPE PRÉSENT
Amant	Aimant

PASSÀ	PASSÉ
Amà ; pl. *amàs, amais*	Aimé, aimée ; *pl.* aimés, ées
Aiant amà	Ayant aimé

OBSERVATION. — Les temps composés de cette conjugaison se forment avec l'auxiliaire *avoir* et le participe passé du verbe que l'on conjugue, lorsqu'on veut marquer l'action. Ex. : *j'ai amà*, j'ai aimé ; et pour marquer l'état, on emploie l'auxiliaire *être*. Ex. : *ji souais amà*, je suis aimé.

Comme dans le français, le participe passé conjugué avec *avoir* reste invariable : *j'ai amà ; eis-l-ant amà*, j'ai aimé ; ils ont aimé ; mais conjugué avec *être*, il s'accorde en genre et en nombre avec le sujet : *ji souais amà ; eis sount amàs*. je suis aimé, ils sont aimés ; *eis sount amais*, elles sont aimées, etc...

SEGOUNDA COUNJUGUEISOUN on i	SECONDE CONJUGAISON en **ir**
Finî	**Finir**

ÉINDJICATCHIF PRESONT	INDICATIF PRÉSENT
Ji finiéssou	Je finis
Tchu finiés	Tu finis
O ou ei finié	Il ou elle finit
Nous finissouns	Nous finissons
Vous finissédes	Vous finissez
Eis finiéssount	Ils ou elles finissent

ÉIMPARFAT	IMPARFAIT
Ji finissins	Je finissais
Tchu finissies	Tu finissais
O ou ei finissit	Il ou elle finissait
Nous finissians	Nous finissions
Vous finissiaz	Vous finissiez
Eis finissiant	Ils ou elles finissaient

PASSÀ DÉFINIT	PASSÉ DÉFINI
Ji finissiéus	Je finis
Tchu finissis	Tu finis
O ou ei finissit	Il ou elle finit
Nous finimmous	Nous finîmes
Vous finites	Vous finîtes
Eis finirant	Ils ou elles finirent

FUTCHUR SÏMPLOU	FUTUR SIMPLE
Ji finirei	Je finirai
Tchu finirais	Tu finiras
O ou ei finira	Il ou elle finira
Nous finirouns	Nous finirons
Vous finiriz	Vous finirez
Eis finirant	Ils ou elles finiront

COUNDJICIOUNEL PRESONT OU FUTCHUR

Ji finirïns
Tchu finiries
O ou eis finirit
Nous finirians
Vous finiriaz
Eis finiriant

ÉIMPERATCHIF

Finiés
Finissouns
Finisédes

SUBJOUNTCHIF PRESONT OU FUTCHUR

Que ji finissa
Que tchu finisses
Qu'o ou ei finisse
Que nous finissiouns
Que vous finissiz
Qu'eis finissant

ÉIMPARFAT

Que ji finisséza
Que tchu finissézes
Qu'o ou ei finisséze
Que nous finissézians
Que vous finisséziaz
Qu'eis finisséziant

ÉINFINITCHIF PRESONT

Fini

PASSÀ

Avei finit

PARTCHICIPOU PRESONT

Finissant

CONDITIONNEL PRÉSENT OU FUTUR

Je finirais
Tu finirais
Il ou elle finirait
Nous finirions
Vous finiriez
Ils ou elles finiraient

IMPÉRATIF

Finis
Finissons
Finissez

SUBJONCTIF PRÉSENT OU FUTUR

Que je finisse
Que tu finisses
Qu'il ou elle finisse
Que nous finissions
Que vous finissiez
Qu'ils ou elles finissent

IMPARFAIT

Que je finisse
Que tu finisses
Qu'il ou elle finit
Que nous finissions
Que vous finissiez
Qu'ils ou elles finissent

INFINITIF PRÉSENT

Finir

PASSÉ

Avoir fini

PARTICIPE PRÉSENT

Finissant

PASSÀ	PASSÉ
Finit, finia, aiant finit	Fini, finie, ayant fini
pl. *finits, finies*	pl. : finis, finies

OBSERVATION. — Les temps composés de cette 2ᵉ conjugaison se forment avec l'auxiliaire *avoir* et le participe passé du verbe que l'on conjugue, lorsqu'on veut marquer l'action : *j'ai finit, eis-l-ant finit ;* j'ai fini, ils ont fini ; et pour marquer l'état, on emploie l'auxiliaire *être : o-l-ei finit, eis sount finies ;* il est fini, elles sont finies, etc. (Même règle que pour la conjugaison précédente).

TREISIÉMA COUNJUGUEISOUN ON re — TROISIÈME CONJUGAISON en re

Rondre — Rendre

ÉINDJICATCHIF PRESONT	INDICATIF PRÉSENT
Ji rondou	Je rends
Tchu ronds	Tu rends
O ou ei rond	Il *ou* elle rend
Nous rondouns	Nous rendons
Vous rondèdes	Vous rendez
Eis rondount	Ils *ou* elles rendent

ÉIMPARFAT	IMPARFAIT
Ji rondjins	Je rendais
Tchu rondjies	Tu rendais
O ou ei rondjit	Il *ou* elle rendait
Nous rondjians	Nous rendions
Vous rondjiaz	Vous rendiez
Eis rondjiant	Ils *ou* elles rendaient

PASSÀ DÉFINIT	PASSÉ DÉFINI
Ji rondjièus	Je rendis
Tchu rondjis	Tu rendis
O ou ei rondjit	Il *ou* elle rendit
Nous rondjimous	Nous rendîmes
Vous rondjites	Vous rendîtes
Eis rondjirant	Ils *ou* elles rendirent

FUTCHUR SÏMPLOU

Ji rondrei
Tchu rondrais
O ou ei rondrat
Nous rondrouns
Vous rondriz
Eis rondrant

COUNDJICIOUNEL PRESONT OU FUTCHUR

Ji rondrins
Tchu rondries
O ou ei rondrit
Nous rondrians
Vous rondriaz
Eis rondriant

ÉIMPERATCHIF

Ronds
Rondouns
Rondédes

SUBJOUNTCHIF PRESONT OU FUTCHUR

Que ji ronda
Que tchu rondes
Qu'o ou ei ronde
Que nous rondjiouns
Que vous rondjiz
Qu'eis rondant

ÉIMPARFAT

Que ji rondéza
Que tchu rondézes
Qu'o ou ei rondéze
Que nous rondézians
Que vous rondéziaz
Qu'eis rondéziant

ÉINFINITCHIF PRESONT

Rondre

FUTUR SIMPLE

Je rendrai
Tu rendras
Il *ou* elle rendra
Nous rendrons
Vous rendrez
Ils *ou* elles rendront

CONDITIONNEL PRÉSENT OU FUTUR

Je rendrais
Tu rendrais
Il *ou* elle rendrait
Nous rendrions
Vous rendriez
Ils *ou* elles rendraient

IMPÉRATIF

Rends
Rendons
Rendez

SUBJONCTIF PRÉSENT OU FUTUR

Que je rende
Que tu rendes
Qu'il *ou* elle rende
Que nous rendions
Que vous rendiez
Qu'ils *ou* elles rendent

IMPARFAIT

Que je rendisse
Que tu rendisses
Qu'il *ou* elle rendît
Que nous rendissions
Que vous rendissiez
Qu'ils *ou* elles rendissent

INFINITIF PRÉSENT

Rendre

PASSÀ	PASSÉ
Avei rondju	Avoir rendu
PARTCHICIPOU PRESONT	PARTICIPE PRÉSENT
Rondant	Rendant
PASSÀ	PASSÉ
Rondju, rondjua, aiant rondju ; pl. : *rondjus, rondjues*	Rendu, rendue, ayant rendu pl. : rendus, rendues

OBSERVATION. — Les temps composés de cette 3ᵉ conjugaison se forment comme aux précédentes, lorsqu'on veut exprimer l'action avec l'auxiliaire *avoir* et le participe passé : *j'ai rondju, eis sount rondjus* ; je suis rendu, ils sont rendus. (Même règle que pour les précédentes).

VERBES INTERROGATIFS

113. — En gaga, dans les verbes interrogatifs, les pronoms personnels employés comme sujets se placent non seulement après le verbe comme dans le français ; mais, ainsi qu'on l'a déjà vu à l'article pronoms, nᵒˢ 92, 95 et 96, ils changent et d'orthographe et d'intonation.

114. — Voici un exemple pour les trois conjugaisons :

Amou-jou ?	Aimé-je ?
Ames-tchu ?	Aimes-tu ?
{ *Ame-t-ais ?*	{ Aime-t-il ?
{ *Ame-tchi ?*	{ Aime-t-elle ?
Amouns-nous ?	Aimons-nous ?
Amaz-vous ?	Aimez-vous ?
Amount-tchis ?	Aiment-ils *ou* elles ?

Finiéssou-jou ?	Finis-je ?
Finiés-tchu	Finis-tu ?
{ Finié-t-ais ?	{ Finit-il ?
{ Finié-tchi ?	{ Finit-elle ?
Finissouns-nous ?	Finissons-nous ?
Finissédes-vous ?	Finissez-vous ?
Finiéssount-tchis ?	Finissent-ils *ou* elles ?

Rondou-jou ?	. . . .
Rond-tchu ?	Rends-tu ?
{ Rond-t-ais ?	{ Rend-il ?
{ Rond-tchi ?	{ Rend-elle ?
Rondouns-nous ?	Rendons-nous ?
Rondédes-vous ?	Rendez-vous ?
Rondount-tchis ?	Rendent-ils *ou* elles ?

Plur. : *va-t-où ?*, pour ça va-t-il ?

VERBES IRRÉGULIERS

116. — Les verbes irréguliers sont, pour le moins, aussi nombreux qu'en français. On trouvera dans le Dictionnaire, avec l'infinitif de chaque verbe, la marche de sa conjugaison.

VERBE PRONOMINAUX

115. — Les verbes pronominaux gagas suivent les mêmes règles qu'en français. Voici la conjugaison du verbe essentiellement pronominal : *se flattà*, se flatter.

ÉINDJICATCHIF PRESONT	INDICATIF PRÉSENT
Ji me flattou	Je me flatte
Tchu te flattes	Tu te flattes
O ou ei se flatte	Il *ou* elle se flatte
Nous nous flattouns	Nous nous flattons
Vous vous flattaz	Vous vous flattez
Eis se flattount	Ils *ou* elles se flattent

ÉIMPARFAT	IMPARFAIT
Ji me flattâva	Je me flattais
Tchu te flattâves	Tu te flattais
O ou ei se flattâve	Il ou elle se flattait
Nous nous flattâvans ou âians	Nous nous flattions
Vous vous flattâvaz ou aiaz	Vous vous flattiez
Eis se flattâvant ou âiant	Ils ou elles se flattaient

PASSÀ DÉFINIT	PASSÉ DÉFINI
Ji me flattchiéu	Je me flattai
Tchu te flattais	Tu te flattas
O ou ei se-flattait	Il ou elle se flatta
Nous nous flattamous	Nous nous flattâmes
Vous vous flattates	Vous vous flattâtes
Eis se flattchirant	Ils ou elles se flattèrent

PASSÀ ÉINDÉFINIT

Ji me souais	⎧	
Tchu te sés	⎬ *flattà*	
O ou ei s'é	⎭	
Nous nous semmous	⎧ *flattàs*	
Vous vous êtes	⎨ ou	
Eis se sount	⎩ *flattais*	

PASSÉ INDÉFINI

Je me suis	⎧	flatté
Tu t'es	⎨	ou
Il ou elle s'est	⎩	flattée
Nous nous sommes	⎧	flattés
Vous vous êtes	⎨	ou
Ils ou elles se sont	⎩	flattées

PASSÀ ANTERIŒU

Ji me fiéus	⎧	
Tchu te fus	⎬ *flattà*	
O ou ei se fut	⎭	
Nous nous fumous	⎧ *flattàs*	
Vous vous futes	⎨ ou	
Eis se furant	⎩ *flattais*	

PASSÉ ANTÉRIEUR

Je me fus	⎧	flatté
Tu te fus	⎨	ou
Il ou elle se fut	⎩	flattée
Nous nous fûmes	⎧	flattés
Vous vous fûtes	⎨	ou
Ils ou elles se furent	⎩	flattées

PLUS-QUE-PARFAT

Ji m'erra	⎧	
Tchu t'erres	⎬ *flattà*	
O ou eis s'erre	⎭	
Nous nous errians	⎧ *flattàs*	
Vous vous erriaz	⎨ ou	
Eis s'erriant	⎩ *flattais*	

PLUS-QUE-PARFAIT

Je m'étais	⎧	flatté
Tu t'étais	⎨	ou
Il ou elle s'était	⎩	flattée
Nous nous étions	⎧	flattés
Vous vous étiez	⎨	ou
Ils ou elles s'étaient	⎩	flattées

FUTCHUR

Ji me flattarei
Tchu te flattarais
O ou ei se flattara
Nous nous flattarouns
Vous vous flattariz
Eis se flatterant

FUTUR

Je me flatterai
Tu te flatteras
Il ou elle se flattera
Nous nous flatterons
Vous vous flatterez
Ils ou elles se flatteront

FUTCHUR ANTERIOEU

Ji me serei
Tchu te serais
O ou ei se sera   } flattà
Nous nous serouns   { flattàs
Vous vous seriz   ou
Eis se serant   (flattais

FUTUR ANTÉRIEUR

Je me serai   (flatté
Tu te seras   } ou
Il ou elle se sera   :{ flattée
Nous nous serons   (flattés
Vous vous serez   } ou
Ils ou elles se seront (flattées

COUNDJICIOUNEL PRESONT

Ji me flattarëins
Tchu te flattaries
O ou ei se flattarit
Nous nous flattarians
Vous vous flattariaz
Eis se flattariant

CONDITIONNEL PRÉSENT

Je me flatterais
Tu te flatterais
Il ou elle se flatterait
Nous nous flatterions
Vous vous flatteriez
Ils ou elles se flatteraient

PASSÀ

Ji me serïns
Tchu te series
O ou ei se serit   } flattà
Nous nous serians   (flattàs
Vous vous seriaz   ou
Eis se seriant   (flattais

PASSÉ

Je me serais   (flatté
Tu te serais   } ou
Il ou elle se serait   (flattée
Nous nous serions   (flattés
Vous vous seriez   } ou
Ils ou elles se seraient (flattées

ÉIMPERATCHIF

Flatta-tei
Flattouns-nous
Flattaz-vous

IMPÉRATIF

Flatte-toi
Flattons-nous
Flattez-vous

SUBJOUNTCHIF PRESONT OU FUTCHUR

Que ji me flatta
Que tchu te flattes
Qu'o ou ei se flatte
Que nous nous flattchiouns
Que vous vous flattchiz
Qu'eis se flattant

ÉIMPARFAT

Que ji me flattéza
Que tchu te flattézes
Qu'o ou ei se flattézes
Que nous nous flattézians
Que vous vous flattéziaz
Qu'eis se flattéziant

PASSÀ

Que ji me séza
Que tchu te sézes
Qu'o ou ei se séze   } flattà
Que nous nous seians   } flattàs
Que vous vous seiz   } ou
Qu'eis se seiant   } flattais

PLUS-QUE-PARFAT

Que ji me fussa
Que tchu te fusses
Qu'o ou ei se fusse   } flattà
Que nous nous fussians   } flattàs
Que vous vous fussiaz   } ou
Qu'eis se fussiant   } flattais

ÉINFINITCHIF PRESONT

Se flattà

PASSÀ

S'être flattà, flattàs ou flattais

SUBJONCTIF PRÉSENT OU FUTUR

Que je me flatte
Que tu te flattes
Qu'il ou elle se flatte
Que nous nous flattions
Que vous vous flattiez
Qu'ils ou elles se flattent

IMPARFAIT

Que je me flattasse
Que tu te flattasses
Qu'il ou elle se flattât
Que nous nous flattassions
Que vous vous flattassiez
Qu'ils ou elles se flattassent

PASSÉ

Que je me sois   } flatté
Que tu te sois   } ou
Qu'il ou elle se soit   } flattée
Que nous nous soyons   } flattés
Que vous vous soyez   } ou
Qu'ils ou elles se soient   } flattées

PLUS-QUE-PARFAIT

Que je me fusse   } flatté
Que tu te fusses   } ou
Qu'il ou elle se fût   } flattée
Que nous nous fussions   } flattés
Que vous vous fussiez   } ou
Qu'ils ou elles se fussent } flattées

INFINITIF PRÉSENT

Se flatter

PASSÉ

S'être flatté ou flattée, flattés ou flattées

PARTCHICIPO'J PRESONT	PARTICIPE PRÉSENT
Se flattant	*Se flattant*
PASSÀ	PASSÉ
S'étant flattà, flattàs ou *flattais*	*S'étant flatté* ou *flattée,* *flattés* ou *flattés*

es temps composés se forment avec le verbe *être* et le participe passé.

VERBES PASSIFS

117. — Pour la conjugaison des verbes passifs, il suffit, comme en français, d'ajouter le participe passé du verbe actif à tous les temps de l'auxiliaire *être*.

Exemple pour le verbe passif :

Être amâ

ÉINDJICATCHIF PRESONT

Ji souais	⎧	
Tchu seis	⎪	amà
O ou ci-l-é	⎨	
Nous semmous	⎪	amàs
Vou'êtes	⎬	ou
E'is sount	⎩	amais

Être aimé

INDICATIF PRÉSENT

Je suis	⎧	aimé
Tu es	⎪	ou
Il ou elle est	⎨	aimée
Nous sommes	⎪	aimés
Vous êtes	⎬	ou
Ils ou elles sont	⎩	aimées

VERBES NEUTRES

118. — Les verbes neutres n'ont rien de particulier; ils sont soumis aux mêmes règles que leurs correspondants français. Les temps simples se conjuguent sur les trois conjugaisons modèles. Les temps composés se forment avec l'auxiliaire *avoir* ou avec *être*; et pour certains verbes, on se sert tantôt de l'un, tantôt de l'autre, suivant que l'on veut exprimer une action ou un état.

VERBES UNIPERSONNELS

119. — Les verbes unipersonnels, tout comme en français, ne se conjuguent qu'à la troisième personne du singulier, et prennent pour modèle les trois conjugaisons : *amâ*, *finî* et *rondre*.

120. — Dans les verbes unipersonnels, l'usage a changé le pronom personnel *o*, il, en *voù*, et l'on dit plus communément : *voù plot*, que *o plot*, il pleut. Cependant il serait plus exact d'employer cette dernière forme, *o plot*, parce que *voù*, dans le gaga, étant pronom démonstratif, et parfois indéfini, ne nous paraît guère à sa place ici.

121. — Pour être exact, nous allons donner la conjugaison du verbe unipersonnel *tounâ*, tonner, en indiquant les deux formes.

ÉINDJICATCHIF PRESONT	INDICATIF PRÉSENT
O tonne / *Voù tonne*	Il tonne

ÉIMPARFAT	IMPARFAIT
O tounâve / *Voù tounâve*	Il tonnait

PASSÀ DÉFINIT	PASSÉ DÉFINI
O tounait / *Voù tounait*	Il tonnait

PASSÀ ÉINDÉFINIT	PASSÉ INDÉFINI
O-l-a tounâ / *Voù a tounâ*	Il a tonné

PASSÀ ANTERIŒU	PASSÉ ANTÉRIEUR
O-l-ait tounâ / *Voù'ait tounâ*	Il eût tonné

PLUS-QUE-PARFAT	PLUS-QUE-PARFAIT
O-l-aït tounâ / *Voù'aït tounâ*	Il avait tonné

FUTCHUR	**FUTUR**
O tounara *Voù tounara*	Il tonnera
FUTCHUR ANTERIOEU	**FUTUR ANTÉRIEUR**
O-l-aòra tounà *Voù'aòra tounà*	Il aura tonné
COUNDJICIOUNEL PRESONT	**CONDITIONNEL PRÉSENT**
O tounarit *Voù tounarit*	Il tonnerait
PASSÀ	**PASSÉ**
O-l-aòrit tounà *Voù'aòrit tounà*	Il aurait tonné
SUBJOUNTCHIF PRESONT OU FUTCHUR	**SUBJONCTIF PRÉSENT OU FUTUR**
Qu'o tonne *Que voù tonne*	Qu'il tonne
ÉIMPARFAT	**IMPARFAIT**
Qu'o tounéze ou tounesse *Que voù tounéze ou tounesse*	Qu'il tonnât
PASSÀ	**PASSÉ**
Qu'o-l-aie ou aiéze tounà *Que voù'aie ou aiéze tounà*	Qu'il ait tonné
PLUS-QUE-PARFAT	**PLUS-QUE-PARFAIT**
Qu'o-l-esse tounà *Que voù'esse tounà*	Qu'il eût tonné

ÉINFINITCHIF PRESONT	INFINITIF PRÉSENT
Tounâ	Tonner

PARTCHICIPOU PRESONT	PARTICIPE PRÉSENT
Tounant	Tonnant

PASSÀ	PASSÉ
Aiant tounà	Ayant tonné

CHAPITRE HUITIÈME

DU PARTICIPE

122. — Dans le gaga, le participe présent est invariable et se termine toujours en *ant*, comme dans le français.

123. — Le participe passé, comme en français également, s'accorde en genre et en nombre avec le nom qu'il qualifie, mais en prenant les terminaisons particulières qui lui sont propres, ainsi qu'il est indiqué dans les verbes qui précèdent.

124. — REMARQUE : Les deux participes deviennent quelquefois des adjectifs verbaux et sont indistinctement soumis à toutes les règles de l'accord.

Ex. : Participe présent : *poussá des cris parçants*, pousser des cris perçants ; *avei una couloû changeanta*, avoir une couleur changeante, etc.

Participe passé : *ji souzis trompou* pour *trompà*, je suis trompé ; *la vachi é gounfla* pour *gounflà*, la vache est gonflée ; *o-l-a les méus onfles* pour *onflais*, il a les mains enflées, etc.

CHAPITRE NEUVIÈME

ADVERBES, PRÉPOSITIONS, CONJONCTIONS & INTERJECTIONS

125. — Ces quatres parties du discours n'ont rien de remarquable; elles remplissent le même rôle et suivent les mêmes règles qu'en français.

Se trouvant toutes suffisamment indiquées dans le Dictionnaire, nous pourrions nous dispenser de faire double emploi en les reproduisant ici; mais, pour l'agrément de nos lecteurs, nous croyons néanmoins devoir leur donner quelques-uns des mots les plus usités.

126. — 1° ADVERBES ET LOCUTIONS ADVERBIALES

DE TEMPS	*Aillœu*	Ailleurs	QUANTITÉ	*Prou*	Assez
	Dedjins	Dedans		*Asséz*	
	Deféu	Dehors		*Guèrou*	Guère
	Éci ou *écais*	Ici		*Mais*	Plus
	Élais	Là-bas		*J'in*	Point
	Équi	Là		*Rais*	
	Onte	Où		*Imcoure*	Encore
	Leion	Là-bas		*Ronque*	Que
	Lâvouais	Là-bas			
	Sâvouais	Ici-bas	AFFIRMATION	*Suramont*	Assurément
	Lâmount	Là-haut		*Cearteinamont*	Certainement
	Sâmount	Ici-en-haut		*Ouais*	Oui

DE TEMPS			ORDRE	Avant	Auparavant
	Aujord'héu	Aujourd'hui		D'abô	D'abord
	Onquéu			Onsiéuta	Ensuite
	Aôtreveis	Autrefois			
	Biontéut	Bientôt	MANIÈRE	Bion	Bien
	Deméu	Demain		Mà	Mal
	Hî, hîe	Hier		Sagimont	Sagement
	Yéure	Maintenant			
	Toujoù	Toujours			

LOCUTIONS ADVERBIALES

A proupéus	A propos	A l'hasà	Au hasard
Tout de siéuta	Tout de suite	Dj'iqui	De là
Tout héure	Tout à l'heure	D'écais	D'ici
Massurou	Peut-être	D'élais	De là-bas
Mountéu			

2° PRÉPOSITIONS

127. — Liste des propositions les plus usitées :

Avouês	Avec	On	En
Chiz ou chíe	Chez	Maôgrà	Malgré
Countra	Contre	Par	Pour
Dompéu ou depéu	Depuis	Tandjiéus	Tandis
Djins	Dans	Parmé	Parmi
Daré	Derrière	Vès, vais	Vers
Onvês	Envers	Véquia (1)	Voici, voilà

3° CONJONCTIONS

128. — Liste des conjonctions les plus usitées :

Éinsi	Ainsi	Car ou Câ	Car
Cepondont	Cependant	Pacique	Parce que
Dounc	Donc	Onfin	Enfin
Parquei	Pourquoi	Portant	Pourtant
Et	Et	Toutoveis	Toutefois
Coumma	Comme	Ou	Ou

---

(1) Dans quelques vieux écrits on trouve : reicit pour voici.

REMARQUE : Ne pas confondre *ou*, conjonction, qui ne change pas, avec *où*, adverbe, qui fait *onte*. Ex. : *l'ün ou l'aôtrou*, l'un ou l'autre ; *onte vais-tchu* ? où vas-tu ?

4° INTERJECTIONS

129. — Liste des interjections les plus usitées :

Aià !	Aie !	*Pardjiét*	Pardi, pardieu
Adjiéu		*Ah !*	Ah !
Adjiéu-couman	Adieu	*Ha !*	Ha !
Adjiéu-sià		*Het bon !*	Hé bien !
Annou ! ou allou !	Allons !	*Oh !*	Oh !
Assà !	Allons !	*Houssù*	. . . . . .

TROISIÈME PARTIE

GRAND DICTIONNAIRE GAGA-FRANÇAIS

TROISIÈME PARTIE

GRAND DICTIONNAIRE GAGA-FRANÇAIS

A, s. m. Première lettre de l'alphabet et des voyelles (v. gram. n° 2).

A, 3ᵉ pers. du sing. de l'ind. prés. du verbe *avoir*.

À, prép. *à* est souvent remplacé par *és* (Voir ce mot).

Â, s. m. Arc, bois courbé : *jeu-de-l'â*.

Â, s. m. Art, adresse, talent.

Abadà, s. m. Vagabond, vaurien : *Car j'ai fat pis qu'ün abadà*, car j'ai fait pis qu'un vagabond (J. Chapelon).

Abadà, v. n. 1ʳᵉ conj. Errer, vagabonder ; v. pr. *s'abadà* : s'abandonner, prendre la clef des champs.

Abadà (à l') loc. adv. A l'abandon.

Abandoun, s. m. Abandon. (Celt. *abandoun*).

Abandoun (à l') loc. adv. A l'abandon.

Abandounâ, v. a. et pr. 1ʳᵉ conj. comme *Bouradounâ*, Abandonner.

Abandounâ, s. m. Abandonné : *abandounâ de Djièu*, abandonné de Dieu, malheureux, sans ressources.

Abandounamont, s. m. Abandonnement.

Abaragnie, v. a. 1ʳᵉ conj. irrég. Conduire les bestiaux dans les champs, le long des haies, des *(baragnes)*, ind. pr. *j'abaragnou, tch'abaragnes, o-l-abaragne, n'abaragnouns, rou'abaragnies, eis-t-abaragnount*. — Impératif : *Abaragni, abaragnouns, abaragnies*. — Part. passé : *A baraguit, abaragnià, abaragnits, abaragnias*.. — *Còdre les baragnes*, courir par les champs.

Abarî, v. a. 2ᵉ conj. Nourrir, éberger, élever.

Abatageou, s. m. Abatage.

Abatant, s. m. Ancien volet dont une moitié s'abat et l'autre se relève, servant d'abat-jour : portion qui s'abat.

Abatardjî, v. a. et pr. 2ᵉ conj. comme *Agrandji*. Abâtardir.

Abatardjissamont, s. m. Abâtardissement.

Abatchis, s. m. Abatis.

Abat-joû, s. m. Abat-jour. Prend un *e* muet devant une voyelle : *Abat-joûe on plièi*.

Abattamont, s. m. Abattement.

ABIA

Abattoi (touà), s. m. Abattoir.
Abattre, v. a. et pr. 3e conj. Abattre. S'abattre, se laisser aller, affaibli par l'âge.
Abatchu, a, adj. Abbattu, e.
Abbaÿ, s. f. Abbaye.
Abbé, s. m. Abbé.
Abbessa, s. f. Abbesse.
Abbichoun, s. m. Jeune abbé, séminariste.
A, B, C, D, s. m. Alphabet, premières notions. *Counaître souri A, B, C, D,* connaître son alphabet, savoir lire. — *A, b, c, d. La michi é bouna avoués les noueix.* Plaisanterie que l'on adresse aux enfants qui apprennent à lire. (V. *Croueix de Djiéu*).
Abcês, s. m. Abcès.
Abdjicacioun, s. f. Abdication.
Abdjiquâ, v. a. et n. 1re conj. Abdiquer.
Abeissamont, s. m. Abaissement.
Abeissant, a, adj. Abaissant, e.
Abeissîe, v. a. et pr. 1re conj. irr. Abaisser. — *J'abéissou, tch'abéisses, o-l-abéisse, n'abrissouns, vou'abeissies, cis-l-abéissount.* — Impératif : *Abéissi, abeissouns, abeissies.* — Subj. prés. : *Que j'abéissa,* etc. — Part. pas. : *Abeissit, abeissià ; abeissits, abeissiais.*
Abelitrâ, v. a. et pr. 1re conj. Abrutir, devenir un bélître.
Aberâ, v. a. et pr. 1re conj. Abreuver (Celt. *Aberagium*). Prend deux r aux trois pers. du sing. et à la 3e du plur. de l'ind. prés. et du subj. ; à l'impératif : *aberra*.
Aberâ, v. n. 1re conj. Ressentir une douleur ; *Ji me souais cachit ûn artchiéu voû m'aberre jusqu'à la couaissi,* je me suis meurtri un orteil, j'en ressens la douleur jusqu'à la cuisse. Prend deux r aux trois pers. du sing. et à la 3e du plur. de l'ind. prés. : *j'aberrou ;* au subj. : *que j'aberra ;* et à l'impératif : *aberra*.
Aberéu, s. m. Abreuvoir.
Aberéu dj'ûsais, s. m. Auget d'oiseau.
Aberéu, s. m. Ouverture, large blessure, accroc, déchirure : *Dj'ûn cop de sâprou ji li ai fat ûn aberéu à la couaissi,* d'un coup de sabre, je lui ai fait une large blessure à la cuisse. *On rappillant sus l'aibrou j'ai fat ûn aberéu à mes quilottes,* en grimpant sur l'arbre j'ai fait un accroc à mes culottes.
À benéure, loc. adv. : Ha ! bien maintenant, à présent ; *à benéure, tout va bion,* ha ! bien à présent, tout va bien.
Abialâ, v. a. 1re conj. Faire des rigoles *(bialéures)* dans une prairie pour l'arrosage.
Abiatâ, v. a. 1re conj. Mater, affaiblir, dompter, abîmer : *abiatá lou travouais,*

ABOU

mal faire le travail ; *être abiatà,* être affaibli, vaincu ; *s'abiatà,* se ruiner, perdre au jeu, perdre la santé. *Eis creyant bion de l'abiatà avoués lio vin de coumtrabanda ;* ils croyaient bien de le mater, de l'affaiblir, avec leur vin de contrebande. (G. Boyron.)
Abiéurâ, v. a. 1re conj. Abreuver. (V. *Aberâ*).
Abiéurageou, s. m. Abreuvage.
Abîmâ, v. a. et pr. 1re conjug. Abîmer. (V. *Abiatà*).
Abîmou, s. m. Abîme. (V. *Deguéurou*).
Ablagéu, s. m. Mauvais ouvrier, gâcheur de travail.
Ablagîe, v. a. 1re conj. irrég. Gâcher le travail, abîmer, détériorer une chose : *être ablagit,* être harassé, accablé, éreinté. (V. *Abiatà*). — Ind. prés. : *J'ablageou, tch'ablages, o-l-ablage, n'ablageouns, vou'ablagies, eis-l-ablageount.* — Impératif : *ablagi, ablageouns, ablagies.* — Part. pas. : *Ablagit, ablagià ;* pl. *ablagits, ablagiais*.
A blan !, loc. adv. À découvert. Lorsque les enfants se lancent des boules de neige, l'assaillant crie à son adversaire : *A blan ?* Si celui-ci répond affirmativement, il doit rester immobile sans chercher à se couvrir pour parer le coup.
Abnegacioun, s. f. Abnégation.
Abô, s. m. Abord.
Abordâ, v. a. n. et pr. 1re conj. Aborder.
Abordablou, bla, adj. Abordable.
Abordageou, s. m. Abordage.
Abouais ou Aboueis, s. m. Abois, dernière extrémité.
Abouchîe, v. a. et pr. 1re conj. irrég. Aboucher, s'aboucher. *Abouchie,* tomber en avant, sur la face, sur la bouche ; *Una mâtrua bouissâ lou fat abouchie,* une petite poussée le fait tomber sur la face. *J'ai fat una écoulanchià et ji me souais abouchit,* j'ai fait une glissade et j'ai tombé la face en avant. — Ind. prés. : *J'abochou, tch'aboches, o-l-aboche, n'abouchouns, vou'abouchies, eis-l-abochount.* — Impératif : *Abochi, abouchouns, abouchies.* — Subj. : *Que j'aborha, que tch'aboches, qu'o-l-aboche, que n'abouchouns, que vou'abouchiz, qu'eis-l-abochant.* — Part. pas. : *abouchit, abouchià ;* pl. *abouchits, abouchiais.* Dans tous les autres temps, on écrit : *Abouch...*
Abouchoun (on), loc. adv. Avoir la face contre. *Se gére ou abouchoun,* se coucher sur la face.
Abouénâ, v. a. 1re conj. Aborner. *Abouénâ lou prâ,* mettre des bornes au pré. L'e prend un accent circonflexe aux trois pers. du sing. et à la 3e du plur. de l'ind.

ABRI

j'abouênou ; à la 1re de l'impératif et aux trois sing. du subj.

Aboulâ, v. a. 1re conj. com. *Affoulâ*. Abouler, donner de suite.

Aboulî, v. a. 2e conj. Abolir.

Aboulicioun, s. f. Abolition.

Aboulissamont, s. m. Abolissement.

Abouminablou *ou* **Abéuminablou, bla**, adj. Abominable.

Abouminacioun *ou* **Abéuminacioun**, s. f. Abomination.

Abounâ *ou* **Abéunâ**, v. a. et pr. 1re conj. Abonner.

Abounamont *ou* **Abéunamont**, s m. Abonnement.

Aboundâ, v. n. 1re conj. Abonder, suffire.

Aboundamont, adv. Abondamment.

Aboundanci, s. f. Abondance.

Aboundant, a, adj. Abondant, e.

Aboundou, s. m. Qui abonde. Abondance. *Les triffes fant l'aboundou par tous minablous*, les pommes de terre font l'abondance pour les minables. — Abonde : fée bienfaisante qui, suivant la croyance populaire, venait la nuit dans les maisons et y apportait toute sorte de biens. (Dict. Trousset).

Abourmâ (s'), v. pr. 1re conj. Se rapetisser, se pelotonner. — *Tchu l'abourmes comma una matrua chiòra de tronta séus*, tu te pelotonnes comme une mauvaise chèvre de trente sous.

Abousâ, v. a. et pr. 1re conj. com. *Affoura*. Affaisser, échouler, tomber, s'affaisser lourdement, s'aplatir comme une bouse.

Jean et mais la Jana,
Fasiant una cabana,
Et la Jana petait,
La cabana s'abousait !

Aboutchî, v. n. 2e conj. com. *Amortchi*. Aboutir.

Aboutchissant, a, adj. Aboutissant, e.

Abregîe, v. a. et pr. 1re conj. irrég. Abréger. *S'abregie*, hâter la fin de son existence. *On beuvant la goutta o s'abrège*, en buvant de l'alcool il abrège ses jours. — Ind. pr. : *J'abrègeou, tch'abrèges, o-l-abrège, n'abregeouns, vou'abregies, cis-l'abrègeount.* — Impératif : *Abrègi.* — Subj. : *Que j'abrègea, tch'abrèges, o-l-abrège, n'abregiouns, vou'abregies, eis-l-abrègeant.* — Part. passé : *Abregit, abregià* ; pl. : *Abregits, abregiais.* Dans les autres temps, on écrit : *abre...* sans accent grave.

Abricot *ou* **Anbricot**, s. m. Abricot, fruit.

ABUS

Abricoutchîe *ou* **Anbr.**, s. m. Abricotier, arbre.

Abrit, s. m. Abri. (V. *Essoûta*).

Abritâ, v. a. et pr. 1re conj. Abriter.

Abrougacioun, s. f. Abrogation.

Abrougîe, v. a. 1re conj. irrég. Abroger. — Ind. pr. : *J'abrogeou, tch'abroges, o-l-abroge, n'abrougeouns, vou'abrougies, eis-l-abrogeount.* — Impératif : *Abrogi, abrougeouns, abrougies.* — Subj. : *Que j'abrogea, tch'abroges, o-l-abroge, n'abrougiouns, vou'abrougiz, eis-l-abrougeant.* — Part. passé : *Abrougit, abrougià* ; pl. : *Abrougits, abrougiais.* Dans tous les autres temps, on écrit *Abroug...*

Abroutchî, v. a. et pr. 2e conj. com. *Amortchi*. Abrutir.

Abroutchissamont, s. m. Abrutissement.

Abroutchissant, a, adj. Abrutissant, e.

Abroutchit, tchia, adj. et s. Abruti, e.

Abrupt (brupt-ou), a, adj. Abrupt, e.

Abséinta, s. f. Absinthe.

Absonci, s. f. Absence.

Absont, a, adj. Absent, e.

Absontâ (s'), v. a. 1re conj. S'absenter.

Absoudre, v. a. 3e conj. Absoudre : suit les mêmes règles qu'en français, pour la conjug. *J'absolvou, tch'absous*.

Absoulu, a, adj. Absolu, e.

Absoulucioun, s. f. Absolution.

Absoulumont, adv. Absolument.

Absoulutchismou, s. m. Absolutisme.

Absourbâ, v. a. et pr. 1re conj. com. *Agoutta*. Absorber.

Absourbablou, bla, adj. Absorbable.

Absourbant, a, adj. et s. Absorbant, e.

Absourcioun, s. f. Absorption.

Absoûta, s. f. Absoute.

Abstchinonci, s. f. Abstinence.

Abstenî (s'), v. pr. 2e conj. irrég. S'abstenir. — Ind. prés. : *Ji m'abstenou, tchu t'abstchins, o s'abstchin, nous nous abstenouns, vous vous abstenèdes, eis s'abstenount.* — Impératif : *Abstchin-tei.*

Abstoncioun, s. f. Abstention.

Abstracioun, s. f. Abstraction.

Absurdamont, adv. Absurdement.

Absurdjità, plur. ais, s. f. Absurdité.

Absurdou, da, adj. et s. Absurde.

Abus, s. m. Abus.

Abusâ, v. a. et pr. 1re conj. Abuser.

ACCI

Abusif (zif-ou), **iva,** adj. Abusif, ive.
Abusivamont, adv. Abusivement.
Académicion, s. m. Académicien.
Académiquamont, adv. Académiquement.
Académiquou, qua, adv. Académique.
Académit ou **Académia,** s. f. Académie.
Acajoù, s. m. Acajou, arbre.
Acantha, s. f. Acanthe.
Acariâtretà, plur. **ais,** s. f. Acariâtreté.
Acariâtrou, tra, adj. Acariâtre.
Acassîe (s'), v. pr. 1re conj. irrég. S'affaisser, replié sur ses jambes, fig. devenir vieux. — Ind. prés. : *Ji m'acàssou, tchu t'acàisses, o s'acàsse, nous nous acassouns, vous vous acassies, cis s'acàssount.* — Impératif : *acàssi-tei, acassouns-nous, acassies-vous.* — Subj. : *Que ji m'acàssa, que tchu t'acàsses, qu'o s'acàsse, que nous nous acassiouns, que vous vous acassiz, qu'cis s'acassant.* — Part. passé : *Acassit, acassià* ; pl. *acassits, acassiais.*
Acassit, sià, f. p. **siais,** adj. Affaissé, e.
Accablâ, v. a. 1re conj. Accabler.
Accablamont, s. m. Accablement
Accablant, a, adj. Accablant, e.
Accaparâ ou **Oncaparâ,** v. a, 1re conjug. Accaparer.
Accaparageou ou **oncaparageou,** s. m. Accaparage.
Accaparéu ou **oncaparéu, sa,** s. Accapareur, euse.
Accelerâ, v. a. 1re conj. com. *Aberà.* Accélérer.
Acceleracioun, s. f. Accélération.
Acceleratœu, trici, adj. Accélérateur, trice.
Acceont, s. m. Accent.
Acceontchuâ, v. a. et pr. 1re conj. Accentuer.
Acceontchuacioun, s. f. Accentuation.
Acceptâ ou **Aceptâ,** v. a. 1re conj. Accepter.
Acceptablou ou **Aceptablou, bla,** adj. Acceptable.
Acceptacioun ou **Aceptacioun,** s. f. Acceptation.
Accès, s. m. Accès.
Accessiblou, bla, adj. Accessible.
Accessoi (oua), adj. et s. m. Accessoir.
Accidont, s. m. Accident.
Accidontâ, v. a. 1re conj. Accidenter.
Accidontâ, f. pl., **ais,** adj. Accidenté, e.
Accidontel (elou), **la,** adj. Accidentel, le.

ACCO

Accidontellamont, adv. Accidentellement.
Accioun ou **Acioun,** s. f. Action.
Acciounâ ou **Aciounâ,** v. a. 1re conj. com. *Affecionnà.* Actionner.
Acciounairou ou **Aciounairou,** s. m. Actionnaire.
Acclamâ, v. a. 1re conj. Acclamer.
Acclamacioun, s. f. Acclamation.
Acclamatœu, s. m. Acclamateur.
Acclimatâ, v. a. et pr. 1re conj. Acclimater.
Acclimatacioun, s. f. Acclimatation.
Accô, s. m. Accord, loc. adv. *D'accô,* d'accord.
Accôdre, v. n. 3e conj. Accourir. — Ind. présent : *J'accourou, tch'accoù, o-l-accoù, n'accouroens, vou'accourédes, cis-l-accouront.* — Futur : *J'accôdrei,* etc. — Cond. : *J'accôdrùns,* etc. — Impératif : *Accoù, Acourouns, Accourédes.* — Subj. : Que j'accoura, que tch'accoures, qu'o-l-acourre, que n'accourions, que vou'accouriz, qu'cis-l-acourant. — Part. passé : *Accouru, a* ; pl. *accourus, accourùes.*
Accoéintâ (s'), v. pr. 1re conj. S'accointer.
Accoéintanci, s. f. Accointance.
Accœu, s. m. Accueil.
Accordâ, v. a. et pr. 1re conj. Accorder.
Accordablou, bla, adj. Accordable.
Accordageou, s. m. Accordage.
Accordailles, s. f. pl. Accordailles, fiançailles.
Accordeoun, s. m. Accordéon.
Accordéu, s. m. Accordeur.
Accordoi (oua), s. m. Accordoir, outil.
Accoublâ, v. a. et pr. 1re conj. com. *Affoulà.* Accoupler. Rabelais. *Accoubler.* (V. *Appareillie*).
Accoûchamont, s. m. Accouchement.
Accoûchià, pl. **ais,** s. f. Accouchée.
Accoûchéu, sa, s. Accoucheur, euse. (V. *Belerœusa*).
Accoûchie, v. n. et a. 1re conj. irrég. Accoucher. — Ind. prés. : *J'accoùchou, tch'accoùches, o-l-accoùche, n'accoùchouns, vou'accoùchies, cis-l-accoùchount.* — Impératif : *Accoùchi, accoùchouns, accoùchies.* — Subj. : Que j'accoùcha, que tch'accoùches, qu'o-l-accoùche, que n'accoùchiouns, que vou'accoùchiz, qu'cis-l-accoùchant. — Part. passé : *Accoùchit, accoùchià* ; pl. *accoùchits, accoùchiais.*
Accoudâ (s'), v. pr. 1re conj. com. *Affoulà,* S'accouder.

ACCO

Accoudoi (oua), s. m. Accoudoir.

Accouérie, v. a. 1re conj. irrég. Salir, rendre difficile à blanchir, à nettoyer ; *quand rou laisse accouèrie soun lingeou, rou ne pot plus lou blanchî*, quand on laisse son linge dans la saleté, on ne peut plus le blanchir. — Ind. présent : *J'accouèrou, tch'accouères, o-l-accouère, n'accouèrouns, vou'accouèries, cis-l-accouèrount.* — Impératif : *Accouèri, accouèrouns, accouèries.* — Subj. : *Que j'accouèra, que tch'accouères, qu'o-l-accouère, que n'accouèriouns, que vou'accouèriz, qu'cis-l-accouèrant.* — Part. passé : *Accouèrit, accouèrià*, pl. *accouèrits, accouèriais*. Dans tous les autres temps, l'e n'a pas d'accent circonflexe.

Accouérit, rià, f. pl. **riais,** adj. Malpropre, mal récuré, linge mal blanchi.

Accoulâ, v. a. 1re conj. com. *Affoulâ*. Accoler.

Accoulada, s. f. Accolade.

Accoulageou, s. m. Accolage.

Accouméudâ, v. a. et pr. 1re conj. Accommoder.

Accouméudablou, bla, adj. Accommodable.

Accouméudageou, s. m. Accommodage.

Accouméudamont, s. m. Accommodement.

Accouméudant, a, adj. Accommodant, e.

Accoumpagnageou, s. m. Accompagnage.

Accoumpagnamont, s. m. Accompagnement.

Accoumpagnatœu, trici, s. Accompagnateur, trice.

Accoumpagnîe, v. a. et pr. 1re conj. irrég. com. *Abaragnie*, Accompagner.

Accoumpli, v. a. 2e conj. Accomplir.

Accoumplissageou, s. m. Accomplissement.

Accoumplissamont, s. m. Accomplissement.

Accoutâ, v. a. 1re conj. Écouter, v. pr. *S'accoutâ*, prendre trop soin de sa santé, se croire toujours malade. — Aux 3 pers. sing. et la 3e pl. de l'ind., à la 1re de l'impératif ainsi qu'aux 3 pers. sing. du subj. on écrit : *accot...* et non *accout*.

Accoutchî (s'), v. pr. 2e conj. com. *Amortchi*. S'engourdir, s'anéantir, croupir dans la malpropreté.

Accoutchit, tchia, adj. Engourdi, e. Embrouillé, e, parlant de la chevelure ; *sous chariéus sount accouchits*, ses cheveux sont embrouillés; *mà découtchit*, mal peigné. (V. *Decoutchi, découtièu*.)

ACHI

Accoutchuma, s. f. Coutume.

Accoutchumâ, v. a. et pr. 1re conj. Accoutumer.

Accoutchumà, f. pl. **ais,** adj. Accoutumé, e.

Accoutchumanci, s. f. Accoutumance.

Accoûtrâ, v. a. et pr. 1re conj. Accoutrer.

Accoûtramont, s. m. Accoutrement.

Accredjitâ, v. a. et pr. 1re conj. Accréditer.

Accreissamont, s. m. Accroissement.

Accreitre, v. a. et pr. 3e conj. irrég. Accroître. — Ind. prés. : *J'accreissou, tch'accreis, o-l-accreit, n'accreissouns, vou'accreissies, cis-l-accreissount.* — Impératif : *Accreis, accreissouns, accreissies.* — Part. passé : *Accreissù, accreissua* ; pl. *accreissus, accreissùes.*

Accro, s. m. Accroc.

Accrochi-cœu, s. m. Accroche-cœur.

Accrouchageou, s. m. Accrochement.

Accrouchîe, v. a. et pr. 1re conj. irrég. com. *Abouchie*. Accrocher.

Accroupî, v. a. et pr. 2e conj. com. *Assoupli*. Accroupir.

Accroupissamont, s. m. Accroupissement.

Acculî, v. a. 2e conj. Accueillir.

Accumulâ, v. a. 1re conj. Accumuler.

Accumulacioun, s. f. Accumulation.

Accumulatœu, trici, adj. et s. Accumulateur, trice.

Accusâ, v. a. 1re conj. Accuser.

Accusà, f. pl. **ais,** s. Accusée, e.

Accusacioun, s. f. Accusation.

Accusatœu, trici, s. Accusateur, trice.

Achabâ, v. a. 1re conj. Achever, finir (Celt. *acabalu*, je finis.) V. Assûre.

Achalandâ, v. a. et pr. 1re conj. Achalander.

Achalandageou, s. m. Achalandage.

Achaminâ, v. a. et pr. 1re conj. Acheminer.

Achaminamont, s. m. Acheminement.

Acharnâ, v. a. et pr. 1re conj. Acharner.

Acharnamont, s. m. Acharnement.

Achat, s. m. Achat.

Achatchî, v. a. 2e conj. com. *Amortchi*. Agourmander, allécher, captiver.

Achetâ, v. a. 1re conj. Acheter.

Achetéu, sa, s. Acheteur, euse.

Achinâ (s'), v. pr. 1re conj. S'acoquiner,

ACRE

s'attacher à quelqu'un, à quelque chose. On dit d'un garçon amoureux à l'excès, *a s'é-t-achinà*.
Achoupamont, s. m. Achoppement.
Acidjità, pl. **ais,** s. f. Acidité.
Acidjulâ, v. a. 1re conj. Aciduler.
Acidou, da, adj. Acide.
Acie, s. m. Acier.
Aciérâ, v. a. 1re conj. com. *Apprétá* Aciérer.
Aciéracioun, s. f. Aciération.
Aciérageou, s. m. Aciérage.
Aciérit *ou* **Aciéria,** s. f. Aciérie.
Acioun, s. f. Action.
Aciounâ, v. a 1re conj. com. *Affectiounà*. Actionner.
Aciounairou, s. m. Actionnaire.
Acipâ (s'), v. pr. 1re conj. Se suffoquer en buvant, en mangeant; prendre une quinte de toux lorsque l'on rit en buvant.
Âcla, s. f. Copeau de bois, morceau détaché d'un coup de hache. *Être sei coumma una àcla*, être maigre, sec comme un copeau.
Âclâ, v. a. 1re conj. Fendre, dépecer une bûche de bois à coup de hache.
Âclaire, s. m. Fendeur de bois, bûcheron.
Aclapâ, v. a. 1re conj. Battre un terrain, le rendre dur, comprimé. (V. *Clapà*).
Aclapâ (s'), v. pr. 1re conj. S'asseoir sur ses talons, s'accroupir, rester en place. *Equelles fennes sount toutà la jornà aclapais durant lio porte*; ces femmes sont toute la journée assises, accroupies devant leur porte (des commères).
Aclapéudoun (on), loc. adv. Assis sur les talons, affaissé les jambes repliées.
A-cop, s. m. A-coup.
Acoulytou, s. m. Acolyte.
Acoumptou, s. m. Acompte.
Acouquinâ, v. a. et pr. 1re conj. Acoquiner.
Acoustchiquou, s. m. Acoustique.
Acqueréu, s. m. Acquéreur.
Acquerî, v. a. 2e conj. com. *Càri*. Acquérir.
Acquisicioun, s. f. Acquisition.
Acquit, s. m Acquit.
Acquittâ, v. a. 1re conj. Acquitter. (Celt. *Aquitla*).
Acquittamont, s. m. Acquittement.
Acrasâ, v. a. 1re conj. Ecraser, démolir. *Être acrasà*, être courbé par l'âge.
Âcretà, plur. **ais,** s. f. Acreté, e.

ADJU

Âcrou, cra, adj. Acre, piquant.
Acroubatou, ta, s. Acrobate.
Acroupetoun (on), loc. adv. Accroupi.
Acroustchichou, s. m. Acrostiche.
Actchif (ifou), **iva,** adj. et s. m. Actif, ive.
Actchivâ, v. a. 1re conj. Activer.
Actchivamont, adv. Activement.
Actchività, s. f. Activité.
Actchualità, pl. **ais,** s. f. Actualité.
Actchuel (elou), **la,** adj. Actuel, le.
Actchuellemont, adv. Actuellement.
Actœu, actrici, s. Acteur, actrice.
Actou, s. m. Acte.
Adageou, s. m. Adage.
Adaptâ, v. a. 1re conj. Adapter.
Adéussâ, v. a. et pr. 1re conj. Adosser.
Adjicioun, s. f. Addition.
Adjiciounâ, v. a. 1re conj. com. *Affeteiounà*. Additionner.
Adjiciounel (elou), **la,** adj. Additionnel, le.
Adeptou, ta, s. Adepte.
Adherâ, v. a. 1re conj. Adhérer.
Adheronci, s. f. Adhérence.
Adheront, a, adj. et s. Adhérent, e.
Adhésif (ifou), **iva,** adj. Adhésif, ive.
Adhésioun, s. f. Adhésion.
Adjaceont, a (ad-ja), adj. Adjacent, e.
Adjetchif (ifou), s. m. Adjectif.
Adjiéu, s. m. Adieu. *Adjiéu-sia*, formule d'adieu, *à Dieu soit*. *Adjiéu counan*, à Dieu je vous recommande. *Sans adjiéu*, synonyme de *au revoir*.
Adjoéindre (ad-joéin), v. a. 3e conj. com. *Atteindre*. Adjoindre.
Adjoéint, a, adj. et s. Adjoint, e.
Adjudant, s. m. Adjudant.
Adjudjicacioun, s. f. Adjudication.
Adjudjicatairou, ra, s. Adjudicataire.
Adjugîe, v. a. 1re conj. irrég. com. *Abregie*, *ablagie*. Adjuger.
Adjultairou, ra, s. Adultère.
Adjulterin, rina, adj. et s. Adultérin, e.
Adjultou, ta, s. et adj. Adulte.
Adjurâ (ad-jur), v. a. 1re conj. Adjurer.
Adjuracioun (ad-ju), s. f. Adjuration.
Adjûre, v. a. et pr. 3e conj. irrég. Apporter, amener. — Ind. prés. : *J'adjiéus, tch'adjius, o-l-adji, n'adjusouns, vou'adjutes, eis-l-adjuont.* — Imparfait : *J'adjusins*, etc. —

ADOU

Pas. déf. : *J'adjusièu*, etc. — **Futur** : *J'adjurei*, etc. — **Conditionnel** : *J'adjurins*, etc. — **Impératif** : *Adjus, adjusouns, adjutes.* — **Subj.** : *Que j'adjusa, que tch'adjuses, qu'o-l-adjuse, que n'adjusiouns, que vou'adjusiz, qu'eis-l-adjusant.*

Adméttre, v. a. 3ᵉ conj. Admettre. — Ind. prés. : *J'admettou, tch'admets, o-l-admét*, etc. com. *Déméttre*.

Administrâ, v. a. et pr. 1ʳᵉ conj. Administrer.

Administrà, f. pl. ais, s. Administré, e.

Administratchif (ifou), iva, adj. Administratif, ive.

Administratchivamont, adv. Administrativement.

Administratœu, trici, adj. et s. Administrateur, trice.

Admirâ, v. a. 1ʳᵉ conj. Admirer (Celt. *Admira*).

Admirablamont, adv. Admirablement.

Admirablou, bla, adj. Admirable.

Admiracioun, s. f. Admiration.

Admiratœu, trici, s. Admirateur, trice.

Admissoublou, bla, adj. Admissible.

Admissioun, s. f. Admission.

Admounestâ, v. a. 1ʳᵉ conj. Admonester.

Admounestacioun, s. f. Admonestation.

Adoubâ, v. a. 1ʳᵉ conj. com. *Affoulâ*. Mal faire une chose. *Adoubâ lou travouais*, mal faire, abimer le travail.

Adoubéu, sa, s. Mauvais ouvrier qui fait beaucoup, mais qui fait mal.

Adoucî, v. a. 2ᵉ conj. Adoucir. — Ind. pr. : *J'adoucéssou, tch'adoucés, o-l-adoucé, n'adoucissouns, vou'adoucisséles, cis-l-adoucéssount*, etc.

Adoucissamont, s. m. Adoucissement.

Adoucissant, a, adj. Adoucissant, e.

Adoulesceonci, s. f. Adolescence.

Adoulesceont, a, s. et adj. Adolescent, e.

Adounc, adv. Alors, en ce temps là. (Celt. *adouncq*).

De tous lous jeux d'adonne j'erra tous bais parmé;
De tous les jeux d'alors, j'étais le beau premier.
(Jacques CHAPELON).

Adounâ (s'), v. pr. 1ʳᵉ conj. S'adonner.

Adoupcioun, s. f. Adoption.

Adouptâ, v. a. 1ʳᵉ conj. Adopter. — Ind. prés. : *J'adoptou, tch'adoptes, o-l-adopte, n'adouptouns, vou'adouptaz, cis-l-adoptount.* — **Imparfait** : *J'adouptâvi*, etc. — **Impératif** : *Adoptâ, adouptouns, adouptaz.* — **Subj.** : *Que j'adopta, que tch'adoptes, qu'o-*

AFFA

l-adopte, que n'adouptchiouns, que vou'a-douptchiz, qu'eis-l-adouptant. — **Part. passé** : *Adouptà*; pl. ais.

Adouptablou, bla, adj. Adoptable.

Adouptchif (ifou), iva, adj. Adoptif, ive.

Adourâ, v. a. 1ʳᵉ conj. com. *Affhourâ*. Adorer.

Adourablou, bla, adj. Adorable.

Adouracioun, s. f. Adoration.

Adouratœu, trici, s. Adorateur, trice.

Adreiageou, s. f. Assouplissement.

Adreïe, v. a. 1ʳᵉ conj. irrég. com. *Approupreïe*. Assouplir, régler, mettre au pli (Celt. *Adrea*, régler.)

Adreit, Adreitchi, adj. Adroit, e.

Adreitchimont, adv. Adroitement.

Adressi, s. f. Adresse.

Adressie, v. a. et pr. 1ʳᵉ conj. irrég. com *Acassie*. Adresser.

Advenî, v. n. 2ᵉ conj. com. *Reveni*. Advenir.

Adverbial, (alou), a, aôx, adj. Adverbial, e, aux.

Adverbialamont, adv. Adverbialement.

Adverbou, s. m. Adverbe.

Adversairou ou **Advars..**, s. m. Adversaire.

Adversità ou **Advarsità**, f. pl. ais, s. f. Adversité.

Adversou, sa, adj. Averse.

Aérîe, v. a. 1ʳᵉ conj. irrég. Aérer. — Ind. prés. : *J'aérou, tch'aéres, o-l-aére, n'aérouns, vou'aéries, cis-l-aérount.* —Impératif : *Aéri, aérouns, aéries.* — **Subj.** : *Que j'aêra, que tch'aéres, qu'o-l-aêre, que n'aériouns, que vou'aériz, qu'eis-l-aérant.* — **Part. pas.** : *Aéril aérià*; pl. aérils, aériais. Dans tous les autres temps, l'e ne prend pas d'accent circonflexe.

Aérion, riéna, adj. Aérien, ienne.

Aérit, rià, f. pl. ais, adj. Aéré, e.

Aérounaôtou, ta, s. Aéronaute.

Aéroustacioun, s. f. Aérostation.

Aéroustat, s. m. Aérostat.

Aéroustatchiquou, qua, adj. Aérostatique.

Affabilità, pl. ais, s. f. Affabilité.

Affablamont, adv. Affablement.

Affablou, bla, adj. Affable.

Affadjî, v. a. 2ᵉ conj. com. *Agrandji*. Affadir.

Affadjissamont, s. m. Affadissement.

Affaiblî ou **Affeblî**, v. a. 2ᵉ conj. comme *Assoupli*. Affaiblir.

AFFE

Affaiblissamont ou **Affebiissamont**, s. m. Affaiblissement.

Affaiblissant ou **Affebiissant**, a, adj. Affaiblissant, e.

Affaira, s. f. Affaire. (V. *Veia*.)

Affalit ou **Affalion**, s. et adj. Malade, misérable, affaibli, exténué. (Celt. *Falliy*).
Aôssi bion si la freid fat ûn toû de cuisina Lous péurous affalions vant nous virie l'èchina.
Aussi bien si le froid fait un tour de cuisine Les pauvres affaiblis vont nous tourner l'échine.
(*Ourrisoun fan.* CHAPELON).

Affamâ, v. a. 1re conj. Affamer.

Affamâ, f. pl. ais, adj. Affamé, e.

Affanâ, v. a. et pr. 1re conj. Travailler, faire péniblement une chose, gagner par son travail. *Affanâ soun pon*, gagner péniblement son pain. *S'affanâ*, se donner de la peine. *Les poules s'affanount per faire lios ûes*. Les poules se donnent de la peine pour faire leurs œufs.
Toutes véutres sarrontes, que n'ant ronque lios pûns pars affanâ lios rentes. — Toutes vos servantes qui n'ont que leurs poings pour gagner leurs rentes.
(PHILIPPON, *Babochi*).

Affanageou, s. m. Gain, produit d'un travail pénible : biens, avoir. *Coutchi soun affanageou*, manger son bien.

Affanéu, s. m. Ouvrier, manœuvre.

Affarâ, v. a. et pr. 1re conj. Passer la main, caresser. *Affarâ l'èchina*, passer la main sur le dos. *S'affarâ*, faire sa toilette, se lisser les cheveux, se rajuster. (Celt. *aforia*), j'apprête).

Affarà, f. pl. ais, adj. Propre, bien étiré. *Lou groëin bion affarà*, le visage propre, la peau lisse, le menton rasé.

Affaréu, sa, adj. et s. m. Caressant, e, polisseur, lisseur, outil.

Affarmâ, v. a. 1re conj. Affermer. (V. *Affremâ*).

Affarmageou, s. m. Affermage. (V. *Affremageou*).

Affarmî, v. a. 2e conj. com. *Adouci*, Affermir.

Affarmissamont, s. m. Affermissement.

Affegîe, v. a. et pr. 1re conj. irrég. com. *Abregie*. Presser, tasser, durcir, donner la consistance du, *feugeou*, foie. *Pon affegît*, pain qui n'a pas levé. *Terra affegîâ*, terre foulée, tassée. *S'affegîe*, se laisser aller, se durcir le caractère.

Afferà, f. pl. ais, adj. Affairé, e.

Affétailles, s. f. pl. Criblures de grains que l'on donne aux poules, aux pigeons.

AFFL

Affetcioun, s. f. Affection.

Affetciounâ, v. a. 1re conj. Affectionner. — Ind. prés. : *J'affetcionou, tch'affetciones, a-t-affetcione, n'affetciounouns, vou'affetciounaz, eis-t-affetciounount.* — Impératif : *Affetciouna, affetciounouns, affetciounaz.* — Subj. : *Que j'affetciounâ, que tch'affetciones, qu'o-t-affetcione, que n'affetciounouns, que vou'affetciouniz, qu'eis-t-affetciounount.* Dans tous les autres temps, on écrit : *affetcioun.*

Affettâ, v. a. et pr. 1re conj. Affecter.

Affettacioun, s. f. Affectation.

Affettchuousamont, adv. Affectueusement.

Aaffettchuoux, ousa, adj. Affectueux, euse.

Affialâ, v. a. Affiler. (Celt. *Affiala*).

Affialâ, f. pl. ais, adj. Affilé, e; et par corrup. Afiidé, e ; affilié, e.

Affialageou, s. m. Affilage.

Affialoi (ouai), s. m. Affiloir.

Affichageou, s. m. Affichage.

Affichi, s. f. Affiche.

Affichîe, v. a. et pr. 1re conj. irrég. com. *Abouchie*. Afficher, se montrer.

Affilâ (d'), loc. adv. D'affilée, sans interruption. *Tout d'affilâ*.

Affiliâ, v. a. et pr. 1re conj. Affilier.

Affiliâ, f. pl. ais, adj. et s. Affilié, e.

Affiliacioun, s. f. Affiliation.

Affinâ, v. a. et pr. 1re conj. Affiner, tromper avec finesse, enjôler. *S'affinâ*, s'attraper, se duper.

Affinageou, s. m. Affinage, tromperie avec ruse, finesse.

Affinéu, sa, s. Affinage, enjôleur, rusé.

Affinità, pl. ais, s. f. Affinité.

Affirmâ, v. a. 1re conj. Affirmer.

Affirmacioun, s. f. Affirmation.

Affirmatchif (ifou), **iva**, adj. Affirmatif, ive.

Affirmatchivamont, adv. Affirmativement.

Affligeant, a, adj. Affligeant, e.

Affligîe, v. a. et pr. 1re conj. com. *Abregie*.

Affligit, gîà, f. pl. ais, adj. Affligé, e.

Afflicioun, s. f. Affliction.

Afflourâ, v. a. 1re conj. Affleurer. — Ind. prés. : *J'afflorou, tch'afflores, o-t-afflore, n'afflourouns, vou'afflouraz, eis-t-afflourount.* — Impératif : *Afflorâ, Afflourouns, afflouraz.* — Subj. : *Que j'afflora, que tch'afflores, quo-t-afflore, que n'afflou-*

AGAC

riouns, que vou'afflouriz, qu'eis-l-afflourant. Dans tous les autres temps, on écrit : afflour...
Afflourageou, s. m. Affleurage.
Afflouramont, s. m. Affleurement.
Affluâ, v. n. 1re conj. Affluer.
Affluonci, s. f. Affluence.
Affluont, s. m. Affluent.
Affortchî, v. a. et n. 2e conj. com. Amortchi. Affirmer, soutenir, assurer une chose. O-l-éuse affortchi qu'o m'a véu, il ose affirmer qu'il m'a vu.
Affoulâ, v. a. et pr. 1re conj. Affoler. — Ind. prés. : J'affolou, tch'affoles, o-l-affole, n'affoulouns, vou'affoulaz, cis-l-affolount. — Impératif : Affola, affoulouns, affoulaz. — Subj. : Que j'affola, que tch'affoles, qu'ol-affole, que n'affoulionns, que vou'affouliz, qu'eis-l-affoulant. Dans tous les autres temps, on écrit : affoul.
Affoulamont, s. m. Affolement.
Affranchî, v. a. 2e conj. com. Blanchi, Affranchir.
Affranchissamont, s. m. Affranchissement.
Affranchit, chia, adj. et s. Affranchie, e.
Affremâ, v. a. et pr. 1re conj. Affermer (V. Affârma).
Affripâ (s'), v. pr. 1re conj. S'accoler, vivre en concubinage.
Affrount, s. m. Affront.
Affrountâ, v. a. et pr. 1re conj. Affronter, dévisager, regarder d'un air provocateur, défier, s'affrountâ, se regarder mutuellement avec audace, se porter un défi.
Affrountéu, sa, adj. Affronteur, euse.
Affrousamont, adv. Affreusement.
Affroux, ousa, adj. Affreux, euse.
Affublâ, v. a. et pr. 1re conj. Affubler.
Affustchiaôx, s. m. pl. Affustiaux, Affiquets.
Affut, s. m. Affût.
Affûtâ, v. a. 1re conj. Affûter.
Affûtageou, s. m. Affûtage.
Afin que ou **de,** loc. conj. ou prép. Afin que ou de.
Afriqua, s. f. Afrique, Algérie.
Afriquèin, a, adj. et s. Africain, e.
Agaçamont, s. m. Agacement.
Agaçant, a, adj. Agaçant, e.
Agaçarit, pl. ies, s. f. Agacerie.
Agacîe, v. a. 1re conj. irrég. com. Agencie. Agacer.

AGLU

Agacïn, s. m. Cor au pied, durillon.
Agata, s. f. Agate, pierre.
Ageanouillîe (s'), v. pr. 1re conj. irrég. Agenouiller. — Ind. prés. : Ji m'ageanolliou, tchu t'ageanollies, o s'ageanollie, nous nous ageanouillouns, vous vous ageanouillies, eis s'ageanolliount. — Impératif : Ageanalli-tei, ageanouillouns-nous, Ageanouillies-vous. — Subj. : Que ji m'ageanollia, que tchu t'ageanollies, qu'o s'ageanollie, que nous nous ageanouillions, que vous vous ageanouilliz, qu'eis s'ageanouillant. — Part. prés. : S'ageanouillie. — Passé : S'être ageanouillit ou ageanouillià, Ageanouillits ou ageanouilliais. Dans tous les autres temps, on écrit : ageanouilli... et non ageanoli.
Ageonçamont, s. m. Agencement.
Ageonci, s. f. Agence.
Ageoncie, v. a. et pr. 1re conj. irrég. Agencer. — Ind. prés. : J'ageonçou, tch'ageonces, o-l-ageonce, n'ageonçouns, vou'ageoncies, cis-l-ageonçount. — Impératif : Ageonci, ageonçouns, ageoncies. — Subj. : Que j'ageonça, que tch'ageonces, qu'o-l-ageonce, que n'ageonçiouns, que vou'ageonciz,·qu'eis-l-ageonçant. — Part. passé : Ageonceit, ageoncià, pl. ageoncits, ageoncias.
Ageont, s. m. Agent.
Ageou, s. m. Age.
Agî, v. n. 2e conj. Agir : j'agéssou, tch'agés, o-l-agé, n'agissouns, etc.
Agilamont, adv. Agilement.
Agilità, s. f. Agilité.
Agilou, la, adj. Agile.
Agioutâ, v. n. 1re conj. com. Agoutta. Agioter.
Agioutageou, s. m. Agiotage.
Agioutéu, s. m. Agioteur.
Agissamont, s. m. Agissement.
Agissant, a, adj. Agissant, e.
Agit, già, f. pl. **giais,** adj. Agé, e.
Agitâ, v. a. et pr. 1re conj. Agiter.
Agitacioun, s. f. Agitation.
Agitatœu, s. m. Agitateur.
Agland, s. m. Glande de chêne.
Agloumerâ, v. a. 1re conj. Agglomérer.
Agloumerà, s. m. Aggloméré, charbon.
Agloumeracioun, s. f. Agglomération.
Aglutchinâ, v. a. 1re conj. Agglutiner.
Aglutchinant, a, adj. et s. Agglutinant, e.
Aglutchinacioun, s. f. Agglutination.

AGRE

Agniaîs, pl. **agnaôx**, s. m. Agneau.
Agnelâ, v. n. 1re conj. Agneler.
Agourâ, v. a. et pr. 1re conj. com. *Affourâ*. Gourer, tromper : *s'agourâ*, faire un mauvais marché.
Agouréu, s. m. Goureur, qui trompe.
Agouttâ, v. a. 1re conj. Egoutter, tarir, mettre à sec. — Ind. prés. : *J'agottou, tch'agottes, o-l-agotte, n'agouttouns, vou'agouttaz, eis-l-agottount*. — Impératif : *Agotta, agouttouns, agouttaz*. — Subj. : *Que j'agotta, que tch'agottes, qu'o-l-agotte, que n'agouttchiouns, que vou'agouttchiz, qu'eis-l-agouttant*. Dans tous les autres temps, on écrit : *agoutt*...
Agradâ, v. n. 1re conj. Agréer, plaire.
Agrafâ, v. a. 1re conj. Agrafer.
Agrafou, s. m. Agrafe.
Agrairou, ra, adj. Agraire.
Agrandjî, v. a. et pr. 2e conj. S'agrandji, augmenter son matériel ; prendre des appartements en plus, se développer, etc. — Ind. : *J'agrandéssou, tch'agrandé, o-l-agrandé, n'agrandjissouns, vou'agrandjissèdes, eis-l-agrandéssount*. — Impératif : *Agrandé, Agrandjissouns, agrandjissèdes*.
Agrandjissamont, s. m. Agrandissement.
Agravâ, v. a. et pr. 1re conj. Aggraver.
Agravacioun, s. f. Aggravation.
Agravamont, s. m. Aggravement.
Agravant, a, adj. Aggravant, e.
Agreâ, v. a. et n. 1re conj. (V. *Agradâ*. — Ind. prés. : *J'agréou, tch'agrées, o-l-agrée, n'agréouns, vou'agreaz, eis-l-agréount*. — Impératif : *Agrea, agreouns, agreaz*. — Subj. : *Que j'agréa, que tch'agrées, qu-o-l-agrée, que n'agreiouns, que vou'agreïz, qu'eis-l-agreant*. Dans tous les autres temps, on écrit : *agre*... et non *agré*...
Agreà, s. m. Défenseur au Tribunal.
Agreablou, bla, adj. Agréable ; on dit aussi *Agreiablou*.
Agreablamont ou **Agreiablamont**, adv. Agréablement.
Agregacioun, s. f. Agrégation.
Agregîe, v. a. 1re conj. irrég. com. *Abregîe*, Agréger.
Agregit, s. m. Agrégé.
Agreillîe, v. a. 1re conj. irrég. Froisser, chiffonner. — Ind. prés. : *J'agreillinou, tch'agreilles, o-l-agreille, n'agreillouns, sou'agreillies, eis-l-agreillount*. — Impératif : *Agreilli, agreillouns, agreillies*. — Subj. : *Que j'agreilla, que tch'agreilles, qu'o-l-agreille, que n'agreillions, que vou'agreilliz, qu'eis-l-agreillant*. — Part. passé : *Agreillit, agreillià ;* pl. *agreillits, agreilliais*.
Agreillit, ià, f. pl. iais, adj. Froissé, e, mal étiré, mal repassé ; *iin durantê tout agreillit*, un tablier tout froissé.

AHUR

Agrémont ou **Agreamont**, s. m. Agrément.
Agremontâ, v. a. 1re conj. Agrémenter.
Agrès, s. m. pl. Agrès.
Agresséu, s. m. Agresseur.
Agressif (ifou), **iva**, adj. Agressif, ive.
Agressioun, s. f. Agression.
Agrestou, ta, adj. Agreste.
Agrèvou, s. m. Houx, arbrisseau.

> *Appouït sus soun bâtoun*
> *D'agrèvou, d'agrèvou.*
> *Appouït sus soun bâtoun*
> *Que li vint jusqu'au mentoun.*

Appuyé sur son bâton
De houx, de houx.
Appuyé sur son bâton
Qui lui vient jusqu'au menton.
(CHAP. *Noël*).

Agricolou, la, adj. Agricole.
Agricultéu, s. m. Agriculteur.
Agricultchura, s. f. Agriculture.
Agriffâ (s'), v. pr. 1re conj. S'agriffer.
Agriméudoun (on), s. m. Accroupi, ramassé (V. *Aclapéudoun*).
Agrippâ, v. a. 1re conj. Agripper, saisir avidement.
Aguarrî, v. a. et pr. 2e conj. irrég. Aguerrir. — Ind. prés. : *J'aguarréssou, tch'aguarrés, o-l-aguarré, n'aguarréssouns, vou'aguarréssies, eis-l-aguarréssount*. — Impératif : *Aguarré, aguarrissouns, aguarrissèdes*. — Subj. : *Que j'aguarréssa, que tch'aguarrésses, qu'o-l-aguarrésse, que n'aguarréssiouns, que vou'aguarréssiz, qu'eis-l-aguarrassant*.
Aguêts, s. m. pl. Aguets.
Aguéunisâ, v. n. 1re conj. Agoniser.
Agueunisant, a, adj. Agonisant, e.
Aguéunit ou **Aguéunia**, s. f. Agonie.
Aguichîe, v. a. et pr. 1re conj. irrég. com. *Abouchîe*. Jucher. Les poules *s'aguichount*, les poules se juchent.
Ah !, interj. Ah !.
Ahî, s. m. Elan, effort, mouvement prompt.
Ahi !, interj. Expression pour commander les chevaux.
Ahurî, v. a. 2e conj. irrég. comme *Aguarri*. Ahurir.
Ahurissamont, s. m. Ahurissement.

Ahurit, ria, adj. Ahuri, e. (Celt. *Hur*, stupéfait).

Ai, s. m. Air d'une chanson ; façon, tournure, ressemblance. (Celt. *Er*).

Aia ! interj. Aïe, cri de douleur.

Aibrou, s. m. Arbre.

Aidji, s. f. Aide, soulagement, secours.

Aidou, dji, s. Aide, qui prête son concours à une autre personne.

Aiéu, la, s. Aïeul, e ; peu usité (V. *grand ; rei-grand*).

Aiglou, s. m. Aigle.

Aigloun, a, s. Aiglon, onne.

Aigrou, s. m. Disjonction ; effet d'un levier qui disjoint ; *faire aigrou*, disjoindre.

Aigrou, gri, adj. Aigre, acide, piquant.

Aigua, s. f. Eau. (Celt. *Aigua*). *Aigua-bullia; aigua-borli, aigua-tormontà* ; soupe sans légumes, soupe sans beurre. Prov. : *Aiguabullia saôre la via. — Aigua panà*, eau chaude dans laquelle on met une croûte de pain grillée. — *Aigua farrà*, eau dans laquelle on trempe un fer rougi au feu.

Aiguageou, s. m. Droit pour avoir l'eau pour l'arrosage

Aiguais *ou* **Eiguais,** s. m. Forte crue d'eau, inondation. (Celt. *Ai-galach*, force de l'eau).

Aigua-forta, s. f. Eau-forte.

Aigualissi, s. f. Réglisse.

Aiguardont, s. m. Eau-de-vie.
Lou heuréus d'aiguardont on sortant de ma porta Tombaront mèlchià môs, brôlàs pa l'aigua-forta.
Les buveurs d'eau-de-vie, en sortant de ma porte Tomberont à moitié morts brûlés par l'eau-forte.
(MUNGRES *l'Esprit*).

Aiguassoux, ousa, adj. Aqueux, euse. *Tarréin aiguassoux*, terrain aqueux ; *Triffes aiguassouses*, pommes de terre aqueuses.

Aiguîe ou **Eiguîe,** s. m. Évier, égout.

Aigues-Chaôdes, s. f. pl. Maladie. *Arei les aigues-chaôdes ;* cracher, rendre de l'eau chaude.

Ailli, s. f. Ail, oignon.

Aillœu, adv. Ailleurs.

Ait, s. m. Air, vent. (V. *Ora*).

Aitres, s. m. pl. Galerie, balcon, plate-forme, et par ext. passage, lieu. *Prendre l'ait sus lous aitres*, prendre l'air au balcon. *Counaître lous aitres*, connaître les lieux.

Aisou, s. m. Aise, état agréable, joie.

Aisou, sa, adj. Aise, content, joyeux.

Ajablâ, v. a. 1re conj. Coucher à terre, anéantir, abîmer. (V. *Abiata, adoubà*).

Ajabléu, s. m. Qui fait mal. (V. *Adoubéu*).

Ajornâ, v. a. 1re conj. Ajourner.

Ajornà, f. pl. ais, s. Ajourné, e, renvoyé temporairement.

Ajornamont, s. m. Ajournement.

Ajoutâ, v. a. 1re conj. Ajouter. (V. *Appoundre*).

Ajoutageou, s. m. Ajoutage.

Ajustâ, v. a. 1re conj. Ajuster.

Ajustageou, s. m. Ajustage.

Ajustamont, s. m. Ajustement.

Ajustéu, s. m. Ajusteur.

Akéutâ (s'), v. a. et pr. 1re conj. Courber le dos. *S'akéuta*, devenir courbé par la vieillesse ou la fatigue, être voûté.

Akéutà, f. pl. ais, adj. Courbé, voûté.

Alambic (icou), s. m. Alambic.

Alarma, s. f. Alarme.

Alarmâ, v. a. et pr. 1re conj. Alarmer.

Alarmant, a, adj. Alarmant, e.

Alarmistou, ta, s. Alarmiste.

Albâtrou, s. m. Albâtre.

Albigeouais, a, adj. et s. Albigeois, e.

Albinos (ossou), s. m. Albinos.

Album (homou), s. m. Album.

Albumina, s. f. Albumine.

Abuminoux, ousa, adj. Albumineux, euse.

Alchimiquou, qua, adj. Alchimique.

Alchimistou, s. m. Alchimiste.

Alchimit *ou* **Alchimia,** s. f. Alchimie.

Aléna, s. f. Alène, outil de cordonnier.

Alérie, v. a. et pr. 1re conj. irrég. comme *Aéri*, coucher, étendre. S'*alérie*, se ranger, s'étendre dans une couche.

Alertou, ta, adj. Alerte.

Alésageou, s. m. Alésage.

Alésîe, v. a. 1re conj. irrég. Aléser. — Ind. prés. : *J'alésou, tch'aléses, o-l-alése, n'alésoms, rou'alésies, eis-t-alésount.* — Impératif : *Alésa, alésouns, alésies.* — Subj. : *Que j'alésu, que tch'aléses, qu'o-l-alése, que n'alésiouns, que rou'alésiz, qu'eis-t-alésant.* — Part. pas. : *Alésit, alésià ;* pl. *alésits, alésiais.* Dans tous les autres temps, on écrit : *alés...* et non *alés...*

Alésoi (oua), s. m. Alésoir, outil.

A l'ézé, loc. adv. L'un ou l'autre. On se sert beaucoup de cette expression dans les jeux de gobille : *A l'ézé la poqua ou lou tréu,* c'est-à-dire je joue au hasard sur la bille ou le trou du jeu.

Alexandréin, adj. et s. Alexandrin, vers.
Algèbrou, s. m. Algèbre.
Algebriquamont, adv. Algébriquement.
Algebriquou, qua, adj. Algébrique.
Algua, s. f. Algue.
Alibit, s. m. Alibi.
Aliénâ, v. a. pr. 1re conj. Aliéner.
Aliénà, f. pl. **ais,** adj. et s. Aliéné, e.
Aliénablou, bla, adj. Aliénable.
Aliénacioun, s. f. Aliénation.
Aliénistou, adj. et s. m. Aliéniste.
Alignamont, s. m. Alignement.
Alignîe, v. a. pr. 1re conj. irrég. com. *Abaragnie*. Aligner.
Alimont, s. m. Aliment.
Alimontâ, v. a. et pr. 1re conj. Alimenter.
Alimontacioun, s. f. Alimentation.
Alimontairou, ra, adj. Alimentaire.
Alisîe, s. m. Alisier, arbre.
Alla, s. f. Aile. *Alla dj'ün béus*, aile, lisière d'un bois. *Alla dj'ün couèrou*, manche à balai. *Beissie l'alla*, être abattu, sans force, confus.
Allâ, v. n, et pr. 1re conj. Aller. *S'on allâ*, s'en aller (V. *Moudá*).
Allegîe, v. a. 1re conj. irrég. com. *Abregie*, Alléger.
Allegressa, s. f. Allégresse.
Alleguâ, v. a. 1re conj. Alléguer.
Allegacioun, s. f. Allégation.
Alleia ou **leia,** s. f. Allée, passage, chemin, corridor. (Celt. *Aleia*).
Alléinguà, f. pl. **ais,** adj. et s. Qui a la parole facile, la langue bien déliée.
Alliâ, v. a. et pr. 1re conj. Allier.
Allià, f. pl. **ais,** Allié, e. Joint, uni.
Allianci, s. f. Alliance.
Allicates, s. f. pl. Petites tenailles, pincettes.
Alligrâ, v. a et pr. 1re conj. Réveiller l'appétit, se ravigoter.
Alligrant, a, adj. Appétissant, e.
Alloucacioun, s. f. Allocation.
Alloucucioun, s. f. Allocution.
Allouîe, v. a. 1re conj. irrég. Allouer. — Ind. prés.: *J'alloiou, tch'alloies, o-l-alloie, n'allouiouns, rou'allouies, eis-l-allouiount.* — Impératif : *Alloi, Allouiouns, Allouies.* — Subj.: *Que j'alloia, que tch'allois, qu'o-l-alloie, que n'allouiouns, que rou'allouies, qu'eis-l-allouiount.* — Part. pas.: *Allouit,*

allouià ; pl. *allouits, allouiais*. Dans tous les autres temps, on écrit : *alloui*... et non *alloi*...
Alloungi, s. f. Allonge.
Alloungîe, v. a. 1re conj. irrég. com. *Ablagie*. Allonger.
Alloungit, già, f. pl. **ais,** adj. Allongé, e.
Allumâ, v. a et pr. 1re conj. Allumer.
Allumageou, s. m. Allumage.
Allumétta, s. f. Allumette.
Alluméu, s. m. Allumeur.
Allün, s. m. Précurseur, avant-coureur. *Vou'é l'allün do vent*. C'est le précurseur du vent du Midi ; c'est-à-dire que ce vent soufflera bientôt. (Celt. *Alun*).
Allura, s. f. Allure.
Allusioun, s. f. Allusion.
Alluvioun, s. f. Alluvion.
Aló, adv. Alors.
Alordjî, v. a. et pr. 2e conj. Alourdir. Se conj. com. *Agrandji*.
Alordjissamont, s. m. Alourdissement.
Alouaî, Alouei, s. m. Aloi, titre légal.
Alouès (ou-ès), s. m. Aloès.
Alouyaô, s. m. Aloyau, viande de boucherie.
Alphabet, s. m. Alphabet (V. *Croueix de Djiéu*).
Alphabétchiquamont, adv. Alphabétiquement.
Alphabétchiquou, qua, adj. Alphabétique.
Alpïn, a, adj. Alpin, e.
Altchîe, tchiéri, adj. Altier, ière (V. *Pouatei*).
Altchiérimont, adv. Altièrement.
Altchituda, s. f. Altitude.
Alterâ ou **Arterâ,** v. a. 1re conj. Altérer.
Alterablou ou **Arterablou, bla,** adj. Altérable.
Alteracioun ou **Arteracioun,** s. f. Altération.
Alterant ou **Arterant, a,** adj. Altérant, e.
Altercacioun ou **Altar...,** s. f. Altercation.
Alternâ ou **Altarnâ,** v. n. et a. 1re conj. Alterner.
Alternatchif ou **Altarnatchif** (ifou), **iva,** adj. et s. f. Alternatif, ive.
Alternatchivamont ou **Altarn...,** adv. Alternativement.
Altessa, s. f. Altesse.
Alto, s. m. Alto.

AMEU

Alueuta ou **Alieuta**, s. f. Alouette, oiseau.
Alueuta ou **Alieuta**, s. f. Luette.
Aluminium (omoù), s. m. Aluminium.
Alün, s. m. Alun, sel.
Âma, s. f. Ame.
Amâ, v. a. 1re conj. Aimer.
Amabilitâ, pl. **ais**, s. f. Amabilité.
Amablamont, adv. Aimablement.
Amablou, bla, adj. Aimable.
Amadou, s. m. Amadou.
Amadouîe, v. a. 1re conj. irrég. com. *Allouie*. Amadouer (V. *Amierlù*).
Amadouiéu, eusa, adj. et s. Amadoueur. euse.
Amandra, s. f. Amande, fruit.
Amandrîe, s. m. Amandier, arbre.
Amant, a, s. Amant, e. (V. *Galant*).
Amaranta ou **Maranta**, s. f. Amarante.
Amârra, s. f. Amarre. (Celt. *Amarra*).
Amarrâ, v. a. 1re conj. Amarrer.
Amarrageou, s. m. Amarrage.
Amartchuma, s. f. Amertume.
Amas, s. m. Amas.
Amassâ, v. a. et pr. 1re conj. Amasser. *S'amassâ*, se lever, rassembler ses forces, se mettre en mouvement.
Amasséu, sa, s. Amasseur, euse.
Amat ou **Mat**, s. f. Pétrin, qui sert aussi de coffre aux paysans. *Sa grilli, soun charboun, soun amat, sa saléri* ; sa grille, son charbon, son pétrin, sa salière (Chapelon).
Amatœu, adj. et s. Amateur.
Amazouna, s. f. Amazone.
Ambageous, s. m. pl. Ambages.
Ambignoù ou **gnoun**, s. m. Nombril, ventre.
Ambrou, s. m. Ambre.
Ameigrî, v. a. 2e conj. com. *Aguarri*. Amaigrir.
Ameigrissamont, s. m. Amaigrissement.
Ameliourâ, v. a. et pr. 1re conj. Améliorer. Se conj. com. *Affourá*.
Ameliouracioun, s. f. Amélioration.
Amenâ, v. a. 1re conj. Amener. (V. *Adjara*).
Ameramont, adv. Amèrement.
Amet, Amèra, adj. Amer, ère.
Ameublamont, s. m. Ameublement.
Ameutâ, v. a. pr. 1re conj. Ameuter.

AMOU

Ami, a, s. et adj. Ami, e. (Celt. *Ami*).
Amiabla (à l'), loc. adv. A l'amiable.
Amiablamont, adv. Amiablement.
Amialâ, Amierlâ, v. a. 1re conj. Emmieller. prendre par la douceur, amadouer.
Amical (alou), a, adj. Amical, e.
Amicalamont, adv. Amicalement.
Amidoun, s. m. Amidon. (V. *Ompeso*).
Amidounâ, v. a. 1re conj. com. *Boundouná*. Amidonner.
Amidounarit, s. f. Amidonnerie.
Amïncî, v. a. 2e conj. com. *Adouci*. Amincir.
Amüncissamont, s. m. Amincissement.
Amiral (alou), s. m. Amiral.
Amiraôtâ, s. f. Amirauté.
Amitchîe, s. f. Amitié.
Amitoux, ousa, adj. Aimant, e, caressant, qui inspire l'amitié. *Una fenna amitousa*, une femme qui aime et sait se faire aimer ; *des yéus amitous*, des yeux doux, qui portent à aimer.
Amnistchiâ, v. a. 1re conj. Amnistier.
Amnistchiâ, f. pl. **ais**, s. Amnistié, e.
Amnistchit, s. f. Amnistie.
Amoéindrî, v. a. 2e conj. com. *Aguarri*, Amoindrir.
Amoéindrissamont, s. m. Amoindrissement.
Amonda, s. f. Amende.
Amondâ, v. a et pr. 1re conj. Amender.
Amoundablou, bla, adj. Amendable.
Amondamont, s. m. Amendement.
Amorça, s. f. Amorce.
Amorçâ, v. a. 1re conj. Amorcer, attirer à soi par des flatteries, soudoyer.
Amorçageou, s. m. Amorçage.
Amortchî, v. a. 2e conj. Amortir. — Ind. prés. : *J'amortéssou, tch'amortés, o-t-amorté, n'amortchissouns, vou'amortchissédes, eis-l-amortéssount*. — Impératif : *Amorté, amortchissouns, amortchissédes*.
Amortchissablou, bla, adj. Amortissable.
Amortchissamont, s. m. Amortissement.
Amoû, s. m. Amour ; prend un *e* muet devant une voyelle *amoûe* et *glouairi*.
Amou-proprou, s. m. Amour-propre.
Amoulounâ, v. a. 1re conj. com. *Boundouná*. Ameulonner, amonceler, mettre en meule.
Amoulî, v. a. 2e conj. Amollir.
Amoulissamont, s. m. Amollissement.
Amoulissant, a, adj. Amollissant, e.

ANAR

Amouncelâ, v. a. et pr. 1ʳᵉ conj. Amonceler (V. *Amoulounâ*).
Amouncellamont, s. m. Amoncellement.
Amouniaquou, s. m. Ammoniaque, alcali.
Amount, s. m. Amont.
Amourachîe, v. a. et pr. 1ʳᵉ conj. irrég. com. *Appinchie, abouchie*. Amouracher. Prov. : *Miéux raôt filli mariâ qu'amourachîa*. Mieux vaut fille mariée qu'amourachée.
Amouréttes, s. f. pl. Amourettes.
Amourousamont, adv. Amoureusement.
Amouroux, ousa, adj. et s. Amoureux, euse.
Amouvibilità, pl. **ais**, s. f. Amovibilité.
Amouviblou, bla, adj. Amovible.
Ampa, s. f. Bedaine, panse, ventre. (Celt. *Ampa*, cruche, bouteille, ventre). *Pai d'ampa*, viande de boucherie ; fanon ou ventre de bœuf. Morceau renommé pour la grillade, qu'autrefois les bouchers de Saint-Etienne mangeaient le soir au cabaret en l'arrosant de nombreuses bouteilles de bon vin.
Amplan, s. m. Soufflet, taloche.
Ampouais ou **poueis**, s. m. Framboise, framboisier (V. *Mayoussa*).
Amueulâ, v. a. 1ʳᵉ conj. Amonceler le grain au-dessus du boisseau, faire bonne mesure (Celt. *Amula*).
Amusâ, v. a. et pr. 1ʳᵉ conj. Amuser ; on dit plutôt *galâ*. (V. ce mot).
Amusamont, s. m. Amusement. (V. *Galénrou*).
Amusant, a, adj. Amusant, e. (V. *Galant, e*).
Amuséu, s. m. Amuseur. (V. *Galaitâ*).
An, s. m. An, année. (Celt. *An*, année), pas de fém. en gaga.
Anà, s. f. Anée : charge d'un âne, mesure pour le vin équivalent à l'hectolitre.
Analoguou, gua, adj. Analogue.
Analougiquamont, adv. Analogiquement.
Analougiquou, qua, adj. Analogique.
Analougit, s. f. Analogie.
Analysa, s. f. Analyse.
Analysâ, v. a. 1ʳᵉ conj. Analyser.
Analysablou, bla, adj. Analysable.
Anarchiquamont, adv. Anarchiquement.
Anarchiquou, qua, adj. Anarchique.
Anarchistou, s. m. Anarchiste.
Anarchit, s. f. Anarchie.

ANGE

Anathématchisâ, v. a. 1ʳᵉ conj. Anathématiser.
Anathêmou, s. m. Anathème.
Anatoumiquamont, adv. Anatomiquement.
Anatoumiquou, qua, adj. Anatomique.
Anatoumisâ, v. a. 1ʳᵉ conj. Anatomiser, disséquer.
 Creiriaz-vous qu'o n'ya qu'a grands cops de
 [*coutchiaux*
 Aut anatoumatchisâ des chins et des chavaux.
 (CHAP. *la Misèra*).
Anatoumistou, s. m. Anatomiste.
Anatoumit ou **Anatoumia**, s. f. Anatomie.
Ancêtres, s. m. pl. Ancêtres. (V. *Paregrand*).
Anchi, s. f. Anche, bec d'instrument.
Anchi, s. f. Fontaine, robinet d'une cuve. *Beire à l'anchi do tounais*, boire au robinet du tonneau.
Anchouais, Anchoueis, s. m. Anchois.
Ancienamont, adv. Anciennement.
Ancienetà, pl. **ais**, s. f. Ancienneté.
Ancion, ciéna, adj. Ancien, ienne.
Ancrâ, v. n. 1ʳᵉ conj. Ancrer, jeter l'ancre ; par ext. : fixer, clouer.
Ancrou, s. m. Ancre de marine. *Levâ l'ancrou*, partir, quitter un lieu, disparaître.
Andéin, s. m. Andain. (Celt. *Andana*).
Andalou, sa, adj. et s. Andalou, se.
Andouilli, s. f. Andouille. Par all. personne sans énergie, molle comme une andouille.
Aneantchî, v. a. et pr. 2ᵉ conj. com. *Amortchi*. Anéantir.
Andreilli, s. f. Guenille. *Treina l'andreilli*, traîner la guenille.
Aneantchissamont, s. m. Anéantissement.
Anecdota, s. f. Anecdote.
Anecdoutchiquou, qua, adj. Anecdotique.
Aneilles, s. f. pl. Béquilles. (Celt. *Annel*, appui.
 Bitô Lemène pot pas marchie,
 N'y féut des aneilles par s'appouïe.
Vieux refrain que l'on chante aux éclopés.
Anemiquou, qua, adj. Anémique.
Anémit ou **Anémia**, s. f. Anémie.
Anemouna, s. f. Anémone.
Anévrismou, s. f. Anévrisme.
Angeliqua, s. f. Angélique, plante.
Angeliquamont, adv. Angéliquement.
Angeliquou, qua, adv. Angélique, parfait.
Angelu, s. m. Angelus.

ANNU

Angenûe, s. m. Ingénieur.
Angeou, s. m. Ange.
Angeou-Bouffarais, s. m. Gros, joufflu.
Angina ou **Ongina**, s. f. Angine.
Anglais, a, adj. et s. Anglais, e.
Anglaisa, s. f. Longue redingote.
Anglou, s. m. Angle. (V. *Càrou*).
Angloumanit, s. f. Anglomanie.
Angouaisa ou **Angoueisa**, s. f. Angoisse.
Anguialla, s. f. Anguille.
Angulairamont, adv. Angulairement.
Angulairou, ra, adj. Angulaire.
Anguloux, ousa, adj. Anguleux, euse.
Ânichoun, s. m. Anon, petit âne ; par all. ignorant, béta.
Animâ, v. a. et pr. 1re conj. Animer.
Animacioun, s. f. Animation.
Animal (alou), pl. **maôx**, adj. Animal, aux.
Animaôx, s. m. Colin-maillard, jeu.
Animéusità, pl. **ais**, s. f. Animosité.
Anis, s. m. Anis.
Anisâ, v. a. 1re conj. Aniser.
Anisétta, s. f. Anisette.
Annaî, pl. **Annaôx**, s. m. Anneau, x.
Annales, s. f. pl. Annales.
Annexa, s. f. Annexe.
Annexâ, v. a. et pr. 1re conj. Annexer.
Annexioun, s. f. Annexion.
Annivarsairou, ra, adj. et s. m. Anniversaire.
Annou ! interj. Allons. *Annou, moudouns,* allons, partons ; *annou ! annou couaitchitei,* allons, allons dépêche-toi.
Announci, s. f. Annonce.
Announcià, v. a. et pr. 1re conj. Annoncer.
Announciacioun, s. f. Annonciation, fête religieuse. *Néutra-Dama de Mas*, Notre-Dame de Mars (le 25 mars).
Annoutâ, v. a. 1re conj. com. *Agouttà*. Annoter.
Annoutacioun, s. f. Annotation.
Annuairou, s. m. Annuaire.
Annuel (elou), la, adj. Annuel, le.
Annuellamont, adv. Annuellement.
Annuità, pl. **ais**, s. f. Annuité.
Annulâ, v. a. 1re conj. Annuler.
Anulablou, bla, adj. Annulable.
Annulacioun, s. f. Annulation.

AOBE

Ânou, s. m. Ane. *Faire l'ânou par avei de bron,* faire l'âne pour avoir du son. *Parla à ùn ànou tch'aôrais des péts !*
Anoubli, v. a. et pr. 2e conj. com. *Assoupli*. Anoblir.
Anoublissamont, s. m. Anoblissement.
Anoublit, blia, adj. et s. Anobli, e.
Anoumalit, s. f. Anomalie.
Ânoun, s. f. Anon. (V. *Anichoun*).
Anounymou, ma, adj. et s. m. Anonyme.
Anourmal (alou), a, aôx, adj. Anormal, e, aux.
Antchichambra, s. f. Antichambre.
Antchimoueinou, s. m. Antimoine, métal.
Antchimounarchiquou, qua, adj. Antimonarchique.
Antchipatchiquoux, qua, adj. Antipathique.
Antchipatchit, s. f. Antipathie.
Antchiphrâsa, s. f. Antiphrase.
Antchipodou, s. m. Antipode.
Antchiputridou, da, adj. Antipudride.
Antchiquailli, s. f. Antiquaille.
Antchiquairou, s. m. Antiquaire.
Antchiquamont, adv. Antiquement.
Antchiquità, pl. **ais**, s. f. Antiquité.
Antchiquou, qua, adj. Antique.
Antchireligioux, ousa, adj. Antireligieux.
Antchirepubliquéin, a, adj. Antirépublicain, e.
Antchirevouluciounairou, ra, adj. Antirévolutionnaire.
Antchisoucial (alou), a, aôx, adj. Antisocial, e, aux.
Antechrit, s. m. Antechrist.
Antédijluvion, viéna, adj. Antédiluvien, ienne.
Anterioeu, ra, adj. Antérieur, e.
Anterieuramont, adv. Antérieurement.
Anthroupouphageou, gi, adj. et s. Anthropophage.
Anthroupouphagit, s. f. Anthropophagie.
Antrou, s. m. Antre, caverne.
Anus (uçou), s. m. Anus : *Partchû do quiéu*.
Aôba, s. f. Aube. (V. *Piquétta do joù*).
Aôbada, s. f. Aubade.
Aôbargina, s. f. Aubergine.
Aôbargistou, s. m. Aubergiste.
Aôbeina, s. f. Aubaine.

AOTÉ

Aôbépïn, ina, s. Aubépin, e. (V. *Cignes*).
Aôbergi, s. f. Auberge.
Aôbîe, s. m. Aubier.
Aôcün, una, adj. indéf. Aucun, e.
Aôcunamont, adv. Aucunement.
Aôdâci, s. f. Audace.
Aôdaciousamont, adv. Audacieusement.
Aôdacioux, ousa, adj. Audacieux, euse.
Aôdjicioun, s. f. Audition.
Aôdjionci, s. f. Audience.
Aôdjioncîe, adj. m. Audiencier.
Aôdjitœu, s. m. Auditeur.
Aôdjitouairou, s. m. Auditoire.
Aôgmont, s. m. Augment.
Aôgmontâ, v. a. 1re conj. Augmenter.
Aôgmontacioun, s. f. Augmentation.
Aôgura, s. f. Augure.
Aôgurâ, v. a. 1re conj. Augurer.
Aôjord'héu, adv. de temps. Aujourd'hui. (V. *Onquéu*).
Aôméuna, s. f. Aumône.
Aôméunîe, s. m. Aumônier.
Aôna, s. f. Aune, mesure.
Aônâ, v. a. 1re conj. Auner, mesurer.
Aônageou, s. m. Aunage.
Aônéu, eusa, s. Auneur, euse.
Aôprês, prép. Auprès. (V. *Dorà*).
Aôreola, s. f. Auréole, cercle lumineux.
Aôricula, s. f. Auricule.
Aôriculà, f. pl. **ais,** adj. Auriculé, e.
Aôriculairou, ra, adj. Auriculaire.
Aôrissou, s. m. Grand vent, orage.
Aôrorou, s. m. Aurore, lumière qui précède le lever du soleil.
Aôscultâ, v. a. 1re conj. Ausculter.
Aôscultacioun, s. f. Auscultation.
Aôssi, adv. Aussi.
Aôssitéut, adv. de temps. Aussitôt.
Aôstéramont, adv. Austèrement.
Aôstérità, pl. **ais,** s. f. Austérité.
Aôstérou, ra, adj. Austère.
Aôtet, s. m. Autel.
Aôtéurisâ, v. a. 1re conj. Autoriser.
Aôtéurisacioun, s. f. Autorisation.
Aôtéurità, pl. **ais,** s. f. Autorité.
Aôtéuritais, s. f. pl. Autorités, fonctionnaires.

APAR

Aôtéuritairou, ra, adj. Autoritaire.
Aôthontchicità, s. f. Authenticité.
Aôthontchiquamont, adv. Authentiquement.
Aôtontchiquou, qua, adj. Authentique.
Aôtœu, s. m. Auteur.
Aôtonnou, s. m. Automne. Peu usité : on dit de préférence : *Ondaré*, arrière-saison. *Quand vint l'ondaré*, quand vient l'automne.
Aôtoû, prép. Autour. Prend un *e* muet devant une voyelle, *aôtoûe et dessus*.
Aôtoucracit, s. f. Autocratie.
Aôtoucratchiquamont, adv. Autocratiquement.
Aôtoucratchiquou, qua, adj. Autocratique.
Aôtoucratou, ta, s. Autocrate.
Aôtougraphiâ, v. a. 1re conj. Autographier.
Aôtougraphiquou, qua, adj. Autographique.
Aôtougraphou, s. m. Autographe.
Aôtoumatchiquamont, adv. Automatiquement.
Aôtoumatchiquou, qua, adj. Automatique.
Aôtoumatou, s. m. Automate.
Aôtoupsit, Aôtoupsia, s. f. Autopsie.
Aôtramont, adv. Autrement.
Aôtraveis, adv. Autrefois, pl. *aôtreveis*.
Aôtrichi, n. de l. Autriche.
Aôtrichion, iéna, n. et adj. Autrichien, ienne.
Aôtruchi, s. f. Autruche.
Aôtrui, s. m. Autrui.
Aôvargnat, âssi, s. et adj. Auvergnat, e.
Aôvargnâssi, s. f. Vent de l'Ouest venant de l'Auvergne. (V. *Traversa*, bourrée, danse.
Aôvargni, n. de l. Auvergne.
Aôvont, s. m. Auvent, volet.
Aôx, s. m. pl. Culottes, brayes. *Portà lous aôx*, être le maitre du logis.
Aôxiliairou, ra, adj. Auxiliaire.
Apanageou, s. m. Apanage.
Apanagîe, v. a. 1re conj. irrég. com. *Ablagie*. Apanager.
Apanagistou, ta, adj. et s. Apanagiste.
Aparcevablou, bla, adj. Apercevable.
Aparcéu, s. m. Aperçu.
Aparciéure ou **Aparcèvre,** v. a. et pr. 3e conj. irrég. Apercevoir. — Ind. prés. : *J'aparcevou, tch'aparcevis, o-l-aparcei, n'a-*

APOU

parcevouns, vou'aparcédes, ei-l-aparcevount. — Imparfait : *J'aparcerins,* etc. — Passé défini : *J'aparceriéus,* etc. — Futur : *J'aparciéurei,* etc. — Conditionnel : *J'aparciéurins,* etc. — Impératif : *Aparceis, aparcevouns, aparcerédes.* — Subj. : *Que j'aparceiva, que tch'aparceives, qu'o-l-aparceive, que n'aparceriouns, que vou'aparceriz, qu'eis-l-aparcerant.* — Imparfait : *Que j'aparceréza,* etc. — Part. prés. : *Aparcevant.* — Passé : *Aparcéu* ; pl. *Aparcéus.*

Apatchiâ, v. a. et pr. 1re conj. Apaiser, calmer. (Celt. *Apatza*). — *J'apatchiou, tch'apatchies, o-l-apatchie, n'apatchiouns, vou'apatchiaz, eis-l-apatchiount,* etc.

Apatchiquamont, adv. Apathiquement.

Apatchiquou, qua, adj. Apathique.

Apatchit, s. f. Apathie.

Apeisamont, s. m. Apaisement.

Apeisie, v. a. et pr. 1re conj. irrég. com. *Alésie.* Apaiser. (V. *Apatchia*).

Aperésie, v. a. et pr. 1re conj. irrég. Rendre paresseux, s'affainéantir, devenir paresseux. — Ind. prés. : *Ji m'aperésou, tchu t'aperéses, o s'aperése, nous nous aperésouns, rous rous aperésies, eis s'aperésount.* — Impératif : *Aperési-tei, aperésouns-nous, aperésie-rous.* — Subj. : *Que ji m'aperésa, que tchu t'aperéses, qu'o s'aperése, que nous nous aperésiouns, que rous rous aperésiz, qu'eis s'aperésant.* — Part. passé : *Aperésit, aperésia* ; pl. *aperésits, aperésias.*

Apétâ, v. a. 1re conj. com. *Abouéna.* Attendre, patienter ; *apéta ün péu,* attends un peu.

A péu près, loc. adv. A peu près.

Apéutrou, s. m. Apôtre.

Apicultchura, s. f. Apiculture.

Apicultéu, s. m. Apiculteur.

Âpit, s. m. Céleri, plante potagère.

Âpit, s. m. Api, sorte de pomme.

Apitouîe, v. a. et pr. 1re conj. irrég. com. *Allouie.* Apitoyer.

Aplanî, v. a. 2e conj. Aplanir.

Aplanissamont, s. m. Aplanissement.

Aplanisséu, s. m. Aplanisseur.

Aplatâ, v. a. et pr. 1re conj. Aplatir. *S'aplata,* tomber lourdement. *S'aplata,* tomber malade. *Aplata,* confondre son contradicteur.

Aplatageou, s. m. Aplatissement.

Aploumb, s. m. Aplomb : loc. adv. *D'aploumb,* d'aplomb.

Apostâ, v. a. et pr. 1re conj. Aposter.

Apoucalypsou, s. m. Apocalypse.

APPA

Apoucalystchiquou, qua, adj. Apocalystique.

Apoucryphou, pha, adj. Apocryphe.

Apoulougiquou, qua, adj. Apologique.

Apoulougistou, ta, adj. Apologiste.

Apoulougit, s. f. Apologie.

Apouplexit, Apouplexia, s. f. Apoplexie.

Apoustasiâ, v. n. 1re conj. Apostasier. *J'apoustasiou,* etc., com. *Apatchiâ.*

Apoustasit, s. f. Apostasie.

Apoustat, s. m. Apostat.

Apoustchilli, s. f. Apostille.

Apoustchillîe, v. a. 1re conj. irrég. com. *Ageanouillie.* Apostiller.

Apoustoulat, s. m. Apostolat.

Apoustouliquamont, adv. Apostoliquement.

Apoustouliquou, qua, adj. Apostolique.

Apoustrouphâ, v. a. 1re conj. Apostropher.

Apoustrouphou, s. m. Apostrophe.

Apoutchicairou, s. m. Apothicaire.

Apoutheosa, s. f. Apothéose.

Appai s. m. Appeau (V. *Rappai*).

Apparâ, v. a. 1re conj. Préparer, tendre pour recevoir. *Appara toun davanté,* apprete ton tablier. — Ind. prés. : *J'apparou, tch'appares, o-l-appâre, n'apparouns, vou'apparaz, eis-l-apparount.* — Imparfait : *J'apparâva,* etc. — Passé défini : *J'appariéu,* etc. — Futur : *J'appararei,* etc. — Conditionnel : *J'appararins,* etc. — Impératif : *Appara, apparouns, apparaz.* — Subj. : *Que j'appara, que tch'appares, qu'o-l-appare, que n'appariouns, que vou'appariz, qu'eis-l-apparant.* — Imparfait : *Que j'apparéza,* etc. — Part. passé : *Apparâ* ; pl. *apparás, ais.*

Apparat, s. m. Apparat.

Appareil (eillou), s. m. Appareil.

Appareillageou, s. m. Appareillage.

Appareilléu, eusa, s. Appareilleur, euse. Qui égalise les lisses des métiers à tisser.

Appareillie, v. a. 1re conj. irrég. com. *Agreillie.* Appareiller, mettre ensemble des choses pareilles.

Appareilie, v. a. et pr. 1re conj. irrég. com. *Agreillie.* Apparier, accoupler un mâle avec une femelle, en parlant des oiseaux ; apparier des pigeons. *S'appareillie,* s'apparier, s'accoupler.

Appareitre, v. n. 3e conj. irrég. Apparaitre. — Ind. prés. : *J'apparcissou, tch'appareis, o-l-apparei, n'appareissouns, vou'appareissédes, eis-l-appareissount.* — Imparfait :

APPI

J'appareissins, etc. — Passé défini : *J'appareissiéu*, etc. — Futur : *J'appareitrei*, etc. — Conditionnel : *J'appareitrins*, etc. — Impératif : *Apparei, appareissouns, appareissédes.* — Subj. : *Que j'appareissa, que tch'appareisses, qu'o-l-appareisse, que n'appareissiouns, que vou'appareissiz, qu'eis-l-appareissant.* — Imparfait : *Que j'appareisséza*, etc. — Part. passé : *Apparu, apparua* ; pl. *apparus, apparûes.*

Appariâ ou **Pariâ**, v.a. 1re conj. irrég. com. *Apatchiâ.* Parier, faire une gageure.

Apparicioun, s. f. Apparition.

Apparonci, s. f. Apparence, loc. adv. *On apparonci*, en apparence.

Apparont, a, adj. Apparent, e.

Apparontâ, v. a. et pr. 1re conj. Apparenter.

Appartamont, s. m. Appartement.

Apparteni, v. a. et pr. 2e conj. com. *Reveni.* Appartenir.

Appas, s. m. pl. Appas, charmes.

Appât, s. m. Appât, pâture.

Appel (ellou), s. m. Appel.

Appelâ, v. a. et pr. 1re conj. com. *Baritelâ.* Appeler. *S'appelâ,* se nommer, s'appeler. (V. *Sounâ*).

Appelant, s. m. Appelant, oiseau qui attire les autres. (V. *Rappai*).

Appella, s. f. Appelle.

Appellacioun, s. f. Appellation.

Appelou, s. m. Surnom donné aux habitants de Firminy (*Lous appelous*).

Appesantchî, v. a. et pr. 2e conj. com. *Amortchi.*

Appesantchissamont, s. m. Appesantissement.

Appetchissant, a, adj. Appétissant, e.

Appetchit, s. m. Appétit.

Appéurî, v. a. 2e conj. com. *Cûrî.* Appauvrir.

Appéurissamont, s. m. Appauvrissement.

Appiâ, v. a. et pr. 1re conj. Happer, atteindre, attraper. *S'appiâ,* s'atteindre. (Celt. *Happa*). — Ind. prés. : *J'appiou* ou *appiéu, tch'appies, o-l-appie, n'appiouns, vou'appiaz, eis-l-appiount.* — Imparfait : *J'appiâva*, etc. — Passé défini : *J'appiéu*, etc. — Futur : *J'appiarei*, etc. — Conditionnel prés. : *J'appiarins*, etc. — Impératif : *Appia, appiouns, appiaz.* — Subj. : *Que j'appia*, etc. — Imparfait : *Que j'appiéza*, etc. — Part. prés. : *Appiant.* — Part. passé : *Appiâ* ; pl. *appiàs, appiais.*

Appïnchie, v. a. et pr. 1re conj. irrég. Es-

APPR

pionner, guetter. — Ind. prés. — *J'appïnchou, tch'appïnches, o-l-appïnche, n'appïnchouns, vou'appïnchies, eis-l-appïnchount.* — Impératif : *Appïnchi, appïnchouns, appïnchies.* — Subj. : *Que j'appïncha, que tch'appïnches, qu'o-l-appïnche, que n'appïnchiouns, que vou'appïnchiz, qu'eis-l-appïnchant.* — Part. pas. : *Appïnchit, appïnchiâ* ; pl. *appïnchits, appïnchiais.*

Appïnchi-morliét, s. m. Espionneur.

Applechîe, v. a. et pr. 1re conj. irrég. com. *Apïnchie.* Affubler, accoupler, accoler.

La saqua bion garnia, bion applechit on fenna.
La poche bien garnie, bien affublé en femme.
(Jacq. CHAPELON).

Appléudjî ou **Applaôdjî,** v. a. 2e conj. Applaudir. Se conj. com. *Agrandji.*

Appléudjissamont ou **Applaôd...,** s. m. Applaudissement.

Applicablou, bla, adj. Applicable.

Applicacioun, s. f. Application.

Applicageou, s. m. Applicage.

Appliqua, s. f. Applique.

Appliquâ, v. a. et pr. 1re conj. Appliquer. (Celt. *Appliqua*).

Appô, s. m. Apport.

Appoï, s. m. Appui : *Appoï-méu,* appuie-main.

Appoéint, s. m. Appoint.

Appoéintâ, v. a. 1re conj. Appointer.

Appoéintamont, s. m. Appointement.

Appoéintchî, v. a. 2me conj. com. *Amortchi.* Appointir; on dit aussi *Appoéintâ.*

Appouie, v. a. et pr. 1re conj. irrég. com. *Allouie.* Appuyer.

Appounci, s. f. Ajouture, rallonge.

Appoundailles, s. f. pl. Choses que l'on ajoute les unes aux autres.

Appoundre, v. a. 3me conj. Ajouter, augmenter. (Celt. *Appoundaria*).

Appreciâ, v. a. 1re conj. Apprécier. *J'appreciou, tch'apprecies, o-l-apprecie, n'appreciouns, vou'appreciaz, eis-l-appreciount,* etc.

Appreciablou, bla, adj. Appréciable.

Appreciacioun, s. f. Appréciation.

Apprehoncioun, s. f. Appréhension.

Apprehondâ, v. a. 1re conj. Appréhender.

Appret, s. m. Apprêt.

Apprétâ, v. a. et pr. 1re conj. Apprêter. — Ind. prés. : *J'apprétou, tch'apprêtes, o-l-apprête, n'apprétouns, vou'apprétaz, eis-l-apprétount.* — Impératif : *Apprétâ, apprétouns, apprétaz.* — Subj.: *que j'appréta,*

APPR

que tch'apprêtes, qu'o-l-apprête, que n'apprétchiouns, que vou'apprétchiz, qu'eis-l-apprêtant. Dans tous les autres temps, on écrit : apprêt... avec accent aigu.

Apprétéu, sa, adj. Apprêteur, euse.
Apprivâ, v. a. et pr. 1re conj. Apprivoiser.
Apprivablou, bla, adj. Apprivoisable.
Approndre, v. a. 3me conj. com. *Prondre.* Apprendre.
Approntchissageou, s. m. Apprentissage.
Approntchit, issi, s. Apprenti, e.
Approubacioun, s. f. Approbation.
Approubatchif (ifou), **iva,** adj. Approbatif, ive.
Approubatchivamont, adv. Approbativement.
Approubatœu, trici, s. Approbateur, trice.
Approuchablou, bla, adj. Approchable.
Approuchant, a, adj. Approchant, e.
Approuchie, v. a. et pr. 1re conj. irrég. com. *Appinchie.* Approcher.
Approufoundjî, v. a. 2me conj. com. *Agrandji.* Approfondir.
Approufoundjissamont, s. m. Approfondissement.
Approupreacioun, s. f. Appropriation.
Approupreïe, v. a. et pr. 1re conj. irrég. Approprier, rendre propre. — Ind. prés : *J'approuprèiou, tch'approuprèies, o-l-approuprèie, n'approupreiouns, vou'approuprèies, cis-l-approuprèiount.* — Imparfait : *J'approupreiâra,* etc. — Pas. défini : *J'apprèiâ,* etc. — Futur : *J'approupreiarei.* — Cond. prés. : *J'approupriarins,* etc. — Impératif : *Approupreïs, approupreiouns, approupreïes.* — Subj. : *Que j'approuprèia, que tch'approupreïes, qu'o-l-approuprèie, que n'approupreiouns, que vou'approuprèiz, qu'eis-l-approupreiant.* — Part. prés. : *Approupreiant.* — Part. passé : *Approupreit, Approupreià ;* plur. *approupreits, approupreiais.*
Approupriâ, v. a. et pr. 1re conj. Approprier, attribuer à. *S'approuprià,* s'attribuer, usurper.
Approuvâ, v. a. 1re conj. com. *Affoulà.* Approuver.
Approuvisiounâ, v. a. et pr. 1re conjug. com. *Affetciounà.* Approvisionner.
Approuvisiounamont, s. m. Approvisionnement
Approuvisiounéu, sa, s. Approvisionneur, euse.
Approuximacioun, s. f. Approximation.
Approuximatchif (ifou), **iva,** adj. Approximatif, ive.

ARAO

Approuximatchivamont, adv. Approximativement.
Âpramont, adv. Aprement.
Aprês, prép. Après.
Aprês-djinâ, s. f. Après-diner. (V. *Véprà*).
Aprês-mèjoû, s f. Après-midi. (V. *Véprà*).
Apretà, pl. **ais,** s. f. Apreté.
Aprimâ, v. a. 1re conj. Amincir, réduire. (V. *Prim*).
A proupéus ou **A parpéus,** adv. A propos.
Aptchitchuda, s. f. Aptitude.
Aptou, Apta, adj. Apte.
Aquand, adv. Quand.
Aquarella, s. f. Aquarelle.
Aquarellistou, s. m. Aquarelliste.
Aquarium (omou), s. m. Aquarium.
Aquatchiquou, qua, adj. Aquatique.
Aquedjuc (ucou), s. m. Aqueduc.
Aquichîe, v. a. et pr. 1re conj. irrég. com. *Appinchie.* Aplatir, affaisser, anéantir. *S'aquichie,* se courber, s'affaisser sous le poids des années.
Aquichounâ, v. a. et pr. 1re conj. com. *Boundounâ.* Entasser, mettre en tas. *S'aquichounâ,* prendre le dos arrondi par l'âge.
Aquiéu, s. m. Accul, lieu sans issue. *Etre aquiéu,* avoir épuisé ses ressources.
Aquiéulâ, v. a. 1re conj. Acculer, faire basculer un tombereau pour en vider le contenu.
Aquiéulâ (s'), v. pr. 1re conj. S'adosser, fig., déchoir, tomber.
Aquiéulâ, v. a. 1re conj. Eculer, rabattre le cuir de ses chaussures sur le talon.
Aquiéulageou, s. m. Acculement.
Aquiléin, adj. m. Aquilin.
Aquiloun, s. m. Aquilon.
Aquousità, pl. **ais,** s. f. Aquosité.
Aquou, ousa, adj. Aqueux, euse. (V. *Aigassoux).*
Arat, s. m. Labour, terrain labouré. *O-l-è-t-à l'arat,* il est aux champs, au labour, à la terre. (Celt. *Ara, arat,* labourer).
Arabiquou, qua, adj. Arabique.
Arablou, bla, adj. et s. Arabe, habitant de l'Algérie ; par all. Avare, égoïste.
Araôrou, s. m. Araire, charrue. (Celt.*Arar*). Les principales partie de *l'araòrou* sont : la *meitra,* bloc de bois qui forme le corps de la charrue ; la *quoua* ou *l'esteva,* le manche ; le *coûtrou,* fer tranchant ; l'oureilli* ou versoir ; l'*échamboussoun* ou la

ARCH

chamboussi, pièce adaptée à la *meitra* et qui se recourbe en avant; la *tondjilli* ou *tordella*, vis qui sert à rapprocher ou à éloigner la *chamboussi* du corps de la charrue; la *préula*, cheville placée à l'extrémité de la *chamboussi*, qui sert de timon et à laquelle on attache la chaîne, *chanèra*, correspondant au joug; la *reilli*, soc adapté par une virole, *morna*, en fer.

Arbalèta, s. f. Arbalète.
Arbalétrie, s. m. Arbalétrier.
Arbilloun, s. m. Morceau de fer, débris de ferraille.
Arbitrâ, v. a. 1re conj. Arbitrer.
Arbitrageou, s. m. Arbitrage.
Arbitrairamont, adv. Arbitrairement.
Arbitrairou, ra, adj. Arbitraire.
Arbitral (alou), **a, aôx**, adj. Arbitral, e, aux.
Arbitralamont, adv. Arbitralement.
Arbitrou, s. m. Arbitre.
Arbourâ, v. a. 1re conj. com. *Afflourà*. Arborer.
Arbouresceont, a, adj. Arborescent, e.
Arbouricultchura, s. f. Arboriculture.
Abouricultéu, s. m. Arboriculteur.
Arbourisacioun, s. f. Arborisation.
Arbrissaî, pl. **Arbrissaôx**, s. m. Arbrisseau.
Arbustou, s. m. Arbuste.
Arcada, s. f. Arcade.
Arcali, s. m. Alcali.
Arcalïn, a, adj. Alcalin, e.
Arcalisâ, v. a. 1re conj. Alcaliser.
Arcancîe, s. m. Arc-en-ciel.
Arcandjîe, s. m. Chevalier d'industrie, grippe-sou, viveur d'expédients.
Arcaôrou, s. m. Alcôve.
Arceaî, pl. **Arceaôx**, s. m. Arceau.
Archangeou (cangeou), s. m. Archange.
Archét, s. m. Archet.
Archevéché, s. m. Archevêché.
Archevêquou, s. m. Archevêque.
Archi, s. f. Arche, coffre où les paysans serrent leurs habits, leur linge et tout leur trésor. Caisse où les lavandières se tiennent à genoux. (Celt. *Arch*, coffre, caisse). A Saint-Etienne les *arches* étaient, depuis le XVIe siècle, des réservoirs en bois pour retirer le poisson, placés sur la rive droite du bief du Furan, à l'ouest du *Pré de la Foire* (place du Peuple), et recevant l'eau de la rivière par des ouvertures garnies de grilles. Ces réservoirs, une fois fermés par des portes placées à la partie supérieure, servaient de refuge aux vagabonds qui en faisaient leur lit de camp pour la nuit, et le jour, leur salle de jeu.

Tous tous réaléus ne sount pas sus les arches.
(PHILIPPON, *Babochi*).
Una not sus les arches.

pièce en vers gagas, par LINOSSIER (*Patassoun*).
Archicounfrârit, s. f. Archiconfrérie.
Archidjâcrou, s. m. Archidiacre.
Archidjuc (uquou). Archiduc.
Archidjucal (alou), **a**, adj. Archiducal, e.
Archipel (ellou), s. m. Archipel.
Archipot, s. m. Viande cuite, étuvée. Espèce de met particulier aux montagnes du Forez et usité seulement pour les noces ou les fêtes paroissiales. C'est un composé de viande de bœuf et de pieds de porc hachés avec du pain blanc, et que l'on remue avec une grosse branche de laurier. L'*archipot* est le met par excellence, le grand pot au feu.

Et soun petchit tchoupin par faire l'Archipot.
(CHAPELON. *Testament*).

Archiprêtrou, s. m. Achiprêtre.
Architettchura, s. f. Architecture.
Architettou, s. m. Architecte.
Archives, s. f. pl. Archives.
Archivistou, s. m. Archiviste.
Archoun, s. m. Petit coffre. (V. *Archi*).
Arcol (olou), s. m. Alcool, liquide.
Arcolou, n. d. l. Arcole, village.
Arc-on-cîe, s. m. Arc-en-ciel. (V. *Arcancie*).
Arcoulisâ, v. a. 1re conj. Alcooliser.
Arçoun, s. m. Arçon.
Ardamont, adv. Ardemment.
Ardjî ! interj. Allons.

Ardji zeffants, bouliquaz reire.
Allons enfants, remuez voir.
(LINOSSIER, *Patassoun*).

Ardju, a, adj. Ardu, e.
Ardœu, s. f. Ardeur.
Ardont, a, adj. Ardent, e.
Ardoueisa, s. f. Ardoise.
Ardoueiséri, s. f. Ardoisière.
Aréna, s. f. Arène.
Aéroupageou, s. m. Aréopage. Réunion.
Aréta, s. f. Arête.
A rez, loc. adv. A côté. *O demore à rez de vès chiz nous*, il demeure à côté de chez nous.

ARMU

Argeont, s. m. Argent, métal.
Argeontarit, s. f. Argenterie.
Argeontéu, s. m. Argenteur.
Argéontéuri, s. f. Argenture.
Argilou, s. m. Argile, terre grasse (V. *Mana*).
Argiloux, ousa, adj. Argileux, euse. (V. *Manoux*).
Argnîe, v. a. 1re conj. irrég. com. *Abaragnie*. Taquiner, agacer.
Argnoux, ousa, adj. Taquin, microcheur.
Argot, s. m. Argot, langage.
Argot, s. m. Ergot. (V. *Arpiouns*).
Argoutâ, v. n. 1re conj. com. *Accoutá*. Ergoter.
Argousïn, s. m. Argousin.
Arguâ, v. a. 1re conj. Arguer.
Argumont, s. m. Argument.
Argumontâ, v. n. 1re conj. Argumenter.
Argumontacioun, s. f. Argumentation.
Argus (uçou), s. m. Argus, clairvoyant.

Quand ji n'aòrins autant qu'Argus.
(CHAPELON).

Aridjitâ, pl. **ais**, s. f. Aridité.
Aridou, da, adj. Aride.
Aristoucracit, s. f. Aristocratie
Aristoucratchiquamont, adv. Aristocratiquement.
Aristoucratchiquou, qua, adj. Aristocratique.
Aristoucratou, ta, adj. et s. Aristocrate.
Arithmétchiqua, s. f. Arithmétique.
Arithmétchiquamont, adv. Arithmétiquement.
Arlequïn, Arlequéin, s. m. Arlequin.
Arma, s. f. Arme. (Celt. *Arma*).
Armâ, v. a. 1re conj. Armer.
Armamont, s. m. Armement.
Armaô, s. m. Bette, plante. (V. *Bletta*. Celt. *Armora*).
Arméia, s. f. Armée.
Arminétta, s. f. Erminette. (V. *Eicétta*).
Armistchici, s. f. Armistice.
Armitageou, s. m. Ermitage.
Armitou, ta, s. et adj. Ermite.
Armoueirîes, s. f. pl. Armoiries.
Armoueisa, s. f. Armoise, herbe.
Armourial (alou), s. m. Armorial.
Armura, s. f. Armure. Genre de tissu, dessin que forment les fils tissés.

ARRA

Armurarit, s. f. Armurerie.
Armurîe, s. m. Armurier. (V. *Fusatchîe*).
Aromou, s. m. Arome.
Ârou, s. m. Are, mesure de surface.
Aroumatchisâ, v. a. 1re conj. Aromatiser.
Aroumatchiquou, qua, adj. Aromatique.
Arounda ou **Airounda**, s. f. Aronde.
Arpa, s. f. Savoir-faire, ordre, activité. *O n'a jîn d'arpa*, il n'a point de savoir-faire. *L'na fenna d'arpa*, une femme active, d'ordre. (Celt. *Harpa*, ordre).
Apaillan, s. m. Escogriffe, vaurien.
Arpan, s. m. Empan, espace entre le pouce et le petit doigt écartés.
Arpiâ, v. a. 1re conj. com. *Appià*. Prendre, saisir avec les doigts, les griffes. (Celt. *Arpia*).
Arpioun, s. m. Doigts, griffes.
Arpont, s. m. Arpent, ancienne mesure.
Arpontâ, v. a. 1re conj. Arpenter.
Arpontageou, s. m. Arpentage.
Arpontéu, s. m. Arpenteur.
Arquâ, v. a. 1re conj. Arquer.
Arquâ, f. pl. **ais**, adj. Arqué, e.
Arquebûsa, s. f. Arquebuse, arme, liqueur.
Arquebusarit, s. f. Arquebuserie.
Arquebusîe, s. m. Arquebusier (V. *Fusatchîe*).
Arquetâ, v. a. 1re conj. Parer, ajuster.

Aóssi bion arquetàs que des princes de song.
Aussi bien parés que des princes de sang.
(CHAPELON).

Arrachageou, s. m. Arrachage.
Arrachéu, s. m. Arracheur.
Arrachîe, v. a. 1re conj. irrég. com. *Appinchie*. Arracher.
Arrangeamont, s. m. Arrangement.
Arrangeant, a, adj. Arrangeant, e.
Arrangéu, s. m. Arrangeur.
Arrangîe, v. a. et pr. 1re conj. irrég. com. *Ablagie*. Arranger.
Arrapâ, v. a. 1re conj. Coller, joindre, *fig.* saisir, empoigner.

*Et que tchu n'a pas tout l'itchiéu
La chamisi arrapâ au quiéu.*

Et que tu n'as pas tout l'été
La chemise collée au derrière.
(M. ALLARD).

Ji l'ai arrapà pa tout coulét.
Je l'ai saisi par le collet.

Arrapà, f. pl. **ais,** adj. et s. Avare, grincheux.

Arrapachïn, s. m. Fruit de la bardane, plante dont les fruits hérissés s'attachent aux étoffes, ce dont les enfants font un amusement en tirant de ces fruits munis d'une paille, aux passants, dans la rue.

Arré, s. m. Arrière.

Arré (on), loc. adv. En arrière.

Arré-bon, s. m. Arrière-ban.

Arréri-garda, s. f. Arrière-garde.

Arrérîe, v. a. et pr. 1re conj. irrég. comme *Aérie.* Arriérer.

Arreisîe, v. a. et pr. 1re conj. irrég. comme *Aperésie.* Rajuster, orner.

Arreisi-tei dounc una brésa.
Rajuste-toi donc un peu.
(M. ALLARD).

Arrestacioun, s. f. Arrestation.

Arret, s. m. Arrêt.

Arrétâ, v. a. et pr. 1re conj. com. *Apprétà.* Arrêter.

Arrétâ, s. m. Arrêté, ordonnance.

Arrhous, s. m. pl. Arrhes. (Celt. *Erva*).

Arrivà, s. f. Arrivée, loc. adv., *à l'arrivà.*

Arrivà, v. n. 1re conj. Arriver.

Arrivageou, s. m. Arrivage.

Arrivant, a, s. Arrivant, e.

Arrougamont, adv. Arrogamment.

Arrouganci, s. f. Arrogance.

Arrougant, a, adj. Arrogant, e.

Arrougîe (s'), v. pr. 1re conj. irrég. com. *Abrougie.* Arroger (s').

Arroundjî, v. a. et pr. 2me conj. com. *Agrandji.* Arrondir. Par ext., *s'arroundji,* se griser.

Arroundjissamont, s. m. Arrondissement.

Arroupâ, v. a. et pr. 1re conj. com. *Affoulà.* Envelopper, recouvrir d'un manteau, *roupa.* (Celt. *Arropa,* habit).

Arrousâ, v. a. et pr. 1re conj. com. *Affoulà.* Arroser. *S'arrousà la margotta,* s'arroser le gosier. *S'arrousà,* se tremper, recevoir une averse.

Arrousageou, s. m. Arrosage.

Arrouséu, s. m. Arroseur qui arrose, arrosoir que l'on nomme aussi *arrousoi.*

Arroussâ, v. a. et pr. 1re conj. com. *Agoullà.* Rendre rosse, s'avachir.

Arsenat, s. m. Arsenal.

Arsenical (alou), **a, aôx,** adj. Arsenical, e, aux.

Arsenit, s. m. Arsenic.

Arsouille ou **Arsouillou,** s. m. Crapuleux, vaurien.

Arsouillie, s. m. Savetier ambulant, porteur d'une hotte renfermant son outillage ; il crie dans les rues : *Arsouillie !*

Arta, s. f. Mite, insecte rongeant les étoffes.

Artabalâta (à l'), loc. adv. Au hasard, à l'aventure, sans réflexion.

Et que n'a jamais von fat à l'artabalàta,
Et qui n'a jamais rien fait à l'aventure.
(CHAPELON).

Artchichaô, s. m. Artichaut.

Artchiclou, s. m. Article.

Artchiculâ, v. a. 1re conj. Articuler.

Artchiculâ, f., pl. **ais,** adj. Articulé, e.

Artchiculacioun, s. f. Articulation.

Artchiéu, s. m. Orteil, doigt de pied. (V. *Arté).*

Artchifailli, s. f. Bibelot, menus objets, bric-à-brac.

Artchificîe, s. m. Artificier.

Artchificiel (elou), **la,** adj. Artificiel, le.

Artchificiellamont, adv. Artificiellement.

Artchificiousamont, adv. Artificieusement.

Artchificioux, ousa, adj. Artificieux, euse.

Artchifiçou, s. m. Artifice.

Artchillarit, s. f. Artillerie.

Artchilléu, s. m. Artilleur.

Artchisan, s. m. Artisan.

Artchisoun, s. m. Artison, mite. (V. *Arta).*

Artchisounà, f., pl. **ais,** adj. Qui a des artisons.

Artchistamont, adv. Artistement.

Artchistchiquou, qua, adj. Artistique.

Artchistou, ta, s. Artiste.

Arté, s. m. Orteil. (V. *Artchiéu).*

Arterâ, v. a. et pr. 1re conj. com. *Aberà.* Altérer.

Artera, s. f. Artère.

Arteriel (elou), **la,** adj. Artériel, le.

Artesion, s. m. Artésien, puits.

Artoupan, s. m. Sacripan, vaurien.

Arziéu ou **Narziéu,** s. m. Orgelet à la paupière.

As (açou), s. m. As, carte à jouer.

Asceondanci, s. f. Ascendance.

Asceondant, a, adj. Ascendant, e.

ASSA

Asceonséu, s. m. Ascenseur.
Asceonsioun, s. f. Ascension.
Asceonsiounel (ellou), la, adj. Ascensionnel, le.
A sét, loc. adv. A sec.
Asiatchiquou, qua, adj. Asiatique.
Asilou, s. m. Asile.
Asperget, s. m. Aspergès, goupillon.
Aspergi, s. f. Asperge.
Aspergîe, v. a. 1ʳᵉ conj. irrég. com. *Ablagîe*, Asperger.
Asperità, pl. **ais**, s. f. Aspérité.
Aspet, s. m. Aspect.
Asphysiâ, v. a. et pr. 1ʳᵉ conj. com. *Appiâ*. Asphyxier.
Asphysià, f. pl. **ais**, adj. et s. Asphyxié, e.
Asphysiant, a, adj. Asphyxiant, e.
Asphysit, s. f. Asphyxie.
Aspirâ, v. a. et n. 1ʳᵉ conj. Aspirer.
Aspiracioun, s. f. Aspiration.
Aspirant, a, adj. et s. Aspirant, e.
Aspiratœu, trici, adj. Aspirateur, trice.
Aspit, s. m. Guindre pour enrouler les rubans.
Assà ! interj. Hé bien ! Voyons !
Assà ! mais, crédes-vous que ji zos ai voulà ?
Voyons ! mais, croyez-vous que je l'ai volé !
(MURGUE, dit l'*Esprit*).
Assablâ, v. a. et pr. 1ʳᵉ conj. Ensabler, échouer, mettre à sec. (Rabelais, *assabler*).
Assablageou, s. m. Ensablement.
Assadâ, v. a. et pr. 1ʳᵉ conj. Boire avec plaisir, savourer, se délecter.
Par miéux z'assadà ô féut z'affanà.
Pour mieux le savourer, il faut le gagner.
(PHILIPPON, dit *Babochi*).
Assaillî, v. a. 2ᵐᵉ conj. Assaillir.
Assaillant, s. m. Assaillant.
Assanî, v. a. 2ᵐᵉ conj. Assainir. (V. *Ressanâ*).
Assanissamont, s. m. Assainissement.
Assarcioun, s. f. Assertion.
Assarmontâ, v. a. 1ʳᵉ conj. Assermenter.
Assarmontà, f. pl. **ais**, adj. Assermenté, e.
Assarvî, v. a. 2ᵐᵉ conj. comme *Adouci*. Asservir.
Assarvissamont, s. m. Asservissement.
Assassïn, ina, s. et adj. Assassin, e.
Assassinâ, v. a. 1ʳᵉ conj. Assassiner.
Assassinat, s. m. Assassinat.

ASSO

Assaôt, s. m. Assaut.
Asseisounâ, v. a. 1ʳᵉ conj. Assaisonner.
Asseisouñamont, s. m. Assaisonnement.
Assénâ, v. a. 1ʳᵉ conj. com. *Abouénâ*. Asséner.
Assessœu, adj. et s. m. Assesseur.
Assetâ, v. a. et pr. 1ʳᵉ conj. Asseoir. (Celt. *Assetarc*). — Ind. prés.: *J'assettou, tch'assettes, o-l-assette, n'assetouns, vou'assetaz, cis-l-assetount.* — Imparfait: *J'assetâva*, etc. — Passé défini: *J'assetchiéu*, etc. — Futur: *J'assetareí*, etc. — Cond.: *J'assetarîns*, etc. — Impératif: *Assetta, assetouns, assetaz.* — Subj.: *Que j'assetta, que tch'assetes, qu'o-l-assette, que n'assetchiouns, que vou'assetchiz, qu'eis-l-assetant.*
Assetéurou, s. m. Banc, siège, toute chose disposée pour s'asseoir.
Assetoun (on), loc. adv. Etant assis. *On assetoun coumma ün taillœu*, étant assis comme un tailleur.
Assêz, adv. Assez. (Celt. *Assez*).
Assidju, a, adj. Assidu, e.
Assidjumont, adv. Assidûment.
Assidjutà, pl. **ais**, s. f. Assiduité.
Assiégîe, v. a. 1ʳᵉ conj. irrég. com. *Alésie*. Assiéger.
Assiégis, s. m. pl. Assiégés.
Assiéta, s. f. Assiette.
Assiétà, pl. **ais**, s. f. Assiettée.
Assignâ, v. a. 1ʳᵉ conj. Assigner.
Assignablou, bla, adj. Assignable.
Assignacioun, s. f. Assignation.
Assignat, s. m. Assignat, papier.
Assimiliâ, v. a. et pr. 1ʳᵉ conj. Assimiler. — Ind. prés.: *J'assimiliou, tch'assimilies, o-l-assimilie, n'assimiliouns, vou'assimiliaz, cis-l-assimiliount*, etc.
Assimiliacioun, s. f. Assimilation.
Assimiliatœu, trici, adj. Assimilateur, trice.
Assisa, s. f. Assise, pierre posée.
Assîses, s. f. pl. Assises, juridiction.
Assistâ, v. n. et pr. 1ʳᵉ conj. Assister.
Assistanci, s. f. Assistance.
Assistant, a, adj. et s. Assistant, e.
Assivâ, v. a. 1ʳᵉ conj. Donner l'avoine. *Sivà*, donner la nourriture.
Assomblâ, v. a. 1ʳᵉ conj. Assembler.
Assomblageou, s. m. Assemblage.
Assombléia, s. f. Assemblée.

ASSU

Assontchî, v. n. 2ᵐᵉ conj. com. *Amortchi*. Assentir, donner son assentiment.

Assontchimont, s. m. Assentiment.

Assordjî, v. a. 2ᵐᵉ conj. com. *Agrandji*. Assourdir. (V. *Essorlie*).

Assordjissamont, s. m. Assourdissement.

Assordjissant, a, adj. Assourdissant, e.

Assortchî, v. a. 2ᵉ conj. com. *Amortchi*. Assortir.

Assortchimont, s. m. Assortiment.

Assortchissant, a, adj. Assortissant, e.

Assortchit, tchia, adj. Assorti, e.

Assouciâ, v. a. et pr. 1ʳᵉ conj. Associer. — Ind. prés. : *J'associou, tch'associes, o-l-associe, n'assouciouns, vou'assouciaz, cis-l-associount*. — Imparfait : *J'assouciàra*, etc. — Impératif : *Associa, assouciouns, assouciaz*. — Subj. : *Que j'associu, que tch'associes, qu'o-l-associe, que n'assouciouns, que vou'assouciz, qu'eis-l-assouciant*. — Part. passé : *Associà*; pl. *assouciàs, aìs*. Dans tous les autres temps, on écrit : *assouc*... et non *assoc*...

Assouciâ, f. pl. **ais**, s. Associé, e.

Assouciacioun, s. f. Association.

Assoumbrî, v. a. et pr. 2ᵐᵉ conj. com. *Càri*. Assombrir.

Assoumâ, v. a. 1ʳᵉ conj. com. *Affoulà*. Assommer.

Assoumâ (s'), v. pr. 1ʳᵉ conj. com. *Affoulà*. Se tuer en se heurtant la tête.

Assoumà, f. pl. **ais**, s. Personne absorbée, sombre, taciturne, dévote à l'excès.

Assoumant, e, adj. Assommant, e.

Assouméu, s. m. Assommeur. (V. *Adoubéu*).

Assoumoi (oua), s. m. Assommoir.

Assoumpcioun, s. f. Assomption.

Assoupî, v. a. et pr. 2ᵉ conj. Assoupir. — Ind. prés. : *J'assoupéssou, tch'assoupés, o-l-assoupé, n'assoupissouns, vou'assoupissédes, cis-l-assoupéssount*. — Impératif : *Assoupé, assoupissouns, assoupissédes*.

Assoupissamont, s. m. Assoupissement.

Assoupissant, a, adj. Assoupissant, e.

Assouplî, v.a. et pr. 2ᵐᵉ conj. com. *Assoupi*. Assouplir.

Assouvî, v. a. 2ᵐᵉ conj. com. *Assoupi*. Assouvir.

Assouvissamont, s. m. Assouvissement.

Assujetchî, v. a. et pr. 2ᵉ conj. com. *Amortchi*. Assujettir.

Assujetchissamont, s. m. Assujettissement.

ASTR

Assujetchissant, a, adj. Assujettissant, e.

Assumâ, v. a. 1ʳᵉ conj. Assumer.

Assupâ, v. a. 1ʳᵉ conj. Chopper, heurter, choquer. — *Un lèazou m'assupait, ji bouquièu la charvèi* ; une pierre, un caillou me choppa, je baisai le pavé de la rue. (Celt. *Assoupa*).

Assurâ, v. a. et pr. 1ʳᵉ conj. Assurer.

Assuramont, adv. Assurément. (V. *Suramont*).

Assuranci, s. f. Assurance.

Assûre, v. a. et pr. 3ᵉ conj. irrég. Achever, terminer. — *Nous coumençouns bon l'an, sait-où qui l'assùra ?* Nous commençons bien l'année, sait-on qui l'achèvera ? (CHAPELON). (V. *Achabà*). — Ind. prés. : *J'assuiou, tch'assus, o-l-assut, n'assuiouns, vou'assuiédes, cis-l-assuiount*. — Imparfait : *J'assuiôu*, etc. — Passé défini : *J'assuiéus*, etc. — Futur simple : *J'assuirei*. — Conditionnel : *J'assuirins*. — Impératif : *Assù, assuiouns, assuiéd s*. — Subj. : *Que j'assuia, que tch'assuies, qu'o-t-assuie, que n'assuiouns, que vou'assuiz, qu'eis-l-assuiant*. — Imparfait : *Que j'assuièza*, etc. — Part. prés. : *Assuiant*. — Passé : *Assù, assua* ; pl. *assus, assùes*.

Assù, a, adj. Achevé, e ; fig. accablé. *La vieillessa m'assù*, la vieillesse m'accable.

Assuiageou, s. m. Achèvement, finissage.

Assuiéu, s. m. Acheveur. On donne bien ce nom à l'ouvrier qui finit les canons de fusil ; il y a *l'assuiéu* à la forge et *l'assuiéu ou blanc*, celui qui donne l'élégance au canon à l'aide de limes et de rabots ; fig. *Assuiéu* se dit d'un dissipateur qui achève de manger son bien.

Assuréu, s. m. Assureur.

Astchicot, s. m. Asticot, ver.

Astchicoutâ, v. a. 1ʳᵉ conj. com. *Accoutà*. Battre, frapper à coups précipités

Astchiquâ, v. a. 1ʳᵉ conj. Astiquer, frotter.

Asmatchiquou, qua, adj. et s. Asthmatique. (V. *Poussà, a*).

Asmou, s. m. Asthme. (V. *Poùssa*).

Astréindre, v. a. 3ᵉ conj. Astreindre.

Astrou, s. m. Astre.

Astroulogou, s. m. Astrologue.

Astroulougiquamont, adv. Astrologiquement.

Astroulougiquou, qua, adj. Astrologique.

Astroulougit, s. f. Astrologie.

Astrounomou, s. m. Astronome.

Astrounoumiquamont, adv. Astronomiquement.

ATTA

Astrounoumiquou, qua, adj. Astronomique.
Astrounoumit, s. f. Astronomie.
Atchoù ! s. m. Onomatopée de l'éternûment.
Atelîe, s. m. Atelier. (V. *Boutchiqua*).
Atérîe, v. a. 1re conj. irrég. com. *Aérîe*. Entasser, rassembler, ranger.
Atermâ, v. a. 1re conj. Atermoyer.
Atéumou, s. m. Atome, infiniment petit.
Athà, f., pl. **ais,** adj. et s. Athée, e.
Atheïsmou, s. m. Athéisme.
Athéné, s. m. Athénée.
Athlètchiquou, qua, adj. Athlétique.
Athlètou, s. m. Athlète.
Athlantchiquou, qua, adj. Atlantique.
Atlas (açou), s. m. Atlas.
Atmouspheriquou, qua, adj. Atmosphérique.
Atmouspherou, s. m. Atmosphère.
Âtou, s. m. Broche à faire rôtir les viandes·
Car tchu ne vaôt qu'à virir l'atou.
Car tu ne vaux qu'à tourner la broche.
(Ballet forèz. M. ALLARD).
Un atou vièux, inconve qu'o seit de bouais.
Une broche vieille, encore qu'elle soit en bois.
(Ant. CHAPELON).
Atoû, s. m. Atour, parure.
Atout, s. m. Atout, carte de la couleur qui retourne au jeu, coup frappé ; *baillie ou reciéure ûn atout*, donner ou recevoir un coup frappé.
Atout ! Terme employé au jeu de gobilles pour avoir le droit d'enlever tout obstacle pouvant empêcher la gobille de rouler directement. *Atout !* crie donc le joueur, ou l'adversaire, plus précoce ; *sans atout !*
Atroçou, ça, adj. Atroce.
Atrouçamont, adv. Atrocement.
Atroucità, pl. **ais,** s. f. Atrocité.
Atrouphià (s'), v. pr. 1re conj. com. *Assoucià*. S'atrophier.
Atrouphià, f., pl. **ais,** adj. Atrophié, e.
Atrouphit, s. f. Atrophie.
Atru, a, adj. Heureux, fortuné, qui est dans le bien-être.
Ron de plus atru, ni de plus hèroux,
Alizoun, que d'être amouroux.
Rien de plus fortuné, ni de plus heureux,
Alizon, que d'être amoureux.
(ALLARD).
De là, *benatru* et *malotru*. (V. ces mots).
Attablà, v. pr. et n. 1re conj. Attabler.
Attachamont, s. m. Attachement.

ATTO

Attachant, e, adj. Attachant, e.
Attachi, s. f. Attache, lien. (V. *Fremma*).
Attachîe, v. a. et pr. 1re conj. irrég. com. *Appinchîe*. Attacher.
Attalâ, v. a. et pr. 1re conj. Atteler.
Attalageou, s. m. Attelage, cheval attelé ; fig. luxe, entrain, grande tenue.
Attaqua, s. f. Attaque.
Attaquâ, v. a. et pr. 1re conj. Attaquer.
Attaquablou, bla, adj. Attaquable.
Attardâ, v. a. et pr. 1re conj. Attarder.
Attchirail (aillou), s. m. Attirail.
Attchirant, a, adj. Attirant, e.
Attchirîe, v. a. et pr. 1re conj. irrég. com. *Aérîe*. Attirer.
Attchisâ, v. a. 1re conj. Attiser.
Attchiséu, s. m. Attiseur.
Attchitrà, f., pl. **ais,** adj. Attitrée, e.
Attchitrâ, v. a. et pr. 1re conj. Attitrer.
Attchitchuda, s. f. Attitude.
Attéindre, v. a. 3e conj. Atteindre. (V. *Appià*) qui est plus usité. — Ind. prés. : J'atteignou, tch'attéins, o·l-attéint, n'atteignouns, vou'atteigniédes, eis-l-atteignount. — Part. passé : *Attéint, attéintchi* ; pl. *attéints, attéintes.*
Attéint, Attéintchi, adj. Atteint, e.
Attéintchi, s. f. Atteinte.
Attenant, a, adj. Attenant, e.
Attenuâ, v. a. 1re conj. Atténuer.
Attenuacioun, s. f. Atténuation.
Attenuant, a, adj. Atténuant, e.
Atterrî ou **Attarrî,** v. n. 2e conj. com. *Aguarrî*. Atterrir, prendre terre.
Atterrissageou ou **Attarrissageou,** s. m. Atterrissage.
Attestâ, v. a. 1re conj. Attester.
Attestacioun, s. f. Attestation.
Attoncioun, s. f. Attention.
Attoncìounà, f. pl. **ais,** adj. Attentionné, e.
Attondant (on), loc. prépos. En attendant.
Attondju, prép. Attendu, vu.
Attondre, v. a. et pr. 3e conj. Attendre.
Prov. : *Vint à bout de tout qui pot attondre.*
O feut s'attondre à tout par n'être sûprés de ron.
Attondrî, v. a. et pr. 2e conj. com. *Aguarrî*. Attendrir.
Attondrissamont, s. m. Attendrissement.

AVAL

Attondrissant, a, adj. Attendrissant, e.
Attonta, s. f. Attente.
Attontâ, v. n. 1re conj. Attenter.
Attontat, s. m. Attentat.
Attontatouairou, ra, adj. Attentatoire.
Attontchif (ifou), iva, adj. Attentif, ive.
Attontchivamont, adv. Attentivement.
Attouchamont, s. m. Attouchement.
Attracioun, s. f. Attraction.
Attrait, s. m. Attrait.
Attrapa, s. f. Attrape, tromperie.
Attrapâ, v. a. 1re conj. Attraper, gourer.
Attrapâ, v. a. 1re conj. Attraper, atteindre, obtenir, gagner, recevoir. *Vou'é tant d'attrapà*, c'est tant d'attrapé. (V. *Appià*).
Attrapéu, sa, s. Attrapeur, euse.
Attrayant, a, adj. Attrayant, e.
Attribuâ, v. a. et pr. 1re conj. Attribuer. — Ind. prés. : *J'attribuou* (u-ou), *tch'attribues, o-l-attribue, n'attribuouns, vou'attribuaz, eis-l-attribuount.* — Imparfait : *J'attribuáva.*
Attribuablou, bla, adj. Attribuable.
Attribucioun, s. f. Attribution.
Attribut, s. m. Attribut.
Attributchif (ifou), iva, adj. Attributif, ive.
Attristâ, v. a. et pr. 1re conj. Attrister.
Attristant, a, adj. Attristant, e.
Attroupâ, v. a. et pr. 1re conj. com. *Affoulá.* Attrouper.
Attroupamont, s. m. Attroupement.
Au, Aux, art. contracté. Au, aux pour à le, à les.
Aujord'héu, adv. Aujourd'hui (vieux).
Au liœu ou **Au lûe**, prép. Au lieu de.
Avachî (s'), v. pr. 2e conj. S'avachir. — Ind. prés. : *Ji m'avachéssou, tu t'avachés, o-s'avaché, nous nous avachissouns, vous vous avachissédes, eis-s'avachéssount*, etc. (V. *S'arroussá*).
Avalâ, v. a. 1re conj. Avaler. (V. *Coutchi*), fig. *Avalá sa léingua*, avaler sa langue, mourir, trépasser.
Avalanchi, s. f. Avalanche.
Avaléu, sa, s. Avaleur, euse ; glouton.
Avaléurou, s. m. Avaloir, gosier.
Avalisqâ (s'), v. pr. 1re conj. Disparaître, s'évanouir, se retirer, fuir.
Avalisqua !, excl. Au diable !, fi donc !, disparaissez. (Rabelais : avalisque Satan, pour : *vade retro Satanas*).

AVER

Avançamont, s. m. Avancement.
Avanci, s. f. Avance.
Avancîe, v. a. et pr. 1re conj. irrég. com. *Agconcie.* Avancer.
Avancit, cià, pl. **ciais**, adj. Avancé, e.
Avanit, pl. **nîes**, s. f. Avanie.
Avant, prép. et adv. Avant.
Avantageou, s. m. Avantage. (Celt. *Avantaich*).
Avantageousamont, adv. Avantageusement.
Avantageoux, ousa, adj. Avantageux, euse.
Avantagîe, v. a. 1re conj. irrég. comme *Ablagie.* Avantager, v. pr. *S'avantagie*, se flatter, *s'attribuer* un haut fait.
Avant-cô, s. m. Avant-corps. Ainsi de même pour tous les mots composés avec *avant*.
Avâramont, adv. Avarement.
Avarî, v. a. 2e conj. com. *Aguarrî*. Prendre en aversion, dédaigner.
Et lous béus avarirant l'herba.
Et les bœufs auront l'herbe en aversion.
(Ballet foréz. ALLARD).
Avarici, s. f. Avarice. (Celt. *Avari*).
Avaricioux, ousa, adj. et s. Avaricieux, euse.
Avarit, pl. **rîes**, s. f. Avarie.
Avârou, ra, adj. et s. Avare.
Avarsioun, s. f. Aversion. (V. *Avari*).
Avartchî, v. a. 2e conj. com. *Amortchi.* Avertir.
Avartchissamont, s. m. Avertissement.
Avartchisséu, adj. et s. m. Avertisseur.
Avei, s. m. Avoir, bien, trésor.
Avei, v. a. Avoir, posséder. (V. Gram.)
Aveina ou **Avenna**, s. f. Avoine. (V. *Sivà*).
Avenâ, v. a. et pr. 1re conj. Faisander.
Avenamont, s. m. Avènement.
Avenant, a, adj. Avenant, e.
Avenî, s. m. Avenir.
Avenî, v. n. 2e conj. Forme du verbe revenir. *Equon nous avint de dreit*, cela nous revient de droit. *Vou l'avint bion*, ça lui revient bien, lui sied, lui va bien. — Ind. prés. : *J'arenou, tch'arins, o-l-avint, n'avenouns, vou'arenédes, eis-l-avenount*, etc.
Avenî (à l'), loc. adv. A l'avenir.
Avenua, s. f. Avenue.
Averâ, v. a. 1re conj. comme *Aberá.* Avein-

AVIT

dre, retirer, ôter. *Averra lou bacoun*, retire le lard.

Averâ, v. a. 1ʳᵉ conj. comme *Aberâ*. Avérer, constater.

Aversa, s. f. Averse.

Aveu, s. m. Aveu.

Aveuglâ, v. a. et pr. 1ʳᵉ conj. Aveugler. (V. *Éborlie*), qui est plus usité.

Aveuglamont, s. m. Aveuglement.

Aveuglamont, adj. Aveuglément.

Aveuglant, a, adj. Aveuglant, e. (V. *Eborliant*).

Aveuglou, gla, adj. et s. Aveugle.

Avidamont, adv. Avidement.

Avidjità, pl. **ais**, s. f. Avidité.

Avidou, da, adj. Avide.

Avilî, v. a. et pr. 2ᵉ conj. comme *Assoupli*. Avilir.

Avilissamont, s. m. Avilissement.

Avilissant, a, adj. Avilissant, e.

Avilisséu, s. m. Avilisseur.

Avinâ, v. a. 1ʳᵉ conj. Aviner.

Avinà, f. pl. **ais**, adj. Aviné, e.

Aviroun, s. m. Aviron.

Avis (içou), s. m. Avis. (Celt. *Avis*).

Avisâ, v. a. 1ʳᵉ conj. Aviser, donner avis.

Avisâ, v. a. 1ʳᵉ conj. Regarder. *Avisas-lou passâ*, regardez-le passer.

Avisà, f. pl. **ais**, adj. et s. Avisé, e.

Avit, s. m. Etau. *Moun onclûn et moun avit*, mon enclume et mon étau.

AZUR

Avont, s. m. Avent, avant Noël.

Avontâ, v. n. 1ʳᵉ conj. Seoir. *Ah! que vou l'avonte bion, que vou'é bion soun métchie*. Ah! que ça lui sied bien, que c'est bien son métier. (CHAPELON).

Avontchura, s. f. Aventure; loc. adv. *à l'avontchura*, à l'aventure.

Avontchurâ, v. a. et pr. 1ʳᵉ conj. Aventurer.

Avontchurîe, riéri, s. Aventurier, rière.

Avontchurousamont, adv. Aventureusement.

Avontchuroux, ousa, adj. Aventureux, euse.

Avortâ, v. a. et pr. 1ʳᵉ conj. Avorter.

Avortoun, s. m. Avorton.

Avouà ou **Avoué**, s. m. Avoué.

Avouablou, bla, adj. Avouable.

Avoucat, s. m. Avocat.

Avouês, Avouais, prép. Avec.

Avouîe, v. a. et pr. 1ʳᵉ conj. irrég. com. *Allouîe*. Avouer. (Celt. *Avoui*).

Avrit, s. m. Avril, mois.

Axou, s. m. Axe.

Ayant ou **Aiant**, adj. verbal. Ayant.

Ayant-dreit ou **Aiant-dreit**, s. m. Ayant-droit.

Azalé, s. m. Azalée, plante.

Azotou, s. m. Azote.

Azur (ùrou), s. m. Azur.

Azurâ, v. a. 1ʳᵉ conj. Azurer.

Azurà, f. pl. **ais**, adj. Azuré, e.

B

B, s. m. Deuxième lettre de l'alphabet et première des consonnes. — *Savei ni a ni b*, être bien ignorant.

Bâ, s. m. Baiser, terme familier pour désigner le baiser d'un enfant. *Fais bà à toun pare*, baise ton père.

Babaî ou **Babais**, s. m. Pomme de pin.

Babaô, s. m. Cauchemar, croquemitaine, être imaginaire dont on fait peur aux enfants. (Celt. *Barbaou*). *Avei lou babaò on têta*, avoir l'imagination frappée.

Bâbet (toù de), s. f. Tour de Babel.

Babiêla, Biêla, s. f. Femme niaise, pauvre d'esprit.

Babiéula, s. f. Babiole. (V. *Baganiéula*).

Babillâ, arda, adj. Babillard, e.

Babillageou, s. m. Babillage.

Babillîe, v. n. 1re conj. irrég. com. *Agreillie*, Babiller.

Babina, s. f. Babine, lèvre, joue. — *Se lichîe les babines*, se lécher les lèvres en mangeant, ou simplement à la vue d'une chose appétissante.

Babit, s. m. Babil. (V. *Bagout*).

Babô, s. m. Bâbord.

Babochi, s. m. Folichon. Pseudonyme de Pierre PHILIPPON, spirituel chansonnier gaga.

Baboéin, s. m. Vulve. (V. *Bartéumiéu*).

Baboua, s. m. Bêta, naïf. (Celt. *Baba*, enfant).

Babouchie, v. n. 1re conj. irrég. com. *Abouchie*. Folichonner.

Bacalaôreat, s. m. Baccalauréat.

Bacarat, s. m. Baccarat, jeu de cartes ; par ext. bien, avoir. *Mingie soun bacarat*, manger son bien.

Baccanal (alou), s. m. Bacchanal, tapage.

Baccanta, s. f. Bacchante.

Bachâssi, s. f. Cuvette en bois, d'un grand usage dans les fermes, soit pour y laver dedans ou y préparer la nourriture du bétail. Par ext. bredouille, bavard. *Vou'étch-una bachàssi*, c'est un bredouilleur. — Une bonne femme dont la vache était malade priait en ces termes la statue en bois d'un saint de son église, lequel avait été fait avec le même arbre que sa *bachasse* :
Grand sant Jéuset frâre de néutra bachâssi, guarrissédes néutra vachi siéuplait!

Bachassîe, v. n. 1re conj. irrég. com. *Acassie*. Bredouiller, ne pas être sérieux dans son raisonnement.

Bachassola, s. f. Caisse à cendres.

Bachassoulà, pl. ais, s. f. Contenu d'une caisse à cendres. *Bachassola*.

Bachassoun, s. m. Petite *bachâssi*, baque.

Bachat, s. m. Auge à pourceau, abreuvoir. *Au bachat, caioun!* à l'auge, porc. (Celt. *Bach*, creux).

Bachelîe, s. m. Bachelier.

Bâchi, s. f. Bâche. Par all. casquette.

Bâchîe, v. a. 1re conj. irrég. com. *Appinchie*. Bâcher.

Bachiquament, adv. Bachiquement.

Bachiquou, qua, adj. Bachique.

Bachot, s. m. Bachot.

Bâclâ, v. a. 1re conj. Bâcler, terminer une affaire.

Bacoun, s. m. Lard. (Celt. *Baco, baconn*). *Grand dévala bacoun*, grand décontenancé. *Ricana bacoun*, qui rit à propos de rien.

Bacounéri, s. f. Chambre, grenier où l'on fait saler le lard, *bacoun*.

Baculô, s. m. Petit morceau de bois pointu aux deux extrémités, que l'on fait basculer en frappant sur une pointe, avec une palette en bois. (Celt. *Baculh*, bâton). Jeu du *baculò* : Après avoir quillé, le premier en

BADJ

jeu lance le *baculô* à distance d'un coup de plat de la palette ; puis, repose celle-ci devant un petit caillou posé à terre, et qu'il a soin de garantir des atteintes du *baculô* que l'adversaire lance dans cette direction.

Le joueur a trois coups pour frapper sur la pointe du *baculô*, le faire sauter et l'envoyer le plus loin possible d'un coup de palette *(cop de rabatchu)*. Alors, il demande un nombre de points qui se comptent en mesurant par la longueur de la palette, du caillou au *baculô*; on appelle cela : *bullâ*, mesurer, et, *à bout d'avant* ou *à bout d'arré*, à la pointe de devant ou de derrière. Si le nombre de points demandé ne s'y trouve pas, le joueur cède sa place à l'adversaire, de même que si celui-ci touche le caillou en lançant le *baculô*.

Une fois la partie finie, le perdant la *mouraille*: c'est-à-dire subit une peine. Il se tient debout derrière le gagnant et, tout en lui appliquant les mains sur les yeux, il le fait tourner trois tours ; alors ce dernier lance le *baculô* à l'aventure, que le perdant est tenu de ramasser avec la bouche, serait-il dans l'ordure. (V. *Mouraillie*).

Bâdâ, v. a. 1re conj. Ouvrir, entr'ouvrir, bayer, béer. (Celt. *Badare*). *Bâdâ la porta,* ouvrir, entr'ouvrir la porte.

Bâda-bet, s. m. Badaud, qui regarde la bouche béante, comme un petit oiseau ouvrant le bec pour recevoir la becquée.

Bâda-gorgi, s. m. Même signification. — On raconte plaisamment qu'il y avait dans l'église Saint-Héand la statue de sainte Seconda ayant la bouche légèrement ouverte, ce que voyant, un bon paysan s'écrie : *Ha ! ci commence à bâdâ; ci tardara pas de parlâ !...* Ha ! elle commence d'ouvrir la bouche, elle ne tardera pas de parler !

Bâdailloun, s. m. Petit bâillement étouffé ; mouvement, contorsion de la bouche d'un agonisant. *O fai tous darés bâdaillouns*. Il fait les derniers bâillements, il agonise. (Celt. *Badailhat*, bâiller).

Badais, pl. **Badaôx,** s. m. Badaud.

Badjigeoun, s. m. Badigeon.

Badjigeounâ, v. a. 1re conj. Badigeonner.

Badjigeounageou, s. m. Badigeonnage.

Badjigeouneu, s. m. Badigeonneur.

Badjîn, ina, adj. et s. Badin, e, qui aime à rire.

Badjina, s. f. Badine, canne.

Badjinâ, v. n. 1re conj. Badiner, plaisanter. (Celt. *Badinâ*).

Badjinageou, s. m. Badinage.

Badjinarit, s. f. Badinerie.

BAIL

Bafouâ, v. a. 1re conj. Bafouer. (Celt. *Baffoua*). — Ind. prés. : *Ji bafoou, tchu bafoes, o bafoe, nous bafouoins, vous bafouaz, eis bafoount*. — Imparfait : *Ji bafouâra,* etc. — Passé défini : *Ji bafouiéu, tchu bafouiais,* etc. — Futur : *Ji bafouarei,* etc. — Conditionnel : *Ji bafouarins,* etc. — Impératif : *Bafoo, bafouoins, bafouaz*. — Subj. : *Que ji bafoo, que tchu bafoes, qu'o bafoe, que nous bafouioins, que vous bafouiz, qu'eis bafouant*. — Imparfait : *Que ji bafouéza,* etc. — Part. prés. : *Bafouant ;* passé : *Bafouâ ;* pl. *bafouâs, ais*.

Bâfrâ, v. a. et n. 1re conj. Bâfrer.

Bafréu, sa, s. Bâfreur, euse.

Bagageou, s. m. Bagage, vêtements, mobilier. *Soun bais bagageou,* vêtement, habillement des jours de fête. (Celt. *Bagaich*).

Baganiéuda, s. f. Frivolité, babiole.

Bagârra, s. f. Bagarre, tumulte. (Celt. *Bagar*).

Bagassîe, v. n. 1re conj. irrég. comme *Acassie*. Parler sans raison. (V. *Bachassie*).

Bagatella, s. f. Bagatelle. (Celt. *Bagatella*).

Bagnéu, sa, s. Baigneur, euse.

Bagnîe, v. a. et pr. 1re conj. irrég. comme *Abaragnie*. Baigner.

Bagnou, s. m. Bagne, pénitencier.

Bagnoù ou **Bagnoun,** s. m. Baquet, cuvier pour la lessive. (V. *Benoun*).

Bagout, s. m. Bagout. (V. *Babit*).

Bagua, s. f. Bague, anneau. *Attrapâ la bagua,* vieux dicton qui signifie s'engager dans une mauvaise affaire.

Baguanaôdjîe, s. m. Baguenaudier.

Baguetta, s. f. Baguette.

Bah !, interj. Bah !, Ah bah !, exclamation.

Bahu, s. m. Bahut.

Baî ou **Bais,** pl. **Biaôx,** f. **Bella,** adj. Beau, belle. (V. *Jontchi*).

Baî-frâre, s. m. Beau-frère.

Baî-pare, s. m. Beau-père.

Bail (aillou), pl. **Baôx,** s. m. Bail, baux.

Bâillamont, s. m. Bâillement. (V. *Bâdailloun*).

Bâilléu, sa, s. Bâilleur, euse, qui bâille.

Bailléu, sa, s. Bailleur, eresse, qui donne à bail ; bailleur de fonds.

Bâillîe, v. n. 1re conj. irrég. com. *Agreillie*. Bâiller. (V. *Bâdâ*).

Baillîe, v. a. 1re conj. irrég. com. *Agreillie*. Bailler, donner. (Celt. *Bail, baillare*).

Bâilloun, s. m. Bâillon.

Baillounâ, v. a. 1re conj. Bâillonner.

BALL

Baiounétta ou **Baiéunétta**, s. f. Baïonnette.
Baîssi, s. f. Baisse.
Bal (alou), s. m. Bal. (Celt. *Bal*).
Baladâ (se), v. pr. 1re conj. Se promener en flâneur.
Balâfra, s. f. Balafre.
Balâfrâ, v. a. 1re conj. Balafrer.
Balâfrà, f. pl. **ais**, adj. Balafré, e.
Balan, s. m. Equilibre, point. *Sus lou balan*, sur le point de... tomber, de sonner.
Balançamont, s. m. Balancement.
Balanci, s. f. Balance.
Balancîe, s. m. Balancier. (Celt. *Ballan*).
Balancîe, v. a. et pr. 1re conj. irrég. com. *Agconcie*. Balancer. (V. *Brançoulà*).
Balandraô, s. m. Ancien sonneur de cloches et crieur public, resté légendaire à Saint-Etienne. *Passâ la clochi de Balandraô*, faire connaître à tout le monde une action commise.
Balcoun ou **Barcoun**, s. m. Balcon.
Baldaquéin, s. m. Baldaquin.
Balêina, s. f. Baleine. (Celt. *Balena*).
Baliffa, s. f. Criblure, enveloppe du grain.
Baliffèri, s. f. Paillasse de *balliffa*, criblure, couche des malheureux. Autrefois on voyait des marchands conduire un mulet porteur de grands sacs remplis de criblure et crier par les rues de la ville : *Baliffa !*
Balïn-balan, loc. adv. Clopin-clopant, en se dodinant ; s. m. Balancement des cloches.
Baliverna, s. f. Baliverne.
Balitaî ou **Baritaî**, s. m. Bluteau, tamis où passe la farine sortant du moulin, et qui, d'après la légende, semble se joindre au tic-tac du moulin et dire : *Par tei, par mei et par l'ânou*, pour toi, pour moi et pour l'âne. C'est-à-dire la farine pour le fournisseur du grain et pour le meunier et le son pour l'âne. (V. *Baritella*).
Balla, s. f. Balle, boule de plomb, corbeille en osier, paquet. (Celt. *Bala, balla*).
Ballêt, s. m. Planche, établi où l'on adapte un étau ; appui d'une fenêtre, ancien auvent. (Celt. *Baled*).
Ballét, s. m. Ballet, danse.
Ballot, s. m. Ballot. (Celt. *Ballot*).
Balloun, s. m. Ballon.
Ballounâ, v. a. 1re conj. Ballonner.
Ballounà, f. pl. **ais**, adj. Ballonné, e.
Ballounamont, s. m. Ballonnement.
Balloutâ, v. a. 1re conj. com. *Acoutâ*. Ballotter.

BANQ

Balloutageou, s. m. Ballottage.
Balloutamont, s. m. Ballottement.
Balordjìsi, s. f. Balourdise.
Balsamina, s. f. Balsamine.
Balustrada, s. f. Balustrade.
Bambanâ, v. a. et pr. 1re conj. Flâner, aller d'ici de là, marcher avec nonchalance, travailler sans activité.
Bambana, s. f. Personne nonchalante.
Bambïn, ina, s. Bambin, e.
Bambochi, s. f. Bamboche, ripaille, débauche. Par ext. chose de peu de valeur.
Bambou, s. m. Bambou, roseau.
Bamboucheú, sa, adj. et s. Bambocheur, euse.
Bambouchîe, v. n. 1re conj. irrég. comme *Abouchie*. Bambocher.
Bana ou **Banna**, s. f. Corne. (Celt. *Bann*, qui s'avance, *Banoc*, pointe, *Beann*, corne). *Beissie les bannes*, baisser les cornes, être honteux, confus.
Banâ, arda, s. et adj. Cornard, e, mari trompé : *Vou'é-t-onquéu ta fèta banâ !* C'est aujourd'hui ta fête cornard !, refrain populaire que l'on chante le Mardi-Gras.
Banal (alou), **a, aôx**, adj. Banal, e, aux. Four banal. (Celt. *Bannal*, commun à plusieurs).
Banalamont, adv. Banalement.
Banalità, pl. **ais**, s. f. Banalité.
Banana, s. f. Banane.
Bananîe, s. m. Bananier, arbre.
Banastoun, s. m. Banneau, tissu d'osier que l'on place à la tête d'un lit pour attirer et prendre les punaises.
Bancal (alou), **a**, adj. et s. Bancal, e. (V. *Cambrà*).
Banda, s. f. Bande, troupe.
Bandjit, s. m. Bandit.
Bandouléri, s. f. Bandoulière ; loc. adv. *on bandouléri*, en bandoulière.
Banlûe, s. f. Banlieue.
Bannéri, s. f. Bannière.
Bannî, v. a. 2e conj. Bannir.
Bannit, nia, adj. et s. Banni, e.
Bannissamont, s. m. Bannissement.
Banqua, s. f. Banque.
Banquaire, s. m. Celui qui tient une banque de jeu, qui fait jouer.
Banquarouta, s. f. Banqueroute.
Banquaroutchîe, téri, s. Banqueroutier, ière.

BARA

Banquét, s. m. Banquet.
Banquetâ, v. n. 1ʳᵉ conj. com. *Briquetâ.* Banqueter. (Celt. *Banquetal,* festin).
Banquetéu, s. m. Banqueteur.
Banquétta, s. f. Banquette.
Banquîe, s. m. Banquier.
Banquina, s. f. Traverse de devant d'un métier à tisser, où passe le ruban ; espace entre cette traverse et le battant.
Baôchou, s. m. Boule servant de but au jeu ; par all. gros yeux. *O-l-a des yéux de baôchou,* il a de gros yeux, des yeux de boule ; *teni lou baôchou,* être supérieur aux autres, le premier ; *ne pas lâchie lou baôchou,* ne pas céder sa place, ne pas déchoir.
Baôcoup, adv. Beaucoup.
Baôdrîe, s. m. Baudrier.
Baôfia, s. f. Tuméfaction, enflure à la suite d'un coup. (V. *Coqua*).
Baôlîe, v. a. et n. 1ʳᵉ conj. irrég. Regarder fixement d'un air ébahi ou de convoitise.
— Ind. prés. : *Ji baôliou, tchu baôlies, o baôlie, nous baôliouns, vous baôlies, eis baôliount.* — Imparfait : *Ji baôliâva,* etc. —
Pas. défini : *Ji baôliéu,* etc. — Futur : *Ji baôliarei,* etc. — Cond. : *Ji baôliarins,* etc. — Impératif : *Baôli, baôliouns, baôlies.*
— Subj. : *Que ji baôlia, que tchu baôlies, qu'o baôlie, que nous baôliouns, que vous baôliz, qu'eis baôliant.* — Imparfait : *Que ji baôliéza,* etc. — Part. prés. : *Baôliant.*
— Pas. : *Baôlit, baôliâ ;* pl. *baôlits, baôliais.*
Baômou, s. m. Baume.
Baôsseigne ! Exclamation en signe de pitié, d'attendrissement. *Tchu sé bion maladou, baôsseigne !* tu es bien malade, hélas ! s. m. *Tous veutrous baôsseignes n'adjuount rond sus la tâbla ;* tous vos attendrissements n'apportent rien sur la table.
Baôtâ, pl. **ais,** s. f. Beauté.
Baptêmou, s. m. Baptême, peu usité ; on dit plutôt *Bateiailles.* (V. ce mot).
Baquét, s. m. Baquet. (V. *Benoun*).
Baquiéulâ, v. a. et n. 1ʳᵉ conj. Basculer, tomber ; par all. mourir.
Baraban, s. m. Dent de lion, pissenlit.
Baragnes, s. f. pl. Terres, champs incultes ; haies de buissons, ronces, etc. *Côdre les baragnes,* courir les champs, la prétentaine.
Baranqua, s. f. Chose usée, machine qui se détraque, personne âgée. (V. *Patraqua*).
Baranquâ (se), v. pr. 1ʳᵉ conj. Se heurter en marchant, aller péniblement.
Baraqua, s. f. Baraque. (V. *Cambusa*).

BARC

Baraquâ, v. a. et pr. 1ʳᵉ conj. Baraquer.
Baraquamont, s. m. Baraquement.
Barat ou **Buré,** s. m. Baratte, vaisseau en bois dans lequel on bat le beurre.
Baratoun, s. m. Espèce de fromage que l'on fait avec le résidu du battage du beurre. (V. *Buréia, sarrasoun*).
Barba, s. f. Barbe. *Barba-d'aigua,* barbe naissante ; *barba de geai de béus,* poils follets qu'un jeune homme porte au menton ; plaisanterie.
Barbanchi (la). La Barbanche, nom d'un hameau de la commune de Rochetaillée, près Saint-Etienne. (Celt. *Bar,* colline, long, haut, élevé, faîte, cime, sommet ; *banch,* champ, campagne, terre ; *barbanch,* campagne, terre élevée).
Barbâramont, adv. Barbarement.
Barbaresquou, qua, adj. Barbaresque.
Barbarismou, s. m. Barbarisme.
Barbarit, s. f. Barbarie.
Barbârou, ra, adj. et s. Barbare.
Barbelâ, v. n. 1ʳᵉ conj. com. *Baritelâ.* Bavarder, parler beaucoup et sans raison.
Barbella, s. f. Femme bavarde, bavure.
Barbelles, s. f. pl. Bavures, ce qui s'attache aux lèvres en mangeant, au bord d'un pot de soupe, d'une casserole ; petites racines de plantes.
Barbeloux, ousa, adj. et s. Baveux, euse, qui a des *barbelles* autour de la bouche.
Barbét, ta, adj. et s. Barbet, ette. (V. *Barbillot*).
Barbichi, s. f. Barbiche.
Barbîe, s. m. Barbier.
Barbillot, a, adj. et s. Barbet, te, chien.
Barbouillageou, s. m. Barbouillage.
Barbouilléu, s. m. Barbouilleur.
Barbouillie, v. a. 1ʳᵉ conj. irrég. com. *Agéanouillie.* Barbouiller.
Barbouilloun, s. m. Qui ne sait pas ce qu'il dit, qui ne tient pas sa parole.
Barboun, s. m. Barbon.
Barboutâ, v. n. 1ʳᵉ conj. com. *Accoutâ* Barboter, bredouiller, radoter, grogner. (Celt. *Barbottein*).
Barboutageou, s. m. Barbotage.
Barbu, a, adj. Barbu, e, qui a de la barbe. *Barbu coumma un bout,* qui porte la barbiche au menton ; *barbu coumma un couévou,* longue barbe comme un balai ; *barbu coumma un ue,* comme un œuf, imberbe.
Barcarolla, s. f. Barcarolle.

10

BARI

Barchi, s. f. Brèche.
Barchu, a, adj. et s. Brèche-dent, échancré. *Un plat barchu*, un plat ébréché.
Barda, s. f. Barde, armure.
Bardâ, v. a. 1ʳᵉ conj. Barder, couvrir.
Bardà, f. pl. ais, adj. Bardé, e, couvert, armé.
Bardana, s. f. Bardane, plante. (V. *Arrapachin*).
Bardella, s. f. Nom familier de la vache, selle sans arçons.
Bardéu, s. m. Bardeur.
Bardot, s. m. Ane, bourrique, homme méprisé.
> *De la quoua do bardot,*
> *Eis-l-ant fat una saôcissi*
> *Qu'a sarvit de fricot*
> *A touta la justchici.*
>
> De la queue de l'âne,
> Ils ont fait une saucisse
> Qui a servi de fricot
> A toute la justice.
> (CHAPELON).

Bardot (au). Nom d'un quartier au nord-est de Saint-Etienne.
Bardou, s. m. Barde, poète celte. (Celt. *Bardas*).
Baregeou, s. m. Barège; étoffe, tissu.
Bargearit ou **Bargearia**, s. f. Bergerie.
Bargéri, s. f. Bergère, nom familier que l'on donne à une jeune fille, une amante. *Vou'é-t-héroux dorà sa bargéri!* On est heureux auprès de son amante! *Côdre après les bargéres*, courir après les filles.
Bargie, Bargéri, s. Berger, gère, qui garde les bestiaux.
Baricot, s. m. Baricaut.
Baricoulà, v. a. 1ʳᵉ conj. com. *Accoulà*. Barioler, bigarrer.
Baricoulà, f. pl. ais, adj. Bariolé, e, écossais.
Baricoulageou, s. m. Bariolage.
Barillét, s. m. Barillet.
Barïn-Barailli, s. m. Jeu cité par Chapelon et qui consiste à placer un objet dans une main, puis tourner les deux poings fermés l'un sur l'autre, en disant : *Barin-barailli, djins qu'una sarailli?* Dans quelle main se trouve l'objet?
Baritelâ, v. a. 1ʳᵉ conj. Bluter, tamiser. — Ind. prés. : *Ji baritellou, tchu baritelles, o baritelle, nous baritelouns, vous baritelaz, eis baritellount*. — Imparfait : *Ji baritelâva*, etc. — Pas. défini : *Ji bariteliéu*, etc. — Futur : *Ji baritelarei*, etc. — Cond. : *Ji baritelarïns*, etc. — Impératif : *Baritella, baritelouns, baritelaz*. — Subj. : *Que

BARQ

ji baritella, que tchu baritelles, qu'o baritelle, que nous baritéliouns, que vous bariteliz, qu'eis baritelant*. — Imparfait : *Que ji baritelèza*, etc. — Part. prés. : *Baritelant*. — Pas. : *Baritelà*; pl. *baritelàs, ais*.
Baritelageou, s. m. Blutage.
Bariteléri ou **Bartéléri**, s. f. Coffre à farine, caisse à bluter.
Baritella, s. f. Blutoir.
Baritellarit, s. f. Bluterie.
Barjaqua, s. f. Femme babillarde.
Barjaquâ, v. n. 1ʳᵉ conj. Babiller, jacasser.
Barlan, s. m. Genêt, broussailles que l'on fait brûler pour défricher. (Celt. *Baelan*, genêt).
Barlandéri, s. f. Terrain couvert de genêts, de broussailles; lande.
Barlatâ, v. n. 1ʳᵉ conj. Goder, faire des faux plis, aller de travers. *Toun furét barlate*; ton foret dévie, va de travers.
Barliéri, s. f. Huissier, recors.
Barlina, s. f. Berline.
Barlua, s. f. Berlue. (V. *Ebarliaôdesi*).
Baroquou, qua, adj. Baroque.
Baroumètrou, s. m. Baromètre.
Baroun, a, s. Baron, onne. (Celt. *Baron*).
Barountâ, v. n. 1ʳᵉ conj. Agir sans précipitation, rôder, tourner autour sans but précis. *Ji barountou djins ma meisoun*, je rôde, je tourne et retourne un peu chaque chose dans ma maison; s'occuper un peu de tout sans besogne déterminée ; en conversation, parler sans sujet spécial, radoter. *Yeure que ji souais vieux, ji barountou avoués lou boun Djiéu*... Maintenant que je suis vieux, je radote avec le bon Dieu... *Se barountà*, v. pr. Se mouvoir sans trop d'aisance ni difficulté, aller bellement.
Barounta, adj. et s. Qui *barounte*. S'applique de préférence aux vieillards. *Avoués l'iageou voù vint barounta*; avec l'âge on devient lourdaud, radoteur.
Barounta (lou pare). Pseudonyme du chroniqueur et poète gaga Pierre DUPLAY, auteur du présent ouvrage.
Barountageou, s. m. Action de *barountâ*.
Barountarit, pl. **riés**, s. f. Bagatelles, vétilles, menus objets, reste, débris.
Barqua, s. f. Barque, petit bateau. *Menà la barqua*, gouverner, diriger. *Vou'é la fenna que mène la barqua*, c'est la femme qui dirige les affaires de la maison.
Barquaire, s. m. Celui qui fait ou conduit les barques. — Nom que l'on donne aux habitants du lieu dit « aux Barques », près Saint-Rambert-sur-Loire.

BARR

Bârra, s. f. Barre, tige, trait, jeu, etc. (Celt. *Barra*).

Bârra (la). Profession du passementier à Saint-Étienne. *Travaillie à la bârra*, travailler au métier de passementier. — *Menabârra*, passementier. *Coumis de bârra*, commis, employé, chargé des *menabârra*, passementiers.

Barrâ, v. n. 1re conj. Mettre un métier à tisser en mouvement, en tournant la : *Bârra-de-méu*, longue barre en bois placée horizontalement sur le devant du métier. *Prendre la bârra de boun madjîn*, commencer la journée de grand matin. *Faire una bârrà*, travailler un instant au métier. Il y a aussi la *bârra-de-seia*, longue tige de verre fixée à l'arrière du métier, sous laquelle passe la soie tendue avant d'arriver au tissage.

Bârre de fê-Poutéchala, s. m. Jeu enfantin qui consiste à placer verticalement les poings fermés les uns sur les autres, ou les doigts formant une sorte d'échelle ; puis, l'un des joueurs, l'index de la main droite tendu, indique graduellement, de bas en haut, les doigts en disant : *é-t-où équi chiz Bârra de fê? é-t-où équi chiz Poutéchala?* L'on répond non, jusqu'au sommet des poings superposés, où l'on dit : oui ! Alors, un petit dialogue s'engage pour demander des œufs, du lard, etc., à quoi il est répondu que le chat a tout mangé !.. Au même instant, tous les poings se retirent, et, la main ouverte, chacun se frappe sur les doigts en criant : Chat ! chat ! chat ! courons le chat ! Puis, l'on recommence.

Barrageou, s. m. Barrage.

Barraî ou **Barrais**, s. m. Barreau, petite barre.

Barreiageou, s. m. Action de pâtir, peiner, souffrir.

Barreïe, v. n. 1re conj. irrég. com. *Approupreïe*. Pâtir, avoir de la peine à faire une chose, être malheureux. *Ouquéu o féut trop barreïe par élcrà sa ménà*, aujourd'hui il faut trop pâtir pour élever sa famille. *J'ai barreït touta ma via*, j'ai peiné toute ma vie.

Barréri, s. f. Barrière.

Barrétta, s. f. Barrette, bonnet.

Barréu, s. m. Ouvrier supplémentaire pour aider le passementier à *barrà*, faire mouvoir son métier par la barre. On appelle aussi cela *pousséu*, et c'est ordinairement un jeune garçon qui remplit ces fonctions.

Barréulâ, v. a. et n. 1re conj. Rouler, dégringoler, tomber. *J'ai barréulà tous lous échalés*, j'ai roulé, dégringolé tous les escaliers.

BASO

Barréula (à la), s. f. Rouler sur une pente. Se prendre à deux, bien enlacés avec les bras et se laisser rouler dans un pré en pente ; faire une roulade.

Barréuloun (de), loc. adv. Aller, rouler tout doucement. *O s'onra tout de barréuloun*, il s'en va, il roule tout doucement.

Barricada, s. f. Barricade.

Barricadâ, v. a. et pr. 1re conj. Barricader.

Barriqua, s. f. Barrique. (Celt. *Barriqua*).

Barroéin, s. m. Verrou. (Celt. *Barr, barren*).

Bartaôd, a, adj. et s. Folâtre, extravagant. (Celt. *Barth*, prophète).

Bartassailli, s. f. Vaisselle, attirail de cuisine.

Bartassaire, s. m. Marchand de faïence.

Bartavelâ, v. n. 1re conj. com. *Baritelâ*. Bavarder, divaguer. *La fiòra l'a fat bartavelà touta la not;* la fièvre l'a fait parler, divaguer toute la nuit.

Bartavelageou, s. m. Bavardage, divagation.

Bartavella, s. f. Femme bavarde, grive, perdrix rouge, qui font un ramage constant.

Bartaveloux, ousa, s. Bavard, e.

Bartéléri, s. f. Grande caisse à farine, à devanture mobile.

Bartoun, Bartassoun, s. m. Grand pot.

Barytoun, s. m. Baryton.

Bas, s. m. Bas, vêtement. (Celt. *Bas, basou*).

Bas, bassa, adj. Bas, basse, peu haut.

Bâsâ, v. a. et pr. 1re conj. Baser.

Bâsa, s. f. Base, principe, soutien.

Basana, Basanna, s. f. Basane, tablier de peau du forgeron, tablier de toile de l'ouvrier ; nom générique des travailleurs.

Péura basana, toun sô é malhéroux.

Pauvre ouvrier, ton sort est malheureux.

(Chanson de G. Boyron).

Basanâ, v. a. 1re conj. Tacher, enlever partiellement la couleur d'une étoffe.

Basanà, f. pl. ais, adj. Basané, e, déteint. (Celt. *Bazan, basanna*, basané).

Bascula, s. f. Bascule.

Basculâ, v. n. 1re conj. Basculer. (V. *Baquiéulà*).

Bas-found, s. m. Bas-fond.

Basilic (iquou), s. m. Basilic, herbe.

Basiliqua, s. f. Basilique, édifice.

Basochi, s. f. Basoche.

Basouchion, s. m. Basochien.

BATA

Basqua, s. f. Basque, pan d'habit.
Basquilland, a, adj. et s. Bâtard, e, enfant naturel.
Basquou, s. m. Basque, peuple. Par all. *Bâtard.*
Bas-relief (èfou), s. m. Bas-relief.
Bâssa, s. f. Basse, voix de basse.
Bâssa-coû, s. f. Basse-cour. Prend un *e* muet devant une voyelle. *Bâssa-coûe et jardjin.*
Bâssamont, adv. Bassement.
Bâssa-tailli, s. f. Basse-taille.
Bâssessa, s. f. Bassesse.
Bassét, s. m. Basset, chien.
Bassïn, a, Bassin, e. Par ext. Personnage ennuyeux, importun, taquin.
Bassinâ, v. a. et pr. 1re conj. Bassiner ; par ext. taquiner, s'ennuyer.
Bassinét, s. m. Bassinet. Fig. *Crachîe au bassinét,* payer, donner de l'argent.
Bassolli, s. f. Bredouille, qui ne sait ce qu'il dit.
Bassouillîe, v. n. 1re conj. irrég. com. *Ageanouillie.* Bredouiller, ne pas savoir s'exprimer, déraisonner. (Celt. *Batouilla,* parler mal).
Bâssoun, s. m. Basson, instrument.
Basta ! interj. Baste. (Celt. *Basta,* suffit).
Bastchilli, s. f. Bastille, ancien château fort. (Celt. *Bastida, bastile*).
Bastchion, tchiéna, s. Sébastien, ienne.
Bastchioun, s. m. Bastion.
Bastchiounâ, f. pl. ais, adj. Bastionné, e.
Bastounada, s. f. Bastonnade.
Bastréingou, s. m. Bastringue, lieu de débauche.
Bastréinguâ, v. n. 1re conj. Jouer d'un instrument de musique pour faire danser dans les bastringues ; y faire la débauche.
Bât, s. m. Bât, selle.
Bâtâ, v. a. 1re conj. Bâter, mettre le bât.
Bâtâ, v. n. 1re conj. Aboutir, réussir. *Voù bâte mâ la veia;* ça réussit mal l'affaire, ça tourne mal.
Bâtâ, arda, adj. et s. Bâtard, e. (Celt. *Bartardd*). (V. *Basquillant, basquou*).
Bataclan ou **Pataclan,** s. m. Bataclan, attirail.
Bataî ou **Batais,** s. m. Bateau. (Celt. *Bat*).
Batailléu, sa, adj. et s. Batailleur, euse.
Batailli, s. f. Bataille. (Celt. *Batalla, batalia*).

BATT

Bataillîe, v. n. 1re conj. irrég. com. *Ageanouillie.* Batailler, faire une chose avec difficulté, souffrir pour arriver. (V. *Barreie*).
Batailloun, s. m. Bataillon.
Bâtalânou, s. m. Bât-à-l'âne. Jeu à trois. Un se couche la face contre terre, les deux autres assis de chaque côté lui passent chacun une jambe sur les cuisses et sur la nuque, en se tenant mutuellement les pieds — ce qui forme une sorte de bât. Alors, l'on crie : *Bâtalânou, leva-tei !* Ane bâté, lève-toi ! A ce moment, il faut que le captif se dégage de sa position en soulevant les autres deux, qui font des efforts pour l'en empêcher ; s'il y parvient, le dernier debout fait l'âne au tour suivant.
Bataviâ, s. m. et adj. Bigarré, Ecossais.
Bâtchî, v. a. 2e conj. com. *Amortchi.* Bâtir. (Celt. *Bastir*).
Bâtchimont, s. m. Bâtiment.
Bâtchissi, s. f. Bâtisse.
Batchistou, s. m. Batiste, toile.
Bateiailles, s. f. pl. Baptême. (Celt. *Batayao*).
Bateïe, v. a. 1re conj. irrég. com. *Approupreie.* Baptiser.
Bâteiri ou **Bâtéri,** s. f. Bât ; par all. corset lacé.
Batelâ, v. a. et n. 1re conj. com. *Baritelâ.* Bateler.
Batelageou, s. m. Batelage.
Bateléu, sa, s. Bateleur, euse.
Batelîe, iéri, s. Batelier, ière.
Batellarit, s. f. Batellerie.
Bâtoun, s. m. Bâton. *Bâtoun mardoû ;* mauvais caractère, que l'on ne sait de quel côté prendre.
Bâtounâ, v. a. 1re conj. Bâtonner.
Bâtounîe, s. m. Bâtonnier, avocat, ouvrier qui fabrique le bois des chaises et fauteuils.
Battageou, s. m. Battage. (V. *Ecoussailles*).
Battamont, s. m. Battement.
Battandjîe, s. m. Fabricant de battants pour les métiers à tisser les rubans.
Battant, s. m. Battant ; marteau de cloche ; portion d'une porte qui s'ouvre en deux ; portion du métier à tisser qui porte les navettes, les peignes et foule le tissu.
Battant, a, adj. Battant, e.
Battarit, s. f. Batterie.
Battchu, a, adj. Battu, e.
Battchua, s. f. Battue, chasse.
Battchura, s. f. Rixe.
Battéu, sa, s. Batteur, euse.

BEDO

Battoi (oua), s. m. Battoir. (V. *Mailluchi*).
Battre, v. a. et pr. 3ᵉ conj. Battre. (V. *Treinâ, Ecoûre*). — Ind. prés. : *Ji battou, tchu bat, o bat, nous battouns, vous battédes, eis battount*, etc.
Bava, s. f. Bave. (Celt. *Bava*, salive).
Bavâ, v. n. 1ʳᵉ conj. Baver.
Bavâ, arda, adj. et s. Bavard, e.
Bavardâ, v. n. 1ʳᵉ conj. Bavarder.
Bavardageou, s. m. Bavardage.
Bavardarîes, s. f. pl. Balivernes, bêtises.
Bavétta, s. f. Bavette.
Bavéuri, s. f. Bavure. (V. *Barbelles*).
Bavoux, ousa, adj. Baveux, euse.
Bavün, s. m. Bave répandue.
Bayâ ou **Baiâ**, s. m. Brancard, civière.
Bayâ ou **Baiâ, arda**, adj. Bigarré de couleurs vives ; se dit beaucoup en parlant des vaches et même des chevaux.
Bayétta, s. f. Lucarne, volet, ais à l'entrée d'un pigeonnier ; planche à bascule retenue par une ficelle que l'on tire à distance pour fermer instantanément l'ouverture du pigeonnier, et les pigeons étrangers qui y sont entrés, entraînés par ceux de la maison. C'est une sorte de chasse illicite que pratiquent certains amateurs faisant le *commerce*, et que l'on appelle *maquignons*.
Bayetaire, s. m. Celui qui se tient en sentinelle pour fermer la *bayétta* lorsqu'un pigeon est entré à l'intérieur. (Celt. *Bayeta*, sentinelle).
Bazâ, s. m. Bazar, marché ; par ext. lupanar, lieu de débauche. (V. *Bousin*).
Bazâ, s. m. Tapage, bruit. *Faire basâ*, tapager.
Bazardâ, v. a. 1ʳᵉ conj. Vendre à vil prix, sacrifier. *O-l-a tout bazardà soun ménageou*, il a tout vendu son ménage à vil prix.
Beatchilles, s. f. pl. Beatilles, menues choses.
Becafit, s. m. Becfigue.
Becâssi, s. f. Bécasse ; fig. femme bête.
Becassina, s. f. Bécassine.
Bêchi, s. f. Bêche. (V. *Bessa*).
Bechià, pl. ais, s. f. Becqué, e ; béchée.
Bechîe, v. a. 1ʳᵉ conj. irrég. com. *Abregie*. Bêcher. (V. *Bessà*).
Bedaina, s. f. Bedaine. (Celt. *Boden*, ventre). (V. *Ombana*).
Bedot, s. m. Bedeau, suisse d'église.
Bedoun, s. m. Tige à pointe arrondie, légèrement en saillie ; par all. ventre, bedaine.

BELI

Begueiageou, s. m. Bégaiement.
Begueïe, v. n. 1ʳᵉ conj. irrég. com. *Approupreie*. Bégayer.
Bégueula, s. f. Bégueule.
Beguïn, ina, s. Beguin, e, sorte de bonnet. (Celt. *Beguin*). Nom d'une secte religieuse instituée à Saint-Jean-Bonnefonds, en 1792, par le curé Jacques Drevet, et dirigée plus tard, en 1846, par J.-B. Digonnet, maçon de la Haute-Loire, surnommé le *Petit bon Dieu*, resté célèbre par ses aventures. (V. *Le Petit bon Dieu des Béguins*, ouvrage publié en 1890, P. Duplay).
Beguinageou, s. m. Béguinage.
Bègout, gua, adj. et s. Bègue.
Beant, a, adj. Béant, e.
Beiat, a, adj. et s. Beat, e. dévot. Bourrée : « *Arrétaz-mei-la, tenédes-la, quella beiata, arretaz-mei-la, tenédes-la, la volou bouquá !* »
Beiatamont, adv. Béatement.
Beiatchifiâ, v. a. 1ʳᵉ conj. com. *Assimiliâ*. Béatifier.
Beiatchificacioun, s. f. Béatification.
Beiatchitchuda, s. f. Béatitude.
Béin, s. m. Bain, immersion.
Béin ou **Bion**, s. m. Bien, richesse, trésor.
Beire, v. a. 3ᵉ conj. Boire. *Beire au secouiéu*, boire au panier à salade, c'est-à-dire être privé de boisson. — Ind. prés. : *Ji beuvou* ou *beivou, tchu beus* ou *beis, o beut* ou *beit, nous beuvonns* ou *beivoins, vous beuvédes* ou *beivédes, eis beuvont* ou *beivount*, etc. A part l'infinitif, *beire* qui est invariable, on emploie les deux formes *beu...* ou *bei...*
Beissîe, v. a. et pr. 1ʳᵉ conj. irrég. Baisser. Ind. prés. : *Ji baissou, tchu baisses, o baisse, nous beissouns, vous beissies, eis baissount*. — Imparfait : *Ji beissáva*, etc. — Passé défini : *Ji beissieu*, etc. — Futur : *Ji beissarei*, etc. — Cond. : *Ji beissarîns*, etc. — Impératif : *Baissi, beissouns, beissies*. — Subj. prés. : *Que ji baissa, que tchu baisses, qu'o baisse, que nous beissions, que vous beissiz, qu'eis beissant*. — Imparfait : *Que ji beisséza*, etc. — Part. prés. : *Beissant* ; passé : *Beissit, beissià* ; pl. *beissits, beissiais*.
Bel, adj. Bel. Devant une consonne fait *Bai* ou *Bais* : *Bel hommou, bais garçoun*. (Celt. *Bel*).
Blaôda, s. f. Blaude, blouse. (Celt. *Blanda*).
Belét, s. m. Petit agneau ; manière de l'appeler en répétant le mot *belét ! belét !*
Belétta, s. f. Fourmi. (V. *Mazua*).
Belétta, s. f. Belette, martre. (Celt. *Bélé*).
Beliaô, s. m. Langage de la montagne ; *parlà beliaô*, parler montagnard.

BENÉ

Bélie, s. m. Bélier, signe du Zodiaque, ancienne machine de guerre.
Belîtrou, s. m. Bélitre.
Bella-de-joû, s. f. Belle de jour.
Bella-de-not, s. f. Belle de nuit.
Bella-filli, s. f. Belle-fille. (V. *Filliâ*).
Bella-mâre, s. f. Belle-mère.
Bellamont, adv. Bellement.
Bella-sûe, s. f. Belle-sœur.
Belligerant, a, adj. Belligérant, e.
Belliquoux, ousa, adj. Belliqueux, euse.
Belousa, s. f. Blouse, blouse de billard.
Belûchi, s. f. Miette, brin, goutte de salive que l'on rejette en parlant. (V. *Barbelles*).
Belûes, s. f. pl. Etincelles, flammèches poussées par le vent dans un incendie.
Belvedêrou, s. m. Belvédère.
Bémol (olou), s. m. Bémol, musique.
Bemoulisâ, v. a. 1re conj. Bémoliser.
Benaisou, si. adj. Rassasié, gonflé de nourriture; par ext. dégoûté d'une chose; *je n'on souais benaisou,* j'en suis rassasié.
Benâtru, a, adj. et s. Bienheureux.
J'ai vés chiz mei ûn ne saôs que de bais,
Qu'è ûn écrit de benâtru Grabiais.
J'ai chez moi un je ne sais quoi de beau,
Qui est un écrit de bienheureux Gabriel.
(CHAPELON, *Requêtâ*).
Bené, adj. et s. m. Benêt, niais.
Bené, Benétchi, adj. Béni, Bénit, e ; *pon bené,* pain bénit ; *aigua benétchi,* eau bénite.
Benedjicioun, s. f. Bénédiction.
Benedjicité, s. m. *Benedicite.*
Benedjitéin, tchina, s. Bénédictin, e.
Beneficiâ, v. n. 1re conj. Bénéficier, faire un profit, com. *Assouciâ*.
Benefiçou, s. m. Bénéfice.
Beneisie, v. a. et pr. 1re conj. irrég. com. *Beissie.* Rassasier, dégoûter. *O n'a jin d'appetchit, ûn rou lou benaise;* il n'a point d'appétit, un rien le rassasie; *ji souais benaisou de la via,* je suis dégoûté de la vie.
Benére, v. a. 3e conj. Bénir. — Ind. pr. : *Ji benéssou, tchu benés, o bené, nous benéssouns, vous benéssédes, cis benéssount.* — Imparfait : *Ji benéssins,* etc. — Pas. défini : *Ji benéssiéus,* etc. — Futur : *Ji benérei,* etc. — Cond. : *Ji benérins,* etc. — Impératif : *Bené, benéssouns, benéssédes.* — Subj. : *Que ji benéssa, que tchu lenésses, qu'o benéssa, Que nous benéssiouns, que vous lenéssiz,*
qu'eis benéssaunt. — Part. passé : *Bené, benétchi;* pl. *benés, benétes.*
Benétchie, s. m. Bénitier.
Beniéu, adv. Bien, même. *Vou'é beniéu lu que vint;* c'est bien, c'est même lui qui vient ; *j'ai beniéu djinâ,* j'ai bien, même dîné. (V. *Niéu*).
Benïn, nigna, adj. Bénin, nigne.
Benignamont, adv. Bénignement.
Bénjaméin, s. m. Benjamin.
Benna, s. f. Benne, vaisseau en bois dont on se sert pour la vendange, pour transporter le charbon dans l'intérieur de la mine et à la sortie du puits, mesure pour le charbon, cuve pour la lessive. (Celt. *Benna*).
Benoù, Benoun, s. m. Benon, petite benne, baquet, moitié de tonneau.
Berét, s. m. Béret.
Bergi, s. f. Berge.
Berta ou **Barta,** s. f. Grand vase ayant l'anse sur un côté de l'ouverture, dans lequel on trait les vaches.
Besîclous, s. m. pl. Besicles.
Besoéin, s. m. Besoin.
Besougni, s. f. Besogne.
Besougnîe, v. n. 1re conj. irrég. Besogner. (V. *Grelvie*. — Ind. prés. : *Ji besognou, tchu besognes, o besogne, nous besougnouns, vous besougnies, eis besognount.* — Impératif : *Besogni, besougnouns, besougnies.* — Subj. : *Que ji besogna, que tchu besognes, qu'o besogne, que nous besougnouns, que vous besogniz, qu'eis besougnant.* — Part. prés. : *Besougnant.* — Pas. : *Besougnit, besougnâ;* pl. *besougnits, besougnais.*
Besougnoux, ousa, adj. Besogneux, euse.
Bessâ, v. a. 1re conj. Bêcher. (Celt. *Bessa*).
Bessat (lou). Le Bessat, commune de l'arrondissement de Saint-Etienne, près du mont Pilat. (Celt. *Besses,* pâturages, prairies, terrains arrosés).
Bessoun, a, adj. et s. Besson, onne, jumeau, elle. (Celt. *Bessouni*).
Bessounâ, v. n. et a. 1re conj. com. *Boundounâ.* Faire des jumeaux.
Bestchial (alou), a, adj. Bestial, e.
Bestchialamont, adv. Bestialement.
Bestchialisâ, v. a. 1re conj. Bestialiser.
Bestchialità, pl. *ais,* s. f. Bestialité.
Bestchiaôx, s. m. pl. Bestiaux. (V. *Bétchiâs*).
Bet, s. m. Bec. (Celt. *Bek*).
Betâ, v. a. 1re conj. com. *Assetâ.* Mettre.

BIAL

(Celt. *Bouta*). *Betta a beire et beus cadét ;* mets à boire et bois, cadet. (Chanson de Philippon, *Babochi*).

Bêtchi, pl. **Bêtches**, s. f. et adj. Bête.

Bétchiâ, s. m. Bétail. (Celt. *Bestia*).

Bétchimont, adv. Bêtement.

Bétchîsi, s. f. Bêtise.

Bet-d'ânou, s. m. Bec-d'âne, outil.

Beteyoun, s. m. Filet, membrane sous la langue. *O-l-a lou beteyoun bion coupà* ; il a le filet bien coupé, la langue bien déliée.

Bet-jaônou, s. m. Béjaune.

Betta-couaire, s. m. Cuisinier, qui met cuire.

Bettafeu, s. m. Boutefeu, qui suscite et anime les querelles, qui excite et pousse à la discorde.

Béu, s. m. Bœuf. (Celt. *Beu*).

Béubina, s. f. Bobine.

Beudrot, s. m. Jeune mouton. *Equélla gigua sera tondra, vou'é de béudrot* ; ce gigot sera tendre, c'est du jeune mouton.

Béumî, v. a. 2ᵉ conj. Vomir. (V. *Dégouémà*). — Ind. prés. : *Ji béuméssou, tchu béumés*, etc.

Beurlâ, v. n. 1ʳᵉ conj. Beugler, crier, hurler. (Celt. *Burlare*).

Beurlamont, s. m. Beuglement.

Beurlou, s. m. Cri, hurlement.

Béurré, s. m. Beurré, poire.

Béus, s. m. Bois, lieu planté d'arbres.

Beuvablou, bla, adj. Buvable.

Beuvéu, eusa, adj. et s. Buveur, euse.

Bezot, s. m. Trou rond fait avec un poinçon, ou mieux encore avec le (*peçoun*), fer d'une toupie. (Celt. *Bezau*, anneau). Au jeu de la toupie (*à tournbà*), pendant que l'une tourne à terre, l'adversaire lui lance avec force la sienne dessus, et s'il est assez adroit pour l'attraper le (*peçoun*) fer, lui fait un *bezot*.

Biâ, s. m. Bief, prise d'eau. (Celt. *Bia* ou *Esbia*, canal). *Lou bià do Foron* ; le bief du Furan, à l'ouest de la place du Peuple.

Biais, s. m. Biais, oblique, de travers.

Biais, s. m. Tournure, adresse, par opposé à *Sans-biais*, gauche, maladroit. *Una fenna sans biais* ; une femme sans tournure, maladroite.

Biaisâ ou **Bieisâ**, v. n. 1ʳᵉ conj. Biaiser. (Celt. *Biesa*).

Biaisamont ou **Bieisamont**, s. m. Biaisement.

Bialâ, v. n. 1ʳᵉ conj. Bêler.

BIGA

Bialamont, s. m. Bêlement.

Bialéuri, s. f. Rigole faite pour l'arrosage des prairies.

Biberoun, s. m. Biberon.

Bibla, s. f. Bible.

Bibliougraphiquou, qua, adj. Bibliographique.

Bibliougraphit, s. f, Bibliographie.

Bibliougraphou, s. m. Bibliographe.

Bibliouphilou, s. m. Bibliophile.

Bibliouthécairou, s. m. Bibliothécaire.

Bibliouthequa, s. f. Bibliothèque.

Bibliquou, qua, adj. Biblique.

Bichét, s. m. Boisseau.

Bichi, s. f. Grand pot, terrine. (Celt. *Bichia*).

Bichiâ, pl. **ais**, s. f. Contenu d'une biche.

Bichoun, s. m. Pot, petite biche. (Celt. *Bychon*, petit). Particulièrement pot à manger la soupe et qui est légendaire à Saint-Étienne. Autrefois, toute la population ouvrière mangeait un *bichoun* de soupe pour le déjeuner qui avait lieu à 8 heures et se faisait à la rue sur le devant de la porte. Les ourdisseuses, dont la journée commençait à sept heures, portaient toutes leur petit *bichoun* de soupe à l'atelier. C'était curieux de voir ces légions de femmes et de jeunes filles passer dans les rues portant chacune l'objet qui a tant excité la satire.

Bichounà, pl. **ais**, s. f. Potée, contenu d'un *bichoun*.

Bicoqua, s. f. Bicoque.

Bidét, s. m. Bidet. (Celt *Bidet*).

Bidoun, s. m. Bidon. (Celt. *Bidon*).

Bie, s. m. Bouleau, arbre. *Un couécou de bie*, un balai de bouleau.

Bièla, s. f. Biéle de machine.

Bièla, Babièla, s. f. Femme niaise.

Biéra, s. f. Bière, boisson.

Biffâ, v. a. 1ʳᵉ conj. Biffer.

Biffageou, s. m. Biffage.

Biffurcacioun, s. f. Bifurcation.

Biffurquâ, v. n. 1ʳᵉ conj. Bifurquer.

Bigageageou, s. m. Brocantage, troquage, produit d'un échange.

Tout soun bigageageou.
Tout le produit de ses échanges.
(Chapelon).

Bigagéu, s. m. Qui troque, fait des échanges.

Bigagîe, v. a. 1ʳᵉ conj. irrég. com. *Ablagie*. Échanger, troquer.

BIMO

Bigamit, s. f. Bigamie.
Bigamou, ma, adj. et s. Bigame.
Biganchi, s. f. Jambe contrefaite, malade, femme déhanchée.
Biganchîe, v. n. 1re conj. irrég. comme *Appinchie*. Boiter, mal marcher.
Bigand, s. m. Voiturier affecté au transport des bois de sapin (*buttes*) pour les mines de houille.
Bigangoéin, adj. et s. Tordu, mal aligné.
Bigarrà, f. pl. **ais**, adj. Bigarré, e. (V. *Batavia*).
Bigarréuri, s. f. Bigarrure.
Bigarrot, s. m. Bigarreau, cerise.
Bignéuset, Bignoset, s. et adj. Benêt.
Bigorni, s. f. Bigorne, petite enclume.
Bigornîe, v. n. 1re conj. irrég. com. *Abaragnie*. Travailler avec hésitation sans connaissance du métier. (V. *Borguignie*).
Bigorniéu, s. m. Mauvais ouvrier, emprunté.
Bigot, s. m. Pioche à fourche; fig. boiteux.
Bigot, ta, adj. Bigot, te, qui a de la dévotion à l'excès.
Bigoutâ, v. a. et n. 1re conj. com. *Agoutta*. Piocher avec le *bigot*. *Bigoutâ les triffes*, pincher les pommes de terre; *Bigoutâ*, boiter.
Bigoutarit, s. f. Bigoterie, dévotion outrée.
Bigua, s. f. Mauvais cheval, rosse; par ext. jambe malade. *Ma bigua m'ompache de côdre*, ma jambe malade m'empêche de courir.
Biguâ, v. n. 1re conj. Boiter, souffrir pour marcher. (V. *Biganchîe*).
Bijoù, s. m. Bijou.
Bijoutarit, s. f. Bijouterie.
Bijoutchîe, s. m. Bijoutier.
Bila, s. f. Bile, humeur amère.
Billâ (illià), s. m. Billard.
Billardâ, v. n. 1re conj. Billarder, jouer.
Billét (illiet), s. m. Billet.
Billi, s. f. Bille, bloc de bois, bâton, gourdin.
Billioun, s. m. Billon.
Billoun, s. m. Billon, monnaie de cuivre.
Billot (illiot), s. m. Billot. (Celt. *Billot*).
Bimanou, na, adj. et s. Bimane.
Bimbeloutarit, s. f. Bimbeloterie.
Bimbeloutchîe, s. m. Bimbelotier.
Bimonsuel (ellou), **la**, adj. Bimensuel, le.

BIRI

Binâ, v. a. 1re conj. Biner, deuxième façon à la terre, dire deux messes le même jour. (Celt. *Bina*, deux).
Binageou, s. m. Binage; au jeu de carte, la dame de pique et le valet de carreau ensemble faisant quarante points.
Binétta, s. f. Binette, physionomie.
Biniou, s. m. Biniou, musette. (Celt. *Biniou*).
Binoclou, s. m. Binocle.
Biô! ou **Bios!**, exclamation qu'on lance en faisant les cornes avec deux doigts, pour huer un enfant: *bios les cornes!* (Celt. *Bios*, petit).
Bion, s. m. Bien, richesse. (V. *Bèin*).
Bion, adj. Bien, beaucoup.
Bion-amà, f. pl. **ais**, adj. et s. Bien-aimé, e.
Bion-être, s. m. Bien-être.
Bionfat, s. m. Bienfait.
Bionfeisanci, s. f. Bienfaisance.
Bionfeisant, a, adj. Bienfaisant, e.
Bionhéroux, ousa, adj. et s. Bienheureux, euse. (V. *Benâtrû*).
Bionseanci, s. f. Bienséance.
Bionseant, a, adj. Bienséant, e.
Bionsœu, adv. Bien sûr, assurément. (V. *Mâbon*).
Biontéut, adv. Bientôt.
Bionvenua, s. f. Bienvenue.
Bionveillanci, s. f. Bienveillance.
Bionveillant, a, adj. Bienveillant, e.
Biougraphiquou, qua, adj. Biographique.
Biougraphit, s. f. Biographie.
Biougraphou, s. m. Biographe.
Biquilli, s. f. Béquille. (V. *Aneilli*).
Biribit, s. m. Nom que l'on donne aux pissenlits, dents de lion; et les malheureux qui vont dans les champs pour cueillir cette plante s'écrient en partant: *N'allouns aux biribits!*
Biribit-tout-soù, s. m. Jeu d'enfants. Celui que le sort a désigné se pose le dos courbé, et les autres rangés tout au tour, tiennent à la main leur mouchoir de poche tordu et noué à une extrémité. Alors, celui qui conduit le jeu, *biribit*, frappe avec son mouchoir sur le dos du patient en disant: *biribit-tout-soù, soun coumpagnoun, maitre charroun, soun coumpagnoun*, etc., *tous sus lou pount*. Puis, au moment où tous frappent avec entrain, il s'écrie vivement: *biribit-tout-soù!* et celui qui frappe un seul coup après cette injonction, prend la place du patient, et le jeu recommence.

BLAN

Biroù, s. m. Vrille, percerette, pointe à percer.

Birounâ, v. a. et n. 1ʳᵉ conj. com. *Boundounâ*. Percer avec le *biroù*; fig manquer d'adresse et d'habileté à faire un travail.

Bis (içou), adv. *Bis*, une seconde fois.

Bis (içou), s. m. *Bis*, cri adressé à l'artiste.

Bisaî ou **Bisais,** s. m. Biseau.

Bisaôtâ, v. a. 1ʳᵉ conj. Biseauter.

Biscailloun, s. m. Biscaïen.

Biscornu, a, adj. Biscornu, e.

Biscuit, s. m. Biscuit.

Bisét, s. m. Biset, pigeon de roche, couleur grise.

Bisetchit, tchila, adj. Bissextil, e.

Bîsi, s. f. Vent du Nord. (Celt. *Bis*).

Bisquâ, v. n. 1ʳᵉ conj. Bisquer, bouder, éprouver du dépit.

Bissâ, v. a. 1ʳᵉ conj. Bisser.

Bissat, s. m. Petit saucisson fait avec les débris de viande de porc.

Bistourit, s. m. Bistouri.

Bitchumâ, v. a. 1ʳᵉ conj. Bitumer.

Bitchumou, s. m. Bitume.

Bitô, torsi, adj. et s. Tordu, e, Cagneux, tortueux.

Bitorsîe, v. a. 1ʳᵉ conj. irrég. com. *Acassîe*. Tortuer, fausser.

Bivouac (aquou), s. m. Bivouac.

Bivouaquâ, v. n. 1ʳᵉ conj. Bivouaquer.

Bizârramont, adv. Bizarrement.

Bizârrarit, s. f. Bizarrerie.

Bizârrou, ra, adj. Bizarre.

Bizibit, s. m. Petit volcan, cône fait avec de la pâte de poudre à canon.

Blà, s. m. Blé, froment.

Blafâ, arda, adj. Blafard, e.

Blagua, s. f. Blague.

Blaguâ, v. n. 1ʳᵉ conj. Blaguer.

Blaguéu, sa, adj. et s. Blagueur, euse.

Blamâ, v. a. 1ʳᵉ conj. Blâmer.

Blamablou, bla, adj. Blâmable.

Blâmou, s. m. Blâme.

Blanc, s. m. Nom donné aux habitants de la montagne. (V. *Blanca*).

Blanc, chi, adj. Blanc, che. *N'arei jins de blanc aux yéux;* être audacieux, sans honte ni vergogne. (Celt. *Blanca*).

Blanca, arda, s. Montagnard, e.

Blanc-bet, s. m. Blanc-bec.

BLET

Blanchâtrou, tra, adj. Blanchâtre.

Blancheïe, v. a. et n. 1ʳᵉ conj. irrég. com. *Detaffeïe*. Commencer à blanchir, grisonner ; se dit lorsqu'une lueur blanche apparaît à l'horizon, au point du jour ou au lever de la lune.

Blanchî, v. a. 2ᵉ conj. Blanchir. — Ind. prés. : *Ji blanchéssou, tchu blanchés, o blanché, nous blanchissouns, vous blanchissédes, eis blanchéssount,* etc.

Blanchissageou, s. m. Blanchissage.

Blanchissant, a, adj. Blanchissant, e.

Blanchisséu, sa, s. Blanchisseur, euse.

Blancs (sés), s. m. pl. Ancienne monnaie. Les pièces de six blancs, frappées pour la première fois en 1549 et abolies en 1660, valaient deux sols six deniers ; on dit encore *six blancs* pour deux sous et demi.

Blanquétta, s. f. Blanquette, ragoût.

Blâsâ, v. a. 1ʳᵉ conj. Blaser.

Blâsâ, pl. **ais,** adj. Blasée, e.

Blâsou, n. pr. Blaise.

Blasoun, s. m. Blason. (Celt. *Blasoun*).

Blasounâ, v. a. 1ʳᵉ conj. com. *Boundounâ*. Blasonner.

Blasphemâ, v. a. et n. 1ʳᵉ conj. Blasphémer. (V. *Jurâ*).

Blasphematœu, trici, s. Blasphémateur, trice.

Blasphêmou, s. m. Blasphème.

Blateurquit, s. m. Blé de Turquie, maïs.

Blavî, Ablavî, v. a. 2ᵉ conj. com. *Aguarri*. Blémir, flétrir.

Bleiraî, pl. **Bleiraôx,** s. m. Blaireau, pinceau.

Blémî, v. n. 2ᵉ conj. Blémir, devenir pâle. (V. *Blavi*). — Ind. prés. : *Ji blémèssou, tchu blemés, o blémé, nous blémissouns, vous blémissédes, eis blémèssount,* etc.

Blêmou, ma, adj. Blême, pâle.

Blessant, a, adj. Blessant, e.

Blesséuri, s. f. Blessure.

Blessîe, v. a. et pr. 1ʳᵉ conj. irrég. com. *Acassîe*. Blesser, faire du mal, offenser. (Celt. *Blessa*).

Blessîe, v. n. 1ʳᵉ conj. irrég. com. *Acassîe*. Blesser, vice de prononciation.

Blessit, Blessiâ, pl. **ais,** adj. Blessé, e.

Blet, blétta, adj. Blet, ette, mou, flasque, fruit trop mûr. (Celt. *Ble*).

Bletâ, v. n. et a. 1ʳᵉ conj. com. *Assetâ*. Bletter, devenir blet, céder sous la pression des doigts.

Bletta, s. f. Bette, plante potagère.

BOLL

Blettoun, s. m. Béton.

Blettounâ, v. a. 1re conj. com. *Boundounâ*. Bétonner.

Bleu, Bleuva, adj. et s. m. Bleu, e. (Celt. *Bleu*).

Bléugeat, s. m. Bourbier. *Cheire djins lou bléugeat*; tomber dans le bourbier, entreprendre une mauvaise affaire.

Bléugi, s. f. Boue, vase.

Bleuvâtrou, tra, adj. Bleuâtre.

Bleuvî, v. a. 2e conj. com. *Blanchi*. Bleuir.

Bleuvissageou, s. m. Bleuissage.

Blïndâ, v. a. 1re conj. Blinder.

Blïndageou, s. m. Blindage.

Bloc (oquou), s. m. Bloc, masse. (Celt. *Bloc*).

Blotta, s. f. Chenevotte. *La blotta do carou*, le pique-feu.

Blound, a, adj. et s. Blond, e.

Bloundéin, a, adj. et s. Blondin, e.

Blouquâ, v. a. 1re conj. Bloquer. — Ind. prés. : *Ji bloquou, tchu bloques, o bloque, nous blouquouns, vous blouquaz, eis bloquount*. — Impératif : *Bloqua, blouquouns, blouquaz*. — Subj. : *Que ji bloqua, que tchu bloques, qu'o bloque, que nous blouquiouns, que vous blouquiz, qu'eis blouquant*. Dans tous les autres temps, on écrit : *blou...* et non *blo...*

Bloutchî (se), v. pr. 1re conj. irrég. com. *Amortchi*. Se blottir.

Bô, s. m. Bord.

Boba, s. f. Moue, grimace.

*Boba-de-quiéu a fat froumailles
Avouès treis nouels et treis châtaignes
Et ûn patchi de quatron séus,
Boba-de-quiéu n'é pas trop séu !*
(Vieux refr. populaire).

Bobo, s. m. Qui fait la moue.

Boês ou **Bouais**, s. m. Bois, substance dure et compacte des arbres. (Celt. *Boes*). Les lieux plantés d'arbres se nomment *béus*.

Boêsageou ou **Bouaisageou**, s. m. Boisage.

Boêsamont ou **Bouaisamont**, s. f. Boisement.

Boêsarit ou **Bouaisarit**, s. f. Boiserie.

Boêsâ ou **Bouaisâ**, v. a. 1re conj. Boiser.

Boffa, s. f. Oppression, essoufflement.

Bogi, s. f. Sac à farine, grand sac ; par all. bedaine, panse.

Bolli, pl. **Bollies**, s. f. Intestins, entrailles. (Celt. *Boly*, ventre ; *boelli*, entrailles).

BORL

Bomberombette, s. f. Bombance, ripaille.

Bon, s. m. Banc. (V. *Asseteurou*).

Bonda, s. f. Bande, lien plat. (V. *Lingaina*). Bande de billard.

Bondâ, v. a. 1re conj. Bander, tendre, lier et serrer.

Bondageou, s. m. Bandage.

Bondagistou, s. m. Bandagiste.

Bonderola, s. f. Banderolle.

Borba, s. f. Bourbe. (V. *Boua*).

Borbîe, s. m. Bourbier. (V. *Bléugeat*).

Borboux, ousa, adj. Bourbeux, euse.

Borda, s. f. Grain de poussière, paille dans l'œil. *Vou'é-tch'una borda que tchu me pinque aux yéu !* C'est une paille que tu me piques à l'œil.

Bordâ, v. a. 1re conj. Border. (Celt. *Borda*).

Bordâ, pl. **ais**, s. f. Bordée.

Bordageou, s. m. Bordage.

Bordaô, s. m. Bordeaux (vin de).

Bordaraî, pl. **raôx**, s. m. Bordereau.

Bordéuri, s. f. Bordure.

Bordoun, s. m. Bourdon. (Celt. *Bourdou*).

Bordounâ, v. n. 1re conj. com. *Boundounâ*. Bourdonner.

Bordounamont, s. m. Bourdonnement.

Borgada, s. f. Bourgade.

Borgeouais ou **Borgeouéis, a**, s. et adj. Bourgeois, e, maître ou maîtresse occupant des ouvriers, patron d'atelier.

Borgeouaisamont, adv. Bourgeoisement.

Borgeouaisit ou **Borgeoueisit**, s. f. Bourgeoisie.

Borgeoun, s. m. Bourgeon. (Celt. *Bourgeon*). (V. *Brot*).

Borgeounâ, v. n. 1re conj. com. *Affelciounâ*. Bourgeonner. (Celt. *Bourgena*). (V. *Broutounâ*).

Borgeounamont, s. m. Bourgeonnement.

Borgeounoux, ousa, adj. Bourgeonneux, euse. (V. *Broutounoux*).

Borgniquetâ, v. n. 1re conj. com. *Asseta*. Bornoyer, regarder en clignant de l'œil.

Borgniquiéu, da, s. Qui bornoie, myope.

Borguignageou, s. m. Barguignage.

Barguignéu, sa, s. Barguigneur, euse.

Borguignîe, v. n. 1re conj. irrég. comme *Abaragnîe*. Barguigner. (V. *Bigorgnîe*).

Borguignoun, a ou **Borguignoù, ouna**, adj. et s. Bourguignon, onne.

Borlét, s. m. Bourrelet. (Celt. *Bourled*).

BOUC

Borli (à la), loc. adv. A l'aveuglette, faire une chose sans voir. *Aigua-borli*, potage sans beurre.

Borliou, borli, adj. et s. Borgne, a souvent le sens d'aveugle. Sur ce mot on a composé *borlianbleu*, qui n'y voit que du bleu.

Borna, s. f. Borne. (Celt. *Bornu*).

Bornaî, pl. **bornaôx**, s. m. Gros tuyau de conduit.

Bornou, s. m. Furoncle. (V. *Frounclou*).

Borsa, s. f. Bourse. (Celt. *Busa, borsa*).

Borsicot, s. m. Boursicaut.

Borsicoutâ, v. n. 1re conj. comme *Agouttâ*. Tripoter à la Bourse.

Borsicoutéu, s. m. Tripoteur à la Bourse.

Borsîe, séri, s. Boursier, ière.

Borsiquetâ, v. a. 1re conj. comme *Assetâ*. Fermer, resserrer en forme de bourse. Repriser grossièrement le linge ; réparer une déchirure, un accroc, sans éviter les plis sur l'étoffe. Chiffonner, comprimer, réduire le volume d'une chose, *rou'é tout borsiquetâ*. Fourrer difficilement ou par petite fraction du papier, des chiffons, dans une ouverture étroite.

Borsouflâ, v. a. 1re conj. comme *Affoulâ*. Boursoufler.

Borsouflà, f. pl. **ais**, adj. Boursouflé, e.

Borsouflageou, s. m. Boursouflage.

Borsoufléuri, s. f. Boursouflure.

Bossa ou **Bossi**, s. f. Bosse. (Celt. *Bossa*).

Bot, s. m. Crapaud. (Celt. *Bot*).

Botta, s. f. Botte. (Celt. *Bota*).

Boua, s. f. Bourbe, boue. (Celt. *Bou*).

Boû, s. m. Bourg. Prend un *c* muet devant une voyelle. *Lou boue onte ji souais nassu*.

Boubâ, v. n. 1re conj. com. *Affoulâ*. Faire la *boba*, moue.

Bouboû, s. m. Breuvage. *Faire bouboû*, action de boire (enfantin).

Bouc ou **Bout**, s. m. Bouc. (Celt. *Bouh*).

Boucageou, s. m. Bocage.

Boucal (alou), s. m. Bocal.

Boucan, s. m. Bruit, tapage, vacarme. (Celt. *Bolgam*).

Bouchageou, s. m. Bouchage.

Boucharit, s. f. Boucherie.

Boucherla, s. f. Fauvette, oiseau.

Bouchi, s. f. Bouche. (Celt. *Boch*).

Bouchià, pl. **ais**, s. f. Bouchée.

Bouchîe, chéri, s. Boucher, ère.

BOUG

Boûchîe, v. a. 1re conj. irrég. com. *Appinchie*. Boucher.

Bouchi-tréu, s. m. Bouche-trou.

Bouchoun, s. m. Bouchon. Par ext. : Rameau de verdure que l'on suspend au-dessus de la porte pour indiquer que l'on donne à boire. *S'arétâ à tous lous bouchouns*, s'arrêter à tous les débits de boissons.

Bouchounâ, v. a. 1re conj. com. *Affetciounâ*. Bouchonner.

Boûcla, s. f. Boucle. (Celt. *Boucl*).

Bouclâ, v. a. 1re conj. Boucler.

Boucoun, s. m. Poison. Fig. : puanteur, odeur du bouc.

Boudâ, v. a. et n. 1re conj. com. *Affflourâ*. Bouder. (Celt. *Bouda*).

Boudarit, s. f. Bouderie.

Boudéu, sa, adj. et s. Boudeur, euse.

Boudjïn, s. m. Boudin. (V. *Fricaôda*).

Boudoi (oua), s. m. Boudoir.

Bouéin, s. m. Buis, arbrisseau.

Boueissoun, s. f. Boisson, liquide.

Boueitchi, s. f. Boîte. (Celt. *Boeta*).

Boueitchîe, s. m. Boîtier.

Boueitoux, ousa, adj. et s. Boiteux, euse.

Bouêmou, ma, s. et adj. Patelin, flatteur, enjôleur. (Celt. *Boemer*, charmeur).

Bouénâ, v. a. 1re conj. comme *Abouénâ*. Borner, mettre les bornes à un pré.

Bouêna, s. f. Borne.

Bouéssoun, s. m. Buisson. (Celt. *Boéssonus*).

Bouffâ, v. a. et n. 1re conj. com. *Agouttâ*. Bouffer, souffler. Par ext. : manger.

Bouffâ, pl. **ais**, s. f. Bouffée.

Bouffarais, s. et adj. Qui renfle les joues comme pour souffler ; qui souffle ; fig. : *Angeou-bouffarais* ; qui a une large face, gros, joufflu, e.

Bouffous, s. m. pl. Bouffes, théâtre.

Bouffoun, a, s. m. Bouffon, onne. (Celt. *Bouffon*).

Bouffounâ, v. n. 1re conj. com. *Affetciounâ*. Bouffonner.

Bouffounarit, s. f. Bouffonnerie.

Bougéia, s. f. Bougie.

Bougeoi, s. m. Bougeoir.

Bougeou, s. m. Bouge. (V. *Tabagnoun*).

Bougraioun, a, adj. et s. Petit fripon, onne, petit luron, onne (familier).

Bougramont, adv. Beaucoup, excessivement. *O-l-a bougramont changit* ; il a beaucoup, excessivement changé.

BOUN

Bougre !, interj. Sorte de juron énergique.
Bougre, gressa, s. Personne, sujet. *Boun bougre*, vaillant homme ; *maôvais bougre, salou bougre*, mauvais sujet, coquin.
Bouhêmou, ma, s. Bohême.
Bouillotta, s. f. Bouillotte.
Bouilloun, s. m. Bouillon. *Bouilloun d'ounze houres*, bouillon des agonisants. Une vieille légende disait qu'aux malades sans espoir de guérison qui se trouvaient à l'hôpital, on administrait à onze heures un bouillon qui les faisait succomber à midi. Ce qui faisait redouter d'entrer à l'hospice.
Bouillounâ, v. n. et a. 1re conj, comme *Affetciounâ*. Bouillonner.
Bouillounamont, s. m. Bouillonnement.
Boujola, s. f. Ventre, bedaine, ventre gros. *Chiâ la boujola*, chier ce qui rend le ventre gonflé ; se dit des jeunes oiseaux dans le nid qui ont le ventre gonflé, difforme.
Bouju, a, adj. Ventru, e.
Boulét, s. m. Boulet.
Boulétta, s. f. Boulette, boule de pâte ou de chair hachée ; boule de neige ; petite faute.
Boulevâ ou **Boulivâ,** s. m. Boulevard. (Celt. *Boulward*).
Boulidou, s. m. Bolide.
Bouliquâ, v. n. 1re conj. Remuer, palpiter, démener. (Celt. *Boulgein*, remuer).
Bouliqua, s. Agité, e, qui ne peut rester tranquille.
Bouloun, s. m. Boulon.
Boulounâ, v. a. 1re conj. com. *Affetciounâ*. Boulonner.
Bouloungearit, s. f. Boulangerie.
Bouloungîe, géri, s. Boulanger, ère. (Celt. *Boulonger*).
Bouluvarsâ, v. a. 1re conj. Bouleverser.
Bouluvarsamont, s. m. Bouleversement.
Boumba, s. f. Bombe. (Celt. *Bombes*).
Boumbâ, v. a. et n. 1re conj. Bomber, bondir, faire un saut.
Boumbamont, s. m. Bombement.
Boumbanci, s. f. Bombance.
Bombarda, s. f. Bombarde.
Boumbardâ, v. a. 1re conj. Bombarder.
Boumbardamont, s. m. Bombardement.
Boumbardjîe, s. m. Bombardier, artilleur.
Boun ! s. m. Onomatopée d'un bruit sourd, d'une grosse cloche, d'un coup de canon.
Boun, a, adj. Bon, onne. (Celt. *Bon*).

BOUN

Bounapartchismou, s. m. Bonapartisme.
Bounapartistou, ta, adj. et s. Bonapartiste.
Bounboun, s. m. Bonbon. (V. *Caca*).
Bounbouna, s. f. Bonbonne.
Bounbounéri, s. f. Bonbonnière.
Boun-chrétchion, s. m. Bon-chrétien, poire.
Bound, s. m. Bond, saut. (Celt. *Bond*, bondir).
Bounda, s. f. Bonde. (Celt. *Bonde*).
Boundâ, v. a. 1re conj. Bonder.
Boundjî, v. n. 2e conj. com. *Agrandji*. Bondir.
Boundjissamont, s. m. Bondissement.
Boundjissant, a, adj. Bondissant, e.
Boundoun, s. m. Bondon.
Boundounâ, v. a. 1re conj. Bondonner. — Ind. prés. : *Ji boundonou, tchu boundoues, o boundone, nous boundounouns, vous boundounaz, eis boundounount*. — Impératif: *Boundona, boundounouns, boudounaz*. — Subj. : *Que ji boundona, que tchu boundounes, qu'o boundone, que nous boundouniouns, que vous boundouniz, qu'eis boundounant*. Dans tous les autres temps, on écrit : *boundoun*... et non *bondon*...
Bounhœu, s. m. Bonheur.
Bounhomou, s. m. Bonhomme.
Bouhoumit, s. f. Bonhomie.
Bouniassarit, s. f. Bonasserie.
Bouniâssou, âssi, adj. Bonasse.
Bouniąrot, ta, adj. Bonasse.
Bounifiâ, v. a. 1re conj. com. *Appiâ*. Bonifier.
Bounifacioun, s. f. Bonification.
Bounimont, s. m. Boniment.
Bounit, s. m. Boni.
Bounjoù, s. m. Bonjour ; prend un *e* muet devant une voyelle ; *bounjoùe à tous*.
Bounna, s. f. Bonne, domestique. (V. *Sarrounta*).
Bounna-avontchura, s. f. Bonne aventure.
Bouna fei, s. f. Bonne foi.
Bounna-fortchuna, s. f. Bonne fortune.
Bounnamont, adv. Bonnement.
Bounnét, ta, s. Bonnet, coiffure. (Celt. *Boned, Bonetta*).
Bounnéttarit, s. f. Bonneterie.
Bounnetchîe, téri, s. Bonnetier, ière.
Bounsei, s. m. Bonsoir. *A tous bounsei, seriaz-vous tronta sés*.
Bountâ, pl. ais, s. f. Bonté.

BOUR

Bouquâ, v. a. 1ʳᵉ conj. Baiser, embrasser. (Celt. *Bocha*. — Ind. prés. : *Ji boquou, tchu boques, o boque, nous bouquouns, vous bouquaz, eis boquount*. — Impératif : *Boqua, bouquouns, bouquaz*. — Subj. : *Que ji boqua, que tchu boques, qu'o boque, que nous bouquiouns, que vous bouquiz, qu'eis bouquant*. Dans tous les autres temps, on écrit *bouqu...* et non *boqu...*

Bouquâ! (à), loc. adv. A baiser ! Se dit à la fin de chaque danse pour : embrassez vos dames.

Bouquarais, rella, adj et s. Baisoteur, qui donne fréquemment des baisers.

Bouquét, s. m. Bouquet. (Celt. *Bouquet*).

Bouquetéri, s. f. Bouquetière.

Bouquïn, s. m. Bouquin, qui sent le bouc, vieux livre. (Celt. *Boucquin*).

Bouquinâ, v. n. 1ʳᵉ conj. Bouquiner.

Bouquinarit, s. f. Bouquinerie.

Boureiri, s. f. Vache qui ne porte plus. (Celt. *Bour*, taureau). (V. *Gôra*).

Bourra, s. f. Bourre, jeu de cartes, bruine. (Celt. *Bourra*).

Bourrâ, v. a. et n. 1ʳᵉ conj. com. *Affiourâ*. Bourrer, malmener, bruiner.

Bourrà, s. f. Bourrade, bourrelée.

Bourrachi, s. f. Bourrache. (Celt. *Bourache*).

Bourraî ou **Bourrais**, pl. **Bourriaôx**, s. m. Bourreau. (Celt. *Bourreu*).

Bourra-folla, s. f. Poil follet, duvet.

Bourrasqua, s. f. Bourrasque.

Bourréia, s. f. Bourrée, danse.

Bourreïe, v. a. 1ʳᵉ conj. irrég. com. *Approupreie*. Malmener.

Bourrelâ, v. a. 1ʳᵉ conj. com. *Baritelâ*. Bourreler.

Bourrelamont, s. m. Bourrèlement.

Bourrelie ou **Borlîe**, s. m. Bourrelier.

Bourrellarit, s. f. Bourrellerie.

Bourrétta, s. f. Etoffe faite avec des débris de bourre de soie. *Moun coutchillouu de bourrétta*.

Bourrichi, s. f. Bourriche.

Bourriquâ, v. a. et n. 1ʳᵉ conj. Accoupler comme une bourrique.

Bourriqua, s. f. Bourrique, ânesse, perruque, chevelure.

Bourriquét, Bourriquot, s. m. Bourriquet. (V. *Bardot*).

Bourroi (oua), s. m. Bourroir.

Bourru, a, adj. et s. Bourru, e, sombre et de mauvaise humeur.

BOUT

Bousculâ, v. a. 1ʳᵉ conj. Bousculer.

Bousculada, s. f. Bousculade.

Bousicot, s. m. Mauvais lieu. (V. *Bousïn*).

Bousillageou, s. m. Bousillage.

Bousilléu, s. m. Bousilleur.

Bousillîe, v. a. 1ʳᵉ conj. irrég. com. *Agreillie*. Bousiller, mal tricoter les bas, échapper des mailles.

Bousïn, s. m. Tapage, vacarme, lieu de débauche, lupanar, maison publique.

Bousphorou, s. m. Bosphore.

Bousquét, s. m. Bosquet. (Celt. *Bousqua*).

Bousquinâ (à la), s. f. Jeu de gobilles. Les joueurs partant d'un point marqué par une raie tracée sur le sol, ou un caillou posé *(piéra de jeu)*, lancent leur bille dans la direction d'un petit trou creusé sur le sol ; après l'avoir conduite dans le trou, il faut *pouquâ*, toquer la bille d'un joueur, c'est quelquefois l'inverse qui a lieu ; lorsqu'il est plus aisé de toquer une bille avant d'aller au trou, l'on crie simplement : *poqua avant lou tréu!* Lorsqu'un joueur a fait le trou et la *poqua*, il se retire *(onsortchi)*, sorti du jeu, et le dernier qui reste, la *bousquine*, jusqu'à ce qu'il soit parvenu à conduire sa bille dans le trou, d'où les autres tâchent de l'éloigner avec la leur ; lorsqu'il y est arrivé, la partie recommence.

Boussola, s. f. Boussole.

Boussu, a, adj. et s. Bossu, e. (Celt. *Bossu*).

Bout, s. m. Extrémité, reste, morceau.

Boutada, s. f. Boutade.

Boutaire, s. m. Muletier transportant jadis le vin dans des outres, *bouttes*.

Boutaôx, s. m. pl. Mollets, gras de la jambe.

Bouta-on-tréin, s. m. Boute-en-train.

Boutâssi, s. f. Boutasse, réservoir d'eau.

Boutchifflou, fla, adj. Boursouflé, enflé, e.

Boutchina, s. f. Bottine.

Boutchiqua, s. f. Boutique, atelier. (Celt. *Botica*).

Boutchiquîe, s. m. Boutiquier.

Boutchura ou **Boutéuri**, s. f. Bouture.

Boutchurâ, v. a. 1ʳᵉ conj. Bouturer.

Boutchurageou, s. m. Bouturage.

Bouteilli, s. m. Bouteille. (Celt. *Botella*). (V. *Neiri*).

Bouteillouu, s. m. Grapillon, petit amas.

Boutéuri ou **Boutchura**, s. f. Bouture.

BRAM

Boutoun, s. m. Bouton. (Celt. *Bouton*).
Boutoun, s. m. Repos. *Faire ûn boutoun;* cesser le travail, se reposer un instant.
Boutounâ, v. a. 1re conj. com. *Affetciounâ.* Boutonner.
Boutounéri, s. f. Boutonnière.
Boutta, s. f. Outre en peau pour le vin que l'on allait chercher à dos de mulet et que l'on vendait sur le Pré-de-la-Foire (place du Peuple). *Lou vin de boutta*, vin de qualité inférieure. (Celt. *Bota*, petite outre).
Bouvét, s. m. Bouvet, rabot. (Celt. *Boved*).
Bouvie, iéri, s. Bouvier, ière.
Bouvina, adj. fém. Bovine, vache ; par all. grosse femme malpropre, qui pète sans contrainte.
Bouxâ, v. n. 1re conj. Boxer. — Ind. prés. : *Ji boxou, tchu boxes, o boxe, nous bouxouns, vous bouxaz, eis boxount.* — Impératif : *Boxa, bouxouns, bouxaz.* — Subj. : *Que ji boxa, que tchu boxes, qu'o boxe, que nous bouxiouns, que vous bouxiz, qu'eis boxant.* Dans tous les autres temps, on écrit : *boux* et non *box*.
Bouxéu, s. m. Boxeur.
Bouza, s. f. Bouse, fiente de vache. (Celt. *Bouzel*).
Bouzat, s. m. Tas de bouse ; par all. personne sale et sans tenue ; grosse femme débraillée, qui se laisse aller. *Cheire comma ûn bouzat!* choir, tomber lourdement comme la bouse ; *cheire ûn bouzat de né*, tomber un tas de neige.
Boxa, s. f. Boxe.
Bracelét, s. m. Bracelet.
Bracouèrra, adj. et s. Femme étourdie, qui babille sans réserve. (Celt. *Bracaireas*, caquet, babil).
Bracounâ, v. n. 1re conj. com. *Boundounâ.* Braconner.
Bracounageou, s. m. Braconnage.
Bracounîe, s. m. Braconnier.
Bragâ, s. m. Emeute, bruit, révolution.
Bragâ, arda, adj. Elégant, e, vaillant. (Celt. *Bragard*, brave, vaillant).
Bragardjîsi, s. f. Elégance, vaillance.
Braillâ, arda, adj. et s. Braillard, e.
Braillamont, s. m. Braillement.
Brailléu, sa, adj. et s. Brailleur, euse.
Braillîe, v. n. 1re conj. irrég. com. *Agreillie.* Brailler.
Bramâ, v. a. et n. 1re conj. Bramer, crier.
Brama-fom, s. m. Crie-faim, affamé. Se dit

BRAS

d'un moulin qui n'a pas suffisamment du grain à moudre ; *mouléin de brama-fom*.
Brancâ, s. m. Brancard. (V. *Bayâ*).
Brancardjîe, s. m. Brancardier.
Branchageou, s. m. Branchage.
Branchat, s. m. Petite branche d'arbre.
Branchi, s. f. Branche. (Celt. *Branchia*).
Branchu, a, adj. Branchu, e.
Brançoulâ, v. a. et pr. 1re conj. com. *Affoulâ.* Balancer. (Celt. *Brancella*).
Brançoulérou, s. m. Balançoire.
Brand, s. m. Branle, danse en rond.
Brand-déviran, s. m. Danse des montagnards.
Brandâ, v. a. et n. 1re conj. Prendre, suspendre, branler, être sur le point. — *O sé betta brandâ!*, il s'est pendu ; *brandâ la gréusse clochi*, branler la grosse cloche. *Méjoüe a-t-ai feru? Néu mais o brande.* (Celt. *Branda*, grosse cloche).
Branda-giga, s. m. Décontenancé qui balance ses jambes, désœuvré. *Brandasaqua*, Sans tenue, ni maintien.
Brandjî, v. a. 2e conj. com. *Agrandjîe.* Brandir.
Brandjigoulâ, v. a. et pr. 1re conj. com. *Affoulâ.* Brandiller, ébranler.
Brandoun ou **Branloun**, s. m. Brandon, premier dimanche de Carême. (Celt. *Brandon*).
Branlâ, v. a. 1re conj. Branler. (V. *Brandâ, brandjigoulâ*).
Branlamont, s. m. Branlement.
Branlant, a, adj. Branlant, e.
Branlou, s. m. Branle. (V. *Brand*).
Branlou-bas, s. m. Branle-bas, scène de tapage.
Branléuri, s. f. Branloire.
Braquâ, v. a. 1re conj. Braquer le canon, le regard ; par ext. : bavarder, caqueter.
Braquamont, s. m. Braquement.
Braquou, qua, s. Braque, étourdi, babillard ; par all. : au chien braque, qui aboie.
Bras, s. m. Bras. (Celt. *Bras*).
Brasâ, v. a. 1re conj. Braser, souder.
Brâsa, s. f. Braise, charbon de bois. (Celt. *Braso*).
Brasageou, s. m. Brasage.
Braséu, s. m. Braseur.
Braséuri, s. f. Brasure.
Brasîe, s. m. Brasier.
Brassâ, s. m. Brassard.

BREL

Brassâ, v. a. 1re conj. Brasser, faire beaucoup d'ouvrage.
Brâssa, s. f. Embrassade ; *faire una brâssa,* embrasser.
Brâssarit, s. f. Brasserie.
Brasséri, s. f. Brassière, corset.
Brasséu, sa, s. Brasseur, euse.
Brassià, pl. **ais,** s. f. Brassée.
Brâva, s. f. Génisse, jeune vache.
Bravâ, v. a. 1re conj. Braver.
Brâvamont, adv. Bravement.
Bravarda, s. f. La plus belle vache d'un troupeau, celle qui porte la clochette au cou.
Bravo ! interj. Bravo ! très bien,
Brâvou, va, adj. et s. Brave, vaillant.
Brâvoû, s. f. Honnêteté, probité.
Bravoura, s. f. Bravoure.
Brâyes, s. f. pl. Braies, culottes.
Brayétta, s. f. Brayette ; fig. *bayétta.* (V. ce mot.
Bréchoux, ousa, adj. et s. Baveux, euse ; fig. : qui n'a point de parole.
Bredolli, s. f. Bredouille, qui ne sait s'exprimer.
Bredouillamont, s. m. Bredouillement.
Bredouillageou, s. m. Bredouillage.
Bredouilléu, sa, s. Bredouilleur, euse.
Bredouillie, v. n. et a. 1re conj. irrég. com. *Agcanouillie.* Bredouiller.
Bref (èfou), adv. et s. m. Bref.
Bref, èva, adj. Bref, ève.
Breià, pl. **ais,** s. f. Emotion, frayeur, secousse, effet de la maladie.
Breiageou, s. m. Broyage.
Breïe, v. a. 1re conj. irrég. com. *Approupreie.* Broyer.
Breiéu, sa, s. Broyeur, euse.
Breisa, s. f. Peu ; loc. adv. *una breisa,* un peu.
Breisarot, s. m. Ce qui reste au fond du pot après avoir mangé le gros de la soupe, et que l'on donne aux petits enfants.
Breiseïe, v. a. 1re conj. irrég. Emietter, mettre en petits morceaux, com. *Approupreïe.*
Breises, s. f. pl. Miettes ; fig. restes, avoir, petit bien, héritage. *J'àòrei les breises de moun pare ;* j'aurai les restes, le petit bien de mon père.
Brelan, s. m. Brelan, jeu de cartes ; fig. : traînard, sans vigilance.

BRIM

Brelatâ, v. n. 1re conj. Flâner, rôder.
Brelouqua, s. f. Breloque.
Bresil (ilou), s. m. Brésil.
Bresilion, iéna, adj. et s. Brésilien, ienne.
Bresoun (tin), s. m. Un peu, petite quantité.
Bretagni, s. f. Bretagne.
Bretoun, a, adj. et s. Breton, onne.
Bréulâ, v. a. 1re conj. Brûler.
Bréulà, pl. **ais,** s. f. Rossée, volée de coups.
Bréulà, s. m. Brûlé, odeur, goût. *Gout de bréulà.*
Bréulageou, s. m. Brûlage.
Bréula-gueula, s. m. Pipe à courte queue.
Bréulant, a, adj. Brûlant, e.
Brèula-porpoéint (à), loc. adv. A brûle-pourpoint.
Bréuléu ou **Bréuloi,** s. m. Brûleur, brûloir.
Bréuléuri, s. f. Brûlure.
Brevét, s. m. Brevet.
Brevetâ, v. a. 1re conj. com. *Assetâ.* Breveter.
Breviairou, s. m. Bréviaire.
Bric-à-brac (aquou), s. m. Bric-à-brac.
Brik (ikou), s. m. Brik, navire.
Bricola, s. f. Bricole, chose peu sérieuse.
Bricoulâ, v. n. et a. 1re conj. com. *Affoulâ.* Bricoler.
Brida, s. f. Bride. (Celt. *Bride*).
Bridâ, v. a. 1re conj. Brider.
Briéu, da, adj. Bref, cassant. (Celt. *Brieu*).
Brievamont, adv. Brièvement.
Brifa, s. f. Etourdi, mangeur. (Celt. *Brif*).
Brifâ, v. a. 1re conj. Dissiper, friper, manger son bien, en faire mauvais usage. (Celt. *Brif*).
Brigada, s. f. Brigade.
Brigadjîe, s. m. Brigadier.
Brigand, s. m. Brigand. (Celt. *Brigand*).
Brigandageou, s. m. Brigandage.
Brignola, s. f. Brignole, sorte de prune.
Brignoun, s. m. Brignon, sorte de pêche.
Briguâ, v. a. 1re conj. Briguer.
Brignéu, sa, s. Brigueur, euse.
Brillamont, adv. Brillamment.
Brillant, a, adj. Brillant, e. (V. *Luiant*).
Brillie, v. n. 1re conj. irrég. com. *Agreillie.* Briller. (V. *Lûre*).
Brimbrignaôdes, s. f. pl. Brimborions : *O cha des brimbrignaôdes de né ;* il tombe des brimborions de neige.

BRON

Brin, s. m. Brin.

Briochi, s. f. Brioche.

Briqua, s. f. Brique.

Briquét, s. m. Briquet, pièce de pâtisserie.

Briquetâ, v. a. 1re conj. Briqueter. — Ind. prés. : *Ji briquettou, tchu briquettes, o briquette, nous briquetouns vous briquetaz, eis briquettount.* — Imparfait : *Ji briquetâva*, etc. — Passé défini : *Ji briquetchiéus*, etc. — Futur : *Ji briquetarei*, etc. — Cond. : *Ji briquetarins,* etc. — Impératif : *Briquetta, briquetouns, briquetaz.* — Subj. : *Que ji briquetta, que tchu briquettes, qu'o briquette, que nous briquetchiouns, que vous briquetchiz, qu'eis briquetant.*

Briquetageou, s. m. Briquetage.

Briquetarit, s. f. Briqueterie. (V. *Tchiéulairi*).

Briquétta, s. f. Briquette.

Brisablou, bla, adj. Brisable.

Briscailli, s. f. Bambocheur, roublard, débauché.

Briséu, s. m. Briseur.

Briséuri, s. f. Brisure.

Brîsi, s. f. Brise.

Brisibilli, s. f. Brouille, querelle.

Brîsîe, v. a. 1re conj. irrég. Briser. — Ind. prés. : *Ji brisou, tchu brîses, o brîse, nous brisouns, vous brisies, eis brisount.* — Impératif : *Brisi, brisouns, brisies.* — Subj. : *Que ji brisa, que tchu brîses, qu'o brîse, que nous brisiouns, que vous brisiz, qu'eis brisant.* — Part. passé : *Brisit, brisiâ* ; pl. *brisits, brisiais.*

Brisqua, s. f. Brisque. Carte noble au jeu. Fig. : Roublard ; *vieilli brisqua*, vieux soldat. (V. *Briscailli*).

Brò, s. m. Broc, vase à vin. (Celt. *Bro*).

Brochi, s. f. Broche ; tige pour faire rôtir la viande. (V. *Atou*). Dicton : *Suçâ ou lichie la Brochi,* lécher la broche, faire abstinence forcée. (Celt. *Broch*).

Brochi, s. f. Aiguille à tricoter. (Celt. *Brocchou*).

Brochiquiéu, s. m. Détail, fragment, rompu, sans suite ; loc. adv. *A brochiquiéu*, à bâtons rompus, à la diable.

*Et si vou'é djit à brochiquiéu
Ji n'aôrei ron que ne seit tchiéu.*

Et si c'est dit sans suite
Je n'aurai rien qui ne soit tien.

(*Ballet forez.* M. ALLARD).

Brogi, s. f. Réflexion, penser : *o-l-a la brogi,* il est soucieux.

Bron, s. m. Son de blé. (Celt. *Bron,* menu).

BROU

Brossi, s. f. Brosse. (V. *Vargétta*).

Brot, s. m. Brout, bourgeon. (Celt. *Bronc, bro, brouez*).

Broucâ, s. m. Alésoir, outil pour aléser.

Broucantâ, v. n. et a. 1re conj. Brocanter. (V. *Bigagîe*) ; fig. : ravauder, retoucher.

Broucantageou, s. m. Brocantage. (V. *Bigageageou*).

Broucantéu, sa, s. Brocanteur, euse. (V. *Bigagéu*).

Broucardâ, v. a. 1re conj. Aléser.

Brouchageou, s. m. Brochage.

Brouchét, s. m. Brochet. (Celt. *Brochet*).

Brouchetaire, s. m. Ouvrier passementier qui fait des rubans brochés.

Brouchéuri, s. f. Brochure.

Brouchià, pl. ais, s. f. Brochée.

Brouchîe, v. a. 1re conj. irrég. com. *Abouchie*, Brocher.

Brouchit, s. m. Broché. *Ribant, brouchit,* ruban broché, façonné.

Broudâ, v. a. 1re conj. com. *Affiourâ.* Broder. (Celt. *Brouda*).

Broudarit, s. f. Broderie.

Broudéu, sa, s. Brodeur, euse.

Brougéu, s. m. Penseur.

Brougîe, v. n. 1re conj. irrég. com. *Abrougîe*. Penser, réfléchir, méditer.

Brouillâ, s. m. Brouillard. (V. *Niaôla*).

Brouillamont, s. m. Brouillement.

Brouillarit, s. f. Brouillerie.

Brouillassîe, v. n. 1re conj. irrég. com. *Acâssie.* Brouillasser.

Brouilli, s. f. Brouille.

Brouillîe, v. a. et pr. 1re conj. irrég. *Ageanouillie.* Brouiller. (Celt. *Brouilla*).

Brouilloun, a, adj. et s. Brouillon, onne.

Broumura, s. f. Bromure, sel.

Brounda, s. f. Bruit, manières bruyantes, exagérées ; *menâ de brounda,* faire du bruit autour de soi ; *sans menâ de brounda,* paisiblement.

Brounzâ, v. a. 1re conj. Bronzer.

Brounzà, f. pl. ais, adj. Bronzé, e.

Brounzageou, s. m. Bronzage.

Brounzou, s. m. Bronze.

Brouquétta, s. f. Broquette, petit clou. (Celt. *Broquetta*).

Broussâ, v. a. 1re conj. comme *Bouxâ.* Brosser.

BRUT

Broussà, pl. **ais**, s. f. Brossée, grêle de coups, rossée. (V. *Frettâ*).
Broussageou, s. m. Brossage.
Broussarit, s. f. Brosserie.
Brousséu, s. m. Brosseur.
Broussailli, s. f. Broussaille. (Celt. *Brouss*).
Broussoun, s. m. Goulot. *Un poulet sans broussoun, ni mancilli;* une cruche sans goulot, ni anse.
Broustaquiéu, s. m. Croupière.
Broustchifailli, s. f. Provision de bouche.
Broutâ, v. a. 1re conj. com. *Agouttâ*. Brouter, manger l'herbe.
Broutâ, v. imp. 1re conj. Tourner en parlant du lait, s'altérer. — Ind. prés. : *O brotte*. — Imparfait : *O broutàre*. — Passé défini : *O broutait*. — Futur : *O broutara*. Cond. prés. : *O broutarit*. — Subj. : *Qu'o brotte*. — Imparfait: *Qu'o broutéze*. — Part. prés. : *Broutant*. — Passé : *Aiant broutà*.
Broutounâ, v. n. 1re conj. com. *Boundounâ*. Bourgeonner.
Broutounoux, ousa, adj. Couvert de boutons; personne qui a des boutons par la figure ou par le corps; par all. : aux bourgeons.
Bruant, s. m. Bruant, oiseau, verdière.
Bruant, a, s. Tapageur, qui fait des embarras.
Brulô, s. m. Brûlot, eau-de-vie brûlée avec du sucre; pipe à courte queue; fig. : vieux soldat, débauché.
Bruma, s. f. Brume. (Celt. *Bruma*, nuée).
Brumairou, s. m. Brumaire.
Brumoux, ousa, adj. Brumeux, euse.
Brün, Bruna, adj. et s. Brun, e.
Bruna, s. f. Brume. (Celt. *Bruma*, fin du jour).
Brunâtrou, tra, adj. Brunâtre.
Bruni, v. a. 2e conj. Brunir.
Brunisséu, sa, s. Brunisseur, euse.
Brunisséuri, s. f. Brunissure.
Brunissoi (oua), s. m. Brunissoir.
Brûre, v. n. et a. 3e conj. com. *Assûre*. Bruire, gronder, tapager.
Brusquâ, v. a. 1re conj. Brusquer.
Brusquamont, adv. Brusquement.
Brusquou, qua, adj. Brusque. (Celt. *Brusq*).
Brut (utou), **a**, adj. Brut, e.
Brut, s. m. Bruit. (Celt. *Brut*).
Bruta, s. f. Brute, animal; personne grossière.

BURI

Brutal (alou), **a, taôx**, adj. et s. Brutal, e, taux. (Celt. *Brutal*).
Brutalamont, adv. Brutalement.
Brutalisâ, v. a. 1re conj. Brutaliser.
Brutalità, pl. **ais**, s. f. Brutalité.
Bruyéri, s. f. Bruyère.
Buaî ou **Buais**, s. m. Boyeau. (Celt. *Buain*).
Buai-borliou, s. m. Rectum du porc.
Buandarit, s. f. Buanderie.
Buandjîe, déri, s. Buandier, ière.
Buboun, s. m. Bubon. (V. *Bornou*).
Bûchi, s. f. Bûche, morceau de gros bois.
Bûchîe, v. n. 1re conj. irrég. com. *Abouchîe*. Bûcher, travailler avec ardeur, v. pr. *Se bûchîe*, se hûcher, se battre fort.
Bûchîe, s. f. Bûcher, supplice du feu.
Bûchéu, s. m. Bûcheur, travailleur ardent.
Bûclâ, v. a. 1re conj. Flamber, brûler; *bûclâ un caioun*, flamber un porc.
Budgét, s. m. Budget.
Bueulaigua, s. m. Chétif, délicat, dégoûté.
Buffét, s. m. Buffet.
Buffletarit, s. f. Buffleterie.
Bufflou, s. m. Buffle.
Bûglou, s. m. Bugle.
Bugni, s. f. Beignet; fig. : personne niaise.
Bulâ, v. n. 1re conj. Quiller, mesurer un coup au jeu, v. pr. *Se bulâ*, se mesurer.
Bulba, s. f. Bulbe, oignon.
Bulla, s. f. Boule, gobille. (Celt. *Bulla*).
Bulletéin, s. m. Bulletin.
Bullî, v. n. 2e conj. Bouillir.
Bulliant, a, adj. Bouillant, e.
Bullit, bullia, adj. Bouilli, e.
Bullit, s. m. Bouilli, viande cuite à l'eau.
Bulloun, s. m. Grosse gobille servant à *bulâ*, quiller.
Buraî ou **Burais**, pl. **riaôx**, s. m. Bureau.
Buraî ou **Burais**, s. m. Bure, étoffe de drap.
Buraîcracit, s. f. Bureaucratie.
Buraîcratchiquou, qua, adj. Bureaucratique.
Buraîcratou, s. m. Bureaucrate.
Bûré, s. m. Vase à battre le lait. (V. *Barat*).
Bûréia, s. f. Résidu du beurre.
Burétta, s. f. Burette. Celt. *Buretа*).
Burïn, s. m. Burin. (Celt. *Burin*).

11

BUT

Burinâ, v. a. 1re conj. Buriner.
Burlesquamont, adv. Burlesquement.
Burlesquou, qua, adj. Burlesque.
Burlét, s. m. Gros bâton, gourdin.
Burnous, s. m. Burnous.
Bûrou, s. m. Beurre.
Busc (usquou), s. m. Busc.
Bûsa, s. f. Buse.
Bustou, s. m. Buste.
But, s. m. But (Celt. *But*).

BUYA

Butchïn, s. m. Butin. (Celt. *Butin*).
Butchinâ, v. a. 1re conj. *Butiner*.
Butta, s. f. Arbre ébranché, étai.
Buttâ, v. a. 1re conj. Butter, appuyer, soutenir, étayer.
Buttageou, s. m. Action de butter, soutenir.
Buya ou **Buia,** s. f. Lessive. *Menâ la buia;* couler la lessive. (Celt. *Bu, bual, bugad*).
Buyassîe ou **Buiassîe,** v. a. 1re conj. irrég. com. *Acassie.* Lessiver ; *menâ la buia*.

C, s. m. Troisième lettre de l'alphabet et deuxième des consonnes. (V. Gram. n° 5).
Câ ou **Car**, conj. Car.
Cabala, s. f. Cabale. (Celt. *Cabalat*).
Cabalâ, v. n. 1re conj. Cabaler.
Cabaléu, sa, s. Cabaleur, euse.
Cabalistchiquou, qua, adj. Cabalistique.
Caban, s. m. Caban, manteau à capuchon.
Cabana, s. f. Cabane. (Celt. *Caban*, chaumière).
Cabanoun, s. m. Cabanon.
Cabarét, s. m. Cabaret, café. (Celt. *Cabaret*).
Cabaretchîe, téri, s. Cabaretier, ière.
Cabas, s. m. Cabas.
Cabâssa, s. f. Calebasse, courge; par all. : tête, grosse tête. *Tapa sus la cabàssa* ; taper sur la tête ; chose creuse.
Cabelot, s. m. Tabouret. (V. *Plot*).
Cabestan, s. m. Cabestan. (Celt. *Cabestan*).
Cabina, s. f. Cabine.
Cabinét, s. m. Cabinet. (Celt. *Cabined, Cabineta*).
Cablâ, v. a. 1re conj. Câbler.
Câblou, s. m. Câble.
Cabochi, s. f. Tête, clou. (Celt. *Cab*, tête).
Caboutâ, v. n. 1re conj. com. *Brouta*. Caboter.
Caboutageou, s. m. Cabotage.
Caboutchïn, s. m. Cabotin.
Caboutchinâ, v. n. 1re conj. Cabotiner.
Caboutchinageou, s. m. Cabotinage.
Cabrâ (se), v. pr. 1re conj. Se cabrer.
Cabriéula, s. f. Cabriole. (Celt. *Cabriole*, saut).
Cabriéulâ, v. n. 1re conj. Cabrioler. (Celt. *Capriola*).

Cabriéulét, s. m. Cabriolet.
Cabriéuléu, s. m. Cabrioleur.
Cabus, adj. m. Cabus, chou cabus.
Caca, s. m. Gâteau, bonbon, friandise. (Enfantin).
Caca (faire), s. m. Excrément évacué. (Enfantin). (Celt. *Cac, caca*, merde).
Cacâ, v. n. 1re conj. Evacuer, chier. (Celt. *Cacam, cacha*, chier).
Cacamusaï, s. m. Jouet, amusement d'enfant.
Cacaôdâ, v. a. et pr. 1re conj. Emmitoufler, couvrir, se blottir sous la couverture.
Cacaracâ, s. m. Onomatopée du chant du coq.
Cacassoun (à), s. m. Accroupi, affaissé sur les talons. *A la motta à cacassoun*; jeu de la tape, à s'affaisser et se relever.
Cachâtchu, a, adj. et s. Cachotier, ière.
Cachét, s. m. Cachet, sceau. (Celt. *Cached*).
Cachét, s. m. Pied noir, oiseau.
Cachetâ, v. a. 1re conj. com. *Asseta*. Cacheter.
Cachétta, s. f. Cachette. (V. *Cachimatta*).
Cachi, s. f. Cache, lieu secret.
Cachi-cachi, s. f. Cache-cache, jeu.
Cachie, v. a. et pr. 1re conj. irrég. com. *Appünchie*. Cacher. (V. *Ecoundre*).
Cachîe, v. a. et pr. 1re conj. irrég. com. *Appünchie*. Ecacher, mâcher, froisser, meurtrir. *On voulant cachie ün créu de perci, ji me souais bion cachit tous deis* ; en voulant écacher un noyau de pêche, je me suis bien mâché, meurtri les doigts.
Cachi-groula, s. m. Jeu de la savate.
Cachimatta ou **Cachimailli**, s. f. Cachette.
Cachi-naz, s. m. Cache-nez.
Cachot, s. m. Cachot, prison.
Cachoun, s. m. Noyau de fruit. (V. *Créu*).

CAFU

Cachoutarit, s. f. Cachoterie.
Cachoutchîe, tèri, adj. et s. Cachotier, ière. (V. *Cachâtchu*).
Cacoulét, s. m. Cacolet.
Cacounét, s. m. Homme qui se mêle des affaires du ménage, de la cuisine. (V. *Salabichoun*).
Cadeau ou **Cadô**, s. m. Cadeau, présent. (Celt. *Gado*).
Cadastrâ, v. a. 1re conj. Cadastrer.
Cadastral (alou), **a, aôx**, adj. Cadastral, e, aux.
Cadastrou, s. m. Cadastre.
Cadaveriquou, qua, adj. Cadavérique.
Cadâvrou, s. m. Cadavre.
Cadenas, s. m. Cadenas. (Celt. *Cadenatt*).
Cadenassîe, v. a. 1re conj. irrég. com. *Acassic*. Cadenasser.
Cadét, Cadétta, adj. et s. Cadet, ette. (Celt. *Caded*).
Cadétta ou **Cadatta**, s. f. Dalle, pierre.
Cadjis, s. m. Cadis, serge.
Cadjuquou, qua, adj. Caduque. (V. *Erampà*).
Cadjucé, s. m. Caducée, attribut de Minerve.
Cadjucità, pl. **ais**, s. f. Caducité.
Cadonci, s. f. Cadence.
Cadoncîe, v. n. 1re conj. irrég. com. *Agconcîe*. Cadencer.
Cadrâ, v. n. 1re conj. Cadrer.
Cadran, s. m. Cadran.
Cadrétta, s. f. Cadrette, jeu à quatre.
Cadrou, s. m. Cadre.
Cafâ, s. m. Cafard. (V. *Morliét*).
Cafardâ, v. n. 1re conj. Cafarder.
Cafardjisi, s. f. Cafardise.
Cafarotta, s. f. Cahute, taudis, tanière. *Sortez tous de véutres cafarottes*. Sortez tous de vos cahutes. (CHAPELON, *mi-demouais*).
Café, s. m. Café.
Cafetchîe, téri, s. Cafetier, ière.
Cafetéri, s. f. Cafetière, vase pour verser le café.
Cafeurna, s. f. Caverne, recoin obscur, gîte.
Cafit, Cafia, adj. Couvert, rempli. *Ji souais tout cafit de déutes*; je suis tout couvert d'infirmités.
Cafuroun, s. m. Recoin, encoignure, petit réduit, creux. (Celt. *Caf*, creux).

CALI

Cafrou, fra, adj. et s. Cafre.
Cagi, s. f. Cage. (Celt. *Gaja*). (V. *Jairi*).
Cagnà, âssi, s. et adj. Montagnard, e; qui a les manières de la montagne.
Cagni, s. f. Coup de férule, chiquenaude.
Cagnoutta, s. f. Cagnotte.
Cagot, a, adj. et s. Cagot, e.
Cagoutarit, s. f. Cagoterie.
Cahiét, s. m. Cahier.
Cahot, s. m. Cahot.
Cahoutâ, v. a. 1re conj. com. *Agouttâ*. Cahoter.
Cahoutageou, s. m. Cahotage.
Cahoutamont, s. m. Cahotement.
Cahuta, s. f. Cahute. (V. *Cafeurna*).
Caî ou **Quaî**, s. m. Vessie de chevreau qui sert à faire la présure pour cailler le lait.
Caillaire, s. m. Qui apporte le laitage en ville, laitier.
Cailli, s. f. Caille, oiseau. (Celt. *Calia*).
Caillie, v. a. 1re conj. irrég. com. *Agranouillie*. Cailler.
Caillit, Caillià, pl. **ais**, adj. Caillé, e. (V. *Broutà*).
Câilléu, s. m. Caillou.
Caillot, s. m. Caillot.
Caissi, s. f. Caisse. (Celt. *Cayssa, caissia*).
Caissîe ou **Keissîe, iéri**, s. Caissier, ière.
Caissoun ou **Keissoun**, s. m. Caisson.
Cajoulâ, v. a. 1re conj. comme *Affoulâ*. Cajoler.
Cajoularit, s. f. Cajolerie.
Cajouléu, sa, s. Cajoleur, euse.
Cala, s. f. Cale, morceau pour mettre d'aplomb.
Calâ, v. a. 1re conj. Caler, mettre d'aplomb.
Calà, f. pl. **ais**, adj. Calé, e.
Calà, f. pl. **ais**, adj. Retapé, bien mis; avoir beaucoup de linge, etc.
Calageou, s. m. Calage.
Calamità, pl. **ais**, s. f. Calamité.
Calamitoux, ousa, adj. Calamiteux, euse.
Calaôma, s. f. Femme niaise, sans expérience.
Calcairou, ra, adj. Calcaire.
Calèchi, s. f. Calèche.
Calféutrâ, v. a. et pr. 1re conj. Calfeutrer.
Calféutrageou, s. m. Calfeutrage.
Calibrâ, v. a. 1re conj. Calibrer.

CAMA

Calibrageou, s. m. Calibrage.
Calibrou, s. m. Calibre.
Calicot, s. m. Calicot, étoffe.
Caliçou, s. m. Calice.
Caliçoun ou **Caneçoun**, s. m. Caleçon. (Celt. *Caleçon*).
Califorchoun (à), loc. adv. A califourchon. (Celt. *Califourchon*).
Câlin, ina, adj. Câlin, e.
Câlinâ, v. a. 1ʳᵉ conj. Câliner.
Câlinarit, s. f. Câlinerie.
Calla, s. f. Bas d'une colline, ravin, chemin creux.
Calmâ, v. a. 1ʳᵉ conj. Calmer.
Calmant, a, adj. et s. Calmant, e.
Calmou, a, s. m. et adj. Calme.
Calomboû, s. m. Calembour. Prend un *e* muet devant une voyelle. *Calomboûe à proupéus*, calembour à propos.
Calombredaina, s. f. Calembredaine.
Calondes, s. f. pl. Calendes.
Calondrie, s. m. Calendrier. (V. *Roumagnat*).
Calot, s. m. Bonnet, petite calotte.
Calotta, s. f. Calotte. (Celt. *Calota*).
Calotta, s. f. Tape donnée à la tête.
Caloumniâ, v. a. 1ʳᵉ conj. Calomnier.
Caloumniatœu, trici, s. Calomniateur, trice.
Caloumniousamont, adv. Calomnieusement.
Caloumnioux, ousa, adj. Calomnieux, euse.
Caloumnit, s. f. Calomnie.
Calouriferou, s. m. Calorifère.
Calouriquou, qua, adj. Calorique.
Caloutâ, v. a. 1ʳᵉ conj. com. *Agouttâ*. Calotter, taper à la tête.
Calquâ, v. a. 1ʳᵉ conj. Calquer.
Calvairou, s. m. Calvaire.
Calvina, s. f. Calville, espèce de pomme.
Calvinismou, s. m. Calvinisme.
Calvinistou, s. m. Calviniste.
Camâ, arda, adj. et s. Camard, e. (Celt. *Cam, camar*)
Camail (aillou), s. m. Camail. (Celt. *Camailh*).
Camaradarit, s. f. Camaraderie.
Camaradou, da, s. Camarade. (Celt. *Camarada*).

CAMP

Cambïn, s. m. Plaisir, aubaine, occasion, bombance.
Ma gaôpa que retra de sa reina-grand-mâre
Aime onqu'éu mais que mei lous cambïns, les
                                      [coumàres.
Ma gaupe qui tient de son arrière-grand'mère
Aime aujourd'hui mieux que moi les plaisirs,
                                      [les commères.
(Jacq. CHAPELON).
Cambrâ, v. a. 1ʳᵉ conj. Cambrer.
Cambrà, f. pl. **ais**, adj. et s. Cambré, e, qui a les jambes arquées. (Celt. *Camb*).
Cambréu, s. m. Cambreur.
Cambréuri, s. f. Cambrure.
Cambroûsa, s. f. Mendicité hors la ville. *Côdre à la cambroûsa*, courir la campagne pour mendier.
Cambroûsâ, v. a. et n. 1ʳᵉ conj. Mendier, demander l'aumône. Tournée de mendicité que font dans la campagne les ouvriers sans travail.
Cambrouséu, s. m. Mendiant, vagabond.
Cambus, s. m. Cambouis. (V. *Gras d'avit*).
Cambûsa, s. f. Cambuse. (Celt. *Cam*, habitation).
Cambusîe, s. m. Cambusier.
Cameleoun, s. m. Caméléon.
Cameliâ, s. m. Camélia.
Camelot, s. m. Camelot, petit marchand.
Camelota, s. f. Camelote, mauvais travail, mauvaise marchandise. (Celt. *Camelota*).
Cameloutâ, v. a. 1ʳᵉ conj. com. *Agouttâ*. Cameloter, faire ou vendre de la mauvaise marchandise.
Camét, s. m. Camée.
Caméumilla, s. f. Camomille.
Caminâ, v. n. 1ʳᵉ conj. Cheminer. (Celt. *Caminâ*).
Camioun, s. m. Camion.
Camiounâ, v. a. 1ʳᵉ conj. com. *Affeteiounâ*. Camionner.
Camiounageou, s. m. Camionnage.
Camiounéu, s. m. Camionneur.
Camouflét, s. m. Camouflet.
Çà-mount ou **Çà-mou**, adv. Çà-haut, ici en haut.
Camp, s. m. Camp. (Celt. *Camp*).
Campâ, v. n. 1ʳᵉ conj. Camper.
Campà, f. pl. **ais**, adj. Campé, e.
Campagnâ, arda, s. Campagnard, e.
Campagni, s. f. Campagne. (Celt. *Campania*).
Campamont, s. m. Campement.

CAND

Campana, s. f. Cloche (Celt. *Campaea*).
Campanâ, v. a. 1ʳᵉ conj. Sonner la cloche.
Campanaire, s. m. Clocheteur, crieur public. Le *campanaire*, clocheteur des trépassés, existait encore au commencement de ce siècle. Il parcourait les rues la nuit, en criant, après avoir agité sa cloche : Gens, gens, qui dormez, priez pour les trépassés !
Camphrâ, v. a. 1ʳᵉ conj. Camphrer.
Camphrà, f. pl. **ais**, adj. Camphré, e.
Camphrou, s. m. Camphre. (Celt. *Canfr*).
Camus, a, adj. Camus, e. (Celt. *Camus*).
Cana, s. f. Cane, femelle de canard.
Canâ, s. m. Canard, volaille.
Canâ, s. m. Canal. (Celt. *Kân*, tuyau).
Canâ, v. n. 1ʳᵉ conj. Lâcher prise, renoncer. Fig. mourir. (Celt. *Can, cann*, se battre).
Canailli, s. f. Canaille. (Celt. *Canailh*).
Canalisâ, v. a. 1ʳᵉ conj. Canaliser.
Canalisablou, bla, adj. Canalisable.
Canalisacioun, s. f. Canalisation.
Canapé, s. m. Canapé.
Canardâ, v. a. 1ʳᵉ conj. Canarder.
Canardéri, s. f. Canardière, long fusil.
Canarit, s. m. Canari, serin.
Cancabiéula, s. f. Culbute, cabriole.
Cancabiéulâ, v. n. 1ʳᵉ conj. Culbuter, cabrioler, faire des culbutes.
Cancan, s. m. Cancan.
Cancanâ, v. n. 1ʳᵉ conj. Cancaner.
Cancanîe, iéri, adj. et s. Cancanier, ière.
Cancarinetta, s. f. Castagnettes, cliquettes.
Sus véutres cancarinettes, faites ontondre.
Sur vos castagnettes, faites entendre.
(CHAPELON, *Noël* VIII).
Cancê, s. m. Cancer.
Canceroux, ousa, adj. Cancéreux, euse.
Cancornâ, v. n. 1ʳᵉ conj. Gronder, revenir toujours sur le même sujet.
Sa fenna cancorne,
Taône, rounfle, morne.
Sa femme gronde,
Bourdonne, ronfle, grommelle.
(PHILIPPON, *Babochi*).
Cancorna, s. Qui gronde, qui bourdonne.
J'ains ma grand, una vieilli cancorna.
J'avais ma grand'mère, une vieille grondeuse.
(CHAPELON).
Cancornarit, s. f. Gronderie, radotage.
Cancornéu, s. m. Grondeur, radoteur.
Candelâbrou, s. m. Candélabre.

CANT

Candjidamont, adv. Candidement.
Candjidat, s. m. Candidat.
Candjidatchura, s. f. Candidature.
Candjidou, da, adj. Candide.
Candji, adj. m. Candi.
Candœu, s. f. Candeur.
Canetairi, s. f. Jeune fille, ou femme, qui devide la soie, trame, sur les *canettes* pour les passementiers ; c'est ordinairement la domestique de l'atelier, appelé *fabrique*.
Canétta, s. f. Canette, petite bobine, mesure pour les liquides.
Canevas, s. m. Canevas. (Celt. *Canava*).
Canichou, chi, s. et adj. Caniche.
Canicula, s. f. Canicule.
Caniculairou, ra, adj. Caniculaire.
Canina, adj. et s. f. Canine.
Canna, s. f. Canne, roseau, bâton. (Celt. *Canna*).
Canna, s. f. Cale, dûreté. *Marchie à piecanna* ; marcher nu-pieds.
Canelâ, v. a. 1ʳᵉ conj. com. *Baritelâ*. Caneler.
Cannelèuri, s. f. Cannelure.
Cannella, s. f. Cannelle.
Cannibalou, s. m. Cannibale.
Canot, s. m. Canot.
Canoun ou **Canoù**, s. m. Canon, tube.
Canoun ou **Canoù**, s. m. Canon, mesure de vin, un verre. (V. *Chana*).
Canounâ, v. a. 1ʳᵉ conj. com. *Boundounâ*. Canonner.
Canounada, s. f. Canonnade.
Canounîe, s. m. Canonnier, ouvrier qui forge les canons de fusil.
Canouniéri, s. f. Canonnière.
Canouniquamont, adv. Canoniquement.
Canouniquou, qua, adj. Canonique.
Canounisâ, v. a. 1ʳᵉ conj. Canoniser.
Canounisablou, bla, adj. Canonisable.
Canounisacioun, s. f. Canonisation.
Canoutâ, v. n. 1ʳᵉ conj. com. *Agouttâ*. Canoter.
Canoutageou, s. m. Canotage.
Canoutchîe, s. m. Canotier.
Cantchina, s. f. Cantine.
Cantchinîe, iéri, s. Cantinier, ière.
Cantchiquou, s. m. Cantique.
Cantoun, s. m. Canton. (Celt. *Cantou*).
Cantounâ, v. a. 1ʳᵉ conj. com. *Boundounâ*. Cantonner.

CAPI

Cantounal (alou), **a, aôx,** adj. Cantonal, e, aux.
Cantounamont, s. m. Cantonnement.
Cantounîe, s. m. Cantonnier.
Canula, s. f. Canule. (Celt. *Canula*).
Canut, s. m. Canut.
Caôcioun, s. f. Caution.
Caôciounâ, v. a. 1re conj. com. *Affetciouná*. Cautionner.
Caôciounamont, s. m. Cautionnement.
Caônian, da, s. et adj. Solliciteur, pleurnicheur, qui se plaint toujours.
Caônîe, v. a. 1re conj. irrég. Solliciter, quémander. — Ind. pr. : *Ji caôniou, tchu caônies, o caônie, nous caôniouns, vous caônies, eis caôniount.* — Impératif : *Caôni, caôniouns, caônies.* — Subj. : *Que ji caônia, que tchu caônies, qu'o caônie, que nous caôniouns, que vous caôniz, qu'eis caôniant.* — Part. prés. : *Caôniant.* — Pas. : *Caônit, caôniá;* pl. *caônits, caôniais.*
Caôra ou **Côra** (la). La Corre, nom d'un quartier au sud de Saint-Etienne, près La Rivière. (Celt. *Core*, gouffre d'eau; lieu où il y a de l'eau).
Caôsa, s. f. Cause. (Celt. *Causa*).
Caôsâ, v. n. 1re conj. Causer. (V. *Piaillie*).
Caôsarit, s. f. Causerie.
Caôséu, sa, adj. Causeur, euse.
Caôterisâ, v. a. 1re conj. Cautériser.
Caôterisacioun, s. f. Cautérisation.
Caôtèrou, s. m. Cautère.
Caoutchoù, s. m. Caoutchouc.
Caoutchoutaire, s. m. Ouvrier fabricant les tissus élastiques.
Cap (apou), s. m. Cap.
Capa, s. f. Cape, manteau de voiturier, de paysan. (Celt. *Capa*).
Capablou, bla, adj. Capable. (Celt. *Capabl*).
Capacitâ, pl. **ais,** s. f. Capacité.
Capelan, s. m. Chapelain, moine, prêtre.
Capelina, s. f. Capeline. (Celt. *Capellina*).
Capilairou, s. m. Capillaire.
Capitacioun, s. f. Capitation, taxe par tête; impôt personnel établi sous Louis XIV. Par all. : arrogance, insolence; l'on dit souvent: *éinsoulant coumma la capitacioun;* insolent comme la capitation.
Capitaine, s. m. Capitaine. (Celt. *Capitein*).
Capital (alou), **a, taôx,** adj. et s. Capital, e, taux. (Celt. *Capitale*).
Capitalamont, adv. Capitalement.

CARA

Capitalisâ, v. a. 1re conj. Capitaliser.
Capitalisablou, bla, adj. Capitalisable.
Capitalisacioun, s. f. Capitalisation.
Capitalistou, s. m. Capitaliste.
Capitchulâ, v. n. 1re conj. Capituler.
Capitchulacioun, s. f. Capitulation.
Capitounâ, v. a. 1re conj. com. *Abandouná*. Capitonner.
Capitoux, sa, adj. Capiteux, euse.
Câpot, s. m. Creux, trou, cavité.
Câpot, a, adj. Capot, e.
Câpota, s. f. Partie de cartes où le perdant n'a fait aucun pli. *Avoués tous sous atouts, je l'iais fat la capota.* (MURGUES, l'*Esprit*).
Capoun, a, adj. et s. Capon, onne ; poltron, onne.
Capounâ, v. n. 1re conj. com. *Abandouná.* Caponner.
Capourâ, s. m. Caporal.
Capriciousamont, adv. Capricieusement.
Capricioux, ousa, adj. Capricieux, euse.
Capricornou, s. m. Capricorne.
Capriçou, s. m. Caprice.
Captâ, v. a. 1re conj. Capter.
Captacioun, s. f. Captation.
Captchif (ifou) **iva,** adj. et s. Captif, ive.
Captchivâ, v. a. 1re conj. Captiver.
Captchività, pl. **ais,** s. f. Captivité.
Captchura, s. f. Capture. (Celt. *Captura*).
Captchurâ, v. a. 1re conj. Capturer.
Capuchi, s. f. Capuche, coiffure ; pièce en fer fixée à la pointe du bois de fusil dans laquelle s'enfile la baguette.
Capuchoun, s. m. Capuchon.
Capuchounà, f. pl. **ais,** adj. Capuchoné, e.
Capucïn, ina, s. Capucin, e.
Capucina, s. f. Pièce d'arme, boucle reliant le canon au bois du fusil.
Capussula, s. f. Capsule.
Caquét, s. m. Caquet. (Celt. *Cacquet*).
Caquetâ, v. n. 1re conj. com. *Assetá*. Caqueter.
Caquetageou, s. m. Caquetage.
Caquetéu, sa, adj. Caqueteur, euse.
Car ou **Câ,** conj. Car.
Carâ (se) v. pr. 1re conj. Se mettre à l'aise, trôner, se gonfler, tenir beaucoup de place. *O se câre coumma ûn pacha;* il prend ses aises comme un pacha.
Carabïn, s. m. Carabin.

CARA

Carabina, s. f. Carabine. (Celt. *Carabina*).
Carabinie, s. m. Carabinier.
Caraco, s. m. Caraco, vêtement.
Caracoulâ, v. n. 1re conj. com. *Affoulâ.* Caracoler.
Carafa, s. f. Carafe. (Cel. *Caraff*).
Carafoun, s. m. Carafon.
Cârai, s. m. Carreau, petit métier à dentelle.
Caramboulâ, v. n. et a. 1re conj. comme *Affoulâ.* Caramboler.
Caramboulageou, s. m. Carambolage.
Caramelisâ, v. a. 1re conj. Carameliser.
Caramel (ellou), s. m. Caramel.
Caramella, s. f. Papillotte, bonbon de forme plate, très en vogue pour le nouvel an.
Caramountran, s. m. Carnaval. Ce mot désigne l'époque du carnaval et les feux de joie en forme de pyramide que l'on élevait jadis à cette époque, dans toutes les rues et places de Saint-Étienne, mais principalement le jour du *Mardi-Gras.*
Ce jour-là, dès le matin, on quêtait dans le voisinage, un panier, un sac de charbon, et, avec les gros morceaux *grélous, perâs,* on construisait autour d'un fagot de bois la fameuse pyramide ronde, qui mesurait, bien souvent, plus de deux mètres de hauteur.
C'était généralement à la nouvelle mariée du quartier qu'incombait le rôle de mettre le feu au *caramountran,* autour duquel tous les assistants dansaient une ronde échevelée en chantant le refrain légendaire de : la *Marlurouu.*
Il était également usage (presque un culte), pour chaque famille, de se réunir chez le *rei-pare-grand* pour y manger le *djindou* et les *couquéis* traditionnelles ; après quoi, le soir venu, tous ensemble (et le plus souvent travestis), parcouraient les rues en chantant, faisant une sorte de pèlerinage vers tous les *caramountrans.*
Caramountran, s. m. Personne débraillée, mal tenue, sans tournure. Se dit comme injure : *grand caramountran !*
Caramountran dos chiôrots, s. m. Temps qui vient de suite après Pâques, époque des chevreaux, *chiôrots.*
Caraterisâ, v. a. 1re conj. Caractériser.
Carateristchiquou, qua, adj. Caractéristique.
Caratêrou, s. m. Caractère.
Caravana, s. f. Caravane, troupe ; par ext. extravagance, fredaine.
Caravirie, v. a. 1re conj. irrég. Remuer, bouleverser, changer les choses de place ;

CARÊ

causer une émotion à quelqu'un. — Ind. prés. : *Ji caravirou, tchu caravires, o caravire, nous caravirouns, vous caraviries, eis caraviroant.* — Impératif : *Caraviri, caravirouns, caraviries.* — Subj. : *Que ji caravira, que tchu caravires, qu'o caravire, que nous caraviriouns, que vous caraviriz, qu'eis caravirant.* — Part. prés. : *Caravirant.* — Passé : *Caravirit, caraviriá ;* pl. *caravirits, caraviriais.*
Carbounisâ, v. a. 1re conj. Carboniser.
Carbounisacioun, s. f. Carbonisation.
Carcamelâ, v. n. 1re conj. com. *Baritelâ,* Tousser, cracher beaucoup).
Carcamelâ, f. pl. ais, adj. Fêlé, usé, e. Prov.: *Una bichi carcamelâ djure mais qu'una nora ;* un pot fêlé dure plus qu'un neuf ; par all. aux personnes de santé délicate et qui vivent longtemps. (V. *Gargamelá*).
Carcameloux, ousa, s. Qui tousse et crache continuellement.
Carcan, s. m. Carcan ; par ext. personne de haute taille, maigre et sans tournure. Mécanisme qui fonctionne mal. Vieille horloge usée, vieux cheval décharné.
Carcâssi, s. f. Carcasse.
Carcinâ, v. a. 1re conj. Calciner, brûler, v. pr. *Se carciná,* se tourmenter, se faire du mauvais sang.
Carcul (ulou), s. m. Calcul.
Carculâ, v. a. 1re conj. Calculer, combiner.
Cardâ, v. a. 1re conj. Carder.
Carda, s. f. Carde. (Celt. *Cardo*).
Cardaire, s. m. Cardeur.
Cardéu, sa, s. Cardeur, euse.
Cardjinal (alou), **a, naôx,** adj. et s. Cardinal, e, naux.
Câre, v. a. 3e conj. Chercher. Ce verbe ne s'emploie qu'à l'infinitif et toujours précédé des verbes aller et venir ; pour dire aller chercher une chose, un objet, une personne et tout ce qui peut se déplacer. Différemment on emploie la forme *charchie,* chercher. Ex. : *Vés câra chéupina et ne charchi pas nicrochi à léingün ;* vas chercher chopine et ne cherche nicroche à personne. — *O vint câre soun pare par li charchie una pláci ;* il vient chercher son père pour lui chercher une place.
Carelâ, v. a. 1re conj. com. *Baritelâ.* Ressemeler les souliers.
Careléuri, s. f. Semelle de soulier.
Caréma, s. f. Carême.
Caréssant, a, adj. Caressant, e.
Carêssi, s. f. Caresse. (Celt. *Caricia*).

CARR | CASI

Caréssîe, v. a. et pr. 1re conj. irrég. com. *Alésie*. Caresser.
Carguâ, v. a. 1re conj. Carguer.
Cargueisoun, s. f. Cargaison.
Caricatchura, s. f. Caricature.
Caricatchurâ, v. a. 1re conj. Caricaturer.
Caricatchuristou, s. m. Caricaturiste.
Carilloun, s. m. Carillon. (Celt. *Carillon*).
Carillounâ, v. n. 1re conj. com. *Affeteiounâ*. Carillonner. (V. *Trignountâ*).
Carillounamont, s. m. Carillonnement.
Carillounéu, s. m. Carillonneur. (V. *Maneillie*).
Carlin, s. m. Carlin, petit chien.
Carlistou, s. m. Carliste.
Carmagnola, s. f. Carmagnole, veste.
Carmïn, s. m. Carmin.
Carminà, f. pl. **ais**, adj. Carminé, e.
Carna, s. f. Grosse viande dure. (Celt. *Carna*, dureté).
Carnageou, s. m. Carnage.
Carnassîe, iéri, adj. Carnassier, ière.
Carnét, s. m. Carnet.
Carnîe, s. m. Carnier.
Carnivéurou, ra, adj. Carnivore.
Carogni, s. f. Carogne.
Carotta, s. f. Carotte, racine ; fig. : blague, farce, tromperie. (Celt. *Caroth*).
Cârou, s. m. Coin, lieu retiré. *Cârou do feu ;* coin du feu, petit espace de terrain : *ün cârou de terra ;* un coin de terre.
Cârou (de). Loc. adv. De côté. (Celt. *Cuar*).
Carouttâ, v. a. 1re conj. com. *Agouttâ*. Carotter.
Caroutteu, sa, s. Carotteur, euse, trompeur.
Caroutchîe, téri, s. Carotteur, euse.
Carpa, s. f. Carpe. (Celt. *Carpa*).
Carquouais ou **Carquoueis**, s. m. Carquois.
Carrà, s. m. Carré ; figure carrée.
Carrâ, v. a. 1re conj. Carrer.
Carrà, f. pl. **ais**, adj. Carré, e, qui n'a point de côté.
Carraî, s. m. Carreau, fer de tailleur.
Carramont, adv. Carrément.
Carréuri, s. f. Carrure, prestance.
Carriéula, s. f. Carriole, charrette.
Carrossi, s. f. Carrosse.

Carroun, s. m. Carreau de fenêtre.
Carroussablou, bla, adj. Carrossable.
Carroussarit, s. f. Carrosserie.
Carroussîe, s. m. Carrossier.
Carta, s. f. Carte ; fig. : Mémoire, esprit.
Cartâblou, s. m. Carton d'écolier.
Çartchifiâ ou **Ceartchifiâ**, v. a. 1re conj. com. *Assimiliâ*. Certifier.
Çartchificacioun ou **Ceart...**, s. f. Certification.
Çartchificat ou **Ceart...**, s. m. Certificat.
Çartchitchuda ou **Ceart...**, s. f. Certitude.
Carteïe, v. n. 1re conj. irrég. com. *Approupreie*. Jouer aux cartes.
Çartéin ou **Ceartin, a**, adj. Certain, e. (Cel. *Certen*).
Çarteinamont ou **Ceart....** Certainement.
Cartoun, s. m. Carton.
Cartounâ, v. a. 1re conj. com. *Boundounâ*. Cartonner.
Cartounageou, s. m. Cartonnage.
Cartounéu, s. m. Cartonneur.
Cartounîe, iéri, s. Cartonnier, ière.
Cartoucharit, s. f. Cartoucherie.
Cartouchi, s. f. Cartouche.
Cartouchîe, iéri, s. Cartouchier, ière.
Çarvaï ou **Cearvaï**, s. m. Cerveau.
Çarvelas ou **Cearvelas**, s. m. Cervelas.
Çarvelét ou **Cearvelét**, s. m. Cervelet.
Çarvella ou **Cearvella**, s. f. Cervelle.
Çarvical ou **Cearvical** (alou), **a, caôx**, adj. Cervical, e, caux.
Çarvîe ou **Cearvîe**, s. m. Cervier, loup.
Cas, s. m. Cas, en tout cas.
Câsa, s. f. Case. (Celt. *Casa*, cabane).
Câsâ, v. a. et pr. 1re conj. Caser, se caser.
Casanîe, iéri, adj. et s. Casanier, ière.
Casaqua, s. f. Casaque. (Celt. *Casaca*).
Casaquéin ou **Quasaquïn**, s. m. Casaquin, vêtement. (Celt. *Casacquen*, houppelande) ; par ext. : réputation. *Travaillie lou casaquïn* ; parler sur le compte de quelqu'un, faire sa réputation.
Cascada, s. f. Cascade.
Caserna, s. f. Caserne.
Casernamont, s. m. Casernement.
Câsîe, s. m. Casier.
Casino, s. m. Casino. (Celt. *Casina*, cabane).

CATC

Casquâ, v. a. 1re conj. Coiffer ; fig. : donner une tape à la tête ; frapper fort.
Casquà, f. pl. **ais,** adj. Casqué, e ; coiffé, e.
Casquétta, s. f. Casquette. (Celt. *Casqued*).
Casquou, s. m. Casque, coiffure ; fig. : coup à la tête frappé avec la main.
Câssa, s. f . Casse. Action de casser.
Cassâ, v. a. 1re conj. Casser. (Celt. *Cassare*).
Cassà, f. pl. **ais,** adj. Cassé, e, vieux infirme ; fig. : cerveau faible, détraqué, mal équilibré.
Câssa-couaî, s. m. Casse-cou.
Cassageou, s. m. Cassage.
Câssa-groéin, s. m. Casse-cou.
Câssamont, s. m. Cassement.
Câssa-noueix, s. m. Casse-noix.
Cassarola, s. f. Casserole. (Celt. *Casserolen*).
Cassaroulà, pl. **ais,** s. f. Casserolée ; fig. : personne qui a subi un traitement pour maladie secrète. *O-l-a passà à la cassarola.*
Câssa-téta, s. m. Casse-tête.
Cassétta, s. f. Cassette.
Cassèu, s. m. Casseur, tapageur.
Casséuri, s. f. Cassure.
Cassis, s. m. Cassis, groseillier.
Cassot, s. m. Petite casserole profonde.
Casta, s. f. Caste. (Celt. *Casta*).
Castagnétta, s. f. Castagnette. (V. *Cancarinetta*).
Castô, s. m. Castor.
Castounada, s. f. Cassonade.
Casuel (elou), **ella,** adj. Casuel, elle.
Casuellamont, adv. Casuellement.
Casuistou, s. m. Casuiste.
Cataclysmou, s. m. Cataclysme.
Catacoumbes, s. f. pl. Catacombes.
Catalan, a, adj. et s. Catalan, e.
Catalogou, s. m. Catalogue.
Catalougâ, v. a. 1re conj. com. *Affoulà*. Cataloguer.
Cataplan, s. m. Cataplasme.
Catarata, s. f. Cataracte.
Catârhou, s. m. Catarrhe. (Celt. *Catarr*).
Catarhoux, ousa, adj. Catarrheux, euse.
Catastropha, s. f. Catastrophe.
Catchiat, s. m. Gros fromage de mauvaise qualité. (Celt. *Gazta,* fromage).
Catchilloun, s. m. Grumeau.
Catchillounâ, v. a. et pr. 1re conj. com. *Boundounà.* Former des grumeaux.

CAYO

Catchit, Catchia, adj. Qui a besoin de laver, blanchir. (V. *Décatchi*).
Catchura, s. f. Action, fredaine, exploit. *Véquia una jonta catchura !* voilà une jolie fredaine.
Catecimou, s. m. Catéchisme.
Categouriquamont, adv. Catégoriquement.
Categouriquou, qua, adj. Catégorique.
Categourit, s. f. Catégorie.
Cathedrala, s. f. Cathédrale.
Cathoulicismou, s. m. Catholicisme.
Cathouliquamont, adv. Catholiquement.
Cathouliquou, qua, adj. et s. Catholique.
Câtola, s. f. Crasse qui s'attache aux vêtements ou sur le corps.
Câtouloux, ousa, adj. et s. Crasseux, euse.
Cattes, s. f. pl. Crottes que les vaches ont à l'arrière-train.
Cava, s. f. Cave. (Celt. *Cava*).
Cavâ (on). Loc. adv. En quel lieu, endroit. *On cavà qu'o seit curà o m'aòra pas pa soun parouchin ;* en quel lieu qu'il soit curé, il ne m'aura pas pour son paroissien. *(Ballet foréz.,* ALLARD).
Cavalâ, v. n. 1re conj. Déguerpir, fuir.
Cavala, s. f. Cavale, injure à une femme.
Cavalarit, s. f. Cavalerie.
Cavacalda, s. f. Cavalcade.
Cavalie, iéri, s. m. et adj. Cavalier, ière. (Celt. *Cavailher*).
Cavaliérimont, adv. Cavalièrement.
Cavarna ou **Caverna,** s. f. Caverne. (Celt. *Cavarn, caverna*).
Cavarnoux, ousa, adj. Caverneux, euse.
Caveau, s. m. Caveau. (V. *Cavoun*).
Cavità, pl. **ais,** s. f. Cavité.
Câ-vouais ou **Savouais,** adv. Çà-bas, ici-bas.
Cavoun, s. m. Petite cave, caveau.
Cay ou **Caï,** s. f. Truie ; fig. : femme sale, ingrate, avare.
Cayoun ou **Caïoun,** s. et adj. m. Porc, cochon, sale, avare, ingrat, etc. Dicton : *Caioun do boun Djièu ;* personne heureuse, aux petits soins.
Cayounà ou **Caiounà,** pl. **ais,** s. f. Nichée de porc ; fig. famille. *De la méma caiounà ;* de la même famille, *terme bas.*
Cayounailli ou **Caiou...,** s. f. Charcuterie ; tout ce qui comprend la viande de porc.
Cayounarit ou **Caiou...** Cochonnerie, ingratitude.

CEON

Cayoun ou **Caioun-salà**, s. m. Cochon-salé. Jeu d'enfant qui consiste à placer un joueur accroupi au centre, tenant à la main le bout d'une corde longue de deux ou trois mètres, que son partenaire ou défenseur tient à l'autre extrémité. Et celui-ci, sans lâcher la corde non plus que son confrère (le cochon-salé), doit prendre un des joueurs placés autour et qui viennent frapper, avec leur mouchoir de poche tordu, sur le dos du captif, *caioun-salà*.
Il n'a le droit de les prendre que du moment qu'il a salé celui qu'il a soin de garder. Cela se fait en frappant trois coups sur l'épaule en criant : *o-l-é salà !*
Cê, s. f. Cerf.
Cecitâ, s. f. Cécité.
Cedâ, v. a. et n. 1re conj. Céder.
Cédjilli, s. f. Cédille.
Cèdrou, s. m. Cèdre.
Céindre, v. a. 3e conj. com. *Attéindre*. Ceindre.
Céintchûri, s. f. Ceinture.
Céintchuroun, s. m. Ceinturon.
Céintrâ, v. a. 1re conj. Ceintrer.
Céintrageou, s. m. Ceintrage.
Céintrou, s. m. Ceintre.
Celebrâ, v. a. 1re conj. Célébrer.
Celebracioun, s. f. Célébration.
Celebral (alou), **a, braôx**, adj. Cérébral, e, aux.
Celebrità, pl. **ais**, s. f. Célébrité.
Celèbrou, bra, adj. Célèbre.
Celerat, a, adj. et s. Scélérat, e.
Celeratessa, s. f. Scélératesse.
Celeri, s. m. Céleri. (Celt. *Céleri*). (V. *Api*).
Celerità, pl. **ais**, s. f. Célérité.
Celestou, ta, adj. Céleste.
Celibat, s. m. Célibat.
Celibatairou, ra, adj. et s. Célibataire.
Cellâ, v. a. 1re conj. Sceller.
Cellageou, s. m. Scellement.
Céllé, s. m. Scellé.
Celléu, s. m. Scelleur.
Cellula, s. f. Cellule.
Cellulairou, ra, adj. Cellulaire.
Celtchiquou, qua, adj. Celtique.
Celtou, s. m. Celte.
Cêna, s. f. Cène, dernier repas de J.-C.
Genâclou, s. m. Cénacle.
Ceonsà, f. pl. **ais**, adj. Censé, e.

CERN

Ceonsamont, adv. Censément.
Ceonséu, s. m. Censeur.
Ceonsuel (ellou), **ella**, adj. Sensuel, elle.
Ceonsurâ, v. a. 1re conj. Censurer.
Ceonsura, s. f. Censure.
Ceont, adj. num. Cent, dix fois dix.
Ceontaôrou, s. m. Centaure.
Ceontchiârou, s. m. Centiare.
Ceontchiémou, ma, adj. et s. Centième.
Ceontchigrammou, s. m. Centigramme.
Ceontchilitrou, s. m. Centilitre.
Ceontchima, s. f. Centime.
Ceontchimètrou, s. m. Centimètre.
Ceontchuplâ, v. a. 1re conj. Centupler.
Ceontchuplou, pla, adj. et s. Centuple.
Ceonteina, s. f. Centaine, cent.
Ceontenna, s. f. Brin de fil ; bout par lequel se déroule un écheveau. Fig. : *Pédre la ceontenna*, perdre le fil de son discours.
Ceontral (alou), **a, traôx**, adj. Central, e, traux.
Ceontralisâ, v. a. 1re conj. Centraliser.
Ceontralisacioun, s. f. Centralisation.
Ceontrifugeou, gea, adj. Centrifuge.
Ceontrou, s. m. Centre.
Cep (epou), s. m. Cep de vigne. (Celt. *Ceppa*).
Cepageou, s. m. Cépage.
Cépi, Cépa, s. f. Oignon. *Un quartéroun d'haréins, la métchià dj'una cépi* ; un quarteron de hareng, la moitié d'un oignon (Chapelon).
Cepondont, adv. Cependant.
Ceptchiquou, qua, adj. et s. Sceptique.
Ceptrou, s. m. Sceptre.
Ceramiquou, qua, adj. et s. f. Céramique.
Cerat, s. m. Cérat.
Cerbêrou, s. m. Cerbère.
Cerclâ ou **Cearclâ**, v. a. 1re conj. Cercler.
Cerclageou ou **Cearclageou**, s. m. Cerclage.
Cerclou, s. m. Cercle.
Ceremounial (alou), **a, niaôx**, adj. Cérémonial, e, niaux.
Ceremounioux, ousa, adj. Cérémonieux, euse.
Ceremounit, s. f. Cérémonie.
Cérési, s. f. Cerise. (V. *Mourétta*).
Cernâ ou **Cearnâ**, v. a. 1re conj. Cerner. (Celt. *Cerna*).

CHAM

Certes, adv. Certes. (V. *Mábon*).
Cerioûsa, s. f. Céruse.
Cessâ, v. a. et n. 1ʳᵉ conj. Cesser. (Celt. *Cessat*).
Cessiblou, bla, adj. Cessible.
Cessioun, s. f. Cession.
Cessiounairou, s. m. Cessionnaire.
Cet-à-djire, loc. adv. C'est-à-dire.
Cesura, s. f. Césure.
Châ (à), loc. distributive, *à chà ûn*, un par un ; *à chà doux*, deux par deux ; *à chà péu*, peu à peu ; *à chà reis*, de fois à autre.
Châ, s. m. Char, voiture.
Chacal (alou), s. m. Chacal ; fig. : zouave.
Châcün, cuna, pr. ind. Chacun, e.
Chadrilloun, s. m. Chardonneret.
Chagrïn, s. m. Chagrin, douleur. (Celt. *Chagrin*).
Chagrïn, s. m. Chagrin, peau, cuir.
Chagrïn, ina, adj. Chagrin, e, triste.
Chagrinâ, v. a. 1ʳᵉ conj. Chagriner.
Chako, s. m. Schako.
Chalais ou **Chalay**, s. f. Fougère, fraîcheur, humidité.
Chaland, a, s. Chaland, e.
Chalandes, s. f. pl. Fêtes de Noël.
Chalî, ancien nom de la place Marengo à Saint-Etienne. (V. *Lous travaûx*).
Chaliét, s. m. Châlit, bois de lit.
Chaloû, s. f. Chaleur.
Chaloupa, s. f. Chaloupe. (Celt. *Chalupa*).
Chalouroûsamont, adv. Chaleureusement.
Chalouroux, ousa, adj. Chaleureux, euse.
Chalumeau, s. m. Chalumeau. — Il serait plus vrai d'écrire *Chalumai*, pl. *aôx*.
Chamaillageou, s. m. Chamaillis, discussion, dispute, querelle, débat.
Chamaillîe, v. a. et pr. 1ʳᵉ conj. irrég. com. *Agreillie*. Chamailler.
Chamarâ, v. a. 1ʳᵉ conj. Chamarrer.
Chamarat, s. m. Ornement. *Lous chamarat de mous amoûs* (M. ALLARD).
Chamaréuri, s. f. Chamarure.
Chamba, s. f. Jambe. (Celt. *Chamberota*).
Chamboun, s. m. Chambon, terre d'alluvion.
Chambra, s. f. Chambre.
Chambrà, pl. **ais**, s. f. Chambrée.
Chambranlou, s. m. Chambranle.
Chambréri, s. f. Chambrière.

CHAN

Chambrétta, s. f. Chambrette.
Chambrilli, Chambrilloun (à), à califourchon, à cheval sur la nuque, manière de porter les enfants.
Chamelîe, s. m. Chamelier.
Chaminâ, v. n. 1ʳᵉ conj. Cheminer. (Celt. *Caminà*).
Chaminamont, s. m. Cheminement.
Chaminaôx, s. m. pl. Chenêts.
Chaminéia ou **Chiminéia**, s. f. Cheminée. (Celt. *Chiminea*).
Chamîsi, s. f. Chemise. (Celt. *Camisa*).
Chamîsi à treis pans. Chemise à trois pans, qu'il était d'usage d'offrir à la personne qui avait fait faire un mariage.
Chamisîe, séri. s. Chemisier, ière.
Chamit ou **Chamïn**, s. m. Chemin. (Celt. *Caminus*).
Chamouais ou **Chamoueis**, s. m. Chamois.
Chamoueisâ, v. a. 1ʳᵉ conj. Chamoiser.
Chamoueisarit, s. f. Chamoiserie.
Chamoueiséu, s. m. Chamoiseur.
Champ ou **Chomp**, s. m. Champ, la campagne. (Celt. *Camp*).
Champagni, s. f. Champagne.
Champêtrou, tra, adj. Champêtre.
Champignoun ou **gnoù**, s. m. Champignon. (Celt. *Champignon*).
Champignounéri, s. f. Champignonnière.
Champioun, s. m. Champion.
Chanâ, s. f. Chéneau, conduite d'eau.
Chana, s. f. Fleur de vin. *Equais vin a des chanes* ; ce vin a des fleurs.
Chançâ, arda, s. et adj. Qui a de la chance.
Chançai, pl. **ciaôx**, s. m. Cercueil.
Chancelâ, v. n. 1ʳᵉ conj. com. *Barilelà*. Chanceler. (V. *Trompalà*).
Chancelant, a, adj. Chancelant, e.
Chancelîe, iéri, s. Chancelier, ière.
Chancellarit, s. f. Chancellerie.
Chanci, s. f. Chance.
Chançoux, ousa, adj. Chanceux. (V. *Chançà*).
Chancrou, s. m. Chancre. (Celt. *Chancr*).
Chancroux, ousa, adj. Chancreux, euse.
Chandalé, s. m. Chandelier.
Chandalousa, s. f. Chandeleur, fête du 2 février.
Chandella, s. f. Chandelle. (Celt. *Candela*).

Chandellarit, s. f. Chandellerie.
Chanèvou, s. m. Chanvre. (Celt. *Chaneba*).
Chanforgnéu, s. m. Joueur de vielle ; fig. : petit ouvrier qui travaille avec difficulté.
Chanforgni, s. f. Vielle, orgue de Barbarie ; fig. : radoteur, personne ennuyeuse.
Chanforgnie, v. n. et a. 1re conj. irrég. com. *Abaragnie*. Vieller, jouer ; fig. : pâtir pour faire un travail.
Chanfréin, s. m. Chanfrein.
Chanfrinâ, v. a. 1re conj. Chanfreiner.
Changeablou, bla, adj. Changeable.
Changeamont, s. m. Changement.
Changeant, a, adj. Changeant, e.
Changéu, s. m. Changeur.
Changîe, v. a. et pr. 1re conj. irrég. com. *Ablagie*. Changer. (Celt. *Chang*).
Channa, s. f. Canon de vin. (Celt. *Canna*, mesure, pot).
Chanoueinou, s. m. Chanoine.
Chansoun, s. f. Chanson.
Chansounâ, v. a. 1re conj. com. *Boundounà*. Chansonner.
Chansounét, s. m. Sansonnet, étourneau.
Chansounétta, s. f. Chansonnette.
Chansounîe, iéri, s. et adj. Chansonnier, ière.
Chant, s. m. Chant. (Celt. *Can*)
Chantâ, s. m. Chant, service funèbre.
Un chantâ de djix francs.
Un chanter de dix francs.
(Jacq. CHAPELON).
Chantâ, v. a. 1re conj. Chanter. (Celt. *Canta*).
Chantablou, bla, adj. Chantable.
Chantageou, s. m. Chantage.
Chantarella, s. f. Chanterelle, corde de violon ; par all. : voix, organe. *Avei una jonta chantarella.*
Chantchîe, s. m. Chantier.
Chantéu, sa, s. Chanteur, euse.
Chantorlâ, v. a. et n. 1re conj. Chantonner.
Chantornâ, v. a. 1re conj. Chantourner.
Chantornageou, s. m. Chantournage.
Chantrou, s. m. Chantre.
Chaôchîe, v. a. 1re conj. irrég. com. *Appinchie*. Presser, fouler, appuyer.
Les geous se chaôchount tant qu'o se pot pas virie.
Les gens se pressent tant qu'on ne peut se tourner.
(CHAPELON, *entrée sol*).

Chaôchi-vieilli, s. f. Etre imaginaire qui presse, comprime la poitrine des personnes endormies, et leur cause l'oppression, le cauchemar. — *A la chaôchi-vieilli* : Jeu enfantin qui consiste à se coucher à terre l'un sur l'autre ; au plus fort de prendre le dessus et comprimer en le couvrant de son corps pour l'empêcher de se relever. Quelquefois on se met plusieurs.
Chaôd, a, adj. et s. Chaud, e.
Chaôda, s. f. Chaude, chauffée du fer à la forge. *Fargie treis cléas djins una chaôda ;* forger trois clous dans une chaude, une chauffée.
Chaôdamont, adv. Chaudement.
Chaôdéri, s. f. Chaudière. (Celt. *Cauderia*).
Chaôderoun, s. m. Chaudron. (Celt. *Chaudouron*).
Chaôderounarit, s. f. Chaudronnerie.
Chaôderounîe, s. m. Chaudronnier.
Chaôffâ, v. a. et n. 1re conj. Chauffer.
Chaôffageou, s. m. Chauffage.
Chaôffa-pies, s. m. Chauffe-pieds.
Chaôffarétta, s. f. Chaufferette.
Chaôfféu, s. m. Chauffeur.
Chaôffoi (oua), s. m. Chauffoir.
Chaômesit, s. m. Moisi, moisissure.
Chaômiéri, s. f. Chaumière.
Chaômou, s. m. Chaume.
Chaômou (garda), s. m. Garde-chiourme.
Chaôssaire, s. m. Garçon d'honneur qui met la chaussure et les jarretières de la mariée, le jour de la noce.
Chaôssetta, s. f. Chaussette.
Chaôsséuri ou **Chaôssura**, s. f. Chaussure.
Chaôssià, pl. **ais**, s. f. Chaussée.
Chaôssîe, v. a. et pr. 1re conj. irrég. com. *Acassie*. Chausser.
Chaôssimonta, s. f. Chaussure.
Chaôssoun, s. m. Chausson.
Chaôvinismou, s. m. Chauvinisme.
Chaôvou, va, adj. Chauve.
Chaôx, s. f. Chaux, pierre.
Chapa, Chape, sorte de manteau. (Celt. *Capela, cap*).
Chapeléin, s. m. Chapelain. (V. *Capelan*).
Chapelét, s. m. Chapelet.
Chapelîe, s. m. Chapelier.
Chapella, s. f. Chapelle. (Celt. *Capella*).
Chaperoun, s. m. Chaperon. (Celt. *Chaperon*).

CHAR

Chapit, s. m. Hangar. (V. *Chapitella*).
Chapitaî, pl. **aôx**, s. m. Chapiteau.
Chapitella, s. f. Demeure, cabane, hangar. *O n'ia djins sa chapitella qu'un péu de pailli et de féin ;* il n'y a dans sa demeure qu'un peu de paille et de foin. (CHAPELON, *Noël* VIII).
Chapitrâ, v. a. 1re conj. Chapitrer.
Chapitrou, s. m. Chapitre.
Chaplâ, v. a. 1re conj. Hacher, mettre en morceaux. *Lou parmé qu'outre djins l'alléia lou chaplou on chiai de saôcissoun ;* le premier qui entre dans l'allée, je le hache en chair de saucisson. (LINOSSIER, *Patassoun*).
Chaplâ, v. a. 1re conj. Tailler les limes.
Chapléu, s. m. Hacheur, tailleur de limes, piqueur de meules.
Chaplün, s. m. Morceau haché, débris.
Chapoun, s. m. Chapon, volaille, sarment de vigne replanté.
Chapoutâ, v. a. 1re conj. comme *Broutâ*. Couper, tailler, mettre en morceaux. *Chapoutá la soupa,* couper le pain pour la soupe. Fig. : bavarder, jacasser.
Châquou, **qua**, adj. indéf. Chaque.
Charaban, s. m. Char-à-banes.
Charabarat, s. m. Marché aux chevaux.
Charâchoux, **ousa**, adj. Insociable, grincheux. (Celt. *Charra*, méprisable).
Charada s. f. Charade.
Charboun, s. m. Charbon.
Charbounâ, v. a. et n. com. *Boundouná*. Charbonner.
Charbounageou, s. m. Charbonnage.
Charbounailli, s. f. Brins de charbon, braise.
Charbounîe ou **Charboutchîe**, s. m. Charbonnier.
Charboutéri, s. f. Charbonnière, caisse à charbon.
Charchîe, v. a. 1re conj. irrég. com. *Appinchie*. Chercher. (V. *Câre*).
Charchi-rougni, s. m. Chercheur de querelles, hargneux.
Charcoutâ, v. a. 1re conj. com. *Agoutlá*. Charcuter.
Charcoutarit, s. f. Charcuterie.
Charcoutchie, **téri**, s. Charcutier, ière.
Chardoun, s. m. Chardon. (Celt. *Cardo*).
Charéri, s. f. Rue.
Charét, s. m. Sorte de petite lampe ou *criziéu* plat et découvert, ayant pour mèche un morceau de moelle de genêt.

CHAR

Charétchi, s. f. Cherté, disette. (Celt. *Caristia*).
Chargeamont, s. m. Chargement.
Chargeamont, s. m. Quantité de soie (chaîne) pour une longueur déterminée de rubans à tisser, dont le passementier charge, garnit son métier (terme de fabrique).
Chargéu, s. m. Chargeur.
Chargi, s. f. Charge. (Celt. *Chargia*).
Chargîe, v. a. et pr. 1re conj. irrég. com. *Ablagie*. Charger. (Celt. *Carga*).
Chargit, **gia**, f. pl. **ais**, adj. Chargé, e.
Charguet, s. m. Charge de poudre ; fête, réjouissance, parade (vieux).
Chariot, s. m. Chariot. (Celt. *Chariot*).
Charipa, s. f. Charogne, rosse, paresseux.
Charità, pl. **ais**, s. f. Charité, aumône. (Celt. *Carita*).
Charità, s. f. Charité, hospice, asile.
Charitablamont, adv. Charitablement.
Charitabloux, **bla**, adj. Charitable.
Charitoux, **ousa**, adj. Charitable.
Charivari, s. m. Charivari. (Celt. *Charivari*). Bruit, tapage que l'on fait avec de vieilles casseroles devant la maison des veufs qui se remarient.
Charlatan, s. m. Charlatan. (Celt. *Charlataria*).
Charlatanâ, v. a. 1re conj. Charlataner.
Charlatanismou, s. m. Charlatanisme.
Charmâ, v. a. 1re conj. Charmer.
Charmant, **a**, adj. Charmant, e.
Charméu, **sa**, s. Charmeur, euse.
Charmilli, s. f. Charmille.
Charmou, s. m. Charme.
Charnat ou **Charnageou**, s. m. Charnage. Temps où il est permis de manger de la viande. *Moun Djiéu, que lou charnat me caôse de regret.* (CHAPELON).
Charnel (**elou**), **ella**, adj. Charnel, elle.
Charnellamont, adv. Charnellement.
Charnîe, s. m. Charnier. (Celt. *Charnell*).
Charniéri, s. f. Charnière. (Celt. *Carneria*).
Charnu, **a**, adj. Charnu, e.
Charogni, s. f. Charogne. (V. *Charipa*).
Charpit, s. m. Charpie. (Celt. *Carpia*).
Charponta, s. f. Charpente.
Charpontâ, v. a. 1re conj. Charpenter.
Charpontà, f. pl. **ais**, Charpenté, e.

CHAT

Charpontchîe, s. m. Charpentier.
Charrà, pl. **ais**, s. f. Charretée.
Charrei, s. m. Charroi.
Charreiageou, s. m. Charriage.
Charreïe, v. a. 1re conj. irrég. com. *Approupreïe*. Charrier ou charroyer.
Charreiéu, s. m. Charroyeur.
Charretchîe, s. m. Charretier.
Charrétta, s. f. Charrette. (Celt. *Caretta*).
Charroun, s. m. Charron.
Charrounageou, s. m. Charronnage.
Charta, s. f. Charte, ancien titre.
Chasséu, sa, s. Chasseur, seuse.
Châssi, s. f. Chasse.
Chassipot, s. m. Chassepot, fusil.
Châssit, s. m. Châssis, papier huilé que l'on mettait anciennement pour remplacer les verres de vitres.
Chastamout, adv. Chastement.
Chastetà, pl. **ais**, s. f. Chasteté.
Chastou, ta, adj. Chaste. (Celt. *Chasta*).
Chasubla, s. f. Chasuble. (Celt. *Casubla*).
Chat, chatta, s. Chat, chatte. (Celt. *Chat*).
Chatâ, v. n. 1re conj. Faire la chatte, minauder, courir en secret

La gaâpa va chatâ djïns tout lou visinageou,
Et me fat des effants que n'ant vas moun visageou.
(Jacq. CHAPELON)

Chatâ, s. m. Matière première pour un travail. Le fer en barre est le *chatâ* du forgeron.
Châtagni, s. f. Châtaigne.
Châtagnîe, s. m. Châtaignier. (Celt. *Castagneria*).
Châtaî, pl. **Châtchiaôx**, s. m. Château. (Celt. *Castell*).
Châtchiâ, v. a. 1re conj. com. *Apatchiâ*. Châtier.
Chatchilles, s. f. pl. Qualité de houille passée au crible, petits morceaux presque réguliers de grosseur.
Châtchimont, s. m. Châtiment.
Châtein, adj. et s. m. Châtain.
Châteléin, a, s. Châtelain, e.
Châtelét, s. m. Châtelet.
Chatéri, s. f. Chatière. (V. *Jéunéri*).
Châtouillamont, s. m. Chatouillement.
Châtouillîe, v. a. 1re conj. irrég. com. *Ageanouillîe*. Chatouiller.
Châtouilloux, ousa, adj. Chatouilleux, euse.

CHEF

Châtrelét, s. m. Quatre objets groupés ensemble, dont trois à la base et un posé dessus. On forme un *châtrelet* avec des gobilles, ou mieux, avec des noyaux de fruits, sur lequel on tire à distance avec des objets de même nature, et celui qui démolit le *châtrelet* s'empare de tout ce qui le composait.
Chattamitta, s. f. Jeu de colin-maillard.
Chavâ, v. a. 1re conj. Creuser, caver. (Celt. *Cava*).
Chavanais. Chavanelle, nom d'un quartier S.-E. de Saint-Etienne. (Celt. *Cavanaria*, métairie, petite ferme à l'entrée du bois. *Cavan*, chouette ; *ait*, lieu, demeure ; donc *Cavan-ait*, lieu où se tient la chouette).
Chavanelét, s. m. Chavanelet, petite rivière passant près de *Chavanais*.
Chavant, s. m. Chat-huant. (Celt. *Cavan*).
Chavaôchîe, v. n. 1re conj. irrég. comme *Appinchîe*. Chevaucher.
Chavelageou, s. m. Coiffure, cheveux, perruque.
Chaveléuri, s. f. Chevelure.
Chaveléuri, s. f. Chevillère, bande, ruban.
Chavelu, a, adj. Chevelu, e.
Chavelün, s. m. Chevelure. (V. *Chavelageou*).
Chavét, s. m. Chevet.
Chavî, v. a. et n. 2e conj. Contenir, être contenu. *Tronta mountouns ne pourant pas chavi djïns l'étrablou ;* trente moutons ne pourront pas contenir dans l'étable.
Chaviéu, s. m. Cheveu.
Chavilli, s. f. Cheville.
Chavillîe, v. a. 1re conj. irrég. com. *Agreillîe*. Cheviller.
Chaviramont, s. m. Chevirement.
Chavirîe, v. n. 1re conj. irrég. com. *Caravirie*. Chavirer. (V. *Baquiéulâ*).
Chavisséri, s. f. Enveloppe de chevet, coussin.
Chavissi, s. f. Fanes des pommes de terre et des légumes en général.
Chavouaî ou **ais**, pl. **aôx**, s. m. Cheval.
Chavouaî-fô, s. m. Jeu, cheval fondu.
Chazaôx, s. m. pl. Ruines, masures, maisonnettes.
Chazerâssi, s. f. Panier en osier où l'on met sécher les fromages.

Secouïouns sus iquettes blottes
La chazerâssi de les crottes.
(M. ALLARD).

Chef (èfou), s. m. Chef.

CHÉU

Cheina, s. f. Chaîne.
Cheinétta, s. f. Chaînette.
Cheire, v. n. et a. 3ᵉ conj. irrég. Choir, tomber. *A lous veire marchie vous djiriaz qu'eis vant cheire* (CHAPELON, *la Carême*). — Ind. prés. : *Ji chaiou, tchu chais, o cha, nous chaiouns, vous chaiédes, eis chaiount.* — Imparfait : *Ji chaïns, tchu chaïes,* etc. — Passé défini : *Ji chaiéu, tchu chais,* etc. — Futur : *Ji cheirei,* etc. — Cond. : *Ji cheirïus,* etc. — Impératif : *Chais, chaiouns, chaiédes.* — Subj. : *Que ji chaia, que tchu chaïs, qu'o chaie, que nous chaiouns, que vous chaïz, qu'eis chaiant.* — Imparfait : *Que ji chaiéza,* etc. — Part. prés. : *Chaiant* ; passé, *chéut, a,* pl. *chéuts, chéutes.*
Cheiri, s. f. Chaire. Chaire à prêcher.
Chênou, s. m. Chêne. (V. *Courâi.*
Chèquou, s. m. Chèque.
Cher (erou), **êra,** adj. Cher, ère.
Chêramont, adv. Chèrement.
Chérî, v. a. 2ᵉ conj. Chérir. — *Ji chéréssou, tu chérés, o chéré,* etc.
Cherissablou, bla, adj. Chérissable.
Chérit, Chérià, adj. Chéri, e.
Cherubïn, s. m. Chérubin.
Chet-d'œuvrou, s. m. Chef-d'œuvre.
Chétif (ifou), **iva,** adj. Chétif, ive.
Chétchivamont, adv. Chétivement.
Chéu, s. m. Chou.
Chéugnîe, v. a. 1ʳᵉ conj. irrég. com. *Abaragnie.* Mordiller, grignoter, ronger, mâchonner.
Chéumâ, v. n. 1ʳᵉ conj. Chômer, être sans ouvrage.
Chéuma, s. f. Morte saison, époque où le travail manque, chômage.
Chéumageou, s. m. Chômage.
Chéupinâ, v. n. 1ʳᵉ conj. Chopiner.
Chéupina, s. f. Chopine. (Celt. *Chopin, copina*). (V. *Djimé neiri*).
Chéupissie, v. a. 1ʳᵉ conj. irrég. com. *Acassie.* Fouler aux pieds. *N'allaz pas chéupissie l'herba de moun prâ ;* n'allez pas fouler l'herbe de mon pré.
Chéuplâ, v. a. 1ʳᵉ conj. Mettre le pied dessus. *Que djiâblou as-tchu chéuplâ par te rondre si tristou ?* Sur quoi diable as-tu mis le pied pour te rendre si triste. (PHILIPPON, *Babochi*).
Chéusa, s. f. Chose. (V. *Veia* ou *veya*).
Chéusâ, v. n. et a. 1ʳᵉ conj. Faire une chose.
Chéuta, s. f. Chute.

CHIN

Chevalét, s. m. Chevalet.
Chevalîe, iéri, s. Chevalier, ière.
Chevroun, s. m. Chevron.
Chevroutchina, s. f. Chevrotine.
Chiâ, v. n. et a. 1ʳᵉ conj. irrég. Chier. — Ind. pr. : *Ji chiéu, tchu chies, o chie, nous chiouns, vous chiaz, eis chiount.* Les autres temps comme *Appiâ, apatchiâ,* etc.
Chiaî ou **chiais,** s. f. Chair, viande.
Chian, s. m. Lâche, poltron. *Chian-liét, chian-quilottes* ; sans courage, poltron qui ne tient pas sa parole.
Chiâssi, s. f. Dysenterie. (V. *Foueiri*).
Chic (iquou), s. m. Chic, tournure.
Chicanâ, v. n. 1ʳᵉ conj. Chicaner.
Chicana, s. f. Chicane.
Chicana, s. f. Petite mesure de vin.
Chicanéu, sa, adj. et s. Chicaneur, euse.
Chicanoux, ousa, adj. et s. Chicaneur, euse. (Celt. *Chicanour*).
Chichamont, adv. Chichement.
Chichou, chi, adj. Chiche. (Celt. *Chicha*).
Chicot, s. m. Chicot.
Chicoulâ, s. m. Chocolat.
Chicoun, s. m. Chicon.
Chîe, iéra, adj. Cher, chère, de haut prix.
Chiéra, s. f. Chère. Manière de se nourrir.
Chiéuri, s. f. Chiure de mouche.
Chiéurou, s. m. Lieu d'aisance.
Chiffoun, s. m. Chiffon. (V. *Pata*).
Chiffounâ, v. a. 1ʳᵉ conj. com. *Boundounâ.* Chiffonner. (Celt. *Chiffouna*).
Chiffounâ, f. pl. **ais,** adj. Chiffonné, e. (V. *Agreillie*).
Chiffounîe, iéri, Chiffonnier, ière, meuble.
Chiffrâ, v. n. 1ʳᵉ conj. Chiffrer.
Chiffréu, s. m. Chiffreur.
Chiffrou, s. m. Chiffre. (Celt. *Chyfr*).
Chignoun ou **Chignoù,** s. m. Chignon.
Chilagua, s. f. Schlague.
Chimèra, s. f. Chimère.
Chimeriquamont, adv. Chimériquement.
Chimériquou, qua, adj. Chimérique.
Chimistou, s. m. Chimiste.
Chimit ou **Chimia,** s. f. Chimie.
Chïn, ina, s. Chien, chienne.
Chinâ, v. a. 1ʳᵉ conj. Chiner, teinture ; par ext. : aller de porte en porte, plaisanter quelqu'un, taquiner.

CHIR

Chinageou, s. m. Chinage.
Chinouais ou **Chinoueis, a**, s. Chinois, e.
Chinouaisarit ou **Chinoueisarit**, s. f. Chinoiserie.
Chiôra, s. f. Chèvre, animal. *Chiôra-moutta*, chèvre sans cornes.
Chiôra, s. f. Chèvre, machine à levier.
Chiôra (à la), s. f. Jeu du Mail, qui consiste à conduire avec la pointe d'un gourdin (*Mail*), une boule de bois dans un trou désigné sur le sol. Les autres joueurs tenant le bout de leur bâton, chacun dans un trou, s'efforcent d'éloigner la boule que le partenaire conduit ; pendant ce temps, si celui-ci peut s'emparer d'un trou en y posant la pointe de son gourdin, il est remplacé dans ses fonctions par celui de qui il tient la place.
Chiôratâ ou **Chiôretâ**, v. n. 1re conj. com. *Assetâ*. Chevroter.
Chiôratoun, s. m. Petit fromage de lait de chèvre.
Chiôrétta ou **Chiéurétta**, s. f. Chevrette ; par all. : musette, cornemuse.
Chiôrot, s. m. Chevreau.
Chipâ, v. a. 1re conj. Chiper, dérober, prendre.
Chipéu, sa, s. Chipeur, euse.
Chipit, s. f. Chipie.
Chipoutâ, v. a. et pr. 1re conj. com. *Broutâ*. Chipoter. (Celt. *Chipotah*).
Chiquâ, v. a. 1re conj. Chiquer. (Celt. *Chica*, mâcher). Mâcher du tabac, manger des friandises. *Faire chiquâ* ; distribuer des friandises, donner à manger.
Chiqua, s. f. Morceau de tabac ; fig. silence. *Péusâ sa chiqua* ; se taire, faire silence.
Chiquanaôda, s. f. Chiquenaude.
Chiquét, s. m. Chiquet, hoquet, petite quantité de liquide.
Chiquetâ, v. n. 1re conj. com. *Briquetâ*. Greloter. *Chiquetâ de les donts* ; grelotter, claquer des dents.
Chirat ou **Chiraté**, s. m. Amas de pierres. (Celt. *Chirat*). Les pointes de rochers crevassés, émiettés sous l'action du temps, forment, en roulant, ces amoncellements de pierres appelés *chirats*. De là le proverbe : *La piéra baréule toujoûe au chirat !* synonyme de : l'eau va toujours à la rivière.
Chirugical (alou), a, caôx. adj. Chirurgical, e, caux.
Chirugion, s. m. Chirurgien.
Chirugit, s. f. Chirurgie.

CHUT

Chismatchiquou, qua, adj. et s. Schismatique.
Chismou, s. m. Schisme.
Chistou, s. m. Schiste.
Chistoux, ousa, adj. Schisteux, euse.
Chiz ou **Chîe**, prép. Chez. *Chiz ellous*, chez eux ; *chie mei*, chez moi.
Choc (oquou), s. m. Choc.
Chœu ou **Kœu**, s. m. Chœur, chant.
Chopa ou **Choupa**, s. f. Chope.
Chouaix ou **Choueix**, s. m. Choix.
Choucoulâ ou **Chicoulâ**, s. m. Chocolat.
Choucoulatchîe, s. m. Chocolatier.
Choucroûta ou **Chéucroûta**, s. f. Choucroute.
Chrétchiénamont ou **Crét...**, adv. Chrétiennement.
Chrétchion ou **Crétchion, iéna**, s. et adj. Chrétien, ienne.
Chrétchiénetâ ou **Crét...**, s. f. Chrétienté.
Christ ou **Crist** (istou), s. m. Christ.
Christchianisâ ou **Crist...**, v. a. 1re conj. Christianiser.
Christchianismou ou **Crist...**, s. m. Christianisme.
Chrouniqua ou **Croun...**, s. f. Chronique.
Chrouniquamont ou **Croun...**, adv. Chroniquement.
Chrouniquéu ou **Croun...**, s. m. Chroniqueur.
Chrouniquou ou **Crouniquou, qua**, adj. Chronique.
Chrounoulougiquamont ou **Croun...**, adv. Chronologiquement.
Chrounoulougiquou, qua ou **Croun...**, adj. Chronologique.
Chrounoulougit ou **Croun...**, s. f. Chronologie.
Chrounoumètrou ou **Crou...**, s. m. Chronomètre.
Chrysalida ou **Crys...**, s. f. Chrysalide.
Chrysanthèma ou **Crys...**, s. f. Chrysanthème.
Chuchoutâ, v. n. 1re conj. com. *Agouttâ*. Chuchoter.
Chuchoutamont, adv. Chuchotement.
Chuchoutarit, s. f. Chuchoterie.
Chuchoutéu, sa, s. Chuchoteur, se.
Chusî, v. a. et n. 2e conj. Choisir. *Ji chuséssou, tchu chusés*, etc. (V. *Sugi*).
Chut, interj. Chut, silence. (Celt. *Chut*).

CIRC

Chutâ, v. n. 1ʳᵉ conj. Chuter. (V. *Quiéulâ*).
Cibla, s. f. Cible.
Ciboueirou, s. m. Ciboire.
Ciboula, s. f. Ciboule.
Cicatrici, s. f. Cicatrice.
Cicatrisâ, v. a. 1ʳᵉ conj. Cicatriser.
Cicatrisablou, bla, adj. Cicatrisable.
Cicatrisacioun, s. f. Cicatrisation.
Cicouréia, s. f. Chicorée. (Celt. *Cicorea*).
Cidrou, s. m. Cidre. (Celt. *Cidra*).
Cîe, s. m. Ciel.
Cigâ, s. m. Cigare; au féminin, on dit *cigala*.
Cigala, s. f. Cigale, insecte.
Cigarétta, s. f. Cigarette.
Cigni, s. f. Baie, fruit de l'aubépine.
Cigougni, s. f. Cigogne.
Ciliçou, s. m. Cilice.
Cima, s. f. Cime, sommet. (Celt. *Cima*).
Cimaisi, s. f. Cimaise.
Cimont, s. m. Ciment. (Celt. *Cimant*).
Cimontâ, v. a. 1ʳᵉ conj. Cimenter.
Cimontérou, s. m. Cimetière.
Cindres, s. f. pl. Cendres, restes des morts; cendres que l'on met au front le premier jour de Carême ; *mêcrou de les cindres*.
Cindroux, ousa, s. et adj. Cendreux, euse; sorte d'injure à une personne.
Cingi ou **Cinsi**, s. f. Punaise.
Cinit, s. m. Serin vert, oiseau.
Cinq, adj. num. Cinq.
Cinq-séus, s. m. Cinq-sous, expression par laquelle on invite les petits enfants à toucher de la main : *fais cinq-séus* ; touche de la main. On prend aussi la main d'un enfant que l'on tient renversée dans la main gauche et, de la droite, on tape légèrement dedans, en disant : *Cinq-séus la vachi, cinq-séus l'étachi, cinq-séus lou bouioû; allouns beire, coumpagnoû*. A cette dernière, on tape plus fort et tient la main fermée, comme pour la conclusion d'un marché dans une foire.
Cinquanta, adj. num. Cinquante.
Cinquantchiémou, ma, adj. ord. Cinquantième.
Cinquanteina, s. f. Cinquantaine.
Cinquiémamont, adv. Cinquièmement.
Cinquiémou, ma, adj. ord. Cinquième.
Cirageou, s. m. Cirage.
Circouncisioun, s. f. Circoncision.

CIVÉ

Circounferonci, s. f. Circonférence.
Circounflexou, xa, adj. Circonflexe.
Circounscripcioun, s. f. Circonscription.
Circounscrire, v. a. 3ᵉ conj. Circonscrire, com. *Ecrire*.
Circounstanci, s. f. Circonstance.
Circounstanciâ, v. a. 1ʳᵉ conj. Circonstancier.
Circounvenî, v. a. 2ᵉ conj. irrég. com. *Revenî*. Circonvenir.
Circuit, s. m. Circuit.
Circulâ, v. n. 1ʳᵉ conj. Circuler.
Circulacioun, s. f. Circulation.
Circulairamont, adv. Circulairement.
Circulairou, ra, adj. et s. Circulaire.
Ciri, s. f. Cire.
Cirîe, v. a. 1ʳᵉ conj. irrég. com. *Cararirie*. Cirer, faire luire ; fig. : ennuyer quelqu'un de ses assiduités ; v. pr. *Se cirie*, s'ennuyer, s'embêter.
Ciriguétta, s. f. Sommet, pointe d'une montagne.
Cirou, s. m. Cierge.
Ciroux, ousa, adj. et s. Cireux, euse, avare.
Cirquou, s. m. Cirque.
Cisaî ou **Cisais**, pl. **Cisiaôx**, s. m. Ciseau.
Cisailli, s. f. Cisaille.
Cisaillîe, v. a. 1ʳᵉ conj. irrég. com. *Agreillie*. Cisailler.
Ciselâ, v. a. 1ʳᵉ conj. Ciseler.
Ciselageou, s. m. Ciselage.
Ciseléu, s. m. Ciseleur.
Ciseléuri, s. f. Ciselure.
Cità, pl. **ais**, s. f. Cité, e.
Citâ, v. a. 1ʳᵉ conj. Citer.
Citadella, s. f. Citadelle.
Citacioun, s. f. Citation.
Citadjîn, ina, s. Citadin, e.
Citerna, s. f. Citerne. (V. *Boutàssi*).
Citouion, iéna, s. Citoyen, yenne.
Citroun, s. m. Citron.
Citrounà, f. pl. **ais**, adj. Citronné, e.
Citrounella, s. f. Citronnelle.
Citrounîe, s. m. Citronnier.
Citrouilli, s. f. Citrouille. (V. *Corla*).
Civà ou **Sivà**, s. f. Avoine.
Civadâ, v. a. 1ʳᵉ conj. Donner l'avoine.
Civé, s. m. Civet, ragoût.

CLAQ

Civéri, s. f. Brouette.
Civétta, s. f. Civette, chouette. (Celt. *Civeta*).
Civil (ilou), a, adj. et s. Civil, e.
Civilamont, adv. Civilement.
Civilisâ, v. a. 1re conj. Civiliser.
Civilisablou, bla, adj. Civilisable.
Civilisacioun, s. f. Civilisation.
Civilisatœu, trici, adj. Civilisateur, trice.
Civilità, pl. ais, s. f. Civilité.
Civiquou, qua, adj. Civique.
Clà, s. f. Clef.
Clâ, clara, adj. Clair, claire.
Clamont, n. pr. Clément.
Clamœu, s. f. Clameur.
Clandestchin, ina, adj. Clandestin, e.
Clandestchinamont, adv. Clandestinement.
Claôsa, s. f. Clause.
Claôstrâ, v. a. 1re conj. Claustrer.
Claôstracioun, s. f. Claustration.
Clapa, s. f. Pierre, caillou, dûreté, et particulièrement pierre noire qui se trouve mêlée à la houille.
Clapâ, v. a. 1re conj. Tasser, durcir un terrain.
Clapé, s. m. Clapier, terrain pierreux, champ couvert de pierres. *Clapé*, nom d'un quartier ancien, à l'ouest de la ville. (Celt. *Claperia*).
Clapét, s. m. Clapet, soupape.
Clapéu, sa, s. Qui fait le triage des pierres, *clapes*, du charbon au sortir de la mine. Généralement ce sont des femmes et jeunes filles qui font ce rude travail, et la *clapéusa* compte dans le personnel de la carrière.
Clapot, s. m. Endroit bas, creux, où l'eau coule et clapote, où les pierres, les cailloux roulent; fig. : on appelle *clapot* une personne qui a les jambes courtes et le dos bas. Nom d'un hameau en dessous de Rochetaillée.
Clapoutâ, v. n. 1re conj. com. *Agouttâ*. Clapoter.
Claqua, s. f. Claque.
Claquâ, v. n. et a. 1re conj. Claquer. Fig. : mourir, manger son bien.
Claquetâ, v. n. 1re conj. com. *Assetâ*. Claqueter.
Claquétta, s. f. Cliquette. Fig. : membres décharnés.

CLÉU

Claquéu, s. m. Claqueur.
Claramont, adv. Clairement.
Clareïe, v. n. 1re conj. irrég. com. *Approupreïe*. Commencer à luire ; poindre en parlant du jour.
Claréri, s. f. Clairière. (V. *Clarjétta*).
Clarét, adj. et s. m. Clairet.
Clarétta, s. f. Clairette, vin blanc mousseux.
Clarifiâ, v. a. 1re conj. Clarifier.
Clarificacioun, s. f. Clarification.
Clarinétta ou **Clérinétta**, s. f. Clarinette.
Clarjétta, s. f. Clairière, éclaircie.
Clartà, pl. **ais**, s. f. Clarté.
Classamont, s. m. Classement.
Clâssi, s. f. Classe.
Clâssie, v. a. 1re conj. irrég. com. *Acassie*. Classer.
Classifiâ, v. a. 1re conj. Classifier.
Classificacioun, s. f. Classification.
Classiquou, qua, adj. Classique.
Clavelâ, v. a. 1re conj. com. *Baritelâ*. Clouer, percer.
Claveléuri, s. f. Percerette, vrille, clou.
Clavetâ, v. a. 1re conj. com. *Briquetâ*. Clouer, fixer.
Clavétta, s. f. Clavette, clou.
Clavicula, s. f. Clavicule.
Clavîe, s. m. Clavier.
Clâvouyanci, s. f. Clairvoyance.
Clâvouyant, a, adj. Clairvoyant, e.
Cleiroun, s. m. Clairon. (Celt. *Cleroun*).
Clémonci, s. f. Clémence.
Clémont, a, adj. Clément, e.
Clergé ou **Clargé**, s. m. Clergé.
Clerical (alou) **a, caôx**, adj. Clérical, e, aux.
Clericalamont, adv. Cléricalement.
Clet, s. m. Clerc.
Cléu, s. m. Clou, cheville, fagot, botte de paille.

Féut que de somblabla canailli
Crevéze sus ûn cléu de pailli.
(Jacq. CHAPELON).

Cléus, s. m. Clos, terrain fermé.
Cléusa, a, adj. Clos, e, fermé.
Cléutchura, s. f. Clôture.
Cléutchurâ, v. a. 1re conj. Clôturer.
Cléutrâ, v. a. 1re conj. Clouer.
Cléutrageou, s. m. Clouage.

CO

Cléutraire, s. m. Cloutier.
Cléutrarit, s. f. Clouterie.
Cliont, a, s. Client, e.
Cliontella, s. f. Clientèle.
Clignamont, s. m. Clignement.
Clignie, v. a. 1re conj. irrég. com. *Abaragnie*. Cligner. (V. *Guînchie*).
Clignoutâ, v. n. 1re conj. com. *Agouttâ*. Clignoter. (V. *Peillounâ*).
Clignoutamont, s. m. Clignotement.
Climat, s. m. Climat.
Climateriquou, qua, adj. Climatérique.
Cliniqua, s. f. Clinique.
Clinquant, s. m. Clinquant. (Celt. *Clinquant*).
Cliqua, s. f. Clique.
Cliquét, s. m. Cliquet. (Celt. *Cliqued*).
Cliquetâ, v. n. 1re conj. com. *Briquetâ*. Cliqueter.
Clo, s. m. Glas funèbre. (V. *Defaillimont*).
Clochi, s. f. Cloche. (Celt. *Clocha*). (V. *Campana*).
Clouchetoun, s. m. Clocheton.
Clouchétta, s. f. Clochette.
Clouchie, v. n. 1re conj. irrég. com. *Abouchie*. Clocher, mal marcher.
Clouchîe, s. m. Clocher, où sont les cloches.
Cloueisoun, s. f. Cloison.
Cloueisounâ, v. a. 1re conj. com. *Boundounâ*. Cloisonner.
Cloueisounageou, s. m. Cloisonnage.
Cloueitrâ, v. a. 1re conj. com. Cloîtrer.
Cloueitrou, s. m. Cloître.
Clouîe, v. a. 1re conj. irrég. com. *Allouie*. Clouer. (Celt. *Claoui*). (V. *Cléutrâ*).
Cloussi, s. f. Poule mère, qui couve ou veut couver, qui a des poussins. Fig. : injure à une fille. *Eis-t-ant appelâ cloussi ma péura sûe Fluria*. (CHAPELON).
Cloussîe, v. n. 1re conj. irrég. Glousser. — — Ind. prés. : *Ji clossou, tchu closses, o closse, nous cloussouns, vous cloussies, eis clossount*. — Impératif : *Clossi, cloussouns, cloussies*. — Subj. : *Que ji clossa, que tchu closses, qu'o closse, que nous cloussiouns, que vous cloussiz, qu'eis clossant*. Dans tous les autres temps on écrit *clouss* et non *closs*.
Club (ubou), s. m. Club.
Clubistou, s. m. Clubiste.
Clystérou, s. m. Clystère. (V. *Laramount*).
Cô, s. m. Cor de chasse ; loc. adv. *A cô et à cri*, à cor et à cri.

COQU

Cô, s. m. Corps. *Cô de garda*.
Coché ou **Couché**, s. m. Cocher. (Celt. *Cocher*).
Cochi, s. f. Entaille, incision que l'on fait sur un objet, et particulièrement sur un morceau de bois, pour marquer la quantité des marchandises que l'on achète à crédit : *prendre à la cochi* ; prendre à crédit. *Se marià à la cochi* ; vivre maritalement.
Cochi, s. f. Taille de boulanger.
Coco, s. m. Coco, fruit, boisson ; fig. : gosier, estomac.
Cocota, s. f. Cocotte, poule, femme légère.
Codou, s. m. Code.
Côdre, v. a. 3e conj. com. *Accòdre*. Courir. *Côdre soun bounhou* ; abuser d'une bonne situation, chasser la réussite. *Côdre les bargéres*, courir les femmes.
Coéin, s. m. Coin.
Coéin, Coéin, souchi, s. m. Jeu d'enfant. Les joueurs placent leurs poings fermés, les uns sur les autres, et le dernier qui, du poing gauche termine la pyramide, frappe sur celui-ci de légers coups avec le poing de droite en disant : *Coéin ! coéin !* mais, lorsqu'il prononce : *souchi !* il retire vivement son poing gauche et frappe le plus fort possible ; en sorte que celui qui n'a pas retiré le sien au même instant, reçoit le coup. Dans le cas contraire, le poing du frappeur retombe lourdement sur la table.
Coéincidâ, v. n. 1re conj. Coïncider.
Coéincidont, a, adj. Coïncident, e.
Coéing, s. m. Coing, poire. (Celt. *Coin*).
Colaquïnta, s. f. Coloquinte.
Colla, s. f. Colle.
Cônou, s. m. Cône.
Cop, s. m. Coup. (Celt. *Cop*). Fig. : *Se baillie ûn cop de bichoun* ; boire à plein pot, se griser.
Copa, s. f. Coupe, vase. (Celt. *Copa*).
Copa, s. f. Tournure, allure, dégaine.
Copa, s. f. Coupe, action de couper.
Copa-borsa, Copa-goussét, Copa-jarrét, s. m. Voleur, brigand.
Copa-gorgi, s. m. Coupe-gorge.
Coparéusa, s. f. Couperose.
Coparéusâ, v. a. 1re conj. Couperoser.
Coparéusâ, f. pl. *ais*, adj. Couperosé, e.
Coqua, s. f. Coque, enveloppe d'un œuf.
Coqua, s. f. Coup à la tête, heurt, choc, tuméfaction à la suite d'un choc de la tête contre un corps dûr. (Celt. *Cosca*).

CORN

Corbâ, v. a. et pr. 1re conj. Courber.
Corba, s. f. Courbe.
Corbatchurâ, v. a. et pr. 1re conj. Courbaturer. (V. *Marfoundre*).
Corbatchura, s. f. Courbature. (V. *Marfoudjura*).
Corbeilli, s. f. Corbeille. (Celt. *Corbilla*). (V. *Balla*).
Corbéri (rochi), s. f. Roche-Corbière. — Rocher remarquable situé sur les bords du Furan, au Gouffre-d'Enfer (Barrage de Rochetaillée). (Celt. *Cor*, bord, tête, sommet. — *Bey, Berus*, torrent, source, rivière).
Corbétta, s. f. Courbette.
Corbicina, s. f. Culbute, piquer la tête sur le sol et retomber sur le dos, saluer en courbant l'échine.
Corda, s. f. Corde. (Celt. *Corda*).
Cordâ, v. a. 1re conj. Corder.
Cordageou, s. m. Cordage.
Cordaî ou **Cordais**, pl. **djiaôx**, s. m. Cordeau.
Cordarit, s. f. Corderie. (Celt. *Corderia*).
Cordelîe, s. m. Cordelier, religieux.
Cordjîe, s. m. Cordier. (Celt. *Corderius*).
Cordoun, s. m. Cordon.
Cordoûnâ, v. a. 1re conj. com. *Boundouni*. Cordonner.
Cordounarit, s. f. Cordonnerie.
Cordounét, s. m. Cordonnet.
Cordounîe ou **Cordanie**, s. m. Cordonnier.
Corla, s. f. Courge. (V. *Citrouilli*).
Corlâ, v. a. 1re conj. Boire à profusion.
Corna, s. f. Corne. (Celt. *Corna*). (V. *Bana*).
Cornâ, arda, adj. et s. Mari ou femme trompé. (V. *Bana*).
Cornâ, v. n. 1re conj. Corner, souffler dans une corne.
Cornalina, s. f. Cornaline.
Cornamûsa, s. f. Cornemuse. (V. *Chiòrétta*).
Cornaquiéu, s. m. Chose de néant, devis futiles, propos sans raison. *Sous dèvis de cornaquiéu m'ondeurmount ; ses propos de nulle valeur m'endorment. Vou'é tout des cornaquiéus, ji n'on creyou ron ; c'est tout des futilités, je n'en crois rien.*
Cornét, s. m. Cornet.
Cornétta, s. f. Cornette, coiffure.
Cornéu, s. m. Corneur.
Cornichi, s. f. Corniche.

COUA

Cornichoun, s. m. Cornichon, petit concombre.
Cornichoun, s. m. Mari esclave de sa femme.
Corniéula, s. f. Œsophage, gosier.
Cornissais, s. m. Gosier, trachée-artère.
Corpilloun, s. m. Croupion.
Corpulonci, s. f. Corpulence.
Corpulont, a, adj. Corpulent, e.
Cors (orsou), s. m. Cours.
Corsa, s. f. Course.
Corsounella, s. f. Scorsonère, salsifis.
Corta, adj. f. Courte.
Cortageou, s. m. Courtage.
Cortamont, adv. Courtement.
Cortaôd, a, adj. et s. Courtaud, e.
Cortchiliéri, s. f. Courtilière, taupe-grillon.
Cortchisâ, v. a. 1re conj. Courtiser. (V. *Frequontâ*).
Cortchisan, a, s. Courtisan, e.
Cortègeou, s. m. Cortège.
Corvéia, s. f. Corvée.
Corvétta, s. f. Corvette.
Cot, adj. m. Cuit.
Cota, s. f. Cote, part.
Cotta, s. f. Cotte, vêtement. (Celt. *Coat, cota, cotta*). Brassière de femme.
Coû, s. f. Cour. Prend un *e* muet devant une voyelle : *la coûe et lou jardjin*.
Coû, adj. m. Court. Prend un *e* muet devant une voyelle : *coûe ou jambes*.
Coù, s. m. Crapaud. (V. *Bot*).
Couâ, v. a. et pr. 1re conj. irrég. *Couver ; se coui*, se tenir chaud, rester au lit ou au coin du feu. *Ji me souais couà tout l'hivés à moun càrou*. — Ind. prés. : *Ji couéu, tchu couéts, o couél, nous couoûns, vous couédes, cis couount*. — Imparfait : *Ji couâva, tchu couâves*, etc. — Passé défini : *Tchu couais, o couait*, etc. — Futur : *Ji couarei, tchu couarais*, etc. — Cond. prés. : *Ji couarins*, etc. — Impératif : *Coua, couoûns, couaz*. — Pas de subj. — Imparfait : *Que ji couéza, que tchu couézes*, etc. — Part. prés. : *Couant*. — Pas. : *Couà ; pl. couis, couais ; aiant couà*.
Couâ, s. m. Couar, viande de boucherie de l'arrière-train du bœuf.
Couâ, s. m. Couard, poltron, timide. *Demourà coui* ; rester interdit, sans réponse, confus. (Celt. *Couhard*, poltron).
Couadjutœu, trici, s. Coadjuteur, trice.

COUC

Couagulâ, v. a. 1re conj. Coaguler.
Couagulacioun, s. f. Coagulation.
Couaî ou **Couais**, s. m. Cou, col de chemise.
Couaî-chiaî, s. m. Cou-tors.
Couaire, v. a. 3e conj. Cuire. — Ind. prés. : *Ji coiou, tchu cos, o cot, nous couiouns, vous couiédes, eis coiount*. — Imparfait : *Ji couïns, tchu couies, o couit*, etc. — Pas. défini : *Ji couiéu, tchu couïs*, etc. — Futur : *Ji couairei*, etc. — Cond. prés. : *Ji couairïns, tchu couairies*, etc. — Impératif : *Cos, couiouns, couiédes*. — Subj. : *Que ji coia, que tchu coies, qu'o coie, que nous couiouns, que vous couiz, qu'eis coiant*. — Imparfait : *Que ji couiéza*, etc. — Part. prés. : *Couiant*. — Pas. : *Cot, couaitchi* ; pl. *cots, couaites ; aiant cot*.
Couaissi, s. f. Cuisse. (Celt. *Cocs, cossa*).
Couaitchi, s. f. Cuite, fournée de pain. Jargon : forte ivresse.
Coualana, s. m. Homme gouverné par sa femme, bonasse.
Coualèva, s. f. Bascule, balancier, bascule d'un soufflet de forge.
Coualisâ, v. a. et pr. 1re conj. Coaliser.
Coualisà, f. pl. **ais**, adj. Coalisé, e.
Couana, s. m. Niais, sans astuce.
Couanâ, v. n. 1re conj. Parler, agir sans raison.
Couanarit, s. f. Bêtise, stupidité.
Couarda, s. f. Poule bonne pour couver.
Couardamont, adv. Couardement.
Couardjîsi, s. f. Couardise.
Couassoun ou **Couassoù**, s. m. Petit enfant, dernier né.
Coublou, s. m. Couple.
Coucagni, s. f. Cocagne, pays, mât de cocagne.
Coucarda, s. f. Cocarde.
Coucâssou, âssi, adj. Cocasse.
Couchageou, s. m. Couchage.
Couchant, s. m. Couchant, ouest.
Couchéri, adj. f. Cochère, porte.
Coûchi, s. f. Couche.
Couchîe, v. a. n. et pr. 1re conj. irrég. com. *A bouchie*. Coucher.
Coucoun, s. m. Cocon.
Coucoutchîe, s. m. Cocotier, arbre.
Coucû, s. m. primevère.
Coucu, s. m. Coucou, oiseau. (Celt. *Caccou*).
Coucu, s. m. Mari trompé. (V. *Banà*).

COUÉ

Couculûchi ou **Couquelûchi**, s. f. Coqueluche.
Coudâ, v. a. 1re conj. Couder.
Coudà, pl. **ais**, s. f. Coudée, mesure.
Coudeïe, v. a. 1re conj. irrég. com. *Approuprcie*. Coudoyer.
Coudjifiâ, v. a. 1re conj. Codifier.
Coudjura, s. f. Couture. (Celt. *Coudura*).
Coudjurâ, v. a. 1re conj. Couturer.
Coudjurîe, iéri, s. Couturier, ière.
Coûdre, v. a. 3e conj. Coudre. (Celt. *Coudr*). (V. *Coudjurâ*). *Ji cousou, tchu couds, o coud*, etc.
Coudrétta, s. f. Coudrette. (V. *Outagnéri*).
Coueifféu, sa, s. Coiffeur, euse.
Coueifféuri, s f. Coiffure. (V. *Chavelageou*).
Coueiffi, s. f. Coiffe. (Celt. *Coueff*) ; par ext. : péritoine du porc.
Coueiffie, v. a. 1re conj. irrég. Coiffer. — Ind. prés. : *Ji coueiffou, tchu coueiffes, o coueiffe, nous coueiffouns, vous coueiffies, eis coueiffount*. — Imparfait : *Ji coueiffâva*, etc. — Passé défini : *Ji coueiffiéu*, etc. — Futur : *Ji coueiffarei*, etc. — Cond. prés. : *Ji coueiffarïns*, etc. — Impératif : *Coueiffis, coueiffouns, coueiffies*. — Subj. : *Que ji coueiffa, que tchu coueiffes, qu'o coueiffe, que nous coueiffiouns, que vous coueiffiz, qu'eis coueiffant*. — Imparfait : *Que ji coueifféza*, etc. — Part. prés. : *Coueiffant* ; passé : *Coueiffit, coueiffià*, pl. *coueiffits, coueiffiais*.
Coueiri, s. f. Arrière-saison (vieux).
*N'attonds pas la coueiri seisoun
Que n'a ni forci ni reisoun.*
(M. ALLARD).
Couéna, s. f. Couenne, peau de cochon.
Couésoun, s. f. Cuisson, action de cuire. (V. *Couiageou*).
Couétchi, s. f. Hâte, empressement, presse. (Celt. *Coethi, escoui*).
Couétchîe (se), v. pr. 1re conj. irrég. Se hâter, s'empresser. — Ind. prés. : *Ji me couétou, tchu te couétes, o se couéte, nous nous couétouns, vous vous couéties, eis se couétount*. — Imparfait : *Ji me couétâva*, etc. — Passé défini : *Ji me couétchiéu, tchu te couétais*, etc. — Futur : *Ji me couétarei*, — Cond. prés. : *Ji me couétarïns*. — Impératif : *Couétchi-tei, Couétouns-nous, couétchies-vous*. — Subj. : *Que ji me couéta, que tchu te couétes, qu'o se couéte, que nous nous couétchiouns, que vous vous couétchiz, qu'eis se couétant*. — Imparfait : *Que ji me couétéza*, etc. — Part. prés. : *Se couétant* ; passé : *S'étant couétchit, tchià* ; pl. *couétchits, couétchiais*.

COUL

Couétra, s. f. Couette, matelas de plumes.
Couévétta, s. f. Balayette en grandes plumes de dinde, plumeau.
Couévéu, sa ou **Couevaire**, s. Balayeur, euse.
Couevîe, v. a. 1re conj. irrég. com. *Aérie, alésie*. Balayer. — *Ji couévou, tchu couéves, o couéve, nous couévouns, vous couévies, cis couévount*, etc.
Couévou, s. m. Balai.
Coufflâ, v. a. et pr. 1re conj. Gonfler. Fig. : battre, rosser. — Ind. prés. : *Ji cofflou, tchu coffles, o coffle, nous coufflouns, vous coufflaz, cis cofflount*. — Impératif : *Coffla, coufflouns, coufflaz*. — Subj. : *Que ji coffla, que tchu coffles, qu'o coffle, que nous coufflouns, que vous coufflîz, qu'eis coufflant*. Dans tous les autres temps, on écrit *couff* et non *coff*.
Coufflâ (se), v. pr. Se gonfler, se montrer fier, s'en croire. Prov. *Se couffla coumma un piéu sus una rougni*. Fig. : se battre.
Coufflamont, s. m. Gonflement.
Coufflou, fla, adj. Gonflé, e, obèse, joufflu, ventru. Fig. : orgueilleux, qui s'en croit.
Coufin, s. m. Coin du feu, foyer, réduit.
> *Et on un càrou do coufin*
> *Gardâ de rûmâ lou tchupîn.*
> Et en un coin du foyer
> Garder que la marmite ne brûle.
> (*Ballet foréz.* ALLARD).

Cougnac (aquou), s. m. Cognac.
Cougnassie, s. m. Cognassier, arbre.
Cougnéuri, s. f. Congère, fondrière, amas de neige entassée par le vent et constituant un danger pour les voyageurs.
Cougnie, v. a. et n. 1re conj. irrég. com. *Besougnie*. Cogner, frapper ; par all. : battre quelqu'un.
Couhabitâ, v. n. 1re conj. Cohabiter.
Couheretchîe, téri, s. Cohéritier, ière.
Couiageou, s. m. Action de cuire, cuisson.
Couiant, a, adj. Cuisant, e.
Couiantoû, s. f. Douleur cuisante, âpreté.
Couilli, s. f. Testicule, terme bas, injure.
Couioun, s. m. Coïon, poltron, nigaud. (Celt. *Couhion*).
Couiounâ, v. a. et n. 1re conj. com. *Affetciounâ*. Coïonner, plaisanter, faire de petites farces.
Couiounada, s. f. Coïonnade, gouaillerie, plaisanterie, hâblerie.
Coulâ, v. a. et n. 1re conj. com. *Affoulâ*. Couler.

COUL

Coulâ, v. n. 1re conj. com. *Affoulâ*. Glisser, faire une glissade.
Coulâ, f. pl. **ais**, s. f. Coulée, écriture liée.
Coulageou, s. m. Coulage, action de couler.
Coulanchîe, v. n. 1re conj. irrég. com. *Appînchie*. Glisser. (V. *Coulâ*).
Coulant, a, adj. Coulant, e, qui coule ; fig. : accommodant, e, facile en affaires.
Coulant, s. m. Anneau mobile.
Coulègni, s. f. Quenouille à filer.
Coulèra, s. f. Colère. (Celt. *Colera*).
Couléurou, s. m. Glissoire, sac de toile ou de laine pour passer le lait.
Coulibrit, s. m. Colibri, petit oiseau.
Coulidò, s. m. Corridor.
Couliqua, s. f. Colique.
Coulis, s. m. Colis, ballot.
Coulissi, s. f. Coulisse.
Coullâ, s. m. Collier d'animal.
Coullâ, v. a. 1re conj. com. *Affoulâ*. Coller.
Coullabourâ, v. n. 1re conj. com. *Affflourâ*. Collaborer.
Coullabouracioun, s. f. Collaboration.
Coullabouratœu, trici, s. Collaborateur, trice.
Coullacioun, s. f. Collation.
Coullaciounâ, v. n. 1re conj. com. *Affetciounâ*. Collationner.
Coullageou, s. m. Collage, action de coller.
Coullant, a, adj. Collant, e, qui colle.
Coullateral (atou), **a, raôx**, adj. et s. Collatéral, e, aux.
Coullateralamont, adv. Collatéralement.
Coullègeou, s. m. Collège.
Coullegion, s. m. Collégien.
Coullègou, s. m. Collègue.
Coulleretta, s. f. Collerette.
Coullét, s. m. Collet. *Coullét de moutoun*, viande de boucherie.
Coulletcioun, s. f. Collection.
Coulletciounâ, v. a. 1re conj. com. *Affetciounâ*. Collectionner.
Coulletciounéu, sa, s. Collectionneur, euse.
Coulletta, s. f. Collecte.
Coullettchif (ifou), **iva**, adj. Collectif, ive.
Coulletthivamont, adv. Collectivement.
Coulléu, sa, s. Colleur, euse.
Coullîe, s. m. Collier. (V. *Coullâ*).
Coullina, s. f. Colline. (Celt. *Collina*).

COUM

Coullisioun, s. f. Collision.
Coullyrou, s. m. Collyre.
Couloi (oua), s. m. Couloir.
Coulossou, s. m. Colosse.
Couloû, s. f. Couleur.
Couloumba, s. f. Colombe. (Celt. *Columba*).
Couloumbîe, s. m. Colombier. (V. *Pigeounie*).
Couloumbïn, a, adj. Colombin, e.
Couloumbina, s. f. Colombine, fiente de pigeon.
Couloun, s. m. Colon.
Coulounel (elou), s. m. Colonel. (Celt. *Coulounel*).
Coulounial, a, niaôx, adj. Colonial, e, niaux.
Coulounisâ, v. a. 1re conj. Coloniser.
Coulounisablou, bla, adj. Colonisable.
Coulounisacioun, s. f. Colonisation.
Coulounisatœu, s. m. Colonisateur.
Coulounit, s. f. Colonie.
Coulounna, s. f. Colonne.
Coulounnada, s. f. Colonnade.
Coulouphana, s. f. Colophane.
Coulourâ, v. a. 1re conj. com. *Afflourâ*. Colorer.
Coulourà, f. pl. ais, adj. Coloré, e.
Coulouracioun, s. f. Coloration.
Coulourant, a, adj. Colorant, e.
Coulouris, s. m. Coloris.
Coulouristou, ta, s. Coloriste.
Couloussal (alou), **a**, adj. Colossal, e.
Coulpourtâ, v. a. 1re conj. Colporter.
Coulpourtageou, s. m. Colportage.
Coulpourtéu, s. m. Colporteur. (V. *Couratchie*).
Coumbat, s. m. Combat. (Celt. *Coumbad*).
Coumbattant, s. m. Combattant.
Coumbattre, v. a. 3e conj. Combattre.
Coumbinâ, v. a. 1re conj. Combiner.
Coumbinablou, bla, adj. Combinable.
Coumbineisoun, s. f. Combinaison.
Coumbion, adv. Combien. (V. *Quan*).
Coumblâ, v. a. 1re conj. Combler.
Coumbustchiblou, bla, adj. et s. m. Combustible.
Coumedjia ou **Coumedjit**, s. f. Comédie.
Coumedjion, iéna, s. Comédien, ienne.

COUM

Coumestchiblou, s. m. Comestible.
Coumeta, s. f. Comète.
Coumiçou, s. m. Comice.
Coumiquou, qua, adj. et s. Comique.
Coumiquamont, adv. Comiquement.
Coumità, s. m. Comité.
Coumma, adv. et conj. Comme, comment. *Coumma fais-tchu ? Coumma lous aôtrous ;* Comment fais-tu ? Comme les autres.
Coummanda, s. f. Commande. (Celt. *Coummandi*).
Coummandâ, v. a. 1re conj. Commander.
Coummandamont, s. m. Commandement.
Coummandéu, s. m. Commandeur.
Coummandjitâ, v. a. 1re conj. Commanditer.
Coummandjita, s. f. Commandite.
Coummandjitairou, s. m. Commanditaire.
Coummarçâ, v. n. 1re conj. Commercer.
Coummarçant, a, adj. et s. Commerçant, e.
Coummarcialamont, adv. Commercialement.
Coummarçou ou **Coummerçou**, s. m. Commmerce.
Coummâre, s. f. Commère.
Coummemourâ, v. a. 1re conj. com. *Afflourâ*. Commémorer.
Coummemouratchif (ifou), **iva**, adj. Commémoratif, ive.
Coummemouracioun, s. f. Commémoration.
Coummemoureisoun, s. f. Commémoraison.
Coummerageou, s. m. Commérage.
Coumméudjità, pl. ais, s. f. Commodité.
Coumméudjitais, s. f. pl. Lieux d'aisances.
Coummillot, s. m. Petit commis.
Coummis, s. m. Commis.
Coummissairou, s. m. Commissaire.
Coummissioun, s. f. Commission.
Coummissiounâ, v. a. 1re conj. com. *Affetciounâ*. Commissionner.
Coumissiounairou, s. m. Commissionnaire.
Coummoda, s. f. Commode, meuble.
Coummodou, da, adj. Commode.
Coummonçant, a, s. Commençant, e.
Coummoncie v. a. 1re conj. irrég. comme *Ageoncie*. Commencer.
Coummoncimont, s. m. Commencement.

COUM

Coummontâ, v. a. 1ʳᵉ conj. Commenter.
Coummontairou, s. m. Commentaire.
Coummoudamont, adv. Commodément.
Coummoucioun, s. f. Commotion.
Coummün, una ou **Coummù, una**, adj. Commun, e. (Celt. *Coumun*).
Coummuâ, v. a. 1ʳᵉ conj. Commuer.
Commuablou, bla, adj. Commuable.
Coummuna, s. f. Commune.
Coummunal (allou), **a, naôx**, adj. Communal, e, naux.
Coummunamont, adv. Communément.
Coummunaôtâ, pl. **ais**, s. f. Communauté.
Coummuniâ, v. n. 1ʳᵉ conj. Communier.
Coummuniant, a, s. Communiant, e.
Coummunicablou, bla, adj. Communicable.
Coummunicaciouu, s. f. Communication.
Coummunicant, a, adj. Communicant, e.
Coummunicatchif (ifou), **iva**, adj. Communicatif, ive.
Coummunicatœu, trici, adj. Communicateur, trice.
Coummunioun ou **Coummunioù**, s. f. Communion.
Coummuniquâ, v. a. 1ʳᵉ conj. Communiquer.
Coummunismou, s. m. Communisme.
Coummunistou, ta, adj. et s. Communiste.
Coummutablou, bla, adj. Commutable.
Coummutacioun, s. f. Commutation.
Coumpact (actou), **a**, adj. Compact, e.
Coumpagni, s. f. Compagne.
Coumpagnit, s. f. Compagnie. (Celt. *Compagnia*).
Coumpagnoun ou **Coumpagnoù**, s. m. Compagnon. (Celt. *Compaignon*).
Coumpagnounageou, s. m. Compagnonnage.
Coumpanageou, s. m. Produit d'une ferme ; ce que les paysans apportent sur le marché, aliments tels que : œufs, beurre, fromage, laitage, etc.

*Que si tch'erres de moun courageou
Ji n'on farins moun coumpanageou.*

Que si tu étais de mon courage
J'en ferais mon aliment.

(*Ballet foréz.* ALLARD.)

Equélla païsanda a de boun coumpanageou ;
cette paysanne a de bons produits de sa ferme.

Coumparâ, v. a. 1ʳᵉ conj. Comparer.

COUM

Coumparablou, bla, adj. Comparable.
Coumparant, a, adj. et s. Comparant, e.
Coumparatchif (ifou), **iva**, adj. Comparatif, ive.
Coumparatchivamont, adv. Comparativement.
Coumparicioun, s. f. Comparution.
Coumpartchimont, s. m. Compartiment.
Coumpas, s. m. Compas. (Celt. *Compas*).
Coumpassâ, v. a. 1ʳᵉ conj. Compasser.
Coumpassioun, s. f. Compassion.
Coumpatchî, v. n. 2ᵉ conj. com. *Amortchi*. Compatir.
Coumpatchissablou, bla, adj. Compatissable.
Coumpatchissant, a, adj. Compatissant, e.
Coumpatriotou, ta, s. Compatriote.
Coumpetchicioun, s. f. Compétition.
Coumpetchitœu, s. m. Compétiteur.
Coumpetonci, s. f. Compétence.
Coumpetont, a, adj. Compétent, e.
Coumpéusâ, v. a. 1ʳᵉ conj. Composer.
Coumpéusicioun, s. f. Composition.
Coumpilâ, v. a. 1ʳᵉ conj. Compiler.
Coumplaire, v. a. et pr. 3ᵉ conj. irrég. Complaire. — Ind. prés. : *Ji coumpleiou, tchu coumplais, o coumplait, nous coumpleiouns, vous coumpleiédes, eis coumpleiount*. — Imparfait : *Ji coumpleins*, etc. — Passé défini : *Ji coumpleiéu*, etc. — Futur : *Ji coumpleirei*, etc. — Cond. prés. : *Ji coumpleirins,* etc. — Impératif : *Coumplais, coumpleiouns, coumpleiédes*. — Subj. : *Que ji coumpleia, que tchu coumpleies, qu'o coumpleie, que nous coumpleiouns, que vous coumpleiz, qu'eis coumpleiant*. — Part. prés. : *Coumpleiant*. — Passé : *Coumplu, u* ; pl. *Coumplus, coumplúes*.
Coumpléintchi, s. f. Complainte.
Coumpleisamont, adv. Complaisamment.
Coumpleisanci, s. f. Complaisance.
Coumpleisant, a, adj. Complaisant, e.
Coumplémont, s. f. Complément.
Coumplemontairou, ra, adj. Complémentaire.
Coumplét, a, adj. Complet, ète.
Coumpletâ, v. a. 1ʳᵉ conj. comme *Assetá*. Compléter.
Coumpletamont, adv. et s. m. Complètement.
Coumplicacioùn, s. f. Complication.
Coumplicità, pl. **ais**, s. f. Complicité.

COUM

Coumpliçou, ça, adj. et s. Complice.
Coumplimont, s. m. Compliment. (Celt. *Complimand*).
Coumplimontâ, v. a. 1ʳᵉ conj. Complimenter.
Coumplimontéu, sa, adj. Complimenteur.
Coumpliquâ, v. a. 1ʳᵉ conj. Compliquer.
Coumpliquà, f. pl. **ais,** adj. Compliqué, e.
Coumplot, s. m. Complot. (Celt. *Complod*).
Coumploutâ, v. a. 1ʳᵉ conj. com. *Agoutta*. Comploter.
Coumploutéu, s. m. Comploteur.
Coumponsâ, v. a. 1ʳᵉ conj. Compenser.
Coumponsablou, bla, adj. Compensable.
Coumponsacioun, s. f. Compensation.
Coumponsatœu, s. m. Compensateur.
Coumportâ, v. a. et pr. 1ʳᵉ conj. Comporter.
Coumportamont, s. m. Comportement.
Coumposta, s. f. Compote.
Coumpoutchîe, s. m. Compotier.
Coumprehonsiblou, bla, adj. Compréhensible.
Coumprehonsioun, s. f. Compréhension.
Coumprenotta, s. f. Compréhension.
Coumprêssa, s. f. Compresse.
Coumpresséu, adj. et s. m. Compresseur.
Coumpressiblou, bla, adj. Compressible.
Coumpressioun, s. f. Compression.
Coumprimâ, v. a. 1ʳᵉ conj. Comprimer.
Coumprimà, f. pl. **ais,** adj. Comprimé, e.
Coumprimablou, bla, adj. Comprimable.
Coumprondre, v. a. 3ᵉ conj. irrég. com. *Prondre*. — Ind. prés. : *Ji coumprenous tchu coumpronds, o coumprond, nous coumprenouns, vous coumprenédes, eis coumprenount.*
Coumproumés, s. m. Compromis.
Coumproumettant, a, adj. Compromettant, e.
Coumprouméttre, v. a. 3ᵉ conj. Compromettre. — Ind. prés. : *Ji coumprouméttou, tchu coumprouméts, o coumproumét, nous coumprouméttouns,* etc.
Coumproumissioun, s. f. Compromission.
Coumptâ, v. a. 1ʳᵉ conj. Compter.
Coumptabilità, pl. **ais,** s. f. Comptabilité.
Coumptablou, bla, adj. et s. Comptable.
Coumptant, adj. et s. m. Comptant.
Coumptéu, s. m. Compteur.
Coumptoi (oua), s. m. Comptoir.

COUN

Coumptou, s. m. Compte.
Coumpulsâ, v. a. 1ʳᵉ conj. Compulser.
Coumtà, s. m. Comté, titre.
Coumtou, tessa, s. Comte, comtesse.
Counçarnâ ou **Councearnâ,** v. a. 1ʳᵉ conj. Concerner.
Counçarnant ou **Councearnant,** prép. Concernant.
Counçartâ ou **Counceartâ,** v. a. 1ʳᵉ conj. Concerter.
Councavità, pl. **ais,** s. f. Concavité.
Counçavou, va, adj. Concave.
Councê ou **cês,** s. m. Concert.
Councedâ, v. a. 1ʳᵉ conj. Concéder.
Counceontrâ, v. a. 1ʳᵉ conj. Concentrer.
Counceontrà, f. pl. **ais,** adj. Concentré, e.
Counceontracioun, s. f. Concentration.
Counceontriquamont, adv. Concentriquement.
Counceontriquou, qua, adj. Concentrique.
Councepcioun, s. f. Conception.
Councessioun, s. f. Concession.
Councessiounairou, s. m. Concessionnaire.
Councevablou, bla, adj. Concevable.
Counciergeou, gi, s. Concierge.
Counciéure, v. a. 3ᵉ conj. com. *Apparciéure*. Concevoir.
Counciliâ, v. a. 1ʳᵉ conj. Concilier.
Counciliablou, bla, adj. Conciliable.
Counciliacioun, s. f. Conciliation.
Counciliant, a, adj. Conciliant, e.
Counciliatœu, trici, s. Conciliateur, trice.
Councilou, s. m. Concile.
Councitouyon, éna, s. Concitoyen, enne.
Counclâvou, s. m. Conclave.
Councluant, a, adj. Concluant, e.
Counclûre, v. a. 3ᵉ conj. com. *Assûre*. Conclure.
Counclusioun, s. f. Conclusion.
Councorda, s. f. Concorde.
Councordâ, v. n. 1ʳᵉ conj. Concorder.
Councordanci, s. f. Concordance.
Councordant, a, adj. Concordant, e.
Councordat, s. m. Concordat.
Councordatairou, ra, adj. Concordataire.
Councoû, s. m. Concours. Prend un *e* muet devant une voyelle. *Councoûe agricolou.*

COUN

Councourî, v. n. 2ᵉ conj. Concourir. — Ind. prés. : *Ji councourou, tchu councoûs, o councoû, nous councourouns,* etc.
Councoumbrou, s. m. Concombre.
Councubina, s. f. Concubine.
Councubinageou, s. m. Concubinage.
Councuramont, adv. Concurremment.
Councuronci, s. f. Concurrence.
Councurront, a, s. Concurrent, e.
Councussioun, s. f. Concussion.
Coundanâ, v. a. 1ʳᵉ conj. Condamner.
Coundanà, f. pl. **ais**, s. Condamné, e.
Coundanacioun, s. f. Condamnation.
Coundesceondanci, s. f. Condescendance.
Coundesceondant, a, adj. Condescendant, e.
Coundesceondre, v. n. 3ᵉ conj. Condescendre.
Coundjicioun, s. f. Condition. (Celt. *Condicion*).
Coundjiciounâ, v. a. 1ʳᵉ conj. com. *Affetciounâ*. Conditionner.
Coundjiciounà, f. pl. **ais**, adj. Conditionné, e.
Coundjiciounel (elou), **la**, adj. Conditionnel, le.
Coundjiciounellamont, adv. Conditionnellement.
Coundjiciplou, s. m. Condisciple.
Coundjûre, v. a. et pr. 3ᵉ conj. Conduire. — Ind. prés. : *Ji coundjusou, tchu coundjus, o coundjû, nous coundjusouns, vous coundjusèdes, eis coundjusount,* etc.
Coundjut, s. m. Conduit.
Coundjûta, s f. Conduite.
Coundjutœu, trici, s. Conducteur, trice.
Coundonsâ, v. a. 1ʳᵉ conj. Condenser.
Coundonsablou, bla, adj. Condensable.
Coundonsacioun, s. f. Condensation.
Coundonséu, s. m. Condenseur.
Counfederâ, v. a. 1ʳᵉ conj. Confédérer.
Counfederà, f. pl. **ais**, adj. et s. Confédéré, e.
Counfederacioun, s. f. Confédération.
Counferâ, v. n. et a. 1ʳᵉ conj. Conférer.
Counferonci, s. f. Conférence.
Counferoncie, s. m. Conférencier.
Counfessâ, v. a. et pr. 1ʳᵉ conj. Confesser.
Counfessioun, s. f. Confession.
Counfessiounal (alou), s. m. Confessionnal.

COUN

Counfessœu, s. m. Confesseur.
Counfetcioun, s. f. Confection.
Counfetciounâ, v. a. 1ʳᵉ conj. com. *Affetciounâ*. Confectionner.
Counfetciounéu, sa, s. Confectionneur, euse.
Counfiâ, v. a. 1ʳᵉ conj. Confier. — Ind. prés. : *Ji counfiou, tchu counfies,* etc.
Counfianci, s. f. Confiance.
Counfiant, a, adj. Confiant, e.
Counfidamont, adv. Confidemment.
Counfidonci, s. f. Confidence.
Counfidonciel (elou), **la**, adj. Confidentiel, le.
Counfidonciellamont, adv. Confidentiellement.
Counfidont, a, s. Confident, e.
Counfigurâ, v. a. 1ʳᵉ conj. Configurer.
Counfiguracioun, s. f. Configuration.
Counfinâ, v. n. et a. 1ʳᵉ conj. Confiner.
Counfins, s. m. pl. Confins, extrémités.
Counfire, v. a. 3ᵉ conj. Confire. — Ind. prés. : *Ji counfisou, tchu counfis, o counfit, nous counfisouns, vous counfisèdes, eis counfisount,* etc.
Counfirmâ, v. a. 1ʳᵉ conj. Confirmer.
Counfirmacioun, s. f. Confirmation.
Counfirmatchif (ifou), **iva**, adj. Confirmatif, ive.
Counfisarit, s. f. Confiserie.
Counfiscablou, bla, adj. Confiscable.
Counfiscacioun, s. f. Confiscation.
Counfiséu, sa, s. Confiseur, euse.
Counfisquâ, v. a. 1ʳᵉ conj. Confisquer.
Counfit, a, adj. Confit, e.
Counfitchura, s. f. Confiture.
Counflit, s, m. Conflit.
Counfluâ, v. n. 1ʳᵉ conj. Confluer.
Counflount, s. m. Confluent.
Counfoundre, v. a. 3ᵉ conj. Confondre. *Ji counfoundou, tchu counfounds,* etc.
Counfourmâ, v. a. et pr. 1ʳᵉ conj. Conformer.
Counfourmacioun, s. f. Conformation.
Counfourmamont, adv. Conformément.
Counfourmità, s. f. Conformité.
Counfourmou, ma, adj. Conforme.
Counfourtâ, v. a. 1ʳᵉ conj. Conforter.
Counfourtablamont, adv. Confortablement.

COUN

Counfourtablou, bla, adj. Confortable.
Counfrâre, s. m. Confrère.
Counfrârit, s. f. Confrérie.
Counfratarnità, s. f. Confraternité.
Counfrountâ, v. a. 1re conj. Confronter.
Counfrountacioun, s. f. Confrontation.
Counfus, a, adj. Confus, e.
Counfusamont, adv. Confusément.
Counfusioun, s. f. Confusion.
Coungé, s. m. Congé. (Celt. *Congez*).
Coungealâ, v. a. 1re conj. Congeler.
Coungedjiâ, v. a. 1re conj. Congédier.
Coungessioun, s. f. Congestion.
Coungessiounâ, v. a. 1re conj. com. *Affetciounâ*. Congestionner.
Coungregacioun, s. f. Congrégation.
Coungreganistou, ta, s. Congréganiste.
Coungrés, s. m. Congrès.
Couniférou, s. m. Conifère.
Couniquou, qua, adj. Conique.
Counjètchura, s. f. Conjecture.
Counjètchurâ, v. a. 1re conj. Conjecturer.
Counjoéindre, v. a. 1re conj. Conjoindre. *Ji counjoéignou, tchu counjoéins,* etc.
Counjoéintamont, adv. Conjointement.
Counjouncioun, s. f. Conjonction.
Counjugablou, bla, adj. Conjugable.
Counjugal (alou), **a, gaôx,** adj. Conjugal, e, aux.
Counjugalamont, adv. Conjugalement.
Counjuguâ, v. a. 1re conj. Conjuguer.
Counjugueisoun, s. f. Conjugaison.
Counjurâ, v. a. 1re conj. Conjurer.
Counjurà, f. pl. ais, adj. Conjuré, e.
Counjuracioun, s. f. Conjuration.
Counjuratœu, s. m. Conjurateur.
Counétablou, s. m. Connétable.
Counnexità, pl. ais, s. f. Connexité.
Counnivâ, v. n. 1re conj. Conniver.
Counnivonci, s. f. Connivence.
Counnussu, a, adj. Connu, e.
Counnûtre, v. a. et pr. 3e conj. Connaître.
— Ind. prés. . *Ji counnussou, tchu counnus, o counnû, nous counnussouns,* etc.
Counquerant, a, adj. et s. Conquérant, e.
Counquerî, v. a. 2e conj. Conquérir. (Celt. *Conqueuri*).
Counquêta, s. f. Conquête. (Celt. *Conquesta*).

COUN

Counsacrâ, v. a. et pr. 1re conj. Consacrer.
Counsarvâ, v. a. 1re conj. Conserver.
Counsarva ou **Counserva,** s. f. Conserve.
Counsarvacioun, s. f. Conservation.
Counsarvatœu, trici, adj. et s. Conservateur, trice.
Counsarvatouairou, s. m. Conservatoire.
Counscionci, s. f. Conscience.
Counscionciousamont, adv. Consciencieusement.
Counscioncioux, ousa, adj. Consciencieux, ieuse.
Counsciont, a, adj. Conscient, e.
Counscripcioun, s. f. Conscription.
Counscrit, s. m. Conscrit.
Counsecracioun, s. f. Consécration.
Consecratœu, adj. et s. m. Consécrateur.
Counsecutchif (ifou), **iva,** adj. Consécutif, ive.
Counsecutchivamont, adv. Consécutivement.
Counsei, s. m. Conseil.
Counseilléu, s. m. Conseilleur.
Counseillîe, v. a. 1re conj. irrég. com. *Agreillie*. Conseiller, donner des conseils.
Conseillîe, iéri, s. Conseiller, ière.
Counsequamont, adv. Conséquemment.
Counsequonci, s. f. Conséquence.
Counsequont, a, adj. Conséquent, e.
Counsiderâ, v. a. 1re conj. com. *Aberâ*. Considérer.
Counsiderablamont, adv. Considérablement.
Counsiderablou, bla, adj. Considérable.
Counsigna, s. f. Consigne.
Counsignâ, v. a. 1re conj. Consigner.
Counsignacioun, s. f. Consignation.
Counsistâ, v. n. 1re conj. Consister.
Counsistanci, s. f. Consistance.
Counsistant, a, adj. Consistant, e.
Counsistouairou, s. m. Consistoire.
Counsola, s. f. Console.
Counsontamont, s. m. Consentement.
Counsontant, a, adj. Consentant, e.
Counsontchî, v. n. 2e conj. com. *Amortchî*. Consentir.
Counsôs, s. m. pl. Consorts.
Counsoulâ, v. a. 1re conj. com. *Affoulâ*. Consoler.

COUN

Counsoulacioun, s. f. Consolation.
Counsoulatœu, trici, adj. et s. Consolateur, trice.
Counsoulant, a, adj. Consolant, e.
Counsoulidâ, v. a. 1re conj. Consolider.
Counsoulidà, f. pl. **ais**, adj. Consolidé, e.
Counsoumâ, v. a. 1re conj. com. *Affoulà*. Consommer.
Counsoumà, f. pl. **ais**, adj. et s. m. Consommé, e.
Counsoumacioun, s. f. Consommation.
Counsoumatœu, s. m. Consommateur.
Counspirâ, v. n. 1re conj. Conspirer.
Counspiracioun, s. f. Conspiration.
Counspiratœu, trici, s. Conspirateur, trice.
Counstamont, adv. Constamment.
Coustanci, s. f. Constance.
Coustant, a, adj. Constant, e.
Counstatâ, v. a. 1re conj. Constater.
Counstatacioun, s. f. Constatation.
Counstchipâ, v. a. 1re conj. Constiper.
Counstchipacioun, s. f. Constipation.
Counstchitchuâ, v. a. 1re conj. Constituer.
Counstchitchuà, f. pl. **ais**, adj. Constitué, e.
Counstchitchucioun, s. f. Constitution.
Counstchitchuciounel (èlou), **la**, adj. Constitutionnel, elle.
Counstchitchuciounellamont, adv. Constitutionnellement.
Counstchitchutchif (ifou), **iva**, adj. Constitutif, ive.
Counstellà, f. pl. **ais**, adj. Constellé, e.
Counstellacioun, s. f. Constellation.
Counsternâ ou **Counstarnâ**, v. a. 1re conj. Consterner.
Counsternacioun ou **Coustarnacioun**, s. f. Consternation.
Counstrucioun, s. f. Construction.
Counstrûre, v. a. 3e conj. comme *Assûre*. Construire.
Counstrutéu, s. m. Constructeur.
Counsul (ulou), s. m. Consul.
Counsulairamont, adv. Consulairement.
Counsulairou, ra, adj. Consulaire.
Counsulat, s. m. Consulat.
Counsumâ, v. a. 1re conj. Consumer.
Counsumablou, bla, adj. Consumable.

COUN

Counsurta, s. f. Consulte.
Counsurtâ, v. a. 1re conj. Consulter.
Counsurtacioun, s. f. Consultation.
Counsurtatchif (ifou), **iva**, adj. Consultatif, ive.
Counsurtéu, s. m. Consulteur.
Countâ, v. a. 1re conj. Conter, narrer. (Celt. *Counta*).
Countact (actou), s. m. Contact.
Countagioun, s. f. Contagion.
Countagioux, ousa, adj. Contagieux, euse.
Countaminâ, v. a. 1re conj. Contaminer.
Countaminacioun, s. f. Contamination.
Countchinonci, s. f. Continence.
Countchinont, s. m. Continent, terre.
Countchinontal (alou), **a, taôx**, adj. Continental, e, taux.
Countchunua, s. f. Continuité, sans interruption ; loc. adv. *Tout de countchunua*.
Countchunuâ, v. a. 1re conj. Continuer.
Countchunuacioun, s. f. Continuation.
Countchunuatœu, trici, s. Continuateur, trice.
Countchunuel (elou), **la**, adj. Continuel, le.
Countchunuellamont, adv. Continuellement.
Countchusioun, s. f. Contusion.
Countchusiounâ, v. a. 1re conj. com. *Affetciounâ*. Contusionner.
Countéingeont, s. m. Contingent.
Countenanci, s. f. Contenance.
Countenant, a, s. m. et adj. Contenant, e.
Counteni, v. a. 2e conj. irrég. com. *Reveni*. Contenir.
Countenu, s. m. Contenu.
Countesta, s. f. Conteste, débats ; loc. adv. *sans countesta*. sans contredit.
Countestâ, v. a. 1re conj. Contester.
Countestablou, bla, adj. Contestable.
Countestacioun, s. f. Contestation.
Countéu, sa, s. Conteur, euse.
Countomplâ, v. a. 1re conj. Contempler.
Countomplacioun, s. f. Contemplation.
Countomplatchif (ifou), **iva**, adj. Contemplatif, ive.
Countomplatchivamont, adv. Contemplativement.
Countomplatœu, trici, s. Contemplateur, trice.

COUN

Countompouréin, a, adj. et s. Contemporain, e.
Countoncioun, s. f. Contention.
Countonciousamont, adv. Contentieusement.
Countoncioux, ousa, adj. Contentieux, euse.
Countont, a, adj. Content, e. (Celt. *Countant*).
Countontâ, v. a. et pr. 1ʳᵉ conj. Contenter.
Countontamont, s. m. Contentement.
Countornâ, v. a. 1ʳᵉ conj. Contourner.
Countornamont, s. m. Contournement.
Countorsioun, s. f. Contorsion.
Countou, s. m. Conte, fable, récit. (Celt. *Count*).
Countoû, s. m. Contour. Prend un *e* muet devant une voyelle. *Countoûe agreiablou*.
Countondant, a, adj. Contondant, e.
Countra, prép. Contre.
Countra-alléia, s. f. Contre-allée.
Countra-amiral (alou), s. m. Contre-amiral.
Countrabanda, s. f. Contrebande.
Countrabandjîe, déri, s. Contrebandier, ière.
Countra-bas (on), loc. adv. En contre-bas.
Countrabâssa, s. f. Contrebasse.
Countracarrâ, v. a. 1ʳᵉ conj. Contrecarrer.
Countra-cœu, s. m. Contre-cœur.
Countra-cop, s. m. Contre-coup.
Countradansi, s. f. Contredanse.
Countradjicioun, s. f. Contradiction.
Countradjire, v. a. 3ᵉ conj. Contredire. — Ind. prés. : *Ji countradjiêu, tchu countradjis, o countradjit, nous countradjisouns, vous countradjisédes, cis countradjiount*, etc.
Countradjit, s. m. Contredit. Loc. adv. *Sans countradjit*.
Countradjitœu, s. m. Contradicteur.
Countradjitouairamont, adv. Contradictoirement.
Countradjitouairou, ra, adj. Contradictoire.
Countra-épuléta, s. f. Contre-épaulette.
Countra-éprova, s. f. Contre-épreuve.
Countrafaçoun, s. f. Contrefaçon.
Countrafaire, v. a. 3ᵉ conj. irrég. Contrefaire. — Ind. prés. : *Ji countrafouais, tchu countrafais, o countrafat, nous countrafa-*

COUN

souns, vous countrafaides, cis countrafant. — Imparfait : *Ji countrafasins*, etc. — Part. prés. : *Countrafasant*. — Passé : *Countrafat, countrafaitchi*; pl. *countrafats, countrafaites*.
Countrafat, faitchi, adj. Contrefait, e.
Countrafatœu, s. m. Contrefacteur.
Countrafô, s. m. Contrefort.
Countra-hiaôt (on). Loc. adv. En contre-haut.
Countrairamont, adv. Contrairement.
Countrairou, ra, adj. Contraire.
Countraltô, s. m. Contralto.
Countramaitre, meitra, s. Contremaître, tresse.
Countramandâ, v. a. 1ʳᵉ conj. Contremander.
Countramarchi, s. f. Contremarche.
Countramarqua, s. f. Contremarque.
Countramarquâ, v. a. 1ʳᵉ conj. Contremarquer.
Countra-ôdre, s. m. Contre-ordre.
Countra-partchia, s. f. Contre-partie.
Countra-passâ, v. a. 1ʳᵉ conj. Contrepasser.
Countrapeis, s. m. Contrepoids.
Countra-poéintchi, s. f. Contre-pointe.
Countra-poéintâ, v. a. 1ʳᵉ conj. Contrepointer.
Countrapoueisoun, s. m. Contrepoison.
Countrariâ, v. a. et pr. 1ʳᵉ conj. Contrarier. (V. *Countrassie*).
Countrariant, a, adj. Contrariant, e. (V. *Countrassoux*).
Countriétà, pl. ais, s. f. Contrariété.
Countrarolou, s. m. Contrôle. (Celt. *Countroll*).
Countraroulâ, v. a. 1ʳᵉ conj. com. *Affoulâ*. Contrôler.
Countrarouléu, s. m. Contrôleur.
Countrasignâ, v. a. 1ʳᵉ conj. Contresigner.
Countrastâ, v. n. 1ʳᵉ conj. Contraster.
Countrastou, s. m. Contraste.
Countrat, s. m. Contrat.
Countratâ, v. a. 1ʳᵉ conj. Contracter.
Countratchiom, s. m. Contretemps; loc. adv. : *à countratchiom*.
Countra-tchirîe, v. a. 1ʳᵉ conj. irrég. com. *Cararirîe*. Contre-tirer.
Countravarsa, s. f. Controverse.
Countravarsâ, v. a. 1ʳᵉ conj. Controverser.

COUN

Countravenant, a, s. Contrevenant, e.
Countraveni, v. n. 2ᵉ conj. com. *Aveni.* Contrevenir.
Countravoncioun, s. f. Contravention.
Countravont, s. m. Contrevent.
Countréia, s. f. Contrée.
Countréindre, v. a. 3ᵉ conj. com. *Attéindre.* Contraindre.
Countréint, tchi, adj. et s. Contraint, e.
Countribuâ, v. n. 1ʳᵉ conj. Contribuer.
Countribuablou, bla, s. Contribuable.
Countribucioun, s. f. Contribution. (V. *Patonta*).
Countricioun, s. f. Contrition.
Countristâ, v. a. 1ʳᵉ conj. Contrister.
Countrit, a, adj. Contrit, e.
Counvalesceonci, s. f. Convalescence.
Counvalesceont, a, adj. et s. Convalescent, e.
Counvarsa, s. f. Converse, sœur.
Counvarsâ, v. n. 1ʳᵉ conj. Converser.
Counvarsacioun, s. f. Conversation.
Counvarsioun, s. f. Conversion.
Counvartchî, v. a. 2ᵉ conj. com. *Amortchî.* Convertir.
Counvartchissablou, bla, adj. Convertissable.
Counvartchit, tchia, s. Convertie, e.
Counvéincant, a, adj. Convaincant, e.
Counvéincre, v. a. 3ᵉ conj. Convaincre. — Ind. prés. : *Ji counvéinquou, tchu counvéins, o counvéin, nous counvéinquouns, vous counvéinquédes, eis counvéinquount.* — Imparfait : *Ji counvéinquins,* etc. — Pas. défini : *Ji counvéinquiéu,* etc. — Futur : *Ji counvéincrei,* etc. — Cond. prés. : *Ji counvéincrins,* etc. — Impératif : *Counvéins, counvéinquouns, counvéinquédes.* — Subj. : *Que ji counvéinqua, que tchu counvéinques, qu'o counvéinque, que nous counvéinquiouns, que vous counvéinquiz, qu'eis counvéinquant.* — Imparfait : *Que ji counvéinquéza,* etc. — Part. prés. : *Counvéincant.* — Pas. : *Counvéincu, a ;* pl. : *counvéincus, counvéincues.*
Counvéincu, a, adj. Convaincu, e.
Counvenablamont, adv. Convenablement.
Counvenablou, bla, adj. Convenable.
Counvenanci, s. f. Convenance.
Counvenî, v. n. 2ᵉ conj. irrég. com. *Revent.* Convenir.
Counvexitâ, pl. **ais,** s. f. Convexité.
Counvexou, xa, adj. Convexe.

COUP

Counviâ, v. a. 1ʳᵉ conj. Convier.
Counviâ, f. pl. **ais,** s. Convié, e.
Counvicioun, s. f. Conviction.
Counvivou, va, s. Convive.
Counvoncioun, s. f. Convention.
Counvonciounel (elou), la, adj. Conventionnel, le.
Counvonciounellamont, adv. Conventionnellement.
Counvoucablou, bla, adj. Convocable.
Counvoucacioun, s. f. Convocation.
Counvouêi, s. m. Convoi.
Counvoueitâ, v. a. 1ʳᵉ conj. Convoiter.
Counvoueitablou, bla, adj. Convoitable.
Counvoueitchîsi, s. f. Convoitise.
Counvoulâ v. n. 1ʳᵉ conj. comme *Affoulâ.* Convoler.
Counvouquâ, v. a. 1ʳᵉ conj. comme *Boundounâ.* Convoquer.
Counvouÿe ou **Counvouîe,** v. a. 1ʳᵉ conj. com. *Allouie.* Convoyer.
Counvouyéu, adj. et s. m. Convoyeur.
Counvulsà, f. pl. **ais,** adj. Convulsé, e.
Counvulsif (ifou), iva, adj. Convulsif, ive.
Counvulsioun, s. f. Convulsion.
Counvulsivamont, adv. Convulsivement.
Coupa, s. f. Coupe, vase. (Celt. *Coupa*).
Coupâ, s. m. Coupé, voiture.
Coupâ, v. a. et pr. 1ʳᵉ conj. Couper. — Ind. prés. : *Ji copou, tchu copes, o cope, nous coupouns, vous coupaz, eis copount.* — Impératif : *Copa, coupouns, coupaz.* — Subj. : *Que ji copa, que tchu copes, qu'o cope, que nous coupiouns, que vous coupiz, qu'eis copant.* Dans tous les autres temps, on écrit *coup* et non *cop.* Fig. : *se coupâ,* se contredire soi-même, divulguer, dévoiler un secret.
Coupablou, bla, adj. et s. Coupable.
Coupageou, s. m. Coupage.
Coupant, a, adj. Coupant, a.
Couperâ, v. n. 1ʳᵉ conj. Coopérer.
Couperacioun, s. f. Coopération.
Couperatchif (ifou), iva, adj. Coopératif, ive.
Couperatæu, trici, s. Coopérateur, trice.
Coupét, s. m. Occiput, la nuque. *Marchie à piecoupét,* marcher de travers, mal marcher.
Coupéu, s. m. Coupeur, qui coupe.
Coupéuri, s. f. Coupure.

COUR

Coupia, v. a. 1ʳᵉ conj. Copier. — Ind. prés. : *Ji copiou, tchu copies, o copie, nous coupiouns, vous coupiaz, eis copiount.* — Impératif : *Copia, coupiouns, coupiaz.* — Subj. : *Que ji copia, que thu copies, qu'o copie, que nous coupiouns, que vous coupiz, qu'eis copiant.* Dans tous les autres temps, on écrit *coup* et non *cop*.

Coupiousamont, adv. Copieusement.

Coupilli, s. f. Goupille.

Coupilloun, s. m. Goupillon.

Coupioux, ousa, adj. Copieux, euse.

Coupistou, s. m. Copiste.

Couplâ ou **Coublâ,** v. a. 1ʳᵉ conj. comme *Coufflâ*. Coupler, deux à deux. (Celt. *Coupla, coubla*).

Couplét ou **Coublét,** s. m. Couplet, stance.

Couplou ou **Coublou,** s. m. Couple. (Celt. *Coupl, coubl*).

Coupoi, (oua), s. m. Coupoir.

Coupola, s. f. Coupole.

Coupoun, s. m. Coupon.

Couquatchie, téri, s. Coquetier, ière.

Couquelûchi ou **Couculûchi,** s. f. Coqueluche.

Couquélla, s. f. Casserole profonde, marmite.

Couquét, étta, adj. et s. Coquet, ette.

Couquetâ, v. n. 1ʳᵉ conj. com. *Assetâ*. Coqueter.

Couquéttamont, adv. Coquettement.

Couquéttarit, s. f. Coquetterie.

Couqueya ou **Coukeia,** s. f. Beignet aux pommes que l'on fait dans les familles au temps du Carnaval. (Celt. *Cocairea*, faire la cuisine).
On fasant des couqueyes, eis-l-ant cassà lou plat ! ha ! marluroun, marluretta. Eis-l-ant cassà lou plat ! ha ! marluroun, marlura. (Refrain populaire du Carnaval).

Couquilli, s. f. Coquille.

Couquin, ina, s. Coquin, e. (Celt. *Coquin*).

Couquinarit, s. f. Coquinerie.

Coura, s. f. Mou, poumon. (Celt. *Couraill*, fressure).

Courâ, s. m. Chêne, arbre. (Celt. *Cor*). *Un béus de courâs*.

Courâgeou, s. m. Courage. (Cel. *Couraich*).

Courageousamont, adv. Courageusement.

Courageoux, ousa, adj. Courageux, euse.

Courail (aillou), s. m. Corail. (Celt. *Corail*).

Couramiaô, s. m. Surnom des habitants de Saint-Chamond (Loire).

COUS

Courâmont, adv. Couramment.

Courant, a, adj. et s. Courant, e.

Couratâ, v. a. et n. 1ʳᵉ conj. Courir, vagabonder. — Ind. prés. : *Ji couratou, tchu courates,* etc.

Couratchie, s. m. Courtier, colporteur. (Celt. *Courater*).

Courbillâ, s. m. Corbillard.

Courdjial (alou), a, adj. Cordial, e.

Courdjialamont, adv. Cordialement.

Courdjialitâ, pl. **ais,** s. f. Cordialité.

Coureccioun, s. f. Correction.

Coureccioũnel (elou), **la,** adj. Correctionnel, le.

Coureccioũnellamont, adv. Correctionnellement.

Courect (ectou), **a,** adj. Correct, e.

Courectamont, adv. Correctement.

Couréia, s. f. Courroie.

Coureïe, v. a. 1ʳᵉ conj. com. *Approupreïc*. Corroyer.

Coureiéu, s. m. Corroyeur.

Courespoundanci, s. f. Correspondance.

Courespoundant, a, adj. et s. Correspondant.

Courespoundre, v. n. 3ᵉ conj. Correspondre. — Ind. prés. : *Ji courespoundou, tchu courespounds,* etc.

Courîe, s. m. Courrier.

Courigiblou, bla, adj. Corrigible.

Courigîe, v. a. 1ʳᵉ conj. irrég. com. *Ablagie*. Corriger.

Cournouillîe, s. m. Cornouiller, bois.

Coûrou, s. m. Cuivre, métal.

Couroumpre, v. a. 3ᵉ conj. Corrompre.

Courouna, s. f. Couronne.

Courounâ, v. a. 1ʳᵉ conj. com. *Boundounâ*. Couronner.

Courounamont, s. m. Couronnement.

Corupcioun, s. f. Corruption.

Couruptéu, trici, adj. et s. Corrupteur, trice.

Couruptchiblou, bla, adj. Corruptible.

Cousageou, s. m. Couture, action de coudre.

Cousaquou, s. m. Cosaque.

Cousin, s. m. Cousin, moucheron.

Cousin, ina, s. Cousin, e, parent. (Celt. *Cosin*).

Cousmetchiquou, s. m. Cosmétique.

COUT

Coussïn, s. m. Coussin. (V. *Chavét*).
Coussinét, s. m. Coussinet.
Coussu, a, adj. Cossu, e.
Coustchiquâ, v. a. 1ʳᵉ conj. Encaustiquer.
Coustchiquou, s. m. Encaustique.
Coustchumâ, v. a. 1ʳᵉ conj. Costumer.
Coustchumîe, s. m. Costumier.
Coustchumou, s. m. Costume.
Coût, s. m. Coût. (Celt. *Coust*).
Coûtâ, v. n. et a. 1ʳᵉ conj. Coûter, prix. (Celt. *Cousta*).
Coutâ, v. a. 1ʳᵉ conj. com. *Accoutâ*. Coter, marquer.
Coutaî, pl. **Coutchiaôx**, s. m. Couteau.
Coutaî-paréu, s. m. Plane, couteau à parer.
Coutaô, s. m. Muletier transportant le vin dans des outres. (V. *Boutaire*).
Coutchî, v. a. 2ᵉ conj. Manger, avaler, digérer. *Coutchi soun bein*, manger son bien ; *bion coutchi la mô*, trépasser dans une douce agonie. — Ind. prés. : *Ji coutéssou, tchu coutcis, o coutei, nous coutchissouns, vous coutchissédes, cis coutéssount*. — Impératif : *Coutcis, coutchissouns, coutchissédes*, — Subj. : *Que ji coutchissa*, etc.
Coutchilloun, s. m. Cotillon, jupon. (Celt. *Coutillon*).
Coutchisâ, v. a. et pr. 1ʳᵉ conj. Cotiser.
Coutchisacioun, s. f. Cotisation.
Coutchit, s. m. Coutil, toile.
Coutchuma, s. f. Coutume. (Celt. *Consluma, cousluma, costuma*).
Coutchumîe, iéri, s. Coutumier, ière.
Coutchura, s. f. Couture. (V. *Coudjura*).
Coutchurâ, v. a. 1ʳᵉ conj. Couturer. (V. *Coudjurâ*).
Coutchurîe, iéri, s. Couturier, ière. (V. *Coudjurîe*).
Coutelie, s. m. Coutelier.
Coutella, s. f. Nom que l'on donne à la feuille de l'iris.
Coutellarit, s. f. Coutellerie.
Coutoun, s. m. Coton.
Coutounâ (se), v. pr. 1ʳᵉ conj. com. *Boundounâ*. Cotonner.
Coutounada, s. f. Cotonnade.
Coutounarit, s. f. Cotonnerie.
Coutounîe, s. m. Cotonnier, arbre.
Coutounoux, ousa, adj. Cotonneux, euse.
Coutouroû, s. m. Roucoulement. *Faire coutouroû*, roucouler ; fig. : conter fleurette.
Coûtousamont, adv. Coûteusement.
Coûtoux, ousa, adj. Coûteux, euse.
Coutrat, âssi, adj. et s. Sournois, grognon, acariâtre, qui est toujours de mauvaise humeur.
Couvét, s. m. Coffin, étui en bois suspendu à la ceinture des faucheurs, où ils mettent de l'eau et la pierre à aiguiser leur faux.
Couvont, s. m. Couvent.
Couyant, a, adj. Cuisant, e.

CRAP

Crà (à la), loc. adv. A l'abandon, en toute liberté. *Voué tout à la crà*, c'est tout à l'abandon.
Crabou, s. m. Crabe, reptile. (Celt. *Crab*).
Crac (aquou), interj. Crac.
Crachamont, s. m. Crachement.
Crachat, s. m. Crachat.
Crachi, s. f. Etincelle que projette le fer rouge sous le marteau du forgeur. (Celt. *Grach*).
Crachîe, v. a. 1ʳᵉ conj. irrég. com. *Appïnchîe*. Cracher.
Crachoi (oua), s. m. Crachoir.
Crachoutâ ou **Crachorlâ**, v. a. 1ʳᵉ conj. com. *Agouttâ*. Crachoter.
Crâillat, s. m. Gros crachat.
Crâillîe, v. n. 1ʳᵉ conj. irrég. com. *Agreillie*. Graillonner, cracher gras, tousser et cracher. *Touta la not ji ne fouais que crâillie*. (Ant. CHAPELON).
Crâilloun, s. m. Crayon.
Craillounâ, v. a. 1ʳᵉ conj. com. *Boundounâ*. Crayonner.
Crampa ou **Rampa**, s. f. Crampe. (Celt. *Crampa*).
Crampoun, s. m. Crampon.
Crampounâ, v. a. et pr. 1ʳᵉ conj. com. *Boundounâ*. Cramponner.
Cran, s. m. Cran, entaille. (Celt. *Cran*).
Crânou, s. m. Crâne, tête.
Crânou, na, adj. et s. Crâne, fier.
Crânamont, adv. Crânement.
Crânarit, s. f. Crânerie, fierté.
Crapa, s. f. Grâce, faveur, concession. *O ne farît pas crapa dj'ün liâ* ; il ne ferait pas grâce, concession d'un liard.
Crapaôd, s. m. Crapaud. (V. *Bot*).
Crapaôdéri, s. f. Crapaudière.
Crapula, s. f. Crapule.
Crapulâ, v. n. 1ʳᵉ conj. Crapuler.

CREI

Crapulousamont, adv. Crapuleusement.
Crapuloux, ousa, adj. Crapuleux, euse.
Craqua, s. f. Craque, mensonge.
Craquâ, v. n. 1re conj. Craquer.
Craquamont, s. m. Craquement.
Craqueléin, s. m. Craquelin, pâtisserie. (V. *Paroundella*).
Craquéu, sa, s. Craqueur, euse.
Crâsa, s. f. Ravin. (Celt. *Craz, crosa*).
Crâssi, s. f. Crasse. (Celt. *Craez*).
Crassie, v. a. 1re conj. irrég. com. *Acassie*. Crasser.
Crassoux, ousa, adj. Crasseux, euse. (Celt. *Craczous*). Fig. : avare, qui ne rend pas la politesse.
Cratèrou, s. m. Cratère, volcan.
Cravachi, s. f. Cravache, fouet.
Cravata, s. f. Cravate.
Cravatâ, v. a. et pr. 1re conj. Cravater.
Cré, s. m. Montagne, sommet. *Cré de Mountaòd, cré de Rò, cré Pélissie*, etc. ; crêt de Montaud, crêt de Roc, crêt Pélissier.
Creâ, v. a. 1re conj. Créer.
Créacioun, s. f. Création.
Creanci, s. f. Créance.
Creancîe, céri, s. Créancier, ière.
Creatchura, s. f. Créature.
Createœu, trici, adj. Créateur, trice.
Crêchi, s. f. Crèche. (V. *Crépi*).
Crédjit, s. m. Crédit.
Crédjitâ, v. a. 1re conj. Créditer.
Crédjitéu, s. m. Créditeur.
Crédjulamont, adv. Crédulement.
Crédjulità, pl. ais, s. f. Crédulité.
Crédjulou, la, adj. Crédule.
Crédo, s. m. Credo.
Crédonci, s. f. Crédence.
Créin, s. m. Crin, poil long et rude.
Créindre, v. a. 3e conj. comme *Attéindre*. Craindre, redouter.
Créintchi, s. f. Crainte.
Créintchif (ifou), **iva,** adj. Craintif, ive.
Créintchivamont, adv. Craintivement.
Creire, v. a. 3e conj. Croire. — Ind. prés. : *Ji creyou, tchu creis, o creit, nous creyouns, vous crédes, eis creyount.* — Imparfait : *Ji creïus, tchu creïes, o creït, nous creyant, vous creyaz, eis creyant.* — Passé défini : *Ji creïeus, tchu creïs, o creït, nous creïmous, vous creïtes, eis creïrant.* — Futur : *Ji creirei,*

CRÉT

etc. — Cond. prés. : *Ji creirins, tchu creiries,* etc. — Impératif : *Creis, creyouns, créides.* — Subj. : *Que ji creya, que tchu creyes, qu'o creye, que nous creyouns, que vous creyiz, qu'eis creyant.* — Imparfait : *Que ji creyéza,* etc. — Part. prés. : *Creyant.* Passé : *créu, créuta ;* pl. *créuts, créutes.*
Creissanci, s. f. Croissance, développement.
Creitre, v. a. 3e conj. com. *Accreitre.* Croitre, augmenter.
Créma, s. f. Crème.
Crémâ, v. n. 1re conj. Crémer.
Crémarit, s. f. Crémerie.
Crémassoun, s. m. Petit fromage de crème.
Cremî, v. n. 2e conj. com. *Blanchi.* Brûler sans flamme, roussir. (V. *Rumi*).
Crémîe, iéri, s. Crémier, ière.
Crénaî, pl. **Crénaôx,** s. m. Créneau.
Crenelâ, v. a. 1re conj. com. *Baritelâ*. Créneler.
Creneléuri, s. f. Crénelure.
Créola, s. f. Créole.
Crepâ, v. a. 1re conj. Crêper, friser.
Crépi, s. f. Crèche, râtelier d'étable. *Teni la crépi hiaôta ;* rationner les vivres, faire endurer.
Crépî, v. a. 2e conj. Crépir. — Ind. prés. : *Ji crépéssou, tchu crépés, o crépé, nous crépissouns, vous crépissèdes, eis crépèssount.* — Impératif : *Crépés, crépissouns, crépissèdes.* — Subj. : *Que ji crépissa,* etc.
Crépignaôx, s. m. pl. Sommets des montagnes, rochers arides.
Crépin, s. m. Crépin ; fig. : ce que l'on possède. *Mingie soun Sant-Crépin ;* manger son bien.
Crépina, s. f. Crépine.
Crépissageou, s. m. Crépissage.
Crépisséuri, s. f. Crépissure.
Crépitâ, v. n. 1re conj. Crépiter.
Crépitacioun, s. f. Crépitation.
Crépitant, a, adj. Crépitant, e.
Crépou, s. m. Crêpe.
Crépu, a, adj. Crépu, e.
Crépusculairou, ra, adj. Crépusculaire.
Crépusculou, s. m. Crépuscule. (V. *Piquètta do jou*).
Créssoun, s. m. Cresson. (Celt. *Creczou*).
Créssounéri, s. f. Cressonnière.
Crésus (usou), s. m. Crésus ; fig. : avare.
Crét, s. m. Berceau. — *Les nurices sans crét ;* les nourrices sans berceau. (*Ballet forèz.* M. ALLARD).

CRIM

Créta, s. f. Crête. *Jetà la créta doubla* ; se dit de quelqu'un qui prend bonne mine et reflète la santé. — Cime, sommet.

Cretoun, s. m. Creton, graisse de porc grillée; chose réduite par le feu ou le froid.

Cretouna, s. f. Cretonne, toile.

Créu, s. m. Cru, terroir. *Vin do créu* ; vin du cru.

Créu, s. m. Noyau de fruit. (V. *Cachoun*). *Un plein sachoun de créus de cirèsi* ; un plein petit sac de noyaux de cerises. (CHAPELON).

Créu, s. m. Creux, trou. *Lou Grand Créu* ; le Grand Trou, fosse commune d'un cimetière.

Créusâ, v. a. 1re conj. Creuser. (V. *Charâ*).

Créusageou, s. m. Creusage.

Créusamont, s. m. Creusement.

Creux, eusa, adj. Creux, euse, qui a une cavité. (Celt. *Creus*).

Crevâ, v. a. et n. 1re conj. Crever.

Crevâssi, s. f. Crevasse.

Crevassîe, v. a. 1re conj. irrég. com. *Acassie*. Crevasser.

Crevétta, s. f. Crevette.

Creyablou, bla, adj. Croyable.

Creyanci, s. f. Croyance, foi.

Creyant, a, s. Croyant, e.

Crî, s. m. Cri, éclat de voix. (Celt. *Cri*).

Crî, s. m. Cric, machine à soulever.

Criâ, v. n. et a. 1re conj. Crier, appeler, publier. (Celt. *Cria*).

Crià, pl. **ais**, s. f. Criée, vente.

Criageou, s. m. Criage, annonce.

Criaillie, v. n. 1re conj. irrég. Criailler. — Ind. prés. : *Ji criaillou, tchu criailles, o criaille, nous criaillouns, vous criaillies, eis criaillount*. — Impératif : *Criaillis, criaillouns, criaillies*. — Subj. : *Que ji criailla, que tchu criailles, qu'o criaille, que nous criailliouns, que vous criailliz, qu'eis criailliant*. — Part. prés. : *Criailliant*. — Passé : *criaillit, criaillù* ; pl. *craillits, craillais*.

Criailléu, sa, adj. Criailleur, euse.

Criarit ou **Criaillarit**, s. f. Criaillerie.

Criblâ, v. a. 1re conj. Cribler.

Criblèu, sa, s. Cribleur, euse.

Cribléuri, s. f. Criblure.

Criblou, s. m. Crible.

Criéu, sa, s. Crieur, euse.

Crimâ, v. a. 1re conj. Roussir par le feu. (V. *Rumâ*).

CROU

Crimailléri, s. f. Crémaillère. (Celt. *Cremailleria*). (V. *Crimouais*).

Criminalisâ, v. a. Criminaliser.

Criminalisacioun, s. f. Criminalisation.

Criminel (elou), la, adj. Criminel, le.

Criminellamont, adv. Criminellement.

Crîmou, s. m. Crime. (Celt. *Crim*).

Crimouais, s. f. Crémaillère de cheminée.

Criniéri, s. f. Crinière.

Crinoulina, s. f. Crinoline.

Cripelé, s. m. Montagne, rocher aride. (V. *Crépignaòx*).

Crîsa, s. f. Crise.

Crispâ, v. a. 1re conj. Crisper.

Crispacioun, s. f. Crispation.

Cristal (alou), s. m. Cristal. (Celt. *Cristall*).

Cristallarit, s. f. Cristallerie.

Cristallisâ, v. a. 1re conj. Cristalliser.

Cristallisablou, bla, adj. Cristallisable.

Critchiqua, s. f. Critique.

Critchiquâ, v. a. 1re conj. Critiquer.

Critchicablou, bla, adj. Critiquable.

Critchiquéu, s. m. Critiqueur.

Criziéu, s. m. Lampe de veillée dans les anciennes familles et surtout lampe de mineur, *peréréu*. (Celt. *Crezeul*, de creux. *Crezéu*, lampe à crochet).

Crò, s. m. Croc, gros clou ; fig. : longue dent.

Crochi, s. f. Croche, musique.

Crossi, s. f. Crosse. (Celt. *Crossa*).

Crot ou **Cro**, s. m. Corbeau. (Celt. *Crod, cro*, sanguinaire).

Crotta, s. f. Crotte, fiente.

Crouchét, s. m. Crochet.

Crouchetâ, v. a. 1re conj. Crocheter.

Crouchetablou, bla, adj. Crochetable.

Crouchetageou, s. m. Crochetage.

Crouchetéu, s. m. Crocheteur, portefaix.

Crouchu, a, adj. Crochu, e.

Croucoudjilou, s. m. Crocodile.

Croucus (uçou), s. m. Crocus.

Croueisada, s. f. Croisade.

Croueisamont, s. m. Croisement.

Croueiséri, s. f. Croisière.

Croueiséu, s. m. Croiseur.

Croueiséuri, s. f. Croisure.

Croueisià, pl. **ais**, s. f. Croisée, fenêtre.

CROU

Croueisîe, v. a. 1re conj. irrég. com. *Coueiffie*. Croiser.
Croueisilloun, s. m. Croisillon.
Croueisit, sià, f. pl. **ais**, adj. Croisé, e, en croix.
Croueissant, s. m. Croissant de la lune.
Croueix, s. f. Croix.
Croueix-Courétta, n. de l. Croix-Courette, montagne au-dessus du quartier de l'Heurton, à Saint-Etienne, autrefois appelée « Le mont Grenis ou Granos », où les Gagas adoraient le soleil ; il avait été, après la purification du sanctuaire, surmonté d'une croix et surnommé le mont de la Croix. Mais au bout d'un certain temps, les esprits malins y étant revenus, on l'a appelé, dans les entretiens du bourg, le mont de la Croix-des-Courètes. Ces nains, tous grands danseurs, comme les Corybantes et les Dactyles (ces petits Poucets forgerons), y apparaissaient, dit la légende, exécutaient au clair de la lune, sous l'ombre mobile des arbres, leurs rondes infernales (Voir la *Légende des Gagas*, A. CALLET).
Croueix-de-Djiéu, s. f. Alphabet. Autrefois les syllabaires avaient une croix précédant la première lettre de l'alphabet, les enfants disaient : Croix-de-Dieu, a, b, c, etc.
Croueix-pilli, s. f. Jeu de pile ou face.
Croueizat, s. m. Colza, chou.
Croulâ, v. n. 1re conj. com. *Affoulâ*. Crouler. (V. *Baréulâ*).
Croulamont, s. m. Croulement.
Croulant, a, adj. Croulant, e.
Crounci, s. f. Crédit. *Dj'ûn lià ou dour, eis vous fariant pas crounci*; d'un liard ou deux on ne vous ferait pas crédit (CHAPELON).
Croupa, s. f. Croupe.
Croupî, v. n. 2e conj. com. *Crépî*. Croupir.
Croupîe, s. m. Croupier.
Croupissamont, s. m. Croupissement.
Croupissant, a, adj. Croupissant, e.
Crouquâ, v. a. 1re conj. com. *Coupâ*. Croquer.
Crouquant, s. m. Croquant, pâtisserie.
Crouquéu, s. m. Croqueur.
Crouquis, s. m. Croquis.
Crousét, s. m. Creuset.
Croussîe, v. a. et pr. 1re conj. irrég. com. *Cloussie*. Bercer. *Se croussie*, se balancer en marchant, se dandiner.
Croustchillant, a, adj. Croustillant, e.
Croustchillîe, v. a. 1re conj. irrég. comme

CUMI

Agreillie. Croustiller, pris dans le sens actif de manger, grignoter. (V. *Chéugnie*).
Croûta, s. f. Croûte, abruti, débauché, incapable. *Vieilli croûta*, vieil abruti.
Crouttâ, v. a. 1re conj. comme *Agouttâ*. Crotter.
Crouttéin, s. m. Crottin.
Crouttelà, pl. **ais**, s. f. Petit tas de crottin, ce qu'un cheval fait en une fois.
Cru, a, adj. Cru, e.
Cruaôtà, pl. **ais**, s. f. Cruauté.
Crucefiâ, v. a. 1re conj. com. *Appiâ*. Crucifier.
Crucefit, s. m. Crucifix.
Crûchi, s. f. Cruche, bouteille en terre de grè pour la bière ; fig. : personne stupide.
Crudjità, pl. **ais**, s. f. Crudité.
Cruel (clou), ella, adj. Cruel, elle. (Celt. *Cruel, cruela*).
Cruellamont, adv. Cruellement.
Crumont, adv. Crûment.
Crussandella, s. f. Cartilage.
Cubâ, v. a. 1re conj. Cuber.
Cubageou, s. m. Cubage.
Cubiquou, qua, adj. Cubique.
Cubou, s. m. Cube.
Cûchi, s. f. Audace, air d'assurance. *Aùritai la cûchi de tornâ ?* Aurait-il l'audace de revenir ? (Celt. *Cuch*, arrogance).
Cûe, s. m. Cuir, peau.
Cuerta, s. f. Couverte, couverture. (Celt. *Cuert*).
Cuerçaî ou **Cuercês**, s. m. Couvercle.
Cuercelâ, v. a. 1re conj. com. *Baritelâ*. Couvrir, mettre un couvercle.
Cuistrou, s. m. Avare, grincheux.
Culbuta, s. f. Culbute. (V. *Corbicina*).
Culbutâ, v. a. et n. 1re conj. Culbuter.
Cullî, v. a. 2e conj. Cueillir. — Ind. prés. : *Ji cullièssou, tchu cullies*, etc.
Cullià, pl. **ais**, s. f. Cueillette.
Culot, s. m. Culot.
Culpabilità, pl. **ais**, s. f. Culpabilité.
Cultchivâ, v. a. 1re conj. Cultiver.
Cultchivablou, bla, adj. Cultivable.
Cultchivatœu, trici, adj. et s. Cultivateur, trice.
Cultchura, s. f. Culture.
Cultou, s. m. Culte.
Cuminant, a, adj. Culminant, e.

CURÉ

Cumines, s. f. pl. Terrains communaux où les malheureux font paître leurs chèvres et leurs brebis.
Cumul (ulou), s. m. Cumul.
Cumulâ, v. a. 1re conj. Cumuler.
Cumulâ, s. m. Cumulard.
Cündéuri, s. f. Condiment, assaisonnement.
Cündjî, v. a. 2e conj. com. *Agrandji*. Assaisonner. *Una soupa bion cündjiá* ; une soupe bien assaisonnée.
Cündjit et salâ, adj. Prêt à être servi, malade qui a reçu les derniers sacrements, qui est prêt à partir pour l'autre monde. *Mâ-cündjit*, mal assaisonné, personne acariâtre, toujours mal disposée.
Cunit, s. m. Lapin.
Cupidamont, adv. Cupidement.
Cupidjità, pl. **ais,** s. f. Cupidité.
Cupidou, da, adj. Cupide.
Cupidoun, s. m. Cupidon.
Cura, s. f. Cure.
Curà ou **Curat,** s. m. Curé. (Celt. *Curad*).
Curablou, bla, adj. Curable.
Curaço, s. m. Curaçao.
Cura-dont, s. m. Cure-dent.
Cura-oureilli, s. m. Cure-oreille.
Curatchif (ifou), **iva,** adj. Curatif, ive.
Curatœu, trici, s. Curateur, trice.
Curétta, s. m. Morceau de fer au bout de

CYPR

l'aiguillon, *razai*, avec lequel on cure ou enlève la terre du soc de la charrue.
Cûrî, v. a. 2e conj. Couvrir. En agriculture, une fois le blé semé, le recouvrir de terre. *Ji cûréssou, tchu cûrés, o curé*, etc.
Curioux, ousa, adj. Curieux, euse. (Celt. *Curius*). On dit aussi *quirioux*.
Cûri-pîe, s. m. Couvre-pied.
Cûritchura, s. f. Couverture.
Cusina, s. f. Cuisine.
Cusinîe, iéri, s. Cuisinier, ière.
Cuva, s. f. Cuve. (Celt. *Cuva*).
Cuvâ, v. n. et a. 1re conj. Cuver.
Cuvà, pl. **ais,** s. f. Cuvée.
Cuvageou, s. m. Cuvage.
Cuvétta, s. f. Cuvette.
Cyclonou, s. m. Cyclone.
Cygnou, s. m. Cygne.
Cyléindrâ, v. a. 1re conj. Cylindrer.
Cyléindrageou, s. m. Cylindrage.
Cyléindriquou, qua, adj. Cylindrique.
Cyléindrou, s. m. Cylindre.
Cymbala, s. f. Cymbale.
Cymbalîe, s. m. Cymbalier.
Cyniquamont, adv. Cyniquement.
Cyniquou, qua, adj. Cynique.
Cynismou, s. m. Cynisme.
Cyprès, s. m. Cyprès.

D

D, s. m. Quatrième lettre de l'alphabet et troisième des consonnes. (V. Gram.)

Dâ ou **Dé**, s. m. Dé à jouer.
Les cartes, lous dás et les quilles,
Par se galá avoués les filles.
(Ballet forés. ALLARD).

Dâ, s. m. Dard, pointe. (Celt. *Dart*).

Dadâ, s. m. Dadais, niais, nigaud.

Dagua, s. f. Dague, poignard; fig. : jambe.

Daguâ, v. a. et n. 1re conj. Daguer; fig. : boiter.

Daguereoutchypou, s. m. Daguerréotype.

Daignâ, v. n. 1re conj. Daigner.

Dailli, s. f. Faulx à faucher. (Celt. *Daillo*).

Daillîe, v. a. 1re conj. irrég. com. *Criaillie*. Faucher.

Dais, s. m. Dais.

Dalla, s. f. Dalle. (V. *Cadatta*).

Dallâ, v. a. 1re conj. Daller.

Dalléiâ, s. m. Dahlia, plante.

Dama, s. f. Dame, femme, jeu, outil à tasser.

Damâ, v. a. 1re conj. Damer un chemin.

Damas, s. m. Damas, étoffe, métal acier.

Damasquinâ, v. a. 1re conj. Damasquiner.

Damasquina, s. f. Damasquine.

Damasquinéu, s. m. Damasquineur.

Damasséuri, s. f. Damassure.

Damassîe, v. a. 1re conj. irrég. com. *Acessie*. Damasser.

Damîe, s. m. Damier.

Danâ, Dannâ, v. a. et pr. 1re conj. Damner. (Celt. *Damna*).

Danà, f. pl. **ais**, adj. et s. Damné, e.

Danablou, bla, adj. Damnable.

Danacioun, s. f. Danation.

Dandâra, s. f. Personne exubérante, babillarde, qui s'agite en parlant. (Celt. *Dare*, agitation).

Dandjün, s. m. Dandin.

Dandjinâ, v. n. et pr. 1re conj. Dandiner.

Dangîe, s. m. Danger. (Celt. *Danger*).

Dangirousamont, adv. Dangereusement

Dangiroux, ousa, adj. Dangereux, euse

Dansant, a, adj. Dansant, e.

Danséu, sa, s. Danseur, euse.

Dansi, s. f. Danse. (Celt. *Dancz*).

Daôba, s. f. Daube.

Daôbâ, v. a. 1re conj. Dauber.

Daôssa, s. f. Haricot vert.

Dâra, s. f. Mouvement, agitation, bruit, tumulte. *Menà de dará* ; s'agiter, faire du bruit.

Darboun ou **Draboun**, s. m. Taupe.
Si la gréla gàte lous blás,
Si lou darboun minge lou prás.
Si la grêle gâte les blés,
Si la taupe mange les prés.
(CHAPELON).

Dardâ, v. a. 1re conj. Darder.

Daré, ri, adj. Dernier, ière.

Daré, s. m. Derrière.

Darérimont, adv. Dernièrement.

Darneiat, s. m. Derne, pie-grièche, oiseau; par ext. : enfant étourdi, turbulent.

Dartra, s. f. Dartre.

Dartroux, ousa, adj. Dartreux, euse.

Data, s. f. Date, temps précis.

Datâ, v. a. 1re conj. Dater.

Datta, s. f. Datte, fruit.

Dattchîe, s. m. Dattier, arbre.

Davaigni, s. f. Prune, fruit.

DÉBA

Davaignîe, s. m. Prunier, arbre.
Davant, prép. Devant, en face.
Davant, s. m. Partie antérieure ; *prondre lou davant*.
Davantageou, adv. Davantage. Ce mot très peu usité en patois est remplacé par *mais*. Ji n'on sais pas mais ; je n'en sais pas davantage.
Davantchura, s. f. Devanture.
Davanté, s. m. Tablier. (Celt. *Davancher*).
Davantéri, s. f. Tablier ou jupe fendue que les paysannes revêtent pour monter à cheval.
Daveize ou **Davéze** (lou béus). Le bois Davaize, à l'est de Saint-Etienne, donnant son nom à l'endroit où il est situé.
D'après le dictionnaire celt. de Bullet, ce nom viendrait du celtique *Dà*, qui signifie Dieu, noir, et de *Wez*, arbre, forêt, bois ; ce qui ferait : bois, divin, bois noir, bois sacré ; et, de là, les noms de Devez *ou* Devey, Aveizieux, Vizillon *ou* Bizillon, etc. (V. la *Légende des Gagas*, Aug. CALLET).
De, prép. De.
Débâcla, s. f. Débâcle.
Débâclâ, v. a. 1re conj. Débâcler.
Débâclageou, s. m. Débâclage.
Débagageageou, s. m. Déménagement.
Débagageú, s. m. Déménageur.
Débagagîe, v. a. 1re conj. irrég. com. *Ablagie*. Déménager.
Déballâ, v. a. 1re conj. Déballer.
Déballageou, s. m. Déballage.
Débanâ, v. a. et n. 1re conj. Dévider, dérouler ; fig. : abonder en paroles. (Celt. *Debana*).
Débandâ, v. a. et pr. 1re conj. Débander.
Débandada, s. f. Débandade.
Débanéu, s. m. Guindre, dévidoir ; fig. : bavard.
Debaôchéu, sa, s. Débaucheur, euse.
Débaôchi, s. f. Débauche.
Débaôchîe, v. a. et pr. 1re conj. irrég. com. *Appinchie*. Débaucher.
Debaôchit, chià, f. pl. **ais**, s. Débauché, e.
Débarbouillageou, s. m. Débarbouillage.
Débarbouillîe, v. a. et pr. 1re conj. irrég. com. *Agranouillie*. Débarbouiller.
Débarcadérou, s. m. Débarcadère.
Débardâ, v. a. 1re conj. Débarder.
Débardéu, s. m. Débardeur.

DÉBO

Débarliéudâ, v. a. 1re conj. Oter la berlue, dessiller les yeux.
Débarquâ, v. a. 1re conj. Débarquer.
Débarquamont, s. m. Débarquement.
Débarrâ, v. a. 1re conj. Débarrer, ôter la barre.
Débarras, s. m. Débarras.
Débarrassîe, v. a. et pr. 1re conj. irrég. com. *Acassîe*. Débarrasser.
Débarricadâ, v. a. 1re conj. Débarricader.
Débat, s. m. Débat.
Débâtâ, v. a. 1re conj. Débâter.
Débâtchî, v. a. 2e conj. com. *Amortchir*. Débâtir.
Débattre, v. a. 3e conj. com. *Battre*. Débattre.
Débeire, s. m. Déboire.
Débifâ, v. a. 1re conj. Dilapider, détruire.
Débiféu, s. m. Destructeur, dissipateur.
Débilâ, v. a. et pr. 1re conj. Débiler, rendre la bile.
Débilou, la, adj. Débile.
Débinâ, v. a. 1re conj. Débiner.
Débina, s. f. Débine.
Débit, s. m. Débit.
Débitâ, v. a. 1re conj. Débiter.
Débitant, a, s. Débitant, e, qui vend.
Débitœu, trici, s. Débiteur, trice, qui doit.
Déblaterâ, v. n. 1re conj. com. *Bariteli*. Déblatérer.
Débleiageou, s. m. Déblaiement.
Débleiéu, s. m. Qui déblaie.
Débleïe, v. a. 1re conj. irrég. com. *Deluffeïe*. Déblayer.
Débloucageou, s. m. Déblocage.
Déblouquâ, v. a. 1re conj. comme *Bouquâ*. Débloquer.
Déboêsâ ou **Débouaisâ**, v. a. 1re conj. Déboiser.
Déboêsamont ou **Débouais...**, s. m. Déboisement.
Débôrbâ, v. a. 1re conj. Débourber. (V. *Débormâ*).
Débordâ, v. n. 1re conj. Déborder.
Débordamont, s. m. Débordement.
Déborlîe, v. a. 1re conj. irrég. Désaveugler, ôter une paille de l'œil. — Ind. prés. : *Ji déborliou, tchu déborlies, o déborlie, nous déborliouns, vous déborlies, cis déborliount*. — Impératif : *Déborli, déborliouns, deborlies*. — Subj. prés. : *Que ji déborliu, que*

DÉBU

tchu déborlies, qu'o déborlic, que nous déborliouns, que vous déborliz, qu'eis déborliant.

Débormâ ou **Débourmâ**, v. a. 1re conj. Débourber, ouvrir un passage au cours d'un ruisseau. (V. *Déborbâ*).

Déborsâ, v. a. 1re conj. Débourser.

Déborsà, s. m. Déboursé, argent avancé.

Déborsamont, s. m. Déboursement.

Deboueitchîe, v. a. 1re conj. com. *Découcifîe*. Déboîter.

Débouénâ, v. a. 1re conj. com. *Abouénâ*. Enlever les bornes d'un champ.

Débouchîe, v. a. 1re conj. irrég. Déboucher. — Ind. prés. : *Ji débouchou, tchu débouches, o débouche*, etc. — Impératif : *Débouchi*, etc. — Subj. : *Que ji déboucha*, etc.

Débouchit, s. m. Débouché.

Débouclâ, v. a. 1re conj. Déboucler.

Débourrâ, v. a. 1re conj. com. *Afflourâ*. Débourrer.

Déboutâ, v. a. 1re conj. Débouter.

Déboutounâ, v. a. et pr. com. *Boundounâ*. Déboutonner ; fig. : se montrer généreux, avoir des largesses contraires à ses habitudes. *O s'é déboutounâ par païe ûn si boun djinà !* Il s'est fait généreux pour payer un si bon dîner. De même que l'on dit d'un repas mesquin : *O n'iaî pas de quei se déboutounâ !*

Débondâ, v. a. 1re conj. Débonder.

Déboundounâ, v. a. et pr. 1re conj. com. *Boundounâ*. Débondonner ; fig. : se lâcher, évacuer avec abondance, à la suite d'une rétention.

Débounairamont, adv. Débonnairement.

Débounairou, ra, adj. Débonnaire.

Débraillîe, v. a. et pr. 1re conj. irrég. com. *Craillie*. Débrailler.

Débraillit, lià, f. pl. **ais**, adj. Débraillé, e.

Débridâ, v. a. 1re conj. Débrider.

Débridamont, s. m. Débridement.

Débrïnguâ, v. a. 1re conj. Démantibuler, rendre impropre au service.

Débris, s. m. Débris. (V. *Ramasilli*).

Débouchîe, v. a. et pr. 1re conj. irrég. com. *Appinchie*. Déboucher.

Débrouillîe, v. a. et pr. 1re conj. irrég. com. *Criaillie*. Débrouiller.

Débusquâ, v. a. 1re conj. Débusquer.

Débusquamont, s. m. Débusquement.

Début, s. m. Début.

Débutâ, v. n. 1re conj. Débuter.

DÉCE

Débutant, a, adj. et s. Débutant, e.

Décachetâ, v. a. 1re conj. com. *Assetâ*. Décacheter.

Décachetageou, s. m. Décachetage.

Década, s. f. Décade.

Décadonci, s. f. Décadence.

Décafornâ, v. a. 1re conj. Tirer d'une caverne, d'un trou, d'un recoin ; déterrer.

D'écais, loc. adv. D'ici, de ce côté-là.

Décalâ, v. a. 1re conj. Décaler.

Décalitrou, s. m. Décalitre, mesure de dix litres ; par all. : chapeau haute forme.

Décalogou, s. m. Décalogue.

Décaloutâ, v. a. et p. com. *Agouttâ*. Décalotter.

Décalqua, s. f. Décalque.

Décalquâ, v. a. 1re conj. Décalquer.

Décamètrou, s. m. Décamètre.

Déçamont, adv. Décemment.

Décampâ, v. a. 1re conj. Décamper.

Décampamont, s. m. Décampement.

Décampanâ, v. a. 1re conj. Déformer, bosseler en parlant d'un chapeau, c'est-à-dire lui ôter sa forme de cloche. (*Campana*).

Décantâ, v. a. 1re conj. Décanter.

Décantacioun, s. f. Décantation.

Décapâ, v. a. 1re conj. Décaper.

Décapageou, s. m. Décapage.

Décapitâ, v. a. 1re conj. Décapiter.

Décapitacioun, s. f. Décapitation.

Decarémâ, v. a. et pr. 1re conj. Rompre l'abstinence du Carême par un bon morceau.

Décarrelâ, v. a. 1re conj. com. *Baritelâ*. Décarreler.

Décarrelageou, s. m. Décarrelage.

Décarunâ, v. a. 1re conj. Démolir, effondrer, mettre en ruines. *Vou'é tout décarunâ*.

Décatchi, v. a. 2e conj. com. *Amortchi*. Décatir. (Celt. *Canti*, blanchisserie).

Décatchissageou, s. m. Décatissage.

Décatchisséu, s. m. Décatisseur.

Décavâ, v. a. 1re conj. Décaver.

Décearnâ, v. a. 1re conj. Décerner.

Décedâ, v. n. 1re conj. com. *Assetâ*. Décéder. (Celt. *Decedi*).

Décéintrâ, v. a. 1re conj. Décintrer.

Décéintrageou, s. m. Décintrage.

Décelâ, v. a. 1re conj. com. *Baritelâ*. Déceler.

Décelageou, s. m. Décèlement.

DÉCH

Déceombrou, s. m. Décembre, dernier mois.
Déceonci, s. f. Décence.
Déceont, a, adj. Décent, e.
Deceontrâ, v. a. 1ʳᵉ conj. Sortir le centre, rendre excentrique.
Déceontralisâ, v. a. 1ʳᵉ conj. Décentraliser.
Déceontralisacioun, s. f. Décentralisation.
Déceontralisatœu, trici, adj. Décentralisateur, trice.
Décepcioun, s. f. Déception.
Décês, s. m. Décès.
Décéu, Déçua, adj. Déçu, e.
Déchalé ou **Echalé,** s. m. Escalier.
Déchaôssageou, s. m. Déchaussage.
Déchaôssîe, v. a. et pr. 1ʳᵉ conj. irrég. com. *Acassîe*. Déchausser.
Déchaôx, aôssa, adj. Déchaux, ausse.
Déchargeamont, s. m. Déchargement.
Déchargéu, s. m. Déchargeur.
Déchargi, s. f. Décharge.
Déchargîe, v. a. et pr. 1ʳᵉ conj. irrég. com. *Ablagie*. Décharger.
Décharnâ, v. a. 1ʳᵉ conj. Décharner.
Décharnà, f. pl. **ais,** adj. Décharné, e.
Déchavelâ, v. a. 1ʳᵉ conj. com. *Baritelâ*. Décheveler, découvrir la tête.
Décheanci, s. f. Déchéance.
Décheinâ, v. a. et pr. 1ʳᵉ conj. Déchainer. Ind. prés. : *Ji déchéinou, tchu déchéines, o déchéine, nous déchéinouns, vous déchéinaz, eis déchéinount*. — Impératif : *Déchéina, déchéinouns, déchéinaz*. — Subj. : *Que ji déchéina, que tchu déchéines, qu'o déchéine, que nous déchéiniouns, que vous déchéiniz, qu'eis déchéinant*. Dans tous les autres temps, on écrit *déchei...* et non *déchéi...*
Décheire, v. n. 3ᵉ conj. irrég. com. *Cheire*. Déchoir.
Déchét, s. m. Déchet.
Déchéu, ta, adj. Déchu, e, abaissé.
Déchi, s. f. Pénurie, pauvreté, misère.
Déchiffrâ, v. a. 1ʳᵉ conj. Déchiffrer.
Déchiffrablou, bla, adj. Déchiffrable.
Déchiffréu, s. m. Déchiffreur.
Déchiquetâ, v. a. 1ʳᵉ conj com. *Briquetâ*. Déchiqueter.
Déchiquetéuri, s. f. Déchiqueture.
Déchirageou, s. m. Déchirage.
Déchiramont, s. m. Déchirement.
Déchirant, a, adj. Déchirant, e.

DÉCO

Déchiréuri, s. f. Déchirure.
Déchirîe, v. a. et pr. 1ʳᵉ conj. irrég. com. *Caravirie*. Déchirer ; fig. : calomnier, injurier, médire.
Déciâ ou **Déssiâ,** v. a. et pr. 1ʳᵉ conj. Désaltérer, rassasier. *Poiou pas m'on détriâ, volou m'on dessiâ* ; je ne peux pas m'en sevrer, je veux m'en rassasier. (CHAPELON). — Ind. prés. : *Ji déciou, tchu décies, o décie, nous déciouns, vous déciaz, eis déciount*. — Impératif : *Décia, déciouns, déciaz*. — Subj. : *Que ji décia, que tchu décies, qu'o décie, que nous déciouns, que vous déciiz, qu'eis déciant*. Dans tous les autres temps, on écrit *déc...* et non *déc..*.
Décidâ, v. a. 1ʳᵉ conj. Décider.
Décidà, f. pl. **ais,** adj. Décidé, e.
Décidamont, adv. Décidément.
Décimâ, v. a. 1ʳᵉ conj. Décimer.
Décimal (alou), a, aôx, adj. Décimal, e aux.
Décimou, s. m. Décime.
Décimètrou, s. m. Décimètre.
Décisif (ifou), iva, adj. Décisif, ive.
Décisioun, s. f. Décision.
Désisivamont, adv. Décisivement.
Déclamâ, v. a. 1ʳᵉ conj. Déclamer.
Déclamacioun, s. f. Déclamation.
Déclamatœu, s. m. Déclamateur.
Déclamatouairou, ra, adj. Déclamatoire.
Déclapâ, v. a. 1ʳᵉ conj. Tirer de dessous les pierres, *clapes* ; faire sortir une personne accroupie de sa position.
Déclapoutâ, v. a. 1ʳᵉ conj. com. *Agouttâ*. Détremper pour désagréger, décoller.
Déclarâ, v. a. 1ʳᵉ conj. Déclarer.
Déclaracioun, s. f. Déclaration.
Déclassamont, s. m. Déclassement.
Déclassîe, v. a. 1ʳᵉ conj. irrég. com. *Acassîe*. Déclasser.
Déclassit, siâ, f. pl. **ais,** adj. et s. Déclassé, e.
Déclavelâ, v. a. 1ʳᵉ conj. irrég. com. *Baritelâ*. Déclouer. (V. *Décléutrâ*).
Déclavetâ, v. a. 1ʳᵉ conj. com. *Assetâ*. Oter les clavettes, démonter.
Déclimatâ, v. a. 1ʳᵉ conj. Déclimater.
Déclïn ou **Décléin,** s. m. Déclin.
Déclinâ, v. n. et a. 1ʳᵉ conj. Décliner.
Déclinablou, bla, adj. Déclinable.
Déclineisoun, s. f. Déclinaison.
Déclouîe, v. a. 1ʳᵉ conj. irrég. com. *Allouîe*. Déclouer. (V. *Décléutrâ, déclavelâ*).
Décô, s. m. Décor.

DÉCO

Décornâ, v. a. 1ʳᵉ conj. Décorner.
Décorum (omou), s. m. Décorum, bienséance..
Découchageou, s. m. Découchage.
Découchîe, v. n. 1ʳᵉ conj. irrég. com. *Abouchîe*. Découcher.
Découdre, v. a. 3ᵉ conj. Découdre. *Ji décousou, tchu découds, o découd, nous décousouns*, etc.
Découeiffîe, v. a. 1ʳᵉ conj. irrég. com. *Coueiffîe*. Décoiffer.
Découérîe, v. a. et pr. 1ʳᵉ conj. com. *Aérîe*. Laver, blanchir. *Ma découérit ; mal lavé*.
Découéssondre, v. a. 3ᵉ conj. Ebrancher un arbre, déchirer, arracher une chose flottante comme un drapeau, un oriflamme, un vêtement, etc.
Découéssondju, a, adj. Déchiré complètement, dépouillé, démembré, etc.
Découfflâ, v. a. et pr. 1ʳᵉ conj. com. *Couflâ*. Dégonfler.
Découfflamont, s. m. Dégonflement.
Découlâ, v. a. 1ʳᵉ conj. com. *Affoulâ*. Décoller.
Découlageou, s. m. Décollement.
Découletâ, v. a. 1ʳᵉ conj. com. *Assetâ*. Décolleter.
Découletageou, s. m. Décolletage.
Découlourà, f. pl. **ais**, adj. Décoloré, e.
Découmandâ, v. a. 1ʳᵉ conj. Décommander.
Découmblâ, v. a. 1ʳᵉ conj. Nettoyer un fossé comblé.
Découmbrous, s. m. pl. Décombres.
Découmpassâ, v. a. 1ʳᵉ conj. Dépasser, surpasser.
Découmpéusâ, v. a. 1ʳᵉ conj. Décomposer.
Découmpéusablou, bla, adj. Décomposable.
Découmpéusicioun, s. f. Décomposition.
Découmpletâ, v. a. 1ʳᵉ conj. com. *Assetâ*. Décompléter.
Découmptâ, v. a. 1ʳᵉ conj. Décompter.
Découmptou, s. m. Décompte.
Décounçartâ ou **ceartâ**, v. a. 1ʳᵉ conj. Déconcerter.
Décounçartamont ou **ceartamont**, s. m. Déconcertement.
Décounfîre, v. a. 3ᵉ conj. com. *Counfîre*. Déconfire.
Décounfit, a, adj. Déconfit, e.
Décounfitchura, s. f. Déconfiture.

DÉCR

Décounfortâ, v. a. 1ʳᵉ conj. Déconforter.
Décounseillîe, v. a. 1ʳᵉ conj. irrég. com. *Agreillîe*. Déconseiller.
Décounsiderâ, v. a. 1ʳᵉ conj. com. *Aberâ*. Déconsidérer.
Décounsiderà, f. pl. **ais**, adj. Déconsidéré, e.
Décounsideracioun, s. f. Déconsidération.
Décountenancîe, v. a. 1ʳᵉ conj. irrég. com. *Agenocîe*. Décontenancer.
Décountenancit, cià, f. pl. **ais**, adj. Sans contenance, ni maintien.
Décounvenua, s. f. Déconvenue.
Découpâ, v. a. 1ʳᵉ conj. com. *Coupâ*. Découper.
Découpageou, s. m. Découpage.
Découpéu, sa, s. Découpeur, euse.
Découpéuri, s. f. Découpure.
Découplâ, v. a. 1ʳᵉ conj. com. *Couflâ*. Découpler.
Découplà, f. pl. **ais**, adj. Découplé, e.
Décourâ, v. a. 1ʳᵉ conj. com. *Affourâ*. Décorer, orner ; v. n. *décourâ*, tomber en défaillance, avoir mal au cœur, perdre connaissance. *Quand ji veyou moun avt, m'é-t-ceis que ji décorou ;* quand je vois mon étau, il me semble que je tombe en défaillance. (CHAPELON).
Décourageamont, s. m. Découragement.
Décourageant, a, adj. Décourageant, e.
Découragîe, v. a. 1ʳᵉ conj. irrég. com. *Ablagîe*. Décourager.
Découracioun, s. f. Décoration.
Découratchif (ifou), **iva**, adj. Décoratif, ive.
Découratœu, s. m. Décorateur.
Décourésoun, s. f. Syncope, défaillance. (V. *Décourâ*).
Décourounâ, v. a. 1ʳᵉ conj. irrég. comme *Boundounâ*. Découronner.
Découséuri, s. f. Décousure.
Décousu, a, adj. et s. Décousu, e.
Découtchî, v. a. et pr. 2ᵉ conj. comme *Coutchî*. Peigner, démêler les cheveux.
Découtéu, s. m. Peigne, démêloir.
Découvê (à), loc. adv. A découvert.
Découvê, erta, adj. Découvert, e.
Découverta, s. f. Découverte.
Décrassageou, s. m. Décrassement.
Décrassîe, v. a. et pr. 1ʳᵉ conj. irrég. com. *Acassîe*. Décrasser.

DÉDJ

Décrédjitâ, v. a. 1re conj. Décréditer.
Décreitre, v. n. 3e conj. com. *Accreitre*. Décroitre.
Décrépî, v. a. 2e conj. Décrépir.
Décrépissageou, s. m. Décrépissage.
Décrépit, pia, adj. Décrépi, e.
Décrépitchuda, s. f. Décrépitude.
Décrét, s. m. Décret.
Décretâ, v. a. 1re conj. com. *Assetâ*. Décréter, ordonner. *Décretâ*, décrotter, frotter, nettoyer. *Una meisoun bion décretâ*; un intérieur de maison bien nettoyé, bien frotté. *Décretâ*, manger avec beaucoup d'appétit. *A méjou j'ai bion décretâ*; à midi j'ai beaucoup mangé.
Décrire, v. a. 3e conj. com. *Ecrire*. Décrire.
Décrouchageou, s. m. Décrochement.
Décrouchîe, v. a. 1re conj. irrég. com. *Abouchie*. Décrocher.
Décroueisamont, s. m. Décroisement.
Décroueisîe, v. a. 1re conj. irrég. comme *Coueiffie*. Décroiser.
Décroutâ, v. a. 1re conj. com. *Agoutta*. Décrotter.
Décroutéu, s. m. Décrotteur.
Décûchîe, v. a. 1re conj. irrég. com. *Appinchie*. Déprécier, déparer, ôter la valeur, la réputation. *Sa maûvaisi tenua lou décûche*; sa mauvaise tenue le déprécie, lui ôte sa valeur.
Décuplâ, v. a. 1re conj. Décupler.
Décûrî, v. a. 2e conj. com. *Cûrir*. Découvrir.
Décurit, ria, adj. Découvert, e.
Décuvâ, v. a. 1re conj. Décuver.
Décuvageou, s. m. Décuvage.
Dédeignie, v. a. 1re conj. irrég. com. *Abaragnie*. Dédaigner.
Dédeignousamont, adv. Dédaigneusement.
Dédeignoux, ousa, adj. Dédaigneux, euse.
Dédéin, s. m. Dédain.
Dédjiâ, v. a. 1re conj. Dédier. (Celt. *Dédia*).
Dédjicâci, s. f. Dédicace.
Dedjins, adv. Dedans.
Dédjire, v. a. et pr. 3e conj. com. *Djire*. Dédire.
Dédjit, s. m. Dédit, action de se dédire. *Avei soun djit et soun dédjit*, renier sa parole.
Dédjit, s. m. Dégoût, répugnance. *Faire dédjit*, répugner. *La chiai trop grâssa me fat dédjit*; la chair trop grasse me répugne.
Dédjucioun, s. f. Déduction.

DEFE

Dédjûre, v. a. 3e conj. irrég. Déduire. — Ind. prés. : *Ji dédjusou, tchu dédjûs, o dédjut, nous dédjusouns, vous dédjusédes, cis dédjusount*. — Imparfait : *Ji dédjusins*, etc. — Impératif : *Dédjûs, dédjusouns, dédjusédes*. — Subj. : *Que ji dédjusa, que tchu dédjuses, qu'o dédjuse, que nous dédjusiouns, que vous dédjusiz, qu'cis dédjusant*. — Part. prés.: *Dédjusant*. Passé : *Dédjut, a*; pl. *dédjuts, dédjutes*.
Dédoublâ, v. a. 1re conj. com. *Affoulâ*. Dédoubler.
Dédoublageou, s. m. Dédoublement.
Dédoumageamont, s.m. Dédommagement.
Dédoumagîe, v. a. 1re conj. irrég. comme *Ablagie*. Dédommager.
Déessa, s. f. Déesse.
Défaganà, f. pl. ais, adj. Mets non épicé, fruit sans saveur ; fig. : estomac délabré. *Ji souais tout défaganà*, je suis tout délabré.
Défailanci, s. f. Défaillance. (V. *Décourésouin*).
Défaillî, v. n. 2e conj. Défaillir. (V. *Décourâ*).
Défaillimont, s. m. Glas funèbre. *Sounâ lou défaillimont*, sonner le glas funèbre.
Défaire, v. a. 3e conj. com. *Countrafaire*. Défaire.
Défaitchi, s. f. Défaite.
Défalcacioun, s. f. Défalcation.
Défalquâ, v. a. 1re conj. Défalquer.
Défaôt, s. m. Défaut.
Défarrâ, v. a. 1re conj. Déferrer.
Défarrageou, s. m. Déferrage.
Défat, faîtchi, adj. Défait, e.
Défavœu, s. f. Défaveur.
Défavourablamont, adv. Défavorablement.
Défavourablou, bla, adj. Défavorable.
Deferâ, v. a. 1re conj. com. *Aberâ*. Déférer.
Déferonci, s. f. Déférence.
Défessî, v. a. et pr. 2e conj. Débarrasser, se défaire d'une chose incommode. (V. *Onfessi*). — Ind. prés. : *Ji défessésou, tchu défessés, o défessé, nous défessissouns, vous défessissédes, cis défesséssount*. — Imparfait : *Ji défessissins*, etc. — Impératif : *Défessés, défessissouns, défessissédes*. — Subj. : *Que ji défessissa, que tchu défessisses, qu'o défessisse, que nous défessissiouns, que vous défessissiz, qu'cis défessissant*.
Déffettchuousamont, adv. Défectueusement.
Déffettchuousità, s. f. Défectuosité.
Defettchuoux, ousa, adj. Défectueux, euse.

DÉFU

Deféu, adv. Dehors.

Défiâ, v. a. et pr. 1re conj. com. *Déciâ.* Défier.

Défialâ, v. a. 1re conj. Effiler un tissu.

Défianci, s. Défiance.

Défiant, a, adj. Défiant, e.

Déficelâ, v. a. 1re conj. com. *Baritelâ.* Déficeler.

Déficit (itou), s. m. Déficit.

Défigurâ, v. a. 1re conj. Défigurer.

Défilâ, v. a. et n. 1re conj. Défiler. (Celt. *Defila*).

Défilà, s. m. Défilé.

Définî, v. a. 2e conj. Définir.

Définicioun, s. f. Définition.

Définissablou, bla, adj. Définissable.

Définit, nia, adj. Défini, e.

Définitchif (ifou), **iva,** adj. Définitif, ive.

Définitchivamont, adv. Définitivement.

Défit, s. m. Défi.

Défiourâ, v. a. 1re conj. com. *Afflourâ.* Déflorer.

Défloureisoun, s. f. Défloraison.

Défondablou, bla, adj. Défendable.

Défondéu, sa, s. Défendeur, euse.

Défondre, v. a. 3e conj. Défendre.

Défonsa, s. f. Défense.

Défonséu, s. m. Défenseur.

Défonsivamont, adv. Défensivement.

Déformâ, v. a. 1re conj. Déformer.

Déformacioun, s. f. Déformation.

Défounçâ, v. a. 1re conj. Défoncer.

Défounçageou, s. m. Défonçage.

Défoundrâ, v. a. 1re conj. Démolir de fond en comble.

Défreichî, v. a. 2e conj. com. *Blanchi.* Défraîchir.

Défrichamont, s. m. Défrichement.

Défrichéu, s. m. Défricheur.

Défrichîe, v. a. 1re conj. irrég. com. *Appinchîe.* Défricher.

Défrisîe, v. a. 1re conj. irrég. com. *Brisîe.* Défriser.

Défroqua, s. f. Défroque.

Défrouquâ, v. a. 1re conj. com. *Coupâ.* Défroquer.

Défrouquà, f. pl. ais, adj. et s. Défroqué, e.

Défünt, a, adj. et s. Défunt, e.

Défuont, s. m. Déversoir, grand conduit ; par all. : gosier, estomac. *O-l-a ün boun défuont ;* se dit d'une personne qui boit et mange beaucoup.

DÉGO

Dégageamont, s. m. Dégagement.

Dégagîe, v. a. 1re conj. irrég. com. *Ablagîe.* Dégager.

Dégagit, già, f. pl. ais, adj. Dégagé, e.

Dégaina, s. m. Dégaine, tournure.

Dégainâ ou **Dégueinâ,** v. a. 1re conj. Dégainer.

Déganâ, v. a. 1re conj. Dénigrer, diffamer.

Dégaôchî, v. a. 2e conj. com. *Blanchî.* Dégauchir.

Dégaôchissageou, s. m. Dégauchissement.

Dégantâ, v. a. et pr. 1re conj. Déganter.

Dégarni, v. a. et pr. 2e conj. Dégarnir. (Celt. *Degwarnire*).

Dégat, s. m. Dégât.

Dégealâ, v. a. et n. 1re conj. Dégeler. Verbe impers. : *o dégeale,* il dégèle.

Dégealà, f. pl. ais, s. Dégelé, e.

Dégealé, s. m. Dégel.

Dégenerâ, v. n. 1re conj. Dégénérer.

Deglounâ, v. a. et pr. 1re conj. com. *Boundounâ.* Dégluer. Fig. Se défaire d'une personne, d'une chose gênante.

Dégordjî, v. a. et pr. 2e conj. com. *Agrandji.* Dégourdir.

Dégordjissamont, s. m. Dégourdissement.

Dégordjit, djia, adj. Dégourdi, e.

Dégorgeamont, s. m. Dégorgement.

Dégorgeoi (oua), s. m. Dégorgeoir.

Dégorgîe, v. a. 1re conj. com. *Ablagîe.* Dégorger.

Dégouaima, s. f. Femme dégoûtée, sans contenance, qui semble toujours prête à dégobiller ; injure : *granda dégouaima !*

Dégoubillîe, v. a. et n. 1re conj. irrég. com. *Agreillie.* Dégobiller. (V. *Déguémâ*).

Dégouémâ, v. a. et n. 1re conj. com. *Abouénâ.* Dégobiller. (Celt. *Digoaua*).

Dégouémün, s. m. Produit du dégobillage.

Dégoumâ, v. a. 1re conj. Dégommer. — Ind. prés. : *ji dégomou, tchu dégomes, o dégome, nous dégoumouns, vous dégouma:, cis dégomount.* — Impératif : *Dégoma, dégoumouns, dégouma:.* — Subj. : *Que ji dégoma, que tchu dégomes, qu'o dégome, que nous dégoumiouns, que vous dégoumi:, qu'eis dégoumant.* Dans tous les autres temps, on écrit *dégoum...* et non *dégom...*

Dégoumageou, s. m. Dégommage.

DÉGU

Dégounflâ, v. a. 1re conj. Dégonfler. (V. *Décounflâ*).

Dégounflamont, s. m. Dégonflement.

Dégout, s. m. Dégoût, répugnance. (V. *Dédjit*).

Dégout, s. m. Une goutte, bien peu. En parlant d'un liquide : *incoure ün petchit dégout*; encore une petite goutte.

Dégoutâ, v. a. et pr. 1re conj. com. *Agouttâ*. Dégoûter.

Dégoutant, a, adj. Dégoûtant, e.

Dégouttâ, v. n. 1re conj. com. *Agouttâ*. Dégoutter, tomber goutte à goutte.

Dégradâ, v. a. 1re conj. Dégrader. (V. *Dégraminâ*).

Dégradacioun, s. f. Dégradation.

Dégradant, a, adj. Dégradant, e.

Dégrafâ, v. a. 1re conj. Dégrafer.

Dégraminâ, v. a. 1re conj. Dégrader, faire tomber la cendre d'un feu en piquant entre les barreaux d'une grille. Attiser le feu ; *dégraminâ lou feu*.

Dégreissageou, s. m. Dégraissage.

Dégreisséu, s. m. Dégraisseur.

Dégreissîe, v. a. 1re conj. com. *Beissie*. Dégraisser.

Dégravâ, v. a. 1re conj. Dégrever.

Dégravamont, s. m. Dégrèvement.

Dégringoulâ, v. a. 1re conj. com. *Affoulâ*. Dégringoler. (V. *Baréulâ*).

Dégringoulada, s. f. Dégringolade.

Dégrisâ, v. a. 1re conj. Dégriser. (V. *Désseulâ*).

Dégroussî, v. a. 2e conj. com. *Adouci*. Dégrossir.

Dégroussissageou, s. m. Dégrossissage.

Dégroussisséu, sa, s. Dégrossisseur, euse.

Déguarpî, v. n. 2e conj. com. *Crépi*. Déguerpir.

Déguenillîe, v. a. 1re conj. irrég. comme *Agreillié*. Déguenniler.

Déguenillit, lia, f. pl. **ais**, adj. Déguenillé, e.

Déguéurou, s. m. Précipice, abîme. *Cheire djins lou déguéurou* ; tomber dans le précipice.

Déguignounâ, v. a. 1re conj. com. *Boundounâ*. Déguignonner.

Déguisâ, v. a. et pr. 1re conj. Déguiser. (Celt. *Deguiza*).

Déguisamont, s. m. Déguisement.

Dégustâ, v. a. 1re conj. Déguster.

DÉLA

Dégustacioun, s. f. Dégustation.

Dégustéu, s. m. Dégusteur.

Dei, s. m. Doigt.

Déifiâ, v. a. 1re conj. comme *Assimiliâ* Déifier.

Deire ou **Dére**, v. a. 3e conj. Devoir. — Ind. prés. : *Ji devou, tchu deis, o deit, nous devouns, vous dédes, eis dévount*. — Imparfait : *Ji devïns, tchu devies*, etc. — Pas. défini : *Ji devïéu*, etc. — Futur : *Ji dérei*, etc. — Cond. : *Ji dérins*, etc. — Impératif : *Deis, devouns, dédes*. — Subj. : *Que ji deva, que tchu deves, qu'o deve, que nous deviouns, que vous deviz, qu'eis devant*. — Imparfait : *Que ji devéza*, etc. — Part. prés. : *Devant*. Pas. : *Déu, déuta* ; pl. *déus, déutes*.

Déismou, s. m. Déisme.

Déistou, s. m. Déiste.

Deit, s. m. Doit, passif et actif.

Dejà, adv. Déjà.

Dejaffetâ, v. a. et pr. 1re conj. com. *Assetâ*. Déchevêtrer, débarrasser.

Déjamagnéu, s. m. Trapèze, barre fixe, objet après lequel on se débat.

Déjamagnîe (se), v. pr. 1re conj. irrég. com. *Abaragnie*. Se démener, se débattre, se disloquer, etc.

Déjetâ (se), v. pr. 1re conj. com. *Assetâ*. Se déjeter. (V. *Onjetâ*).

Déjetcioun, s. f. Déjection.

Déjeunâ, s. m. Déjeuner, repas du matin.

Déjeunâ, v. n. 1re conj. Déjeuner, faire le repas du matin.

Déjoéindre, v. a. et pr. irrég. com. *Attémdre*. Déjoindre.

Déjoéintâ ou **Déjointeïe**, v. a. pr. 1re conj. com. *Approupreïe*. *Ji déjoéintéiou*, etc. Disjoindre, séparer.

Déjouîe, v. a. et n. 1re conj. irrég. com. *Allouîe*. Déjouer.

Déjugîe (se), v. pr. 1re conj. irrég. com. *Ablagie*. Déjuger.

Délâbrâ, v. a. 1re conj. Délabrer. (V. *Défaganâ*).

Délâbrâ, f. pl. ais, adj. Délabré, e. (V. *Défaganâ*).

Délabramont, s. m. Délabrement.

Délacîe, v. a. et pr. 1re conj. irrég. com. *Acassie*. Délacer.

Délai, s. m. Délai, prolongation.

Delaî ou **Delais**, prép. Delà, de l'autre côté.

Délâssâ, v. a. et pr. 1re conj. Délasser.

Délâssamont, s. m. Délassement.

DÉLO

Délatâ, v. a. 1re conj. Dénoncer, divulguer.
Délatæu, trici, s. Délateur, trice, dénonciateur.
Délavâ, v. a. 1re conj. Délaver.
Délavageou, s. m. Délavage.
Délectâ, v. a. et pr. 1re conj. Délecter.
Délectablou, bla, adj. Délectable.
Déleissamont, s. m. Délaissement.
Déleissîe, v. a. 1re conj. irrég. com. *Beissie*. Délaisser.
Déleissit, s. m. Terrain non occupé.
Delegacioun, s. f. Délégation.
Deleguâ, v. a. 1re conj. Déléguer.
Deleguâ, f. pl. **ais**, adj. Délégué, e.
Déleiageou, s. m. Délayage.
Déleïe, v. a. 1re conj. irrég. com. *Approupreie*. Délayer.
Déliâ, v. a. 1re conj. com. *Déciâ*. Délier, défaire les liens; découpler, dételer les bœufs.
Délià, pl. **iais**, s. f. Traite de labour, travail que fait une paire de bœufs sans dételer.
Délibérâ, v. n. 1re conj. com. *Aberà*. Délibérer.
Délibèrà, f. pl. **ais**, adj. et s. m. Délibéré, e.
Déliberacioun, s. f. Délibération.
Déliberamont, adv. Délibérément.
Délicat, a, adj. Délicat, e. (Celt. *Delicat*).
Délicatamont, adv. Délicatement.
Délicatessa, s. f. Délicatesse.
Déliciousamont, adv. Délicieusement.
Délicioux, ousa, adj. Délicieux, ieuse.
Déliçou, s. m. Délice.
Délimitâ, v. a. 1re conj. Délimiter.
Délimitacioun, s. f. Délimitation.
Délinquant, a, s. Délinquant, e.
Délirâ, v. n. 1re conj. Délirer.
Délirant, a, adj. Délirant, e.
Délîrou, s. m. Délire.
Délit, s. m. Délit.
Délivrâ, v. a. 1re conj. Délivrer.
Délivranci, s. f. Délivrance.
Délougeamont, s. m. Délogement.
Délougie, v. a. 1re conj. irrég. com. *Abrougie*. Déloger.
Délouîe, v. a. 1re conj. irrég. com. *Allouie*. Disloquer, démancher. *Ompachies-lous par équais cop de se délouie lou couais*; empêchez-les pour ce coup de se disloquer le coù. (CHAPELON).

DÉME

Délouyal (aloui), **a, aôx**, adj. Déloyal, e, aux. (Celt. *Deleyala*).
Délouyalamont, adv. Déloyalement.
Délouyaôtâ, s. f. Déloyauté.
Délugeou, s. m. Déluge.
Délustrâ, v. a. 1re conj. Délustrer.
Démagogou, s. m. Démagogue.
Démagougiquou, qua, adj. Démagogique.
Démagougit, s. f. Démagogie.
Démailloutâ, v. a. 1re conj. com. *Agoutlâ*. Démailloter.
Démanchageou, s. m. Démanchement.
Démanchîe, v. a. 1re conj. irrég. com. *Appinchie*. Démancher.
Demanda, s. f. Demande. (Celt. *Demanda*).
Demandâ, v. a. 1re conj. Demander.
Démantchibulâ, v. a. 1re conj. Démantibuler.
Démantelâ, v. a. 1re conj. com. *Baritelâ*. Démanteler.
Démantellamont, s. m. Démantèlement.
Démarcacioun, s. f. Démarcation.
Démarchi, s. f. Démarche.
Démariâ, v. a. et pr. 1re conj. Démarier.
Démarquâ, v. a. 1re conj. Démarquer.
Démarrâ, v. a. 1re conj. Démarrer.
Démarrageou, s. m. Démarrage.
Démarrûnâ, v. n. et a. 1re conj. Remuer le remblai, *morrèin*, pour en retirer une chose; action de retirer de dessous les décombres.
Démasquâ, v. a. 1re conj. Démasquer.
Dématâ, v. a. 1re conj. Démâter.
Dematageou, s. m. Démâtage.
Démêlâ, v. a. 1re conj. com. *Apprètâ*. Démêler.
Démêlâ, pl. **ais**, s. f. Démêlé, querelle.
Démêlageou, s. m. Démêlage.
Démêloi (oua), s. m. Démêloir. (V. *Découtèu*).
Démenâ, v. a. et pr. 1re conj. Démener, remuer, s'agiter. — Ind. prés. : *Ji démènou, tchu démènes, o démène, nous démenouns, vous démenaz, eis démènount*. — Impératif : *Démèna, démenouns, démenaz*. — Subj. : *Que ji démène, que tchu démènes, qu'o démène, que nous démeniouns, que vous démeniz, qu'eis démènant*. Dans tous les autres temps, on écrit *démen*... et non *démèn*...
Démenageamont, s. m. Déménagement. (V. *Débagageagou*).

DÉMO

Démenageou, s. m. Remuage, action de remuer, de ce qui remue.

Démenagéu, s. m. Déménageur. (V. *Débagageu*).

Démenagîe, v. a. 1re conj, irrég. comme *Ablagie*. Déménager. (V. *Débagagie*).

Démenant, a, adj. Remuant, e.

Démeritâ, v. n. 1re conj. Démériter.

Démeritou, s. m. Démérite.

Démesurà, f. pl. **ais**, adj. Démesuré, e.

Démesuramont, adv. Démesurément.

Déméttre, v. a. et pr. 3e conj. irrég. Démettre. — Ind. prés. : *Ji déméttou, tchu démets, o démét, nous déméttouns, vous déméttédes, eis déméttount*. — Imparfait : *Ji déméttchins*, etc. — Impératif : *Déméts, déméttouns, déméttédes*. — Subj. : *Que ji déméttu, que tchu déméttes, qu'o déméttte, que nous déméttchiouns, que vous déméttchiz, qu'eis déméttant*. — Part. prés. : *Déméttant*. Passé : *démés, a ; pl. déméses*.

Deméu, adv. Demain.

Démeublâ, v. a. 1re conj. Démeubler.

Démeublamont, s. m. Démeublement.

Démingeisoun, s. f. Démangeaison.

Démingîe, v. n. 1re conj. irrég. com. *Ablagie*. Démanger.

Démissioun, s, f. Démission.

Démissiounâ, v. n. 1re conj. comme *Affeciounâ*. Démissionner.

Démissiounairou, s. m. Démissionnaire.

Démôdre, v. n. 3e conj. irrég. Démordre. — Ind. prés. : *Ji démordou, tchu démôs, o démô, nous démordouns, vous démordédes, eis démordount*. — Imparfait : *Ji démordjins*, etc. — Passé défini : *Ji démordjiéu*, etc. — Futur : *Ji démôdrei, tchu démôdrais, o démôdrat, nous démôdrouns, vous démôdriz, eis démôdrant*. — Cond. : *Ji démôdrins*, etc. — Impératif : *Démôs, démordouns, démordédes*. — Subj. : *Que ji démorda*, etc. — Imparfait: *Que ji démordéza*, etc. — Part. prés. : *Démordant*. Passé : *démordju, a ; pl. démordjus, djues*.

Demombrâ, v. a. 1re conj. Démembrer.

Demombramont, s. m. Démembrement.

Démontchî, v. a. 2e conj. com. *Amortchi*. Démentir.

Démontchit, s. f. Démenti, dénégation.

Démoucracit, s. f. Démocratie.

Démoucratchiquamont, adv. Démocratiquement.

Démoucratchiquou, qua, adj. Démocratique.

DENN

Démoucratchisâ v. a. 1re conj. Démocratiser.

Démoucratou, s. m. Démocrate.

Démouégnîe, v. a. et pr. 1re conj. irrég. com. *Abaragnie*. Ebranler un objet fixé, tel qu'un pieu, un clou ; l'arracher ; disloquer, désorganiser. *Se démouëgnie*, faire des contorsions, se disloquer.

Démoulî, v. a. 2e conj. Démolir. (V. *Acrasà*).

Démoulicioun, s. f. Démolition.

Démoulisséu, s. m. Démolisseur. (V. *Acraséu*).

Démoun, Demoù, s. m. Démon, diable.

Démouniaquou, qua, adj. et s. Démoniaque.

Démounstracioun, s. f. Démonstration.

Démountâ, v. a. 1re conj. Démonter.

Démountablou, bla, adj. Démontable.

Démountrâ, v. a. 1re conj. Démontrer.

Démouralisâ, v. a. et pr. 1re conj. Démoraliser.

Demouralisacioun, s. f. Démoralisation.

Demouranci, s. f. Demeure. (Celt. *Demeurance*).

Démunî, v. a. et pr. 2e conj. Démunir.

Demuniâ ou **Djimuniâ**, v. a. et n. 1re conj. Diminuer.

Démuselâ, v. a. 1re conj. Démuseler.

Dénantchî (se), v. pr. 2e conj. com. *Amortchi*. Se dénantir, se dépouiller.

Dénatchurâ, v. a. 1re conj. Dénaturer.

Dénatchurà, f. pl. **ais**, adj. Dénaturé, e.

Dénatchuralisâ, v. a. 1re conj. Dénaturaliser.

Déniâ, v. a. 1re conj. com. *Appia*. Dénicher, sortir quelqu'un d'un endroit où il a l'habitude de se caser.

Déniá (se), v. pr. 1re conj. Se dit d'une poule qui abandonne le nid où elle fait habituellement ses œufs.

Déniaisâ, v. a. 1re conj. Déniaiser.

Dénichéu, s. m. Dénicheur.

Dénichîe, v. a. 1re conj. irrég. com. *Appinchie*. Dénicher. (V. *Déniá*).

Denîe, s. m. Denier, monnaie.

Dénigrâ, v. a. 1re conj. Dénigrer. (V. *Déganâ*).

Dénigramont, s. m. Dénigrement.

Dénigréu, s. m. Dénigreur.

Dénit, s. m. Déni de justice.

Denna ou **Dana**, s. f. Pour dame. (Celt. *Dona*).

DÉPA

Dénoumâ, v. a. 1re conj. com. *Dégoumâ*. Dénommer.
Dénoumbrâ, v. a. 1re conj. Dénombrer.
Dénouminacioun, s. f. Dénomination.
Dénouminatchif (ifou), **iva**, adj. Dénominatif, ive.
Dénouminatœu, s. m. Dénominateur.
Dénounciâ, v. a. 1re conj. com. *Déciâ*. Dénoncer.
Dénounciacioun, s. f. Dénonciation.
Dénounciatœu, **trici**, s. Dénonciateur, trice.
Dénoutâ, v. a. 1re conj. com. *Agouttâ*. Dénoter.
Dénoutacioun, s. f. Dénotation.
Denoumont, s. m. Dénouement.
Dénuâ, v. a. 1re conj. comm. *Attribuâ*. Dénouer, défaire un nœud.
Dénuâ, v a. 1re conj. com. *Attribuâ*. Dénuer.
Dénuà, f. pl. **ais**, adj. Dénué, e.
Dénudâ, v. a. 1re conj. Dénuder.
Dénumont, s. m. Dénûment.
Dépâ, s. m. Départ.
Dépachi, s. f. Dépêche. (Celt. *Despacho*).
Dépachîe, v. a. et pr. 1re conj. irrég. com. *Appinchîe*. Dépêcher. (Celt. *Depechi*).
Dépaillie, v. a. 1re conj. com. *Criaillie*. Dépailler.
Dépalissâ, v. a. 1re conj. Dépalisser.
Dépalissageou, s. m. Dépalissage.
Déparâ, v. a. 1re conj. Déparer.
Déparcancelâ, v. a. et pr. 1re conj. com. *Baritelâ*. Remuer, faire agir, se donner du mouvement, se hâter.
Dépardjicioun, s. f. Déperdition.
Dépareillîe, v. a. 1re conj. irrég. com. *Agreillie*. Dépareiller.
Déparlâ, v. n. 1re conj. Déparler.
Déparquâ, v. a. 1re conj. Déparquer.
Départagîe, v. a. 1re conj. irrég. com. *Ablagîe*. Départager.
Départamont, s. m. Département.
Départamontal (alou), **a**, **taôx**, adj. Départemental, e, aux.
Départchî, v. a. et pr. 2e conj. com. *Amortchi*. Départir.
Dépassâ, v. a. 1re conj. Dépasser. (V. *Découmpassâ*).
Dépatouillîe, v. a. et pr. 1re conj. irrég. com. *Ageanouillie*. Dépêtrer, sortir du gâchis.

DÉPI

Dépavâ, v. a. 1re conj. Dépaver.
Dépavissageou, ou **Dépavageou**, s. m. Dépavage.
Dépaysâ ou **Depaïsâ**, v. a. et pr. 1re conj. Dépayser.
Dépaysamont ou **Dépaïsamont**, s. m. Dépaysement.
Dépeçageou, s. m. Dépècement.
Dépecéu, s. m. Dépeceur.
Dépecîe, v. a. 1re conj. irrég. com. *Abregîe*. Dépecer, déchirer.
Dépeillit, **là**, f. pl. **ais**, adj. Déguenillé, e, dépenaillé, e.
Dépéindre, v. a. 3e conj. irrég. com. *Attéindre*. Dépeindre.
Dépelâ, v. a. 1re conj. com. *Baritelâ*. Casser, abîmer, déchirer, mettre une chose en mauvais état. (Celt. *Depelare*, arracher).
Dépelâ, f. pl. **ais**, adj. Dépenaillé, e. (V. *Dépeillit*).
Dépeléu, s. m. Destructeur, se dit d'un enfant qui ne sait conserver ses jouets; casse-tout.
Déperant, **a**, adj. et s. Qui fait dépérir.
Déperî, v. a. 2e conj. com. *Guri*. Dépérir.
Dépérissamont, s. m. Dépérissement.
Dépétâ, v. a. et pr. 1re conj. com. *Apprétâ*. Dépêtrer.
Dépeuplâ, v. a. 1re conj. Dépeupler.
Dépéuplamont, s. m. Dépeuplement.
Dépéus ou **Dompéus**, adv. de temps. Depuis.
Dépéusâ, v. a. 1re conj. Déposer.
Dépéusicioun, s. f. Déposition.
Dépéusitairou, **ra**, s. Dépositaire.
Dépéut, s. m. Dépôt.
Dépià, v. a. et pr. 1re conj. com. *Appià*. S'abîmer les pieds à la marche, meurtrir les pieds.
Dépià, f. pl. **ais**, adj. Impropre à la marche.
Dépilâ, v. a. 1re conj. Dépiler.
Dépilatouairou, adj. et s. m. Dépilatoire.
Dépimpelâ, v. a. 1re conj. com. *Baritelâ*. Démolir, casser, détruire.
Dépiquerlâ, v. a. et pr. 1re conj. Nettoyer la chassie des yeux, faire sa toilette au réveil. *Mâ dépiquerlà*, mal éveillé, les yeux pas nettoyés. (V. *Piquerla*).
Dépistâ, v. a. 1re conj. Dépister.
Dépit, s. m. Dépit.
Dépitâ, v. a. et pr. 1re conj. Dépiter.

DÉPO

Déplaçamont, s. m. Déplacement.
Déplacie, v. a. et pr. 1re conj. irrég. com. *Acassie.* Déplacer.
Déplaire, v. n. 3e conj. irrég. com. *Coumplaire.* Déplaire.
Déplantâ, v. a. 1re conj. Déplanter.
Déplantoi (oua), s. m. Déplantoir.
Déplechîe, v. a. 1re conj. irrég. com. *Appinchie.* Défubler. (V. *Applechie*).
Depleïe, v. a. 1re conj. irrég. com. *Approupreie.*
Dépleiamont, s. m. Déploiement.
Dépleisamont, adv. Déplaisamment.
Dépleisant, a, adj. Déplaisant, e.
Dépleisî, s. m. Déplaisir.
Déplissageou, s. m. Déplissage.
Déplissîe, v. a. 1re conj. irrég. com. *Acassie.* Déplisser.
Déploumbâ, v. a. 1re conj. Déplomber.
Déploumbageou, s. m. Déplombage.
Déplourâ, v. a. 1re conj. com. *Afflourá.* Déplorer.
Déplourablamont, adv. Déplorablement.
Déplourablou, bla, adj. Déplorable.
Déplumâ, v. a. et pr. 1re conj. Déplumer.
Dépolli, s. f. Personne abrutie, sans ordre dans sa conduite et sa tenue.
Dépolli, s. f. Dépouille.
Dépondanci, s. f. Dépendance.
Dépondant, a, adj. Dépendant, e.
Dépondre, v. a. et n. 3e conj. Dépendre.
Dépons, s. m. pl. Dépens.
Déponsa, s. f. Dépense.
Déponsâ, v. a. 1re conj. Dépenser.
Déponsîe, iéri, adj. et s. Dépensier, ière.
Déportâ, v. a. 1re conj. Déporter.
Déportâ, s. m. Déporté.
Déportacioun, s. f. Déportation.
Déporveire, v. a. et pr. 3e conj. com. *Creire.* Dépourvoir.
Déporvéu, vua, adj. Dépourvu, e.
Déposta, v. a. 1re conj. Déposter.
Dépoudrâ, v. a. 1re conj. Dépoudrer.
Dépouétchisâ, v. a. 1re conj. Dépoétiser.
Dépouillamont, s. m. Dépouillement.
Dépouillîe, v. a. 1re conj. irrég. com. *Ageanouillie.* Dépouiller.
Dépouli, v. a. 2e conj. Dépolir.
Dépoulissageou, s. m. Dépolissage.

DÉRA

Dépoundre, v. a. 3e conj. Dépenailler, déchirer, mettre en lambeaux.

Que si j'ains quéuquous séus d'écoundju,
Ne serins pas piassoutà, dépoundju.
Que si j'avais quelques sous de cachés,
Je ne serais pas petassé, dépenaillé.
(CHAPELON).

Dépoundju, a, adj. et s. Dépenaillé, e.
Dépoupulacioun, s. f. Dépopulation.
Dépoupularisâ, v. a. et pr. 1re conj. Dépopulariser.
Dépoupularisacioun, s. f. Dépopularisation.
Dépoussedâ, v. a. 1re conj. com. *Assetá.* Déposséder.
Dépoussessioun, s. f. Dépossession.
Dépoutâ, v. a. 1re conj. com. *Agouttá.* Dépoter.
Dépoutageou, s. m. Dépotage.
Dépoutoi (oua), s. m. Dépotoir.
Dépoutontà, f. pl. ais, adj. et s. Agité, énervé, démonté, ayant besoin d'agir.
Depravà, v. a. 1re conj. Dépraver.
Dépravà, f. pl. ais, adj. Dépravé, e.
Dépravacioun, s. f. Dépravation.
Dépreciâ, v. a. 1re conj. com. *Appreciá.* Déprécier.
Dépreciacioun, s. f. Dépréciation.
Dépressioun, s. f. Dépression.
Déprimâ, v. a. 1re conj. Déprimer.
Dépondre, v. a. 3e conj. Dépendre.
Déproufitâ, v. a. 1re conj. Faire mauvais profit d'une chose; gaspiller.
Déproufoundjit, s. m. *De profundis.*
Dépurâ, v. a. 1re conj. Dépurer.
Dépuracioun, s. f. Dépuration.
Dépuratchif (ifou), **iva,** adj. et s. m. Dépuratif, ive.
Députâ, s. m. Député.
Députâ, v. a. 1re conj. Députer.
Députacioun, s. f. Députation.
De quei, pr. De quoi?
Déquilloutâ, v. a. et pr. 1re conj. comme *Agouttá.* Déculotter.
Déracinâ, v. a. 1re conj. Déraciner.
Déraillamont, s. m. Déraillement.
Déraillîe, v. n. 1re conj. irrég. com. *Criaillie.* Dérailler.
Dérangeamont, s. m. Dérangement.
Dérangîe, v. a. et pr. 1re conj. irrég. com. *Ablayie.* Déranger.

DÉSA

Dérapâ, v. a. 1ʳᵉ conj. Déraper, décoller.
Dératelâ, v. a. 1ʳᵉ conj. com. Baritelâ. Dérater.
Dératelà, f. pl. ais, s. Dératé, e; qui n'a point de rate, coureur intrépide.
Déreglâ, v. a. 1ʳᵉ conj. com. Asselà. Dérégler.
Déreglamont, s. m. Déréglement.
Déreidjî, v. a. et pr. 2ᵉ conj. com. Agrandji. Déroidir.
Déreisoun, s. f. Déraison.
Déreisounâ, v. n. 1ʳᵉ conj. com. Boundounà. Déraisonner.
Déreisounablamont, adv. Déraisonnablement.
Déreisounablou, bla, adj. Déraisonnable.
Déreisounamont, s. m. Déraisonnement.
Déreuchîe, v. a. et pr. 1ʳᵉ conj. com. Appinchie. Désenrouer.
Déréugie, v. a. 1ʳᵉ conj. irrég. com. Ablagie. Gruger, prendre sur la part d'un autre, anticiper sur ses droits.
Déridâ, v. a. et pr. 1ʳᵉ conj. Dérider.
Dérisouairou, ra, adj. Dérisoire.
Dérisioun, s. f. Dérision. (Celt. Diresoun).
Dérivâ, v. n. 1ʳᵉ conj. Dériver.
Dérivà, s. m. Dérivé.
Dériva, s. f. Dérive, déviation.
Dérivacioun, s. f. Dérivation.
Déroubâ, v. a. 1ʳᵉ conj. com. Dégounà. Dérober. (Celt. Deroba). (V. Roubà).
Déroubà (à la). Loc. adv. A la dérobée.
Dérougîe, v. n. 1ʳᵉ conj. irrég. com. Abrougie. Déroger. (Celt. Dirogea).
Déroulâ, v. a. 1ʳᵉ conj. Dérouler.
Déroulamont, s. m. Déroulement.
Déroutâ, v. a. 1ʳᵉ conj. Dérouter.
Dérouta, s. f. Déroute.
Dérûlîe, v. a. et pr. 1ʳᵉ conj. irrég. com. Déborlie. Dérouiller. Se dérûlie ; se réveiller, se dégourdir.
Dérûlissageou, s. m. Dérouillement.
Des, art. contracté pour de les. (V. Gram.).
Dès, prép. Dès. (Celt. Dos).
Désabusâ, v. a. 1ʳᵉ conj. Désabuser.
Désabusamont, s. m. Désabusement.
Désaccô, s. m. Désaccord.
Désaccordâ, v. a. 1ʳᵉ conj. Désaccorder.
Désaccouplâ, v. a. 1ʳᵉ conj. com. Affoulà. Désaccoupler. (V. Accoublà).

DÉSA

Désaccoutchumâ, v. a. 1ʳᵉ conj. Désaccoutumer.
Désachalandâ, v. a. 1ʳᵉ conj. Désachalander.
Desachalandageou, s. m. Désachalandage.
Désafetcioun, s. f. Désaffection.
Désafetciounâ, v. a. 1ʳᵉ conj. com. Affetciounà. Désaffectionner.
Désagreâ, v. n. 1ʳᵉ conj. com. Agreà. Désagréer.
Désagreablamont, adv. Désagréablement.
Désagreablou, bla, adj. Désagréable.
Désagregacioun, s. f. Désagrégation.
Désagregîe, v. a. 1ʳᵉ conj. irrég. comme Abregie. Désagréger.
Désagrémont, s. m. Désagrément.
Désajustâ, v. a. 1ʳᵉ conj. Désajuster.
Désancrâ, v. a. 1ʳᵉ conj. Désancrer.
Désandaïe, v. a. 1ʳᵉ conj. irrég. Défaire les andains, faner. — Ind. prés. : Ji désandaiou, tchu désandaies, o désandaie, nous désandaiouns, vous désandaïes, cis désandaiount. — Impératif : Désandaïs, désandaïouns, désandaïes. — Subj. : Que ji désandaïa, que tchu désandaies, qu'o désandaïe, que nous désandaïouns, que vous désandaïz, qu'eis désandaiount. — Part. pas. : Désandaït, daïa ; pl. daïts, daïais.
Désappareillîe, v. a. 1ʳᵉ conj. irrég. com. Agreillie. Désappareiller.
Désappoéintâ, v. a. 1ʳᵉ conj. Désappointer.
Désappoéintamont, s. m. Désappointement.
Désapproubacioun, s. f. Désapprobation.
Désapprouprîâ (se), v. pr. 1ʳᵉ conj. Désapproprier.
Désapprouvâ, v. a. 1ʳᵉ conj. com. Affoulà. Désapprouver.
Désarceounâ, v. a. 1ʳᵉ conj. comme Boundounà. Désarçonner. — Ind. prés. : Ji desarceonou, tchu désarceones, etc.
Désargeontâ, v. a. 1ʳᵉ conj. Désargenter.
Désarcioun, s. f. Désertion.
Désarmâ, v. a. 1ʳᵉ conj. Désarmer.
Désarmamont, s. m. Désarmement.
Désartâ, v. a. et n. 1ʳᵉ conj. Déserter.
Désartchiculâ, v. a. 1ʳᵉ conj. Désarticuler.
Désartchiculacioun, s. f. Désarticulation.
Désartéu, s. m. Déserteur.
Désassomblâ, v. a. 1ʳᵉ conj. Désassembler.

DÉSE

Désassortchî, v. a. 1ʳᵉ conj. com. *Amortchi.* Désassortir.

Désassouciâ, v. a. 1ʳᵉ conj. com. *Assouciâ.* Désassocier.

Désastrou, s. m. Désastre.

Désâtrousamont, adv. Désastreusement.

Désastroux, ousa, adj. Désastreux, euse.

Désavantageou, s. m. Désavantage.

Désavantageousamont, adv. Désavantageusement.

Désavantageou, ousa, adj. Désavantageux, euse.

Désavantagîe, v. a. 1ʳᵉ conj. irrég. com. *Ablagie.* Désavantager.

Désaveu, s. m. Désaveu.

Désavouablou, bla, adj. Désavouable.

Désavouîe, v. a. 1ʳᵉ conj. comme *Allouie.* Désavouer.

Décelâ, v. a. 1ʳᵉ conj. com. *Bariteli.* Desceller.

Désceondant, a, adj. Descendant, e.

Desceondre, v. n. et a. 3ᵉ conj. Descendre. (V. *Devalâ*).

Desceonta, s. f. Descente.

Descripcioun, s. f. Description.

Descriptchif (ifou), **iva,** adj. Descriptif.

Déséinfetcioun, s. f. Désinfection.

Déséinfettâ, v. a. 1ʳᵉ conj. Désinfecter.

Déséintéréssamont, s. m. Désintéressement.

Déséintéréssîe, v. a. et pr. 1ʳᵉ conj. irrég. com. *Aperesie.* Désintéresser.

Déséinvoultchura, s. f. Désinvolture.

Désê, adj. Enfant éveillé, tapageur, turbulent.

Désês, erta, adj. et s. m. Désert, e.

Désesperâ, v. n. et pr. 1ʳᵉ conj. Désespérer.

Désesperà, f. pl. **ais,** adj. et s. Désespéré, e.

Désespoi (oua), s. m. Désespoir.

Déséubeï (e-i), v. n. Désobéir.

Déséubeissanci, s. f. Désobéissance.

Déséubeissant, a, adj. et s. Désobéissant, e.

Déséubligeamont, adv. Désobligeamment.

Déséubligeanci, s. f. Désobligeance.

Déséubligeant, a, adj. Désobligeant, e.

Déséubligîe, v. a. 1ʳᵉ conj. irrég. comme *Ablagie.* Désobliger.

Déséupilâ, v. a. 1ʳᵉ conj. Désopiler.

Déuséupilant, a, adj. Désopilant, e.

Déséussâ, v. a. 1ʳᵉ conj. Désosser.

DÉSO

Déséussamont, s. m. Désossement.

Déséuvrâ, v. a. 1ʳᵉ conj. Désœuvrer.

Déséuvrà, f. pl. **ais,** adj. et s. Désœuvré, e.

Déséuvramont, s. m. Désœuvrement.

Déshabillîe, v. a. et p. 1ʳᵉ conj. irrég. com. *Agreillie.* Déshabiller.

Déshanchîe (désan) (sen), v. pr. 1ʳᵉ conj. irrég. com. *Appinchie.* Déhancher.

Désharnachîe (désarn), v. a. 1ʳᵉ conj. irrég. com. *Appinchie.* Déharnacher.

Désheritâ, v. a. 1ʳᵉ conj. Déshériter.

Déshounêtamont, adv. Déshonnêtement.

Déshounêtou, ta, adj. Déshonnête.

Déshounoû, s. m. Déshonneur.

Déshounourâ, v. a. et pr. 1ʳᵉ conj. Déshonorer.

Déshounourant, a, adj. Déshonorant.

Désî, s. m. Désir. (Celt. *Desir*).

Désignâ, v. a. 1ʳᵉ conj. Désigner.

Désignacioun, s. f. Désignation.

Désillusioun, s. f. Désillusion.

Désillusiounâ, v. a. 1ʳᵉ conj. com. *Affetciounâ.* Désillusionner.

Desinonci, s. f. Désinence.

Désirâ, v. a. 1ʳᵉ conj. Désirer.

Désirà, f. pl. **ais,** adj. Désiré, e.

Désirablou, bla, adj. Désirable.

Désistâ (se), v. pr. 1ʳᵉ conj. Se désister.

Désistamont, s. m. Désistement.

Désôdre, s. m. Désordre.

Désomballâ, v. a. 1ʳᵉ conj. Désemballer.

Désomballageou, s. m. Désemballage.

Désombarquâ, v. a. 1ʳᵉ conj. Désembarquer.

Désombarquamont, s. m. Désembarquement.

Désomborbâ, v. a. 1ʳᵉ conj. Désembourber.

Désommanchîe, v. a. 1ʳᵉ conj. irrég. com. *Appinchie.* Désemmancher.

Désomparâ, v. n. et a. 1ʳᵉ conj. Désemparer.

Désompesâ, v. a. 1ʳᵉ conj. Désempeser.

Désomplî, v. a. 2ᵉ conj. com. *Assoupli.* Désemplir.

Désomplîre, v. a. 3ᵉ conj. Autre forme du verbe désemplir.

Désonchantâ, v. a. 1ʳᵉ conj. Désenchanter.

Désonchantéu, sa, adj. Désenchanteur.

Désonclavâ, v. a. 1ʳᵉ conj. Désenclaver.

DÉSS

Désoncléure, v. a. 3ᵉ conj. irrég. Désenclore, ôter la clôture ; sortir les bestiaux d'un parc, d'une écurie. — Ind. prés. : *Ji désoncléusou, tchu désoncléus, o désonciéu, nous désoncléusouns, vous désoncléusédes, cis déséucléusount.* — Imparfait : *Ji désoncléusins,* etc. — Impératif : *Désoncléus, désoncléusouns, désoncléusédes.* — Subj. : *Que ji désoncléusa, que tchu désoncléuses, qu'o désoncléuse, que nous désoncléusiouns, que vous déséucléusiz, qu'eis désoncléusant.* — Part. passé : *Désoncléu, sa ;* pl. : *désoncléus, es.*

Désondrâ, v. a 1ʳᵉ conj. Déparer, défigurer, déshonorer. *Sous quatrou capouraôx, lou fusit sus l'épala, ne désondrâvant pas lou restou de la vialla ;* ses quatre caporaux, le fusil sur l'épaule, ne déparaient pas le reste de la ville. (CHAPELON, *entrée*).

Désonflâ, v. a. et n. 1ʳᵉ conj. Désenfler.

Désonfléuri, s. f. Désenflure.

Désongranâ, v. a. 1ʳᵉ conj. Désengrener.

Désonnouîe ou **Désanouîe,** v. a. 1ʳᵉ conj. com. *Allouie.* Désennuyer. (Celt. *Dienaouñ*).

Désonréuchîe, v. a. 1ʳᵉ conj. irrég. com. *Appînchie.* Désenrouer. (V. *Déréutchie*).

Désontortchillîe, v. a. 1ʳᵉ conj. irrég. com. *Appareillie.* Désentortiller.

Désonsorcelâ, v. a. 1ʳᵉ conj. com. *Bariteli.* Désensorceler.

Désonsorcelageou, s. m. Désensorcellement.

Désontravâ, v. a. 1ʳᵉ conj. Désentraver.

Désordounâ, f. pl. **ais,** adj. Désordonné, e.

Désordounamont, adv. Désordonnément.

Désourganisâ, v. a. 1ʳᵉ conj. Désorganiser.

Désourganisacioun, s. f. Désorganisation.

Désourganisatœu, trici, adj. Désorganisateur, trice.

Désouriontâ, v. a. et pr. 1ʳᵉ conj. Désorienter.

Désourmais, adv. Désormais.

Despotou, s. m. Despote.

Despoutchiquamont, adv. Despotiquement.

Despoutchiquou, qua, adj. Despotique.

Despoutchismou, s. m. Despotisme.

Déssalâ, v. a. 1ʳᵉ conj. Dessaler.

Déssarâ, v. a. et pr. 1ʳᵉ conj. Desserrer.

Déssarvant, s. m. Desservant.

Déssarvî, v. a. et pr. 2ᵉ conj. Desservir. — *Ji déssarvéssou, tchu déssarvés,* etc.

Déssèchamont, s. m. Dessèchement.

DÉTA

Déssechant, a, adj. Desséchant, e.

Déssechîe, v. a. et pr. 1ʳᵉ conj. irrég. com. *Abregie.* Dessécher.

Désséin, s. m. Dessin, reproduction.

Désséin, s. m. Dessein, projet ; loc. adv. *A desséin.*

Désseisî, v. a. et pr. 2ᵉ conj. comme *Crépi.* Dessaisir. (Celt. *Desesire*).

Désseisissamont, s. m. Dessaisissement.

Déssellâ, v. a. 1ʳᵉ conj. Desseller, ôter la selle.

Désséulâ, v. a. et pr. 1ʳᵉ conj. Dessouler.

Déssinâ, v. a. 1ʳᵉ conj. Dessiner.

Déssinatœu, s. m. Dessinateur.

Déssonglâ, v. a. 1ʳᵉ conj. Dessangler.

Déssoudâ, v. a. 1ʳᵉ conj. Dessouder.

Déssoulassit, sià, f. pl. **ais,** adj. Isolé, seul et sans voisinage, endroit désert. (V. *Soulatru*).

Déssoulu, a, s. Dissolu, e, glouton qui mange avec avidité, sans réserve.

Dessous, adv. Dessous ; loc. adv. *Au-dessous, pa-dessous, équi-dessous ;* au-dessous, par-dessous, là-dessous.

Dessus, adv. Dessus ; loc. adv. *Equi-dessus, on-dessus, pa-dessus, au-dessus.*

Destchîn, s. m. Destin.

Destchinâ, v. a. 1ʳᵉ conj. Destiner.

Destchinacioun, s. f. Destination.

Destchinatairou, ra, s. Destinataire.

Destchinéia, s. f. Destinée.

Destchitchuâ, v. a. 1ʳᵉ conj. Destituer.

Destchitchuâ, f. pl. **ais,** adj. Destitué, e.

Destchitchuablou, bla, adj. Destituable.

Destchitchucioun, s. f. Destitution.

Destrucioun, s. f. Destruction.

Destrutœu, trici, adj. et s. Destructeur, trice.

Désuétchuda, s. f. Désuétude.

Désunî, v. a. et pr. 2ᵉ conj. Désunir.

Désunioun, s. f. Désunion.

Détachamont, s. m. Détachement.

Détachîe, v. a. et pr. 1ʳᵉ conj. irrég. com. *Appînchie.* Détacher.

Détaffeîe, v. a. 1ʳᵉ conj. irrég. Dépouiller, tailler, couper, arracher, en parlant des arbres ou des plantes. *Détafeïe ûn jardjîn ;* dépouiller, ravager un jardin. — Ind. prés. : *Ji détaffeïou, tchu détaffeïes, o détaffeïe, nous détaffeïouns, vous détaffeïes, eis détaffeïount.* — Imparfait : *Ji détaffeïâva,*

DÉTO

etc. — Passé défini : *Ji détaffeiéu, tchu détaffeiais, o détaffeiait, nous détaffeimous, vous détaffeïtes, eis détaffeïrant*. — Futur : *Ji détaffeiarei*, etc. — Cond. prés. : *Ji détaffeiarins*, etc. — Impératif : *Détaffeïs, détaffeiouns, détaffeïes*. — Subj. : *Que ji détaffeïu*, etc. — Imparfait : *Que ji détaffeiéza*, etc. — Part. prés. : *Détaffeiant*. — Passé : *Détaffeït, feïa* ; pl. *Détaffeïts, feiais*.

Detaî ou **Détais**, s. m. Détail.
Détaillant, a, s. Détaillant, e.
Détaillîe, v. a. 1ʳᵉ conj. irrég. com. *Criaillie*. Détailler.
Détalâ, v. a. et n. 1ʳᵉ conj. Détaler.
Détalâ, v. a. 1ʳᵉ conj. Dételer.
Détalageou, s. m. Dételage.
Détarminâ, v. a. 1ʳᵉ conj. Déterminer.
Détarminà, f. pl. ais, adj. et s. m. Déterminé, e.
Détarminablou, bla, adj. Déterminable.
Détarminacioun, s. f. Détermination.
Détarminamont, adv. Déterminément.
Détarrâ, v. a. 1ʳᵉ conj. Déterrer.
Détarréu, s. m. Déterreur.
Détchirîe, v. a. 1ʳᵉ conj. irrég. com. *Caravirie*. Déchirer.
Détchissîe, v. a. 1ʳᵉ conj. irrég. com. *Acassie*. Détisser.
Détéindre, v. a. 3ᵉ conj. irrég. com. *Attëindre*. Déteindre.
Détenî, v. a. 2ᵉ conj. irrég. com. *Revenî*. Détenir.
Détenu, a, s. Détenu, e.
Déteriourâ, v. a. 1ʳᵉ conj. com. *Afflourâ*. Détériorer.
Déteriouracioun, s. f. Détérioration.
Détestâ, v. a. 1ʳᵉ conj. Détester.
Détestablamont, adv. Détestablement.
Détestablou, bla, adj. Détestable.
Détôdre, v. a. 3ᵉ conj. com. *Môdre*. Détordre.
Détondre, v. a. 3ᵉ conj. com. *Coumprondre*. Détendre.
Détoncioun, s. f. Détention.
Détonta, s. f. Détente.
Détontéu, s. m. Détenteur.
Détornâ, v. a. 1ʳᵉ conj. Détourner. (V. *Décirie*).
Détornà, f. pl. ais, adj. Détourné, e.
Détornamont, s. m. Détournement.
Détortchillîe, v. a. 1ʳᵉ conj. irrég. com. *Agreillie*. Détortiller.

DÉUS

Détoû, s. m. Détour. Prend un *e* muet devant une voyelle : *détoûe exagerà*.
Détounâ, v. n. 1ʳᵉ conj. com. *Boundounâ*. Détonner.
Détounacioun, s. f. Détonation.
Détounant, a, adj. Détonant, e.
Détracioun, s. f. Détraction.
Détratâ, v. a. 1ʳᵉ conj. Détracter.
Détratéu, s. m. Détracteur.
Détraquâ, v. a. et pr. 1ʳᵉ conj. Détraquer.
Détraquamont, s. m. Détraquement.
Détreit, s. m. Détroit.
Détréunâ, v. a. 1ʳᵉ conj. Détrôner.
Détréunamont, s. m. Détrônement.
Détriâ, v. a. et pr. 1ʳᵉ conj. com. *Déciâ*. Sevrer, détourner. — *Poiou pas m'on détriâ. Volou mon déciâ* ; je ne puis pas m'en sevrer, etc. (CHAPELON).
Détriageou, s. m. Sevrage.
Détrimont, s. m. Détriment.
Détrompâ, v. a. 1ʳᵉ conj. Détremper.
Détrompa, s. f. Détrempe.
Détroussâ, v. a. 1ʳᵉ conj. com. *Agouttâ*. Détrousser.
Détrousséu, s. m. Détrousseur.
Détrûre, v. a. 3ᵉ conj. irrég. com. *Dédjûre*. Détruire.
Détta ou **Déttou**, s. Dette.
Déu, ta, adj. Dû, due, que l'on doit.
Déu, s. m. Dû, ce qui est dû.
Déubî, v. a. 2ᵉ conj. com. *Crépî*. Joncher, couvrir, garnir. (Celt. *Eubi*).
Déubit, bia, adj. Recouvert, garni avec abondance. *Lous aïbrous sount déubits de frütchi* ; les arbres sont recouverts, garnis de fruits.
Déudjinâ (se), v. a. et pr. 1ʳᵉ conj. Se dodiner.
Déudrou, dra, adj. Sensible au toucher ; partie malade sans apparence de mal.
Déumou, s. m. Dôme.
Déuras ou **Doras**, prép. et adv. Près, à côté : *déuras l'iglési* ; près, à côté l'église.
Deurmant, a, adj. Dormant, e.
Deurméu, sa, s. Dormeur, euse.
Deurmî, v. n. 2ᵉ conj. Dormir. — Ind. prés. : *Ji deurmou, tchu deus, o deu, nous deurmouns, vous deurmédes, eis deurmount*.
Deurtoi (ouâ), s. m. Dortoir.
Déus, s. m. Dos, derrière.
Déusâ, v. a. 1ʳᵉ conj. Doser.

DEVI

Déusa, s. f. Dose.
Déusageou, s. m. Dosage.
Déussa, s. f. Haricot vert.
Déussîe, s. m. Dossier.
Déutâ, v. a. 1re conj. Oter, retirer, sortir. *Li déutà lou pouvei;* lui ôter le pouvoir.
Déutes, s. f. pl. Douleurs, plaies, infirmités. *Ji souais tout farcit de déutes;* je suis tout couvert d'infirmités. (CHAPELON).
Dévalâ, v. a. 1re conj. Dévaler, descendre.
Dévâla, s. f. Descente : loc. adv. *A la dévâla;* à la descente. (Celt. *Devah*.
Dévalisâ, v. a. 1re conj. Dévaliser.
Dévaliséu, sa, s. Dévaliseur, euse.
Dévancîe, v. a. 1re conj. irrég. com. *Agoncîe.* Devancer.
Devargoundà, f. pl. **ais,** adj. et s. Dévergondé, e.
Dévargoundageou, s. m. Dévergondage.
Dévarrâ, v. a. et pr. 1re conj. Désembourber. (Celt. *Divarra*). (V. *Ouvarrâ*).
Dévarsâ, v. n. et a. 1re conj. Déverser.
Dévarsageou, s. m. Déversement.
Dévarsoi (oua), s. m. Déversoir. (V. *Défuon*).
Dévastâ, v. a. 1re conj. Dévaster.
Dévastacioun, s. f. Dévastation.
Dévastatœu, trici, adj. et s. Dévastateur, trice.
Devei, s. m. Devoir, ce que l'on doit faire.
Déveillîe, v. a. 1re conj. irrég. com. *Agreillie.* Réveiller, éveiller.
Déveillit, liâ, f. pl. **ais,** adj. Eveillé, e, alerte.
Déveloupâ, v. a. et pr. 1re conj. com. *Coupâ.* Développer.
Déveloupamont, s. m. Développement.
Devenî, v. n. 2e conj. com. *Reveni.* Devenir.
Dévéurâ, v. a. 1re conj. Dévorer.
Dévéurant, a, adj. Dévorant, e.
Devez ou **Devey,** s. m. Quartier au sud-ouest de Saint-Etienne. (Celt. *Derez, derezium,* champ, pré, bois, où il est défendu de faire entrer le bétail). (V. *Darèze*).
Déviâ, v. a. et pr. 1re conj. com. *Déviî.* Dévier.
Déviacioun, s. f. Déviation.
Dévinâ, v. a. 1re conj. Deviner. (Celt. *Derinai*).
Dévinéu, sa, s. Devineur, euse.
Dévis, s. m. Devis. propos. (Celt. *Derisi*). Fig. : *dévis de coûrou,* propos sans valeur.
Devis (içou), s. m. Devis, état détaillé.

DJIA

Dévisa, s. f. Devise.
Dévisâ, v. n. 1re conj. Deviser, causer.
Dévisagîe, v. a. 1re conj. irrég. com. *Ablagîe.* Dévisager.
Dévitchî (se), v. pr. 2e conj. com. *Amortchi.* Se dévêtir.
Devitou, s. m. Dette, dû.
Dévoilâ, v. a. 1re conj. Dévoiler.
Dévot, a, adj. et s. Dévot, e.
Dévouâ, v. a. et pr. 1re conj. com. *Bafoui.* Dévouer.
Dévouâ, f. pl. **ais,** adj. Dévoué, e.
Devouédageou, s. m. Dévidage.
Devouédairi, s. f. Dévideuse, femme qui dévide.
Devouédéu, sa, s. Dévideur, euse, dévidoir.
Devoueidjie, v. a. 1re conj. irrég. Dévider. — Ind. prés. : *Ji derouédou, tchu derouédes, o derouéde, nous derouédouns, vous derouédjies, eis derouédount.*
Devoueimont, s. m. Dévoiement.
Dévoulu, s. m. Dévolu.
Dévoutamont, adv. Dévotement.
Dévoucioun, s. f. Dévotion.
Dévoucioux, ousa, adj. Dévotieux, euse.
Dexterità, s. f. Dextérité.
Djia ! excl. Dia ! cri des charretiers. (Celt. *Diha*).
Djiâblou, s. m. Diable, Satan, machine.
Djiâblamont, adv. Diablement.
Djiâblessa, s. f. Diablesse.
Djiabouliquamont, adv. Diaboliquement.
Djiabouliquou, qua, adj. Diabolique.
Djiachylum (omou), s. m. Diachylum.
Djiâcrou, s. m. Diacre.
Djiadêmou, s. m. Diadème.
Djiagounala, s. f. Diagonale.
Djiagounalamont, adv. Diagonalement.
Djialettou ou **Djialectou,** s. m. Dialecte.
Djialouguâ, v. n. 1re conj. com *Affoulâ.* Dialoguer.
Djialoguou, s. m. Dialogue.
Djiamant, s. m. Diamant. (Celt. *Diamant*).
Djiamantâ, v. a. 1re conj. Diamanter.
Djiamétral (alou), **a,** adj. Diamétral, e.
Djiamétralamont, adv. Diamétralement.
Djiamètrou, s. m. Diamètre.
Djiana, s. f. Diane.
Djiantre, interj. Diantre.

DJIL

Djiapâsoun, s. m. Diapason.
Djiaré, s. f. Diarrhée.
Djiciounairou, s. m. Dictionnaire.
Djiét (ha!), interj. Parbleu, hé! oui. Réponse affirmative. *Ames-t-ai lou vin? Ha! djiét, s'io l'ame;* aimes-t-il le vin? parbleu, s'il l'aime.
Djiéta, s. f. Diète.
Djiéu, s. m. Dieu.
Djiéuméingi ou **Djiéumégi**, s. f. Dimanche.
Djiffamâ, v. a. 1ʳᵉ conj. Diffamer.
Djiffamacioun, s. f. Diffamation.
Djiffamatœu, s. m. Diffamateur.
Djiffamatouairou, ra, adj. Diffamatoire.
Djifferâ, v. a. 1ʳᵉ conj. com. *Aberâ.* Différer.
Djifferamont, adv. Différemment.
Djifferonci, s. f. Différence.
Djifferont, a, adj. Différent, e.
Djifficilamont, adv. Difficilement.
Djifficilou, la, adj. Difficile.
Djifficultâ, pl. ais, s. f. Difficulté.
Djifficultchuousamont, adv. Difficultueusement.
Djifficultchuoux, ousa, adj. Difficultueux, euse.
Djifformâ, v. a. 1ʳᵉ conj. Difformer.
Djifformou, ma, adj. Difforme.
Djifformitâ, pl. ais, s. f. Difformité.
Djigerâ, v. a. 1ʳᵉ conj. com. *Aberâ.* Digérer. (Cel. *Digeri*).
Djigessioun, s. f. Digestion.
Djigestchif (ifou), **iva**, adj. et s. Digestif, ive.
Djigitala, s. f. Digitale.
Djignamont, adv. Dignement.
Djignitâ, pl. ais, s. f. Dignité.
Djignitairou, s. m. Dignitaire.
Djignou, gna, adj. Digne. (Celt. *Dina*).
Djigua, s. f. Digue.
Djijéu ou **Jéu**, s. m. Jeudi, jour de la semaine.
Djijounais, a, adj. et s. Dijonnais, e.
Djilapidâ, v. a. 1ʳᵉ conj. Dilapider.
Djilapidacioun, s. f. Dilapidation.
Djilapidatœu, trici, s. Dilapidateur, trice.
Djilatâ, v. a. 1ʳᵉ conj. Dilater.
Djilatacioun, s. f. Dilatation.
Djiligeamont, adv. Diligemment.
Djiligeonci, s. f. Diligence.

DJIR

Djiligeont, a, adj. Diligent, e. (Celt. *Diligent*).
Djiligeontâ, v. a. 1ʳᵉ conj. Diligenter.
Djilün ou **Lün**, s. m. Lundi, jour de la semaine. (Celt. *Dilun*).
Djiluvion, viéna, adj. Diluvien, ienne.
Djimâ ou **Mâ**, s. m. Mardi, jour de la semaine.
Djima, s. f. Dime.
Djimé, adj. Demi, e. (Celt. *Djimai*).
Djimé, s. f. Chopine, demi-litre.
Djimêcrou ou **Mècrou**, s. m. Mercredi, jour de la semaine.
Djimonsioun, s. f. Dimension.
Djimuniâ, v. a. 1ʳᵉ conj. com. *Assimiliâ.* Diminuer.
Djiminucioun, s. f. Diminution. (Celt. *Diminua*).
Djiminutchif (ifou), **iva**, s. m. et adj. Diminutif, ive.
Djïn, djïn, onomatopée des cymbales ; *djïn, djïn, boun, boun*, cymbale et grosse caisse; *djïn, djïn, poun, poun*, dans *Mireille* de Mistral.
Djïndou, da, s. Dinde ; fig. : *djïnda*, femme niaise.
Djinâ, v. n. 1ʳᵉ conj. Diner, prendre le repas.
Djinâ, s. m. Diner. (Celt. *Disnare*).
Djinéu, sa, s. Dineur, euse.
Djïns, prép. de lieu. Dans. (Celt. *Din*).
Djioucésion, iéna, adj. et s. Diocésain, e.
Djioucêsou, s. m. Diocèse.
Djiphtoungua, s. f. Diphtongue.
Djiplomou, s. m. Diplôme.
Djiploumacit, s. f. Diplomatie.
Djiploumatchiquamont, adv. Diplomatiquement.
Djiploumatchiquou, qua, adj. Diplomatique.
Dj'iqui, prép. De là, de ce côté.
Djire, v. a. et pr. 3ᵉ conj. irrég. Dire. — Ind. prés. : *Ji djïéu, tchu djis, o djit, nous djisouns, vous djites, eis djiount*, etc.
Djire, s. m. Dire. *A soun djire*, à son dire.
Djiretcioun, s. m. Direction.
Djirettamont, adv. Directement.
Djiret (étou), **ta**, adj. Direct, e.
Djirettœu, trici, s. Directeur, trice.
Djirigeant, a, adj. Dirigeant, e.

DJIS

Djirigîe, v. a. 1ʳᵉ conj. irrég. com. *Ablagie*. Diriger.
Djicearnâ, v. a. 1ʳᵉ conj. Discerner.
Djicearnamont, s. m. Discernement.
Djiciplinâ, v. a. 1ʳᵉ conj. Discipliner.
Djiciplina, s. f. Discipline.
Djiciplinairamont, adv. Disciplinairement.
Djiciplou, s. m. Disciple. (Celt. *Discibl*).
Djiscorda, s. f. Discorde.
Djiscordâ, v. n. 1ʳᵉ conj. Discorder.
Djiscordant, a, adj. Discordant, e.
Djiscortouais, a, adj. Discourtois, e.
Djiscortouaisamont, adv. Discourtoisement.
Djiscoû, s. m. Discours. Prend un *e* muet devant une voyelle : *djiscoûe agreablou*.
Djiscountchuniâ, v. a. et n. 1ʳᵉ conj. com. *Assimiliâ*. Discontinuer.
Dijscountchuniacioun, s. f. Discontinuation.
Djiscrédjit, s. m. Discrédit.
Discrédjitâ, v. a. 1ʳᵉ conj. Discréditer.
Djiscrét, a, adj. Discret, e.
Djiscrecioun, s. f. Discrétion.
Djiscretamont, adv. Discrètement.
Djisculpâ, v. a. et pr. 1ʳᵉ conj. Disculper.
Djiscussioun, s. f. Discussion.
Djiscutâ, v. a. 1ʳᵉ conj. Discuter.
Djiscutablou, bla, adj. Discutable.
Djiséu, sa, s. Diseur, euse.
Djisgrâci, s. f. Disgrâce. (Celt. *Disgracia*).
Djisgraciâ v. a. 1ʳᵉ conj. com. *Appreciâ*. Disgracier.
Djisgraciousamont, adv. Disgracieusement.
Djisgracioux, ousa, adj. Disgracieux, euse.
Djisjoéindre, v. a. 3ᵉ conj. com. *Attéindre*. Disjoindre.
Djisjouncioun, s. f. Disjonction.
Djisloucacioun, s. f. Dislocation.
Djislouquâ, v. a. et pr. 1ʳᵉ conj. comme *Bouquâ*. Disloquer. (V. *Démouégnie*).
Djispareitre, v. n. 3ᵉ conj. com. *Appareitre*. Disparaitre.
Djisparicioun, s. f. Disparition.
Djisparsâ, v. a. 1ʳᵉ conj. Disperser.
Djispéus, adj. m. Dispos. (Celt. *Dispos*).
Djispéusâ, v. a. 1ʳᵉ conj. Disposer.

DJIS

Djispéusicioun, s. f. Disposition.
Djisponsâ, v. a. 1ʳᵉ conj. Dispenser. (Celt. *Disponsare*).
Djisponsa, s. f. Dispense. (Celt. *Dispensa*).
Djisponsairou, s. m. Dispensaire.
Djispounibilitâ, pl. **ais**, s. f. Disponibilité.
Djispouniblou, bla, adj. Disponible.
Djisproupourcioun, s. f. Disproportion.
Djisproupourciounâ, v. a. 1ʳᵉ conj. com. *Affetciounâ*. Disproportionner.
Djisproupourciounâ, f. pl. ais, adj. Disproportionné, e.
Djisputâ, v. a. et pr. 1ʳᵉ conj. Disputer.
Djisputa, s. f. Dispute.
Djisputablou, bla, adj. Disputable.
Djisquou, s. m. Disque.
Djissartâ, v. n. 1ʳᵉ conj. Disserter.
Djissartacioun, s. f. Dissertation.
Djissandou ou **Sandou**, s. m. Samedi, dernier jour de la semaine.
Djisseminâ, v. a. 1ʳᵉ conj. Disséminer.
Djissequâ, v. a. 1ʳᵉ conj. Disséquer.
Djissidont, a, adj. et s. Dissident, e.
Djissimulâ, v. a. et pr. 1ʳᵉ conj. Dissimuler.
Djissimulâ, f. pl. ais, adj. Dissimulé, e.
Djissimulacioun, s. f. Dissimulation.
Djissipâ, v. a. et pr. 1ʳᵉ conj. Dissiper.
Djissipâ, f. pl. ais, adj. Dissipé, e.
Djissipacioun, s. f. Dissipation.
Djissoudre, v. a. 3ᵉ conj. Dissoudre. *Ji djis; solvou, tchu djissous*, etc.
Djissoulucioun, s. f. Dissolution.
Djissounâ, v. n. 1ʳᵉ conj. com. *Boundounâ*. Dissoner.
Djissounanci, s. f. Dissonance.
Djissounant, a, Dissonant, e.
Djissout, a, adj. Dissout, e.
Djissuadâ, v. a. 1ʳᵉ conj. Dissuader.
Djistanci, s. f. Distance.
Djistancîe, v. a. 1ʳᵉ conj. irrég. com. *Ageoncîe*. Distancer.
Djistchillâ, v. a. 1ʳᵉ conj. Distiller. (Celt. *Distilla*).
Djistchillacioun, s. f. Distillation.
Djistchillarit, s. f. Distillerie.
Djistchillatœu, s. m. Distillateur.
Djistchïnguâ, v. a. 1ʳᵉ conj. Distinguer.
Djistchïnguâ, f. pl. ais, adj. Distingué, e.

DJIV

Djistéincioun, s. f. Distinction.
Djistéint, a, adj. Distinct, e.
Djistéintamont, adv. Distinctement.
Djistéinguâ ou **Djistchïn...,** v. a. et pr. 1re conj. Distinguer.
Djistéinguà ou **Djistchïn...,** f. pl. **ais,** Distingué, e.
Djistracioun, s. f. Distraction.
Djistraiant, a adj. Distrayant, e.
Djistraire, v. a. et pr. 3e conj. com. *Coumplaire.* Distraire.
Djistrait, tchi, adj. Distrait, e.
Djistribuâ, v. a. 1re conj. Distribuer. (Celt. *Distribui*).
Djistribuablou, bla, adj. Distribuable.
Djistribucioun, s. f. Distribution.
Distributœu, trici, adj. et s. Distributeur, trice.
Djit, a, adj. Dit, e. *Vou'é djit,* c'est dit.
Djit, s. m. Dit. *Soun djit et soun dédjit, vou'é lou djit;* son dit et son dédit.
Djitâ, v. a. 1re conj. Dicter.
Djità, pl. **ais,** s. f. Dictée.
Djitatchura s. f. Dictature.
Djitatœu, s. m. Dictateur.
Djitoun, s. m. Dicton.
Djivagacioun, s. f. Divagation.
Djivaguâ, v. n. 1re conj. Divaguer.
Djivan, s. m. Divan.
Djivarsamont, adv. Diversement.
Djivarsioun, s. f. Diversion.
Djivarsità, pl. **ais,** s. f. Diversité.
Djivartchî, v. a. 2e conj. com. *Amortchi.* Divertir.
Djivartchissamont, s. m. Divertissement.
Djivartchissant, a, adj. Divertissant, e.
Djivês, ersa, adj. Divers, e.
Djividont, s. m. Dividende.
Djivïn, ina, adj. Divin, e. (Celt. *Divin*).
Djivinacioun, s. f. Divination.
Djivinamont, adv. Divinement.
Djivinisâ, v. n. 1re conj. Diviniser.
Djivinità, pl. **ais,** s. f. Divinité.
Djivisâ, v. a. et pr. 1re conj. Diviser.
Djivisiblou, bla, adj. Divisible.
Djivisioun, s. f. Division.
Djivisiounairou, ra, adj. Divisionnaire.
Djivondrou ou **Vondrou,** s. m. Vendredi, jour de la semaine.

DJYN

Djivorçâ, v. n. 1re conj. Divorcer.
Djivorçou, s. m. Divorce.
Djivulguâ, v. a. 1re conj. Divulguer.
Djix, adj. num. Dix.
Djixiémou, ma, adj. Dixième.
Djizeina ou **Djizenna,** s. f. Dizaine.
Djizinéu, adj. num. card. Dix-neuf.
Djizinéuviémamont, adv. Dix-neuvièmement.
Djizinéuviémou, ma, adj. num. ord. Dix-neuvième.
Djizisset, adj. num. card. Dix-sept.
Djissettchiémamont, adv. Dix-septièmement.
Djizissettchiémou, ma, adj. num. ord. Dix-septième.
Djizivet, adj. num. card. Dix-huit.
Djizivettchiémamont, adv. Dix-huitièmement.
Djizivettchiémou, ma, adj. num. ord. Dix-huitième.
Djuc (uquou), s. m. Duc. (Celt. *Dug*).
Djucal (alou), **a, caôx,** adj. Ducal, e, caux.
Djucat, s. m. Ducat, monnaie.
Djuché, s. m. Duché.
Djuchessa, s. f. Duchesse.
Djuêgni, s. f. Duègne.
Djuel (elou), s. m. Duel. (Celt. *Duellio*).
Djuellistou, s. m. Duelliste.
Djunétta, s. f. Dunette.
Djuô s. m. Duo, à deux.
Djupâ, v. a. 1re conj. Duper.
Djupa, adj. et s. f. Dupe.
Djuparit, s. f. Duperie.
Djupéu, s. m. Dupeur.
Djuplicata, s. m. Duplicata.
Djurâ, v. n. 1re conj. Durer.
Djurà, pl. **ais,** s. f. Durée.
Djurablou, bla, adj. Durable.
Djuramont, adv. Durement.
Djurant, prép. Durant, pendant.
Djurcî, v. a. 2e conj. com. *Adouci.* Durcir.
Djuretà, pl. **ais,** s. f. Dureté.
Djurilloun, s. m. Durillon.
Djuvét, s. m. Duvet.
Djynamita, s. f. Dynamite.
Djynastiquamont, adv. Dynastiquement.
Djynastchiquou, qua, adj. Dynastique.

DOUC

Djynastchit, s. f. Dynastie.
Do, art. contracté du, pour de les. (Celt. *Do*).
Dœu, s. m. Deuil.
Dogou, s. m. Dogue, chien. (Celt. *Dog*).
Dogmou, s. m. Dogme.
Dompéus ou **Dépéus,** prépos. de temps. Depuis.
Domisella, s. f. Demoiselle. (Celt. *Domicella*).
Donci, s. f. Agacement des dents.
Lous ignouns de Prouvenci
Ne bettouns pas la douci.
Les oignons de Provence
N'agacent pas les dents.
Donsou, sa, adj. Dense.
Donsità, pl. **ais,** s. f. Densité.
Dont, s. f. Dent.
Dontâ, v. a. 1re conj. Faire des dents à une scie, à une roue.
Dontà, f. pl. **ais,** adj. Denté, e.
D'onte, pr. rel. D'où.
Dontelâ, v. a. 1re conj. comme *Bariteli*. Denteler.
Dontelléri, s. f. Dentellière.
Dontchicioun, s. f. Dentition.
Dontchîe, s. m. Dentier.
Dontchistou, s. m. Dentiste.
Dontéuri, s. f. Denture.
Doqu'ün, pr. rel. Duquel ; pl. *dosqu'üns*. On dit aussi *doqu'unou*.
Doras, prép. et adv. Près, à côté. (Celt. *Doras*. (V. *Déurasi*.
Dota, s. f. Dot. (V. *Varchéri*).
Doua ou **Doa,** n. de l. Doa, entre l'Etrat et la route de La Fouillouse, au bas de Saint-Priest. (Celt. *Doa*, fosse, fossé d'un château).
Douâ, v. a. 1re conj. comme *Couà*. Douer.
Douà, f. pl. **ais,** adj. Doué, e.
Douana, s. f. Douane.
Douanîe, s. m. Douanier.
Doublâ, v. a. 1re conj. comme *Coufflâ*. Doubler. (Celt. *Doublâ*).
Doublâ, s. m. Doublé, orfèvrerie.
Doubla, s. f. Pièce de deux sous. (Celt. *Dobla*).
Doublageou, s. m. Doublage.
Doublamont, adv. Doublement.
Doubléuri, s. f. Doublure.
Doublou, bla, adj. Double. (Celt *Doubl, dobla*).
Doucerousamont, adv. Doucereusement.

DOUM

Douceroux, ousa, adj. Doucereux, euse.
Doucétta, s. f. Doucette, mâche. (V. *Graciponta*).
Doûchi, s. f. Douche.
Doûchîe, v. a. et pr. 1re conj. irrég. comme *Accouchîe*. Doucher.
Doûci, adj. et s. f. Douce, femme molle.
Doucilamont, adv. Docilement.
Doucilità, pl. **ais,** s. f. Docilité.
Doucilou, la, adj. Docile.
Doûcimont, adv. Doucement.
Doucina, s. f. Doucine.
Douçoû, s. f. Douceur.
Doucumont, s. m. Document.
Douéla, s. f. Douelle.
Dougmatchiquamont, adv. Dogmatiquement.
Dougmatchiquou, qua, adj. Dogmatique.
Dougmatchisâ, v. n. 1re conj. Dogmatiser.
Douillét, ta, adj. Douillet, te, sensible, délicat.
Douilléttamont, adv. Douillettement.
Douilli, s. f. Douille.
Doulâmont, adv. Dolemment.
Doullâ, s. m. Dollar, monnaie.
Doulont, a, adj. Dolent. e.
Doulman, s. m. Dolman.
Doulmén (énou), s. m. Dolmen (ène).
Douloû, s. f. Douleur. (Celt. *Dolur*),
Doulourousamont, adv. Douloureusement.
Douloroux, ousa, adj. Douloureux, euse.
Doumageou ou **Damageou,** s. m. Dommage.
Doumainou, s. m. Domaine.
Doumanial (alou), **a, aôx,** adj. Domanial, e, aux.
Doumestchicità, pl. **ais,** s. f. Domesticité.
Doumestchiquamont, adv. Domestiquement.
Doumestchíquou, qua, s. Domestique.
Doumicilîâ (se), v. pr. 1re conj. com. *Assimilià*. Domicilier (se).
Doumicilià, f. pl. **ais,** adj. Domicilié, e.
Doumiciliairou, ra, adj. Domiciliaire.
Doumicilou, s. m. Domicile.
Douminâ, v. a. et n. 1re conj. Dominer.
Douminacioun, s. f. Domination.
Douminant, a, adj. Dominant, e.

DRAB

Douminatœu, trici, adj. Dominateur, trice.
Douminical (alou), **a, aôx,** Dominical, e, aux.
Douminiquéin, a, s. Dominicain, e.
Douminô, s. m. Domino.
Doumptâ, v. a. 1re conj. Dompter.
Doumptablou, bla, adj. Domptable.
Doumptéu, sa, s. Dompteur, euse.
Doun, s. m. Don, libéralité.
Dounc ou **Adounc,** conjonct. Donc.
Dounâ, v. a. 1re conj. comme *Boundounâ*. Donner.
Douna ou **Donna,** s. f. Donne au jeu de cartes.
Dounacioun, s. f. Donation.
Dounaire, s. m. Donneur.
Dounatœu, trici, s. Donateur, trice.
Doundoun, s. f. Dondon, grosse femme.
Doun-Quichottou, s. m. Don-Quichotte.
Dourâ, v. a. 1re conj. com. *Afflourâ*. Dorer.
Dourageou, s. m. Dorage.
Dourenavant, adv. Dorénavant.
Douréu, sa, s. Doreur, euse.
Douréuri, s. f. Dorure.
Dourloutâ, v. a. et pr. 1re conj. com. *Accoutâ*. Dorloter. (Celt. *Dorlota*).
Doutâ, v. n. et pr. 1re conj. comme *Accoutâ*. Douter, se douter.
Doutâ, v. a. 1re conj. com. *Accoutâ*. Doter.
Doutacioun, s. f. Dotation.
Doutal (alou), **a, taôx,** adj. Dotal, e, aux.
Doutœu ou **Douctœu,** s. m. Docteur.
Doutou, s. m. Doute. (Celt. *Dout*).
Doutoural (alou), **a, aôx,** adj. Doctoral, e, aux.
Doutouralamont, adv. Doctoralement.
Doutoux, ousa, adj. Douteux, euse.
Doutrina, s. f. Doctrine.
Doutrinal (alou), **a,** adj. Doctrinal, e.
Douva, s. f. Douve. (Celt. *Duva*).
Doux, Douci, adj. Doux, ouce.
Doux, adj. num. Deux. (Celt. *Dou*).
Douyon, yéna, s. Doyen, enne.
Douze, adj. num. Douze. (Celt. *Douzeeq*).
Douzeina ou **Douzenna,** s. f. Douzaine.
Douziémamont, adv. Douzièmement.
Douziémou, ma, adj. num. ord. Douzième.
Draboun ou **Darboun,** s. m. Taupe.

DRÉU

Drabounâ, v. a. 1re conj. com. *Boundounâ*. Creuser, faire des trous dans la terre.
Drabounâ, f.. pl. ais, adj. Terrain ravagé par les taupes.
Drabounéri, s. f. Taupinière.
Dragageou, s. m. Dragage.
Dragéia, s. f. Dragée. (Celt. *Drageia*).
Drageoun. s. m. Drageon.
Drageounâ, v. n. 1re conj. comme *Boundounâ*. Drageonner.
Dragoun, s. m. Dragon. (Celt. *Dragoun*).
Dragouna, s. f. Dragonne.
Dragua, s. f. Drague. (Celt. *Drag*).
Draguâ, v. a. 1re conj. Draguer.
Draguéu, sa, s. Dragueur, euse.
Dramatchiquamont, adj. Dramatiquement.
Dramatchiquou, qua, adj. Dramatique.
Dramatchisâ, v. a. 1re conj. Dramatiser.
Dramatchurgeou, gi, s. Dramaturge.
Drap, s. m. Drap. (Celt. *Drap*).
Drapâ, v. a. 1re conj. Draper.
Drapai ou **Drapais,** pl. **piaôx,** s. m. Drapeau.
Draparit, s. f. Draperie.
Drapîe, s. m. Drapier.
Dreinâ, v. a. 1re conj. Drainer.
Dreinablou, bla, adj. Drainable.
Dreinageou, s. m. Drainage.
Dreinéu, s. m. Draineur.
Dreit, s. m. Droit, faculté de faire un acte. (Celt. *Dred*).
Dreit, Dreitchi, adj. Droit, e. (Celt. *Drey, dré*).
Dreitchîe, adj. et s. m. Droitier.
Dreitchimont, adv. Droitement.
Dreitchura, s. f. Droiture.
Dressageou, s. m. Dressage.
Dresséu, s. m. Dresseur, qui dresse.
Dresséu, s. m. Dressoir, étagère, vaisselier.
Drét, prép. Dès. *Drét qu'o s'erre pardju*. (CHAPELON).
Dréulamont, adv. Drôlement.
Dréularit, s. f. Drolerie.
Dréulatchiquamont, adv. Drôlatiquement.
Dréulatchiquou, qua, adj. Drôlatique.
Dréulou, la, adj. Drôle.

DRU

Drigaôdâ, v. n. 1ʳᵉ conj. Gambader, sauter.
Drillou, s. m. Drille, joyeux.
Drïngua, s. f. Femme de mauvaises mœurs.
Drïnguâ, v. n. 1ʳᵉ conj. Mener mauvaise vie. (Celt. *Drygioni*, impudicité).
Drogua, s. f. Drogue (Celt. *Droga*).
Drouguâ, v. a. 1ʳᵉ conj. com. *Coupâ*. Droguer.
Drouguarit, s. f. Droguerie.
Drouguistou, s. m. Droguiste.
Droumadairou, s. m. Dromadaire.
Dru, a, adj. Dru, e. (Celt. *Dru*, fertile).

DRUG

Druidjiquou, qua, adj. Druidique.
Druidjismou, s. m. Druidisme.
Druidou, Druidessa, s. Druide, druidesse.
Drugi, s. f. Abondance, bien-être. Engrais, fumier. *Se pléindre de drugi*; se plaindre sans motif. (Celt. *Druge, drugeal, drujour*).
Drugie, v. n. Faire bombance, folâtrer, être joyeux. *Ji commonçou à brougie que de poulitchiquâ, chantâ, beire et drugie, n'amène ron pa cundji la soupa*; je commence à songer que de politiquer, chanter, boire et faire bombance, n'amène rien pour assaisonner la soupe. (PHILIPPON, *Babochi*). Prov. : *Qui druge poulïn, s'affane roussin ;* qui s'amuse jeune, peine étant vieux.

E, s. m. Cinquième lettre de l'alphabet et deuxième des voyelles, comme en français. (V. Gram.).

Ébahî (s'), v. pr. 2ᵉ conj. Ebahir.

Ébahissamont, s. m. Ebahissement.

Ébahit, Ébahia, adj. Ebahi, e.

Ébaôchageou, s. m. Ebauchage.

Ébaôchi, s. f. Ebauche.

Ébaôchîe, v. a. 1ʳᵉ conj. irrég. com. *Appinchie*. Ebaucher.

Ébaôchit, chià, f. pl. ais, adj. Ebauché, e.

Ébaôchoi (oua), s. m. Ebauchoir.

Ébarbâ, v. a. 1ʳᵉ conj. Ebarber.

Ébarbéu, s. m. Ebarbeur, qui ébarbe.

Ébarbéuri, s. f. Ebarbure.

Ébarchéu, s. m. Ebrécheur, qui ébrèche.

Ébarchîe, v. a. 1ʳᵉ conj. irrég. com. *Appinchie*. Ebrécher.

Ébarchit, chià, f. pl. ais, adj. Ebréché, e.

Ébarliaôdes, s. f. pl. Berlue, éblouissement passager. *On avisant lou soulé, vou prond les ébarliaôdes.* En regardant le soleil, on prend la berlue.

Ébats, s. m. pl. Ebats. (Celt. *Ebat*, jeu).

Ébattre (s'), v. pr. 3ᵉ conj. com. *Battre*. S'ébattre, se débattre.

Ébazordjî, v. a. 2ᵉ conj. com. *Agrandji*. Abasourdir, étourdir.

Ébazordjissamont, s. m. Abasourdissement.

Ébazordjit, djia, adj. Abasourdi, e.

Ébèna, s. f. Ebène, bois.

Ébénîe, s. m. Ebénier, arbre.

Ebenistarit, s. f. Ebénisterie.

Ebenistou, s. m. Ebéniste.

Ébiganchîe, v. a. et pr. 1ʳᵉ conj. irrég. com. *Appinchie*. Ecloper, casser une jambe.

Éblouî, v. a. 2ᵉ conj. Eblouir.

Éblouissamont, s. m. Eblouissement.

Éblouissant, a, adj. Eblouissant, e.

Éborgeounâ, v. a. 1ʳᵉ conj. com. *Boundouna*. Ebourgeonner.

Éborliageou, s. m. Eborgnage.

Éborlîe, v. a. 1ʳᵉ conj. irrég. com. *Déborlie*. Eborgner, aveugler.

Éborliéu, s. m. Eborgneur, qui aveugle. *Traire la poudra d'éborliéu ;* aveugler, jeter de la poudre aux yeux.

Éborseïe, v. a. et pr. 1ʳᵉ conj. irrég. com. *Détaffcïe*. Esquinter.

Éborseiéu, s. m. Esquinteur, se dit d'un mauvais ouvrier qui esquinte le travail.

Ébouillîe, v. a. 1ʳᵉ conj. irrég. com. *Ageanouillie*. Ecraser, aplatir par la pression ; presser sur le ventre ; par ext. : embrouiller un écheveau, une flotte de fil; *una flotta ébouillià*.

Ébouillit, lià, f. pl. ais, adj. Ecrasé, e, embrouillé.

Ébouriffâ, v. a. 1ʳᵉ conj. Ebouriffer.

Ébouriffâ, f. pl. ais, adj. Ebouriffé, e.

Ébouriffant, a, adj. Ebouriffant, e.

Ébranchamont, s. m. Ebranchement.

Ébranchîe, v. a. 1ʳᵉ conj. irrég. com. *Appinchie*). Ebrancher.

Ébranchoi (oua), s. m. Ebranchoir.

Ébranlâ, v. a. 1ʳᵉ conj. Ebranler.

Ébrutâ, v. a. 1ʳᵉ conj. Ebruiter.

Ébrutamont, s. m. Ebruitement.

Ébueulâ, v. n. 1ʳᵉ conj. Faire des efforts pour rendre, rots, hoquets. *Voù lou fat bon ébueulâ, mais o ne pot pas dégouémâ ;* ça lui fait bien faire des hoquets, des efforts, mais il ne peut pas rendre, dégobiller.

ÉCHA

Ébullî, v. n. et pr. 2ᵉ conj. Ebouillir.
Ébullicioun, s. f. Ebullition.
Ébulliontâ, v. a. 1ʳᵉ conj. Ebouillanter, passer à l'eau bouillante.
Écâ, s. m. Ecart. (Celt. *Encard*).
Eçaî, adv. Ici.
Écaillageou, s. m. Ecaillage.
Écaillî, s. f. Ecaille.
Écaillie, v. a. 1ʳᵉ conj. irrég. com. *Criaillie*. Ecailler.
Écaillie, iéri, s. Ecailler, ière.
Écailloux, ousa, adj. Ecailleux, euse.
Écarlata, s. f. Ecarlate. (Celt. *Escarlata*, pourpre).
Écarquillamont, s. m. Ecarquillement.
Écarquillie, v. a. 1ʳᵉ conj. irrég. comme *Criaillie*. Ecarquiller.
Écartâ, v. a. 1ʳᵉ conj. Ecarter.
Écartâ, f. pl. ais, adj. Ecarté, e, détourné.
Écartamont, s. m. Ecartement.
Écarteia, s. f. Ecarté, jeu de cartes.
Écartelâ, v. a. 1ʳᵉ conj. com. *Baritelà*. Ecarteler.
Écartelamont, s. m. Ecartèlement.
Écavartâ, v. a. 1ʳᵉ conj. Eparpiller, disperser.
Écearvelà, v. a. et pr. 1ʳᵉ conj. com. *Baritelà*. Frapper très fort à la tête, assommer.
Écearvelà, f. pl. ais, adj. et s. Ecervelé, e. Etourdi, e.
Ecclésiastiquamont, adv. Ecclésiastiquement.
Ecclésiastiquou, qua, adj. Ecclésiastique.
Échâ, adv. Peu, loc. adv. *Tout échà;* tant soit peu, bien peu. *Frettaz-lou tout échà;* frottez-le tant soit peu.
Échafaôd, s. m. Echafaud.
Échafaôdâ, v. a. et pr. 1ʳᵉ conj. Echafauder.
Échafaôdageou, s. m. Echafaudage.
Échaffourà, pl. ais, s. f. Echauffourée.
Échaianci, s. f. Echéance.
Échalas, s. m. Echalas.
Échalassie, v. a. 1ʳᵉ conj. irrég. comme *Acassie*. Echalasser.
Échalé, s. m. Escalier.
Échalla, s. f. Echelle. (Celt. *Eschalla*, escaba).
Échalota, s. f. Echalote. (V. *Ciboula*).
Échaloun, s. m. Echelon.

ÉCHA

Échalounâ, v. a. 1ʳᵉ conj. com. *Boundounâ*. Echelonner.
Échalounageou, s. m. Echelonnage.
Échambillie, v. a. 1ʳᵉ conj. irrég. comme *Agreillie*. Casser une jambe, une patte; blesser, rendre boiteux.
Échambillit, liâ, f. pl. ais, adj. A qui il manque une jambe, une patte.
Échancrâ, v. a. 1ʳᵉ conj. Echancrer.
Échancréuri, s. f. Echancrure.
Échandjî, v. a. et pr. 2ᵉ conj. Réchauffer.
Échandjit, s. m. Etalon, mesure employée dans le jeu d'arc pour mesurer les coups.
Échangeablou, bla, adj. Echangeable.
Échangeou, s. m. Echange.
Échangie, v. a. 1ʳᵉ conj. irrég. com. *Ablagie*. Echanger. (Celt. *Echangire*).
Échangistou, s. m. Echangiste.
Échanillageou, s. m. Echenillage.
Échanilléu, s. m. Echenilleur.
Échanillie, v. a. 1ʳᵉ conj. irrég. comme *Agreillie*. Echeniller.
Échanilloi (oua), s. m. Echenilloir.
Échansoun, s. m. Echanson.
Échantchilloun, s. m. Echantillon.
Échantchillounâ, v. a. 1ʳᵉ conj. com. *Boundounâ*. Echantillonner.
Etchantchillounageou, s. m. Lieu où se font les échantillons, dans la fabrique des rubans.
Etchantchillounéu, sa, s. Echantillonneur, euse, qui font les échantillons.
Échaôdâ, v. a. 1ʳᵉ conj. Echauder.
Échaôdà, f. pl. ais, adj. Echaudé, e.
Échaôffâ, v. a. et pr. 1ʳᵉ conj. Echauffer.
Échaôffâ, s. m. Echauffé, ardent.
Échaôffamont, s. m. Echauffement.
Échaôffant, a, adj. Echauffant, e.
Échapoulâ, v. a. 1ʳᵉ conj. com. *Affoulà*. Dépecer, écharper, couper, casser du bois à brûler.
Échappâ, v. a. et pr. 1ʳᵉ conj. Echapper.
Échappà, f. pl. ais, s. Echappé, e de prison.
Échappamont, s. m. Echappement.
Écharâ, v. a. et pr. 1ʳᵉ conj. Nettoyer, récurer, laver, blanchir. *J'ai, Djiéu marci, écharà ma counscionci;* j'ai, Dieu merci, nettoyé, blanchi ma conscience. (CHAPELON).
Écharpa, s. f. Echarpe.
Écharpâ, v. a. 1ʳᵉ conj. Echarper.

ÉCLÉ

Écharpillîe, v. a. 1ʳᵉ conj. irrég. comme *Agreillie*. Écharpiller.

Échâssi, s. f. Échasse.

Écharéugnîe, v. a. 1ʳᵉ conj. irrég. comme *Abaragnie*. Érafler, ronger, excorier, morceler.

Échargnéu, s. m. Contrefacteur.

Échargnîe, v. a. 1ʳᵉ conj. irrég. comme *Abaragnie*. Contrefaire, se moquer. *Si qu'o-qu'aôtrou s'erre mèlà de m'échargnîe;* si quelqu'autre s'était mêlé de me contrefaire. (CHAPELON).

Échavelâ, v. a. 1ʳᵉ conj. com. *Baritelà*. Écheveler.

Échec (equou), s. m. Échec.

Écheire, v. n. 3ᵉ conj. com. *Cheire*. Échoir.

Écherla, s. f. Écharde.

Échevïn, s. m. Échevin. (Celt. *Echevinus*).

Échina, s. f. Échine. *Loung d'échine*, partie de viande de boucherie; échinée.

Échinâ (s'), v. pr. 1ʳᵉ conj. S'échiner, s'excéder de fatigue, faire une chose avec peine.

Échiquâ, v. a. 1ʳᵉ conj. Déchirer, faire céder les fils d'un tissu en tendant l'étoffe avec les mains.

Échiquîe, s. m. Échiquier.

Écho (éko), s. m. Écho.

Échoppa, s. f. Échoppe.

Échouâ, v. n. 1ʳᵉ conj. com. *Couà*. Échouer.

Échouageou, s. m. Échouage.

Éclaboussâ, v. a. 1ʳᵉ conj. com. *Agouttà*. Éclabousser.

Éclabousséuri, s. f. Éclaboussure.

Éclai, s. m. Éclair. (V. *Elieus*).

Éclarcî, v. a. 2ᵉ conj. Éclaircir. — Ind. prés. : *j'éclarcéssou, tch'éclarcés, o-l-éclarcé, n'é-clarcissouns*, etc.

Éclarcia, s. f. Éclaircie.

Éclarcissamont, s. m. Éclaircissement.

Éclat, s. m. Éclat.

Éclatâ, v. n. 1ʳᵉ conj. Éclater.

Éclatamont, s. m. Éclatement.

Éclatant, e, adj. Éclatant, e.

Écleirageou, s. m. Éclairage.

Écleiréu, s. m. Éclaireur.

Écleirîe, v. a. 1ʳᵉ conj. irrég. com. *Acrie*. Éclairer.

Écleirit, riâ, f. pl. **ais**, adj. Éclairé, e.

Écléure, v. n. 3ᵉ conj. com. *Désoncléure*. Éclore.

Écléusioun, s. f. Éclosion.

ÉCOU

Éclipsâ, v. a. et pr. 1ʳᵉ conj. Éclipser.

Éclipsou, s. m. Éclipse.

Éclot, s. m. Sabot. *O fasit bais veire petà lios éclots;* il faisait beau voir peter leurs sabots. (CHAPELON).

Écloupâ, v. a. 1ʳᵉ conj. com. *Coupâ*. Éclopper.

Écloupâ, f. pl. **ais**, adj. Éclopé, e.

Écloupaire, s. m. Sabotier.

Écoéin, s. m. Planche faite de l'aubier.

Écola, s. f. École. (Celt. *Ecola*).

Écorçâ, v. a. 1ʳᵉ conj. Écorcer.

Écorçageou, s. m. Écorçage.

Écorchéu, s. m. Écorcheur.

Écorchéuri, s. f. Écorchure.

Écorchîe, v. a. 1ʳᵉ conj. irrég. com. *Appinchîe*. Écorcher.

Écorci, s. f. Écorce. (V. *Quiliorchi*).

Écornâ, v. a. 1ʳᵉ conj. Écorner.

Écornéuri, s. f. Écornure.

Écorniéulâ, v. a. 1ʳᵉ conj. Égosiller, étrangler. *O s'écorniéule à chantà;* il s'égosille à chanter.

Écorpelâ, v. a. et pr. 1ʳᵉ conj. com. *Baritelà*. Esquinter, travailler péniblement. *O féut s'écorpelà par gagnie sa via*.

Écortâ, v. a. 1ʳᵉ conj. Écourter.

Écot, s. m. Écot. (Celt. *Escot*).

Écouat, s. m. Balai, chiffon fixé au bout d'un long manche, pour le nettoyage du four à cuire le pain. Prov. : *l'écouat se moque do forgoun!*

Écouaire (s'), v. pr. 3ᵉ conj. com. *Couaire*. S'écorcher la peau entre les jambes, avoir une inflammation, douleur brûlante, cuire.

Écouatâ, v. a. 1ʳᵉ conj. Écouer, couper la queue, tailler, rogner, réduire.

Écouatâ, f. pl. **ais**, adj. Sans queue, écourté, rogné, réduit ; fig. : à l'air minable.

Écouéssondju, a, s. Déchiré, ébranché.

Écouéssoundre, v. a. 3ᵉ conj. Déchirer en lambeaux, ébrancher un arbre.

Écoulâ, v. a. et pr. 1ʳᵉ conj. com. *Accoulà*. Écouler.

Écoulanchia, s. f. Glissade.

Écoulanchîe, v. n. 1ʳᵉ conj. com. *Appinchîe*. Glisser, faire une glissade. (V. *Coulà*).

Écoulîe, iéri, s. Écolier, ière.

Écoundju (à l'), loc. adv. En cachette, avec dissimulation.

Écoundre, v. a. et pr. 3ᵉ conj. Cacher, dissimuler. *Vais t'écoundre daré la touéri;*

ÉCRI

va te cacher derrière le foyer de la forge. (*Ballet foréz.* ALLARD).

Écounomou, ma, s. m. et adj. Econome.

Écounoumiquamont, adv. Economiquement.

Écounoumiquou, qua, adj. Economique.

Écounoumistou, s. m. Economiste.

Écounoumit, s. f. Economie.

Écoupetâ, v. a. 1re conj. comme *Assetâ*. Frapper fort sur la nuque ; *coupét*, couper le cou.

Écoûre, v. a. 3e conj Battre le blé. Fig. : rosser quelqu'un. — Ind. prés : *J'écouiou, tch'écous, o-l-écou, n'écouiouns, vou'écouiédes, eis-l-écouiount*. — Imparfait : *J'écouins, tch'écouies*, etc. — Subj. prés. : *Que j'écouia, que tch'écouies, qu'o l'écouie, que n'écouiouns, que vou'écouiez, qu'eis l'écouiant*. — Part. pas. : *Ecout, écoùtchi* ; pl. *écouts, écoùtes*. *Avei finit d'écoùre ;* avoir tout mangé son bien, être à bout de ressources.

Écoussailles, s. f. pl. Temps où l'on bat le blé.

Écoussaire, s. m. Batteur de blé.

Écoussout, s. m. Fléau à battre le blé. L'*écoussout* se compose de l'*essout*, manche ; la *varjua*, ou proprement dit, *fléau* ; les deux morceaux de *coliou*, ou cuir troué, adaptés à l'*essout* et à la *varjua*, et réunis par la *méiana*, ou corde en peau d'anguille.

Écoussurie, s. m. Batteur de blé. (V. *Ecoussaire*).

Écouvilloun, s. m. Ecouvillon.

Écouviliounâ, v. a. 1re conj. com. *Boundounâ*. Ecouvillonner.

Écrabouillie, v. a. 1re conj. irrég. comme *Ageanouillie*. Ecraser, aplatir.

Écran, s. m. Ecran. (Celt. *Ecram*).

Écréin, s. m. Ecrin.

Écrémâ, v. a. 1re conj. Ecrémer.

Écrémageou, s. m. Ecrémage.

Écrétâ, v. a. 1re conj. comme *Apprétâ*. Ecréter, enlever la crête.

Écrevissou, s. m. Ecrevisse.

Écriâ (s'), v. a. 1re conj. S'écrier, peu usité.

Écrire, v. a. 3e conj. Ecrire. — Ind. prés. : *J'écrivou, tch'écris, o-l-écrit, n'écrivouns, vou'écrivédes, eis-l-écrivount*, etc.

Écrit, a, s. m. et adj. Ecrit, e.

Écritaî ou **Écritais,** pl. **Écritchiaôx,** s. m. Ecriteau.

Écritchura, s. f. Ecriture.

Écritouairou, s. m. Ecritoire.

EFFA

Écrivassîe ou **Écrivailloun,** s. m. Ecrivassier.

Écrivéin, s. m. Ecrivain.

Écroù, s. m. Ecrou.

Écrouâ, v. a. 1re conj. com. *Bafouâ*. Ecrouer.

Écroulâ (s'), v. pr. 1re conj. com. *Affoulâ*. S'écrouler. (V. *Acrasâ*).

Écroulamont, s. m. Ecroulement. (V. *Acrasageou*).

Écru, a, adj. Ecru, e.

Écû, s. m. Ecu.

Écueil ou **Écœu,** s. m. Ecueil, rocher.

Écuêla, s. f. Ecuelle. (Celt. *Escuella*).

Écuélà, pl. **ais,** s. f. Ecuellée.

Écuma, s. f. Ecume.

Écumâ, v. a. 1re conj. Ecumer.

Écumageou, s. m. Ecumage.

Écumant, a, adj. Ecumant, e.

Écuméu, s. m. Ecumeur.

Écuméuri, s. f. Ecumoire. (V. *Grivaî*).

Écurit, s. m. Ecurie. (V. *Etrâblou*).

Écussoun, s. m. Ecusson.

Écussounâ, v. a. 1re conj. com. *Boundounâ*. Ecussonner.

Écuïe, iéri, s. Ecuyer, ère.

Écuvilles, s. f. pl. Epluchures, balayures.

Édjicioun, s. f. Edition.

Édjictâ, v. a. 1re conj. Edicter.

Édjifiâ, v. a. 1re conj. Edifier.

Édjifiant, a, adj. Edifiant, e.

Édjificacioun, s. f. Edification.

Édjifiçou, s. m. Edifice.

Édjilou, s. m. Edile.

Édjit, s. m. Edit.

Édjitâ, v. a. 1re conj. Editer.

Édjitœu, s. m. Editeur.

Édjucablou, bla, adj. Educable.

Édjucacioun, s. f. Education.

Édjucatœu, trici, s. Educateur, trice.

Édjuquâ, v. a. 1re conj. Eduquer.

Édontâ, v. a. 1re conj. Edenter. (V. *Ebarchic*).

Édontâ, f. pl. ais, adj. Edenté, e. (V. *Ebarchit*).

Édredoun, s. m. Edredon.

Éfeimâ, v. a. et pr. 1re conj. Emotionner, troubler.

Effaçablou, bla, adj. Effaçable.

ÉFFU

Effacéuri, s. f. Effaçure.
Effacîe, v. a. 1ʳᵉ conj. irrég. com. *Agconcie*. Effacer.
Effant, s. Enfant.
Effarâ, v. a. 1ʳᵉ conj. Effarer.
Effarabouillie, v. a. 1ʳᵉ conj. irrég. com. *Agcanouillie*. Embrouiller, en parlant d'un écheveau. (V. *Ebouillie*).
Effaramont, s. m. Effarement.
Effarouchîe, v. a. et pr. 1ʳᵉ conj. irrég. com. *Appunchie*. Effaroucher. (V. *Evarachie*).
Effarvésceonci, s. f. Effervescence.
Effarvésceont, a, adj. Effervescent, e.
Effet, s. m. Effet. (Celt. *Effed*).
Effettchif (ifou), **iva,** s. m. et adj. Effectif, ive.
Effettchivamont, adv. Effectivement..
Effettchuâ, v. a. 1ʳᵉ conj. Effectuer.
Efficaceamont, adv. Efficacement.
Efficaceou, ci, adj. Efficace.
Efficacità, pl. **ais,** s. f. Efficacité.
Effigit ou **Effigia,** s. f. Effigie.
Effilà, f. pl. **ais,** adj. Effilé, e, grand et mince.
Efflanquâ, v. a. 1ʳᵉ conj. Efflanquer.
Efflanquà, f. pl. **ais,** adj. Efflanqué, e.
Effô, s. m. Effort.
Efforcîe (s'), v. pr. 1ʳᵉ conj. irrég. com. *Déborlie*. S'efforcer.
Effouillageou, s. m. Effeuillage.
Effouillîe, v. a. 1ʳᵉ conj. irrég. com. *Agcanouillie*. Effeuiller.
Effoundrâ, v. a. et pr. 1ʳᵉ conj. Effondrer. (V. *Acrusà*).
Effoundramont, s. m. Effondrement.
Effracioun, s. f. Effraction.
Effraïe, v. a. et pr. 1ʳᵉ conj. irrég. com. *Desandaie*. Effrayer.
Effraiant, a, adj. Effrayant, e.
Effrenà, f. pl. **ais,** adj. Effréné, e.
Effritâ, v. a. 1ʳᵉ conj. Effriter.
Effrei ou **Effroi,** s. m. Effroi. (Celt. *Effreis*).
Effrountâ, f. pl. **ais,** adj. Effronté, e.
Effrountamont, adv. Effrontément.
Effrountarit, s. f. Effronterie.
Effrouyablamont, adv. Effroyablement.
Effrouyablou, bla, adj. Effroyable.
Effusioun, s. f. Effusion.

ÉIGR

Égâ, s. m. Egard.
Égal (alou), **a, gaôx,** adj. et s. Egal, e, aux. (Celt. *Egal*).
Égalâ, v. a. 1ʳᵉ conj. Egaler.
Égalamont, adv. Egalement.
Égalisâ, v. a. 1ʳᵉ conj. Egaliser.
Égalisacioun, s. f. Egalisation.
Égalità, s. f. Egalité.
Égalitairou, ra, adj. Egalitaire.
Égaïe, v. a. 1ʳᵉ conj. irrég. com. *Désandaïe*. Egayer.
Égarâ, v. a. et pr. 1ʳᵉ conj. Egarer.
Égarà, f. pl. **ais,** adj. Egaré, e ; s. Fou.
Égaramont, s. m. Egarement.
Églantchîe, s. m. Eglantier. (V. *Sarraquiéu*).
Églantchina, s. f. Eglantine.
Égorgéu, s. m. Egorgeur.
Égorgîe, v. a. 1ʳᵉ conj. irrég. com. *Ablagie*. Egorger.
Égouïsmou, s. m. Egoïsme.
Égouïstou, ta, adj. et s. Egoïste.
Égousillîe (s'), v. pr. 1ʳᵉ conj. irrég. comme *Criaillie*. S'égosiller. (V. *S'écorniéulà*).
Égout, s. m. Egout.
Égouttâ ou **Agouttâ,** v. a. 1ʳᵉconj. Egoutter.
Égouttageou ou **Agout...,** s. m. Egouttage.
Égouttéuri ou **Agout...,** s. f. Egouttière.
Égouttoi ou **Agout...,** s. m. Egouttoir.
Égraminâ (s'), v. pr. 1ʳᵉ conj. Se donner beaucoup de peine pour une chose.
Égranâ, v. a. 1ʳᵉ conj. Egrainer.
Égranageou, s. m. Egrainage.
Égrillâ, arda, adj et s. Egrillard, e.
Égroéintâ, v. a. et pr. 1ʳᵉ conj. Abimer la figure. Par ext. : Ecorner, ébrécher. *O va se faire égroéintà* ; il va se faire abimer la figure (*groéin*). *J'ai égroéintà moun bichoun* ; j'ai ébréché mon pot.
Égypcion, iéna, adj. et s. Egyptien, ienne.
Égyptou, s. m. Egypte.
Eh ! interj. Eh !
Éhountà, f. pl. **ais,** adj. et s. Ehonté, e.
Ei, pr. pers. fém. 3ᵉ pers. sing. Elle.
Éidjîe, v. a. et pr. 1ʳᵉ conj. irrég. com. *Dérouédjie*. Aider.
Éigrefin, s. m. Aigrefin. (Celt. *Egrefin*).
Éigrelét, a, adj. Aigrelet, te.
Éigrétta, s. f. Aigrette.
Éigrî, v. a. 2ᵉ conj. comme *Càri*. Aigrir.

15

ÉIMP

Eigrimont ou **Eigramont**, adv. Aigrement.
Eigroû, s. f. Aigreur.
Eiguâ, v. a. 1ʳᵉ conj. Arranger, radouber. *Lou majò que courit par zos tout bion eiguá;* le major qui courait pour tout bien arranger (CHAPELON).
Eiguais ou **Aiguais**, s. m. Inondation, courant d'eau. *L'an do grand eiguais;* l'année de la grande inondation (1849).
Eiguîe ou **Aiguîe**, s. m. Evier, égout.
Eiguiéri, s. f. Aiguière. (Celt. *Egueyria*).
Elaî ou **Eilais**, adv. Là-bas.
Eilétta, s. f. Ailette.
Eillua ou **Eullua**, s. f. Aiguillon de paysan, long bâton.
Éimbarbou, ba, adj. Imberbe.
Éimbecilamont, adv. Imbécilement.
Éimbecilità, pl. **ais**, s. f. Imbécilité.
Éimbecilou, la, adj. Imbécile. (V. *Péu d'émou*).
Éimbéu, bua, adj. Imbu, e.
Éimbibâ, v. a. 1ʳᵉ conj. Imbiber.
Éimbibacioun, s. f. Imbibation.
Éimbrouglio, s. m. Imbroglio.
Eimont, s. m. Aimant, pierre.
Eimontâ, v. a. 1ʳᵉ conj. Aimanter.
Eimontacioun, s. f. Aimantation.
Eimoulâ, v. a. 1ʳᵉ conj. comme *Affoulâ*. Aiguiser.
Éimouléu, s. m. Aiguiseur, rémouleur.
Éimpaciamont, adv. Impatiemment.
Éimpacionci, s. f. Impatience.
Éimpaciont, a, adj. Impatient, e.
Éimpaciontâ, v. a. et pr. 1ʳᵉ conj. Impatienter.
Éimpaî, aira, adj. Impair, e.
Éimpaiablou, bla, adj. Impayable.
Éimpaït, paia, iais, adj. Impayé, e.
Éimpalpabilità, pl. **ais**, s. f. Impalpabilité.
Éimpalpablou, bla, adj. Impalpable.
Éimparceptchiblamont, adv. Imperceptiblement.
Éimparceptibilità, pl. **ais**, s. f. Imperceptibilité.
Éimparceptchiblou, bla, adj. Imperceptible.
Éimparcial (alou), **a, ciaôx**, adj. Impartial, e, aux.
Éimparcialamont, adv. Impartialement.
Éimparcialità, pl. **ais**, s. f. Impartialité.

ÉIMP

Éimpardounablou, bla, adj. Impardonnable.
Éimparfacioun, s. f. Imperfection.
Éimparfat, aitchi, adj. Imparfait, e.
Éimparfatamont, adv. Imparfaitement.
Éimparmeablou, bla, adj. Imperméable.
Éimparsounel (elou), **la**, adj. Impersonnel, le.
Éimparsounellamont, adv. Impersonnellement.
Éimpartageablou, bla, adj. Impartageable.
Éimpartchinamont, adv. Impertinemment.
Éimpartchinonci, s. f. Impertinence.
Éimpartchinont, a, adj. Impertinent, e.
Éimpartchubablamont, adv. Imperturbablement.
Éimpartchubablou, bla, adj. Imperturbable.
Éimpâssa, s. f. Impasse.
Éimpassibilità, pl. **ais**, s. f. Impassibilité.
Éimpassiblamont, adv. Impassiblement.
Éimpassiblou, bla, adj. Impassible.
Éimpeccablou, bla, adj. Impeccable.
Éimpenetrablamont, adv. Impénétrablement.
Éimpenetrablou, bla, adj. Impénétrable.
Éimperatchif (ifou), **iva**, adj. Impératif, ive.
Éimperatchivamont, adv. Impérativement.
Éimperatrici, s. f. Impératrice.
Éimperial (alou), **a, aôx**, adj. Impérial, e, aux.
Éimperiala, s. f. Impériale.
Éimperialamont, adv. Impérialement.
Éimperialistou, s. m. Impérialiste.
Éimperiousamont, adv. Impérieusement.
Éimperioux, ousa, adj. Impérieux, euse.
Éimperissablou, bla, adj. Impérissable.
Éimpéusâ, v. a. et pr. 1ʳᵉ conj. Imposer.
Éimpéusà, f. pl. **ais**, adj. et s. Imposé, e.
Éimpéusablou, bla, adj. Imposable.
Éimpéusant, a, adj. Imposant, e.
Éimpéusicioun, s. f. Imposition.
Éimpéut, s. m. Impôt.
Éimpiétà, pl. **ais**, s. f. Impiété.
Éimpit, Éimpia, adj. et s. Impie.
Éimpitouyablamont, adv. Impitoyablement.

ÉIMP

Éimpitouyablou, bla, adj. Impitoyable.
Éimplacablamont, adv. Implacablement.
Éimplacablou, bla, adj. Implacable.
Éimplantâ, v. a. et pr. 1re conj. Implanter.
Éimplantacioun, s. f. Implantation.
Éimplicitamont, adv. Implicitement.
Éimplicitou, ta, adj. Implicite.
Éimpliquâ, v. a. 1re conj. Impliquer.
Éimplourâ, v. a. 1re conj. com. *Afflourâ*. Implorer.
Éimportâ, v. a. 1re conj. Importer.
Éimportacioun, s. f. Importation.
Éimportanci, s. f. Importance.
Éimportchün, a, adj. et s. Importun, e.
Éimportchunâ ou Omportchunâ, v. a. 1re conj. Importuner.
Éimportchunamont, adv. Importunément.
Éimposta, s. f. Imposte.
Éimpoulimont, adv. Impoliment.
Éimpoulit, lia, adj. et s. Impoli, e.
Éimpoulitessa, s. f. Impolitesse.
Éimpoulitchiquamont, adv. Impolitiquement.
Éimpoulitchiquou, qua, adj. Impolitique.
Éimpoupulairou, ra, adj. Impopulaire.
Éimpoupularità, pl. ais, s. f. Impopularité.
Éimpoussibilità, pl. ais, s. f. Impossibilité.
Éimpoussiblou, bla, adj. Impossible.
Éimpoutonci, s. f. Impotence.
Éimpoutont, a, adj. Impotent, e.
Éimpratchicablou, bla, adj. Impraticable.
Éimprecacioun, s. f. Imprécation.
Éimpregnablou, bla, adj. Imprégnable.
Éimpregnîe, v. a. 1re conj. irrég. comme *Abaragnîe*. Imprégner.
Éimpregnit, ià, f. pl. ais, adj. Imprégné, e.
Éimprenablou, bla, adj. Imprenable.
Éimpressioun, s. f. Impression.
Éimpressiounâ, v. a. 1re conj. com. *Affeciounâ*. Impressionner.
Éimpressiounablou, bla, adj. Impressionnable.
Éimpreveú, va, adj. Imprévu, e.
Éimprevouyanci, s. f. Imprévoyance.
Éimprevouyant, a, adj. Imprévoyant, e.
Éimprimâ, v. a. 1re conj. Imprimer.
Éimprimablou, bla, adj. Imprimable.

ÉINC

Éimprimarit, s. f. Imprimerie.
Éimpriméu, s. m. Imprimeur.
Éimpropramont, adv. Improprement.
Éimproprou, pra, adj. Impropre.
Éimproubablou, bla, adj. Improbable.
Éimproubità, pl. ais, s. f. Improbité.
Éimproudjutchif (ifou), iva, adj. Improductif, ive.
Éimproudjutchivamont, adv. Improductivement.
Éimprouvisâ, v. a. 1re conj. Improviser.
Éimprouvisacioun, s. f. Improvisation.
Éimprouvisatœu, trici, s. Improvisateur, trice.
Éimprouvistou (à l'), loc. adv. A l'improviste.
Éimprudamont, adv. Imprudemment.
Éimprudonci, s. f. Imprudence.
Éimprudont, a, adj. Imprudent, e.
Éimpudamont, adv. Impudemment.
Éimpudjicità, pl. ais, s. f. Impudicité.
Éimpudjiquamont, adv. Impudiquement.
Éimpudjiquou, qua, adj. Impudique.
Éimpudœu, s. f. Impudeur.
Éimpudonci, s. f. Impudence.
Éimpudont, a, adj. et s. Impudent, e.
Éimpuissant, a, adj. Impuissant, e.
Éimpulsioun, s. f. Impulsion.
Éimpunamont, adv. Impunément.
Éimpunit, nia, s. f. Impuni, e.
Éimpunità, pl. ais, s. f. Impunité.
Éimpur (nrou), a, adj. Impur, e.
Éimpuramont, adv. Impurement.
Éimpuretà, pl. ais, s. f. Impureté.
Éimputâ, v. a. 1re conj. Imputer.
Éimputablou, bla, adj. Imputable.
Éimputacioun, s. f. Imputation.
Éincalculablou, bla, adj. Incalculable.
Éincadesceonci, s. f. Incandescence.
Éincadesceont, a, adj. Incandescent, e.
Éincapablou, bla, adj. Incapable.
Éincapacità, pl. ais, s. Incapacité.
Éincarcerâ, v. a. 1re conj. Incarcérer.
Éincarceracioun, s. f. Incarcération.
Éincarnâ (s'), v. pr. 1re conj. Incarner.
Éincarnacioun, s. f. Incarnation.
Éincartada, s. f. Incartade.
Éinceartchitchuda, s. f. Incertitude.

ÉINC

Éinceartéin, a, adj. Incertain, e.
Éincearteinamont, adv. Incertainement.
Éinceondjiâ, v. a. 1re conj. Incendier.
Éinceondjià, pl. ais, adj. et s. Incendié, e.
Éinceondjiairou, ra, s. Incendiaire.
Éinceondjit, s. m. Incendie.
Éincessamont, adv. Incessamment.
Éincessant, a, adj. Incessant, e.
Éincessiblou, bla, adj. Incessible.
Éincestchuousamont, adv. Incestueusement.
Éincestchuoux, ousa, adj. et s. Incestueux, euse.
Éincestou, s. m. Inceste.
Éincidamont, adv. Incidemment.
Éincidont, s. m. Incident.
Éincidontâ, v. n. 1re conj. Incidenter.
Éincinerâ, v. a. 1re conj. Incinérer.
Éincineracioun, s. f. Incinération.
Éincisâ, v. a. 1re conj. Inciser.
Éincisioun, s. f. Incision.
Éincivilamont, adv. Incivilement.
Éincivilisà, f. pl. ais, adj. Incivilisé, e.
Éinclémonci, s. f. Inclémence.
Éinclémont, a, adj. Inclément, e.
Éinclinâ, v. a. et pr. 1re conj. Incliner.
Éinclinacioun, s. f. Inclination.
Éinclineisoun, s. f. Inclinaison.
Éinclusivamont, adv. Inclusivement.
Éincougnito (oug-ni), s. m. Incognito.
Éincoumbâ, v. n. 1re conj. Incomber.
Éincoumbustchiblou, bla, adj. Incombustible.
Éincouméudâ, v. a. 1re conj. Incommoder.
Éincouméudà, f. pl. ais, adj. Incommodé, e.
Éincouméudamont, adv. Incommodément.
Éincouméudjità, pl. ais, s. f. Incommodité.
Éincoumunicablou, bla, adj. Incommuniquable.
Éincoumparablamont, adv. Incomparablement.
Éincoumparablou, bla, adj. Incomparable.
Éincoumpatchiblamont, adv. Incompatiblement.
Éincoumpatchiblou, bla, adj. Incompatible.

ÉINC

Éincoumpetonci, s. f. Incompétence.
Éincompetont, a, adj. Incompétent, e.
Éincoumplét, a, adj. Incomplet, plète.
Éincoumpletamont, adv. Incomplètement.
Éincoumprés, a, adj. et s. Incompris, e.
Éincoumprehonsiblamont, adv. Incompréhensiblement.
Éincoumprehonsiblou, bla, adj. Incompréhensible.
Éincounsoulablamont, adv. Inconsolablement.
Éincounsoulablou, bla, adj. Inconsolable.
Éincoundjûta, s. f. Inconduite.
Éincounscionci, s. f. Inconscience.
Éincounsciont, a, adj. Inconscient, e.
Éincounsequamont, adv. Inconséquemment.
Éincounsequonci, s. f. Inconséquence.
Éincounsequont, a, adj. Inconséquent, e.
Écounsiderà, f. pl. ais, adj. Inconsidéré, e.
Éincounsideracioun, s. f. Inconsidération.
Éincounsistanci, s. f. Inconsistance.
Éincounsistant, a, adj. Inconsistant, e.
Éincounsoulà, f. pl. ais, adj. Inconsolé, e.
Éincounsoulablamont, adv. Inconsolablement.
Éincounsoulablou, bla, adj. Inconsolable.
Éincounstanci, s. f. Inconstance.
Éincounstant, a, adj. Inconstant, e.
Éincounstchitchuciounellamont, adv. Inconstitutionnellement.
Éincounstchitchuciounel (elou), la, adj. Inconstitutionnel, le.
Éincountchinonci, s. f. Incontinence.
Éincountchinont, adv. Incontinent.
Éincountchinont, a, adj. Incontinent, e.
Éincounu, a, adj. et s. Inconnu, e.
Éincounvenanci, s. f. Inconvenance.
Éincounvenant, a, adj. Inconvenant, e.
Éincouveniont, s. m. Inconvénient.
Éincourect (ectou), a, adj. Incorrect, e.
Éincourectamont, adv. Incorrectement.
Éincouriglamont, adv. Incorrigiblement.
Éincouriglou, bla, adj. Incorrigible.
Éincourpourâ, v. a. 1re conj. com. Afflouri. Incorporer.
Éincourpouracioun, s. f. Incorporation.

ÉIND

Éincouruptchiblou, bla, adj. Incorruptible.
Éincredjulità, pl. **ais,** s. f. Incrédulité.
Éincredjulou, la, adj. Incrédule.
Éincriminâ, v. a. 1re conj. Incriminer.
Éincriminablou, bla, adj. Incriminable.
Éincriminacioun, s. f. Incrimination.
Éincrouy ou **Éincreyablamont,** adv. Incroyablement.
Éincrouy ou **Éincreyablou, bla,** adj. Incroyable.
Éincrustâ, v. a. 1re conj. Incruster.
Éincrustacioun, s. f. Incrustation.
Éinculpâ, v. a. 1re conj. Inculper.
Éinculpâ, f. pl. **ais,** adj. et s. Inculpé, e.
Éinculquâ, v. a. 1re conj. Inculquer.
Éincultou, ta, adj. Inculte.
Éincurablamont, adv. Incurablement.
Éincurablou, bla, adj. Incurable.
Éincurit, s. f. Incurie.
Éincursioun, s. f. Incursion.
Éindéceamont, adv. Indécemment.
Éindéceoncì, s. f. Indécence.
Éindéchiffrablou, bla, adj. Indéchiffrable.
Éindécis, a, adj. Indécis, e.
Éindécisioun, s. f. Indécision.
Éindéfinimont, adv. Indéfiniment.
Éindéfinissablou, bla, adj. Indéfinissable.
Éindélicat, a, adj. Indélicat, e.
Éindélicatamont, adv. Indélicatement.
Éindélicatessa, s. f. Indélicatesse.
Éindéniablou, bla, adj. Indéniable.
Éindépondamont, adv. Indépendamment.
Éindépondanci, s. f. Indépendance.
Éindépondant, a, adj. Indépendant, e.
Éindéracinablou, bla, adj. Indéracinable.
Éindescriptchiblou, bla, adj. Indescriptible.
Éindestrutchiblou, bla, adj. Indestructible.
Éindétarminâ, f. pl. **ais,** adj. Indéterminé, e.
Éindétarminacioun, s. f. Indétermination.
Éindétarminamont, adv. Indéterminément.
Éindévoucioun, s. f. Indévotion.
Éindjicacioun, s. f. Indication.

ÉIND

Éindjicatchif (ifou), **iva,** adj. et s. m. Indicatif, ive.
Éindjicatœu, trici, adj. et s. Indicateur, trice.
Éindjiciplina, s. f. Indiscipline.
Éindjiciplinà, f. pl. **ais,** adj. Indiscipliné, e.
Éindjiçou, s. m. Indice.
Éindjiéna, s. f. Indienne, étoffe.
Éindjion, iéna, adj. et s. Indien, ienne.
Éindjifferamont, adv. Indifféremment.
Éindjifferonci, s. f. Indifférence.
Éindjifferont, a, adj. Indifférent, e.
Éindjigênou, na, adj. et s. Indigène.
Éindjigeonci, s. f. Indigence.
Éindjigeont, a, adj. et s. Indigent, e.
Éindjigessioun, s. f. Indigestion.
Éindjigestou, ta, adj. Indigeste.
Éindjignacioun, s. f. Indignation.
Éindjignamont, adv. Indignement.
Éindjignîe, v. a. et pr. 1re conj. irrég. com. *Abaragnie.* Indigner.
Éindjignità, pl. **ais,** s. f. Indignité.
Éindjignou, gna, adj. Indigne.
Éindjiquâ, v. a. 1re conj. Indiquer.
Éindjiret (ettou), **ta,** adj. Indirect, e.
Éindjirettamont, adv. Indirectement.
Éindjiscrecioun, s. f. Indiscrétion.
Éindjiscrét, a, adj. Indiscret, ète.
Éindjiscretamont, adv. Indiscrètement.
Éindjiscutablou, bla, adj. Indiscutable.
Éindjispéusâ, v. a. 1re conj. Indisposer.
Éindjispéusà, f. pl. **ais,** adj. Indisposé, e.
Éindjispéusicioun, s. f. Indisposition.
Éindjisponsablamont, adv. Indispensablement.
Éindjisponsablou, bla, adj. Indispensable.
Éindjispouniblou, bla, adj. Indisponible.
Éindjissoulublamont, adv. Indissolublement.
Éindjissoulublou, bla, adj. Indissoluble.
Éindjistéint, a, adj. Indistinct, e.
Éindjistéintamont, adv. Indistinctement.
Éindjividju, s. m. Individu.
Éindjividjualisâ, v. a. 1re conj. Individualiser.
Éindjividjualità, pl. **ais,** s. f. Individualité.
Éindjividjuel (elou), **la,** adj. Individuel, le.

ÉINF

Éindjividjuellamont, adv. Individuellement.
Éindjivis (isou), a, adj. Indivis, e.
Éindjivisiblamont, adv. Indivisiblement.
Éindjivisiblou, bla, adj. Indivisible.
Éindju, a, adj. Indu, e.
Éindjubitablamont, adv. Indubitablement.
Éindjubitablou, bla, adj. Indubitable.
Éindjulgeonci, s. f. Indulgence.
Éindjulgeont, a, adj. Indulgent, e.
Éindjûre, v. a. 3ᵉ conj. com. *Adjûre*. Induire.
Éindjustriel (elou), la, adj. et s. Industriel, le
Éindjustriousamont, adv. Industrieusement.
Éindjustrioux, ousa, adj. Industrieux, euse.
Éindjustrit ou **tria**, s. f. Industrie.
Éindomnisâ, v. a. 1ʳᵉ conj. Indemniser.
Éindomnisacioun, s. f. Indemnisation.
Éindomnità, pl. **ais**, s. f. Indemnité.
Éindoucilità, pl. **ais**, s. f. Indocilité.
Éindoucilou, la, adj. Indocile.
Éindoulamont, adv. Indolemment.
Éindoulonci, s. f. Indolence.
Éindoulont, a, adj. Indolent, e.
Éindoumptà, f. pl. **ais**, adj. Indompté.
Éindoumptablou, bla, adj. Indomptable.
Einé, adj. et s. Aîné, e.
Einessa, s. f. Aînesse. (Celt. *Enecia*).
Éinfaillibilità, pl. **ais**, s. f. Infaillibilité.
Éinfailliblamont, adv. Infailliblement.
Éinfailliblou, bla, adj. Infaillible.
Éinfamacioun, s. f. Infamation.
Éinfamant, a, adj. Infamant, e.
Éinfamit ou **mia**, s. f. Infamie.
Éinfâmou, ma, adj. Infâme.
Éinfantarit, s. f. Infanterie.
Éinfantchicidou, s. m. Infanticide.
Éifarnal (alou), a, **naôx**, adj. Infernal, e, aux.
Éinfarnalamont, adv. Infernalement.
Éinfartchilità, pl. **ais**, s. f. Infertilité.
Éinfartchilou, la, adj. Infertile.
Éinfasablou, bla, adj. Infaisable.
Éinfatchigablamont, adv. Infatigablement.

ÉINF

Éinfatchigablou, bla, adj. Infatigable.
Éinfécound, a, adj. Infécond, e.
Éinfécoundjità, pl. **ais**, s. f. Infécondité.
Éinfeoudâ, v. a. 1ʳᵉ conj. comme *Affoudâ*. Inféoder. — *J'éinfeodou*, *tch'éinfeodes*, etc.
Éinferiœu, ra, adj. Inférieur, e.
Éinferiœuramont, adv. Inférieurement.
Éinferiourità, pl. **ais**, s. f. Infériorité.
Éinfestâ, v. a. 1ʳᵉ conj. Infester.
Éinfetcioun, s. f. Infection.
Éinfettâ, v. a. 1ʳᵉ conj. Infecter.
Éinfettant, a, adj. Infectant, e.
Éinfettou, ta, adj. Infect, e.
Éinfidelamont, adv. Infidèlement.
Éinfidelità, pl. **ais**, s. f. Infidélité.
Éinfidèlou, la, adj. Infidèle.
Éinfiltrâ (s'), v. pr. 1ʳᵉ conj. S'infiltrer.
Éinfimou, ma, adj. Infime.
Éinfinimont, adv. Infiniment.
Éinfinit, nia, adj. Infini, e.
Éinfinità, pl. **ais**, s. f. Infinité.
Éinfinitchif (ifou), edj. et s. Infinitif.
Éinfirmarit, s. f. Infirmerie.
Éinfirmîe, iéri, s. Infirmier, ère.
Éinfirmità, pl. **ais**, s. f. Infirmité.
Éinfirmou, ma, adj. et s. Infirme.
Éinflamabilità, pl. **ais**, s. Inflammabilité.
Éinflamablou, bla, adj. Inflammable.
Éinflamacioun, s. f. Inflammation.
Éinflexibilità, pl. **ais**, s. f. Inflexibilité.
Éinflexiblamont, adv. Inflexiblement.
Éinflexiblou, bla, adj. Inflexible.
Éinfligîe, v. a. 1ʳᵉ conj. irrég. com. *Ablagîe*. Infliger.
Éinfluâ, v. n. 1ʳᵉ conj. com. *Attribuâ*. Influer.
Éinfluonci, s. f. Influence.
Éinfluoncîe, v. a. 1ʳᵉ conj. irrég. comme *Ageoncîe*. Influencer.
Éinfluont, a, adj. Influent, e.
Éinformâ, v. a. et pr. 1ʳᵉ conj. Informer.
Éinformacioun, s. f. Information.
Éinformou, ma, adj. Informe.
Éinfortchuna, s. f. Infortune.
Éinfortchunà, f. pl. **ais**, adj. et s. Infortuné, e.
Éinfrantchissablou, bla, adj. Infranchissable.

ÉINS

Éinfrequontà, f. pl. **ais**, adj. Infréquenté, e.
Éinfrutchuousamont, adv. Infructueusement.
Éinfrutchuoux, ousa, adj. Infructueux, euse.
Éinfusâ, v. a. 1ʳᵉ conj. Infuser.
Éinfusioun, s. f. Infusion.
Éingeniâ (s'), v. pr. 1ʳᵉ conj. S'ingénier.
Éingeniœu, s. m. Ingénieur. (V. *Angennie*).
Éingeniousamont, adv. Ingénieusement.
Éingeniousità, pl. **ais**, s. f. Ingéniosité.
Éingenioux, ousa, adj. Ingénieux, euse.
Éingerâ, v. a. et pr. 1ʳᵉ conj. comme *Aberà*. Ingérer.
Éingouvarnablou, bla, adj. Ingouvernable.
Éingrat, a, adj. et s. Ingrat, e. (Celt. *Ingrat*).
Éingratchitchuda, s. f. Ingratitude.
Éingredjiont, s. m. Ingrédient.
Éinguarissablou, bla, adj. Inguérissable.
Éingurgità, v. a. 1ʳᵉ conj. Ingurgiter.
Éingurgitacioun, s. f. Ingurgitation.
Éinjetcioun, s. f. Injection.
Éinjettâ, v. a. et pr. 1ʳᵉ conj. Injecter.
Éinjettœu, s. m. Injecteur.
Éinjouablou, bla, adj. Injouable.
Éinjouncioun, s. f. Injonction.
Éinjura, s. f. Injure.
Éinjuriâ, v. a. 1ʳᵉ conj. Injurier.
Éinjuriousamont, adv. Injurieusement.
Éinjurioux, ousa, adj. Injurieux, euse.
Éinjustamont, adv. Injustement.
Éinjustchici, s. f. Injustice.
Éinjustchiciablou, bla, adj. Injusticiable.
Éinjustou, ta, adj. et s. Injuste.
Éinqualifiablou, bla, adj. Inqualifiable.
Éinquiét, a, adj. Inquiet, iète.
Éinquiétâ, v. a. et pr. 1ʳᵉ conj. Inquiéter.
Éinquiétant, a, adj. Inquiétant, e.
Éinquiétchuda, s. f. Inquiétude.
Éinquisicioun, s. f. Inquisition.
Éinquisitœu, s. m. Inquisiteur.
Éinquisitourial (alou), **a, riaôx**, adj. Inquisitorial, e, riaux.
Éinsaciablamont, adv. Insatiablement.
Éinsaciabilità, pl. **ais**, s. f. Insatiabilité.
Éinsaciablou, bla, adj. Insatiable.

ÉINS

Éinsalubramont, adv. Insalubrement.
Éinsalubrità, pl. **ais**, s. f. Insalubrité.
Éinsalubrou, bra, adj. Insalubre.
Éinsarâ, v. a. 1ʳᵉ conj. Insérer.
Éinsarcioun, s. f. Insertion.
Éinsarmontà, adj. m. Insermenté.
Éincripcioun, s. f. Inscription.
Éinscrîre, v. a. 3ᵉ conj. com. *Ecrire*. Inscrire.
Éinsesissablou, bla, adj. Insaisissable.
Éinseparablamont, adv. Inséparablement.
Éinseparablou, bla, adj. Inséparable.
Éinsettou, s. m. Insecte.
Éinsettchicidou, da, s. m. et adj. Insecticide.
Éinsi, adv. Ainsi. *Einsi-seit-où*, ainsi soit-il. On dit par corrupt. : *cinsisoitchit*.
Éinsignou, adj. et s. m. Insigne.
Éinsinuâ, v. a. et pr. 1ʳᵉ conj. com. *Attribuâ*. Insinuer.
Éinsinuacioun, s. f. Insinuation.
Éinsinuant, a, adj. Insinuant, e.
Éinsipidamont, adv. Insipidement.
Éinsipidou, da, adj. Insipide.
Éinsistà, v. n. 1ʳᵉ conj. Insister.
Éinsonsà, f. pl. **ais**, adj. et s. Insensé, e.
Éinsonsibilità, pl. **ais**, s. f. Insensibilité.
Éinsonsiblamont, adv. Insensiblement.
Éinsonsiblou, bla, adj. Insensible.
Éinsouciablou, bla, adj. Insociable.
Éinsouciamont, adv. Insouciemment.
Éinsouciancì, s. f. Insouciance.
Éinsouciant, a, adj. Insouciant, e.
Éinsoulacioun, s. f. Insolation.
Éinsoulamont, adv. Insolemment.
Éinsoulonci, s. f. Insolence.
Éinsoulont, a, adj. et s. Insolent, e.
Éinsoulontâ, v. a. 1ʳᵉ conj. Insulter.
Éinsoulublou, bla, adj. Insoluble.
Éinsoulvabilità, pl. **ais**, s. f. Insolvabilité.
Éinsoulvablou, bla, adj. Insolvable.
Éinsoumés, a, adj. Insoumis, e.
Éinsoumissioun, s. f. Insoumission.
Éinsoumit ou **mia**, s. f. Insomnie.
Éinsoutenablou, bla, adj. Insoutenable.
Éinspetcioun, s. f. Inspection.
Éinspettà, v. a. 1ʳᵉ conj. Inspecter.

ÉINS

Éinspettœu, trici, s. Inspecteur, trice.
Éinspirâ, v. a. 1re conj. Inspirer.
Éinspirà, f. pl. **ais**, s. Inspiré, e.
Éinspiracioun, s. f. Inspiration.
Éinspiratœu, trici, adj. Inspirateur, trice.
Éinstabilità, pl. **ais**, s. f. Instabilité.
Éinstablamont, adv. Instablement.
Éinstablou, bla, adj. Instable.
Éinstallâ, v. a. 1re conj. Installer.
Éinstallacioun, s. f. Installation.
Éinstamont, adv. Instamment.
Éinstanci, s. f. Instance.
Éinstantanà, f. pl. **ais**, adj. Instantané, e.
Éinstantanamont, adv. Instantanément.
Éinstâ (à l'), loc. prép. A l'instar.
Éinstchigacioun, s. f. Instigation.
Éinstchiguâ, v. a. 1re conj. Instiguer.
Éinstchigatœu, trici, s. Instigateur, trice.
Éinstchitchuâ, v. a. 1re conj. Instituer.
Éinstchitchucioun, s. f. Institution.
Éinstchitchut, s. m. Institut.
Éinstchitchutœu, trici, s. Instituteur, trice.
Éinstéint, s. m. Instinct.
Éinstéintchif (ifou), **iva**, adj. Instinctif, ive.
Éinstéintchivamont, adv. Instinctivement.
Éinstrucioun, s. f. Instruction.
Éinstrumont, s. m. Instrument.
Éinstrumontâ, v. n. 1re conj. Instrumenter.
Éinstrumontacioun, s. f. Instrumentation.
Éinstrumontal, a, adj. Instrumental, e.
Éinstrumontchistou, s. m. Instrumentiste.
Éinstrûre, v. a. et pr. 1re conj. irrég. com. *Assûre*. Instruire. (Celt. *Instru*).
Éinstrutchif (ifou), **iva**, adj. Instructif, ive.
Éinstrutœu, adj. Instructeur.
Éinsù, s. m. Insu, loc. prép. à l'éinsù.
Éinsubourdjinacioun, s. f. Insubordination.
Éinsubourdounà, f. pl. **ais**, adj. Insubordonné, e.
Éinsuccês, s. m. Insuccès.
Éinsuffisamont, adv. Insuffisamment.
Éinsuffisanci, s. f. Insuffisance.

ÉINT

Éinsuffisant, a, adj. Insuffisant, e.
Éinsulairou, ra, adj. et s. Insulaire.
Éinsulta ou **Éinsurta**, s. f. Insulte. (Celt. *Insult*).
Éinsultâ ou **Éisurtâ**, v. a. 1re conj. Insulter.
Éinsupportablamont, adv. Insupportablement.
Éinsupportablou, bla, adj. Insupportable.
Éinsurgîe ou **Éinseurgîe** (s'), v. pr. 1re conj. irrég. com. *Ablagie*. S'insurger.
Éinsurgit ou **Éinseurgit, ià**, s. Insurgé, e, révolté.
Éinsur ou **seurmountablou, bla**, adj. Insurmontable.
Éinsuretcioun, s. f. Insurrection.
Éinsuretciounel (elou), **la**, adj. Insurrectionnel, le.
Éintact (actou), adj. Intact.
Éintarcalâ, v. a. 1re conj. Intercaler.
Éintarcedâ, v. n. 1re conj. Intercéder.
Éintarceptâ, v. a. 1re conj. Intercepter.
Éintarcepcioun, s. f. Interception.
Éintarcessioun, s. f. Intercession.
Éintardjicioun, s. f. Interdiction.
Éitardjire, v. a. 3e conj. irrég. com. *Djire*. Interdire.
Éintardjit, s. m. Interdit.
Éintarjetâ, v. a. 1re conj. comme *Assetà*. Interjeter.
Éintarjetcioun, s. f. Interjection.
Éintarlignîe, v. a. 1re conj. irrég. comme *Abaragnie*. Interligner.
Éintarlopou, pa, adj. et s. Interlope.
Éintarloucucioun, s. f. Interlocution.
Éintarloucutœu, trici, s. Interlocuteur, trice.
Éintarlouquâ, v. a. 1re conj. irrég. comme *Bouquà*. Interloquer.
Éintarmedjiairou, ra, s. m. et adj. Intermédiaire.
Éintarmédou, s. f. Intermède.
Éintarminablou, bla, adj. Interminable.
Éintarmittonci, s. f. Intermittence.
Éintarmittont, a, adj. Intermittent, e.
Éintarnâ, v. a. 1re conj. Interner.
Éintarnaciounal (alou), **a, naôx**, adj. International, e, aux.
Éintarnamont, s. m. Internement.
Éintarnat, s. m. Internat.

ÉINT

Éintarnou, na, adj. et s. Interne.
Éintarpelâ, v. a. 1ʳᵉ conj. com. *Bariteli.* Interpeller.
Éintarpelacioun, s. f. Interpellation.
Éintarpelatœu, s. m. Interpellateur.
Éintarpéusâ, v. a. et pr. 1ʳʳ conj. Interposer
Éintarpéusicioun, s. f. Interposition.
Éintarpretâ, v. a. 1ʳᵉ conj. comme *Assetâ.* Interpréter.
Éintarpretablou, bla, adj. Interprétable.
Éintarpretacioun, s. f. Interprétation.
Éintarpretou, s. m. Interprète.
Éintarrêgnou, s. m. Interrègne.
Éintarrougacioun, s. f. Interrogation.
Éintarrougatchif (ifou), **iva,** adj. Interrogatif, ive.
Éintarrougîe, v. a. 1ʳᵉ conj. irrég. comme *Abrougie.* Interroger.
Éintarrougatchivamont, adv. Interrogativement.
Éintarrougatouairou, s. m. Interrogatoire.
Éintarroumpre, v. a. 3ᵉ conj. Interrompre.
— Ind. prés : *J'éintarroumpou, tch'éintarroumps, o-t-éintarroump, n'éintarroumpouns,* etc
Éintarroumpu, a, adj. Interrompu, e.
Éintarrupcioun, s. f. Interruption.
Éintarvalla, s. f. Intervalle.
Éintarvarsioun, s. f. Interversion.
Éintarvartchî, v. a. 2ᵉ conj. com. *Amortchi.* Intervertir.
Éintarvartchissamont, s. m. Intervertissement.
Éintarvoncioun, s. f. Intervention.
Éintchimâ, v. a. 1ʳᵉ conj. Intimer.
Éintchimamont, adv. Intimement.
Éintchimidâ, v. a. 1ʳᵉ conj. Intimider.
Éintchimidablou, bla, adj. Intimidable.
Éintchimidacioun, s. f. Intimidation.
Éintchimidatœu, trici, adj. Intimidateur, trice.
Éintchimità, pl. **ais,** s. f. Intimité.
Éintchimou, ma, adj. Intime.
Éintchitchulâ, v. a. et pr. 1ʳᵉ conj. Intituler.
Éintchitchulâ, f. pl. **ais,** s. m. et adj. Intitulé, e.
Éintchuicioun, s. f. Intuition.
Éintchuitchivamont, adv. Intuitivement.
Éintegral (alou), **a,** adj. Intégral, e.

ÉINV

Éintegralamont, adv. Intégralement.
Éintegrità, pl. **ais,** s. f. Intégrité.
Éintègrou, gra, adj. Intègre.
Éintelletchuel (elou), **la,** adj. Intellectuel, elle.
Éintelletchuellamont, adv. Intellectuellement.
Éintelligeamont, adv. Intelligemment.
Éintelligeonci, s. f. Intelligence.
Éintelligeont, a, adj. Intelligent, e.
Éintelligiblamont, adv. Intelligiblement.
Éintelligiblou, bla, adj. Intelligible.
Éinteréssant, a, adj. Intéressant, e.
Éinteréssie, v. a. et pr. 1ʳᵉ conj. irrég. com. *Aperésie.* Intéresser.
Éinteréssit, sià, f. pl. **siais,** adj. Intéressé, e.
Éinteréssit ou **ïnterêt,** s. m. Intérêt.
Éinterïœu, ra, s. m. et adj. Intérieur, e.
Éinterïœuramont, adv. Intérieurement.
Éinterïm (imou), s. m. Intérim.
Éinterïmairou, ra, s. m. et adj. Intérimaire.
Éintestchïn, s. m. Intestin.
Éintestchïn, ina, adj. Intestin, e.
Éintestchinal (alou), **a, aôx,** adj. Intestinal, e, aux.
Éintoulerablamont, adv. Intolérablement.
Éintoulerablou, bla, adj. Intolérable.
Éintouleranci, s. f. Intolérance.
Éintoulerant, a, adj. et s. Intolérant, e.
Éintounacioun, s. f. Intonation.
Éintradjusiblou, bla, adj. Intraduisible.
Éintratablou, bla, adj. Intraitable.
Éintrepidamont, adv. Intrépidement.
Éintrèpidjità, pl. **ais,** s. f. Intrépidité.
Éintrepidou, da, adj. Intrépide.
Éintrigant, a, adj. et s. Intrigant, e.
Éintrigua, s. f. Intrigue.
Éintriguâ, v. a. et n. 1ʳᵉ conj. Intriguer.
Éintroudjucioun, s. f. Introduction.
Éintroudjûre, v. a. et pr. 3ᵉ conj. irrég. com. *Coundjûre.* Introduire.
Éintroudjutœu, trici, s. Introducteur, trice.
Éintrouvablou, bla, Introuvable.
Éinvalidâ, v. a. 1ʳʳ conj. Invalider.
Éinvalidacioun, s. f. Invalidation.
Éinvalidement, adv. Invalidement.

ÉISA

Éinvalidou, da, s. m. et adj. Invalide.
Éinvariablamont, adv. Invariablement.
Éinvariablou, bla, adj. Invariable.
Éinvarsamont, adv. Inversement.
Éinvarsioun, s. f. Inversion.
Éinvasioun, s. f. Invasion.
Éinvoncioun, s. f. Invention.
Éinvondablou, bla, adj. Invendable.
Éinvondju, a, adj. Invendu, e.
Éinvontâ, v. a. 1ʳᵉ conj. Inventer.
Éinvontœu, trici, s. Inventeur, trice.
Éinvontouriâ, v. a. 1ʳᵉ conj. com. *Assouciú*. Inventorier.
Éinvarsou, sa, s. m. et adj. Inverse.
Éinvéinciblamont, adv. Invinciblement.
Éinvéinciblou, bla, adj. Invincible.
Éinvesthî, v. a. 2ᵉ conj. com. *Amortchi*. Investir.
Éinvestchigacioun, s. f. Investigation.
Éinvestchigatœu, trici, s. Investigateur, trice.
Éinvestchissamont, s. m. Investissement.
Éinveterâ (s'), v. pr. 1ʳᵉ conj. com. *Aberá*. Invétérer.
Éinvioulablamont, adv. Inviolablement.
Éinvioulablou, bla, adj. Inviolable.
Éinvisiblamont, adv. Invisiblement.
Éinvisiblou, bla, adj. Invisible.
Éinvitâ, v. a. 1ʳᵉ conj. Inviter.
Éinvitâ, f. pl. **ais,** adj. et s. Invité, e.
Éinvitacioun, s. f. Invitation.
Éinvoucacioun, s. f. Invocation.
Éinvouloountairamont, adv. Involontairement.
Éinvouloountairou, ra, adj. Involontaire.
Éinvouquâ, v. a. 1ʳᵉ conj. com. *Bouquâ*. Invoquer.
Éinvraisomblablamont, adv. Invraisemblablement.
Éinvraisomblablou, bla, adj. Invraisemblable.
Éinvraisomblanci, s. f. Invraisemblance.
Éinvulnerablamont, adv. Invulnérablement.
Éinvulnérablou, bla, adj. Invulnérable.
Éirella, s. f. Airelle.
Eis, pr. pers., 3ᵉ pers. pl. des deux genres. Ils, elles.
Eisanci, s. f. Aisance.

ÉLEV

Eisimont, adv. Aisément.
Éisit, sià, f. pl. **siais,** adj. Aisé, e.
Esselîe, s. m. Aisselier, pieu de bois.
Esseilla, s. f. Aisselle.
Éjaculâ, v. a. 1ʳᵉ conj. Ejaculer.
Éjaculacioun, s. f. Ejaculation.
Éjaïe, v. a. 1ʳᵉ conj. irrég. com. *Désandaïe*. Echauder, tromper, donner une leçon sévère, effrayer, ôter l'envie de recommencer, de revenir à la charge.
Élabourâ, v. a. 1ʳᵉ conj. comme *Affiourâ*. Elaborer.
Élabouracioun, s. f. Elaboration.
Élagageou, s. m. Elagage.
Élagniéri, s. f. Araignée.
Élagnîe, v. a. 1ʳᵉ conj. irrég. com. *Abaragnie*. Enlever les toiles d'araignée d'un appartement.
Élaguâ, v. a. 1ʳᵉ conj. Elaguer.
Élan, s. m. Elan. (Celt. *Elan*, bête sauvage).
Élançamont, s. m. Elancement.
Élancîe, v. a. et pr. 1ʳᵉ conj. irrég. comme *Ageoncie*. Elancer.
Élancit, cià, f. pl. **ais,** adj. et s. Mince, svelte; fig. : élégant. *Una élancià*, une élégante.
Élargî, v. a. 2ᵉ conj. Elargir. — Ind. prés. : *J'élargéssou, tch'élargés*, eté.
Élargissamont, s. m. Elargissement.
Élargisséuri, s. f. Elargissure.
Élastchicità, s. f. Elasticité.
Élastchiquou, qua, adj. Elastique.
Élegamont, adv. Elégamment.
Éleganci, s. f. Elégance.
Élegant, a, adj. Elégant, e. (V. *Élancit*).
Élémont, s. m. Elément. (Celt. *Elemend*).
Élemontairou, ra, adj. Elémentaire.
Élephant, s. m. Eléphant. (Celt. *Elephant*).
Életcioun, s. f. Election.
Élettœu, s. m. Electeur.
Élettoural (alou), a, aôx, adj. Electoral, e, aux.
Élettricità, s. f. Electricité.
Élettriquou, qua, adj. Electrique.
Élettrisâ, v. a. 1ʳᵉ conj. Electriser.
Élettrisablou, bla, adj. Electrisable.
Élettrisacioun, s. f. Electrisation.
Élettrisant, a, adj. Electrisant, e.
Élevâ, v. a. et pr. 1ʳᵉ conj. Elever.
Élevà, f. pl. **ais,** adj. Elevé, e.

ÉMAN

Éléva, s. f. Elève.
Élevacioun, s. f. Elévation.
Élevéu, s. m. Eleveur.
Élevéuri, s. f. Elevure.
Élidâ, v. a. 1ʳᵉ conj. Elider.
Éliéu, s. m. Eclair.
Éliéussâ, v. imp. 1ʳᵉ conj. Faire des éclairs.
Éligiblou, bla, adj. Eligible.
Éliminâ, v. a. 1ʳᵉ conj. Eliminer.
Éliminacioun, s. f. Elimination.
Élioeu (on), loc. adv. Nulle part.
Élisioun, s. f. Elision.
Élita, s. f. Elite.
Ellipsou, s. m. Ellipse.
Élliptchiquamont, adv. Elliptiquement.
Élogeou, s. m. Eloge.
Élordjî, v. a. 2ᵉ conj. com. *Agrandji*. Alourdir, assommer.
Élordjissamont, s. m. Alourdissement.
Éloucucioun, s. f. Elocution.
Élougioux, ousa, adj. Elogieux, euse.
Élougnamont, s. m. Eloignement.
Élougnîe, v.a. 1ʳᵉ conj. irrég. com. *Besougnîe*. Eloigner.
Élougnit, gnià, f. pl. **ais**, adj. Eloigné, e.
Élouquamont, adv. Eloquemment.
Élouquonci, s. f. Eloquence.
Élouquont, a, adj. Eloquent, e.
Élù, s. m. Elu.
Élucidâ, v. a. 1ʳᵉ conj. Elucider.
Élucidacioun, s. f. Elucidation.
Éludâ, v. a. 1ʳᵉ conj. Eluder.
Élünda, s. f. Enchant, montant d'une porte. *Appouil connitra l'élünda de sa porta*; appuyé contre l'enchant.
Élysé, s. m. Elysée.
Émail (aillou), s. m. Email.
Émailléu, s. m. Emailleur.
Émailléuri, s. f. Emaillure.
Émaillîe, v. a. 1ʳᵉ conj. irrég. com. *Criaillie*. Emailler.
Émanâ v. n. 1ʳᵉ conj. Emaner.
Émanacioun, s. f. Emanation.
Émancipâ, v. a. et pr. 1ʳᵉ conj. Emanciper.
Émancipacioun, s. f. Emancipation.
Émaneillîe, v. a. 1ʳᵉ conj. irrég. comme *Agreillie*. Casser l'anse d'un pot, d'une cruche, la queue d'une casserole ; par ext. :

ÉMOU

casser, couper un membre à quelqu'un, casser une patte.
Émaneillit, ià, f. pl. **ais**, adj. Personne amputée ; seau, cruche sans anse.
Émargeamont, s. m. Emargement.
Émargîe, v. a. 1ʳᵉ conj. irrég. com. *Ablagîe*. Emarger.
Émarveillîe, v. a. 1ʳᵉ conj. irrég. com. *Agreillie*. Emerveiller.
Émazelâ, v. a. et pr. 1ʳᵉ conj. com. *Baritela*. Meurtrir, contusionner, endommager. (V. *Estrapanâ*).
Émerâ, v. a. 1ʳᵉ conj. com. *Aberà*. Eclaircir, polir, nettoyer.
Émerà, f pl. **ais**, adj. Clair, serein, nettoyé. Ne s'emploie guère qu'en parlant du temps : *Lou cie é-t-émerà* ; le ciel est clair, serein.
Émeraôda, s. f. Emeraude.
Émerit, s. m. Emeri.
Émétchiquou, s. m. Emétique.
Éméttre, v. a. 3ᵉ conj. com. *Déméttre*. Emettre.
Émeuta, s. f. Emeute. (V. *Braguâ*).
Émeutchîe, s. m. Emeutier.
Émiétâ, v. a. 1ʳᵉ conj. Emietter. (V. *Breseie*).
Emigrâ, v. n. 1ʳᵉ conj. Emigrer.
Émigrà, f. pl. **ais**, adj. et s. Emigré, e.
Émigracioun, s. f. Emigration.
Émigrant, a, s. Emigrant, e.
Éminamont, adv. Eminemment.
Éminonci, s. f. Eminence.
Éminont, a, adj. Eminent, e.
Émissairou, s. m. Emissaire.
Émissioun, s. f. Emission.
Émou, s. m. Esprit, intelligence. *L'émou et la reisoun ne sant plus onte loujîe*; l'esprit et la raison ne savent plus où loger. (CHAPELON). **Péu-d'émou**, s. m., pauvre d'esprit ; *à l'émou*, loc. adv., à l'esprit, au juger.
Émouaî ou **Émouais**, s. m. Emoi. (Celt. *Emoa*).
Émoucioun, s. f. Emotion.
Émouciounâ, v. a. et pr. 1ʳᵉ conj. comme *Affetciounâ*. Emotionner.
Émoudâ, v. a. et pr. 1ʳᵉ conj. com. *Dégouma*. Mettre en mouvement, en train. Prov. : *un feneiant émoudâ fat bion de veya* ; un fainéant mis en train fait beaucoup d'ouvrage.
Émoulâ, v. a. et pr. 1ʳᵉ conj. com. *Affoulâ*. Aiguiser.
Émouléu, s. m. Aiguiseur.

ÉPAR

Émouliont, a, adj. Emollient, e.
Émoulumont, s. m. Emolument.
Émoundâ, v. a. 1re conj. Emonder.
Émoundageou, s. m. Emondage.
Émoundéu, s. m. Emondeur.
Émoussâ, v. a. 1re conj. comme *Agoutta*. Emousser.
Émoustchillîe, v. a. et pr. 1re conj. irrég. comme *Agreillie*. Emoustiller.
Émouvant, a, adj. Emouvant, e.
Émouveire, v. a. et pr. 3e conj. comme *Benére*. Emouvoir.
Émulacioun, s. f. Emulation.
Émulatœu, trici, adj. Emulateur, trice.
Émulou, la, adj. et s. Emule.
Énargiquamont, adv. Energiquement.
Énargiquou, qua, adj. Energique.
Énargit ou **Énargia**, s. f. Energie.
Énarvâ, v. a. et pr. 1re conj. Enerver.
Énarvacioun, s. f. Enervation.
Énarvamont, s. m. Enervement.
Énarvant, a, adj. Enervant, e.
Énigmatchiquamont, adv. Enigmatiquement.
Énigmatchiquou, qua, adj. Enigmatique.
Énigmou, s. m. Enigme.
Ennemit, mia, s. Ennemi, e.
Énorgueillî, v. a. et pr. 2e conj. Enorgueillir.
Énormamont, adv. Enormément.
Énormou, ma, adj. Enorme.
Énounciâ, v. a. 1re conj. Enoncer.
Énumerâ, v. a. 1re conj. Enumérer.
Énumeracioun, s. f. Enumération.
Épâ, Éparsa, adj. Epars, e.
Épagnol (olou), a, s. Epagneul, e.
Épala, s. f. Epaule.
Épanchamont, s. m. Epanchement.
Épanchîe, v. a. et pr. 1re conj. irrég. com. *Appinchie*. Epancher.
Épandjî, v. a. 2e conj. comme *Agrandji*. Epanouir.
Épandjissamont, s. m. Epanouissement.
Épardju, a, adj. Eperdu, e.
Épardjumont, adv. Eperdument.
Épargni, s. m. Epargne.
Épargnîe, v. a. 1re conj. irrégul. comme *Abaragnie*. Epargner.
Éparpillageou, s. m. Eparpillement.
Éparpillîe, v. a. 1re conj. irrég. com. *Agreillie*. Eparpiller. (V. *Ecavartâ*).

ÉPIL

Éparvîe, s. m. Epervier.
Épatâ, v. a. 1re conj. Epater.
Épatâ, f. pl. ais, adj. Epaté, e.
Épatamont, s. m. Epatement.
Épava, s. f. Epave.
Épéia, s. f. Epée.
Épeillandrâ, v. a. 1re conj. Déchirer, déguenillé, mettre en *peilles*, lambeaux.
Épeis, eissa, adj. et s. Epais, se.
Épeissî, v. a. 2e conj. com. *Défessi*. Epaissir.
Épeissoû ou **Épeissioû**, s. f. Epaisseur.
Épelâ, v. a. 1re conj. com. *Baritelâ*. Epeler.
Épelî, v. n. 2e conj. Eclore. (Celt. *Epitio*).
Épeluchéu, sa, s. Eplucheur, euse.
Épeluchéuri, s. f. Epluchure.
Épeluchîe, v. a. 1re conj. irrég. comme *Appinchie*. Eplucher.
Épeluchoi (ouai), s. m. Epluchoir.
Éperoun, s. m. Eperon.
Éperounâ, v. a. 1re conj. com. *Boundounâ*. Eperonner.
Éperounâ, f. pl. ais, adj. Eperonné, e.
Éperounîe, s. m. Eperonnier.
Épéulâ, v. a. 1re conj. Epauler.
Épéulamont, s. m. Epaulement.
Épéulétta, s. f. Epaulette.
Éphemérou, ra, adj. et s. m. Ephémère.
Épia, s. f. Epi de blé.
Épiâ, v. a. 1re conj. Epier, observer.
Épiageou, s. m. Epiage, développement du grain.
Épiçâ, v. a. 1re conj. Epicer.
Épiçarit, s. f. Epicerie.
Épiceou, s. m. Epicé.
Épicîe, iéri, s. Epicier, ière.
Épicurion, riéna, adj. et s. Epicurien, enne.
Épidémiquamont, adv. Epidémiquement.
Épidemiquou, qua, adj. Epidémique.
Épidemit ou **Épidémia**, s. f. Epidémie.
Épigastrou, s. m. Epigastre.
Épigrammou, s. m. Epigramme.
Épileptchiquou, qua, adj. et s. Epileptique.
Épilogou, s. m. Epilogue.
Épilouguâ, v. n. 1re conj. com. *Bouquâ*. Epiloguer.
Épilouguéu, s. m. Epilogueur.

ÉPRÉ

Épinâ, s. m. Epinard. (Celt. *Espinartt*).
Épina, s. f. Epine. (Celt. *Epina*). (V. *Echerta*).
Épïngla, s. f. Epingle. (Celt. *Espingla*).
Épïnglà, f. pl. ais, adj. et s. Epinglé, e.
Épïnglétta, s. f. Epinglette.
Épinoux, ousa, adj. Epineux, euse.
Épiphanit ou **nia**, s. f. Epiphanie.
Épiquou, qua, adj. Epique.
Épiscoupal (alou), **a, aôx**, adj. Episcopal, e, aux.
Épiscoupalamont, adv. Episcopalement.
Épiscoupat, s. m. Episcopat.
Épisoda, s. f. Episode.
Épistoulairou, ra, adj. Epistolaire.
Épitapha, s. f. Epitaphe.
Épithéta, s. f. Epithète.
Épitrou, s. m. Epitre.
Éplait ou **Éplet**, s. m. Tournure, adresse. *O-l-a bion l'éplait à faire équon;* il a bien la tournure à faire cela.
Éplourà f. pl. **ais**, adj. Eploré, e.
Époéintâ, v. a. 1ʳᵉ conj. Epointer.
Époéintageou, s. m. Epointage.
Époéintamont, s. m. Epointement.
Époqua, s. f. Epoque.
Époungi, s. f. Eponge.
Époungîe, v. a. et pr. 1ʳᵉ conj. irrég. com. *Ablagie*. Eponger.
Épousâ, v. a. 1ʳᵉ conj. comme *Afflourà*. Epouser.
Épousà, pl. **ais**, s. f. Epousé, e. (V. *Nòria*).
Épouséu, s. m. Epouseur. (V. *Mariairé*).
Époussetâ, v. a. 1ʳᵉ conj. comme *Assetà*. Epousseter.
Époussetageou, s. m. Epoussetage.
Époutrounâ, s. f. Effervescence, exaltation passagère, sorte d'apogée, exagération, plus haut degré. On dit d'une personne qui se livre au plaisir avec exagération, qui boit, chante et fait du tapage à l'excès, *o fat soun épatrounà*. De même qu'au plus fort de l'orage, on dit : *lou tchiom fat soun époutrounà*, c'est-à-dire, qu'il n'en peut faire plus et va bientôt cesser.
Épouvanta, s. f. Epouvante.
Épouvantâ, v. a. 1ʳᵉ conj. Epouvanter.
Épouvantablamont, adv. Epouvantablement.
Épouvantablou, bla, adj. Epouvantable.
Épouvantail (aillou), s. m. Epouvantail.
Éprés, a, adj. Epris, e.

ÉQUI

Éprondre (s'), v. pr. 3ᵉ conj. S'éprendre.
Éprova, s. f. Epreuve.
Éprouvâ, v. a. 1ʳᵉ conj. comme *Afflourà*. Eprouver.
Éprouvétta, s. f. Eprouvette.
Épuisâ ou **Épuisîe**, v. a. 1ʳᵉ conj. Epuiser.
Épuisablou, bla, adj. Epuisable.
Épuisamont, s. m. Epuisement.
Épurâ, v. a. 1ʳᵉ conj. Epurer.
Épuracioun, s. f. Epuration.
Épurageou, s. m. Epurage.
Épuramont, s. m. Epurement.
Épuratchif (ifou), **iva**, adj. Epuratif, ive.
Équaî ou **Equais**, pr. dém. Celui, *Equais que vindra sera prés;* celui qui viendra sera pris.
Équaî-qui, pr. dém. Celui-ci, celui-là.
Équaî-dj'iqui, pr. dém. Celui d'ici, de là.
Équaî-d'eçais, pr. dém. Celui-ci, tout près.
Équaî-d'élaî, pr. dém. Celui de là-bas.
Équélla, fém. de tous les pronoms ci-dessus.
Équarrî, v. a. 2ᵉ conj. comme *Aguarri*. Equarrir.
Équarrissageou, s. m. Equarrissage.
Équarrisséu, s. m. Equarrisseur.
Équatœu, s. m. Equateur.
Équerrou, s. m. Equerre.
Équestrou, tra, adj. Equestre.
Équi, adv. Là. (Celt. *Eni*, là, en ce lieu). Loc. adv. *Djiqui*, de là ; *pariqui*, par là.
Équilibrâ, v. a. et pr. 1ʳᵉ conj. Equilibrer.
Équilibristou, ta, s. Equilibriste.
Équilibrou, s. m. Equilibre.
Équiliorchîe, v. a. 1ʳᵉ conj. irrég. comme *Appinchie*. Ecorcer. (V. *Quiliorchi*).
Équinoxou, s. m. Equinoxe.
Équipa, s. f. Equipe.
Équipâ, v. a. et pr. 1ʳᵉ conj. Equiper.
Équipageou, s. m. Equipage.
Équipamont, s. m. Equipement.
Équità, pl. **ais**, s. f. Equité, justice.
Équitablamont, adv. Equitablement.
Équitablou, bla, adj. Equitable.
Équitacioun, s. f. Equitation.
Équivalei, v. n. 3ᵉ conj. comme *Valei* Equivaloir.
Équivalonci, s. f. Equivalence.

ESCA

Équivalont, a, adj. Equivalent, e.
Équivouquou, qua, adj. et s. Equivoque.
Équivouquâ, v. n. 1ʳᵉ conj. com. *Bouquâ*. Equivoquer.
Équouatâ ou **Écouatâ**, v. a. 1ʳᵉ conj. Ecouer, écourter, couper la queue, raccourcir.
Éra, s. f. Ere, époque.
Érablou, bla, s. m. Erable, bois.
Éraflâ, v. a. 1ʳᵉ conj. Erafler, écorcher.
Érafléuri, s. f. Eraflure.
Éraillamont, s. m. Eraillement.
Éralléuri, s. f. Eraillure.
Éraillîe, v. a. 1ʳᵉ conj. irrég. com. *Criaillie*. Erailler.
Érampà, f. pl. **ais**, adj. et s. Invalide, infirme, qui marche péniblement.
Èratâ, v. a. et pr. 1ʳᵉ conj. Erater, ôter la rate.
Éreinâ, v. a. et pr. 1ʳᵉ conj. com. *Décheinâ*. Ereinter, accabler, fatiguer. (Vieux langage).

Ji t'ereinarei d'accoulade,
Je t'accablerai d'accolades.
(Ballet forez. M. ALLARD).

Lou joù d'aôpararant cis-l-aiant tant sounà,
Que lou péurou Minguet n'erre tout éreinà.
.... en était tout éreinté.
(CHAPELON).

Éréintâ, v. a. et pr. 1ʳᵉ conj. Ereinter.
Éréintamont, s. m. Ereintement.
Érésipèlou, s. m. Erésipèle.
Éretcioun, s. m. Erection.
Érîe, v. a. 1ʳᵉ conj. irrég. comme *Aérie*. Ouvrir. *J'érâva bon mous yéux et mes oureilles*; j'ouvrais bien mes yeux et mes oreilles. (Ant. CHAPELON).
Érigîe, v. a. 1ʳᵉ conj. irrég. comme *Ablagie*. Eriger. (Celt. *Erigea*).
Èrrâ, v. n. 1ʳᵉ conj. Errer. (Celt. *Era*).
Erramont, s. m. Errement. (Celt. *Erramenta*).
Èrrant, a, adj. Errant, e.
Èrratâ, s. m. *Errata*.
Errœu, s. f. Erreur.
Errou ou **Erra**, s. Lierre.
Érrounà, f. pl. **ais**, adj. Erroné, e.
Érudjicioun, s. f. Erudition.
Érudjit, a, adj. et s. Erudit, e.
Érupcioun, s. f. Eruption.
Escadra, s. f. Escadre.

ESCR

Escadroun, s. m. Escadron.
Escadrounâ, v. n. 1ʳᵉ conj. com. *Boundounà*. Escadronner.
Escala, s. f. Escale.
Escaladâ, v. a. 1ʳᵉ conj. Escalader.
Escalada, s. f. Escalade.
Escamoutâ, v. a. 1ʳᵉ conj. comme *Accoutâ*. Escamoter.
Escamoutageou, s. m. Escamotage.
Escamoutéu, s. m. Escamoteur.
Escampétta, s. f. Escampette (poudre d').
Escapada, s. f. Escapade, échappée.
Escargot, s. m. Escargot.
Escarjou, s. m. Espace, marge, délai que réclame un joueur à son adversaire; s'emploie dans les jeux d'enfants, principalement à la tape « motta », lorsque le poursuivi n'a plus d'issue devant lui, il crie : *escarjou!* et le poursuivant se retire un peu en arrière.
Escarmouchéu, s. m. Escarmoucheur.
Escarmoûchi, s. f. Escarmouche.
Escarmouchîe, v. n. 1ʳᵉ conj. irrég. com. *Abouchie*. Escarmoucher.
Escarpâ, v. a. 1ʳᵉ conj. Escarper.
Escarpà, f. pl. **ais**, adj. Escarpé, e.
Escarpamont, s. m. Escarpement.
Escarpïn, s. m. Escarpin.
Escarpoulétta, s. f. Escarpolette. (V. *Brancouléarou*).
Esclandrou, s. m. Esclandre.
Esclavageou, s. m. Esclavage.
Esclavagistou, s. m. Esclavagiste.
Esclavou, va, adj. et s. Esclave.
Esclavoun, a, s. Petit esclave.
Escorta, s. f. Escorte.
Escortâ, v. a. 1ʳᵉ conj. Escorter.
Escot, s. m. Escot, étoffe.
Escouada, s. f. Escouade.
Escoubâ, s. m. Escobar.
Escoubardâ, v. n. 1ʳᵉ conj. Escobarder.
Escoubardarit, s. f. Escobarderie.
Escougriffou, s. m. Escogriffe.
Escoumptâ, v. a. 1ʳᵉ conj. Escompter.
Escoumptéu, s. m. Escompteur.
Escoumptou, s. m. Escompte.
Escrimâ, v. n. et pr. 1ʳᵉ conj. Escrimer.
Escrime, s. f. Escrime.
Escroc (oquou), s. m. Escroc.

ESSA

Escrouquâ, v. a. 1ʳᵉ conj. com. *Bouquâ.* Escroquer.
Escrouquarit, s. f. Escroquerie.
Escrouquéu, sa, s. Escroqueur, euse.
Esculapou, s. m. Esculape, dieu de la médecine.
Espâça, s. f. Espace.
Espaçâ, v. a. 1ʳᵉ conj. Espacer.
Espâçamont, s. m. Espacement.
Espadrilli, s. f. Espadrille, chaussure.
Espadroun, s. m. Espadron, épée.
Espadrounâ, v. n. 1ʳᵉ conj. com. *Boundounâ.* Espadronner.
Espagnéulétta, s. f. Espagnolette.
Espagnot, gnola, adj. et s. Espagnol, e.
Espalîe, s. m. Espalier.
Espêça, s. f. Espèce.
Espèra (à), loc. adv. A l'espoir, à la recherche, à l'affût. — *Et vou'é-tch-ün rudou mà que de vieure à l'espèra !* Et c'est un rude mal que de vivre d'attente, d'espoir. (CHAPELON).
Esperâ, v. a. 1ʳᵉ conj. com. *Abcrâ.* Espérer.
Esperanci, s. f. Espérance. (Celt. *Esperanza*).
Espieglarit, s. f. Espièglerie.
Espiéglou, gla, adj. et s. Espiègle.
Espïngoula, s. f. Espingole. (V. *Troumbloun*).
Espioun, a, s. Espion, ionne. (Celt. *Espia*).
Espiounâ, v. a. 1ʳᵉ conj. com. *Affetciounâ.* Espionner.
Espiounageou, s. m. Espionnage.
Espiounéu, s. m. Qui espionne. (V. *Appïnchi-morliét*).
Esplanada, s. f. Esplanade.
Espoi (ouà). s. m. Espoir.
Esprit, s. m. Esprit. (V. *Emou*).
Esquelétta, s. f. Squelette. (Celt. *Esqueleto*).
Esquif (ifou), s. m. Esquif. (Celt. *Esquiff*).
Esquilancit, s. f. Esquinancie.
Esquissa, s. f. Esquisse.
Esquissâ, v. a. 1ʳᵉ conj. Esquisser.
Esquivâ, v. a. et pr. 1ʳᵉ conj. Esquiver.
Essa, s. f. Esse. S, 19ᵉ lettre de l'alphabet.
Éssâ, s. m. Terrain aride où poussent les broussailles que l'on brûle pour le défricher. *Essâ*, feu de broussailles: de là, le prov. *Fumà coumma ün éssâ*, plaisanterie que l'on adresse à un jeune garçon qui

ESTC

fume la pipe ; de là, les noms de lieux : Essertines, les Essarts, etc.
Éssaï, s. f. Essai, épreuve. Loc. adv. *A l'essaï.*
Éssaïe, v. a. et pr. 1ʳᵉ conj. irrég. comme *Désaudaïe.* Essayer. (Celt. *Essaia*).
Éssaiéu, s. m. Essayeur.
Éssarbatâ, f. pl. **ais,** s. Ecervelé, e, turbulent, étourdi.
Éssartâ, v. a. 1ʳᵉ conj. Essarter, défricher.
Éssartâ (s'), v. pr. 1ʳᵉ conj. S'escrimer, se donner beaucoup de mal, déployer de la force. (V. *Affanâ*).
Éssartamont, s. m. Essartement.
Éssartchines, n. de l. Essertines, village au sud de Rochetaillée.
Éssavâ, v. a. 1ʳᵉ conj. Essanger, laver.
Ésséin, s. m. Essaim. (Celt. *Essain*).
Éssô, s. m. Essor, oiseau qui vole.
Éssonci, s. f. Essence.
Éssonciel (clou), la, adj. Essentiel, le.
Éssonciellamont, adv. Essentiellement.
Éssorlîe, v. a. 1ʳᵉ conj. irrég. com. *Déborlîe.* Assourdir, rendre sourd. *Lous tamboûs, lous haòbouois vant tous nous essorlie ;* les tambours, les hautbois vont tous nous assourdir (CHAPELON).
Éssoublâ, v. a. 1ʳᵉ conj. comme *Affoulâ.* Oublier. *N'essoubláva jamais de faire moun derei ;* je n'oubliais jamais de faire mon devoir. (Jacq. CHAPELON).
Éssoublageou, s. m. Oubli.
Éssoufflâ, v. a. 1ʳᵉ conj. comme *Coufflâ.* Essouffler.
Éssoufflamont, s. m. Essoufflement.
Éssoûta, s. f. Abri.
Éssoûtâ v. a. et pr. 1ʳᵉ conj. Abriter.
Est, (estou), s. m. Est, levant. (V. *Madjinâ*).
Estafettou, s. m. Estafette.
Estagnoun ou **Estagnoù,** s. m. Estagnon.
Estaminét, s. m. Estaminet.
Estampa, s. f. Estampe. (Celt. *Estampa*).
Estampâ, v. a. 1ʳᵉ conj. Estamper.
Estampéu, s. m. Estampeur.
Estampillageou, s. m. Estampillage.
Estampilli, s. f. Estampille.
Estampillîe, v. a. 1ʳᵉ conj. irrég. comme *Agreïllie.* Estampiller.
Estchima, s. f. Estime. (Celt. *Estima*).
Estchimâ, v. a. et pr. 1ʳᵉ conj. Estimer.
Estchimablou, bla, adj. Estimable.

ÉTAM

Estchimacioun, s. f. Estimation.
Estorbâ, v. a. 1re conj. Etourdir, assommer.
Estoumaquâ (s'), v. pr. 1re conj. S'estomaquer.
Estoumat, s. m. Estomac.
Estoumpa, s. f. Estompe.
Estoumpâ, v. a. 1re conj. Estomper.
Estrada, s. f. Estrade.
Estragoun, s. m. Estragon, plante. (Celt. *Estragon*).
Estrapanâ, v. a. et pr. 1re conj. Estrapader, abîmer, endommager, esquinter.
Estrapanà, f. pl. ais, adj. et s. Amputé, e, estropié, meurtri.
Estroupiâ, v. a. et pr. 1re conj. Estropier. (Celt. *Estropya*). (V. *Estrapanâ*).
Et, conjonct. Et.
Étâ, locution qui s'emploie comme adverbe ou complément du verbe *laisser*, pour lui donner plus de force et le rendre plus affirmatif. *Laissi-m'étâ*, laisse-moi entièrement, *laissi-l'étâ*, laisse-le complètement; fig. : *grand laissi-m'étâ*, s. m. Grand dadais, imbécile, dégoûté, qui semble toujours dire : laissez-moi tranquille.
Établî, v. a. 2e conj. comme *Assoupli*. (Celt. *Etabli*). Etablir.
Établissamont, s. m. Etablissement.
Établit, s. m. Etabli, table de travail.
Étageou, s. m. Etage.
Étagéri, s, f. Etagère.
Étalâ, v. a. 1re conj. Etaler.
Étalageou, s. m. Etalage.
Étalagistou, s. m. Etalagiste.
Étaloun, s. m. Etalon.
Étalounâ, v. a. 1re conj. com. *Boundounâ*. Etalonner.
Étalounéu, s. m. Etalonneur.
Étamâ, v. a. 1re conj. Etamer.
Étamageou, s. m. Etamage.
Étaméu, s. m. Etameur. (V. *Pirouron*).
Étaméuri, s. f. Etamure.
Étamina, s. f. Etamine. (Celt. *Estamina*).
Étampa, s. f. Etampe.
Étampâ, v. a. 1re conj. Etamper.
Étampageou, s. m. Etampage.
Étampéu, s. m. Etampeur.
Étampéuri, s. f. Etampure.
Étampounâ, v. a. et pr. 1re conj. comme *Boundounâ*. Tamponner, étouffer en mangeant des aliments lourds, qui ne digèrent

ÉTCH

pas. *Laissi-mei beire ün cop qu'équella triffa m'étampone* ; laisse-moi boire un coup, que cette pomme de terre m'étouffe.
Étanchamont, s. m. Etanchement.
Étanchîe, v. a. 1re conj. irrég. comme *Appînchîe*. Etancher.
Étang, s. m. Etang. (Celt. *Etangi*).
Étapa, s. f. Etape.
Étarnel (elou), la, adj. Eternel, le. On dit aussi *étarnet*; s. m. *Pare Etarnet*, père éternel.
Étarnellamont, adv. Eternellement.
Étarnî, v. a. 2e conj. Faire, changer la litière des bestiaux ; fig. : *Ma étarnit étarnia*, malheureux dont la santé et les affaires sont en mauvais état.
Étarnisâ, v. a. 1re conj. Eterniser.
Étarnità, s. f. Eternité.
Étarnuâ, v. a. 1re conj. Eternuer. (V. *Eteurni*).
État, s. m. Etat.
État-majò, s. m. Etat-major.
Étavagnîe, v. a. et pr. 1re conj. irrég. com. *Abaragnie*. Suffoquer, provoquer une quinte de toux en buvant ou en mangeant. (V. *Acipâ*).
Étaye ou **Étaïe,** v. a. 1re conj. irrég. com. *Désandæie*. Etayer.
Étchiageou, s. m. Etiage.
Étchiala, s. f. Etoile.
Étchialà, f. pl. ais, adj. Etoilé, e.
Étchiéulâ, v. a. et pr. 1re conj. Etioler.
Étchiéulamont, s. m. Etiolement.
Étchiquetâ, v. a. 1re conj. com. *Briquetâ*. Etiqueter.
Étchiquétta, s. f. Etiquette.
Étchiquou, qua, adj. Etique, maigre.
Étchirageou, s. m. Etirage.
Étchirîe, v. a. 1re conj. comme *Caravirie*. Etirer.
Étchivalléri, n. de l. Etivallière, situé au nord de Saint-Etienne. (Celt. *Stivel*, source d'eau; *stivel*, lavoir). « *Stivel*, en armoricain : fontaine en pierre ». (Aug. CALLET).
Étchuda, s. f. Etude. (Celt. *Estudiao*).
Étchudjiâ ou **Ecudjiâ,** v. a. et pr. 1re conj. Etudier.
Étchudjiant, s. m. Etudiant.
Étchuî, s. m. Etui. (Celt. *Etui*).
Étchuva, s. f. Etuve.
Étchuvâ, v. a. 1re conj. Etuver.
Étchymoulougiquamont, adv. Etymologiquement.

ÉTOU

Étchymoulougiquou, qua, adj. Etymologique.
Étchymoulougit, s. f. Etymologie.
Éteignoi (oua), s. m. Eteignoir, on dit aussi *étouffoi*.
Étéin, s. m. Etain, métal.
Étéincelâ, v. n. 1re conj. comme *Barileld*. Etinceler.
Étéincelant, a, adj. Etincelant, e.
Étéincella, s. f. Etincelle. (V. *Belûes*).
Étéindre, v. a. 3e conj. irrég. com. *Attéindre*. Eteindre.
Éteiri ou **Etéri,** s. f. Litière, repos forcé par la maladie, alité. *Véquia treis meis qu'o-t-é à l'étéri;* voilà trois mois qu'il est alité. (Celt. *Eri,* infirme, malade).
Étéugîe, v. a. et pr. 1re conj. irrég. comme *Ablagie*. Epargner, économiser, ménager.

   Et tei Guillot, avoués Bidaót,
   N'éteugies pas tous soubressaóts,
   Et toi Guillot, avec Bidaut,
   N'épargnez pas les soubressauts.
   (*Ballet forèz.* M. ALLARD).

Étéujün, s. m. Purin, engrais liquide.
Éteurnî, v. n. 2e conj. Eternuer.
Éteurnumont, s. m. Eternuement.
Éthérâ, f. pl. **ais,** adj. Ethéré, e.
Éthérisâ, v. a. 1re conj. Ethériser.
Éthet, s. m. Ether.
Étoffa, s. f. Etoffe.
Étola, s. f. Etole.
Étondâ, s. m. Etendard.
Étondageou, s. m. Etendage.
Étondoi (oua), s. m. Etendoir.
Étondjua, s. f. Etendue de pays.
Étondre, v. a. 3e conj. Etendre.
Étordarit, s. f. Etourderie.
Étordjî, v. a. 2e conj. comme *Agramlji*. Etourdir.
Étordjissamont, s. m. Etourdissement.
Étordjit, djia, adj. et s. Etourdi, e.
Étornaô, s. m. Etourneau. (V. *Chansounét*).
Étouffâ, v. a. 1re conj. comme *Agouttâ*. Etouffer.
Étouffamont, s. m. Etouffement.
Étoufféia, s. f. Etuvée. *Una carpa à l'étoufféia;* une carpe à l'étuvée.
Étouffoi (oua), s. m. Etouffoir.
Étounâ, v. a. 1re conj. comme *Boundouná*. Etonner.
Étounamont, adv. Etonnement.

ÉUBE

Étoupa, s. f. Etoupe.
Étoupâ, v. a. 1re conj. Etouper.
Étoupilli, s. f. Etoupille.
Étoupillîe, v. a. 1re conj. irrég. comme *Agreillie*. Etoupiller.
Étoupilloun, s. m. Etoupillon.
Étoupoun, s. m. Bouchon. *Etoupoun de boutta;* bouchon d'une outre; bonde de tonneau.
Étrâblou, s. m. Etable, écurie. (Celt. *Estrabia,* crèche).
Étrangeou, gi, adj. Etrange. (Celt. *Estran*).
Étrangîe, géri, adj. et s. Etranger, ère.
Étrangimont ou **Étrangeamont,** adv. Etrangement.
Étrangità ou **Étrangetà,** pl. **ais,** s. f. Etrangeté.
Étranglâ, v. a. et pr. 1re conj. Etrangler.
Étranglamont, s. m. Etranglement.
Étrat, n. de l. Etrat, commune près Saint-Etienne. (Celt. *E,* particule insignifiante; *trat,* lac, étang, marais).
Être, v. auxiliaire. Etre.
Être, s. m. Etre suprême.
Êtres, s. m. pl. Galerie, balcon d'une maison; distribution intérieure.
Étrecî, v. a. 2e conj. com. *Adouci*. Etrécir.
Étrecissamont, s. m. Etrécissement.
Étréndre, v. a. 3e conj. comme *Attéindre*. Etreindre.
Étreintchi, s. f. Etreinte.
Étreit, Étreitchi, adj. Etroit, e.
Étreitchimont, adv. Etroitement.
Étrenna, s. f. Etrenne.
Étrennâ, v. a. 1re conj. Etrenner.
Étrîe, s. m. Etrier.
Étrilli, s. f. Etrille. On dit aussi *Etreilli*.
Étrillîe ou **Étreillîe,** v. a. 1re conj. irrég. comme *Agreillie*. Etriller.
Étripâ, v. a. 1re conj. Etriper, déchirer.
Étriquâ, v. a. 1re conj. Etriquer.
Étrot, s. m. Ecluse, vanne, flux d'eau.
Étroubla, s. f. Jachère, champ de blé moissonné.
Étroun, s. m. Etron, fiente.
Étroussâ, v. a. 1re conj. comme *Agouttâ*. Ereinter, estropier, tordre, fausser. *O s'é fat étroussâ;* il s'est fait éreinter, abîmer.
Étroussâ, f. pl. **ais,** adj. Contrefait, e, estropié, e.
Éubedjionci, s. m. Obédience.

ÉUBS

Éubedjioncîe, s. m. Obédiencier.
Éubeï (e-ï), v. n. 2ᵉ conj. Obéir. — Ind. : *J'éubeiéssou, tch'éubeiés, o-l-éubeié, n'éubeïssouns, vou'éubeïssédes, eis-l-éubeiéssount.* — Imparfait : *J'éubeïssîns, tch'éubeïssîs,* etc. — Pas. défini : *J'éubeïssiéus,* etc. — Futur : *J'éubeirei,* etc. — Cond. : *J'éubeïrins,* etc. — Impératif : *Éubeiés, éubeïssouns, éubeïssédes.* — Subj. : *Que j'éubeïssa,* etc. — Imparfait : *Que j'éubeïsséza,* etc.
Éubeïssanci, s. f. Obéissance.
Éubeïssant, a, adj. Obéissant, e.
Éubelisquou, s. m. Obélisque.
Éuberâ ou **Ouberâ**, v. a. 1ʳᵉ conj. comme *Aberâ.* Obérer.
Éubesità ou **Oubesità**, pl. **ais**, s. f. Obésité.
Éubêsou ou **Oubêsou, sa**, adj. Obèse.
Éubîe, s. m. Obier.
Éubjet ou **Oubjet**, s. m. Objet.
Éubjetâ ou **Oubjetâ**, v. a. 1ʳᵉ conj. comme *Briquetâ.* Objecter.
Éubjetchif ou **Oubjetchif** (ifou), **iva**, s. m. et adj. Objectif, ive.
Éub... ou **Oubjétchivamont**, adv. Objectivement.
Éub... ou **Oubjetcioun**, s. f. Objection.
Éublacioun, s. f. Oblation.
Éublat, s. m. Oblat.
Éubligacioun, s. f. Obligation.
Éubligatairou, ra, s. Obligataire.
Éubligatouairou, ra, adj. Obligatoire.
Éubligeamont, adv. Obligeamment.
Éubligeanci, s. f. Obligeance.
Éubligeant, a, adj. Obligeant, e.
Éubligîe, v. a. 1ʳᵉ conj. irrég. com. *Ablagîe.* Obliger.
Éubligit, già f. pl. **ais**, adj. et s. Obligé, e.
Éubliquâ, v. n. 1ʳᵉ conj. Obliquer.
Éubliquamont, adv. Obliquement.
Éubliquou, qua, adj. Oblique.
Éubliterâ, v. a. 1ʳᵉ conj. Oblitérer.
Éubliteracioun, s. f. Oblitération.
Éubola, s. f. Obole.
Éub... ou **Oubcénità**, pl. **ais**, s. f. Obscénité.
Éub... ou **Oubcênou, na**, adj. Obscène.
Éubsarvâ, v. a. 1ʳᵉ conj. Observer.
Éubsarvablou, bla, adj. Observable.
Éubsarvacioun, s. f. Observation.
Éubsarvanci, s. f. Observance.

ÉUCU

Éubsarvatœu, trici, s. Observateur, trice.
Éubsarvatouairou, s. m. Observatoire.
Éubscur (ùrou), **a**, adj. Obscur, e.
Éubscuramont, adv. Obscurément.
Éubscurantchismou, s. m. Obscurantisme.
Éubscursî, v. a. 2ᵉ conj. comme *Adouci.* Obscurcir.
Éubscurcissamont, s. m. Obscurcissement.
Éubscurità, pl. **ais**, s. f. Obscurité.
Éubstaclou, s. m. Obstacle.
Éubstchinâ (s'), v. pr. 1ʳᵉ conj. S'obstiner.
Éubstchinâ, f. pl. **ais**, adj. et s. Obstiné, e.
Éubstchinacioun, s. f. Obstination.
Éubstruâ, v. a. 1ʳᵉ conj. Obstruer.
Éubstrucioun, s. f. Obstruction.
Éubtchuratœu, s. m. Obturateur.
Éubtenî, v. a. 2ᵉ conj. com. *Reveni.* Obtenir.
Éubtomperâ, v. n. 1ʳᵉ conj. Obtempérer.
Éubtoncioun, s. f. Obtention.
Éubus (ùsou), s. m. Obus.
Éubusîe, s. m. Obusier.
Éubviâ, v. n. 1ʳᵉ conj. Obvier.
Éuccasioun, s. f. Occasion.
Éuccasiounâ, v. a. 1ʳᵉ conj. com. *Affetcionnâ.* Occasionner.
Éuccasiounel (elou), **la**, adj. Occasionnel, le.
Éuccasiounellamont, adv. Occasionnellement.
Éuccidont, s. m. Occident, couchant.
Éuccidontal (alou), **a, aôx**, adj. Occidental, e, aux.
Éucciput, s. m. Occiput. (V. *Coupét*).
Éuccultamont, adv. Occultement.
Éuccultou, ta, adj. Occulte.
Éuccupâ, v. a. et pr. 1ʳᵉ conj. Occuper.
Éuccupà, f. pl. **ais**, adj. Occupé, e.
Éuccupacioun, s. f. Occupation.
Éuccuronci, s. f. Occurrence.
Éuccuront, a, adj. Occurrent, e.
Éucean ou **Ouceant** (ce-an), s. m. Océan.
Éucharistchit, s. f. Eucharistie.
Éuculairamont, adv. Oculairement.
Éuculairou, ra, adj. Oculaire.
Éuculistou, s. et adj. m. Oculiste.

ÉUPE

Éudalisqua, s. f. Odalisque.
Éudeoun ou **Oudeoun**, s. m. Odéon.
Éudjyssé, s. m. Odyssée.
Éufêvrarit, s. f. Orfèvrerie.
Éufêvrou, s. m. Orfèvre.
Éufficiâ, v. n. 1re conj. Officier, faire l'office.
Éufficialità, pl. **ais**, s. f. Officialité.
Éufficiant, a, adj. et s. Officiant, e.
Éufficîe, s. m. Officier, qui a un office.
Éufficiel (elou), **la**, adj. Officiel, le.
Éufficiellamont, adv. Officiellement.
Éufficina, s. f. Officine.
Éufficinal (alou), **a, aôx**, adj. Officinal, e, aux.
Éufficiousamont, adv. Officieusement.
Éufficioux, ousa, adj. Officieux, euse.
Éufficou, s. m. Office.
Éuffranda, s. f. Offrande.
Éuffrant, s. m. Offrant.
Éuffrî, v. a. et pr. 2e conj. com. *Aguarrî*. Offrir.
Éuffrou, s. m. Offre.
Éuffusquâ, v. a. et pr. 1re conj. Offusquer.
Éuilliada, s. f. Œillade.
Éulli, s. f. Aiguille.
Éullià, pl. **ais**, s. f. Aiguillée.
Éumagearit, s. f. Imagerie.
Éumagi, s. f. Image.
Éumelétta, s. f. Omelette.
Éuméttre, v. a. 3e conj. irrég. Omettre. Ind. prés. : *J'éuméttou, tch'éméts, o-l-éumét, n'éuméttouns, vou'éuméttédes, cis-l-éuméttount*. Imparfait : *J'éumétchins*, etc. — Passé défini : *J'éuméttchiéus*, etc. — Cond. : *J'éuméttrins*, etc. — Impératif : *Éuméts, éuméttouns, éuméttédes*. — Subj. : *Que j'éumétta*, etc. — Imparfait : *Que j'éumétléza*, etc. — Part. prés. : *Éuméttant* ; passé : *Éumés, a*.
Éumissioun, s. f. Omission.
Éumnibus (uçou), s. m. Omnibus.
Éumnipoutonci, s. f. Omnipotence.
Éumnipoutont, a, adj. Omnipotent, e.
Éumouplata, s. f. Omoplate.
Éupacità, pl. **ais**, s. f. Opacité.
Éupaquou, qua, adj. Opaque.
Éupcioun, s. f. Option.
Éuperà, s. m. Opéra.
Éuperâ, v. a. et n. 1re conj. com. *Aberá*. Opérer.

ÉURD

Éuperablou, bla, adj. Opérable.
Éuperacioun, s. f. Opération.
Éuperatœu, s. m. Opérateur.
Éuperatouairou, ra, adj. Opératoire.
Éupéusâ, v. a. et pr. 1re conj. Opposer.
Éupéusà, f. pl. **ais**, s. m. et adj. Opposé, e.
Éupéusablou, bla, adj. Opposable.
Éupéusant, a, adj. et s. Opposant, e.
Éupéusicioun, s. f. Opposition.
Éupéusitou, s. m. Opposite, le contraire.
Éuphicléidou, s. m. Ophicléide.
Éupinâ, v. n. 1re conj. Opiner.
Éupinant, s. m. Opinant.
Éupiniâtrâ (s'), v. pr. 1re conj. S'opiniâtrer.
Éupiniâtrou, tra, adj. Opiniâtre.
Éupinioun ou **Eupiniou**, s. f. Opinion.
Éupourtchün, una, adj. Opportun, e.
Éupourtchunamont, adv. Opportunément.
Éupourtchunismou, s. m. Opportunisme.
Éupourtchunistou, s. m. Opportuniste.
Éupourtchunità, pl. **ais**, s. f. Opportunité.
Éupressâ, v. a. 1re conj. Oppresser.
Éupressioun, s. f. Oppression. (V. *Poûssa*).
Éupressivamont, adv. Oppressivement.
Éupréssœu, s. m. Oppresseur.
Éuprimâ, v. a. 1re conj. Opprimer.
Éuprimà, f. pl. **ais**, adj. et s. Opprimé, e.
Éuptâ, v. n. 1re conj. Opter.
Éuptchicion, s. m. Opticien.
Éuptchimistou, s. m. Optimiste.
Éuptchiquou, s. m. Optique.
Éupulamont, adv. Opulemment.
Éupulonci, s. f. Opulence.
Éupulont, a, adj. Opulent, e.
Éupusculou, s. m. Opuscule.
Éuquétta, s. f. Aumône. *Viéure d'éuquétta*, vivre d'aumône ; *à quéuquous malhéroux, n'on vouais faire une éuquétta*. (MURGUES).
Éura, s. f. Œuvre, ouvrage. *La Grangi-de-l'Eura*, La Grange-de-l'Œuvre, nom d'un quartier de Saint-Etienne. Prov. : *Jamais mauvaisi manœura n'a fat bouna éura ;* jamais mauvaise manœuvre n'a fait bon ouvrage.
Eurdjî, v. a. 2e conj. comme *Agrandji*. Ourdir.
Eurdjinairamont, adv. Ordinairement.

ÉVAD

Eurdjinairou, ra, s. m. et adj. Ordinaire.
Eurdjis, s. m. pl. Ustensiles de ménage, outils, accessoires.
Eurdjisséu ou **djissoi,** s. m. Ourdissoir.
Eurdjisseusa, s. f. Ourdisseuse, profession d'un grand nombre de femmes à Saint-Étienne.
Eurgeat, s. m. Orgeat.
Eurgeou, s. m. Orge.
Éuriéu, s. m. Abri. *A l'éuriéu de la bisi;* à l'abri de la bise.
Éurissou, s. m. Grand vent, orage.
Eurlâ, v. a. 1re conj. Ourler, faire un ourlet.
Eurlét, s. m. Ourlet.
Europou, s. Europe.
Euroupeon, peéna, adj. et s. Européen, enne.
Eurtcha, s. f. Ortie, plante.
Éus, s. m. Os. *La chiai sans éus.*
Éusâ, v. a. et n. 1re conj. Oser.
Éuscillacioun, s. f. Oscillation.
Éuscillatouairou, ra, adj. Oscillatoire.
Éuscillîe, v. n. 1re conj. irrég. com. *Agreillie.* Osciller.
Éusîe, s. m. Osier, arbrisseau.
Éussamonts, s. m. pl. Ossements.
Éusselét, s. m. Osselet. (V. *Raflu-tout*).
Éussoux, ousa, adj. Osseux, euse.
Éustonsiblamont, adv. Ostensiblement.
Éustonsiblou, bla, adj. Ostensible.
Éustonsoi (oua), s. m. Ostensoir.
Éustontacioun, s. f. Ostentation.
Éutâ, v. a. 1re conj. Oter. (V. *Déutâ*).
Éutageou ou **Outageou,** s. m. Otage.
Éutava, s. f. Octave.
Éutroi (oua), s. m. Octroi.
Éutrouîe, v. a. 1re conj. irrég. com. *Allouie.* Octroyer.
Éuvacioun, s. f. Ovation.
Éuvala, adj. et s. f. Ovale.
Éuvartchura, s. f. Ouverture.
Éuveu, veurta, adj. Ouvert, e.
Éuveurtamont, adv. Ouvertement.
Éuvipârou, ra, adj. et s. Ovipare.
Éuvrîe, vréri, s. Ouvrier, ière.
Évacuâ, v. a. 1re conj. Évacuer.
Évacuacioun, s. f. Évacuation.
Évadâ (s'), v. pr. 1re conj. S'évader.

ÉVON

Évadjî, v. a. et pr. 2e conj. com. *Agrandji.* Dissiper, chasser l'ennui, délourdir. *Lou vont éradé les niòles;* le vent dissipe, chasse les brouillards. *Par m'éradji, j'aillèus me parmenâ;* pour me délourdir, je fus me promener. (MUNGUES).
Évailâ (s'), v. pr. 1re conj. Se coucher, s'étendre comme un veau.
Évaluâ, v. a. 1re conj. Évaluer.
Évaluacioun, s. f. Évaluation.
Évangeliquàmont, adv. Évangéliquement.
Évangeliquou, qua, adj. Évangélique.
Évangelisâ, v. a. 1re conj. Évangéliser.
Évangelistou, s. m. Évangéliste.
Évangilou, s. m. Évangile.
Évanouî (s'), v. a. 2e conj. S'évanouir. (V. *Decourà*).
Évanouissamont, s. m. Évanouissement.
Évapourâ, v. a. et pr. 1re conj. com. *Affiourà.* Évaporer.
Évapouracioun, s. f. Évaporation.
Évarâchîe, v. a. 1re conj. irrég. comme *Appînchie.* Effaroucher, effrayer, disperser, mettre en désordre.

Equéllous biaûx chariéus et lio jonta couciffura
Qu'eis sount évaratchis et coumma eis fant
[*jarlchura.*

Ces beaux cheveux et leur jolie coiffure,
Comme ils sont en désordre et comme ils
[folichonnent.
(Ant. CHAPELON).

Évarnoux, ousa, adj. et s. Exposé au nord, lieu froid et humide.
Évâsâ, v. a. 1re conj. Évaser.
Évâsamont, s. m. Évasement.
Évaséuri, s. f. Évasure.
Évasif (ifou), **iva,** adj. Évasif, ive.
Évasioun, s. f. Évasion.
Évasivamont, adv. Évasivement.
Éveil (eillou), s. m. Éveil.
Éveillîe, v. a. 1re conj. irrég. com. *Agreillie.* Éveiller. (V. *Déreillie*).
Évenamont, s. m. Événement.
Évéquou, s. m. Évêque.
Évî ou **Évis,** s. m. Avis, opinion, loc. adv. *O m'é-t-évi;* il m'est avis. (Celt. *Évit*).
Évidamont, adv. Évidemment.
Évîe ou **Eiguîe,** s. m. Évier.
Évitâ, v. a. 1re conj. Éviter.
Évitablou, bla, adj. Évitable.
Évontail (aillou), s. m. Éventail.
Évontchualità, pl. **ais,** s. f. Éventualité.

EXCE

Évontchuel (ellou), **la**, adj. Eventuel, le.
Évontchuellamont, adv. Eventuellement.
Évontrâ, v. a. 1ʳᵉ conj. Eventrer.
Évoucablou, bla, adj. Evocable.
Évoucacioun, s. f. Evocation.
Évouédjie, v. a. 1ʳᵉ conj. irrég. comme *Derouédjie*. Evider.
Évouluâ, v. n. 1ʳᵉ conj. Evoluer.
Évoulucioun, s. f. Evolution.
Évouquâ, v. a. 1ʳᵉ conj. comme *Bouquâ*. Evoquer.
Ex, préfixe. Ex-ministre.
Exagerâ, v. a. 1ʳᵉ conj. comme *Aberâ*. Exagérer.
Exageracioun, s. f. Exagération.
Exaltâ, f. pl. **ais**, adj. et s. Exalté, e.
Exaltacioun, s. f. Exaltation.
Examén, s. m. Examen.
Examinâ, v. a. 1ʳᵉ conj. Examiner.
Examinatœu, trici, s. Examinateur, trice.
Exaôçâ, v. a. 1ʳᵉ conj. Exaucer.
Exaôçamont, s. m. Exaucement.
Exarçâ, v. a. 1ʳᵉ conj. Exercer.
Exarciçou, s. m. Exercice.
Exasperâ, v. a. 1ʳᵉ conj. Exaspérer.
Exasperacioun, s. f. Exaspération.
Exat, a, adj. Exact, e.
Exatamont, adv. Exactement.
Exatchitchuda, s. f. Exactitude.
Excavâ, v. a. 1ʳᵉ conj. Excaver. (V. *Chavâ*).
Excavacioun, s. f. Excavation.
Excedâ, v. a. 1ʳᵉ conj. com. *Démenâ*. Excéder.
Excedant, a, adj. Excédent, e.
Excedont, s. m. Excédent.
Excellâ, v. a. 1ʳᵉ conj. Exceller.
Excellonci, s. f. Excellence.
Excellont, a, adj. Excellent, e.
Exceontricità, pl. **ais**, s. f. Excentricité.
Exceontriquamont, adv. Excentriquement.
Exceontriquou, qua, adj. Excentrique.
Exceptâ, v. a. 1ʳᵉ conj. Excepter.
Exceptà, prép. Excepté, hors.
Excepcioun, s. f. Exception.
Excepciounel (elou), **la**, adj. Exceptionnel, le.
Excepciounellamont, adv. Exceptionnellement.

EXHA

Excês, s. m. Excès.
Excessif (ifou), **iva**, adj. Excessif, ive.
Excessivamont, adv. Excessivement.
Excitâ, v. a. 1ʳᵉ conj. Exciter.
Excitacioun, s. f. Excitation.
Excitant, a, adj. Excitant, e.
Exclamâ (s'), v. pr. 1ʳᵉ conj. S'exclamer.
Exclamacioun, s. f. Exclamation.
Exclûre, v. a. 3ᵉ conj. com. *Assûre*. Exclure.
Exclusif (ifou), **iva**, adj. Exclusif, ive.
Exclusioun, s. f. Exclusion.
Exclusivamont, adv. Exclusivement.
Excoumuniâ, v. a. 1ʳᵉ conj. Excommunier. *S'excoumuniâ*, v. pr. Se dit dans le sens de se priver, se donner de la peine pour arriver, pour atteindre. *O fóut s'excoumuniâ par élevâ sa ménà* ; il faut se priver, se donner du tourment, pour élever sa famille.
Excoumuniâ, f. pl. **ais**, adj. et s. Excommunié, e ; hors de la communion.
Excoumuniâ f. pl. **ais**, adj. et s. Avare, grincheux.
Excoumunicacioun, s. f. Excommunication.
Excrémont, s. m. Excrément.
Excursioun, s. f. Excursion.
Excursiounistou, s. m. Excursionniste.
Excûsa, s. f. Excuse. (Celt. *Excuse*).
Excusâ, v. a. et pr. 1ʳᵉ conj. Excuser. (Celt. *Excusare*).
Excusablou, bla, adj. Excusable.
Execrâ, v. a. 1ʳᵉ conj. Exécrer. — Ind. prés. : *J'exècrou, tch'exècres, o-l-exècre, n'exècrouns, vou'exècraz, eis-l-exècrount*. — Impératif : *Exècra, execrouns, execraz*. — Subj. : *Que j'exècra, que tch'exècres, qu'o-l-exècre, que n'execriouns, que vou'excecriz, qu'eis-l-exècrant*. Dans tous les autres temps on écrit : *execr* et non *exècr*...
Execrablamont, adv. Exécrablement.
Execrablou, bla, adj. Exécrable.
Execracioun, s. f. Exécration.
Execucioun, s. f. Exécution.
Executâ, v. a. et pr. 1ʳᵉ conj. Exécuter.
Executablou, bla, adj. Exécutable.
Executant, s. m. Exécutant.
Executchif (ifou), **iva**, adj. Exécutif, ive.
Executœu, trici, s. Exécuteur, trice.
Exhalâ, v. a. 1ʳᵉ conj. Exhaler.

EXPE

Exhalacioun, s. f. Exhalation.
Exhaôssâ, v. a. 1re conj. Exhausser.
Exhaôssamont, s. m. Exhaussement.
Exhibâ, v. a. 1re conj. Exhiber.
Exhibicioun, s. f. Exhibition.
Exhortâ, v. a. 1re conj. Exhorter.
Exhortacioun, s. f. Exhortation.
Exhumâ, v. a. 1re conj. Exhumer.
Exhumacioun, s. f. Exhumation.
Exigeant, a, adj. Exigeant, e.
Exigeonci, s. f. Exigence.
Exigîe, v. a. 1re conj. irrég. com. *Ablagie.* Exiger.
Exigiblou, bla, adj. Exigible.
Exil (ilou), s. m. Exil.
Exilâ, v. a. et pr. 1re conj. Exiler.
Exilà, f. pl. **ais,** adj. et s. Exilé, e.
Existâ, v. n. 1re conj. Exister.
Existant, a, adj. Existant, e.
Existonci, s. f. Existence.
Exompcioun, s. f. Exemption.
Exomplairamont, adv. Exemplairement.
Exomplairou, ra, adj. et s. Exemplaire.
Exomplou, s. m. Exemple. (Celt. *Exempl*).
Exompt, a, adj. Exempt, e.
Exorbitablou, bla, adj. Exorbitable.
Exorbitant, a, adj. Exorbitant, e.
Exorcisâ, v. a. 1re conj. Exorciser.
Exorciséu, s. m. Exorciseur.
Exorcismou, s. m. Exorcisme.
Exounerâ, v. a. 1re conj. com. *Aberâ.* Exonérer.
Exouneracioun, s. f. Exonération.
Expansif (ifou), **iva,** adj. Expansif, ive.
Expansioun, s. f. Expansion.
Expartchisâ, v. a. et pr. 1re conj. Expertiser.
Expatriâ, v. a. et pr. 1re conj. Expatrier.
Expatriacioun, s. Expatriation.
Expê ou **Expaî,** s. m. Expert.
Expedjiâ, v. a. 1re conj. Expédier.
Expedjicioun, s. f. Expédition.
Expedjiont, s. m. Expédient, moyen.
Expedjitchif (ifou), **iva,** adj. Expéditif, ive.
Expedjitœu, s. m. Expéditeur.
Experimontâ, v. a. 1re conj. Expérimenter.
Experimontacioun, s. f. Expérimentation.

EXPU

Experimontal (alou), **a,** adj. Expérimental e.
Experimontalamont, adv. Expérimentalement.
Experionci, s. f. Expérience.
Expéusâ, v. a. et pr. 1re conj. Exposer.
Expéusà, s. m. Exposé, récit.
Expéusant, s. m. Exposant.
Expéusicioun, s. f. Exposition.
Expiâ, v. a. 1re conj. Expier.
Expiacioun, s. f. Expiation.
Expirâ, v. n. et a. 1re conj. Expirer. (Celt. *Expira*).
Expiracioun, s. f. Expiration.
Explicatœu, s. m. Explicateur.
Explicitamont, adv. Explicitement.
Explicitou, ta, adj. Explicite.
Expliquâ, v. a. et pr. 1re conj. Expliquer.
Exploit, s. m. Exploit.
Exploitâ, v. a. 1re conj. Exploiter.
Exploitablou, bla, adj. Exploitable.
Exploitacioun, s. f. Exploitation.
Exploitéu, s. m. Exploiteur.
Explourâ, v. a. 1re conj. comme *Afflourâ.* Explorer.
Explouracioun, s. f. Exploration.
Explouratœu, s. m. Explorateur.
Explousiblou, bla, adj. Explosible.
Explousioun, s. f. Explosion.
Exportâ, v. a. 1re conj. Exporter.
Exportacioun, s. f. Exportation.
Exportatœu, s. m. Exportateur.
Exprès (essou), s. m. et adv. Exprès. (Celt. *Expres*).
Exprès (essou), **essa,** adj. Exprès, esse, formel.
Expressamont, adv. Expressément.
Expressif (ifou), **iva,** adj. Expressif, ive.
Expressioun, s. f. Expression.
Expressivamont, adv. Expressivement.
Exprimâ, v. a. 1re conj. Exprimer. (Celt. *Exprima*).
Exprimablou, bla, adj. Exprimable.
Exprouprià, v. a. 1re conj. Exproprier. — Ind. prés. : *J'exproupriou, tch'exproupries, o-l-exprouprie, n'exprouprioun, vou'exproupriaz, eis-l-exprouprioun.*
Exproupriacioun, s. f. Expropriation.
Expulsâ, v. a. 1re conj. Expulser.

EXTR

Expulsioun, s. f. Expulsion.
Esquis, a, adj. Exquis, e.
Extarminâ, v. a. 1re conj. Exterminer.
Extarminacioun, s. f. Extermination.
Extarminatœu, s. m. Exterminateur.
Extarnat, s. m. Externat.
Extâsa, s. f. Extase.
Extasiâ (s'), v. pr. 1re conj. S'extasier.
Extatchiquou, qua, adj. Extatique.
Extéincioun, s. f. Extinction.
Extenuâ, v. a. et pr. 1re conj. Exténuer.
Extérioeu, s. m. Extérieur.
Exterioeuramont, adv. Extérieurement.
Externou ou **Extarnou, na**, adj. Externe.
Extonsioun, s. f. Extension.
Extourquâ, v. a. 1re conj. com. *Bouquâ.* Extorquer.
Extourquéu, sa, adj. et s. Extorqueur, euse.
Extra, s. m. Extra.
Extracioun, s. f. Extraction.
Extradâ, v. a. 1re conj. Extrader.

ÉZÉ

Extradjicioun, s. f. Extradition.
Extra-fin, adj. Extra-fin.
Extraire, v. a. 3e conj. comme *Coumplaire.* Extraire.
Extrait, s. m. Extrait.
Extraordjinairamont, adv. Extraordinairement.
Extraordjinairou, ra, adj. Extraordinaire.
Extravagamont, adv. Extravagamment.
Extravaganci, s. f. Extravagance.
Extravagant, a, adj. Extravagant, e.
Extravaguâ, v. n. 1re conj. Extravaguer.
Extrêmamont, adv. Extrêmement.
Extrêmou, ma, adj. Extrême. (Celt. *Extrem*).
Extrêma-ouncioun, s. f. Extrême-onction.
Extremità, pl. ais, s. f. Extrémité.
Ézé (à l'), loc. adv. Au hasard, à l'aventure, l'un ou l'autre; mot très usité au jeu de gobilles; le joueur crie : *A l'ézé, la poqua ou lou tréu!* ce qui veut dire : au hasard, toquer une bille ou aller dans le trou du jeu.

F (effa), s. f. Sixième lettre de l'alphabet et la quatrième des consonnes ; joue le même rôle qu'en français.
Fâ, s. m. Fard.
Fâbla, s. f. Fable. (V. *Ráfola*).
Fabricacioun, s. f. Fabrication.
Fabricant, s. m. Fabricant.
Fabricien, s. m. Fabricien.
Fabriqua, s. f. Fabrique.
Fabriquâ, v. a. 1re conj. Fabriquer.
Fabulistou, s. m. Fabuliste.
Fabulousamont, adv. Fabuleusement.
Fabuloux, ousa, adj. Fabuleux, euse.
Façada, s. f. Façade.
Faceciousamont, adv. Facétieusement.
Facécit, s. f. Facétie.
Facetâ, v. a. 1re conj. comme *Briquetâ*. Facetter.
Facetta, s. f. Facette.
Fâcharit, s. f. Fâcherie.
Fâchîe, v. a. et pr. 1re conj. irrég. comme *Appinchie*. Fâcher. (Celt. *Fachu*).
Fâchousamont, adv. Fâcheusement.
Fâchoux, ousa, adj. et s. Fâcheux, euse.
Fâci, s. f. Face.
Facilamont, adv. Facilement.
Facilità, pl. **ais**, s. f. Facilité.
Facilitâ, v. a. 1re conj. Faciliter.
Facilou, la, adj. Facile. (Celt. *Facil*).
Faciné, s. m. Sorcier, enchanteur (vieux langage). *Si vous bettaz von djins lou pané, — ji m'on vouais coumma un faciné — déroubâ vôutres poules*. (CHAPELON).

Façoun, s. f. Façon. (Celt. *Faccioun*).
Façounâ, v. a. 1re conj. com. *Boundounâ*. Façonner.
Façounageou, s. m. Façonnage.
Façounamont, s. m. Façonnement.
Facultà, pl. **ais**, s. f. Faculté.
Facultatchif (ifou), **iva**, adj. Facultatif, ive.
Facultatchivamont, adv. Facultativement.
Fadamont, adv. Fadement.
Fadou, da, adj. Fade. (Celt. *Fad*).
Fadoû, s. f. Fadeur.
Fagot, s. m. Fagot. (Celt. *Fagot*).
Fagoutâ, v. a. 1re conj. comme *Agouttâ*. Fagoter.
Fagoutageou, s. m. Fagotage.
Fagoutéu, s. m. Fagoteur.
Faî ou **Faix**, pl. **fiaôx**, s. m. Faix, fardeau.
Faï, s. f. Fée ; par extens. : fourbe, fausse.
Faiâ ou **Fayâ**, s. m. Fayard, hêtre, arbre ; par all. : traître, fourbe. (Celt. *Faia, Fau*).
Faiblamont, adv. Faiblement.
Faiblessa, s. f. Faiblesse.
Faiblou, bla, adj. et s. Faible. Celt. *Foibl*).
Faionçaire, s. m. Marchand de faïence. (V. *Bartassaire*).
Faionci, s. f. Faïence. (V. *Bartasailli*).
Faioncîe, iéri, s. Faïencier, ière. (V. *Bartassaire*).
Faillî, v. n. 2e conj. Faillir.
Failliblou, bla, adj. Faillible.

FANT

Faillit, s. m. Failli, qui a fait faillite.
Faillita, s. f. Faillite. (V. *Banquaroutâ*).
Faire, v. a. 3ᵉ conj. comme *Countrafaire*. Faire.
Fait (aitou), s. m. Fait, chose, événement.
Faîtchi, adj. f. Faite.
Fallei ou **Foullei**, v. impers. 3ᵉ conj. Falloir. — Ind. prés. : *O féut* ou *foût*. — Imparfait : *O fallit* ou *foullit*. — Passé défini : *O fallut* ou *foullut*. — Futur : *O faôdra* ou *foudra*. — Cond. prés. : *O faôdrit* ou *foudrit*. — Subj. : *Qu'o faille*. — Imparfait : *Qu'o falléze* ou *qu'o foulléze*. — Part. passé : *Fallut* ou *foullut*. (V. la Gram. nᵒˢ 120, 121, pour la 2ᵉ forme avec le pronom *vou*).
Falot, s. m. Falot. (Celt. *Falot*).
Falsifiâ ou **Farsifiâ**, v. a. 1ʳᵉ conj. Falsifier.
Falsifiablou ou **Farsifiablou**, bla, adj. Falsifiable.
Falsificacioun ou **Farsi...**, s. f. Falsification.
Falsificatœu ou **Fars...**, s. m. Falsificateur.
Famà, f. pl. **ais**, adj. Famé, e. *Mà famà*.
Fameusamont, adv. Fameusement.
Fameux, eusa, adj. Fameux, euse.
Familiarità, pl. **ais**, s. f. Familiarité.
Familîe, iéri, adj. Familier, ière.
Familieramont, adv. Familièrement.
Familli, s. f. Famille. (Celt. *Familh*).
Famina, s. f. Famine.
Fanâ, s. m. Nom que l'on donnait aux royalistes en 1793, à Saint-Etienne.
Fanatchiquou, qua, adj. et s. Fanatique. (V. *Assoumà, martelâ*).
Fanatchisâ, v. a. 1ʳᵉ conj. Fanatiser.
Fanatchismou, s. m. Fanatisme.
Fanchounétta, s. f. Fanchon, mouchoir.
Fanfâra, s. f. Fanfare.
Fanfarluchi, s. f. Fanfreluche.
Fanfaroun, a, adj. et s. Fanfaron, ne.
Fanfarounada, s. f. Fanfaronnade.
Fangeoux, ousa, adj. Fangeux, euse.
Fangi, s. f. Fange. (V. *Boua*).
Fanioun, s. m. Fanion.
Fanoué, s. m. Fenouil.
Fantaôma, s. f. Fantôme.
Fantasmagouriquou, qua, adj. Fantasmagorique.
Fantasmagourit, s. f. Fantasmagorie.

FARA

Fantasquamont, adv. Fantasquement.
Fantasquou, qua, adj. Fantasque.
Fantassïn, s. m. Fantassin.
Fantastchiquamont, adv. Fantastiquement.
Fantastchiquou, qua, adj. Fantastique.
Fanteisistou, s. m. Fantaisiste.
Fanteisit, s. f. Fantaisie.
Faôboû, s. m. Faubourg. Prend un *e* muet devant une voyelle *Faôboue et vialla*.
Faôchageou, s. m. Fauchage. (V. *Seiageou*).
Faôchià, pl. **ais**, s. f. Fauchée.
Faôchîe, v. a. 1ʳᵉ conj. irrég. com. *Appinchie*. Faucher. (V. *Seie*).
Faôchéu, s. m. Faucheur. (V. *Seitre*).
Faôchéusa, s. f. Faucheuse, machine.
Faôcoun, s. m. Faucon, oiseau. (Celt. *Faucoun*).
Faôcounîe, s. m. Fauconnier.
Faôcounarit, s. f. Fauconnerie.
Faôfialâ, v. a. et pr. 1ʳᵉ conj. Faufiler.
Faôfialéuri, s. f. Faufilure.
Faôna, s. f. Faune, animaux.
Faônou, s. m. Faune, dieu champêtre.
Faôssâ, v. a. et pr. 1ʳᵉ conj. Fausser, se dérober, se dispenser, manquer à son devoir.

Et vous vériz sans me faôssá
Coumma ji vouais les trimoussá.
Et vous verrez, sans me dérober,
Comment je vais les trémousser.
(*Ballet forez.* ALLARD)

Faôssaire, s. m. Faussaire.
Faôssamont, adv. Faussement.
Faôssét, s. m. Fausset, voix de tête.
Faôssetà, pl. **ais**, s. f. Fausseté.
Faôta, s. f. Faute.
Faôtchif (ifou), **iva**, adj. Fautif, ive.
Faôtœu, s. m. Fauteuil.
Faôvétta, s. f. Fauvette, oiseau. (V. *Boucherla*).
Faôvou, va, adj. et s. Fauve.
Faôx, s. f. Faux, faucille. (V. *Dailli*).
Faôx, faôssa, adj. Faux, fausse.
Faôx-bordoun, s. m. Faux-bourdon.
Faôx-fuyant, s. m. Faux-fuyant.
Faquïn, s. m. Faquin.
Faquinarit, s. f. Faquinerie.
Faraipi ou **fareipi**, s. f. Fête, réjouissance, luxe ; *faire faraipi*, se réjouir.

FARN

Faran, s. m. Jeu cité par Chapelon.
Farandjinie, s. m. Compagnon passementier, adversaire de *Marpaôd*.
Farandola, s. f. Farandole, danse provençale, défilé, procession.
Faraôd ou **Faréud, a,** adj. et s. Élégant, coquet, fier. (Celt. *Frau*)
Farbella, s. f. Falbala, frange, dentelle, et par extens. : guenille. *O n'ait jamais qu'ùn habit, sa chamisi erre de farbelles;* il n'avait jamais qu'un habit, sa chemise était frangée, en guenilles. (Ant. CHAPELON).
Farbella, s. f. Personne dans l'inconduite.
Farbelloux, ousa, adj. Qui a les vêtements frangés, déguenillés.
Farblantarit, s. f. Ferblanterie.
Farblantchie, téri, s. Ferblantier, ière.
Farça, s. f. Farce. (Celt. *Farcia*).
Farcéu ou **Farçou, sa,** s. Farceur, euse.
Farcî, v. a. 2ᵉ conj. com. *Adouci*. Farcir.
Fardâ, v. a. 1ʳᵉ conj. Farder.
Fardaî, pl. **fardjiaôx,** s. m. Fardeau, charge.
Farenna, s. f. Farine.
Farenoux, ousa, adj. Farineux, euse.
Farétta, s. f. Fredaine. *Do tchiom que j'erra amant, fasins bion mes faréttes;* du temps que j'étais amant, je faisais bien mes farces, mes fredaines. (CHAPELON).
Farfouillie, v. a. et n. 1ʳᵉ conj. irrég. com. *Agcanouillie.* Farfouiller.
Fargéu, s. m. Forgeur.
Fargi, s. f. Forge. (Celt. *Fargi*).
Fargie, v. a. 1ʳᵉ conj. irrég. com. *Ablagie.* Forger.
Farginâ (se), v. pr. 1ʳᵉ conj. Se forger des chimères, se faire des illusions.
Faribola, s. f. Faribole.
Farma ou **Ferma,** s. f. Ferme. (Celt. *Ferma*).
Farmageou, s. m. Fermage.
Farmamont, adv. Fermement.
Farmatchura, s. f. Fermeture.
Farmetà, pl. **ais,** s. f. Fermeté.
Farmie, iéri, s. Fermier, ière.
Farmoi (oua), s. m. Fermoir.
Farmontâ, v. n. 1ʳᵉ conj. Fermenter.
Farmontablou, bla, adj. Fermentable.
Farmontacioun, s. f. Fermentation.
Farnéri, s. f. Besace, havresac, panier, etc.,

FATA

où les bergers portent les aliments de la journée; endroit où l'on met les provisions de vivres, et par extens. : coffre pour l'argent.

Bargiès et bargères
Couriant lou galop,
Avouès lios farnères
Chargiais de chiôrots.
Bergers et bergères
Couraient au galop,
Avec leurs besaces
Chargées de chevreaux.
(*Noël,* CHAPELON).

Faroun, s. m. Mèche de lampe. *Lou faroun do Criziéu.* (Celt. *Far,* lumière).
Farrâ, v. a. 1ʳᵉ conj. Ferrer.
Farrageou, s. m. Ferrage.
Farailléu, s. m. Ferrailleur.
Farailli, s. f. Ferraille.
Farraillie, v. n. 1ʳᵉ conj. irrég. com. *Criaillie.* Ferrailler, travailler sur le fer.
Farramont, s. m. Ferrement.
Farramonta, s. f. Ferrure, garniture en fer.
Farramontchie, s. m. Qui fait la garniture en fer, particulièrement pour les métiers à tisser.
Farréu, s. m. Ferreur.
Farriéu (sant), s. m. Ferriol, Ferréol (Saint).
Farvamont, adv. Fervemment, avec ferveur.
Farvœu, s. f. Ferveur.
Farvont, a, adj. Fervent, e. (Celt. *Fervant*).
Fascinâ, v. a. 1ʳᵉ conj. Fasciner.
Fascinacioun, s. f. Fascination.
Fascinageou, s. m. Fascinage.
Fascinatœu, trici, adj. Fascinateur, trice.
Fashiounablou, bla, adj. et s. Fashionable.
Fastchidjiousamont, adv. Fastidieusement.
Fastchidjioux, ousa, adj. Fastidieux, euse.
Fastchuousamont, adv. Fastueusement.
Fastchuoux, ousa, adj. Fastueux, euse.
Fastou, s. m. Faste. (Celt. *Fastu*).
Fat, adj. et s. m. Fat, vain, impertinent.
Fat, Faitchi, adj. et part. Fait, e, accoutumé, e.
Fatal (alou), **a,** adj. Fatal, e.
Fatalamont, adv. Fatalement.
Fatalismou, s. m. Fatalisme.
Fatalistou, ta, adj. et s. Fataliste.
Fatalità, pl. **ais,** s. f. Fatalité.

FEIA

Fatchidjiquamont, adv. Fatidiquement
Fatchidjiquou, qua, adj. Fatidique.
Fatchiqua, s. f. Fatigue. (Celt. *Fatica*).
Fatchiquâ, v. a. et pr. 1re conj. Fatiguer.
Fatchiquant, a, adj. Fatigant, e.
Fatras s. m. Fatras.
Fatrâssi, s. f. Qui remue les fatras, les chiffons, sans ordre.
Fatrassîe, v. a. et n. 1re conj. irrég. com. *Acassie*. Remuer les fatras.
Fava, s. f. Fève. (Cel. *Fava*).
Favéttes, s. f. pl. Peur, crainte, appréhension. *Prendre les favéttes* ; se troubler, prendre peur.
Favœu, s. f. Faveur, petit ruban étroit et léger, pour attache.
Favourablamont, adv. Favorablement.
Favourablou, bla, adj. Favorable.
Favourisâ, v. a. 1re conj. Favoriser.
Favourit, a, adj. et s. Favorit, e.
Favouritchismou, s. m. Favoritisme.
Fay, n. de l. Fay, village de la commune de Saint-Jean-Bonnefonds, près St-Etienne. (Celt. *Fay*, bois de hêtre. *Fayard*).
Fébrilou, la, adj. Fébrile.
Fécal (alou), a, adj. Fécal, e, Excrément.
Fécla, s. f. Fente, fissure, gelivure, fêlure.
Fécound, a, adj. Fécond, e.
Fecoundâ, v. a. 1re conj. Féconder.
Fecoundacioun, s. f. Fécondation.
Fecoundjitâ, pl. **ais**, s. f. Fécondité.
Fécula, s. f. Fécule.
Fécularit, s. f. Féculerie.
Féculont, a, adj. Féculent, e.
Federâ, v. a. 1re conj. com. *Aberâ*. Fédérer.
Federà, pl. **ais**, adj. et s. Fédéré, e.
Federacioun, s. f. Fédération.
Fei, s. f. Foi, croyance. Aujourd'hui, par corruption, on dit souvent : *Foi*, comme en français pour désigner la première des vertus théologales : *Avei la foi, avei ni foi ni loi*; avoir la foi, avoir ni foi ni loi. L'orthographe primitive s'est conservée dans : *ma fei, pa ma fei, on bouna fei*, ce qui est le vrai langage. (Celt. *Feiz*). (V. *Mafigua*).
Feia ou **Feya**, s. f. Brebis.

> Que de sa lanci furiousa,
> Tchuarit una feya foueirousa.
> Qui de sa lance furieuse,
> Tuerait une brebis foireuse.
> (*Ballet forez*. M. ALLARD).

FEOU

Féin, s. m. Foin. (Celt. *Foenn*).
Feina ou **Féna**, s. f. Fouine, animal.
Feina, s. f. Faîne, fruit du fayard.
Féindre, v. a. 3e conj. comme *Attéindre*. Feindre.
Féintchi, s. f. Feinte. (Celt. *Feinte*).
Feiri, s. f. Foire, marché. (Celt. *Foër*).
Feisablou, bla, adj. Faisable.
Feisan, s. m. Faisan, oiseau.
Feisandâ, v. a. 1re conj. Faisander.
Feisandarit, s. f. Faisanderie.
Feiséu, sa, s. Faiseur, euse.
Feissaî, pl. **feissiaôx**, s. m. Faisceau.
Feissella, s. f. Moule à fromage, petit vase en terre dans lequel on fait cailler du lait que l'on appelle *recuite*.
Feitageou, s. m. Faîtage.
Féla, s. f. Fêle, tube des verriers.
Félâ, v. a. 1re conj. comme *Apprêtâ*. Fêler.
Félà, f. pl. **ais**, adj. Fêlé, e, fendu; fig. : tête folle.
Féléuri, s. f. Fêlure. (V. *Fécla*).
Félicitâ, v. a. 1re conj. Féliciter.
Félicità, pl. **ais**, s. f. Félicité, bonheur.
Félicitacioun, s. f. Félicitation.
Félïn, ina, adj. Félin, e.
Féloun, a, adj. Félon, ne, déloyal.
Felounit, s. f. Félonie, trahison. (Ce *Felonia*).
Felura, s. f. Férule. (V. *Cagni*).
Feminïn, ina, adj. Féminin, e.
Feminisâ, v. a. 1re conj. Féminiser.
Feneiant, a, adj. et s. Fainéant, paresseux. *Charéri dos feneiants*, nom que l'on donnait autrefois à la petite rue Neuve, aujourd'hui rue Louis-Merley.
Feneisoun, s. f. Fenaison.
Fenérageou, s. m. Fanage.
Fenérîe, v. a. 1re conj. irrég. com. *Aéric*. Faner, lever les foins.
Fenéri, s. f. Fenil, grange à foin.
Fenêtra, s. f. Fenêtre. (Celt. *Fenestr*).
Fenêtroun, s. m. Petite fenêtre.
Fenna, s. f. Femme. (Celt. *Fene*, fermière).
Fennarais, s. m. Qui rôde toujours autour des femmes, qui aime la femme.
Fennotta, s. f. Petite femme.
Feoudal (alou), a, aôx, adj. Féodal, e, aux.
Feoudalamont, adv. Féodalement.

FÉUS

Feoudalità, pl. **ais,** s. f. Féodalité.
Feréu, s. m. Frappeur, compagnon forgeron.
Ferî, v. a. 2ᵉ conj. comme *Cûri*. Férir, frapper, battre. (V. *Fiaidre*).
Frerià, f. pl. **ais,** adj. Férié, e, jour de repos.
Fermou, ma, adj. Ferme. (Celt. *Ferm*).
Feroçou, ça, adj. Féroce.
Feron, s. m. Furan, rivière qui traverse la ville de Saint-Etienne, où elle se divise en deux, *la mare Feron et lou Biá* ; la mère et le bief du Furan. (Celt. *Fur*, dieu du feu captif au service de l'homme pour la fusion des métaux, etc. ; *an*, habitation, lieu, demeure, séjour ; *Fur-an*, où habite le dieu *Fur*).
Feron, nom primitif de Saint-Etienne, appelé bourg du Furan jusqu'à 1040. (V. *Tchiève (Sant)*.
Feroucità, pl. **ais,** s. f. Férocité.
Fês, s. m. Fer, métal. (Celt. *Fers*).
Fessa, s. f. Fesse, derrière. (Celt. *Fessae*).
Fessâ, v. a. 1ʳᵉ conj. Fesser, fouetter sur les fesses.
Fessaôs, s. m. pl. Fossés. Nom d'un quartier de la ville, où se trouvaient les fossés entourant les murs d'enceinte, où est encore la rue des Fossés, *fessaôs*, à Valbenoite, près le monastère, sur la rive gauche du Furan.
Fessià, pl. **ais,** s. f. Fessée. (V. *Fouétâ*).
Fessie, s. m. Fessier.
Fessu, a, adj. Fessu, e.
Festchïn, s. m. Festin. (Celt. *Fest*).
Festchinâ, v. a. et n. 1ʳᵉ conj. Festiner.
Festchival (alou), s. m. Festival.
Festoun, s. m. Feston.
Festounâ, v. a. 1ʳᵉ conj. com. *Boundounâ*. Festonner.
Festouîe, v. a. 1ʳᵉ conj. irrég. com. *Allouie*. Festoyer.
Fêta, s. f. Fête.
Fêtâ, v. a. 1ʳᵉ conj. comme *Apprêtâ*. Fêter. (Celt. *Festa*).
Fêta-Djiéu, s. f. Fête-Dieu.
Feu, s. m. Feu.
Féu, s. m. Fontaine du Pré de la Foire (Place du Peuple), la seule et unique à Saint-Etienne avant 1830. On la désignait par *neûtrou Féu*, notre fontaine ; puis, par corruption *Trounféu, Féu*, fontaine et *Feron*, rivière ; ces deux noms paraissent venir du dieu *Fur*. (V. la *Légende des Gagas*, par Aug. CALLET).
Feugeou, s. m. Foie, viscère. *Pâ de feugeou*.
Féussa, s. f. Fosse, trou.

FICH

Féusseiageou, s. m. Fossoyage.
Féusseïe, v. n. 1ʳᵉ conj. irrég. comme *Detaffeïe*. Fossoyer.
Féussétta, s. f. Fossette.
Féusseyéu, s. m. Fossoyeur.
Féussilli, s. m. Fossile, animal.
Féutrâ, v. a. 1ʳᵉ conj. Feutrer.
Féutrageou, s. m. Feutrage.
Feutrou, s. m. Feutre.
Fî, s. m. Fil et morfil. (Celt. *Fil*).
Fia, s. f. Fie, confiance.
Fiâ, v. a. et pr. 1ʳᵉ conj. comme *Appiâ*. Fier.
Fiablou, bla, adj. Fiable, qui se fie.
Fiâcrou, s. m. Fiacre.
Fiaidre, v. a. 3ᵉ conj. irrég. Frapper, férir. — Ind. prés. : *Ji ferrou, tchu fiais, o fiais, nous ferouns, vous ferédes, eis ferrount*. — Imparfait : *Ji ferîns, tchu feries, o ferit, nous ferians, vous feriaz, eis feriant*. — Passé défini : *Ji feriéns,* etc. — Futur : *Ji fiaidrei, tchu fiaidrais,* etc. — Cond. : *Ji fiaidrîns,* etc. — Impératif : *Fiais, ferouns, ferédes*. — Subj. : *Que ji ferra, que tchu ferres, qu'o ferre, que nous ferîouns, que vous feriz, qu'eis ferant*. — Imparfait : *Que ji feréza,* etc. — Part. : *Ferant, feru, a*; pl. *ferues*.
Fialâ, s. m. Filet, tissu à claire-voie.
Fialâ, v. a. 1ʳᵉ conj. Filer, mettre en fil.
Fialâ, pl. **ais,** s. f. Filée, ce que l'on file à la fois.
Fialablou, bla, adj. Filable.
Fialageou, s. m. Filage.
Fialaire, s. m. Fileur, celui qui file.
Fialâssi ou **Fillâssi,** s. f. Filasse.
Fialéuri, s. f. Filure.
Fiançâ, v. a. 1ʳᵉ conj. Fiancer.
Fiançaire, ri, s. Fiancé, e. (V. *Mariaire*).
Fiarda, s. f. Toupie. (V. *Mouéni*).
Fiasco, s. m. Fiasco, échec.
Fibrou, s. m. Fibre.
Fibroux, ousa, adj. Fibreux, euse.
Fibustchîe, s. m. Flibustier.
Ficellâ, v. a. 1ʳᵉ conj. com. *Baritelâ*. Ficeler.
Ficella, s. f. Ficelle.
Fichaire, s. m. Fabricant de fiches ou charnières pour les portes d'armoire.
Fichi, s. f. Fiche, charnière.
Fichîe, v. a. 1ʳᵉ conj. irrég. com. *Appünchie*. Ficher. (Celt. *Ficha*) ; fig. : donner une tape, un coup, *fichie ûn soufflèt* ; jeter, *fichie elais*, jeter là-bas ; v. pr. *Se fichie dos aôtrous*, se moquer des autres.

FILA.

Fichu, s. m. Fichu, petit mouchoir.
Fidelamont, adv. Fidèlement.
Fidelità, pl. **ais**, s. f. Fidélité.
Fidèlou, a, adj. et s. Fidèle.
Fîe, Fiéra, adj. Fier, ère.
Fiéramont, adv. Fièrement.
Fiertà, pl. **ais**, s. f. Fierté.
Fiéula, s. f. Fiole, flacon. (Celt. *Fiole*).
Fiéulâ, v. a. et n. 1re conj. Siffler. *Moun estoumat fiéule coumma ün rèchat* ; mon estomac siffle comme un milau (oiseau). (Ant. CHAPELON).
Fiéulâ, v. a. et pr. 1re conj. Enivrer. *Lou vin m'oufiéule*, le vin m'enivre.
Fiéulaî ou **Fiéulais**, s. m. Sifflet.
Fiéulamont, s. m. Sifflement.
Fiéulatâ, v. a. et n. Diminutif de siffler, fredonner en sifflant ; s'enivrer légèrement.
Fiévra, s. f. Fièvre. (V. *Fiòra*).
Fifrâ, v. a. 1re conj. Fifrer, jouer du fifre ; fig. : coïter, et par ext. manger, dissiper son bien ; *o-l-a tout fifra*, il n'a plus rien.
Fifrou, s. m. Fifre, petite flûte.
Figeamont, s. m. Figement.
Figîe, v. a. 1re conj. irrég. comme *Ablagie*. Figer.
Fignoulâ, v. a. 1re conj. comme *Affoulà*. Fignoler.
Figorgnéu, s. m. Qui *figorgne*. (V. ce mot).
Figorgnîe, v. a. 1re conj. irrég. com. *Abaragnie*. Fougonner, tisonner, fouiller avec un fer, un bâton ; par ext. : tâtonner pour introduire la clef d'une serrure, pour ajuster une chose et faire un travail quelconque.
Figoutâ, v. n. 1re conj. com. *Agoutlà*. Jouer avec le feu ; pour en détourner les enfants, on leur disait : *Ne figotta pas voù te fara pissie au liét !* ne joue pas avec le feu, cela te fera pisser au lit !
Figoutéu, s. m. Qui joue avec le feu
Figua, s. f. Figue, fruit.
Figua (ma). Loc. adv. qui se traduit par ma foi : *ma figua néu !* ma foi, non.
Figuîe, s. m. Figuier.
Figura, s. f. Figura. (V. *Mina, groéin*).
Figurâ, v. a. et pr. 1re conj. Figurer.
Figuracioun, s. f. Figuration.
Fila, s. f. File, rangée.
Filâ, v. a. et n. 1re conj. Filer, aller. (Celt. *Fila*). (V. *Moudà*).
Filagrammou, s. m. Filigramme.

FINI.

Filamont, s. m. Filament.
Filamontoux, ousa, adj. Filamenteux, euse.
Filandroux, ousa, adj. Filandreux, euse.
Filant, a, adj. Filant, e.
Filét, s. m. Filet. *Filét d'aigua*.
Filét, s. m. Filet, viande de boucherie.
Filetâ, v. a. 1re conj. com. *Briquetà*. Fileter.
Filiacioun, s. f. Filiation.
Filial (alou), **a, aôx**, adj. Filial, e, aux.
Filialamont, adv. Filialement.
Filiéri, s. f. Filière. (Cel. *Filera*).
Fillétta, s. f. Fillette.
Filléu, Fillola, s. Filleul, e.
Filléusella, s. f. Filoselle, grosse soie.
Filli, s. f. Fille..
Fillià, f. pl. **ais**, s. f. Bru, belle-fille.
Filliat, s. m. Gendre.
Filochi, s. f. Filoche.
Filoû, sa, s. Filou, voleur.
Filoun, s. m. Filon.
Filoutâ, v. a. 1re conj. com. *Accoutà*. Filouter.
Filoutarit, s. f. Filouterie.
Filoutéu, s. m. Filou.
Filtrâ, v. a. 1re conj. Filtrer.
Filtracioun, s. f. Filtration.
Filtrageou, s. m. Filtrage.
Filtrou, s. m. Filtre.
Fïn, s. f. Fin, bout, extrémité, mort. (Celt. *Fin*).
Fïn, Fina, adj. Fin, e, menu, rusé.
Final (alou), **a, aôx**, adj. Final, e, aux.
Finalamont, adv. Finalement.
Finamont, adv. Finement.
Finançâ, v. n. 1re conj. Financer.
Financi, s. f. Finance. (Celt. *Financia*).
Financîe, iéri, adj. et s. Financier, ière.
Financiéramont, adv. Financièrement.
Finaôd, a, adj. et s. Finaud, e.
Finessa, s. f. Finesse.
Finétta, s. f. Petit clou, pointe ; nom que l'on donne à une petite chienne.
Fïnfound, s. m. Extrême profondeur, fond.
Fïngeou, adj. m. Très fin : se dit pour les poids et mesures, lorsque c'est trop juste. *Que vou'é fingeou ! pesà fingeou*.
Finî, v. a. 2e conj. Finir.

FLAM

Finissageou, s. m. Finissage, où l'on finit.
Finisséu, s. m. Finisseur.
Finit, Finia, adj. et s. Fini, e.
Finta cima, s. f. Extrême cime, point culminant, opposé de *finfound*.
Fion, s. m. Tournure, façon. *Baillie ün cop de fion;* donner la tournure, l'apparat à une chose.
Fiont, a, s. Fumier, fiente. (Celt. *Fiens*).
Fiôra, s. f. Fièvre. *Parlouns de les fiôres que bettount les geons plus lestous que des liôres*. (Ant. CHAPELON).
Fiôrei, s. m. Février, deuxième mois. Prov. : *Lou meis de fiôrei geale les fennes au flouré;* le mois de février gèle les femmes au cendrier, coin du feu.
Firmamont s. m. Firmament.
Fisc (isquou), s. m. Fisc.
Fiscal (alou), **a, aôx**, adj. Fiscal, e, aux.
Fiscalamont, adv. Fiscalement.
Fisséuri, s. f. Fissure. (V. *Fécla*).
Fistchula, s. f. Fistule.
Fistchuloux, ousa, adj. Fistuleux, euse.
Fixâ, v. a. 1re conj. Fixer.
Fixamont, adv. Fixement.
Fixou, fixa, adj. Fixe.
Flâ, s. m. Souffle, haleine. (Celt. *Flaer*). *Ei-l-é neiri équella chici ? Vou'é toun flâ que la rond neiri !* Elle est noire cette viande? C'est ton souffle qui la rend noire ! (LINOSSIER, *Patassoun*).
Flachi, s. f. Petite cavité où l'eau s'amasse, marécage, lieu humide; de là, les noms de *flaches, flachères, flachie*, etc.
Flachîe, v. a. et n. 1re conj. irrég. comme *Appinchie*. Flétrir, ramollir, rendre flasque.
Flachou, chi, adj. Flasque, mou, bois pourri. *Una soupa de pourrais, avoués una rava flachi ! ...* rave flasque.
Flacoun, s. m. Flacon. (Celt. *Flacoun*).
Flagelâ, v. a. 1re conj. comme *Baritelâ*. Flageller.
Flagelacioun, s. f. Flagellation.
Flagrant, a, adj. Flagrant, e.
Flambâ, v. a. 1re conj. Flamber.
Flambà, f. pl. ais, s. f. Flambée.
Flambà, f. pl. ais, adj. Perdu, ruiné, où il n'y a plus à espérer.
Flambaî, pl. baôx, s. m. Flambeau. (Celt. *Flambeu*).
Flambouîe, v. n. 1re conj. irrég. comme *Allouie*. Flamboyer.

FLOU

Flambouyant, a, adj. Flamboyant, e.
Flamma, s. f. Flamme. (Celt. *Flamma*).
Flammèchi, s. f. Flammèche. (V. *Bellua*).
Flan, s. m. Flan, gâteau.
Flânâ, v. n. 1re conj. Flâner.
Flanc, s. m. Flanc.
Flandréin, s. m. Flandrin.
Flanella, s. f. Flanelle. (Celt. *Flanella*).
Flânéu, sa, s. Flâneur, euse.
Flanquâ, v. a. 1re conj. Flanquer. (Celt. *Flanqua*).
Flaqua, s. f. Flaque. (V. *Sabouillat*).
Flasqua, s. f. Poire à poudre. (Celt. *Flasca*).
Flasquamont, adv. Flasquement.
Flasquou, qua, adj. Flasque, mou.
Flat, adj. m. Mou, sans courage, lâche.
Flattâ, v. a. et pr. 1re conj. Flatter. (Celt. *Flatti*).
Flattarit, s. f. Flatterie.
Flattéu, sa, adj. et s. Flatteur, euse.
Flattousamont, adv. Flatteusement.
Fléaô, s. m. Fléau, calamité.
Flèchi, s. f. Flèche. (Celt. *Flecha*).
Fléchî, v. a. 2e conj. com. *Blanchi*. Fléchir.
Fléchissamont, s. m. Fléchissement.
Flêmâ, s. f. Paresse, nonchalance, dégoût du travail. (Celt. *Fleuma*).
Flémâ, arda, s. Paresseux, euse.
Flématchiquamont, adv. Flegmatiquement.
Flématchiquou, qua, adj. Qui a la *flêma*, paresseux, nonchalant.
Flétrî, v. a. 2e conj. com. *Crepî*, Flétrir.
Flétrisséuri, s. f. Flétrissure.
Fleuvou, s. m. Fleuve.
Flexibilità, pl. ais. s. f. Flexibilité.
Flexiblou, bla, adj. Flexible.
Flochi, s. f. Surplus de prêtre. *Moussu lou curà qu'ait vitchit sa flochi*. (CHAPELON).
Flot, s. m. Nœud de ruban. *Un jontchi flot de riban a soun chapai;* un joli nœud de ruban à son chapeau.
Flot, s. m. Flot, onde.
Flotta, s. f. Flotte, écheveau. (Celt. *Flota*).
Floû ou **Flœu**, s. f. Fleur, crème de lait. (Celt. *Flour*).
Flouâ, v. a. 1re conj. com. *Bafouâ*. Flouer.
Flouarit, s. f. Flouerie.
Floucoun, s. m. Flocon de neige.

FOND

Floûes, s. f. pl. Cendres de charbon.
Flouquetâ, v. a. 1re conj. com. *Assetâ*. Orner de rubans.
Floura, s. f. Poussière de chemin. *Lou vent vou tra la floura pa lous yéux ;* le vent vous jette la poussière par les yeux.
Flouré, s. m. Cendrier, dépôt de cendres.
Floureisoun, s. f. Floraison.
Flourét, s. m. Fleuret, épée.
Flourétta, s. f. Premier vin qui se tire à la cuve avant l'ébullition.
Flourétta, s. f. Fleur de froment. *Una poumpa de flourétta ;* un petit pain rond de pur froment.
Flourî, v. n. et a. 2e conj. com. *Cùri*. Fleurir.
Flourissant, a, adj. Fleurissant, e.
Flouristou, ta, s. et adj. Fleuriste.
Flouroux, ousa, adj. Poussiéreux, euse.
Flouttâ, v. n. 1re conj. comme *Agouttâ*. Flotter.
Flouttant, a, adj. Flottant, e.
Fluét, étta, adj. Fluet, ette.
Fluidjità, pl. **ais,** s. f. Fluidité.
Fluidou, s. m. Fluide.
Flûta, s. f. Flûte.
Flûtâ, pl. **ais,** adj. Flûté, e.
Flûtâ, v. n. 1re conj. Flûter, jouer de la flûte.
Flûtchistou, s. m. Flûtiste.
Flux, s. m. Flux et reflux, mouvement de la mer.
Flux, s. m. Jeu de cartes que jouaient autrefois les vagabonds à Saint-Etienne.
Fluxioun, s. f. Fluxion.
Fô, s. m. Fort, Forteresse.
Fô, Forta, adj. Fort, e, robuste.
Foi ou **Fei,** s. f. Foi, croyance, vertu théologale.
Folla, s. f. Folle. (V. *Simpla*).
Follamont, adv. Follement.
Folli, s. f. Feuille.
Fom, s. f. Faim, besoin de manger.
Fondéu, s. m. Fendeur.
Fondjua, s. f. Fendue, ouverture, tunnel par lequel on pénètre dans les mines de houille.
Fondoi (oua), s. m. Fendoir.
Fondonta, s. f. Fendante, petite scie à fer.
Fondre, v. a. 3e conj. Fendre.

FORM

Fonta ou **Fonda,** s. f. Fente. (V. *Fécla*).
Forbarit, s. f. Fourberie.
Forbi, s. m. Fourbi, accessoires.
Forbî, v. a. 2e conj. com. *Cùri*. Fourbir
Forbisséu, s. m. Fourbisseur.
Forbisséuri, s. f. Fourbissure.
Forbou, ba, adj. et s. Fourbe, qui trompe.
Forçat, s. m. Forçat.
Forchetà, pl. **ais,** s. f. Fourchetée.
Forchetta, s. f. Fourchette. (Celt. *Forcheta*).
Forchetta ou **chette.** Nom par lequel on désignait jadis le geôlier de la prison à Saint-Etienne, qui, en plus de ces fonctions, tenait cantine, et la légende rapporte qu'au lieu de se servir d'une pointe pour marquer par un trait fait à la muraille (ainsi qu'il était d'usage en ce temps-là), la quantité des fournitures faites aux prisonniers, il employait une fourchette et avec cela faisait plusieurs traits pour un. — De là le dicton : *Marquâ à la forchetta ;* marquer en plus. De même que pour désigner la prison, on dit : *chiz Fourchetta*.
Forchetta-do-quiéu, s. f. Périnée. *Prendre par la Forchetta do quiéu*.
Forchéuri, s. f. Fourchure.
Forchi, s. f. Fourche. (Celt. *Forcha*).
Forchià, pl. **ais,** s. f. Fourchée.
Forchîe, v. n. et pr. 1re conj. irrég. com. *Appinchîe*. Fourcher.
Forchoun, s. m. Fourchon.
Forchu, a, adj. Fourchue, e.
Forci, s. f. Force. (Celt. *Forci*).
Forcîe, v. a. 1re conj. irrég. com. *Agconcîe*. Forcer.
Forcimont ou **Forçamont,** adv. Forcément.
Forfaire, v. n. 3e conj. com. *Countrafaire*. Forfaire.
Forfantarit, s. f. Forfanterie.
Forfat, s. m. Forfait, crime.
Forfatchura, s. f. Forfaiture.
Forgoun, s. m. Fourgon, voiture.
Forgoun, s. m. Fourgon, longue perche à crochet en fer pour remuer et retirer la braise du four à cuire le pain. (V. *Riablou*).
Forgounâ v. n. 1re conj. com. *Boundounâ*. Fourgonner, remuer la braise dans le four.
Forma, s. f. Forme. (Celt. *Form*).
Forma, s. f. Fromage de forme cylindrique fabriqué sur les montagnes de Pierre-sur-Haute et à Saint-Didier-la-Séauve ; leur longueur est de 25 à 30 centimètres sur

FOUE

8 à 10 de diamètre. Les *fourmes* qui sont blanches et creuses à l'intérieur, ce qui provient d'une mauvaise pâte, se nomment *des putes*; les bonnes qualités sont très appréciées et la *fourme* figure sur la table de tous les repas de famille.

Formà, f. pl. **ais**, adj. Formé, e.

Formacioun, s. f. Formation.

Formalisâ (se), v. pr. 1re conj. Se formaliser.

Formalità, pl. **ais**. s. f. Formalité.

Format, s. m. Format.

Formel (elou), **la**, adj. Formel, le.

Formellamont, adv. Formellement.

Formidablamont, adv. Formidablement.

Formidablou, bla, adj. Formidable.

Formîe, s. f. Formier, qui fait les formes.

Formiliéri, s. f. Fourmilière. (V. *Mazoutchie*).

Formillîe, v. n. 1re conj. irrég. com. *Agreillie*. Fourmiller.

Formula, s. f. Formule.

Formulâ, v. a. 1re conj. Formuler.

Fornà, pl. **ais**, s. f. Fournée, fournaise. (Celt. *Forn. Foneria*).

Fornaî, pl. **Forniaôx**, s. m. Fourneau.

Fornicacioun, s. f. Fornication.

Fornicatœu, trici, s. f. Fornicateur, trice.

Forniquâ, v. n. 1re conj. Forniquer.

Fortamont, adv. Fortement.

Fortaressa, s. f. Forteresse. (Celt. *Fortereza*).

Fortchifiâ, v. a. et pr. 1re conj. Fortifier. (Celt. *Fortifia*).

Fortchifiant, a, adj. Fortifiant, e.

Fortchificacioun, s. f. Fortification.

Fortchuna, s. f. Fortune. (Celt. *Fortun*).

Fortchunà, f. pl. **ais**, adj. Fortuné, e, heureux.

Forum (omou), s. m. Forum. (Celt. *Forum*, foire ; ville qui a le droit de foire, de marché).

Fou, Folla, adj. et s. Fou, folle. (Celt. *Foll*).

Foûdra, s. f. Foudre.

Foudrouîe, v. a. 1re conj. irrég. comme *Allouie*. Foudroyer.

Foudrouyant, a, adj. Foudroyant, e.

Foû, s. m. Four. Prend un *e* muet devant une voyelle. *Foûe agrandjit*, four agrandi. (Celt. *Forn*).

Foueiri, s. f. Foire, cours de ventre. (Celt. *Foër*).

FOUM

Foueirîe, v. n. 1re conj. irrég. com. *Couciffie*. Foirer, aller par bas.

Foueiroux, ousa, adj. et s. Foireux, euse.

Foueisoun, s. f. Foison. Loc. adv. *A foueisoun*.

Fouét, s. m. Fouet. (Celt. *Foët*).

Fouétâ, v. a. 1re conj. com. *Abouénà*. Fouetter.

Fouétà, f. pl. **ais**, adj. Fouetté, e.

Fouétà, s. f. Fouettée.

Fouétâ, v. a. 1re conj. com. *Abouénà*. Jeter, *fouétà élaïs*, jeter là-bas.

Foueitchiâ, s. m. Tablier, dans la montagne.

Fougua, s. f. Fougue.

Fougousamont, adv. Fougueusement.

Fougoux, ousa, adj. Fougueux, euse.

Fouîe, s. m. Foyer. (V. *Càrou do feu*).

Fouillâ, s. m. Feuillard, fer ruban.

Fouillà, pl. **ais**, s. f. Feuillée.

Fouillageou, s. m. Feuillage.

Fouillâci ou **Fouiâci**, s. f. Fouace, premier lait d'une vache qui a vêlé, et qui sert à faire les fouaces, gâteaux.

Fouillét, s. m. Feuillet.

Fouilletâ, v. a. 1re conj. comme *Assetà*. Feuilleter.

Fouilletoun, s. m. Feuilleton.

Fouillétta, s. f. Feuillette, petit tonneau, hectolitre. (V. *Sampotu*).

Fouilli, s. f. Fouille.

Fouillîe, v. a. 1re conj. irrég. comme *Ageanouillie*. Fouiller.

Fouillis, s. m. Fouillis.

Foûla, s. f. Foule. (Celt. *Foul, folla*).

Foulâ, s. m. Foulard.

Foulâ, v. a. 1re conj. com. *Affoulà*. Fouler. (Celt. *Foula*).

Foulâtrâ, v. n. 1re conj. Folâtrer.

Foulâtrarit, s. f. Folâtrerie.

Foulâtrou, tra, adj. Folâtre.

Fouléuri, s. f. Foulure.

Foulichoun, a, s. Folichon, onne.

Foulichounâ, v. n. 1re conj. comme *Boundouná*. Folichonner.

Foulit, s. f. Folie. (V. *Simpletà*).

Foullét, étta, adj. Follet, ette.

Foumorgîe, v. a. et n. 1re conj. irrég. com. *Ablagie*. Récurer, nettoyer, enlever les ordures d'une écurie.

FOUR

Foumourat, s. m. Fumier, tas d'ordures; termes injurieux et de mépris à une personne.
Founçà, f. pl. ais, adj. Foncé, e.
Founçâ, v. a. 1re conj. Foncer.
Founcie, ciéri, adj. Foncier, cière.
Founciérimont, adv. Foncièrement.
Founcioun, s. f. Fonction.
Founciounâ, v. n. 1re conj. comme *Affetciouná*. Fonctionner.
Founciounairou, s. m. Fonctionnaire.
Founciounamont, s. m. Fonctionnement.
Found, s. m. Fond.
Founda ou **Founta**, s. f. Fonte, métal.
Foundâ, v. a. 1re conj. Fonder. (Celt. *Founta*).
Foundà, f. pl. ais, adj. Fondé, e.
Foundacioun, s. f. Fondation.
Foundamont, s. m. Fondement.
Foundamontal (alou), a, aôx, adj. Fondamental, e, aux.
Foundamontalamont, adv. Fondamentalement.
Foundant, a, adj. Fondant, e.
Foundarit, s. f. Fonderie.
Foundatœu, trici, s. Fondateur, trice.
Foundéu, s. m. Fondeur.
Fount, s. f. Fontaine. (Celt. *Font*).
Fountainableau, n. de l. Fontainebleau, nom d'un quartier de Saint-Etienne, où il y avait une fontaine très renommée. (Celt. *Font*, fontaine. *Bley*, *Blaid*, loup, fontaine aux loups).
Fountana, s. f. Estomac, intérieur du corps. *Lou boun vin vieux échauffe la fountana;* le bon vin vieux échauffe l'estomac, la poitrine. (CHAPELON).
Fountgirol (olou), n. de l. Feugerolles, de la commune du Chambon, près Saint-Etienne. Ce nom devrait s'écrire *Fontgerol*, plutôt que Feugerolles. (Celt. *Font*, fontaine. *Ger*, petit, *Heol*, soleil, fontaine du soleil).
Fourêt, s. f. Forêt. (Celt. *Forest*).
Fourrâ, v. a. 1re conj. comme *Afflourá*. Fourrer.
Fourrageou, s. m. Fourrage, foin.
Fourraî, pl. **Fourriaôx**, s. m. Fourreau.
Fourréuri, s. f. Fourrure.
Fourrîe, s. m. Fourrier.
Fourriéri, s. f. Fourrière.

FRED

Foussà, s. m. Fossé. (V. *Fessaôx*).
Foutraôd, a, adj. et s. Esprit léger, folichon.
Foutraôdjisi, s. f. Folichonnerie, petite folie.
Foutre, v. a. et pr. 3e conj. Foutre.
Foutre, s. m. Juron.
Frac (aquou), s. m. Frac, habit.
Fracas, s. m. Fracas.
Fracassîe, v. a. 1re conj. irrég. com. *Acassie*. Fracasser.
Fraccioun, s. f. Fraction.
Fragamont, s. m. Fragment.
Fragamontâ, v. a. 1re conj. Fragmenter.
Fragilità, pl. ais, s. f. Fragilité.
Fragilou, la, adj. Fragile.
Fraïe, v. n. et pr. 1re conj. irrég. comme *Désandaïe*. Frayer.
Frais, s. m. pl. Frais, dépenses.
Fraisi, s. f. Fraise, fruit; *fraisi*, viande, boucherie, fressure; *fraisi*, collet plissé.
Fraisi, s. f. Fraise, outil.
Framboueisa, s. f. Framboise. (V. *Ampouais*, *maioussa*).
Framboueisîe, s. m. Framboisier.
Franc, s. m. Franc. (Celt. *Franc*).
Franc, Franchi, adj. Franc, franche.
Français, a, adj. et s. Français, e.
Franchî, v. a. 2e conj. comme *Blanchî*. Franchir.
Franchimont, adv. Franchement.
Franchîsi, s. f. Franchise.
Franchissablou, bla, adj. Franchissable.
Franc-maçoun, s. m. Franc-maçon.
Franc-maçounarit, s. f. Franc-maçonnerie.
Franda, s. f. Fronde. *Una franda à paillás;* une fronde en chanvre et à filet; les mailles du filet se nomment *paillás*, *à djix paillás*, à dix mailles, etc.
Frangi, s. f. Frange. (Celt. *Frangia*).
Frangîe, v. a. 1re conj. irrég. com. *Ablagie*. Franger.
Frappant, a, adj. Frappant, e.
Frâre, s. m. Frère.
Frârit, s. f. Groupement fraternel, corporation, frère et sœur.
Fratchura, s. f. Fracture.
Fratchurâ, v. a. 1re conj. Fracturer.
Frayoû, s. f. Frayeur.
Fredaina, s. f. Fredaine. (V. *Farettes*).

17

FREQ

Fredoun, s. m. Fredon.
Fredounâ, v. a. 1re conj. com. *Boundounâ.* Fredonner.
Fredounamont, s. m. Fredonnement.
Fregada, s. f. Frégate.
Freichimont, adv. Fraîchement.
Freichoû, s. f. Fraîcheur. (V. *Freichura*).
Freichün, s. f. Fraîcheur, humidité.
Freichura, s. f. Fraîcheur.
Freichuroux, ousa, adj. Un peu frais.
Freichuroux ou **Freicharét,** s. m. Freluquet, alerte dégagé. *Par baillie djins lous yéux de quéuquous freichurour;* pour donner dans les yeux de quelques freluquets. *Vous ne trouvariaz pas lou moéindrou freicharét;* vous ne trouveriez pas le moindre freluquet. (CHAPELON).
Freid, freidji, adj. Froid, e.
Freidjimont, adv. Froidement.
Freïe, v. n. et pr. 1re conj. irrég. comme *Detaffeïe.* Frayer.
Fréin, s. m. Frein.
Freis, freichi, adj. Frais, fraîche. (Celt. *Fresq*).
Freisî ou **fresî,** v. n. et pr. 2e conj. comme *Défessi.* Froidir.
Freiséttes ou **freséttes,** s. f. pl. Frissons.
Freisîe, s. m. Fraisier, plante.
Freisie, v. a. 1re conj. irrég. comme *Alésie.* Fraiser avec un outil.
Frelatâ, v. a. 1re conj. Frelater. (Celt. *Frelati*).
Frelatageou, s. m. Frelatage.
Frelatéu, s. m. Frelateur.
Frêlou, la, adj. Frêle.
Freluquét, s. m. Freluquet. (V. *Freichuroux*).
Fremî, v. n. 2e conj. com. *Crepî.* Frémir. (Celt. *Fremi*).
Fremissamont, s. m. Frémissement.
Fremissant, a, adj. Frémissant, e.
Fremma ou **framma,** s. f. Attache, lien. (Celt. *Framma*, jointure, liaison).
Frenésit, s. f. Frénésie.
Frenétchiquamont, adv. Frénétiquement.
Frenétchiquou, qua, adj. et s. Frénétique.
Frenî, v. a. et n. 2e conj. Fournir.
Frenimont, s. m. Fourniment.
Frenisséu, s. m. Fournisseur.
Frenitchura, s. f. Fourniture.
Frequamont, adv. Fréquemment.

FRIN

Frequont, a, adj. Fréquent, e.
Frequontâ, v. a. 1re conj. Fréquenter.
Frérot, s. m. Petit frère, familial.
Fresqua, s. f. Fresque.
Frétâ, v. a. 1re conj. com. *Apprêtâ.* Fréter.
Frétchillant, e, adj. Frétillant, e.
Frétchillîe, v. n. 1re conj. irrég. comme *Agreillie.* Frétiller.
Frettâ ou **frouttâ,** v. a. 1re conj. Frotter. (Celt. *Frota*).
Frettâ, pl. **ais,** s. f. Frottée, volée de coups.
Frettageou, s. m. Frottage.
Frettamont, s. m. Frottement.
Frettéu, s. m. Frotteur.
Fréulâ, v. a. 1re conj. Frôler.
Friablou, bla, adj. Friable.
Friand, a, adj. Friand, e. (Celt. *Friand*).
Friandjîsi, s. f. Friandise.
Fricandaî, pl. **djiaôx,** s. m. Fricandeau.
Fricaôda, s. f. Fricassée de porc, boudin. Autrefois, à l'entrée de l'hiver, beaucoup de ménages tuaient un porc, et il était d'usage d'offrir aux parents et amis une fricassée de boudins, *fricaôda.* Celui qui les portait à domicile recevait un pourboire; de là le prov. : *Caôgnant coumma ün portéu de fricaôdes;* mendiant, solliciteur comme un porteur de fricassées.
Fricasséia, s. f. Fricassée.
Fricassîe, v. a. 1re conj. irrég. com. *Acassîe.* Fricasser.
Fricioun, s. f. Friction.
Friciounâ, v. a. 1re conj. com. *Affetciounâ.* Frictionner.
Fricot, s. m. Fricot, ragoût, repas.
Fricoutâ, v. n. 1re conj. comme *Accoutâ.* Fricoter.
Fricoutéu, éusa, s. Fricoteur, euse.
Frigourifiquou, qua, adj. Frigorifique.
Frilloux, ousa, adj. Frileux, euse.
Frima, s. f. Frime, ruse.
Frimas, s. m. Frimas.
Frimoussa, s. f. Frimousse.
Fringageou, s. m. Luxe, ornement de toilette.
Fringala, s. f. Fringale, faim, faiblesse, défaillance, frayeur. (V. *Frissi, favettes*).
Fringalâ, v. n. 1re conj. Dévier, aller à la dérive, en parlant d'une charrette dont les freins sont impuissants à retenir les roues qui se dévient de leur direction.

FROU

Frïnguant, a, adj. Fringant, e.
Fringuâ, v. n. 1ʳᵉ conj. Fringuer, être bien vêtu.
Fripâ, v. a. 1ʳᵉ conj. Friper ; par extens. : manger son bien.
Friparit, s. f. Friperie.
Fripîe, piéri, s. Fripier, ière.
Fripoun, a, adj. et s. Fripon, onne. (Celt. *Fripon*).
Fripounâ, v. a. 1ʳᵉ conj. com. *Boundounâ*. Friponner.
Fripounarit, s. f. Friponnerie.
Frîre, v. a. 3ᵉ conj. Frire. — Ind. : *Ji friou, tchu fris, o frit, nous friouns*, etc., comme *Rire*.
Friséuri, s. f. Frisure.
Frîsi, s. f. Frise.
Frîsîe, v. a. 1ʳᵉ conj. irrég. comme *Brisie*. Friser. (Celt. *Frisa*).
Frisilli ou **Frésilli,** s. f. Copeau.
Frîsit, sià, f. pl. **ais,** adj. Frisé, e.
Frisoutâ, v. a. 1ʳᵉ conj. comme *Accoutâ*. Frisotter.
Frisquét, ta, adj. Frisquet, te.
Frissi, s. f. Emotion, trouble, appréhension.
Frissoun, s. m. Frisson. (V. *Freséttes*).
Frissounâ, v. n. 1ʳᵉ conj. com. *Boundounâ*. Frissonner.
Frissounnant, a, adj. Frissonnant, e.
Frit, a, adj. Frit, e.
Fritchura, s. f. Friture.
Frivol (olou), **a,** adj. Frivol, e.
Frivoulamont, adv. Frivolement.
Frivoulità, pl. **ais,** s. f. Frivolité.
Froc (oquou), s. m. Froc. (Celt. *Frocq*).
Froumageou, s. m. Fromage.
Froumagearit, s. f. Fromagerie.
Froumailles, s. f. pl. Fiançailles.
> *Jacques-do-quièu a fat froumailles*
> *Avouès treis noueix et treis châtagnes*
> *Et ün pâtchie de quatrou séus*
> *Jacques-do-quièu n'é pas trop séu.*
> (Vieux refrain populaire).

Froumont, s. m. Froment.
Frouncîe, v. a. 1ʳᵉ conj. irrég. com. *Agconcîe*. Froncer, plisser.
Froncit, cià, f. pl. **ais,** adj. Froncé, e, plissé, e.
Frounclou, s. m. Furoncle. (V. *Bornou*).
Frount, s. m. Front, haut du visage ; par all. : audace. *Aôriaz-vous lou frount de parlà ?* auriez-vous l'audace de parler ?

FUNE

Frountchiéra, s. f. Frontière.
Frountchignan, s. m. Frontignan (vin de).
Frountchispiçou, s. m. Frontispice.
Frountoun, s. m. Fronton.
Frugal (alou), **a, aôx,** adj. Frugal, e, aux.
Frugalamont, adv. Frugalement.
Frugalità, pl. **ais,** s. f. Frugalité.
Frusquà, f. pl. **ais,** adj. Frusqué, e, bien mis.
Frusques, s. f. pl. Frusques, hardes, vêtements.
Frusquïn (sant), s. m. Frusquin, bien, avoir. *Mingie soun sant-frusquin*.
Frustrâ, v. a. 1ʳᵉ conj. Frustrer.
Frut, s. m. Fruit. (V. *Frûtchi*).
Frûtchi, s. f. Fruit en général. *Lous aibrous sount cürits de frûtchi ;* les arbres sont couverts de fruits. (Celt. *Fruta*).
Frutchîe, adj. m. Fruitier, arbre fruitier.
Frutchîe, iéri, s. fruitier, ière.
Frutchifiâ, v. n. 1ʳᵉ conj. com. *Assimiliâ*. Fructifier.
Frutchifiant, a, adj. Fructifiant, e.
Frutchificacioun, s. f. Fructification.
Frutchuousamont, adv. Fructueusement.
Frutchuoux, ousa, adj. Fructueux, euse.
Fuchina, s. f. Fuschine.
Fugitchîf (ifou), **iva,** adj. et s. Fugitif, ive.
Fugitchivamont, adv. Fugitivement.
Fuita, s. f. Fuite.
Fulminâ, v. a. et n. 1ʳᵉ conj. Fulminer.
Füm, s. m. Fumée.
Fumâ, v. a. et n. 1ʳᵉ conj. Fumer.
Fumant, a, adj. Fumant, e.
Fuméia, s. f. Fumée.
Fumella, s. f. Femelle. (Celt. *Femella*).
Fuméu, s. m. Fumeur.
Fumîe, s. m. Fumier. (V. *Fiont, Foumourat*).
Fumigacioun, s. f. Fumigation.
Fumistarit, s. f. Fumisterie.
Fumistou, s. m. Fumiste.
Fumoi (oua), s. m. Fumoir.
Fûnâ, v. n. 1ʳᵉ conj. Fouiner, flairer, chercher.
Funebramont, adv. Funèbrement.
Funebrou, bra, adj. Funèbre.
Funerailles, s. f. pl. Funérailles.
Funerairou, ra, adj. Funéraire.

FUSA

Funestamont, adv. Funestement.
Funestou, ta, adj. Funeste.
Furâ, v. a. 1ʳᵉ conj. Forer, percer.
Furageou, s. m. Forage.
Fûre, v. a. et pr. 3ᵉ conj. com. *Assûre*. Fuir.
Furét, s. m. Furet, animal. (Celt. *Fured*).
Furét, s. m. Foret, outil.
Furét, s. m. Furet, petite rivière qui passe à La Digonnière. (Celt. *Furcy, Furct*, rivière, courant d'eau à courbure).
Furetâ, v. n. 1ʳᵉ conj. comme *Briquetâ*. Fureter. (Celt. *Furct*).
Furetéu, s. m. Fureteur.
Furéttes, s. f. pl. Nom d'un ancien quartier et d'une rue de Saint-Etienne, allant de la rue Sainte-Catherine à la rue des Fossés. La rue des Furettes était autrefois la plus mal réputée de la ville, par les lupanars qui s'y trouvaient installés.
Furéu, s. m. Qui fore, qui perce ; désignant plus particulièrement les ouvriers qui foraient les canons de fusils.
Furiousamont, adv. Furieusement.
Furioux, ousa, adj. Furieux, euse.
Furit ou **Furia,** s. f. Furie. (Celt. *Furia*).
Furœu, s. f. Fureur.
Furtchif (ifou), **iva,** adj. Furtif, ive.
Furtchivamont, adv. Furtivement.
Fusà, pl. **ais,** s. f. Fusée. (Celt. *Fusa*).

FUYA

Fusâ, v. a. et n. 1ʳᵉ conj. Fuser.
Fusaî, pl. **Fusiaôx,** s. m. Fuseau.
Fusatchîe, s. m. Qui fait des fusils.
Fuséin, s. m. Fusain.
Fusiblou, bla, adj. Fusible.
Fusilîe, s. m. Fusilier, soldat.
Fusillada, s. f. Fusillade.
Fusilléri, s. f. Fusil de guerre.
Fusillîe, v. a. 1ʳᵉ conj. irrég. com. *Agreillîe*. Fusiller, tuer.
Fusioun, s. f. Fusion.
Fusiounâ, v. a. 1ʳᵉ conj. com. *Affetciounâ*. Fusionner.
Fusiounamont, s. m. Fusionnement.
Fusit, s. m. Fusil. (Celt. *Fusilh*).
Fût, s. m. Fût, tonneau. (Celt. *Fut*).
Fûtailli, s. f. Futaille.
Futchilità pl. **ais,** s. f. Futilité.
Futchilou, la, adj. Futile.
Futchur (ùrou), **a,** adj. Futur, e.
Futeyéu, s. m. Sculpteur de bois de fusil. (Celt. *Eusterius*, ouvrier en bois).
Fuyâ, arda, adj. et s. Fuyard, e.
Fuyant, a, adj. Fuyant, e.
Fuyatâ, v. a. et n. 1ʳᵉ conj. Fuir, manquer l'école, faire l'école buissonnière.
Fuyatéu, s. m. Elève qui fuit l'école.

G, s. m. Septième lettre de l'alphabet et cinquième des consonnes ; joue le même rôle qu'en français.

Ga, s. m. Gars, abréviatif de garçon. *Un jontchi ga ;* un joli gars.

Gabarit, s. m. Gabarit, modèle.

Gabelâ, v. a. 1ʳᵉ conj. com. *Baritelâ.* Gabeler.

Gabelageou, s. m. Gabelage.

Gabella, s. f. Gabelle. (Celt. *Gabella*).

Gabelou, s. m. Gabelou. (V. *Gapian*).

Gabie, s. m. Gabier, matelot.

Gabioun, s. m. Gabion.

Gabiounâ, v. a. 1ʳᵉ conj. com. *Affetciounâ.* Gabionner.

Gâchageou, s. m. Gâchage.

Gâchétta, s. f. Gâchette.

Gâchéu, s. m. Gâcheur.

Gâchi, s. f. Gâche.

Gâchîe, v. a. 1ʳᵉ conj. irrég. com. *Appinchie.* Gâcher.

Gâchis, s. m. Gâchis.

Gaéliquou, qua, adj. et s. Gaélique.

Gaga, Gagâssi, s. et adj. Nom primitif des habitants du bourg du Furan, aujourd'hui Saint-Etienne.

Plusieurs étymologistes, trop savants peut-être, ont cherché l'origine de *gaga* dans les mots grecs et latins, *gagates*, pierre noire, jais, etc., tandis qu'en celtique, *gag, gagadh, gagan*, etc., signifient, d'une façon générale, fente, trou, ouverture et, de là, puits à charbon. (*Dictionnaire celtique* de Bullet).

Cette dernière définition paraît être la vraie ; car, dans presque tous les bassins houillers, on trouve des noms de lieu avec le même radical, *gag*. (V. la *Légende des Gagas*, par Auguste Callet, 1866).

Chez les Wallons, une certaine qualité de houille est appelée *gaiéte ;* chez les Flamands, *gaillette*, et ici, *gaillarde* (ce qui a donné le nom au *Quartier-Gaillard*).

En Islande et dans l'Ecosse gaélique, *gag* et *gagahd* signifient : fente, ouverture, galerie de mineurs. (Roget de Belloguet, *Glossaire gaulois*, art. 169, page 140).

Gag était donc un nom commun aux Celtes pour désigner le charbon de terre et le lieu où il était exploité.

Notre région étant couverte de mines et de minerais, ses habitants ont pris le nom de *gagas*, tiré de la nature du sol et de son exploitation.

Les habitants du Furan (aujourd'hui Saint-Etienne), plus particulièrement, avaient ce nom topique de *gagas*, portrait du houilleur et du forgeron à la houille.

Il y a déjà fort longtemps que ce nom n'a plus la même acception. Le houilleur est appelé « péréréu » et le forgeron « fargéu ». Mais, si *gaga* a perdu sa première valeur descriptive, il a gardé un sens ethnique étroitement lié aux habitants d'une seule localité.

A la longue, le nom *gaga* a pris dans le patois de Saint-Etienne, qui est d'origine celtique, un autre sens, un sens moral. Il y est synonyme de bon, simple, droit ; puis naquit encore une acception qui est celle de bon enfant, un peu farceur, à l'esprit toujours joyeux, qu'on appelle par excellence « l'esprit gaulois ».

Le nom de *gaga*, provenant donc uniquement de la nature du sol, est donné à ses habitants, ainsi qu'à leur langage (voilà pourquoi on dit : pays des gagas, patois gaga, etc.) ; n'a rien de commun avec le même mot dont, en ce moment, il est fait un usage inconscient à Paris.

Gagarét, ta, adj. Esprit un peu faible, hébété, riant toujours à la face des gens.

Gagassie, v. n. 1ʳᵉ conj. irrég. com. *Acassie.* Badiner, plaisanter, folichonner.

Gageou, s. m. Gage.

GALI

Gagéuri, s. f. Gageure. (V. *Pariéuri*).

Gagistou, s. m. Gagiste.

Gagnablou, bla, adj. Gagnable.

Gagnant, a, adj. et s. Gagnant, e.

Gâgni, s. f. Chance, réussite au jeu. *O-l-a la gâgni;* il gagne toujours.

Gagnîe, v. a. 1re conj. irrég. com. *Abaragnîe*. Gagner.

Gâgni-Petchit, s. m. Gagne-Petit, nom d'un quartier à l'Est de la Ville.

Gâgni-pon, s. m. Gagne-pain.

Gaguét, s. m. Bon enfant, jovial.

Gaî, Gaia, adj. Gai, e. (Celt. *Gai, gae*).

Gaillâ, arda, adj. et s. Gaillard, e. (Celt. *Gailhard*).

Gaillardamont, adv. Gaillardement.

Gaîmont, adv. Gaiement.

Gala, s. f. Gale. (Celt. *Galle*). Fig. Mauvaise personne, méchante.

Galâ, s. m. Gala, repas.

Galâ, s. m. Jouet, amusement. *Deméu ji t'adjurei ûn jontchi galà;* demain je t'apporterai un joli jouet.

Galâ, v. a. et pr. 1re conj. Amuser, jouer. (Celt. *Gala*, se plaire à faire une chose). *Ji me souais bien galà dompéu quatrou ou cinq joûs;* je me suis bien amusé depuis quatre ou cinq jours. (Ant. CHAPELON).

Galabountchiom, s. m. Folâtre, viveur, réjoui.

Galaîta, s. Amuseur, euse, peu sérieux.

Galamont, adv. Galamment.

Galant, a, adj. et s. Galant, e. (Celt. *Galant*).

Galantarit, s. f. Galanterie.

Galantchin, s. m. Galantin.

Galantchina, s. f. Galantine. (Celt. *Galantina*).

Galapian, s. m. Galopin, polisson.

Galarit, s. f. Galerie. (Celt. *Galaria*).

Galbou, s. m. Galbe.

Galèra, s. f. Galère. (Celt. *Galera*).

Galerion, s. m. Galérien.

Galét, s. m. Galet.

Galét, s. m. Plaie, rogne, ulcère. *O-l-a ûn galét à la jamba;* il a une plaie à la jambe.

Galetas, s. m. Galetas. (Celt. *Galatas*).

Gallétta, s. f. Galette, gâteau.

Galéurou, s. m. Divertissement, amusement.

Galimafréia, s. f. Galimafrée, fricassée.

GAND

Galimatchias, s. m. Galimatias.

Galina, s. f. Poule, volaille. (Celt. *Gall*, coq). (V. *Jalenna*).

Galochi, s. f. Galoche. (Celt. *Galocha*).

Galop, s. m. Galop. (Celt. *Galoup*).

Galopa (à la), loc. adv. A la course.

Galoubét, s. m. Galoubet.

Galoun, s. m. Galon.

Galounâ, v. a. 1re conj. com. *Boundounâ*. Galonner.

Galoupâ, v. n. 1re conj. comme *Coupâ*. Galoper.

Galoupin, s. m. Galopin. (Celt. *Galoupina*).

Galouppa, s. f. Qui se livre à la débauche.

Galoux, s. m. Galeux. (Celt. *Galoux*).

Galvaniquou, qua, adj. Galvanique.

Galvanisâ, v. a. 1re conj. Galvaniser.

Gamaches, s. f. pl. Guêtres. (Celt. *Gamacha*).

Gambada, s. f. Gambade.

Gambadâ, v. n. 1re conj. Gambader.

Gambey, s. m. Ventre, ventraille, boyau, tripe. *Voû ne rond pas lou gambey aussi djû qu'una piéra!* Cela ne rend pas le ventre aussi dur qu'une pierre. (CHAPELON). Nom d'un quartier de la ville (rue Saint-Marc). *Vés lous Gambeys*, où résidaient tous les tripiers.

Gamboueiri, s. f. Pâtée, bouillie pour les porcs.

Gamella, s. f. Gamelle. (Celt. *Gamell*).

Gâmin, ina, s. Gamin, e.

Gâminâ, v. n. 1re conj. Gaminer.

Gaminarit, s. f. Gaminerie.

Gamma, s. f. Gamme.

Gampâ, v. a. 1re conj. Boire en abondance, lamper.

Ganaches, s. f. pl. Particulièrement ganaches ou têtes de moutons, dont beaucoup se montrent friands et ont rendu ce mot légendaire dans la cité.

Ganachi, s. f. Ganache; fig. : homme sans capacité.

Gandola ou **Gandot**, s. f. Tasse, écuelle, pot avec une anse, comme la marmite.

Gandouérîe, v. a. et pr. 1re conj. irrég. comme *Acrie*. Réjouir, amuser.

L'amoû me gandouère et le vin aôssi,
L'amour me réjouit et le vin aussi.
(Ant. CHAPELON).

Gandouêsa, s. f. Faribole, sornette, propos de nulle valeur.

GARA

Gandoula, s. f. Glande, tumeur. (V. *Grouméttα*).
Gandouloux, ousa, adj. Glanduleux, euse.
Ganipa, s. f. Guenipe, mauvais sujet.
Ganipella, s. f. Diminutif de guenipe.
Ganit, s. m. Canif.
Gansi, s. f. Ganse. (Celt. *Gancz*).
Gansit, sià, f. pl. **ais**, adj. Etat, situation d'une personne ou d'une chose. *Coumma va-t-où? Ah! ji souais bion mà gansit!* Comment ça va? Ah! je suis en bien mauvais état de santé! *Mà gancit*, mal constitué.
Gant, s. m. Gant.
Gantâ, v. a. et pr. 1ʳᵉ conj. Ganter.
Gantelét, s. m. Gantelet.
Gaôchi, s. f. Gauche.
Gaôchîe, v. n. 1ʳᵉ conj. irrég. com. *Appinchie*. Gaucher.
Gaôchîe, chéri, adj. et s. Gaucher, ère.
Gaôchou, chi, adj. Gauche, maladroit, e.
Gaôds (lous), s. m. pl. Les Gauds ou Gaulx, nom d'un quartier de la ville, côté Est de la colline Sainte-Barbe, appelée jadis le mont des Rapaux (buis). (Celt. *Gaud, caud*, bois, forêt. *Gaug, caug*, colline, butte, montée rude).
Gaôgnâ, arda, adj. et s. Qui a la bouche tordue, la joue enflée.
Gaôgnandjîses, s. f. pl. Balivernes.
Gaôgnant, s. m. Peu sérieux, farceur.
Gaôgni, Mâchoire, menton, joue.
Gaôla, s. f. Gaule, bâton. (Celt. *Gaul, caula*).
Gaôla, s. f. Gaule, pays des Gaulois.
Gaôlouais, a, adj. et s. Gaulois, e.
Gaôpa, s. f. Gaupe, femme désordonnée. (Celt. *Goapa*, contraire au sérieux).
Gâpian, s. m. Gabelou, commis de barrière.
Gâra, s. f. Gare de chemin de fer.
Gâra! interj. Gare! pour avertir.
Garâ, v. a. et pr. 1ʳᵉ conj. Garer.
Garageou, s. m. Garage.
Garagnat, âssi, adj. et s. Enfant étourdi et tapageur qui fréquente ceux d'un autre sexe.
Garais, s. m. Gars, garçon déluré. (Celt. *Gar*, beau).
Garanci, s. f. Garance. (Celt. *Garancia*).
Garant, a, s. Garant, e.

GARN

Garantchî, v. a. et pr. 1ʳᵉ conj. comme *Amortchî*. Garantir.
Garantchia, s. f. Garantie.
Garaôda, s. f. Guêtre; fig.: femme de mauvaises mœurs, coureuse.
Garaôdoun, s. m. Petite guêtre.
Garat, s. m. Guéret; nom de lieu, à l'entrée des chemins de Solaure, de Guizey et de la Valette, où il existe une vieille croix appelée *Croueix-do-Garat*. (Celt. *Garad*).
Garci ou **Guerci**, s. f. et adj. Garce, femme débauchée, mauvaise personne. (Celt. *Garchain*, prostituée).
Garçoun, s. m. Garçon.
Garçounailli, s. f. Tous les garçons.
Garçounella, s. f. Garçonnière. (V. *Garagnâssi*).
Garda, s. f. Garde. (Celt. *Garda*).
Gardâ, v. n. 1ʳᵉ conj. Garder.
Gardjion, iéna, s. Gardien, ienne.
Garella, s. f. Fille délurée.
Gâres, s. f. pl. Fesses. (Celt. *Gar*, cuisse).
Garêna, s. f. Garenne. (Celt. *Garenna*).
Gargamelâ, v. n. 1ʳᵉ conj. com. *Baritelâ*. Tousser, cracher comme un catarrheux.
Gargamelà, pl. **ais**, adj. Ebranlé, épuisé; fig.: fêlé, fendu. Prov.: *Una bichi gargamelà djure mais qu'una nova;* une biche (grand pot de terre) fêlée dure plus qu'une neuve; s. m. Fêlé. *Chantâ lou gargamelà*, chanter le fêlé.
Gargameloux, ousa, adj. Catarrheux, euse, qui tousse et crache beaucoup.
Gargantchuâ, s. m. Gargantua.
Gargarisâ (se), v. pr. 1ʳᵉ conj. Se gargariser.
Gargarismou, s. m. Gargarisme.
Gargota, s. f. Gargote.
Gargouillamont, s. m. Gargouillement.
Gargouilli, s. f. Gargouille.
Gargouillîe, v. n. 1ʳᵉ conj. irrég. comme *Ageanouillie*. Gargouiller.
Gargoussa, s. f. Gargousse.
Gargoutâ, v. n. 1ʳᵉ conj. comme *Accoutâ*. Gargoter.
Gargoutchîe, téri, s. Gargotier, ière.
Garna ou **Carna**, s. f. Vieille vache, viande dure à la cuisson.
Garnamont, s. m. Garnement.
Garnî, v. a. 2ᵉ conj. Garnir. (Celt. *Garnire*).
Garnia, s. f. Tout ce qu'il faut à un ouvrier pour exécuter un travail; aux armuriers,

GAZO

l'assortiment des pièces du fusil ; aux tisseurs, passementiers, toutes les couleurs de soie, etc.

Garnisoun, s. f. Garnison. (Celt. *Garnisio*).
Garnissageou, s. m. Garnissage ; action de faire la garnie des pièces aux ouvriers.
Garnitchura, s. f. Garniture. (Celt. *Garnistura*).
Garouilli, s. f. Souche, tronçon d'arbre noueux ; fig. : mauvaise femme.
Garout, s. m. Garou, bois épispatique.
Garoutâ, v. a. 1ʳᵉ conj. comme *Accoutâ*. Garotter.
Garrot, s. m. Garrot. (Celt. *Garotus*). Pointe de fer au bout d'un pieu, d'une flèche à arc ; fig. : mauvais garnement.
Gasâ ou **Gazâ,** v. a. et n. 1ʳᵉ conj. Passer à gué, marcher dans l'eau.
Gascoun, a, adj. et s. Gascon, onne.
Gascounâ, v. n. et a. 1ʳᵉ conj. com. *Boudounâ*. Gasconner, plaisanter.
Gascounada, s. f. Gasconnade, plaisanterie.
Gaspillageou, s. m. Gaspillage.
Gaspilléu, sa, s. Gaspilleur, euse.
Gaspillie, v. a. 1ʳᵉ conj. irrég. comme *Agreillie*. Gaspiller.
Gassoulli, s. f. Mauvais bouillon ; fig. : mauvais restaurant.
Gassouillie, v. a. et n. 1ʳᵉ conj. irrég. com. *Ageanouillie*. Gassouiller, patauger dans l'eau, agiter l'eau.
Gastrida, s. f. Gastrite, inflammation.
Gastrounomou, s. m. Gastronome.
Gastrounoumiquou, qua, adj. Gastronomique.
Gastrounoumit, s. f. Gastronomie.
Gâtâ, v. a. 1ʳᵉ conj. Gâter.
Gâtaî, pl. **Gâtchiaôx,** s. m. Gâteau.
Gâta-pâta, s. m. Gâte-pâte.
Gâta-saôça, s. m. Gâte-sauce.
Gaz (azou), s. m. Gaz, fluide ; lanterne.
Gâza ou **Gâzou,** s. Gaze, étoffe.
Gazella, s. f. Gazelle.
Gazetaire ou **Gazetchie,** s. m. Gazetier.
Gazétta, s. f. Gazette.
Gâzîe, s. m. Gazier.
Gazouillamont, s. m. Gazouillement.
Gazouillie, v. a. 1ʳᵉ conj. irrég. comme *Ageanouillie*. Gazouiller. (Celt. *Gazouillua*).
Gazoumètrou, s. m. Gazomètre.
Gazoun, s. m. Gazon.

GENE

Gazounâ, v. a. 1ʳᵉ conj. com. *Boundounâ*. Gazonner.
Gazounamont, s. m. Gazonnement.
Gazounoux, ousa, adj. Gazonneux, euse.
Gâzoux, ousa, adj. Gazeux, euse.
Geaî, s. m. Coq, mâle de la poule.
Geaî-de-béus, s. m. Coq de bois.
Gealâ, v. a. n. et impers. 1ʳᵉ conj. Geler.
Gealâ, pl. **ais,** s. f. Gelée, température abaissée.
Gealéia, s. f. Gelée, confiture. (Celt. *Gela*).
Gealiva, s. f. Gelivure.
Gealivéuri, s. f. Gelivure.
Gealivoux, ousa, adj. Gélif, ive.
Geanèt, s. m. Genêt, arbuste. (Celt. *Ginestur*).
Geaniéulou, s. m. Genièvre.
Geanoù, s. m. Genou.
Geanouilléri, s. f. Genouillère.
Géant, a, s. Géant, e. (Celt. *Grand*).
Géim, s. m. Gémissement.
Géindre, v. n. 3ᵉ conj. comme *Attéindre*. Geindre, gémir.
Gemaôx, s. m. pl. Gémeaux.
Gemî, v. n. 2ᵉ conj. comme *Crépî*. Gémir.
Gemissamont, s. m. Gémisssement.
Gemissant, a, adj. Gémisssant, e.
Gemma, s. f. Perle, fleur, chose précieuse. *La gemma do fourmont,* la fleur du froment première qualité de farine. *La fina gemma de mous jous,* la fine perle de mes jours. (*Ballet forèz.* M. ALLARD).
Gêna, s. f. Gêne, situation pénible.
Génâ, f. pl. **ais,** adj. Gêné, e, mal à l'aise.
Génâ, v. a. et pr. 1ʳᵉ conj. Gêner.
Génant, a, adj. Gênant, e.
Genealougiquou, qua, adj. Généalogique.
Genealougistou, s. m. Généalogiste.
Genealougit, s. f. Généalogie.
Generacioun, s. f. Génération.
General (alou), **a, aôx,** adj. et s. Général, e, aux. (Celt. *General*).
Generalamont, adv. Généralement.
Generalisâ, v. a. 1ʳᵉ conj. Généraliser.
Generalisacioun, s. f. Généralisation.
Generalismou, s. m. Généralisme.
Generalità, pl. **ais,** s. f. Généralité.
Generiquamont, adv. Génériquement.
Generiquou, qua, adj. Générique.

GERC

Generousamont, adv. Généreusement.
Generousitâ, pl. **ais,** s. f. Générosité.
Generoux, ousa, adj. Généreux, euse.
Genêsa, s. f. Genèse.
Genevrîe, s. m. Genevrier. (V. *Geaniéulou*).
Genissi, s. f. Génisse. (V. *Brâva*).
Génit, s. m. Génie.
Genuflexioun, s. f. Génuflexion.
Géologou, s. m. Géologue.
Geondarmâ (se), v. pr. 1ʳᵉ conj. Se gendarmer.
Geondarmarit, s. f. Gendarmerie.
Geondarmou, s. m. Gendarme.
Geongiva, s. f. Gencive.
Geons, s. m. pl. Gens ; est parfois précédé de l'art. *les,* qui est féminin en gaga. *Les geons sount tous lous mêmous.*
Geonsiana, s. f. Gentiane, plante.
Geontchilhomou, s. m. Gentilhomme.
Geontchillessa, s. f. Gentillesse.
Geontchimont, adv. Gentiment.
Geontchit, tchilli, adj. Gentil, ille.
Géougraphiquamont, adv. Géographiquement.
Géougraphiquou, qua, adj. Géographique.
Géougraphit, s. f. Géographie.
Géougraphou, s. m. Géographe.
Géoulougiquamont, adv. Géologiquement.
Géoulougiquou, qua, adj. Géologique.
Géoulougit, s. f. Géologie.
Géoumétralamont, adv. Géométralement.
Géoumétriquamont, adv. Géométriquement.
Géoumétriquou, qua, adj. Géométrique.
Géoumétrit, s. f. Géométrie.
Géoumétrou, s. m. Géomètre.
Gerâ, v. a. 1ʳᵉ conj. Gérer.
Geranci, s. f. Gérance.
Gerant, a, s. Gérant, e.
Gerba, s. f. Gerbe. (Celt. *Gerba*).
Gerbâ, pl. **ais,** s. f. Gerbée.
Gerbâ, v. a. 1ʳᵉ conj. Gerber.
Gerçamont, s. m. Gercement.
Gercéuri, s. f. Gerçure.
Gerci, s. f. Gerce.
Gercîe, v. a. 1ʳᵉ conj. irrég. com. *Ageoncîe.* Gercer.

GIGO

Gére ou **Geire** (se), v. pr. 3ᵉ conj. irrég. com. *Creire.* Se coucher, gésir.
Gerla, s. f. Cuvier, pot, vase, jarre. (Celt. *Jarl, gella*).
  Moun buyet, moun bachat, ma gerla,
  Mon baquet, mon auge, mon cuvier.
  (*Ballet foréz.* M. ALLARD).
Gerla ou **Jerla,** s. f. Enfant espiègle, taquin.
Germâ ou **Gearmâ,** v. n. 1ʳᵉ conj. Germer.
Germaniquou, qua, adj. Germanique.
Ger ou **Gearmanisâ,** v. a. 1ʳᵉ conj. Germaniser.
Ger ou **Gearméin, a,** adj. Germain, e.
Ger ou **Gearminacioun,** s. f. Germination.
Ger ou **Gearminal** (alou), s. m. Germinal.
Ger ou **Gearmou,** s. m. Germe.
Gésina, s. f. Gésine, maladie, état d'une personne couchée. *O prond ûn si grand mâ de cœu, qu'o se bette on gésina* (CHAPELON).
Gestchiculâ, v. n. 1ʳᵉ conj. Gesticuler.
Gestchiculacioun, s. f. Gesticulation.
Gestou, s. m. Geste, mouvement. (Celt. *Gest*).
Géula, s. f. Geôle, prison. (Celt. *Geola*).
Géulîe, iéri, s. Geôlier, ière.
Gibâ, v. a. et pr. 1ʳᵉ conj. Gêner, buter quelqu'un étant trop rapproché, se gêner mutuellement.
Gibaire, s. m. Qui *gibe.* (Celt. *Gibaire*).
Gibattre (se), v. pr. 3ᵉ conj. comme *Battre.* Se débattre, se tirailler, s'amuser à faire à la lutte.
Gibecéri, s. f. Gibecière.
Gibelotta, s. f. Gibelotte.
Giberna, s. f. Giberne.
Gibét, s. m. Gibet. (Celt. *Gibel*).
Gibîe, s. m. Gibier.
Gibouléia, s. f. Giboulée. (V. *Macaraôda*).
Gîclâ, v. n. 1ʳᵉ conj. Jaillir. *L'aigua giclâve,* l'eau jaillissait.
Gîe, s. m. Gier, rivière. (Celt. *Gi,* eau, rivière).
Gifla, s. f. Gifle.
Giflâ, v. a. 1ʳᵉ conj. Gifler.
Gigantesquamont, adv. Gigantesquement.
Gigantesquou, qua, adj. Gigantesque.
Gigougnageou, s. m. Brimbalement.
Gigougnîe, v. a. et n. 1ʳᵉ conj. irrég. com.

GLAI

Besougnie. Brimbaler, remuer, branler, bouger, comme pour arracher un pieu de terre.

Gigua, s. f. Gigot, cuisse, jambe. (Celt. *Gigot*).

Gilét, s. m. Gilet, vêtement.

Giletéri, s. f. Giletière.

Gilétta, s. f. Girouette; fig. : personne qui change facilement d'idée, d'opinion.

Gin ou Jïn, conj. Point.

Gïnguâ, v. n. 1re conj. Boiter, bouger, branler. (Celt. *Ging*, boiteux). *Ho ! Jean, adjù lou mortchia, la pièrra gïngue. — Gingua que gïngua, portou pas lou mortchia avant d'avei djinà !*

Girafla, s. f. Girafe.

Girandola, s. f. Girandole.

Girimandréia, s. f. Germandrée, branche de chêne, bouquet de verdure que, pour la Saint-Jean, l'on mettait au-dessus de la porte d'entrée d'une maison pour en éloigner le mauvais esprit désigné par le nom de *Chaôchi-Vieilli*.

Giroflou, s. m. Girofle.

Giroufléia, s. f. Giroflée.

Giroun, s. m. Giron.

Giroundjïn, ina, adj. et s. Girondin, e.

Gisamont, s. m. Gisement.

Gisant, a, adj. Gisant, e.

Gisclou, s. m. Serpent, couleuvre. *Un bátoun qu'é cùrit de la pai dj'ün vièux gisclou;* un bâton recouvert de la peau d'un vieux serpent. (CHAPELON).

Gitâ, v. n. 1re conj. Giter.

Gitou, s. m. Gite, lieu où l'on demeure.

Givrou, s. m. Givre.

Gla, Glâci, s. Glace, congélation. (Celt. *Glas*).

Glacéri, s. f. Glacière.

Glacéuri, s. f. Glaçure.

Glâci, s. f. Glace, miroir.

Glacîe, s. m. Glacier.

Glacîe, v. a. 1re conj. irrég. com. *Ageoncie*. Glacer.

Glacit, cià, f. pl. **ais**, adj. Glacé, e.

Glaçoun, s. m. Glaçon.

Gladjiatœu, s. m. Gladiateur.

Glaïeul (euilou), s. m. Glaïeul.

Glairi, s. f. Glaire, blanc d'œuf.

Glaisa, adj. et s. Glaise, terre. (V. *Mana*).

Glaivou, s. m. Glaive.

GORA

Glanâ, v. a. 1re conj. Glaner. (Celt. *Glana*). (V. *Reglanà*).

Glanageou, s. m. Glanage.

Gland, s. m. Gland, ornement en forme de gland, fruit du chêne. (V. *Agland*).

Glanda, s. f. Glande.

Glanéu, sa, s. Glaneur, euse. (V. *Reglanéu*).

Glanéuri, s. f. Glanerie.

Glas, s. m. Glas, son de cloche. (Celt. *Glas*). (V. *Défaillimont*).

Gleiroux, ousa, adj. Glaireux, euse. (Celt. *Glaorous*).

Glïnquetâ, v. n. 1re conj. comme **Briquetâ**. Agiter les cloches. (Celt. *Gliginteas*).

Globou, s. m. Globe.

Glouairi, s. f. Gloire.

Gloun, s. m. Glu, matière visqueuse. (Celt. *Gliud*).

Glounaire, s. m. Chasseur à la glu.

Glourifiâ, v. a. et pr. 1re conj. Glorifier.

Glourificacioun, s. f. Glorification.

Glouriola, s. f. Gloriole.

Glourioux, ousa, adj. Glorieux, euse.

Gloussairou, s. m. Glossaire.

Glouglou, s. m. Glouglou.

Gloutoun, a, adj. et s. Glouton, onne.

Gloutounamont, s. m. Gloutonnement.

Gloutounarit, s. f. Gloutonnerie.

Gluant, a, adj. Gluant, e. (V. *Pigloux*).

Glycerina, s. f. Glycérine.

Glycina, s. f. Glycine.

Gnaca ou qua, s. f. Dent, coup de dent.

Gnacâ, v. a. 1re conj. Donner un coup de dent.

Gnâfra, s. f. Balafre, large blessure.

Gnafroun, s. m. Savetier, gnafron.

Gnaôgna, s. f. Niaise, qui parle avec un accent plaintif.

Gobiou, bia, adj. Gourd, e, engourdi par le froid, en parlant des mains, des doigts. *Ji souais gobia et ne poiou plus tent moun eulli ;* j'ai les doigts engourdis par le froid et ne puis plus tenir mon aiguille.

Goga, s. f. Espèce de beignet ; miche trempée dans du lait et de la farine.

Golfou, s. m. Golfe. (Celt. *Golf*).

Gôra, s. f. Truie, vieille vache ; fig. : femme de mauvaise vie. (Celt. *Goria*).

Gôra, s. f. Gueuse, pierre de charbon. (Celt. *Gorr*, charbon). (V. *Gueusa*).

GOUF

Gorda, s. f. Gourde.
Gorgandjina, s. f. Gourgandine.
Gorgi, s. f. Gorge, bouche. *Bada-gorgi*.
Gorgià, pl. **ais,** s. f. Gorgée, bouchée. (Celt. *Gorgia*),
Gorgîe, v. a. et pr. 1re conj. irrég. comme *Ablagie*. Gorger.
Gorgola, s. f. Régalade, façon de boire. *Beire à la gorgala*, boire à la régalade
Gormand, a, adj. et s. Gourmand, e. (Celt. *Gormod*).
Gormandjîsi, s. f. Gourmandise.
Goû, s. m. Gour, gouffre. Prend un *e* muet devant une voyelle. *Goue affroux*, gouffre affreux. *Goû d'Onfé*, Gouffre d'Enfer, où est le barrage de Rochetaillée.
Gouachi, s. f. Gouache.
Gouachîe, v. a. 1re conj. irrég. com. *Appinchie*. Gouacher.
Gouâilli, s. f. Gouaillerie.
Gouaillîe, v. a. 1re conj. irrég. comme *Criaillie*, Gouailler.
Gouâilléu, sa, s. Gouailleur, euse.
Gouapa, s. f. Gouape.
Gouapâ, v. a. 1re conj. Gouaper. (Celt. *Goapa*, contraire au sérieux).
Gouapéu, sa, s. Gouapeur, euse.
Goubâ, v. a. 1re conj. com. *Coupâ*. Gober.
Goubargîe, v. a. et pr. 1re conj. irrég. comme. *Ablagie*. Goberger.
Goubelét. s. m. Gobelet.
Goubilli, s. f. Gobille. (V. *Bulla*).
Goubot, s. m. Gobelet, coupe, tasse.
Goudâ, v. n. 1re conj. comme *Coupâ*. Goder, faire des faux plis.
Gouderoun, s. m. Goudron.
Gouderounâ, v. a. 1re conj. comme *Boundounâ*. Goudronner.
Gouderounageou, s. m. Goudronnage.
Gouderounarit, s. f. Goudronnerie.
Gouderounéu, s. m. Goudronneur.
Goudét, s. m. Godet.
Goueitrou, s. m. Goitre.
Goueitroux, ousa, adj. et s. Goitreux, euse.
Gouffla, s. f. Globule d'air, d'eau. (V. *Gounfla*).
Gouffrou, s. m. Gouffre.
Goufrâ, v. a. 1re conj. com. *Couffla*. Gaufrer, empreindre.
Goufrageou, s. m. Gaufrage.
Goufréu, s. m. Gaufreur.

GOUS

Goufréuri, s. f. Gaufrure.
Gougeancîe, v. a. et n. 1re conj. irrég. comme *Ageoncie*. Secouer, remuer. *Gougeancies-lou, o se déveillara*; secouez-le, il se réveillera.
Gougi, s. f. Gouge, outil.
Gougîe, v. a. 1re conj. irrég. com. *Abrougie*. Bouger, branler. *J'ai una dent que goge, j'ai une dent qui branle. Si vous gougies tant si péu la têta*; si vous bougez tant soit peu la tête, en signe d'approbation. (Jacq. CHAPELON).
Gouguenâ, arda, adj. Goguenard, e.
Gouguenardâ, v. n. 1re conj. Goguenarder.
Gouguenardarit, s. f. Goguenarderie.
Gouguétta, s. f. Goguette.
Gouina, s. f. Gourgandine, coureuse.
Goujat, s. m. Apprenti maçon ; fig. : maladroit, lourdeau.
Goujoun, s. m. Goujon.
Goula, s. f. Gueule, bouche.
Goulà, pl. **ais,** s. f. Goulée.
Goulâ, v. n. et a. 1re conj. comme *Accoulâ*. Goinfrer, manger avidement. *Se faire petâ la goula*.
Goulot, s. m. Goulot. (V. *Broussoun*).
Goulu, a, adj. et s. Goulu, e.
Gouma, s. f. Gomme.
Goumâ, v. a. 1re conj. comme *Dégoumâ*. Gommer. (Celt. *Gouma*).
Goumoux, ousa, adj. et s. Gommeux, euse
Gound, s. m. Gond. (Celt. *Gond*).
Goundola, s. f. Gondole.
Goundoulîe, s. m. Gondolier.
Gounfla, s. f. Boursouflure sphérique, bulle de savon. (V. *Goufla*).
Gounflâ, v. a. 1re conj. Gonfler. (V. *Coufflâ*, mieux usité).
Gounflamont, s. m. Gonflement.
Gounflà, f. pl. **ais,** adj. Gonflé, e. (V. *Coufflà*).
Gounflou, fla, adj. Gonflé par l'émotion, prêt à pleurer.
Goungounâ, v. n. 1re conj. comme *Boundounâ*. Bougonner, murmurer.
Gourâ, v. a. 1re conj. comme *Affloura*. Gourer, tromper. (V. *Agoura*).
Gourïn, na, s. Vaurien, femme débauchée.
Gourinâ, v. n. 1re conj. Vagabonder, fréquenter les gourines.
Gousîe, s. m. Gosier.

GRAD

Goussâ, v. a. et pr. 1ʳᵉ conj. com. *Agouttâ.* Gausser.
Goussét, s. m. Gousset.
Gousséu, s. m. Gausseur.
Goussi, s. f. Gousse. *Goussi d'ailli.*
Gout, s. m. Goût.
Goutâ, v. a. 1ʳᵉ conj. com. *Accoutá.* Goûter.
Goûtâ, s. m. Goûter, léger repas que l'on fait à quatre heures après midi ; portion que l'on donne aux enfants entre les repas.
Goûtâ, v. n. 1ʳᵉ conj. Manger son *goûter.*
Goutagnéu, s. m. Niais, imbécile, idiot.
Goutta, s. f. Goutte, liqueur.
Goutta, s. f. Goutte, maladie.
Goutailléu, s. m. Qui boit souvent la goutte.
Goutaillîe, v. n. 1ʳᵉ conj. irrég. comme *Criaillie.* Boire fréquemment la goutte.
Gouttéuri, s. f. Gouttière.
Gouvarnâ, v. a. 1ʳᵉ conj. Gouverner.
Gouvarnamont, s. m. Gouvernement.
Gouvarnamontal, a, aôx, adj. Gouvernemental, e, aux.
Gouvarnant, a, adj. et s. Gouvernant, e.
Gouvarnéu, s. m. Gouverneur. Chef ouvrier dans les mines de houille.
Gouyâ, arda, s. Serpe, couperet.
Grà, s. m. Gré, volonté. (Celt. *Grat, Graa*).
Grà, s. m. Sorte de reconnaissance. *O te n'on saóra jin de grà,* il ne t'en sera pas reconnaissant.
Grabat, s. m. Grabat.
Grabiêla, s. f. Jeune chèvre ; Gabrielle.
Grabiês, n. pr. Gabriel.
Grabot, ta, s. Petit enfant.
Grabotta, s. Qui est long à faire un travail ; petit ouvrier.
Grabouttâ, v. a. 1ʳᵉ conj. comme *Agouttâ.* Gratter, tâtonner. *Grabouttâ la terra,* gratter, remuer la terre par petite fraction, ou seulement à la surface ; v. pr. *Se grabouttâ lou naz,* se toucher, se passer les doigts dans le nez.
Grabugeou, s. m. Grabuge.
Grâci, s. f. Grâce.
Graciâ, v. a. 1ʳᵉ conj. com. *Assouciá.* Grâcier.
Graciousamont, adv. Gracieusement.
Graciousità, pl. **ais,** s. f. Gracieuseté.
Gracioux, ousa, adj. Gracieux, euse.
Gradà, adj. m. Gradé.
Gradacioun s. f. Gradation.

GRAN

Gradjïn, s. m. Gradin.
Gradou, s. m. Grade.
Gradjuâ, v. a. 1ʳᵉ conj. Graduer.
Gradjuacioun, s. f. Graduation.
Gradjuel (elou), **la,** adj. Graduel, le.
Gradjuellamont, adv. Graduellement.
Graillîe, v. n. 1ʳᵉ conj. irrég. com. *Criaillie.* Grailler, parler d'une voix enrouée.
Grailloun, s. m. Graillon. *Marie-Grailloun,* femme crasseuse, malpropre.
Graissi, s. f. Graisse.
Gramacî, s. m. et adv. Merci, grand-merci. (V. *Maci*).
Grâméin ou **Grâmou,** s. m. Gramen, chiendent.
Graminà, pl. **ais,** adj. et s. f. Graminée.
Grammaira, s. f. Grammaire.
Grammatchicalamont, adv. Grammaticalement.
Grammatchical (alou), **a, aôx,** adj. Grammatical, e, aux.
Grammeirion, s. m. Grammairien.
Grammou, s. m. Gramme, poids.
Grana, s. f. Graine. (Celt. *Grannen*).
Granâ, v. n. 1ʳᵉ conj. Grener.
Granà, f. pl. **ais,** adj. Grené, e.
Granageou, s. m. Grenage.
Grand, a, adj. et s. Grand, e.
Grandamont, adv. Grandement.
Grandét, a, adj. Déjà un peu grand.
Grandjî, v. n. et a. 2ᵉ conj. com. *Agrandji.* Grandir.
Grandjiéusou, sa, adj. et s. Grandiose.
Grand-mâre, s. f. Grand'mère.
Grand-pare, s. m. Grand-père. On dit de préférence : *Mâre-grand, pare-grand,* et même tout simplement *ma grand, moun grand.*
Granelâ, v. a. 1ʳᵉ conj. comme *Baritelâ.* Grenailler, greneler.
Granella, s. f. Grenaille. (Celt. *Granella*).
Grandoû, s f. Grandeur.
Grangi, s. f. Grange. (Celt. *Grangia*).
Grangîe, géri, s. Fermier, ière.
Grangrana, s. f. Gangrène.
Grangranâ, v. a. 1ʳᵉ conj. Gangrener.
Grangranà, f. pl. **ais,** adj. Gangrené, e.
Granîe, s. m. Grenier. (Celt. *Graneria*).
Granit, s. m. Granit.

GRAT

Granitchiquou, qua, adj. Granitique.
Granotarit, s. f. Grèneterie.
Granotta, s. f. Grenette, nom d'un quartier de la ville où était jadis la halle aux grains.
Granouilli, s. f. Grenouille; fig. bien, trésor.
Granouillie, v. a. 1ʳᵉ conj. irrég. comme *Ageanouillie.* Grenouiller.
Granouilléri, s. f. Grenouillère.
Granoutchîe, téri, s. Grènetier, ière.
Granu, a, adj. Grenu, e.
Granula, s. f. Granule.
Granulâ, v. a. 1ʳᵉ conj. Granuler.
Graôla, s. f. Corneille, espèce de corbeau.
Grappa, s. f. Grappe. (Celt. *Grappus*).
Grappillageou, s. m. Grappillage.
Grappillîe, v. a. et n. 1ʳᵉ conj. irrég. com. *Agreillie.* Grappiller, cueillir.
Grappillîe, v. a. et n. 1ʳᵉ conj. irrég. com. *Agreillie.* Grimper. *O grappille coumma ün chat.*
Grapin, s. m. Grappin.
Gras, Grâssa, adj. Gras, grasse. (Celt. *Gras*).
Gras-d'avit, s. m. Cambouis d'étau.
Grasé, s. m. Grésil, menu gravier.
Grassilles, s. f. pl. Houille criblée. (V. *Chatchilles*).
Grasilloun, s. m. Morceau de charbon brûlé (coke); toute chose réduite par le feu.
Grassillounâ, v. n. 1ʳᵉ conj. com. *Affetciounâ.* Chercher dans la cendre les « grasillouns », rester au coin du feu, attiser, piquer, arranger le charbon dans la grille.
Grassamont, adv. Grassement.
Grassipoula, s. f. Mâche, doucette.
Grassot, ta, adj. Grasset, te, grassouillet, te.
Gratchifiâ, v. a. 1ʳᵉ conj. Gratifier.
Gratchificacioun, s. f. Gratification.
Gratchin, s. m. Gratin.
Gratchinâ, v. a. 1ʳᵉ conj. Gratiner.
Gratchis (içou), adv. Gratis.
Gratchitchuda, s. f. Gratitude.
Gratchuit, a, adj. Gratuit, e.
Gratchuitamont, adv. Gratuitement.
Gratta, s. f. Gratelle, gale, maladie de peau.
Gratta, s. f. Gratte, petits bénéfices plus ou moins réguliers.
Grattâ, v. a. et pr. 1ʳᵉ conj. Gratter, faire de la gratte. (Celt. *Gratare*).
Grattageou, s. m. Grattage, gratte.

GREL

Grattailli, s. f. Sorte de jeu : on jette à terre un ou plusieurs objets au hasard, comme le grain aux petits poussins, et c'est au plus agile à s'en emparer.
Grattailli à tchiri chavieux. C'est-à-dire tant que celui qui a ramassé l'objet jeté à terre n'est pas parvenu à rejoindre et toucher le jeteur, ses partenaires ont le droit de lui tirer les cheveux.
Gravâ, v. a. 1ʳᵉ conj. Graver. (Celt. *Gravare*).
Grâvamont, adv. Gravement.
Gravella, s. f. Gravelle. (Celt. *Gravella*).
Graveloux, ousa, adj. Graveleux, euse.
Gravéu, s. m. Graveur.
Gravéuri, s. f. Gravure.
Gravî, v. a. 2ᵉ conj. com. *Curî.* Gravir.
Gravîe, s. m. Gravier. (V. *Grasé*).
Grâvità, pl. **ais,** s. f. Gravité.
Gravitâ, v. n. 1ʳᵉ conj. Graviter.
Grec (equou), **qua,** adj. et s. Grec, grecque.
Gredjün, ina, s. Gredin, e.
Gredjinarit, s. f. Gredinerie.
Gréfâ, v. a. 1ʳᵉ conj. com. *Apprétâ.* Greffer.
Gréféu, s. m. Greffeur.
Gréfîe, s. m. Greffier.
Gréfoi (oua), s. m. Greffoir.
Grêfou, s. m. Greffe. (Celt. *Greff*).
Grêgi, adj. et s. Grège, soie.
Greissîe, v. a. 1ʳᵉ conj. irrég. com. *Beissie.* Graisser.
Greissoux, ousa, adj. Graisseux, euse.
Grêla, s. f. Grêle.
Grélâ, v. impers. 1ʳᵉ conj. Grêler. — Ind. prés. : *O grèle.* — Imparfait : *O grélâve.* — Passé défini : *O grélait.* — Impératif : *Grêla.* — Subj. : *Qu'o grêle.* — Imparfait : *Qu'o greléze.* — Part. passé : *Grélà, ais.* (V. la Gram., nᵒˢ 120, 121, pour la 2ᵉ forme avec le pronom *voü*).
Grélà, f. pl. **ais,** adj. Grêlé, e. (V. *Picassit*).
Grélassoun, s. m. Charbon mi-gros.
Gréleïe, v. a. et n. 1ʳᵉ conj. irrég. comme *Détaffeïe.* Peiner, pâtir. (V. *S'affanâ*).
Gréleiéu, s. m. Malheureux, qui peine.
Grelot, s. m. Grelot.
Grélou, s. m. Gros morceau de charbon. (V. *Pérat*).
Grêlou, la, adj. Grêle, faible.
Gréloun, s. m. Grêlon.
Greloutta, v. n. 1ʳᵉ conj. com. *Agouttâ.* Grelotter.

GRIM

Grelouttant, a, adj. Grelottant, e.
Gremillîe ou **Gremissillîe,** v. a. 1re conj. irrég. com. *Agreillie.* Grésiller, contracter, racornir, froncer. *Avisa moun visageou o-l-é tout gremillit;* regarde mon visage, il est tout froncé. (MURGUE, *l'Esprit*).
Grenada, s. f. Grenade.
Grenadéri, s. f. Grenadière.
Grenadjîe, s. m. Grenadier.
Grenat, s. m. Grenat.
Grês, s. m. Grès, pierre.
Gréus, Gréussa, adj. Gros, Grosse.
Gréus, Gréussa, s. Nom familier que l'on donne aux vieillards, et par lequel les enfants désignent leur père et mère. Terme d'affection.
Gréussa, s. f. Douze douzaines.
Grêva, s. f. Grève. (Celt. *Greva*).
Grévâ, v. a. 1re conj. comme *Apprêtá.* Grever.
Gribouillageou, s. m. Gribouillage.
Gribouilléu, sa, s. Gribouilleur, euse.
Gribouilli, s. m. Gribouille.
Gribouillîe, v. n. et a. 1re conj. irrég. com. *Ageanouillie.* Gribouiller.
Griévamont, adv. Grièvement.
Griffa, s. f. Griffe. (V. *Arpioun*).
Griffâ, v. a. 1re conj. Griffer.
Griffoun, s. m. Griffon.
Griffounâ, v. a. 1re conj. com. *Boundounâ.* Griffonner.
Griffounageou, s. m. Griffonnage.
Griffounéu, s. m. Griffonneur.
Grignoutâ, v. a. et n. 1re conj. comme *Accoutâ.* Grignoter.
Grillada, s. f. Grillade.
Grillageou, s. m. Grillage.
Grillagéu, s. m. Grillageur.
Grillagîe, v. a. 1re conj. irrég. com. *Ablagîe.* Grillager.
Grilli, s. m. Grille.
Grillîe, v. a. 1re conj. irrég. com. *Agreillie.* Griller, mettre une grille, rôtir, brûler.
Grillét, s. m. Grillon, scarabée.
Grillét, s. m. Hochet pour enfant.
Grilloun, s. m. Grillon. (V. *Morliét*).
Grimâ, v. a. et pr. 1re conj. Grimer.
Grimaçant, a, adj. Grimaçant, e.
Grimâci, s. f. Grimace. (Celt. *Grimaci*).
Grimacîe, v. n. 1re conj. irrég. comme *Ageoncie.* Grimacer.

GROU

Grimaçoux, ousa, adj. et s. Grimacier, ière.
Grimaî, s. m. Viande de boucherie, mauvaise partie vers le cou; fig. : mauvaise situation. *O-l-é de vés lou grimaî.*
Griméudoun (à), loc. adv. Accroupi.
Grimouairou, s. m. Grimoire.
Grïmpâ, v. n. 1re conj. Grimper. (Cel *Grimpa*). (V. *Grapillie*).
Grïmpant, a, adj. Grimpant, e.
Grïnçamont, s. m. Grincement. (V. *Quinamont*).
Grïncîe, v. a. et n. 1re conj. irrég. comme *Ageoncie.* Grincer. (V. *Quinâ*).
Grïnchoux, ousa, adj. et s. Grincheux, euse.
Grïngalét, s. m. Gringalet. (V. *Mïngoulét*.
Grïnguignaôda, s. f. Crotte, brimborion d'ordure attaché au poil des animaux. (V *Cattes*).
Griotta, s. f. Griotte, cerise.
Grioutchîe, s. m. Griottier, arbre.
Grippa, s. f. Grippe.
Grippâ, v. a. 1re conj. Gripper, attraper.
Grippà, f. pl. ais, adj. Grippé, e.
Gris, s. m. Gril, cuire sur le gril. (Celt. *Gris*).
Gris, a, adj. Gris, e. (Celt. *Gris*).
Grisâtrou, tra, adj. Grisâtre.
Grisétta, s. f. Grisette.
Grisoù, s. m. Grisou, gaz.
Grisoun, a, adj. et s. Grison, onne.
Grisounâ, v. n. 1re conj. com. *Boundounâ.* Grisonner.
Grisounant, a, adj. Grisonnant, e.
Griva, s. f. Grive.
Griva-jabiâssi, s. f. Grive tourdelle.
Grivaî ou **Grivais,** s. m. Ecumoire. *Mina de grivaî,* figure grêlée.
Grivouais, a, s. Grivois, e.
Grivouaisarit, s. f. Grivoiserie.
Groéin, s. m. Groin, museau, figure.
Gron, s. m. Grain. (Celt. *Gron*).
Grotta, s. f. Grotte. (Celt. *Grotta*).
Grouba, s. f. Tronc d'arbre, souche, ce qui reste en terre après l'abattage de l'arbre.
Grougnâ, arda, adj. et s. Grognard, e.
Grougnamont, s. m. Grognement.
Grougnâssi, s. f. Petit tronçon de pain.

GUAR

Grougnassîe, v. n. 1ʳᵉ conj. irrég. comme *Acassie*. Manger fréquemment de petits tronçons de pain, *grougnàssi*.
Grougnîe, v. n. 1ʳᵉ conj. irrég. comme *Besougnie*. Grogner.
Grougnoù, s. m. Croûton, tronçon.
Grouillamont, s. m. Grouillement.
Grouillant, a, adj. Grouillant, e.
Grouillîe, v. n. 1ʳᵉ conj. irrég. comme *Ageanouillie*. Grouiller.
Groula, s. f. Savate; fig. : personne abrutie.
Groulâssarit, s. f. Flânerie, traînerie.
Groulassîe ou **Groulanchîe**, v. n. 1ʳᵉ conj. irrég. com. *Acassie*. Traîner en chemin, s'arrêter dans les cabarets, rentrer tard au logis, se débaucher.
Groulu, a, adj. Un peu obèse.
Groumelâ, v. n. 1ʳᵉ conj. com. *Bariteld*. Grommeler. (Celt. *Grosmolat*).
Groumétta, s. f. Gourmette, glande, tumeur.
Groundâ, v. n. 1ʳᵉ conj. Gronder. Pas ou très peu usité; on dit de préférence *bramâ*.
Group (oupou), s. m. Croup, maladie.
Groupâ, v. a. et pr. 1ʳᵉ conj. com. *Coupâ*. Grouper.
Groupamont, s. m. Groupement.
Groussessa, s. f. Grossesse.
Groussî, v. a. 2ᵉ conj. com. *Défessi*. Grossir.
Groussîe, iéri, adj. Grossier, ière.
Groussiéramont, adv. Grossièrement.
Groussiéretà, pl. **ais**, s. f. Grossièreté.
Groussissamont, s. m. Grossissement.
Groussissant, a, adj. Grossissant, e.
Groussoû, s. f. Grosseur.
Groutesquamont, adv. Grotesquement.
Groutesquou, qua, adj. Grotesque.
Grua, s. f. Grue. (V. *Margot*).
Grugéu, sa, s. Grugeur, euse.
Grugîe, v. a. 1ʳᵉ conj. irrég. com. *Ablagie*. Gruger.
Gruma, s. f. Grume.
Grumaî, pl. **aôx**, s. m. Grumeau.
Grûsella, s. f. Groseille.
Guarî, v. a. 2ᵉ conj. com. *Aguarrî*. Guérir.
Guarisoun, s. f. Guérison.
Guarissablou, bla, adj. Guérissable.
Guarreïe, v. n. 1ʳᵉ conj. irrég. comme *Approupreie*. Guerroyer, faire la guerre.

GUIB

Guarrîe ou **Guerrîe, iéri**, adj. et s. Guerrier, ière.
Guarisséu, s. m. Guérisseur.
Guéin, s. m. Gain, bénéfice.
Gueina ou **Gaina**, s. f. Gaine. (Celt. *Gaina*).
Gueitâ, pl. **ais**, s. f. Gaîté.
Gueléin, s. m. Genre de larcin. *Faire gueléin*, prendre, dérober, s'emparer soit de l'enjeu ou des objets servant à jouer, tels que gobilles, toupies, etc. *Gueléin n'é pas défondju!* s'écrie le preneur.
Guelét, a, adj. Gai, joyeux.
Guenilli, s. f. Guenille, chiffon.
Guenoun ou **Guenoù**, s. f. Guenon.
Guêpa, s. f. Guêpe. (Celt. *Guespa*). (V. *Taôna*).
Guépîe, s. m. Guêpier.
Guerci ou **Garci**, s. f. Garce.
Gueridoun, s. m. Guéridon. (Celt. *Garidon*).
Guerita, s. f. Guérite. (Celt. *Garita*).
Guerliou, Guerli, adj. et s. Bigle, qui a les yeux tournés.
Guerra, s. f. Guerre. (Celt. *Guerra*).
Guét, s. m. Guet. (Celt. *Gued*).
Guêtra, s. f. Guêtre. (V. *Gamaches*).
Guetrâ, v. a. 1ʳᵉ conj. comme *Execrâ*. Guêtrer.
Guéttâ, v. a. 1ʳᵉ conj. Guetter, épier.
Guéttéu, s. m. Guetteur.
Guéuguéurou (à), loc. adv. A gogo, en abondance.
Gueula, s. f. Gueule. (V. *Goula*).
Guéulâ, v. n. 1ʳᵉ conj. Gueuler, crier.
Guéulâ, arda, adj. et s. Gueulard, e.
Guéulâ, s. m. Gueulard, ouverture.
Gueuletoun ou **Gouletoun**, s. m. Gueuleton.
Gueuletounâ, v. n. 1ʳᵉ conj. com. *Boundounâ*. Gueuletonner.
Guéunâ, v. a. et pr. 1ʳᵉ conj. Habiller, accoutrer, vêtir. (Celt. *Gouna*, vêtement).
Gueusa, s. f. Gueuse, pierre de charbon; fig. : mauvaise femme. (V. *Gôra*).
Guéusâ, s. m. Gueusard, coquin.
Gueusâ, v. n. 1ʳᵉ conj. Gueuser, faire le gueux.
Gueux, eusa, adj. et s. Gueux, euse.
Gui, s. m. Gui, végétal.
Guiâ ou **Djiâ**, s. m. Dé à coudre.
Guibolla, s. f. Jambe. *O ne tchint pas sus ses guibolles*. Il ne tient pas sur ses jambes.

GUIL

Guichét, s. m. Guichet.
Guichetchîe, s. m. Guichetier, geôlier.
Guida, s. f. Guide, lanière.
Guidâ, v. a. 1re conj. Guider.
Guidou, s. m. Guide.
Guidoun, s. m. Guidon.
Guigni, s. f. Mauvaise chance, guignon.
Guignîe, v. a. et n. 1re conj. irrég. comme *Abaragnie.* Guigner. (V. *Guinchie*). Par ext. : Pâtir pour faire une chose, pour mettre une clef dans la serrure.
Guignochi, s. f. Détente d'un fusil.
Guignol (olou), s. m. Guignol.
Guillageou, s. m. Quillage.
Guillaômou, s. m. Guillaume, rabot.
Guillerit, s. f. Guilledou, prétentaine.
Guilli, s. f. Guille, petite cheville, quille.
Guillîe, v. n. 1re conj. irrég. com. *Criaillie.* Quiller, mesurer le coup.
Guillouchageou, s. m. Guillochage.
Guillouchéu, s. m. Guillocheur.
Guillouchîe, v. a. 1re conj. irrég. comme *Abouchie.* Guillocher.
Guilloutchina, s. f. Guillotine.
Guilloutchinâ, v. a. 1re conj. Guillotiner.

GYMN

Guilloutchinà, f. pl. **ais,** s. Guillotiné, e.
Guimaôva, s. f. Guimauve.
Guïmbarda, s. f. Guimbarde.
Guïmpa, s. f. Guimpe.
Guïnchîe, v. n. et a. 1re conj. irrég. com. *Appinchie.* Guigner, cligner de l'œil.
Guïndâ, v. a. 1re conj. Guinder.
Guïndà, f. pl. **ais,** adj. Guindé, e.
Guïndageou, s. m. Guindage.
Guïnguétta, s. f. Guinguette.
Guipura, s. f. Guipure. (Celt. *Gipura*).
Guirlanda, s. Guirlande. (Celt. *Garlanda*).
Guisa, s. f. Guise. (Celt. *Guisa, Gisa*).
Guizey, n. de l. Guizey, sommet, montagne au Sud de Saint-Etienne. (Celt. *Guiser*, élévation au pied de laquelle coule une rivière. *Ouizer*, village, habitation haut élevée. *Guezecq*, lieu abondant en arbres).
Guitâra, s. f. Guitare.
Gutchural (alou), **a, aôx,** adj. Guttural, e, aux.
Gustéin, Gustchina, n. Augustin, e.
Gustoù, n. pr. Auguste.
Gymnâsou, s. m. Gymnase.
Gymnastchiquou, qua, adj. et s. f. Gymnastique.

H, s. m. *Achou*, huitième lettre de l'alphabet et sixième des consonnes.

Ha ! interj. Ha ! surprise, étonnement. *Ha ! ouais !* loc. interj. Ha! oui! *ha! djiet!* marquant l'affirmation, ha! pardi! certainement ; *ha! ouai !* marquant la négation, la déception, ha! *ouîche* ! ma foi, non.

Habilamont, adv. Habilement.

Habilitâ, pl. **ais,** s. f. Habileté.

Habilou, la, adj. Habile. (Celt. *Habil*).

Habillageou, s. m. Habillage.

Habillamont, s. m. Habillement.

Habillîe, v. a. 1re conj. irrég. comme *Criaillie.* Habiller, châtrer.

Habit, s. m. Habit.

Habitâ, v. a. 1re conj. Habiter. (Celt. *Habitaff*).

Habitablou, bla, adj. Habitable.

Habitacioun, s. f. Habitation.

Habitant, a, s. Habitant, e.

Habitchuâ, v. a. 1re conj. Habituer ; on dit de préférence *accoutchumâ.*

Habitchuda, s. f. Habitude. (V. *Accoutchuma*).

Habitchuellamont, adv. Habituellement.

Hablâ, v. n. 1re conj. Hâbler.

Habléu, sa, s. Hâbleur, euse.

Hachétta, s, f. Hachette, petite hache.

Hâchéuri, s. f. Hachure.

Hâchîe, v. a. 1re conj. irrég. com. *Accouchie.* Hacher. (V. *Chaplâ*).

Hâchis, s. m. Hachis.

Hâchit, chiâ, pl. **ais,** adj. Haché, e. (V. *Chaplâ*).

Hâchoi (oua), s. m. Hachoir.

Hachoun, s. f. Hache. (Celt. *Hachouerh,* couperet).

Hagâ, arda, adj. Hagard, e. (Celt. *Hagar*).

Haiî, v. a. 2e conj. Haïr. — Ind. prés. : *J'haiéssou, tch'haiés, o-l-haié, n'haissouns, vou'haissédes, eis-l-haiésount.* — Imparfait : *J'haïssins,* etc. — Passé défini : *J'haissiéus,* etc. — Futur : *J'haïrei,* etc. — Cond. : *J'haïrîns,* etc. — Impératif : *Haiés, haissouns, haissédes.* — Subj. : Que *j'haïssa,* etc. — Imparfait : Que *j'haïsséza,* etc. — Part. prés. : *Haïssant ;* passé : *Hait, haia ;* pl. : *haïts, haïes.*

Hailloun, s. m. Haillon. (V. *Peilli*).

Haîna, s. f. Haine.

Hainousamont, adv. Haineusement.

Hainoux, ousa, adj. Haineux, euse.

Haïssablou, bla, adj. Haïssable.

Halâ, v. a. 1re conj. Haler.

Halageou, s. m. Halage.

Haléina, s. f. Haleine, souffle. (V. *Flâ*).

Haletâ, v. n. 1re conj. com. *Assetâ.* Haleter.

Haletant, a, adj. Haletant, e.

Halla, s. f. Halle. (Celt. *Halla*).

Hallebarda, s. f. Hallebarde.

Hallebardjîe, s. m. Hallebardier.

Hallîe, s. m. Hallier.

Hallucinâ, v. a. 1re conj. Halluciner.

Hallucinacioun, s. f. Hallucination. (V. *Simpletâi*.

Halta, s. f. Halte, repos.

Halün, s. m. Souffle précurseur, haleine en parlant des vents. *Voué l'halün de la bisi, do vont,* etc. ; c'est le souffle précurseur, l'haleine de la bise, du vent du Midi, etc.

Hamac (aquou), s. m. Hamac.

Hamaî, pl. **aôx,** s. m. Hameau.

Hameçoun, s. m. Hameçon.

Hampa, s. f. Hampe. On dit *manchou.*

18

Han! Onomatopée han, cri d'un homme qui frappe un gros coup.
Hanchi, s. f. Hanche.
Hanetoun, s. m. Hanneton. Pas ou très peu usité; on dit *mâni*. (V. ce mot).
Haôbouais s. m. Hautbois.
Haôtéin, a, adj. Hautain, e.
Haôteinamont, adv. Hautainement.
Haôts, s. m. pl. Haut-de-chausse, pantalon. *Chian-z'haôts,* lâche, poltron, qui ne tient pas sa parole.
Hâpa, s. f. Happe, crampon.
Hâpâ, v. a. 1ʳᵉ conj. Happer.
Happamont, s. m. Happement.
Happâ v. a. 1ʳᵉ conj. Happer. (Celt. *Happa*). (V. *Appiâ, arpiâ*).
Harangua, s. f. Harangue.
Haranguâ, v. a. 1ʳᵉ conj. Haranguer.
Haranguéu, s. m. Harangueur.
Haras, s. m. Haras.
Harassamont, s. m. Harassement.
Harassîe, v. a. 1ʳᵉ conj. irrég. com. *Acassîe*. Harasser, lasser.
Harcelâ, v. a. 1ʳᵉ conj. comme *Baritelâ*. Harceler.
Hardes, s. f. pl. Hardes. (V. *Bagageou*).
Hardjî! interj. Signe d'encouragement, d'excitation. *Hardji! petchit!*
Hardjiessa, s. f. Hardiesse.
Hardjimont, adv. Hardiment.
Hardjit, djia, adj. Hardi, e. (Celt. *Hadiz*).
Haréin, s. m. Hareng. (Celt. *Harine*).
Haréin-sourét, s. m. Hareng saure, hareng fumé.
Haréin-sourét, s. m. Jeu d'enfants. Les joueurs se rangent en ligne et l'un d'eux, placé en face à une certaine distance, commence le petit dialogue : *haréin-sourét que pisse tout drcit!* les autres répondent : *attachit* ou *détachit?* Alors il montre par lui-même une position, soit sur un pied ou en se tenant de telle ou telle façon, et il crie : *coumma équon!* Au même instant, le premier de la ligne franchit la distance dans la position indiquée, et ainsi de suite, jusqu'au dernier qui prend le commandement pour le retour.
Hargnoux, ousa, s. Hargneux, euse.
Haricot, s. m. Haricot. (Celt. *Haricot*). On dit plus communément : *peis, déusses*.
Haridella, s. f. Haridelle.
Harmounica, s. m. Harmonica.

Harmouniousamont, adv. Harmonieusement.
Harmounioux, ousa, adj. Harmonieux, euse.
Harmounisâ (s'), v. pr. 1ʳᵉ conj. S'harmoniser.
Harmounit, s. f. Harmonie.
Harmounium (omou), s. m. Harmonium.
Harnachamont, s. m. Harnachement.
Harnachéu, s. m. Harnacheur.
Harnachîe, v. a. 1ʳᵉ conj. irrég. comme *Appînchie*. Harnacher.
Harnais, s. m. Harnais.
Harpa, s. f. Harpe, musique. (Celt. *Harpa*).
Harpa, s. f. Adresse, tournure, savoir-faire. (Celt. *Harpa*). *Una fenna sans arpa,* une mauvaise ménagère.
Harpoun, s. m. Harpon.
Harpounâ, v. a. 1ʳᵉ conj. com. *Boundounâ*. Harponner.
Harpounéu, s. m. Harponneur, matelot.
Harquetâ, v. a. 1ʳᵉ conj. com. *Briquetâ*. Ajuster, monter, équiper. *Aôssi bion arquetâs que des princes de song;* aussi bien équipés que des princes de sang. (CHAPELON).
Hasâ, s. m. Hasard. (Celt. *Hazard*). Loc. adv. *A l'hasâ,* au hasard.
Hasardâ, v. a. 1ʳᵉ conj. Hasarder.
Hasardà, f. pl. ais, adj. Hasardé, e.
Hasardousamont, adv. Hasardeusement.
Hasardoux, ousa, adj. Hasardeux, euse.
Hâta, s. f. Hâte.
Hatâ, v. a. 1ʳᵉ conj. Hâter.
Hâtchif (ifou), iva, adj. Hâtif, ive, précoce.
Hâtchivamont, adv. Hâtivement.
Hâvou, va, adj. Hâve. (V. *Blêmou*).
Hâvrou, s. m. Havre, port de mer.
Hé! interj. Hé!
Hébargîe, v. a. 1ʳᵉ conj. irrég. com. *Ablagîe*. Héberger.
Hébargimont, s. m. Hébergement.
Hebdoumadairamont, adv. Hebdomadairement.
Hebdoumadairou, ra, adj. Hebdomadaire.
Hébétâ, v. a. 1ʳᵉ conj. comme *Apprêtâ*. Hébéter.
Hébétâ, f. pl. ais, adj. Hébété, e. (V. *Gagarét, simplarotin*).
Hébétamont, s. m. Hébétement.
Hébraïquou, qua, adj. Hébraïque.

HÉRE

Hébraïsmou, s. m. Hébraïsme.
Hébreu, s. m. Hébreu.
Hécatoumba, s. f. Hécatombe.
Hectârou, s. m. Hectare. (V. *Métàrà*).
Hecto, s. m. Hecto, poids.
Héin ! interj. Hein !
Hélâ, v. a. 1re conj. com. *Apprétà*. Héler.
Hélas ! (açou), interj. Hélas !
Héliçou, s. m. Hélice.
Héliotropou, s. m. Héliotrope, plante.
Helvecion, iéna, adj. et s. Helvétien, ienne.
Hémisphêrou, s. m. Hémisphère.
Hémistchichou, s. m. Hémistiche.
Hémouragiquou, qua, adj. Hémorragique.
Hémouragit, s. f. Hémorragie.
Hémourouïdal (alou)**, a, aôx,** adj. Hémorroïdal, e, aux.
Hémourouïdes, s. f. pl. Hémorroïdes.
Hennî, v. n. 2e conj. com. *Défessi*. Hennir ; on dit plutôt *Ricanà*.
Hennissamont, s. m. Hennissement. (V. *Ricanamont*.
Hépatchiquou, qua, adj. et s. f. Hépatique.
Héraôt, s. m. Héraut.
Herba, s. f. Herbe.
Herbâ, v. a. 1re conj. Herber.
Herbacit, cià, f. pl. **ais,** adj. Herbacé, e.
Herbageou, s. m. Herbage.
Herbétta, s. f. Herbette.
Herbîe, s. m. Herbier.
Herbivéurou, ra, adj. et s. Herbivore.
Herbourisâ, v. n. 1re conj. Herboriser.
Herbouristarit, s. f. Herboristerie.
Herbouristou, s. m. Herboriste.
Herboux, ousa, adj. Herbeux, euse.
Herculeon, leéna, adj. Herculéen, éenne.
Herculou, s. m. Hercule.
Heredjità, s. f. Hérédité.
Heredjitairamont, adv. Héréditairement.
Heredjitairou, ra, adj. Héréditaire.
Hérésit, s. f. Hérésie.
Héretâ, v. n. 1re conj. com. *Briquetà*. Hériter.
Héretageou, s. m. Héritage.
Héretchîe, téri, s. Héritier, ière.

HÉUS

Héretchiquou, qua, adj. Hérétique.
Hérissîe, v. a. et pr. 1re conj. irrég. comme *Acussie*. Hérisser.
Hérissit, ià, f. pl. **ais,** adj. Hérissé, e.
Hérissoun, s. m. Hérisson.
Hermaphroudjitou, ta, adj. Hermaphrodite.
Hermetchiquamont, adv. Hermétiquement.
Hermetchiquou, qua, adj. Hermétique.
Hermina, s. f. Hermine.
Hernit ou **Harnit,** s. f. Hernie. (V. *Effà*).
Héros, s. m. Héros.
Hérouïna, s. f. Héroïne.
Hérouïquamont, adv. Héroïquement.
Hérouïquou, qua, adj. Héroïque.
Héroun, s. m. Héron. (Celt. *Herouni*).
Hérousamont, adv. Heureusement.
Héroux, ousa, adj. Heureux, euse.
Hersâ, v. a. 1re conj. Herser.
Hersa, s. f. Herse.
Hersageou, s. m. Hersage.
Herséu, s. m. Herseur.
Hésitâ, v. n. 1re conj. Hésiter.
Hésitacioun, s. f. Hésitation.
Hésitant, a, adj. Hésitant, e.
Héubloun, s. m. Houblon.
Héublounarit, s. f. Houblonnière.
Héupitâ, s. m. Hôpital.
Heurtâ, v. a. 1re conj. Heurter. (V. *Tambutà*).
Heurtoun ou **Eurtoun** (l'), nom de l. L'Heurton, quartier de la ville, au pied de la Croix-Courette (Mont Grenis), peuplé de forgerons.
D'après le *Dict. celt.* de BULLET, *Eur*, *Eurych*, signifie orfèvre, ouvrier fabricant métallurge (Saint Eloi est considéré comme orfèvre forgeron). *Ton* signifie hauteur, élévation, grand, supérieur.
Eur-ton désignerait donc forgeron, métallurge, élevé, supérieur, c'est-à-dire maitre forgeron et la résidence des dieux métallurges.
Eurycthon, roi d'Athènes (1600 avant J.-C.) était considéré comme dieu métallurge et l'inventeur des chars. (V. en plus la *Légende des Gagas*, A. CALLET).
Héuspiçou, s. m. Hospice.
Héuspitaliéramont, adv. Hospitalièrement.
Héuspitalie, iéri, adj. Hospitalier, ière.
Héuspitalità, pl. **ais,** s. f. Hospitalité.

HORT

Héustchilamont, adv. Hostilement.
Héustchilità, pl. ais, s. f. Hostilité.
Héustchit, s. f. Hostie.
Héutel (èlou), s. m. Hôtel.
Héutel-Djiéu, s. m. Hôtel-Dieu. (V. *Héupità*).
Héutelîe, iéri, s. Hôtelier, ière.
Héutellarit, s. f. Hôtellerie.
Héutou, héutessa, s. Hôte, hôtesse.
Hiaôssa, s. f. Hausse.
Hiaôssâ, v. a. 1re conj. Hausser.
Hiaôssamont, s. m. Haussement.
Hiaôt, a, adj. et s. Haut, e.
Hiaôtoû, s. f. Hauteur.
Hiatchus (uçou), s. m. Hiatus.
Hidousamont, adv. Hideusement.
Hidoux, ousa, adj. Hideux, euse.
Hîe, adv. Hier.
Hierarchiquamont, adv. Hiérarchiquement.
Hierarchiquou, qua, adj. Hiérarchique.
Hiéulou, s. m. Huile. (Celt. *Iul*).
Hilarità, pl. ais, s. f. Hilarité.
Hiountou, ta, s. Honte. (V. *Vargougni*).
Hiountousamont, adv. Honteusement.
Hiountoux, ousa, adj. Honteux, euse.
Hippiquou, qua, adj. Hippique.
Hippoudromou, s. m. Hippodrome.
Hippopoutamou, s. m. Hippopotame.
Hirounda ou **Hiroundella,** s. f. Hirondelle.
Hissâ, v. a. 1re conj. Hisser.
Histouairi, s. f. Histoire.
Histouriâ, v. a. 1re conj. Historier, enjoliver.
Histourion, s. m. Historien.
Histouriquamont, adv. Historiquement.
Hivarnâ, v. a. n. et pr. 1re conj. Hiverner.
Hivarnageou, s. m. Hivernage.
Hivê ou **Hivês,** s. m. Hiver.
Ho!, interj. Ho! Ho! là là.
Hô-d'œuvrou, s. m. Hors-d'œuvre.
Holà! interj. Holà!
Hommou ou **Homou,** s. m. Homme.
Hongâ, s. m. Hangar. (V. *Chapit*).
Horda, s. f. Horde.
Hortchicol (olou), **a,** adj. Horticol, e.
Hortchicultchura, s. f. Horticulture.
Hortchicultéu, s. m. Horticulteur.

HOUR

Hortonsiâ, s. m. Hortensia, plante.
Hotta, s. f. Hotte.
Houchét, s. m. Hochet, jouet.
Houchîe, v. a. 1re conj. irrég. com. *Abouchie*.
Houilli, s. f. Houille. (V. *Charboun*).
Houillîe, iéri, adj. Houiller, ière. (V. *Charlounoux*).
Houilléri, s. f. Houillère, mine. (V. *Peréri*).
Houilléu, s. m. Houilleur. (V. *Peréréu*).
Hoûla, s. f. Houle, vague de la mer.
Houlanda, s. f. Hollande.
Houlandais, a, adj. et s. Hollandais, e.
Houloux, ousa, adj. Houleux, euse.
Houmâ, s. m. Homard, poisson.
Houmageou, s. m. Hommage.
Houméoupatchiquou, qua, adj. Homéopathique.
Houméoupatchit, s. f. Homéopathie.
Houméoupatou, s. m. Homéopathe.
Houmeriquou, qua, adj. Homérique.
Houmicidou, da, s. m. et adj. Homicide.
Houmougénità, pl. ais, s. f. Homogénéité.
Houmougênou, na, adj. Homogène.
Houmoulouguâ, v. a. 1re conj. Homologuer.
Houmounymou, ma, adj. et s. Homonyme.
Hounêtamont, adv. Honnêtement.
Hounêtetà, pl. ais, s. f. Honnêteté.
Hounêtou, ta, adj. Honnête.
Hounoû, s. m. Honneur.
Hounourâ, v. a. 1re conj. comme *Aflourâ*. Honorer.
Hounourabilità, s. f. Honorabilité.
Hounourablamont, adv. Honorablement.
Hounourablou, bla, adj. Honorable.
Hounourairou, ra, adj. et s. Honoraire.
Hounourifiquamont, adv. Honorifiquement.
Hounourifiquou, qua, adj. Honorifique.
Houpelanda, s. f. Houppelande. (Celt. *Hopelanda*). (V. *Roupa*).
Houra, s. f. Heure; loc. adv. *à qu'houra*, à quelle heure; *tout héure*, tout à l'heure; *de bouna houra*, de bonne heure, etc.
Hourizoun, s. m. Horizon.
Hourizountalamont, adv. Horizontalement.
Hourizountal (alou), **a, aôx,** adj. Horizontal, e, aux.

HUMI

Houspillie, v. a. 1ʳᵉ conj. irrég. comme *Criaillie*. Houspiller, maltraiter.
Houssa, s. f. Housse.
Houssû ! exclamation pour chasser les chiens.
Houstaôt, s. m. Maison, logis. *Châcûn sans désôdre, lou seguit pas à pas jusqu'a djïus soun houstaôt* ; chacun sans désordre, le suivit pas à pas jusque dans sa maison. (CHAPELON).
Hû ! Hue ! terme pour conduire les chevaux.
Hû-djià ! Même signification.
Huâ, v. a. 1ʳᵉ conj. Huer.
Huguenéud, a, adj. et s. Huguenot, e.
Hui, s. m. Pinson, oiseau.
Huitrou, s. m. Huitre.
Humâ, v. a. 1ʳᵉ conj. Humer, avaler. (Celt. *Humma*). (V. *Coutchi*).
Humanisâ, v. a. 1ʳᵉ conj. Humaniser.
Humanità, pl. **ais**, s. f. Humanité.
Humanitairou, ra, adj. Humanitaire.
Hümblamont, adv. Humblement.
Hümblou, bla, adj. Humble. (Celt. *Humbl*).
Huméin, a, adj. Humain, e. (Celt. *Humen*).
Humeinamont, adv. Humainement.
Humettâ, v. a. 1ʳᵉ conj. Humecter.
Humidamont, adv. Humidement.
Humidjità, pl. **ais**, s. f. Humidité.
Humidou, da, adj. Humide.
Humiliâ, v. a. et pr. 1ʳᵉ conj. Humilier.
Humiliacioun, s. f. Humiliation.

HYST

Humiliant, a, adj. Humiliant, e.
Humilità, pl. **ais**, s. f. Humilité.
Humœu, s. m. Humeur. *Humœus-freids*.
Huppa, s. f. Huppe.
Huppà, f. pl. **ais**, adj. Huppé, e.
Hurlâ ou **Heurlâ**, v. n. 1ʳᵉ conj. Hurler. (V. *Beurlâ*).
Hurlamont ou **Heurlamont**, s. m. Hurlement. (V. *Beurlou*).
Hussâ, s. m. Hussard, soldat.
Hutta, s. f. Hutte. (V. *Teurna, Cafeurna*).
Hydroupiquou, qua, adj. et s. Hydropique.
Hydroupisit, s. f. Hydropisie.
Hyéna, s. f. Hyène, animal.
Hygiênou, s. m. Hygiène.
Hygiéniquamont, adv. Hygiéniquement.
Hygiéniquou, qua, adj. Hygiénique.
Hyma, s. f. Hymne.
Hypoucritamont, adv. Hypocritement.
Hypoucritou, ta, adj. et s. Hypocrite.
Hypouthequâ, v. a. 1ʳᵉ conj. Hypothéquer.
Hypouthèquou, s. m. Hypothèque.
Hypouthêsa, s. f. Hypothèse.
Hypouthétchiquamont, adv. Hypothétiquement.
Hypouthétchiquou, qua, adj. Hypothétique.
Hysteriquou, qua, adj. Hystérique.
Hystérit, s. f. Hystérie.

I

I, s. m. Neuvième lettre de l'alphabet et troisième des voyelles; il est muet, fermé et ouvert. (V. Gram. n° 2).
Iberion, iéna, adj. et s. Ibérien, ienne.
Idéia, s. f. Idée.
Ideial (alou), **a, aôx**, adj. Idéal, e, aux.
Ideialamont, adv. Idéalement.
Ideialisâ, v. a. 1re conj. Idéaliser.
Ideialismou, s. m. Idéalisme.
Ideialistou, s. m. Idéaliste.
Ideialità, pl. **ais**, s. f. Idéalité.
Idèm (émou). Idem, id.
Idjiéumou, s. m. Idiome.
Idjiot, a, adj. et s. Idiot, e. (V. *Gagarét*).
Idjioutchismou, s. m. Idiotisme. (V. *Simpletà*).
Idola, s. f. Idole.
Idontchifiâ, v. a. 1re conj. Identifier.
Idontchiquamont, adv. Identiquement.
Idontchiquou, qua, adj. Identique.
Idontchità, pl. **ais**, s. f. Identité.
Idoulâtrâ, v. a. 1re conj. Idolâtrer.
Idoulâtriquou, qua, adj. Idolâtrique.
Idoulâtrit, s. f. Idolâtrie.
Idoulâtrou, tra, adj. Idolâtre.
Iéure ou **Yéure**, adv. Maintenant, à présent.
If (ifou), s. m. If, arbre.
Iglési, s. f. Eglise.
Ignoblou, bla, adj. Ignoble.
Ignoù ou **Ignoun**, s. m. Oignon.
Ignoublamont, adv. Ignoblement.
Ignourâ, v. a. 1re conj. com. *Affiourà*. Ignorer.
Ignourà, f. pl. **ais**, adj. Ignoré, e.
Ignouramont, adv. Ignoramment.
Ignouranci, s. f. Ignorance.
Ignourant, a, adj. et s. Ignorant, e.
Ila, s. f. Ile, nom d'un quartier Nord-Est de la ville.
Illégal (alou), **a, aôx**, adj. Illégal, e, aux.
Illégalamont, adv. Illégalement.
Illégalità, pl. **ais**, s. f. Illégalité.
Illégitchimamont, adv. Illégitimement.
Illégitchimità, pl. **ais**, s. f. Illégitimité.
Illégitchimou, ma, adj. Illégitime.
Illetrà, f. pl. **ais**, adj. Illettré, e.
Illicitamont, adv. Illicitement.
Illimità, f. pl. **ais**, adj. Illimité, e.
Illisiblamont, adv. Illisiblement.
Illisiblou, bla, adj. Illisible.
Illougiquamont, adv. Illogiquement.
Illougiquou, qua, adj. Illogique.
Illuminâ, v. a. 1re conj. Illuminer.
Illuminà, f. pl. **ais**, adj. Illuminé, e.
Illuminacioun, s. f. Illumination.
Illusioun, s. f. Illusion.
Illusiounâ, v. a. et pr. 1re conj. comme *Affetciounà*. Illusionner.
Illusiounairamont, adv. Illusionnairement.
Illusouairou, ra, adj. Illusoire.
Illustrâ, v. a. 1re conj. Illustrer.
Illustrà, f. pl. **ais**, adj. Illustré, e.
Illustracioun, s. f. Illustration.
Illustrou, tra, adj. Illustre.
Ilot, s. m. Ilot, petite île.
Imaginâ, v. a. et pr. 1re conj. Imaginer.
Imaginablou, bla, adj. Imaginable.

IMMO

Imaginacioun, s. f. Imagination.
Imaginairou, ra, adj. Imaginaire.
Imitâ ou **Émitâ,** v. a. 1ʳᵉ conj. Imiter.
Imitablou, bla, adj. Imitable.
Imitacioun, s. f. Imitation.
Imitatœu, trici, adj. et s. Imitateur, trice.
Immaculà, pl. **ais,** adj. Immaculé, e.
Immanquablamont, adv. Immanquablement.
Immanquablou, bla, adj. Immanquable.
Immarsioun, s. f. Immersion.
Immaterialisâ, v. a. 1ʳᵉ conj. Immatérialiser.
Immaterialità, pl. **ais,** s. f. Immatérialité.
Immateriel (elou), **la,** adj. Immatériel, le.
Immateriellamont, adv. Immatériellement.
Immatriculâ, v. a. 1ʳᵉ conj. Immatriculer.
Immatriculacioun, s. f. Immatriculation.
Immedjiat (atou), **a,** adj. Immédiat, e.
Immedjiatamont, adv. Immédiatement.
Immemourial (alou), **a, aôx,** adj. Immémorial, e, aux.
Immeritâ, f. pl. **ais,** adj. Immérité.
Imméubilîe, iéri, adj. Immobilier, ière.
Immeublou, s. m. Immeuble.
Immigrâ, v. n. 1ʳᵉ conj. Immigrer.
Immigracioun, s. m. Immigration.
Imminont, a, adj. Imminent, e.
Immonsamont, adv. Immensément.
Immonsità, pl. **ais,** s. f. Immensité.
Immonsou, sa, adj. Immense.
Immortalisâ, v. a. et pr. 1ʳᵉ conj. Immortaliser.
Immortalità, pl. **ais,** s. f. Immortalité.
Immortel (elou), **la,** adj. Immortel, le.
Immortellamont, adv. Immortellement.
Immoubilisâ, v. a. 1ʳᵉ conj. Immobiliser.
Immoubilità, pl. **ais,** s. f. Immobilité.
Immoubilou, la, adj. Immobile.
Immouderà, f. pl. **ais,** adj. Immodéré, e.
Immouderacioun, s. f. Immodération.
Immouderamont, adv. Immodérément.
Immoudestamont, adv. Immodestement.
Immoudestchit, s. f. Immodestie.
Immoudestou, ta, adj. Immodeste.
Immoulâ, v. a. 1ʳᵉ conj. com. *Affoulâ*. Immoler.

INAP

Immoulacioun, s. f. Immolation.
Immoundjiçou, s. m. Immondice.
Immoundou, da, adj. Immonde.
Immoural (alou), **a, aôx,** adj. Immoral, e, aux.
Immouralamont, adv. Immoralement.
Immouralità, pl. **ais,** s. f. Immoralité.
Immuablamont, adv. Immuablement.
Immuablou, bla, adj. Immuable.
Immunità, pl. **ais,** s. f. Immunité.
Inabordablou, bla, adj. Inabordable.
Inabrità f. pl. **ais,** adj. Inabrité.
Inacceptablou, bla, adj. Inacceptable.
Inaccessibilità, pl. **ais,** s. f. Inaccessibilité.
Inaccessiblou, bla, adj. Inaccessible.
Inaccioun, s. f. Inaction.
Inaccordablou, bla, adj. Inaccordable.
Inaccostablou, bla, adj. Inaccostable.
Inaccouméudablou, bla, adj. Inaccommodable.
Inaccoutchumà, f. pl. **ais,** adj. Inaccoutumé, e.
Inachevà, f. pl. **ais,** adj. Inachevé, e. Pas ou très peu usité, on dit : *Inassù, a*.
Inatchif (ifou), **iva,** adj. Inactif, ive.
Inactchività, pl. **ais,** s. f. Inactivité.
Inadmissiblou, bla, adj. Inadmissible.
Inadmissioun, s. f. Inadmission.
Inadvartanci, s. f. Inadvertance.
Inaliénabilità, pl. **ais,** s. f. Inaliénabilité.
Inaliénablou, bla, adj. Inaliénable.
Inaliénacioun, s. f. Inaliénation.
Inalliablou, bla, adj. Inalliable.
Inalterà ou **Inarterà,** f. pl. **ais,** adj. Inaltéré, e.
Inalterablou ou **Inarterablou, bla,** adj. Inaltérable.
Inamouvibilità, pl. **ais,** s. f. Inamovibilité.
Inamouviblou, bla, adj. Inamovible.
Inanicioun, s. f. Inanition.
Inanimà, f. pl. **ais,** adj. Inanimé, e.
Inanità, pl. **ais,** s. f. Inanité.
Inaôgurâ, v. a. 1ʳᵉ conj. Inaugurer.
Inaôguracioun, s. f. Inauguration.
Inaparcéu, çua, adj. Inaperçu, e.
Inaparcevablou, bla, adj. Inapercevable.
Inaplicablou, bla, adj. Inapplicable.

INEX

Inaplicacioun, s. f. Inapplication.
Inapliquà, f. pl. **ais,** adj. Inappliqué, e.
Inapreciablou, bla, adj. Inappréciable.
Inaptchitchuda, s. f. Inaptitude.
Inaptou, ta, adj. Inapte.
Inartchiculà, f. pl. **ais,** adj. Inarticulé, e.
Inassarmontà, f. pl. **ais,** adj. Inassermenté, e.
Inassouvit, via, adj. Inassouvi, e.
Inattaquablou, bla, adj. Inattaquable.
Inattondju, a, adj. Inattendu, e.
Inattontchif (ifou), **iva,** adj. Inattentif, ive.
Inattoncioun, s. f. Inattention.
Inavouablou, bla, adj. Inavouable.
Incoure ou **Oncoure,** adv. Encore.
Inébranlablamont, adv. Inébranlablement.
Inébranlablou, bla, adj. Inébranlable.
Inédjit, a, adj. Inédit, e.
Ineffablamont, adv. Ineffablement.
Ineffablou, bla, adj. Ineffable.
Ineffaçablou, bla, adj. Ineffaçable.
Inefficaçamont, adv. Inefficacement.
Inefficacità, pl. **ais,** s. f. Inefficacité.
Inefficaçou, ça, adj. Inefficace.
Inégal (alou)**, a, aôx,** adj. Inégal, e, aux.
Inégalamont, adv. Inégalement.
Inégalità, pl. **ais,** s. f. Inégalité.
Inéligiblou, bla, adj. Inéligible.
Inenarablou, bla, adj. Inénarrable.
Ineptamont, adv. Ineptement.
Ineptou, ta, adj. Inepte.
Inépuisablamont, adv. Inépuisablement.
Inépuisablou, bla, adj. Inépuisable.
Inertou, ta, adj. Inerte.
Inesperà, f. pl. **ais,** adj. Inespéré, e.
Inesperablou, bla, adj. Inespérable.
Inesperamont, adv. Inespérément.
Inevitablamont, adv. Inévitablement.
Inévitablou, bla, adj. Inévitable.
Inexarçà, f. pl. **ais,** adj. Inexercé, e.
Inexarçablou, bla, adj. Inexerçable.
Inexat, a, adj. Inexact, e.
Inexatamont, adv. Inexactement.
Inexatchitchuda, s. f. Inexactitude.
Inexecutà, f. pl. **ais,** adj. Inexécuté, e.
Inexecutablou, bla, adj. Inexécutable.

INIC

Inexecucioun, s. f. Inexécution.
Inexigiblou, bla, adj. Inexigible.
Inexourablamont, adv. Inexorablement.
Inexourablou, bla, adj. Inexorable.
Inexperimontà, f. pl. **ais,** adj. Inexpérimenté, e.
Inexperionci, s. f. Inexpérience.
Inexpiablou, bla, adj. Inexpiable.
Inexpliquà, f. pl. **ais,** adj. Inexpliqué, e.
Inexplicablou, bla, adj. Inexplicable.
Inexploità, f. pl. **ais,** adj. Inexploité, e.
Inexploitablou, bla, adj. Inexploitable.
Inexplourà, f. pl. **ais,** adj. Inexploré, e.
Inexplousiblou, bla, adj. Inexplosible.
Inexplousif (ifou)**, iva,** adj. Inexplosif, ive.
Inexpressif (ifou)**, iva,** adj. Inexpressif, ive.
Inexprimablou, bla, adj. Inexprimable.
Inextricablou, bla, adj. Inextricable.
Inhabilamont, adv. Inhabilement.
Inhabilità, pl. **ais,** s. f. Inhabilité.
Inhabilou, la, adj. Inhabile.
Inhabità, f. pl. **ais,** adj. Inhabité, e.
Inhabitablou, bla, adj. Inhabitable.
Inhéuspitalie, iéri, adj. Inhospitalier, ière.
Inhéuspitalità, pl. **ais,** s. f. Inhospitalité.
Inhumâ, v. a. 1re conj. Inhumer.
Inhumacioun, s. f. Inhumation.
Inhumanità, pl. **ais,** s. f. Inhumanité.
Inhuméin, a, adj. Inhumain, e.
Inhumeinamont, adv. Inhumainement.
Inéintelligeont, a, adj. Inintelligent, e.
Inéintelligiblamont, adv. Inintelligiblement.
Inéintelligiblou, bla, adj. Inintelligible.
Inéinterroumpu, a, adj. Ininterrompu, e.
Inéubsarvacioun, s. f. Inobservation.
Inéubsarvanci, s. f. Inobservance.
Inéuccupà, f. pl. **ais,** adj. Inoccupé, e.
Inéuculà, v. a. 1re conj. Inoculer.
Inéuculacioun, s. f. Inoculation.
Inéuculatœu, trici, s. Inoculateur, trice.
Inéuffonsif (ifou)**, iva,** adj. Inoffensif, ive.
Inéuffonsivamont, adv. Inoffensivement.
Iniciâ, v. a. et pr. 1re conj. Initier.
Iniciâ, f. pl. **ais,** adj. et s. Initié, e.
Iniciacioun, s. f. Initiation.

IRRE

Inicial (alou), a, aôx, adj. et s. Initial, e. aux.
Iniciatchiva, s. f. Initiative.
Iniciatœu, trici, adj. et s. Initiateur, trice.
Inimaginablou, bla, adj. Inimaginable.
Inimitablou, bla, adj. Inimitable.
Inimitchîe, s. f. Inimitié.
Iniquamont, adv. Iniquement.
Iniquitâ, pl. **ais**, s. f. Iniquité.
Iniquou, qua, adj. Inique.
Innà, f. pl. **ais**, adj. Inné, e.
Innouçamont, adv. Innocemment.
Innouceonci, s. f. Innocence.
Innouceont, a, adj. et s. Innocent, e.
Innouceontâ, v. a. 1re conj. Innocenter.
Innoumà, f. pl. **ais**, adj. Innommé, e.
Innoumbrablamont, adv. Innombrablement.
Innoumbrablou, bla, adj. Innombrable.
Innouvâ, v. n. et a. 1re conj. comme *Affoulà*. Innover.
Innouvacioun, s. f. Innovation.
Innouvatœu, s. m. Innovateur.
Inouï, a, adj. Inouï, e.
Inoundâ, v. a. 1re conj. Inonder.
Inoundacioun, s. f. Inondation. (V. *Eiguais*).
Iodou, s. m. Iode.
Ioudà, f. pl. **ais**, adj. Iodé, e.
Ioudjurà, f. pl. **ais**, adj. Ioduré, e.
Ioudjurou, s. m. Iodure.
Iounion, niéna, adj. et s. Ionien, ienne.
Iouniquou, qua, adj. Ionique.
Iris (isoun), s. m. Iris, plante.
Irouniquamont, adv. Ironiquement.
Irouniquou, qua, s. f. Ironique.
Irounit, s. f. Ironie.
Irrachetablou, bla, adj. Irrachetable.
Irraciounel (elou), **la**, adj. Irrationnel, e.
Irradjiâ, v. n. 1re conj. Irradier.
Irrealisablou, bla, adj. Irréalisable.
Irrecounciliablamont, adv. Irréconciliablement.
Irrecounciliablou, bla, adj. Irréconciliable.
Irrecûrablou, bla, adj. Irrécouvrable.
Irrecusablou, bla, adj. Irrécusable.
Irredjutchiblou, bla, adj. Irréductible.
Irrefléchit, chia, adj. Irréfléchi, e.
Irreflexioun, s. f. Irréflexion.

IRRI

Irreformablou, bla, adj. Irréformable.
Irrefutà, f. pl. **ais**, adj. Irréfuté, e.
Irrefutablou, bla, adj. Irréfutable.
Irregularitâ, pl. **ais**, s. f. Irrégularité.
Irregulie, iéri, adj. Irrégulier, ière.
Irreguliérimont, adv. Irrégulièrement.
Irreisounablou, bla, adj. Irraisonnable.
Irreligioun, s. f. Irréligion.
Irreligiousamont, adv. Irréligieusement.
Irreligioux, ousa, adj. Irréligieux, euse.
Irremedjiablamont, adv. Irrémédiablement.
Irremedjiablou, bla, adj. Irrémédiable.
Irremissiblamont, adv. Irrémissiblement.
Irremissiblou, bla, adj. Irrémissible.
Irreparablamont, adv. Irréparablement.
Irreparablou, bla, adj. Irréparable.
Irreprehonsiblou, bla, adj. Irrépréhensible.
Irrepressiblou, bla, adj. Irrépressible.
Irreprouchablamont, adv. Irréprochablement.
Irreprouchablou, bla, adj. Irréprochable.
Irresistchiblamont, adv. Irrésistiblement.
Irresistchiblou, bla, adj. Irrésistible.
Irresoulucioun, s. f. Irrésolution.
Irresoulumont, adv. Irrésolument.
Irrespetchuousamont, adv. Irrespectueusement.
Irrespetchuoux, ousa, adj. Irrespectueux, euse.
Irrespirablou, bla, adj. Irrespirable.
Irrespounsabilitâ, pl. **ais**, s. f. Irresponsabilité.
Irrespounsablamont, adv. Irresponsablement.
Irrespounsablou, bla, adj. Irresponsable.
Irreveramont, adv. Irrévéremment.
Irreveronci, s. f. Irrévérence.
Irreveroncioux, ousa, adj. Irrévérencieux, euse.
Irreveront, a, adj. Irrévérent, e.
Irrevoucabilitâ, pl. **ais**, s. f. Irrévocabilité.
Irrevoucablamont, adv. Irrévocablement.
Irrevoucablou, bla, adj. Irrévocable.
Irrigacioun, s. f. Irrigation.
Irrigatœu, s. m. Irrigateur.
Irriguâ, v. a. 1re conj. Irriguer.

ISOU

Irritâ, v. a. 1re conj. Irriter.
Irritabilità, pl. **ais,** s. f. Irritabilité.
Irritablou, bla, adj. Irritable.
Irritacioun, s. f. Irritation.
Irritant, e, adj. Irritant, e.
Irrupcioun, s. f. Irruption.
Iserablou, s. m. Isérable, ruisseau tortueux passant à la Richelandière, à l'Est de la ville. (Celt. *Is*, rivière; *Iser*, fer, couleur de fer).
Islamismou, s. m. Islamisme.
Islandais, a, adj. et s. Islandais, e.
Isoulâ, v. a. et pr. 1re conj. comme *Affoulâ*. Isoler.
Isoulâ, f. pl. **ais,** adj. Isolé, e.
Isoulacioun, s. f. Isolation.
Isoulâmont, adv. Isolément.
Isoulamont, s. m. Isolement.

IVRO

Isoulant, a, adj. Isolant, e.
Isoulatœu, s. m. Isolateur.
Israélitou, ta, adj. et s. Israélite.
Issu, a, adj. Issu, e.
Issua, s. f. Issue.
Isthmou, s. m. Isthme.
Italianisâ, v. a. 1re conj. Italianiser.
Italion, iéna, adj. et s. Italien, ienne.
Italiquou, qua, s. m. et adj. Italique.
Itchinerairou, s. m. Itinéraire.
Itém, adv. Item, en outre, en plus.
Ivoirou, s. m. Ivoire.
Ivressa, s. f. Ivresse.
Ivrou, vra, adj. Ivre. (V. *Fiéulou*).
Ivrougnarit. s. f. Ivrognerie.
Ivrougni, gnâssi, adj. et s. Ivrogne, esse.

J, s. m. Dixième lettre de l'alphabet et septième des consonnes; joue le même rôle qu'en français.

Jabiâssi, s. f. Grive, tourdelle; fig. : femme bavarde.

Jabiassie, v. n. 1ʳᵉ conj. irrég. comme *Acassie*. Jacasser, bavarder.

Jablâ, v. a. 1ʳᵉ conj. Jabler.

Jabot, s. m. Jabot. *Chamisi à jabot*.

Jaboutâ, v. n. 1ʳᵉ conj. comme *Accoutâ*. Jaboter, parler beaucoup sans raison.

Jaboutageou, s. m. Jabotage, bavardage.

Jaboutéu, sa, s. Jaboteur, euse.

Jacassie, v. n. 1ʳᵉ conj. irrég. comme *Acassie*. Jacasser, bavarder.

Jacéintha, s. f. Jacinthe, plante.

Jacoubïn, ina, s. Jacobin, e; religieux.

Jacoubina, s. f. Mansarde, petite chambre sous les toits d'une maison.

Jacoubinismou, s. m. Jacobinisme.

Jacquâ, s. m. Jacquard, métier à tisser muni d'une mécanique portant le nom de Jacquard, l'inventeur.

Jadjis (içou), adv. Jadis.

Jaiét, s. m. Jaïet, jais.

Jailli, s. f. Fagoue, ris de veau.

Jaillî, v. n. 2ᵉ conj. Jaillir. (V. *Jiclâ, repiclâ*).

Jaillissamont, s. m. Jaillissement. (V. *Jiclageou*).

Jailloun ou **Jaioun**, s. m. Jeune coq, petit geai.

Jaivi ou **Geaivi**, s. f. Cage d'oiseau. *La jaivi dj'ün usai qu'a bon prou des cousins ; la cage d'un oiseau qui ne manque pas de cousins (le coucou).* (CHAPELON).

Jalenna, s. f. Géline, poule.
*O-l-allâve la not appiâ quéuqua jalenna,
Qu'o venit péu mingie ontre lû et sa fenna.*
(Jacq. CHAPELON).

Jaleinnei, s. m. Poulailler. *Si eis-l-ant quéuqua jalenna au jaleinnei.* (CHAPELON).

Jaloun, s. m. Jalon.

Jalounâ, v. a. et n. 1ʳᵉ conj. comme *Boundounâ*. Jalonner.

Jalounamont, s. m. Jalonnement.

Jalounéu, s. m. Jalonneur.

Jalousâ, v. a. 1ʳᵉ conj. Jalouser.

Jalousamont, adv. Jalousement.

Jalousit, s. f. Jalousie. (Celt. *Jalousi*).

Jaloux, ousa, adj. Jaloux, ouse. (Celt. *Jalous*).

Jamais, adv. Jamais. (Celt. *Jamaes*).

Jamârou, s. m. Jumard, métis du taureau et de la jument.

Jamba ou **Chamba**, s. f. Jambe.

Jambageou, s. m. Jambage.

Jamboun, s. m. Jambon.

Jambounaî, pl. **aôx**, s. m. Jambonneau.

Jangouillîe, v. n. 1ʳᵉ conj. irrég. comme *Ageanouillîe*. Babiller, parler.

*Ji vièux que bion des geons se firant grand pleisi
De vous ontondre tous jangouillie à leisi.*

Je vis que bien des gens se firent grand plaisir
De vous entendre tous babiller à loisir.

(CHAPELON).

Janissoun, s. m. Seneçon, plante.

Janoù ou **Janoun**, nom de l. Janon, petite rivière donnant son nom à un village de la commune de Terrenoire, à Saint-Etienne.

Jansenismou, s. m. Jansénisme.

Jansenistou, s. m. Janséniste.

Janta, s. f. Jante, pièce de bois courbée.

Janvîe, s. m. Janvier, premier mois.

Jaôgeageou, s. m. Jaugeage.

Jaôgi, s. f. Jauge.

JAT

Jaôgîe, v. a. 1ʳᵉ conj. irrég. com. *Ablagie*. Jauger, mesurer.

Jaônâtrou, tra, adj. Jaunâtre.

Jaônissamont, s. m. Jaunissement.

Jaônissant, a, adj. Jaunissant, e.

Jaônissi, s. f. Jaunisse, maladie.

Jaônou, na, adj. Jaune.

Japoun, s. m. Japon.

Japounais, a, adj. et s. Japonais, e.

Jappâ, v. n. 1ʳᵉ conj. Japper, aboyer. Prov. *Onte lou chin jappe, o féut qu'o minge;* où le chien jappe, il faut qu'il mange.

Jappamont, s. m. Jappement.

Jaquamâ, s. m. Jacquemard; fig. : horloge.

Jacquarit, s. f. Jacquerie.

Jaquétta, s. f. Jaquette, vêtement. (Celt. *Jacqueta*).

Jardjïn, s. m. Jardin.

Jardjinâ, v. n. 1ʳᵉ conj. Jardiner.

Jardjinageou, s. m. Jardinage.

Jardjinét, s. m. Jardinet.

Jardjinîe, iéri, s. et adj. Jardinier, ière.

Jargou ou **Jargoun,** s. m. Jargon, langage.

Jargounâ, v. n. 1ʳᵉ conj. com. *Boundounâ*. Jargonner. (Celt. *Jargona*).

Jarjilli, s. et adj. Taquin, e ; contrariant, e.

Jârou, s. m. Taureau.

Jâroûssa, s. f. Jarosse, gesse-chiche, plante.

Jarrét, s. m. Jarret, viande de boucherie.

Jartchura, s. f. Réjouissance, bombance, folichonnerie. *Faire jartchura,* se réjouir, faire bombance, folichonner.

Equellous biaôx chaviéus et lio jonta coueiffura,
Qu'eis sount evarachis et couma eis faut jartchura.
Ces beaux cheveux et leur jolie coiffure,
Comme ils sont en désordre et comme ils foli-
[chonnent.
(Ant. CHAPELON).

Jartéuri ou **Jartéri,** s. f. Jarretière.

Jartoux, ousa, adj. et s. Bancroche, bancal, rachitique. *Lou plus groulu, lou plus jartoux;* le plus gros, le plus bancroche. (*Ballet forèz*. M. ALLARD).

Jâsâ, v. n. 1ʳᵉ conj. Jaser.

Jâsamont, s. m. Jasement.

Jâséu, sa, s. Jaseur, euse.

Jasmïn ou **Jasméin,** s. m. Jasmin.

Jaspâ, v. a. 1ʳᵉ conj. Jasper.

Jaspéuri, s. f. Jaspure.

Jat, s. m. Gîte, litière des animaux. *Prendre la liôra au jat;* prendre le lièvre au gîte.

JIN

Sintchi ün gout de jat; sentir un mauvais goût de putréfaction, de renfermé.

Jatta, s. f. Jatte, espèce de vase.

Javagnéu, s. m. Sorte de lutin ; par all. : enfant turbulent, étourdi, saccageur, désordonné.

Javagnéu-baiâ, s. m. Lutin bigarré.

Javelâ, v. a. 1ʳᵉ conj. comme *Baritelâ*. Javeler.

Javelageou, s. m. Javelage.

Javeléu, s. m. Javeleur.

Javella, s. f. Javelle.

Jean-ma-mâre, s. m. Niais, qui est toujours attaché au jupon de sa mère.

Jean-ma-fenna, s. m. Niais, qui ne sait rien faire sans sa femme.

Jesuitchiquamont, adv. Jésuitiquement.

Jesuitchiquou, qua, adj. Jésuitique.

Jesuitchismou, s. m. Jésuitisme.

Jesuitou, s. m. Jésuite.

Jesus, s. m. Jésus.

Jét, s. m. Jet. *Jét d'aigua,* jet d'eau.

Jetâ, v. a. et pr. 1ʳᵉ conj. com. *Assetâ*. Jeter. (V. *Traire*).

Jetâ, s. m. Jeté, pas de danse.

Jetâ, pl. **ais,** s. f. Jetée.

Jetoun, s. m. Jeton.

Jeu, s. m. Jeu, divertissement.

Jéu ou **Djiéju,** s. m. Jeudi, cinquième jour.

Jéun ou **Jün** (à), loc. adv. A jeun.

Jéunâ, v. n. 1ʳᵉ conj. Jeûner.

Jéunéri ou **Jaônéri,** s. f. Chatière, ouverture ronde pratiquée au bas d'une porte d'entrée pour le passage des chats. *Partchù de jéunéri;* trou du chat. *Tampoun de jéunéri;* tampon de chatière ; fig. : personne courte et grosse.

Jéunéu, sa, s. Jeûneur, euse.

Jéunou, s. m. Jeûne.

Jéurî ou **Géurî,** v. n. 2ᵉ conj. com. *Cùri*. Givrer.

Jéurit, ria, adj. Recouvert de givre.

Jéuset, n. pr. Joseph.

Jéuvi, v. a. et n. 2ᵉ conj. com. *Cùri*. Jouir, posséder, tenir, en parlant d'un enfant. *Ji n'on poiou plus jéuvi,* je n'en puis plus jouir.

Jïn, adv. de négation. Point, pas, nullement. *A-n-iquel omponcisoun o n'ya jin de remèdou;* à ce poison il n'y a point de remède. (Ant. CHAPELON).

JOUN

Jïnguelét, a, adj. et s. Agité, à l'air hébété, qui remue convulsivement.
Joaillarit, s. f. Joaillerie.
Joaillîe, iéri, s. Joaillier, ière.
Joéindre, v. a. et n. 3e conj. com. *Attéindre*. Joindre.
Joéint, s. m. Joint.
Joéintchi, s. f. Partie de viande de boucherie. Jointure.
Joéinteïe, v. a. 1re conj. irrég. com. *Approupreïe*. Jointoyer.
Joéintéuri, s. f. Jointure.
Jonta, adj. f. Jolie. Au XIIIe siècle : jante, gente.
Jontamont, adv. Joliment.
Jontchî, adj. m. Joli, beau.
Jornà, pl. **ais,** s. f. Journée.
Jornal (alou), aôx, s. m. Journal.
Jornalîe, iéri, s. Journalier, ière.
Jornalismou, s. m. Journalisme.
Jornalistou, s. m. Journaliste.
Jornellamont, adv. Journellement.
Joû, s. m. Jour. Prend un *e* muet devant une voyelle. *Joûe et noṭ ;* jour et nuit.
Jouais ou **Jouê,** s. f. Joie. (Celt. *Joa, joaës*).
Jouainou ou **Jouênou, na,** adj. Jeune, peu avancé en âge.
Jouénessa, s. f. Jeunesse.
Jouét, s. m. Jouet. (V. *Galà*).
Joufflu, a, adj. Joufflu, e. (V. *Coufflou*).
Jougnant, a, adj. Joignant, e. (V. *Dorà*).
Jouî, v. n. 2e conj. Jouir. (V. *Jéuvi*).
Jouiablou, bla, adj. Jouable.
Jouaillîe, v. n. 1re conj. irrég. comme *Criaillîe*. Jouailler.
Jouailloun, s. m. Petit joueur.
Jouîe, v. n. et a. 1re conj. irrég. comme *Allouîe*. Jouer.
Jouiéu, sa, s. Joueur, euse.
Jouissanci, s. f. Jouissance.
Joun, s. m. Jonc.
Jounchie ou **Jéuchîe,** v. a. 1re conj. irrég. com. *Appinchie*. Joncher. (V. *Déubi*).
Jouncioun, s. f. Jonction.
Jounglâ, v. n. 1re conj. Jongler.
Jounglarit, s. f. Jonglerie.
Joungléu, s. m. Jongleur.
Jounqua, s. f. Jonque.
Jounquilli, s. f. Jonquille.

JURÉ

Jout, s. m. Joug. (Celt. *Jou*).
Joûtâ, v. n. 1re conj. Jouter.
Joûtéu, s. m. Jouteur.
Jouvial (alou), a, iaôx, adj. Jovial, e, aux.
Jouvialamont, adv. Jovialement.
Jouvialità, pl. **ais,** s. f. Jovialité.
Jouvonceaî, pl. **ceaôx,** s. m. Jouvenceau.
Jouvoncella, s. f. Jouvencelle.
Jouvonci, s. f. Jouvence.
Jouyaî, pl. **yaôx,** s. m. Joyau.
Jouyousamont, adv. Joyeusement.
Jouyousetà, pl. **ais,** s. f. Joyeuseté.
Jouyoux, ousa, adj. Joyeux, euse.
Jubilâ, v. n. 1re conj. Jubiler.
Jubilacioun, s. f. Jubilation.
Jubilé ou **Jubilà,** s. m. Jubilé.
Judaïquamont, adv. Judaïquement.
Judaïquou, qua, adj. Judaïque.
Judaïsâ, v. n. 1re conj. Judaïser.
Judaïsmou, s. m. Judaïsme.
Judas, s. m. Judas.
Judjiciairamont, adv. Judiciairement.
Judjiciairou, ra, adj. Judiciaire.
Judjicioux, ousa, adj. Judicieux, euse.
Juéin, s. m. Juin, sixième mois.
Jugeamont, s. m. Jugement.
Jugeou, s. m. Juge.
Jugîe, v. a. 1re conj. irrég. comme *Ablagîe*. Juger.
Jugulâ, v. a. 1re conj. Juguler.
Jugulaira, s. f. Jugulaire.
Juit, Juiva, adj. et s. Juif, ive.
Juivarit, s. f. Juiverie.
Jujuba, s. f. Jujube.
Julion, iéna, adj. et s. Julien, ienne.
Julliét, s. m. Juillet, septième mois.
Jumaî, pl. **aôx,** f. **ella,** adj. et s. Jumeau, elle. (V. *Bessoun*).
Jumont, s. f. Jument. (V. *Carala*).
Junoun, s. f. Junon.
Jupitet, s. m. Jupiter.
Jurâ, v. a. et n. 1re conj. Jurer.
Jurà ou **Juré,** s. m. Juré.
Juramont, s. m. Jurement.
Juranda, s. f. Jurande.
Juréu, s. m. Jureur.

JUST

Juridjiquamont, adv. Juridiquement.
Juridjiquou, qua, adj. Juridique.
Jurisprudonci, s. f. Jurisprudence.
Juristou, s. m. Juriste.
Juroun, s. m. Juron.
Jury, s. m. Jury.
Jus, s. m. Jus, suc.
Jusqua, prép. Jusque.
Justamont, adv. Justement.
Justchici, s. f. Justice.

JUTO

Justchiciablou, bla, adj. et s. Justiciable.
Justchicîe, adj. et s. m. Justicier.
Justchifiâ, v. a. et pr. 1re conj. Justifier.
Justchifiablou, bla, adj. Justifiable.
Justchificacioun, s. f. Justification.
Justessa, s. f. Justesse.
Justou, ta, adj. et s. m. Juste.
Jûtâ, v. n. 1re conj. Juter, reprendre du ju se dit d'une pipe culottée, *ei jùte.*
Jûtoux, ousa, adj. Juteux, euse.

K, s. m. Onzième lettre de l'alphabet et huitième des consonnes; joue le même rôle qu'en français, mais n'est presque pas usité dans le gaga.

Kabylit, s. f. Kabylie.
Kabylou, la, adj. et s. Kabyle.
Karmessa, s. f. Kermesse.
Keisîe, v. a. et pr. 1ʳᵉ conj. irrég. comme *Beissie*. Taire, cesser.
Képit, s m. Képi, casquette.
Kéu, s. f. Haie. (Celt. *Kaë, Kaen*).
Kéutâ, s. m. Côté. (V. *Lâ, laré*).
Kéuta, s. f. Côte, os de la poitrine, montagne.
Kéuteïe, v. a. 1ʳᵉ conj. irrég. com. *Détaffeie*. Côtoyer.
Kilot, s. m. Kilo, mille grammes.
Kilougrammou, s. m. Kilogramme.
Kiloumetrâ, v. a. 1ʳᵉ conj. Kilométrer.
Kiloumetrageou, s. m. Kilométrage.
Kiloumétriquamont, adv. Kilométriquement.
Kiloumétriquou, qua, adj. Kilométrique.
Kiloumètrou, s. m. Kilomètre.
Kyriella, s. f. Kyrielle.
Kystou, s. m. Kyste.
Kystou, ousa, adj. Kysteux, euse.

L, s. m. et f. Douzième lettre de l'alphabet et neuvième des consonnes; joue le même rôle qu'en français.
La, art. f. s. et pr. La, comme en français.
La, s. m. La, sixième note de la gamme.
Lâ, s. m. Côté. (V. *Laré*).
  Fasouns tous doux à qui miéu miéu,
  Tei de toun lâ et mei do miéu.
  Faisons tous deux à qui mieux mieux,
  Toi de ton côté et moi du mien.
    (*Ballet foréz*. M. ALLARD).
Labœu, s. m. Labeur. (Celt. *Labur*).
Labourâ, v. a. 1re conj. comme *Afflourâ*. Labourer. (Celt. *Labura*).
Labourablou, bla, adj. Labourable.
Labourageou, s. m. Labourage.
Labouréu, s. m. Laboureur.
Labiréinthou, s. m. Labyrinthe.
Lac (akou), s. m. Lac. (Celt. *Lac, lach*).
Laçageou, s. m. Laçage.
Lacerâ, v. a. 1re conj. com. *Aberâ*. Lacérer.
Laceracioun, s. f. Lacération.
Lacét, s. m. Lacet.
Lâchamont, adv. Lâchement.
Lachetà, pl. **ais**, s. f. Lâcheté.
Lâchîe, v. a. 1re conj. irrég. com. *Appinchie*. Lâcher.
Lâchou, chi, adj. et s. Lâche.
Lacîe, v. a. 1re conj. irrég. com. *Ageoncie*. Lacer.
Lacouniquamont, adv. Laconiquement.
Lacouniquou, qua, adj. Laconique.
Lacounismou, s. m. Laconisme.
Lactà, f. pl. **ais** adj. Lacté, e.
Lactacioun, s. f. Lactation.
Lacuna, s. f. Lacune.

Lacustrou, tra, adj. Lacustre.
Ladrarit, s. f. Ladrerie.
Ladrou, dra, adj. et s. Ladre.
Laidjimont, adv. Laidement.
Laidou, Laidji, adj. Laid, e.
Laidoû, s. f. Laideur.
Laïquou, qua, adj. et s. Laïque.
Lama, s. f. Lame. (Celt. *Lama*).
Lambaî, pl. **baôx**, s. m. Lambeau.
Lambïn, ina, adj. et s. Lambin, e.
Lambinâ, v. n. 1re conj. Lambiner.
Lamborda, s. f. Lambourde.
Lambrequïns, s. m. pl. Lambrequins.
Lambris, s. m. Lambris.
Lambrissageou, s. m. Lambrissage.
Lambrissîe, v. a. 1re conj. irrég. comme *Acassie*. Lambrisser.
Lamella, s. f. Lamelle, petite lame.
Laminâ, v. a. 1re conj. Laminer.
Laminageou, s. m. Laminage.
Laminéu, s. m. Lamineur.
Laminoi, s. m. Laminoir.
Lamontâ (se), v. pr. 1re conj. Se lamenter.
Lamontablamont, adv. Lamentablement.
Lamontablou, bla, adj. Lamentable.
Lâmou ou **Lâmoun**, adv. Là-haut. *J'ai lâmou, sus ma chiminéia, lou grand saprou de Patassoun*; j'ai là-haut, sur ma cheminée, le grand sabre de Patasson. (LINOSSIER).
Lampa, s. f. Lampe. (Celt. *Lampa*). (V. *Criziéu*).
Lampadairou, s. m. Lampadaire.
Lampioun, s. m. Lampion.
Lampistarit, s. f. Lampisterie.

Lampistou, s. m. Lampiste.
Lana, s. f. Laine.
Lanâ, v. a. 1re conj. Lainer.
Lanageou, s. m. Lainage.
Lanarit, s. f. Lainerie.
Lanoux, ousa, adj. Laineux, euse.
Lançageou, s. m. Lançage.
Lançamont, s. m. Lancement.
Lancétta, s. f. Lancette. (Celt. *Lanceta*).
Lanci, s. f. Lance. (Celt. *Lancea*).
Lancîe, s. m. Lancier, soldat.
Lancîe, v. a. et pr. 1re conj. irrég. comme *Ageoncie*. Lancer.
Lanciéu, s. m. Drap de lit, linceul.
Landa, s. f. Lande. (Celt. *Landa*). (V. *Barlandéri*).
Landaî, pl. **djiaôx**, s. m. Landeau.
Langageou, s. m. Langage.
Langeou, s. m. Lange.
Langœu ou **Langoû**, s. f. Langueur. (Celt. *Langour*)
Langourousamont, adv. Langoureusement.
Langouroux, ousa, adj. Langoureux, euse.
Languétta ou **Léinguétta**, s. f. Languette.
Langui, v. n. 2e conj. comme *Blanchi*. Languir.
Languissamont, adv. Languissement.
Languissant, a, adj. Languissant, e.
Laniéri, s. f. Lanière, courroie.
Lanterna, s. f. Lanterne.
Lanternâ ou **Lantarnâ**, v. n. 1re conj. Lanterner.
Lanternarit ou **Lantarnarit**, s. f. Lanternerie.
Lanternie ou **Lantarnîe**, s. m. Lanternier.
Laôreat, s. m. Lauréat.
Laôrie, s. m. Laurier.
Lapidâ, v. a. 1re conj. Lapider.
Lapidacioun, s. f. Lapidation.
Lapidairou, s. m. Lapidaire.
Lapïn, ina, s. Lapin, e. (V. *Cunit*).
Lapoun, a, adj. et s. Lapon, onne.
Laqua, s. f. Laque.
Laquoux, ousa, adj. Laqueux, euse.
Lardâ, v. a. 1re conj. Larder.
Lardenna, s. f. Mésange, oiseau; fig. : petit enfant vif et taquin.
Lardéuri, s. f. Lardure.

Lardoueiri, s. f. Lardoire.
Largeou, gi, adj. Large. (Celt. *Largi*).
Largeoû, s. f. Largeur.
Largessa, s. f. Largesse.
Largimont, adv. Largement.
Larma, s. f. Larme.
Larmîe, s. m. Larmier.
Larmouîe, v. n. 1re conj. irrég. comme *Allouie*. Larmoyer.
Larmouyant, a, adj. Larmoyant, e.
Larmûza, s. f. Petit lézard gris; par all. : petit enfant vif et agile.
Larroun, a, s. Larron, onnesse.
Larva, s. f. Larve.
Lâssa ! interj. Las ! pour hélas !
Lâssâ, v. a. et n. 1re conj. Lasser, fatiguer,
Lassitchuda, s. f. Lassitude, fatigue.
Lat, s. m. Lait.
Latageou, s. m. Laitage.
Latarit, s. f. Laiterie.
Latchîe, téri, s. Laitier, ière. (V. *Caillaire*).
Latchïn, ina, adj. Latin, e.
Latchinisâ, v. a. 1re conj. Latiniser.
Latchinistou, s. m. Latiniste.
Latchinità, pl. **ais**, s. f. Latinité.
Latchitchuda, s. f. Latitude.
Lateral (alou), **a, aôx**, adj. Latéral, e, aux.
Lateralamont, adv. Latéralement.
Latta, s. f. Latte. (Celt. *Lata*).
Lattâ, v. a. 1re conj. Latter.
Lattageou, s. m. Lattage.
Lavâ, v. a. 1re conj. Laver.
Lava, s. f. Lave, matière fondue.
Lavabô, s. m. Lavabo.
Lavailles, s. f. pl. Lavures, eau dont on a lavé la vaisselle contenant des débris de cuisine, eaux grasses.
Lavageou, s. m. Lavage.
Lavamont, s. m. Lavement.
Lavandéri, s. f. Lavandière.
Lavéu, sa, s. Laveur, euse.
Lavéuri, s. f. Lavure.
Lavéurou, s. m. Lavoir.
Lavorgîe, v. a. 1re conj. irrég. com. *Ablagie*. Laver, nettoyer à l'eau. *Do moundou qui souvont, la leingua vous lavorge*; du monde qui souvent la langue vous lave (calomnie). (MURGUES, *l'Esprit*).

LÉIN

Lâvouais, adv. Là-bas. (V. *Leyon*).
Laya, n. de l. Site, au Sud de Saint-Etienne, après la Digonnière. (Celt. *Laya*, bois taillis).
Layétta, s. f. Layette.
Legacioun, s. f. Légation.
Légal (alou), **a, aôx,** adj. Légal, e, aux.
Légalamont, adv. Légalement.
Légalisâ, v. a. 1re conj. Légaliser.
Légalisacioun, s. f. Légalisation.
Légalità, pl. **ais,** s. f. Légalité.
Legat, s. m. Légat.
Legatairou, ra, s. Légataire.
Legeonda, s. f. Légende.
Legeondairou, ra, s. Légendaire.
Legeretâ, pl. **ais,** s. f. Légèreté.
Legérimont, adv. Légèrement.
Legîe, géri, adj. Léger, ère.
Legiferâ, v. n. 1re conj. comme *Aberâ*. Légiférer.
Legioun, s. f. Légion.
Legiounairou, s. m. Légionnaire.
Legislatchif (ifou), **iva,** adj. Législatif, ive.
Legislatchivamont, adv. Législativement.
Legislatchura, s. f. Législature.
Legistou, s. m. Légiste.
Legitchima, s. f. Légitime. (V. *Varchéri*).
Legitchimâ, v. a. 1re conj. Légitimer.
Legitchimacioun, s. f. Légitimation.
Legitchimamont, adv. Légitimement.
Legitchimistou, ta, s. Légitimiste.
Legitchimità, pl. **ais,** s. f. Légitimité.
Legitchimou, ma, adj. Légitime.
Leg (egou), s. m. Legs, don.
Leguâ, v. a. 1ro conj. Léguer.
Légumínoux, ousa, adj. Légumineux, euse.
Légumou, s. m. Légume.
Léimpidjità, pl. **ais,** s. f. Limpidité.
Léimpidou, da, adj. Limpide.
Léingua, s. f. Langue.
Léinguâ, v. a. 1re conj. Langueyer.
Léinguageou, s. m. Action de langueyer.
Léingual (alou), **a,** adj. Lingual, e.
Léinguéu, s. m. Langueyeur.
Léinguistou, s. m. Linguiste.
Léingün ou **Leigûn,** pr. ind. Personne,

LEVR

aucun. *Léingün n'a-t-éu tant de témérità que mi ;* personne n'a eu tant de témérité que moi. (CHAPELON).
Leiri ou **Leire,** s. f. Loire, rivière.
Leisî ou **Lisî,** s. m. Loisir.
Leissîe, v. a. 1re conj. irrég. com. *Beissie*. Laisser.
Leitoun, s. m. Laiton. (V. *Coûrou*).
Lére, v. a. 3e conj. comme *Creire*. Lire.
Lésinâ, v. n. 1re conj. Lésiner.
Lestâ, v. a. 1re conj. Lester.
Lestamont, adv. Lestement.
Lestou, s. m. Lest, charge.
Lestou, ta, adj. Leste, agile.
Létchia ou **Leitchia,** s. f. Petit lait.
Lethargit, s. f. Léthargie.
Letharhiquou, qua, adj. Léthargique.
Léttra, s. f. Lettre. (Celt. *Letra*).
Léttrâ, f. pl. **ais,** adj. Lettré, e.
Léura, s. f. Lèvre.
Léuriéu, s. m. Loriot, oiseau. (V. *Pierléuriéu*).
Léut, s. m. Lot.
Léuvou, va, adj. Léger, non tassé, non comprimé. *Tarréin léurou,* terrain léger ; *pon léuvou,* pain léger, bien levé.
Léuza ou **Laôza,** s. f. Pierre, marbre. (Celt. *Losa*, pierre carrie).

. . . . . *Et ne coupaz pas nôutra Léusa.*
Et ne coupez pas notre pierre.
(CHAPELON, page 218).

Au sujet d'une pierre qui avait 58 pieds de longueur, destinée à faire une croix sur la place du Pré de la Foire et dont MM. les administrateurs de la Charité s'emparèrent pour l'employer à la construction du grand escalier de la maison.
Les menus morceaux de cette longue pierre ont servi à paver la rue des Fossés.

Léuzou ou **Laôzou,** s. m. Caillou, pavé. *Un léuzou m'assupait, ji bouquiéu la charéri ;* un caillou m'achoppa, je baisai le pavé de la rue. (CHAPELON).
Levâ, v. a. et pr. 1re conj. comme *Assetâ*. Lever. (Celt. *Lera*).
Levant, s. m. Levant. (V. *Madjinâ*).
Levéuri, s. f. Levure.
Levie, s. m. Levier.
Levis, adj. Levis, pont.
Lévitou, s. m. Lévite.
Levon, s. m. Levain.
Levrîe, s. m. Levrier.

LIBR

Leyda ou **Leida**, s. f. Laude, leude, laide ; droits levés sur les denrées exposés au marché. *Levâ la leida*, rogner sur une part, faire faux poids.

Leyon, adv. Là-bas. *Eis djiount qu'ci-l-é leyon djins ün chiraté*; on dit qu'elle est là-bas dedans une ruine. (CHAPELON).

Lézâ, s. m. Lézard.

Lézarda, s. f. Lézarde.

Lézardà, f. pl. **ais**, adj. Lézardé, e.

Lézardâ (se), v. pr. 1ʳᵉ conj. Lézarder (se).

Lia, s. f. Lie. (Celt. *Lia*, lie de vin).

Lia, s. f. Lieue.

Liâ, v. a. 1ʳᵉ conj. Lier. (Celt. *Lia*).

Liâ, s. m. Liard ; nom générique de la monnaie, argent, finance, fortune. *O l'a prés pas sous liâs*; il l'a épousée pour sa fortune.

Lous garcouns n'ant plus de liâs
Les filles plus de soulas.
Adjièu donc la vogua (bis).
(Bourrée).

Liarda, s. f. Pièce de monnaie. *Una liarda de doux lias*, une pièce de deux liards.

Liardâ, v. n. 1ʳᵉ conj. Compter de la monnaie, faire l'appoint d'un compte par fraction, en discutant un rabais, marchander à un liard près.

Liaôdou, n. pr. Claude ; se dit subst. pour lourdeau. *Gréus Liaôdou!* gros lourdeau.

Liâssi, s. f. Liasse, choses liées ensemble.

Libacioun, s. f. Libation.

Libartà, pl. **ais**, s. f. Liberté.

Libartchïn, **ina**, adj. et s. Libertin, e.

Libartchinageou, s. m. Libertinage.

Libelâ, v. a. 1ʳᵉ conj. comme *Baritelâ*. Libeller.

Libelà, s. m. Libellé.

Libelistou, s. m. Libelliste.

Liberâ, v. a. et pr. 1ʳᵉ conj. comme *Aberâ*. Libérer.

Liberà, f. pl. **ais**, adj. Libéré, e.

Liberablou bla, adj. Libérable.

Liberacioun, s. f. Libération.

Liberal (alou), **a**, **aôx**, adj. Libéral, e, aux. (Celt. *Liberal*).

Liberalamont, adv. Libéralement.

Libéralismou, s. m. Libéralisme.

Liberalità, pl. **ais**, s. f. Libéralité.

Liberatœu, **trici**, s. Libérateur, trice.

Librairou, s. m. Libraire.

Libramont, adv. Librement.

LIGN

Librârit, s. f. Librairie.

Librou, **bra**, adj. Libre.

Liceonci, s. f. Licence.

Liceonciâ, v. a. 1ʳᵉ conj. Licencier.

Liceonciâ, s. m. Licencié.

Liceonciamont, adv. Licenciement.

Liceonciousamont, adv. Licencieusement.

Liceoncioux, **ousa**, adj. Licencieux, euse.

Lichéu, **sa**, s. Lécheur, euse, gourmand.

Lichi, s. f. Friandise, festin, bombance. *Faire ün cop de lichi*, festoyer, manger de bons morceaux, faire bombance.

Lichie, v. a. et pr. 1ʳᵉ conj. irrég. comme *Appinchie*. Lécher ; fig. : manger, banqueter. *Se lichie les babines*, se passer la langue sur les lèvres, éprouver du bienêtre, de l'orgueil, de la satisfaction. *Ne plus pouaire se lichie*, être abattu, harrassé, tomber de fatigue. *Lichie la mô*, succomber à la suite d'un accident.

Lici ou **Lissi**, s. f. Lice, pièce de métier à tisser où l'on passe les fils de chaîne; lame de bois sur laquelle on construit un cerf-volant (jouet).

Liciéu ou **Lissiéu**, s. m. Ce dont on fait la lessive, cendre de bois dans l'eau chaude. (Celt. *Liciou*).

Licitâ, v. a. 1ʳᵉ conj. Liciter.

Licitacioun, s. f. Licitation.

Licitamont, adv. Licitement.

Licitou, **ta**, adj. Licite.

Licol (olou), s. m. Licou.

Licorna, s. f. Licorne.

Licotta, s. f. Petite quantité, en parlant d'un liquide. *Una licotta de vin*, une goutte de vin, rincelette.

Liçoun, s. f. Leçon.

Liégeou, s. m. Liège, écorce; ville de Liège.

Liégeouais, **a**, adj. et s. Liégeois, se.

Liégeoux, **ousa**, adj. Liégeux, euse.

Lierchi ou **Liéchi**, s. f. Tranche très mince.

Liét, s. m. Lit.

Ligamont, s. m. Ligament.

Ligamontoux, **ousa**, adj. Ligamenteux, euse.

Ligatchurâ, v. a. 1ʳᵉ conj. Ligaturer.

Ligatchura, s. f. Ligature.

Ligni, s. f. Ligne, trait.

Lignéu, s. m. Ligneul.

Lignoux, **ousa**, adj. Ligneux, euse.

LIQU

Ligua, s. f. Ligue. Ce mot est souvent employé dans le sens de querelle, discorde, lutte.

Liguâ, v. a. et pr. 1ʳᵉ conj. Signifie également quereller, pressurer, soumettre par la force. *Se liguâ*, se buter, s'opiniâtrer.

Liguéu, s. m. Ligueur.

Lilas, s. m. et adj. Lilas. (V. *Quoua de rénâ*).

Lilipucion, iéna, adj. Liliputien, ienne.

Limîe, s. m. Limier.

Limita, s. f. Limite.

Limitâ, v. a. 1ʳᵉ conj. Limiter.

Limità, f. pl. ais, adj. Limité, e.

Limitrophou, pha, adj. Limitrophe.

Limoun ou **Limoù**, s. m. Limon. Ce mot désigne aussi le timon d'une voiture.

Limounada, s. f. Limonade.

Limounadjie, déri, s. Limonadier, ière.

Limounîe, s. m. Limonier.

Limousin, ina, adj. et s. Limousin, ine.

Lïn, s. m. Lin, plante, toile. (Celt. *Lin*).

Linéairou, ra, adj. Linéaire.

Lïngaina, s. f. Bandelette, petite bande levée sur la largeur d'une étoffe, langue de terre très étroite.

Lïngearit, s. f. Lingerie.

Lïngeou, s. m. Linge.

Lïngîe, géri, s. Linger, gère.

Lïngot ou **Léingot**, s. m. Lingot.

Linot, a, s. Linot, otte; roussière, oiseau.

Lio, pr. pers. des deux genres. Leur.

Lion, s. m. Lien. (Celt. *Lion*, rets, lien).

Liôra, s. f. Lièvre.

Lioun, a, s. Lion, onne.

Lioùra, s. f. Livre, 500 grammes.

Lippa, s. f. Viande molle et de mauvaise qualité. (V. *Liqua*).

Lippâ, v. a. 1ʳᵉ conj. Lécher. (Celt. *Lippa*). (V. *Liquâ*).

Lippéia, s. f. Lippée. (Celt. *Lippa*, bouchée).

Lippoux, ousa, adj. Gluant, visqueux.

Lippu, a, adj. Lippu, e.

Liquâ, v. a. 1ʳᵉ conj. Lécher, en parlant du lait. (Celt. *Liquer, lichezr*).

Liqua, s. f. Viande molle, visqueuse. (Celt. *Lica*, viscosité). (V. *Lippa*).

Liquefacioun, s. f. Liquéfaction.

Liquéfiâ, v. a. 1ʳᵉ conj. comme *Déciâ*. Liquéfier.

LITH

Liquéfiablou, bla, adj. Liquéfiable.

Liquerna, s. f. Lucarne.

Liquét, s. m. Loquet; fig. : hoquet. (Celt. *Liqued, liket*).

Liquetâ, v. n. 1ʳᵉ conj. comme *Briquetâ*. Faire marcher le loquet d'une porte. Synonyme de frapper à la porte.

Liquidâ, v. a. 1ʳᵉ conj. Liquider.

Liquidacioun, s. f. Liquidation.

Liquidatœu, s. m. Liquidateur.

Liquidou, da, s. m. et adj. Liquide.

Liquœu, s. f. Liqueur; on dit aussi *Aliquœu*.

Liquouristou, s. m. Liquoriste.

Lis (içou), s. m. Lys, fleur.

Lisageou, s. m. Métier à faire les cartons troués que l'on applique à la mécanique *Jacquard*, pour le tissage des rubans façonnés; atelier où sont ces métiers; action de *lire* ou faire les cartons troués.

Liseré, s. m. Liseré, ruban étroit.

Liséri, s. f. Lisière.

Liseroun, s. m. Liseron.

Liséu, s. m. Liseur, ouvrier lisant le dessin d'un ruban, d'une étoffe, reproduit sur le papier quadrillé, dit mise en carte, pour faire les cartons troués.

Lisiblamont, adv. Lisiblement.

Lisiblou, bla, adj. Lisible.

Lisoi (oua), s. m. Lissoir, fer à repasser le linge; gros fer creux dans lequel on introduit un morceau de fonte rougie.

Lissageou, s. m. Lissage.

Lissîe, v. a. 1ʳᵉ conj. irrég. com. *Acassie*. Lisser. *Lissie tous chaviéus*.

Lîssou, issi, adj. Lisse, uni et poli.

Lista, s. f. Liste. (Celt. *Lista*, catalogue).

Lîta, s. f. Pierre.

Litaî, pl. **Litchiaôx**, s. m. Liteau.

Litarit, s. f. Literie.

Litchigeou, s. m. Litige.

Litchigioux, ousa, adj. Litigieux, euse.

Lîtes, s. f. pl. Amas de pierres; montagnes, champs ayant une grande quantité de pierres détachées (d'où beaucoup de noms de lieux).

Litheurgiquou, qua, adj. Lithurgique.

Litheurgit, s. f. Lithurgie.

Lithougraphiâ, v. a. 1ʳᵉ conj. Lithographier.

Lithougraphiquou, qua, adj. Lithographique.

LOUA

Lithougraphit, s. f. Lithographie.
Lithougraphou, s. m. Lithographe.
Litrou, s. m. Litre. (V. *Neiri*).
Litterairamont, adv. Littérairement.
Litterairou, ra, adj. Littéraire.
Litteral (alou), **a, aôx,** adj. Littéral, e, aux.
Litteralamont, adv. Littéralement.
Litteratchura, s. f. Littérature.
Litteratœu, s. m. Littérateur.
Littoural (alou), s. m. Littoral.
Lividjità, pl. **ais,** s. f. Lividité.
Lividou, da, adj. Livide.
Livrâ, v. a. et pr. 1re conj. Livrer. (Celt. *Livra*).
Livrablou, bla, adj. Livrable.
Livréia, s. f. Livrée. (Celt. *Livreia*).
Livreisoun, s. f. Livraison.
Livrét, s. m. Livret.
Livrou, s. m. Livre.
Lobou, s. m. Lobe.
Loéin, adv. Loin.
Loéintéin, a, s. m. et adj. Lointain, e.
Logi, s. f. Loge.
Loi ou **Lei,** s. f. Loi, règle.
Loï, s. f. Foire à louage de serviteurs et de servantes qui se tenait autrefois devant la Grand'Eglise, le 26 décembre.
Londeméu, s. m. Lendemain.
Londenna, s. f. Lente, œufs que les poux déposent dans les cheveux.
Lorda, s. f. Eblouissement, étourdissement, sorte de vertige; adj. f. *Téta lorda,* tête alourdie.
Lordaôd, a, adj. et s. Lourdaud, e. (V. *Ongréutà*).
Lordamont, adv. Lourdement.
Lordoû, s. f. Lourdeur.
Lorgnîe, v. a. 1re conj. irrég. com. *Abaragnie.* Lorgner.
Lorgnétta, s. f. Lorgnette.
Lorgnéu, sa, s. Lorgneur, euse.
Lorgniquetâ, v. a. 1re conj. com. *Briquetâ.* Lorgner en cachette, espionner. (V. *Appinchie*).
Lorgnoun ou **Lorgnoù,** s. m. Lorgnon.
Louablou, bla, adj. Louable.
Louablamont, adv. Louablement.
Louangi, s. f. Louange.
Louangîe, v. a. et pr. 1re conj. irrég. com. *Ablagie.* Louanger.

LOUQ

Louba, s. f. Louve.
Loucacioun, s. f. Location.
Loucal (alou), **a, aôx,** s. m. et adj. Local, e, aux.
Loucalamont, adv. Localement.
Loucalisâ, v. a. 1re conj. Localiser.
Loucalità, pl. **ais,** s. f. Localité.
Loucatairou, ra, s. Locataire.
Louchîe, v. n. 1re conj. irrég. com. *Accouchie.* Loucher.
Loûchou, chi, adj. Louche.
Loucioun, s. f. Lotion.
Loucoumoubila, s. f. Locomobile.
Loucoumoucioun, s. f. Locomotion.
Loucoumoutchiva, s. f. Locomotive.
Loucucioun, s. f. Locution.
Lougeablou, bla, adj. Logeable.
Lougeamont, s. m. Logement.
Lougétta, s. f. Logette.
Lougéu, sa, s. Logeur, euse.
Lougicion, s. m. Logicien.
Lougîe, v. a. et n. 1re conj. irrég. comme *Abrougie.* Loger. (Celt. *Logi*).
Lougiqua, s. f. Logique.
Lougiquamont, adv. Logiquement.
Lougis, s. m. Logis.
Louîe, v. a. et pr. 1re conj. irrég. comme *Alloule.* Louer. *Se louie,* se louer, rentrer au service d'un maître. (V. *Loï*).
Louiéri, s. f. Prostituée, femme de louage.
Louiéu, sa, s. Loueur, euse.
Loung, i, adj. Long, longue.
Loung-d'échina, s. m. Epine dorsale du porc.
Loungeoû, s. f. Longueur.
Loungevità, pl. **ais,** s. f. Longévité.
Loungi, s. f. Longe, viande de boucherie.
Loungîe, v. a. 1re conj. irrég. com. *Ablagie.* Longer.
Loungitchuda, s. f. Longitude.
Loungitchudjinal (alou), **a, aôx,** adj. Longitudinal, e, aux.
Loungitchudjinalamont, adv. Longitudinalement.
Loungua-vua, s. f. Longue-vue, lunette.
Loup, s. m. Loup, animal.
Loup-garoù, s. m. Loup-garou.
Loupa, s. f. Loupe.
Louquacità, pl. **ais,** s. f. Loquacité.

LUN

Louquaçou, ci, adj. Loquace.
Louréin, a, adj. et. s. Lorrain, e.
Loutarit, s. f. Loterie.
Louto, s. m. Loto, jeu.
Loûtra, s. f. Loutre, animal.
Louva, s. f. Louve. (V. *Louba*).
Louvetchîe, s. m. Louvetier.
Loûvrou, s. m. Louvre.
Louyal (alou), **a, aôx,** adj. Loyal, e, aux.
Louyalamont, adv. Loyalement.
Louyaôtà, pl. **ais,** s. f. Loyauté.
Lû, pr. pers. m. de la 3e pers. sing. Lui.
Lucidamont, adv. Lucidement.
Lucidjità, pl. **ais,** s. f. Lucidité.
Lucidou, da, adj. Lucide.
Lucifê, s. m. Lucifer.
Lucratchivamont, adv. Lucrativement.
Lucratchif (ifou). **iva,** adj. Lucratif, ive.
Lucrou, s. m. Lucre.
Lûe, s. m. Lieu, endroit.
Lûes, s. m. pl. Lieux d'aisances.
Lugubramont, adv. Lugubrement.
Lugubrou, bra, adj. Lugubre.
Luiant, a, adj. Luisant, e.
Luiant, s. m. Surnom des ouvriers qui travaillent au forage des canons de fusil, à cause de leurs vêtements toujours gras d'huile et luisants.
Luis, s. m. Louis. *Luis d'ô,* louis d'or.
Luma ou **Lima,** s. f. Lime. (Celt. *Lim*).
Lumâ, v. a. 1re conj. Limer.
Lumâci, s. f. Limace.
Lumageou, s. m. Action de limer.
Lumailli, s. f. Limaille.
Luméu, s. m. Limeur.
Lumiéri, s. f. Lumière.
Luminousamont, adv. Lumineusement.
Luminoux, ousa, adj. Lumineux, euse.
Lün ou **Djilün,** s. m. Lundi, jour.

LYRI

Luna, s. f. Lune.
Lunâ, f. pl. **ais,** adj. Capricieux, euse, lunatique.
Lunajrou, ra, adj. Lunaire.
Lunatchiquou, qua, adj. Lunatique.
Luneisoun, s. f. Lunaison.
Lunetchîe, s. m. Lunetier.
Lunétta, s. f. Lunette.
Luoû, s. f. Lueur.
Lûre, v. n. 3e conj. comme *Assùre.* Luire, briller. Dicton : *una feia que hi,* une brebis qui luit, pour désigner une brebis en chaleur.
Lustrâ, v. a. 1re conj. Lustrer.
Lustrageou, s. m. Lustrage.
Lustréu, s. m. Lustreur.
Lustrina, s. f. Lustrine.
Lustrou, s. m. Lustre.
Lutchîe, s. m. Luthier.
Lutchïn, s. m. Lutin.
Lutchinâ, v. a. 1re conj. Lutiner, tourmenter.
Lutréin, s. m. Lutrin. (Celt. *Lutrin*).
Lutta, s. f. Lutte, combat.
Luttâ, v. n. 1re conj. Lutter.
Luttéu, s. m. Lutteur.
Luxâ, v. a. 1re conj. Luxer.
Luxou, s. m. Luxe.
Luxuoux, ousa, adj. Luxueux, euse.
Luxura, s. f. Luxure.
Luxuriousamont, adv. Luxurieusement.
Luxurioux, ousa, adj. Luxurieux, euse.
Luyageou ou **Luiageou,** s. m. Loyer, louage.
Luzerna ou **Lizerna,** s. f. Luzerne, plante.
Lycé, s. m. Lycée.
Lycéon, s. m. Lycéen.
Lyra, s. f. Lyre. (Celt. *Lira*).
Lyriquou, qua, adj. Lyrique.
Lyrismou, s. m. Lyrisme.

M (èma), s. f. Treizième lettre de l'alphabet et dixième des consonnes; joue le même rôle qu'en français.

Ma, adj. poss. f. s. Ma.

Mâ, s. m. Mal. *Mâ de la mâre*, vapeurs, maladie commune aux femmes (V. *Mâclou*).

Mâ, s. m. Mars, troisième mois.

Mâ, adv. Dans le vieux langage, se prend quelquefois pour mais. *Mâ ompougnédes de courageou*; mais empoignez de courage. (*Ballet forézien*).

Mâ ou **Djimâ**, s. m. Mardi, troisième jour de la semaine. *Mâ de caramountran*, mardi gras; on dit aussi *daré mâ*.

Mâ (boun), s. m. Epilepsie, bon mal.

Mâbâtchit, tchia, adj. et s. Malbâti, e.

Mâbon, adv. Assurément. (V. *Bionsaou*).

Maboulou, la, adj. et s. Insensé, excentrique.

Mâbrou, s. m. Marbre.

Mâbréuri, s. f. Marbrure.

Mâbrîe, s. m. Marbrier.

Macabrou, bra, adj. Macabre.

Macadamisâ, v. a. 1re conj. Macadamiser.

Macadamou, s. m. Macadam.

Macaquou, s. m. Macaque.

Macaraóda, s. f. Giboulée.

Macarounit, s. m. Macaroni.

Macerâ, v. a. 1re conj. comme *Aberâ*. Macérer.

Maceracioun, s: f. Macération.

Mâchéuri, s. f. Mâchoire. (V. *Ganachi*).

Machi ou **Machéuri,** s. f. Meurtrissure.

Machîe, v. a. 1re conj. irrég. com. *Appinchie*. Meurtrir, endommager.

Machïn, s. m. Machin. (Celt. *Machïn*).

Machina, s. f. Machine.

Machinâ, v. a. 1re conj. Machiner.

Machinacioun, s. f. Machination.

Machinalamont, adv. Machinalement.

Machinistou, s. m. Machiniste.

Mâchounâ, v. a. 1re conj. com. *Boundounâ*. Mâchonner. (V. *Mâtrouillie*).

Machurâ ou **Macherâ,** v. a. 1re conj. Mâchurer.

Machurà ou **Macherà,** f. pl. **ais,** s. et adj. Mâchuré, e; armurier, forgeron, mineur, etc., et tous les ouvriers qui se noircissent en travaillant; on dit familièrement : *lous macheràs*.

Macî, s. m. Merci. (V. *Gramacî*).

Mâclou, s. m. Maladie commune aux hommes, affection hypocondriaque, rots, vapeurs, baillements, etc. (Celt. *Magl*).

Mâcouévit, via, adj. et s. Malbâti, mal conformé.

Maçoun, s. m. Maçon.

Maçounâ, v. a. 1re conj. com. *Affetciounâ*. Maçonner.

Maçounageou, s. m. Maçonnage.

Maçounarit, s. f. Maçonnerie.

Maçouniquou, qua, adj. Maçonnique.

Mâcountont, a, adj. et s. Malcontent, e.

Maculâ, v. a. 1re conj. Maculer.

Mâcündjit, djia, adj. et s. Mal assaisonné, malencontreux, grognon. (V. *Rougnat*).

Madalenna, s. f. Madeleine.

Madama, s. f. Madame; on dit plus souvent *dama que madama*.

Madèrou, s. m. Madère, vin.

Mâdjisant, a, adj. Maldisant, e.

Madouna, s. f. Madone.

MAIL

Madréuri, s. f. Madrure.
Madrà, f. pl. **ais**, adj. et s. Madré, e.
Mâfamà, f. pl. **ais**, adj. Malfamé, e.
Mâfat, s. m. Méfait.
Mâfatœu, s. m. Malfaiteur.
Mâfeisanci, s. f. Malfaisance.
Mâfeisant, a, adj. Malfaisant, e.
Mafigua, s. f. Ma foi. (V. *Ma fei*).
Magasïn, s. m. Magasin. (Celt. *Maga, Magasin*).
Magasinîe, s. m. Magasinier.
Mageou, s. m. Mage.
Magicion, iéna, s. Magicien, ienne.
Magiquamont, adv. Magiquement.
Magiquou, qua, adj. Magique.
Magit, s. f. Magie.
Magistral (alou), a, aôx, adj. Magistral, e, aux.
Magistralamont, adv. Magistralement.
Magistrat, s. m. Magistrat.
Magistratchura, s. f. Magistrature.
Magnanarit, s. f. Magnanerie.
Magnanimamont, adv. Magnanimement.
Magnanimità, pl. **ais**, s. f. Magnanimité.
Magnanimou, ma, adj. Magnanime.
Magnatchisâ, v. a. 1re conj. Magnétiser.
Magnatchiséu, sa, s. Magnétiseur, euse.
Magnatchismou, s. m. Magnétisme.
Magnéin, s. m. Chaudronnier ambulant, rétameur. (V. *Pirourou*).
Magnésit, s. f. Magnésie.
Magnificeonci, s. f. Magnificence.
Magnifiquamont, adv. Magnifiquement.
Magnifiquou, qua, adj. Magnifique. (Celt. *Magnific*).
Mâgot, s. m. Magot, argent caché.
Mahoumét, s. m. Mahomet.
Mahoumétan, a, adj. et s. Mahométan, e.
Maigramont, adv. Maigrement.
Maigrelét, ta, adj. Maigrelet, te.
Maigrou, gri, adj. Maigre.
Maillét, s. m. Maillet.
Mâilli, s. f. Maille, filets d'une vis.
Mâillîe, v. a. 1re conj. irrég. com. *Criaillie*. Mailler, visser.
Maillot, s. m. Maillot.
Mâilloun, s. m. Anneau d'une chaine, petit anneau de verre tenant à la lice, où

MALÉ

l'on passe le fil de chaîne, sur les métiers à tisser.
Mailloutâ, v. a. 1re conj. comme *Accoutâ*. Emmailloter, mettre un enfant au maillot.
Mailluchi ou **Maluchi**, s. f. Mailloche, tapette en bois pour battre le linge.
Maire, s. m. Maire, officier municipal. (Celt. *Maër*).
Maïs (içou), s. m. Maïs. (Celt. *Maes*). (V. *Blateurquit*).
Mais, conj. Mais, adv. de comparaison, plus. *J'ai mais de reisoun que lù*; j'ai plus de raison que lui.
Mais, s. m. Plus. *Lou mais que ji pouchéza*; le plus que je puisse. Loc. adv. : *de mais on mais*, de plus en plus. Généralement, *mais* est employé pour : plus, encore, davantage.
Maître, s. m. Maître, patron.
Maître (à), loc. adv. A gage, au service d'un maitre ; se dit beaucoup des bergers et valets de ferme.
Majestà, pl. **ais**, s. f. Majesté.
Majestchuousamont, adv. Majestueusement.
Majestchuoux, ousa, adj. Majestueux, euse.
Majò, s. m. Major.
Majœu, ra, adj. Majeur, e.
Majourità, pl. **ais**, s. f. Majorité.
Majuscula, adj. et s. f. Majuscule.
Maladjif (ifou), **iva**, adj. Maladif, ive.
Maladjivamont, adv. Maladivement.
Maladou, da, adj. et s. Malade.
Maladreit, eitchi, adj. et s. Maladroit, e.
Maladreitchimont, adv. Maladroitement.
Maladressa, s. f. Maladresse.
Mâlafom, s. f. Malefaim.
Malaguerci ! interj. Sorte de juron familier marquant la surprise, un peu la colère.
Malaisou, s. m. Malaise.
Mâlamô, s. f. Malemort.
Malancougnit, s. f. Mélancolie, tristesse.
Malapesta, interj. Malepeste.
Malapprés, a, adj. et s. Malappris, e.
Malâtru, a, adj. Chétif, pauvre, malheureux.
Maledjicioun, s. f. Malédiction.
Maléfiçou, s. m. Maléfice. (V. *Sò, mathœu*).
Maléintonciounà, f. pl. **ais**, adj. Malintentionné, e.
Malétta, s. f. Mallette. (Celt. *Maleta*).

MAND

Maléutru, a, s. Malotru, e.
Malhérousamont, adv. Malheureusement.
Malhéroux, ousa, adj. Malheureux, euse.
Malhœu, s. m. Malheur. (Celt. *Maleur*).
Malhounêtamont, adv. Malhonnêtement.
Malhounêtetà, pl. **ais,** s. f. Malhonnêteté.
Malhounêtou, ta, adj. et s. Malhonnête.
Malici, s. f. Malice.
Maliciousamont, adv. Malicieusement.
Malicioux, ousa, adj. et s. Malicieux, euse.
Malignamont, adv. Malignement.
Malignità, pl. **ais,** s. f. Malignité.
Malïn, ina, adj. Méchant, e.
Malïn, igna, adj. Malin, igne.
Malina, s. f. Malines, dentelle de prix.
Malivês, s. m. Revers, déception.
Malla, s. f. Malle, coffre. (Celt. *Mala*).
Malleablou, bla, adj. Malléable.
Malla-posta, s. f. Malle-poste.
Maloncountrousamont, adv. Malencontreusement.
Maloncountroux, ousa, adj. Malencontreux, euse.
Malontondju, s. m. Malentendu.
Mâlou, Mâla, s. m. et adj. Mâle.
Mama, s. f. Maman. (Celt. *Mama*).
Mamaô, s. f. Petit mal, terme enfantin.
Mamella, s. f. Mamelle. (V. *Poussi, teté*).
Mameloun, s. m. Mamelon.
Mamelounà, f. pl. **ais,** adj. Mamelonné, e.
Mami, a, s. Ami, e. Préféré, le plus en faveur.
Mamifèrou, ra, adj. et s. Mammifère.
Mana, s. f. Mane, terre grasse ; marne.
Manant, s. m. Manant, maladroit.
Manchetà, v. a. 1re conj. comme *Assetà*. Colleter, se prendre au collet. *Eis se sount manchetàs* ; ils se sont pris au collet.
Manchétta, s. f. Manchette.
Manchot, a, adj. et s. Manchot, e.
Manchou, s. m. Manche. (Celt. *Manch*).
Manchoun, s. m. Manchon, cylindre en bois placé en dessous de la *banquine* du métier à tisser, sur lequel s'enroule le ruban à mesure qu'il se fabrique. (Celt. *Manchon*).
Mandâ, v. a. 1re conj. Mander
Mandamont, s. m. Mandement.

MANO

Mandarïn, s. m. Mandarin.
Mandarina, s. f. Mandarine, orange.
Mandat, s. m. Mandat.
Mandatairou, s. m. Mandataire.
Mandoulina, s. f. Mandoline.
Mandrie, s. m. Mandrin à l'usage des forgeurs de canons de fusil.
Mandrïn ou **Mandréin,** s. m. Mandrin.
Mandrinâ, v. a. 1re conj. Mandriner.
Manêflou, fla, adj. et s. Maladroit, e.
Maneiablou, bla, adj. Maniable.
Maneiamont, s. m. Maniement.
Maneïe. v. a. 1re conj. irrég. com. *Approupreïe*. Manier.
Manequéin, s. m. Mannequin. (Celt. *Mannequin*).
Maneilli, s. f. Anse d'un seau, d'une cruche ou d'une marmite. *La maneilli dj'ün sei*. (CHAPELON).
Maneillie, s. m. Sonneur de cloche. (Celt. *Mannelhus*, petite cloche). *Tous néutrous maneillies, vant passà la not au clouchie* (CHAPELON).
Manétta, s. f. Manivelle, tige mobile tenant à la vis d'un étau, queue de pot.
Manéura, s. f. Manœuvre.
Manéurâ, v. a. et n. 1re conj. Manœuvrer.
Mangi ou **Manchi,** s. f. Manche d'habit.
Mâni, s. m. Hanneton. *Mâni-flouroux*, hanneton cendré blanc que l'on nomme aussi *bouloungie* ; *màni*, nom que l'on donne par dérision à certaines personnes.
Mania ou **Manit,** s. f. Manie.
Maniaquou, qua, adj. et s. Maniaque.
Manicantà, v. a. 1re conj. Manigancer, tripoter.
Manicantarit, s. f. Ecole cléricale.
Manîcla s. f. Manicle, manique.
Maniéra, s. f. Manière.
Manifestâ, v. a. 1re conj. Manifester.
Manifestacioun, s. f. Manifestation.
Manifestamont, adv. Manifestement.
Manifestou, ta, s. m. et adj. Manifeste.
Maniganci, s. f. Manigance.
Manilli, s. f. Manille, jeu de cartes.
Manipulâ, v. a. 1re conj. Manipuler.
Manipulacioun, s. f. Manipulation.
Manivella, s. f. Manivelle. (V. *Manétta*).
Manoi (oua), s. m. Manoir.

Manoux, ousa, s. m. et adj. Argileux, euse. Ouvrier briquetier, tuilier, qui travaille la terre grasse.

Manqua, s. f. Manque, ce qu'il faut pour compléter. *O n'iaòra de manqua, il en manquera.*

Manquâ, v. n. et a. 1re conj. Manquer.

Manquamont, s. m. Manquement.

Manquou, s. m. Manquement. *Faire ûn manquou de tochi*, faire une maladresse, commettre une faute envers quelqu'un, manquer à toucher au jeu du billard.

Mansarda, s. f. Mansarde. (V. *Jacoubina*).

Mantaî, pl. **Mantchiaôx**, s. m. Manteau.

Mantchî, s. m. Morceau d'étoffe qui borde la cheminée, serviette pour envelopper le pain, nappe. *Un bai mantchi tout fin blanc de buia ;* une belle nappe toute blanche de lessive. (CHAPELON).

Mantchi, s. f. Soufflet de forge.

Mantchiâ, v. n. 1re conj. Faire marcher le soufflet de la forge ; par all. : être oppressé, souffler après une course.

Mantchïn ou **Méintchïn**, s. m. Maintien.

Mantenî ou **Méintenî**, v. a. 2e conj. com. *Reveni.* Maintenir.

Maôdjî, v. a. 2e conj. comme *Agrandji.* Maudire.

Maôdjit, a, adj. Maudit, e.

Maôfat ou **Mâfat**, adj. Mal fait, pris dans le sens de faute, péché, action regrettable. *Vou'é maôfat de jurâ ;* c'est un péché de jurer.

Maôgrà, prép. Malgré.

Maôgraciousamont, adv. Malgracieusement.

Maôgracioux, ousa, adj. Malgracieux, euse.

Maôgreâ, v. n. 1re conj. comme *Agreâ.* Maugréer.

Maôrou, s. m. Maure ; fig. : pauvre, basse classe. *Una nià de maôrous ;* une famille peu respectable.

Maôsoulé, s. m. Mausolée.

Maôssadamont, adv. Maussadement.

Maôssadou, da, adj. Maussade.

Maôtraire, v. n. 3e conj. irrég. Souffrir, peiner, murmurer, gémir. — Ind. prés. : *Ji maôtraiou, tchu maôtras, o maôtra, nous maôtraiouns, vous maôtraiédes, cis maôtraiount.* — Imparfait : *Ji maôtraïns,* etc. — Passé défini : *Ji maôtraïcus,* etc. — Futur : *Ji maôtreirei,* etc. — Cond. prés. : *Ji maôtreirïns,* etc. — Impératif : *Maôtras, maôtraiouns, maôtraiédes.* — Subj. : *Que ji maôtraia, que tchu maôtraies, qu'o maôtraie, que nous maôtraiouns, que vous m'aôtraiïs, qu'eis maôtraiant.* — Imparfait : *Que ji maôtraiéza,* etc. — Part. prés. : *Maôtraiant.* — Passé : *Maôtra,* ayant *maôtra.*

Maôva, s. f. Mauve.

Maôvais, a, adj. s. m. et adv. Mauvais, e.

Maôx, s. m. pl. Maux.

Mappamounda, s. f. Mappemonde.

Maquaraî, pl. **riaôx**, s. m. Maquereau, poisson. Proxénète.

Maquarella, s. f. Femme vile, entremetteuse.

Mâque, conj. Pourvu que, à condition que, rien, sinon, excepté. *Mâque vou'aiéze la santà ;* pourvu que l'on aie la santé. *Ji n'ai mâque dous séus ;* je n'ai rien que deux sous.

Maquétta, s. f. Maquette.

Maquignoun ou **gnoù**, s. m. Maquignon.

Maquignounâ, v. a. 1re conj. com. *Affeciounâ.* Maquignonner.

Maquignounageou, s. m. Maquignonnage.

Maquillageou, s. m. Maquillage.

Maquillîe (se), v. pr. 1re conj. irrég. com. *Agcanouillie.* Se maquiller.

Mâra, s. f. Pioche de terrassier. (V. *Maraire*).

Marâ, v. a. 1re conj. Piocher avec la *mâra*, remuer le terrain, le remblai ; fig. : peiner.

Maraire, s. m. Terrassier.

Maraôda, s. f. Maraude.

Maraôdageou, s. m. Maraudage.

Maraôdéu, s. m. Maraudeur.

Marcan, n. pr. Personnage souvent cité dans les récits historiques de Saint-Etienne comme étant le chef (capitaine) d'une bande de jeunes batailleurs qui livraient de grands combats à la fronde, sur le Cré Pélissier, à la Croix-Courette et les environs.

Marcassïn ou **cassëin**, s. m. Marcassin, porc.

Marcearit, s. f. Mercerie.

Marcenairamont, adv. Mercenairement.

Marcenairou, ra, adj. Mercenaire.

Marchand, a, s. Marchand, e.

Marchandâ, v. a. et n. 1re conj. Marchander.

Marchandageou, s. m. Marchandage. Petite entreprise de travaux pris en sousmain.

Marchandéu, sa, s. Marchandeur, euse ;

MARÉ

qui marchande et qui fait du marchandage : ouvrier *marchandéu*, qui prend à faire.
Marchandjîsi, s. f. Marchandise.
Marchéu, sa, s. Marcheur, euse.
Marchi, s. f. Marche.
Marchîe, v. n. 1re conj. irrég. com. *Appinchie*. Marcher.
Marchipîe, s. m. Marchepied.
Marchit, s. m. Marché.
Marchoun, s. m. Poutre, chevron, pièce de bois sur laquelle reposent les tonneaux de vin, dans une cave.
Marci, s. m. Merci. *Djiéu marci*.
Marcia, s. f. Merci. *A la marcia;* à la merci.
Marcial (alou), **a, aôx**, adj. Martial, e, aux.
Marcîe, iéri, s. Mercier, ière.
Marcuriala, s. f. Mercuriale.
Marcuriel (elou), **la**, adj. Mercuriel, le.
Marcurou, s. m. Mercure.
Marda ou Merda, s. f. Merde (Celt. *Mard*).
Marda-au-quiéu, s. m. Petit merdeux.
Mardafês, s. m. Mâchefer.
Mardailloun, s. m. Petit merdeux.
Mardarit, s. m. Merderi, petite rivière passant sous la prison et qui va se jeter dans le Furan. (Celt. *Merderet*, rivière coulant dans des marais).
Mâre, s. f. Mère, dicton : *Vou'é toujou ma mâre m'a fat!* expression qui veut dire : ça revient au même, c'est toujours la même chose.
Mâre-Feron, Mâre-Rivéri, s. f. Mère-Furan, Mère-Rivière, rivière principale sur laquelle se greffent les biefs à qui elle fournit l'eau.
Mâr-nu, a, adj. Absolument nu, e.

*Boun Djiéu qu'o s'ais êtes venu
A ci qu'eis djiount, tout mâre-nu.*
(Noël, CHAPELON).

Marecageou, s. m. Marécage.
Marecageoux, ousa, adj. Marécageux, euse.
Marechâ, pl. **chaôx**, s. m. Maréchal, chaux.
Marechâ-farrant, s. m. Maréchal-ferrant.
Maréchaôssià, pl. **iais**, s. f. Maréchaussée.
Maréia, s. f. Marée. (Celt. *Marea*).
Mareichîe, chéri, s. Maraîcher, ère.
Maréin, s. f. Marin, matelot.
Maréin, s. m. Terrain, remblai, débris.

MARG

Mareis, s. m. Marais. (Celt. *Mareas*).
Marella, s. f. Marelle, jeu d'enfants, que l'on appelle aussi *Repéusoi*. (Celt. *Marella*).
Marella, s. f. Sorte de fil à plomb fait avec un noyau de pêche servant à un jeu d'enfant.
On lance un noyau sur le sol, et si le joueur en faisant verticalement le moulinet avec sa *marella* arrive à le toquer, ce noyau est à lui. Si, au contraire, il touche le sol avant, il est tenu d'en donner un à son partenaire; *à grand fi à grand balan!* à grand fil et grand balancement. Ces paroles prononcées par celui qui lance un noyau sur le sol, oblige le joueur à faire son moulinet avec une plus grande longueur de fil ; ce qui devient difficultueux. Le contraire a lieu si ce dernier crie avant l'autre : *Petchit fi, petchit balan!*
Marfoundamont, s. m. Refroidissement.
Marfoundéuri, s. f. Morfondure, maladie.
Marfoundre, v. a. et pr. 3e conj. Morfondre.
Margaillageou, s. m. Barbouillage.
Margailléu, s. m. Barbouilleur, mauvais peintre. (V. *Ommargailléu*).
Margaillîe, v. a. et n. 1re conj. irrég. com. *Criaillie*). Barbouiller.
Margarina, s. f. Margarine.
Margella, s. f. Margelle.
Margéu, s. m. Margeur.
Margi, s. f. Marge.
Margîe, v. a. 1re conj. irrég. com. *Ablagie*. Marger.
Margot, s. f. Pie ; fig. : femme débauchée. (Celt. *Margod*, pie).
Margotta, s. f. Marcotte, plante d'œillet ; fig. : gosier. *S'arrousâ la margotta*, s'arroser le gosier.
Margoutâ, v. a. 1re conj. comme *Accoulâ*. Marcotter.
Margoutageou, s. m. Marcottage.
Margoutéu, s. m. Marcotteur, qui fait des marcottages.
Margoutéu, s. m. Petit marchand de charbons ambulant, dont le faible contenu du char et la mauvaise qualité sont adroitement dissimulés par de jolis morceaux disposés à la surface. *Caisi-tei grén fllou, tchu s'é qu'ïn margouléu* (MURGUES, l'Esprit).
Margoutoun, s. f. Margoton, femme de mœurs équivoques.
Marguéta, s. f. Marguerite, pâquerette.
Marguillîe, s. m. Marguiller.

MARP

Mariâ, v. a. et pr. 1ʳᵉ conj. Marier.
Marià, f. pl. **ais**, s. Marié, e. (V. *Nòviou, via*).
Mariablou, bla, adj. Mariable.
Mariageou, s. m. Mariage.
Mariaire, s. m. Marié, qui se marie ou qui marie.
Mariéunétta, s. f. Marionnette.
Marina, s. f. Marine.
Marinâ, v. a. 1ʳᵉ conj. Mariner.
Marinada, s. f. Marinade.
Marinageou, s. m. Action de mariner.
Marinîe, s. m. Marinier.
Maristou, s. m. Mariste.
Marital (alou), **a, aôx**, adj. Marital, e, aux.
Maritalamont, adv. Maritalement.
Marjoulaina, s. f. Marjolaine.
Marlan, s. m. Merlan, poisson ; fig. : perruquier.
Marlout, s. m. Souteneur, proxénète.
Marluchi, s. f. Merluche. *Quoua de marluchi*, habit de cérémonie.
Marluroun (la), s. f. Chanson populaire et légendaire du carnaval à Saint-Etienne.
Marmailli, s. f. Marmaille.
Marmelada, s. f. Marmelade.
Marmitoun, s. m. Marmiton.
Marmot, ta, n. s. Petit garçon, petite fille. (Celt. *Marmot*, singe).
Marmotta, s. f. Marmotte, animal.
Marmotta, s. f. Mallette, valise, boîte de camelot.
Marmoutâ, v. a. 1ʳᵉ conj. comme *Acoutta*. Marmotter.
Marmoutageou, s. m. Action de marmotter.
Marmoutchina, s. f. Bonnet de femme à bords canonnés et larges mentonnières, que nos grand'mères portaient les jours de solennité.
Maroun, s. m. Marron.
Marounâ, v. n. 1ʳᵉ conj. com. *Boundounô*. Maronner, bouder, être vexé, froissé.
Marounîe, s. m. Marronnier.
Marpailléu, sa, adj. Gaspilleur, qui marpaille.
Marpaillîe, v. a. 1ʳᵉ conj. irrég. comme *Criaillie*. Gaspiller, faire mauvais usage d'une chose. *Marpillie sa sandà*, abuser de sa santé. *Marpaillie soun bion*, gaspiller, dissiper follement son bien.
Marpaôd, s. m. Compagnon passementier, adversaire de *Farandjinie*. (V. ce mot).

MARV

Marpaôd, a, adj. Gauche, maladroit.
Marqua, s. f. Marque.
Marqua, s. f. Craie à marquer. *Faire una crouèix avouès de marqua ;* faire une croix avec de la craie.
Marquâ, v. a. et n. 1ʳᵉ conj. Marquer.
Marquageou, s. m. Marquage.
Marquant, a, adj. Marquant, e. Personnage distingué, richement vêtu, présentant bien.
Marquetâ, v. a. 1ʳᵉ conj. comme *Briquetâ*. Marqueter.
Marquetarit, s. f. Marqueterie.
Marquetéu, s. m. Marqueteur.
Marquéu, s. m. Marqueur.
Marquis, a, s. f. Marquis, e.
Marquîsa, s. f. Marquise, abri au-dessus d'une porte.
Mârra, s. f. Mare, amas d'eau dormante. (V. *Sabouillat*).
Marseillaisa, s. f. Marseillaise, hymne patriotique.
Marsoéin, s. m. Marsouin.
Martaî, pl. **tchiaôx**, s. m. Marteau.
Martaî-feréu, s. m. Marteau-frappeur, gros marteau à long manche, dont se sert le compagnon pour battre la pièce de forge placée sur l'enclume.
Martchïn, n. pr. Martin ; s. f. *La Sant-Martchïn*, fête des aiguiseurs de canons de fusil, fête autrefois très renommée à Saint-Etienne. Prov.: *Par la Sant-Martchïn, ânou qui ne beut de vi*; pour la Saint-Martin, âne qui ne boit du vin.
Martchinét, s. m. Martinet. (V. *Tarailloun*).
Martchïngala, s. f. Martingale.
Martchïngaô, s. m. Caprice, manie, folie. *Quand soun marichingaô lou prend ;* quand son caprice ou sa folie le prend.
Martchyr (yrou), **a**, s. Martyr, e.
Martchyrisâ, v. a. 1ʳᵉ conj. Martyriser.
Martchyrou, s. m. Martyre.
Martelâ, v. a. 1ʳᵉ conj. comme *Baritelâ*. Marteler.
Martelà, f. pl. **ais**, adj. et s. Imagination frappée, maniaque, excentrique.
Martelageou, s. m. Martelage.
Marteléu, s. m. Marteleur.
Marvailli, s. f. Merveille. (Celt. *Marvailh*).
Marvaillousamont, adv. Merveilleusement.
Marvailloux, ousa, adj. Merveilleux, euse.

Marzî, v. a. 2e conj. comme *Cûrî*. Flétrir, faner, défraîchir. *O-l-a lou groéin tout marzi*, il a la figure toute flétrie.
Mas, s. m. Métairie, ferme, d'où plusieurs noms de lieux. (Celt. *Mas*).
Mascarada, s. f. Mascarade.
Masculïn, ina, s. m. et adj. Masculin, e.
Masqua, s. f. Masque. (Celt. *Masc*).
Masquâ, v. a. et pr. 1re conj. Masquer.
Masquou, s. m. Masque, faux visage.
Massâ, v. a. 1re conj. Masser.
Massacrâ, v. a. 1re conj. Massacrer.
Massacréu, s. m. Massacreux ; fig. : qui fait beaucoup, mais mal, du travail.
Massacrou, s. m. Massacre ; fig. : maladroit, mauvais ouvrier.
Massageou, s. m. Massage, action de masser.
Massageou, s. m. Hameau, village.
*Mâ ompougnédes de courageou
Les joures filles do massageou.*
Mais empoignez de courage
Les jolies filles du village.
(*Ballet foréz.* ALLARD)
Massapon ou **Massepéin**, s. m. Massepain.
Mâssi, s. f. Masse.
Massivamont, adv. Massivement.
Massit, ive, s. m. et adj. Massif, ive.
Massua, s. f. Massue.
Massurou, adv. Peut-être. *Massurou bon*, peut-être bien. (V. *Mountéu*).
Mastchic (iquou), s. m. Mastic. (Celt. *Masticq*).
Mastchicacioun, s. f. Mastication.
Mastchicageou, s. m. Masticage.
Mastchiquâ, v. a. 1re conj. Mastiquer.
Masura, s. f. Masure. (Celt. *Masura*).
Mat, s. f. Maie, pâtière, pétrin, qui sert de table et de coffre aux paysans. (Celt. *Mait*).
Mat, s. m. Mât de vaisseau, mât de cocagne. (V. *Mouais*).
Mat (atou), **a**, adj. Mat, e.
Matâ, v. a. 1re conj. Mater, matir, battre le métal à froid, soit avec la panne du marteau ou avec le matoir.
Matado, s. m. Matador.
Mâtafom, s. m. Matefaim, sorte de crêpe très épaisse. (V. *Tortaï*).
Matageou, s. m. Matage.
Mataî, pl. **Mathiaôx**, s. m. Botte d'écheveaux.
Matarnel (elou), **a**, adj. Maternel, le.

Matarnellamont, adv. Maternellement.
Matarnità, pl. **ais**, s. f. Maternité.
Matchiéra, s. f. Matière.
Matchiéu, n. pr. Mathieu. *Matchiéu-salà*, Mathusalem.
Mâtchïn, ina, s. m. et adj. Mâtin, e.
Matchïn ou **Madjïn**, s. m. et adv. Matin.
Matchinâ ou **Madjinâ**, s. m. Levant, vent de l'Est.
Matchinà ou **Madjinà**, pl. **ais**, s. f. Matinée.
Matchinal (alou), **a**, adj. Matinal, e.
Matchinîe, iéri, adj. Matinier, ière.
Matchura, s. f. Mâture.
Matchurità, pl. **ais**, s. f. Maturité.
Matelas, s. m. Matelas. (Celt. *Matelaez*).
Matelassîe, asséri, s. Matelassier, ière.
Matelot, s. m. Matelot, marin.
Matelota, s. f. Matelote.
Materiaôx, s. m. pl. Matériaux.
Materialisâ, v. a. 1re conj. Matérialiser.
Materialismou, s. m. Matérialisme.
Materialistou, s. m. Matérialiste.
Materiel (elou), **la**, adj. Matériel, le.
Materiellamont, adv. Matériellement.
Mathematchiqua, s. f. Mathématique.
Mathematchiquamont, adv. Mathématiquement.
Mathematchiquou, qua, adj. Mathématique.
Mathevoun, s. m. Nom donné aux républicains en 1793, à Saint-Etienne. (V. *Fanà*).
Matoi (oua), s. m. Matoir, outil.
Matouais, a, adj. et s. Matois, e, rusé.
Matouaisamont, adv. Matoisement.
Matoun, s. m. Pain de marc de noix.
Mâtreitâ, v. a. 1re conj. comme *Apprêtâ*. Maltraiter.
Matriçageou, s. m. Estampillage.
Matrici, s. f. Matrice.
Matricîe, v. a. 1re conj. irrég. comme *Ageoncie*. Matricer.
Matriculâ, v. a. 1re conj. Matriculer, inscrire sur le matricule.
Matriculou, s. m. Matricule.
Matrimounial (alou), **a, iaôx**, adj. Matrimonial, e, aux.
Matrimounialamont, adv. Matrimonialement.

MÉ-CA

Mâtrolli-boun-Djiéu, s. m. Qui remue bruyamment les lèvres en priant, comme s'il mâchonnait quelque chose. (V. *Mâtrouillie*).

Mâtrouilléu, sa, s. Qui mâchonne.

Matrouillie, v. a. 1ʳᵉ conj. irrég. comme *Ageanouillie*. Mâchonner, broyer les aliments avec les lèvres et les gencives, les rouler dans la bouche pour les ramollir. Les vieillards qui n'ont plus de dents, disent : *ji mâtrolliou la groua*, je mâchonne la croûte.

Matrouna, s. f. Matrone.

Mâtru, a, adj. et s. Enfant petit, chétif, mauvais. *Equais mâtru a bion mâtrua façoun* ; cet enfant, ce petit garçon, a bien mauvaise façon. S. m. : *mâtrua-façoun*, marque-mal.

Mâvouillonci, s. f. Malveillance.

Mâvouillont, a, adj. Malveillant, e.

Maxima, s. f. Maxime.

Maximum (omou), s. m. Maximum.

Mayéri ou **Maiéri**, s. f. Poutre, chevron de plafond. *Vou ne l'ai veut ni planchie ni maiéri* ; on n'y voit ni plancher ni poutre. (CHAPELON).

Màyéu ou **Maiéu**, s. m. Jaune d'un œuf, ce qui forme un germe productif ; fig. : bossu.

Mayéu ou **Maiéu**, s. m. Moyeu.

Mayou ou **Maiounaisa**, s. f. Mayonnaise, sauce.

Mayoussa ou **Maioussa**, s. f. Fraise, fruit.

Mazantâ, v. a. 1ʳᵉ conj. Soulever, soupeser avec la main, palper.

Mazétta, s. f. Mazette, faible, petit, sans force. (Celt. *Maset*).

Mazoutchîe, s. m. Nid de fourmis, fourmilière.

Mazua, s. f. Fourmi.

Mé, s. m. Milieu. (Celt. *Mey, me, med*). *Au bais mé*, au beau milieu. (V. *Métan*).

Mécâ, arda, adj. Boule mal arrondie, bosselée ; circonférence pas ronde.

Mécalâ, v. n. 1ʳᵉ conj. Déchoir, tomber dans un état inférieur de fortune, de position ou de santé.

Mécanicion, s. m. Mécanicien.

Mécaniqua, s. f. Mécanique.

Mécaniquamont, adv. Mécaniquement.

Mécanisâ, v. a. 1ʳᵉ conj. Mécaniser.

Mécanismou, s. m. Mécanisme.

Mé-caréma, s. f. Mi-carême.

MÉDJ

Mécelâ ou **Meisselâ**, s. m. Molaire, grosse dent.

Mechamont, adv. Méchamment.

Mèchi, s. f. Mèche. (Celt. *Mecha*).

Mechîe, v. a. 1ʳᵉ conj. irrég. comme *Appinchie*. Mécher.

Mechoncetâ, pl. ais, s. f. Méchanceté.

Mechont, a, adj. Méchant, e. (V. *Ruliâ*).

Méclâ, v. a. 1ʳᵉ conj. Mêler, mélanger.

Méclà, pl. ais, s. f. Mêlé, e.

Mécla ou **Méclailli**, s. f. Méteil, mixture, mélange de paille et foin pour le bétail ; seigle et froment, etc.

Méclageou, s. m. Mélange.

Mécoumptou, s. m. Mécompte.

Mécountont, a, s. m. et adj. Mécontent, e.

Mécountontâ, v. a. 1ʳᵉ conj. Mécontenter.

Mécountontamont, s. m. Mécontentement.

Mécounussablou, bla, adj. Méconnaissable.

Mécounûtre, v. a. et pr. 3ᵉ conj. irrég. Méconnaître. — Ind. prés. : *Ji mécounussou, tchu mécounûs, o mécounû, nous mécounussouns, vous mécounussédes, eis mécounussount*. — Imparfait : *Ji mécounussins*, etc.

Mécreire, v. a. et n. 3ᵉ conj. com. *Creire*. Mécroire.

Mêcrou ou **Djimêcrou**, s. m. Mercredi. *Mêcrou de les cindres* ; mercredi des cendres.

Medailli, s. f. Médaille. (Celt. *Medalla*).

Medaillîe, v. a. 1ʳᵉ conj. com. *Criaillie*. Médailler.

Medailloun, s. m. Médaillon.

Medaillit, ià, f. pl. ais, adj. et s. Médaillé, e.

Medecïn, s. m. Médecin.

Medecina, s. f. Médecine.

Medecinâ, v. a. 1ʳᵉ conj. Médeciner.

Medjiacioun, s. f. Médiation.

Medjiatœu, trici, s. Médiateur, trice.

Medjical (alou), **a, aôx**, adj. Médical, e, aux.

Medjicacioun, s. f. Médication.

Medjicamont, s. m. Médicament.

Medjicamontâ, v. a. 1ʳᵉ conj. Médicamenter.

Medjicinal (alou), **a, aôx**, adj. Médicinal, e, aux.

Medjiocrou, cra, adj. Médiocre.

Medjioucramont, adv. Médiocrement.

Médjire, v. n. 3ᵉ conj. Médire.

MÉLA

Medjisanci, s. f. Médisance.
Medjisant, a, adj. et s. Médisant, e.
Medjitâ, v. a. et n. 1re conj. Méditer.
Medjitacioun, s. f. Méditation.
Medjitarranéia, s. f. Méditerranée, mer.
Medjitarraneon, neéna, adj. Méditerranéen, enne.
Medjium (omou), s. m. Médium.
Medjûsa, s. f. Méduse.
Méfaire, v. n. 3e conj. com. *Countrafaire*. Méfaire.
Méfat, s. m. Méfait.
Méfiâ (se), v. pr. 1re conj. com. *Déciâ*. Se méfier.
Méfianci, s. f. Méfiance.
Méfiant, a, adj. Méfiant, e.
Mégarda (pa), loc. adv. Par mégarde.
Mégissarit, s. f. Mégisserie.
Mégissîe, s. m. Mégissier.
Mei ou **Mét**, pr. pers. 1re pers. sing. Moi.
Meigrî, v. n. et a. 2e conj. com. *Curi*. Maigrir.
Meillou, s. m. et adj. Meilleur, e.
Meinà ou **Ménà**, s. f. Jeunesse, enfant, famille. (Celt. *Mainada*). *La meinà de moun tchiom erriant pléins de galéurous*. La jeunesse de mon temps était plein d'amusements. (CHAPELON).
Méin-d'œuvra, s. f. Main-d'œuvre.
Méin-morta, s. f. Mainmorte.
Méint, a, adj. Maint, e.
Méintô, s. m. Mentor, guide.
Meirit ou **Meiria**, s. f. Mairie. (Celt. *Mairia*).
Meis, s. m. Mois. (Celt. *Meis*). On dit quelquefois *Mi*, comme dans *Mi de mouais*.
Meisî ou **Mesî**, v. n. a. et pr. 2e conj. com. *Curi*. Moisir, corrompre.
Mei ou **Mesisséuri**, s. f. Moisissure.
Meis ou **Mesit**, s. m. Moisi. (V. *Chaômesit*).
Meisoun, s. f. Maison.
Meisounà, pl. ais, s. f. Maisonnée, famille.
Meissoun, s. f. Moisson.
Meissounâ, v. a. 1re conj. com. *Boundounà*. Moissonner.
Meissounéu, sa, s. Moissonneur, euse.
Meitchià, pl. ais, s. f. Moitié.
Méjoû, s. m. Midi. Prend un e muet devant une voyelle. *Méjoüe et cinq ;* midi et cinq.
Mélà, pl. ais, s. f. Mêlée, combat.

MENO

Mélancouliquamont, adv. Mélancoliquement.
Mélancouliquou, qua, adj. Mélancolique.
Mélancoulit, s. f. Mélancolie. (V. *Malancouni*).
Mélangeou, s. m. Mélange. (V. *Méclageou*).
Mélangîe, v. a. 1re conj. irrég. comme *Ablagie*. Mélanger. (V. *Méclà*).
Mélâssi, s. f. Mélasse. (V. *Mirotta*).
Mélèzou, s. m. Mélèze, bois.
Mélîsa, s. f. Mélisse, plante, liqueur.
Méloudjiousamont, adv. Mélodieusement.
Méloudjioux, ousa, adj. Mélodieux, euse.
Méloudjiquou, qua, adj. Mélodique.
Méloudjit, s. f. Mélodie.
Méloudramou, s. m. Mélodrame.
Meloun, s. m. Melon.
Mé-loungi, s. f. Mi-longe, viande de boucherie.
Melouniéri, s. f. Melonnière.
Mêmamont, adv. Mêmement.
Mêmou, a, adj. et s. Même.
Memouairi, s. f. Mémoire.
Memouairou, s. m. Mémoire.
Memourablamont, adv. Mémorablement.
Memourablou, bla, adj. Mémorable.
Memourial (alou), s. m. Mémorial.
Menaçant, a, adj. Menaçant, e.
Menâci, s. f. Menace.
Menacîe, v. a. 1re conj. irrég. comme *Agcocie*. Menacer.
Ménageamont, s. m. Ménagement.
Ménagearit, s. f. Ménagerie.
Ménageou, s. m. Ménage.
Menagîe, v. a. et pr. 1re conj. irrég. comme *Ablagie*. Ménager.
Menâ, v. a. 1re conj. comme *Démenâ*. Mener.
Menà, pl. ais, s. f. Menée.
Menabârra, s. m. Passementier, rubanier, qui actionne son métier par une longue barre horizontale qu'il manœuvre régulièrement. (V. *Barrâ*).
Menétrîe, s. m. Ménétrier.
Menéu, sa, s. Meneur, euse.
Menimou, s. m. Minime, religieux. *Vés tous Menimous*, quartier Saint-Louis, à Saint-Etienne.
Ménot, s. f. Minuit.
Menotta, s. f. Menotte.

MESS

Menu, s. m. Charbon fin. *Menu sortant*, tel qu'il sort de la mine, gros et fin.
Menu, a, adj. Menu, e. (Celt. *Menu*).
Menuêt, s. m. Menuet, danse.
Menusarit, s. f. Menuiserie.
Menûses, s. f. pl. Menues choses, menuailles. *Se chôffâ les menûses*, se chauffer les membres.
Menusîe, s. m. Menuisier. (Celt. *Menuser*).
Méprésa, s. f. Méprise.
Mépris, s. m. Mépris.
Méprisâ, ou sîe, com. *Brisîe*, v. a. 1re conj. Mépriser.
Méprisablou, bla, adj. Méprisable.
Méprisant, a, adj. Méprisant, e.
Merî, v. n. 2e conj. irrég. Mourir. — Ind. prés. : *Ji merrou, tchu més, o mé, nous merouns, vous merédes, eis merrount*. — Imparfait : *Ji merins*, etc. — Pas. défini : *Je meriéus*, etc. — Futur : *Ji merirei*, etc. — Cond. prés. : *Ji merirîns*, etc — Impér. : *Més, merouns, merédes*. — Subj. : *Que ji merra, que tchu merres, qu'o merre, que nous merrîouns, que vous meriiz, qu'eis merant*. — Imparfait : *Que ji meréza*, etc. — Part. prés. : *Merant*. — Pas. : *Mô, morta*.
Meridjion, djiéna, s. m. et adj. Méridien, ienne.
Meridjiounal (alou), a, aôx: adj. Méridional, e, aux.
Merinos (oçou), s. m. Mérinos.
Merisîe, s. m. Merisier, arbre.
Meritâ, v. a. 1re conj. Mériter.
Meritant, a, adj. Méritant, e.
Meritou, s. m. Mérite. (Celt. *Merit*).
Meritouairamont: adv. Méritoirement.
Meritouairou, ra, adj. Méritoire.
Merlou, s. m. Merle, oiseau.
Més, adj. poss. fém. pl. Mes.
Mésaisou, s. m. Mésaise.
Mésailliâ (se), v. pr. 1re conj. Mésallier.
Mésallianci, s. f. Mésalliance.
Mésangi, s. f. Mésange, oiseau. (V. *Lardenna*).
Mésarrivâ, v. impers. 1re conj. Mésarriver.
Mésavontchura, s. f. Mésaventure.
Méséintelligeonci, s. f. Mésintelligence.
Mesquïn, ina, adj. Mesquin, e.
Mesquinamont, adv. Mesquinement.
Mesquinarit, s. f. Mesquinerie.
Messa, s. f. Messe, office divin.

MÈTR

Messa, s. f. Gratification en espèces que l'on donne aux jeunes gens le dimanche. *J'ai vingt séus de messa*.
Messâ (se), v. pr. Aller entendre la messe *Ji souais messâ*, j'ai entendu la messe.
Méssit, s. m. Messie.
Messûes, s. m. pl. Messieurs.
Messirou, s. m. Messire.
Messoungi, s. f. Mensonge.
Messoungérimont, adv. Mensongèrement.
Messoungîe, géri, adj. Mensonger, ère.
Mesura, s. f. Mesure. (Celt. *Mesura*).
Mesurâ, v. a. et pr. 1re conj. Mesurer.
Mesurablou, bla, adj. Mesurable.
Mesurageou, s. m. Mesurage.
Mesuréu, s. m. Mesureur.
Mésusâ, v. n. 1re conj. Mésuser.
Métal (alou), s. m. Métal. (Celt. *Metal*).
Métalleurgiquou, qua, adj. Métallurgique.
Métalleurgistou, s. m. Métallurgiste.
Métalleurgit, s. f. Métallurgie.
Metalliquou, qua, adj. Métallique.
Métallisâ, v. a. 1re conj. Métalliser.
Métallisacioun, s. f. Métallisation.
Métamorphéusa, s. f. Métamorphose.
Métamorphéusâ, v. a. 1re conj. Métamorphoser.
Métan, s. m. Milieu. (V. *Mé*).
Métâra, s. f. Métairie. (Celt. *Meiteria*).
Métàrà, s. f. Mille mètres carrés de terrain. (Celt. *Metaria*).
Métchiculousamont, adv. Méticuleusement.
Métchiculoux, ousa, adj. Méticuleux, euse.
Métchîe, s. m. Métier.
Métchis (içou), issa, adj. et s. Métis, isse.
Meteéurou, s. m. Météore.
Methoda, s. f. Méthode.
Methoudjiquamont, adv. Méthodiquement.
Methoudjistou, s. m. Méthodiste.
Métompsycôsa, s. f. Métempsycose.
Metrâ, v. a. 1re conj. com. *Assetâ*. Métrer.
Metrageou, s. m. Métrage.
Metréu, s. m. Métreur.
Metriquou, qua, adj. Métrique.
Métrou, s. m. Mètre.

MIÉU

Metrounomou, s. m. Métronome.
Metroupoulitéin, a, adj. Métropolitain, e.
Méts, s. m. Mets, aliment. (V. *Mingeailli*).
Méu, s. m. Main. *Méu-chaôda, méu-forta*. Prov. : *Les méus neires fant mingie lou pon blanc*; les mains noires font manger le pain blanc.
Méu, ra, adj. Mûr, e.
Meublâ, v. a. 1re conj. Meubler.
Meublou, s. m. Meuble.
Méulevà, pl. **ais**, s. f. Mainlevée.
Méuramont, adv. Mûrement.
Méurenna ou **Morenna**, s. f. Marraine.
Meurgant, a, adj. Qui a de la morgue.
Meurguâ, v. a. 1re conj. Morguer, vexer, mortifier.
Méurî, v. a. et n. 2e conj. comme *Curî*. Mûrir.
Meurtrî ou **Meutrî**, v. a. 2e conj. comme *Curî*. Meurtrir.
Meurtrîe ou **Meutrîe, iéri**, adj. Meurtrier, ière.
Meurtrou ou **Meutrou**, s. m. Meurtre.
Meuta, s. f. Meute.
Mexiquou, s. m. Mexique.
Mia, adj. poss. f. s. Mienne. (V. *Miénu*).
Miâ (sant), s. m. Saint Médard.
Miaôlâ, v. n. 1re conj. Miauler.
Miaôlamont, s. m. Miaulement.
Miasmou, s. m. Miasme.
Miaôlant, a, adj. Qui toujours pleure, gémit ou se plaint; quémandeur comme un chat qui miaule pour avoir un morceau.
Michi, s. f. Miche, pain. (Celt. *Mich, micha*).
Michîe, n. pr. Michel. *La sant Michîe*.
Michoun, s. m. Petite miche.
Micmac (aquou), s. m. Micmac.
Mîe, s. m. Miel.
Miélousamont, adv. Mielleusement.
Miéloux, ousa, adj. Mielleux, euse.
Miénou, Miéna, adj. poss. Mien, ienne. (V. *Miéu*).
Miéta, s. f. Miette, petite partie. (V. *Breisai*).
Miéu, Miéna, adj. poss. Mien, ienne. (V. *Miénou*).
Miéula, s. f. Moelle.

*L'ompoueisoun que voit n'ya dentjins iquella fiòla
Nous rontre djins lous os et nous renge la miéula.*
Le poison qu'il y a dans cette fiole
Nous rentre dans les os et nous ronge la moelle.
(MURGUES, l'*Esprit*).

MINA

Miéux, adv. et s. m. Mieux, davantage.
Mignoun ou **Mignoù, na**, adj. Mignon, onne. (Celt. *Mignoun*).
Mignounamont, adv. Mignonnement.
Mignounétta, s. f. Mignonnette.
Mignoutâ, v. a. 1re conj. com. *Accoutâ*. Mignoter.
Migracioun, s. f. Migration.
Migrana, s. f. Migraine.
Migraôni, adj. et s. f. Personne délicate et de santé faible.
Miia (mi-ia), s. f. Mie, bien aimée, chérie. Enfantin, jeune fillette, la préférée. (V. *Mami*).
Mijaôré, s. f. Mijaurée.
Mijoutâ, v. a. 1re conj. comme *Accoutâ*. Mijoter.
Milici, s. f. Milice.
Milicion, s. m. Milicien, soldat.
Militâ, v. n. 1re conj. Militer.
Militairamont, adv. Militairement.
Militairou, s. m. Militaire. (V. *Soudas*).
Militant, a, adj. Militant, e.
Militarisâ, v. a. 1re conj. Militariser.
Milla, adj. num. Mille. (Celt. *Milla*).
Milla-Partchus, s. m. Mille-Pertuis, plante.
Millésimou, s. m. Millésime.
Milliâ, s. m. Milliard.
Millâssi, s. f. Milliasse. *Una milliassi de francs*.
Millîe, s. m. Millier.
Millîe, s. m. Millet, graine.
Milliémou, ma, adj. num. ord. Millième.
Milligrammou, s. m. Milligramme.
Millimètrou, s. m. Millimètre.
Millioun, s. m. Million.
Milliounairou, ra, adj. et s. Millionnaire.
Milò, s. m. Milord.
Mimâ, v. a. 1re conj. Mimer.
Mimi, s. m. Tout petit enfant : enfantin.
Mimiquou, qua, adj. et s. f. Mimique.
Mina, s. f. Figure, visage. *Mina de caillot*, qui a les pâles couleurs. *Mina de quiéu de péarou*, figure pleine, reflétant la santé.
Mina, s. f. Mine. (V. *Pereri*). (Celt. *Mina*).
Minâ, v. a. 1re conj. Miner. (Celt. *Mina*).
Minablou, bla, adj. et s. Minable, pauvre.
Minaô, s. m. Mesure pour le sel et le grain. (Celt. *Minot, Minal*).

MIRA

Minaôdâ, v. n. 1ʳᵉ conj. Minauder.
Minceou, ci, adj. Mince.
Mineral (alou), **a,** s. m. et adj. Minéral, e.
Mineralisâ, v. a. 1ʳᵉ conj. Minéraliser.
Mineralisacioun, s. f. Minéralisation.
Mineralougiquou, qua, adj. Minéralogique.
Mineralougistou, s. m. Minéralogiste.
Mineralougit, s. f. Minéralogie.
Mineré, pl. **raôx,** s. m. Minerai.
Minét, ta, s. Minet, ette.
Minéu, s. m. Mineur. (V. *Peréréu*).
Mingeablou, bla, adj. Mangeable.
Mingeailli, s. f. Mangeaille, mets.
Mingéu, sa, s. Mangeur, euse.
Mingîe, v. a. 1ʳᵉ conj. irrég. com. *Ablagie*. Manger.
Mingi-tout, s. m. Mange-tout.
Miugoulét, ta, adj. et s. Mince, fluet, grêle.
Mais que me véut-aɩ doune équaɩ grand mingoulét
Que somble lou bourrai segu de soun valét.
Que me veut-il donc ce grand fluet.
(MURGUES, *l'Esprit*).
Miniatchura, s. f. Miniature.
Minîe, iéri, adj. et s. f. Minier, ière.
Minimou, ma, adj. Minime.
Minimum (omou), s. m. Minimum.
Ministeriel (elou), **la,** adj. Ministériel, le.
Ministeriellamont, adv. Ministériellement.
Ministêrou, s. m. Ministère.
Ministrou, s. m. Ministre.
Minœu, ra, adj. et s. Mineur, e, qui n'a pas atteint la majorité.
Minouais, s. m. Minois, visage.
Minoun ou **Minoù,** s. m. Minon.
Minoutarit, s. f. Minoterie.
Minuciousamont, adv. Minutieusement.
Minucioux, ousa, adj. Minutieux, euse.
Minusculou, la, adj. Minuscule.
Minuta, s. f. Minute.
Miochou, s. m. Mioche, petit enfant.
Mirâ, v. a. et pr. 1ʳᵉ conj. Mirer.
Mira, s. f. Mire. *Poéint de mira*.
Mirâclou, s. m. Miracle. (Celt. *Miragl*).
Miraculousamont, adv. Miraculeusement.
Miracouloux, ousa, adj. Miraculeux, euse.
Mirageou, s. m. Mirage.

MITO

Mirais, s. m. Miroir. (Celt. *Miras, mirouer*).
Mîre, adv. Moins. Loc. adv. *Au mire, pas mire, do mire*; au moins, pas moins, du moins. *Pas mire tchu coumprond que toun hommou a rcisoun*. (MURGUE, *l'Esprit*).
Mirlitoun ou **Marlutoun,** s. m. Mirliton.
Miroeitâ, v. n. 1ʳᵉ conj. Miroiter.
Miroeitamont, s. m. Miroitement.
Miroeitarit, s. f. Miroiterie.
Miroeitchîe, s. m. Miroitier.
Mirouboulant, a, adj. Mirobolant, e.
Mîsa, s. f. Mise.
Misaina, s. f. Misaine, mât.
Misanthropou, pa, s. Misanthrope.
Misanthroupiquou, qua, adj. Misanthropique.
Misanthroupit, s. f. Misanthropie.
Misèra, s. f. Misère.
Miserablamont, adv. Misérablement.
Miserablou, bla, adj. Misérable.
Misericorda, s. f. Miséricorde.
Misericordjiousamont, adv. Miséricordieusement.
Misericordjioux, ousa, adj. Miséricordieux, euse.
Missioun, s. f. Mission.
Missiounairou, s. m. Missionnaire.
Missiva, adj. et s. f. Missive, lettre.
Mistâtchù, s. m. Jeu d'enfant cité par CHAPELON. Les joueurs, debout, sont rangés en ligne droite, tenant leur mouchoir de poche, tordu ou noué, à la main. Un des leurs, le *Mistâtchù*, se place en face à une certaine distance; alors ses confrères lui crient : « *Mistâtchù! que demandas tchu?* Il répond : *ũn taô* — *qu'é-t-équais taô ? Jean lou cortaôd.* » Au même instant, celui qui vient d'être désigné doit vivement quitter sa place ; sans cela les autres lui frappent à coups redoublés sur le dos. Lorsque tous ont passé de l'autre côté, le jeu recommence; c'est le dernier resté qui fait le *Mistâtchù*.
Mistral (alou), s. m. Mistral, vent.
Mistral (alou) **Frederit.** Grand poète régénérateur de la langue provençale.
Mita, s. f. Mite, insecte. (V. *Arta*).
Mitaina ou **Mita,** s. f. Mitaine, gant.
Mitchigîe, v. a. 1ʳᵉ conj. irrég. comme *Ablagie,* Mitiger.
Mitounâ, v. n. et a. 1ʳᵉ conj. com. *Boundounâ.* Mitonner.

MOND

Mi ou **Mutouyon, yéna,** adj. Mitoyen, enne.
Mi ou **Mutouyenetà,** pl. **ais,** s. f. Mitoyenneté.
Mitra, s. f. Mitre.
Mitrà, f. pl. **ais,** adj. Mitré, e.
Mitraillada, s. f. Mitraillade.
Mitrailléu, s. m. Mitrailleur.
Mitrailléusa, s. f. Mitrailleuse.
Mitrailli, s. f. Mitraille.
Mitraillîe, v. a. 1re conj. irrég. comme *Criaillie.* Mitrailler.
Mitroun, s. m. Mitron.
Mixtou, ta, adj. Mixte.
Mô, s. f. Mort, fin de la vie.
Mô, s. m. Mors de cheval.
Mô, orta, adj. Mort, e.
Moda, s. f. Mode, coutume. (Celt. *Moda*).
Modou, s. m. Mode, méthode.
Moéindramont, adv. Moindrement.
Moéindrou, dra, adj. Moindre.
Moeinou, s. m. Moine. (V. *Capelan*).
Moéins, adv. de comparaison. Moins. Devant un adj. num. *moéins* est remplacé par *manque. Méjoù manque ûn quà,* pour midi moins un quart. *Moéins,* loc. conj., se change en *mire.* (V. ce mot).
Moeira, s. f. Moire.
Moeirà, v. a. 1re conj. Moirer.
Moeirageou, s. m. Moirage.
Moéloun ou **Mouéloun,** s. m. Moellon.
Moéloux ou **Mouéloux, ousa,** adj. Moelleux, euse.
Mœurs (eursou), s. m. Mœurs, habitudes.
Mola, s. f. Meule. (Celt. *Mola,* moulin).
Mombrà, f pl. **ais,** adj. Membré, e.
Mombrana, s. f. Membrane.
Mombranoux, ousa, adj. Membraneux, euse.
Mombréuri, s. f. Membrure.
Mombrou, s. m. Membre.
Mombru, a, adj. Membru, e.
Moncioun, s. f. Mention.
Monciounà, v. a. 1re conj. com. *Affetciounà.* Mentionner.
Mondjià, v. a. 1re conj. Mendier. (V. *Cambrousà*).
Mondjiant, a, adj. et s. Mendiant, e.
Mondjicità, pl. **ais,** s. f. Mendicité. (V. *Cambrousà*).

MORS

Monsuel (elou), **la,** adj. Mensuel, le.
Monsuellamont, adv. Mensuellement.
Montal (alou), **a,** adj. Mental, e.
Montalamont, adv. Mentalement.
Montchi, v. n. 2e conj. comme *Amortchi.* Mentir.
Monteu, eursa, adj. et s. Menteur, euse.
Montha, s. f. Menthe, plante.
Montounét, s. m. Mentonnet.
Montouniéri, s. f. Mentonnière.
Morcelà, v. a. 1re conj. comme *Baritelà.* Morceler.
Morcellamont, s. m. Morcellement.
Mordant, e, adj. Mordant, e.
Mordjicus (uçou), adv. *Mordicus.*
Mordre ou **Môdre,** v. a. 3e conj. Mordre. — Ind. prés. : *Ji mordou, tchu mos, o mô, nous mordouns, vous mordédes, eis mordount,* etc.
Moreilli ou **Moureilli,** s. f. Rond en osier dans lequel on place la cheville d'un timon de char à bœufs.
Morgua, s. f. Morgue.
Morliét, s. m. Grillon et, par extens. : cafard.
Morlietà, v. a. 1re conj. comme *Briquetà.* Espionner. (V. *Appinchie*).
Morlietéu, s. m. Espion. (V. *Appinchimorliét*).
Morna, s. f. Virole, anneau.
Mornà, v. a. et n. 1re conj. Mettre une virole à un manche d'outil ; plus particulièrement, mettre les anneaux au museau d'un porc, et fig. : bisquer, marronner.
Mornachi, s. f. Mordache, sorte de tenailles en bois ou en métal tendre que l'on applique aux mâchoires d'un étau pour préserver les pièces que l'on y serre. Gardemaches.
Morniflà, v. n. 1re conj. Renifler, moucher.
Mornifla, s. f. Personne qui renifle, qui a le nez embarrassé ; terme injurieux, morveux.
Mornifléu, s. m. Renifleur, morveux.
Mornou, na, adj. Morne, triste.
Morphina, s. f. Morphine.
Morphinà, v. a. et pr. 1re conj. Morphiner.
Morséuri, s. f. Morsure.
Morseillageou, s. m. Baisotage.
Morseillie, v. a. et pr. comme *Agreillie.* Baisoter, mordiller. *Morseillie sous effants,* baisoter ses enfants. *O morseille toujoù*

MOUC

quéuqua frâtchi; il mordille toujours quelque fruit.

Mortalità, pl. **ais,** s. f. Mortalité.

Morta-seisoun, s. f. Morte-saison; on dit plus facilement *la morta. Lou travouais ne va guérou, vou'é la morta.*

Mortchia, s. m. Mortier, mélange de chaux.

Mortchîe, s. m. Mortier, vase à piler le sel, bouche à feu.

Mortchifiâ, v. a. et pr. 1re conj. Mortifier. (V. *Meurguâ*).

Mortchifiant, a, adj. Mortifiant, e.

Mortchificacioun, s. f. Mortification.

Mortchuairou, s. m. Mortuaire.

Morteisîe, v. a. 1re conj. irrég. comme *Beissîe.* Mortaiser.

Mortel (elou) ou **Mortet, ella,** adj. et s. Mortel, elle. *Pechit mortet,* péché mortel.

Mortellamont, adv. Mortellement.

Morva, s. f. Morve. (V. *Morvella*).

Morveloux, ousa, adj. Morveux, euse.

Morvella, s. f. Morve.

Mota, s. f. Jeu de la tape; borne d'où partent les joueurs et qu'il faut défendre de toucher. (Celt. *Mota,* forteresse).

Mota-prés, s. f. Jeu de la tape, sans borne ni point de départ, qui consiste à se repasser la tape. *Mota-à-cacassoun,* qui consiste à s'affaisser sitôt que l'on vient pour vous donner la tape. *Mota-à-cachîe,* où les joueurs se cachent. *Mota-on-l'ai.*

Mou, Molla, adj. Mou, molle. (V. *Blét*).

Moua, s. f. Moue. (Celt. *Moua*). (V. *Boba*).

Mouais, s. m. Mai, cinquième mois de l'année. *Chantâ lou mi de mouais;* chanter le mois de mai.

Mouais, s. m. Mât, arbre. *Plantâ lou mouais,* planter le mai.

Moubilîe, iéri, adj. Mobilier, ière.

Moubilisâ, v. a. 1re conj. Mobiliser.

Moubilisablou, bla, adj. Mobilisable.

Moubilisacioun, s. f. Mobilisation.

Moubilità, pl. **ais,** s. f. Mobilité.

Moubilou, la, adj. et s. Mobile.

Mouceais, pl. **ciaôx,** s. m. Morceau.

Mouchâ, s. m. Mouchard, espion.

Mouchardâ, v. a. et n. 1re conj. Moucharder.

Mouchét, s. m. Emouchet, faucon des pigeons.

Moucheroun, s. m. Moucheron.

Mouchetâ, v. a. 1re conj. comme *Briquetâ.* Moucheter.

MOUI

Mouchetà, f. pl. **ais,** adj. Moucheté, e.

Mouchetéuri, s. f. Mouchetūre.

Mouchéttes, s. f. pl. Mouchettes.

Mouchéu, s. m. Mouchoir. (Celt. *Mouched*). *Mouchéu de saqua,* mouchoir de poche.

Moûchi, s. f. Mouche.

Mouchîe, v. a. et pr. 1re conj. irrég. com. *Abouchîe.* Moucher. (Celt. *Moucha*).

Mouchoun, s. m. Mouchure d'une chandelle. Prov. : *lou mouchoun ne vaôt pas la chandella,* c'est-à-dire la chose n'en vaut pas la peine.

Moudâ, v. n. 1re conj. com. *Coupâ.* Partir, s'en aller. *Pas mire, o féut, avant que de moudâ...;* pas moins, il faut, avant que de partir... (CHAPELON).

Moudelâ, v. a. 1re conj. Modeler.

Moudelageou, s. m. Modelage.

Moudeléu, s. m. Modeleur.

Moudélou, s. m. Modèle.

Mouderâ, v. a. et pr. 1re conj. Modérer.

Mouderà, f. pl. **ais,** adj. et s. Modéré, e.

Mouderacioun, s. f. Modération.

Mouderamont, adv. Modérément.

Mouderatœu, s. m. Modérateur.

Moudernamont, adv. Modernement.

Moudernisâ, v. a. 1re conj. Moderniser.

Moudernou, na, adj. Moderne.

Moudestamont, adv. Modestement.

Moudestchit, s. f. Modestie.

Moudestou, ta, adj. Modeste.

Moudjicità, pl. **ais,** s. f. Modicité.

Moudjifiâ, v. a. 1re conj. Modifier.

Moudjificacioun, s. f. Modification.

Moudjilloun, s. m. Modillon.

Moudjiquamont, adv. Modiquement.

Moudjiquou, qua, adj. Modique.

Moudjista, s. f. Modiste.

Moudjulâ, v. a. 1re conj. Moduler.

Moudjura, s. f. Mouture.

Mougnoun ou **Mougnoù,** s. m. Moignon.

Mouéni, s. f. Toupie. (V. *Fiarda*).

Mouénîe ou **Mouégnîe,** v. n. 1re conj irrég. com. *Accouérîe.* Tortiller les hanches en marchant, remuer, s'agiter sur sa chaise; faire difficilement une chose.

Moufla, s. f. Moufle.

Mouillageou, s. m. Mouillage.

Mouillîe, v. a. 1re conj. irrég. comme *Ageanouillîe.* Mouiller.

MOUN

Moulà, s. m. Moulard, boue qui se fait sous les meules à aiguiser, et que l'on employait jadis au crépissage des murs sur les rives du Furan.
Moulâ, v. a. 1re conj. Mouler.
Moulageou, s. m. Moulage.
Moulâssou, âssi, adj. Mollasse.
Moulécula, s. f. Molécule.
Mouléin, s. m. Moulin.
Mouléri, s. f. Molière, où l'on aiguise.
Moulesquina, s. f. Molesquine.
Moulessa, s. f. Mollesse.
Moulestâ, v. a. 1re conj. Molester.
Moulét, s. m. Mollet. (V. *Boutaà*).
Moulét, étta, adj. Mollet, ette. (V. *Blét*).
Mouletoun, s. m. Molleton.
Mouléuri, s. f. Moulure.
Moulinâ, v. a. 1re conj. Mouliner.
Moulinageou, s. m. Moulinage.
Moulinét s. m. Moulinet.
Moulinîe, s. m. Moulinier.
Moulon, s. m. Mie de pain, chose épaisse et tendre. (V. *Groua*).
Moulou, s. m. Moule. (Celt. *Mou!*).
Moulounâ, v. a. 1re conj. comme *Boundounâ*. Mettre le foin en tas, le blé en meule.
Moulu, a, adj. Moulu, e.
Moumifiâ, v. a. 1re conj. Momifier.
Moumit, s. f. Momie.
Moun, adj. pos. masc. sing. Mon.
Mounâ, s. m. Singe. Par all. : homme, enfant tout petit.
Mouna, s. f. Singe, guenon. Famil. : enfant, jeune personne. Terme bas : vulve. (Celt. *Mouna*, singe).
Mounarchiquamont, adv. Monarchiquement.
Mounarchiquou, qua, adj. Monarchique.
Mounarchit, s. f. Monarchie.
Mounarquou, s. m. Monarque.
Mounastchiquou, qua, adj. Monastique.
Mounastèrou, s. m. Monastère.
Moundéin, a, adj. et s. Mondain, e.
Moundeinamont, adv. Mondainement.
Moundou, s. m. Monde. *Lou petchit moundou*; les artisans, les malheureux qui vivent péniblement.
Mounéia, s. f. Monnaie. (Celt. *Moneia*).
Mouneiageou, s. m. Monnayage.

MOUN.

Mouneïe, v. a. 1re conj. irrég. com. *Approupreïe*. Monnayer.
Mouneiéu, s. m. Monnayeur.
Mounétairou, ra, adj. Monétaire.
Mounétchisacioun, s. f. Monétisation.
Moungoulfiéri, s. f. Montgolfière.
Mounîna, s. f. Guenon, singe ; par all. : femme laide et mal tenue.
Mounoumanit, s. f. Monomanie.
Mounoumanou, s. m. Monomane.
Mounoupolou, s. m. Monopole.
Mounoupoulysâ, v. a. 1re conj. Monopoliser.
Mounoussyllabiquou, qua, adj. Monosyllabique.
Mounoussyllabou, s. m. Monosyllabe.
Mounoutonou, na, adj. Monotone.
Mounoutounit, s. f. Monotonie.
Mounseignœu ou **gnùe**, s. m. Monseigneur.
Mounsû ou **Moussû**, s. m. Monsieur. Prend un *c* muet devant une voyelle. *Moussùe et Madama*.
Mounstrou, s. m. Monstre. (Celt. *Mounstr*).
Mounstruousamont, adv. Monstrueusement.
Mounstruousità, pl. ais, s. f. Monstruosité.
Mounstruoux, ousa, adj. Monstrueux, euse.
Mount ou **Mout**, s. m. Mont, montagne. (Celt. *Mound*).
Mountâ, v. n. et a. 1re conj. Monter. (Celt. *Montare*).
Mountageou, s. m. Montage.
Mountagnà, arda, adj. et s. Montagnard, e.
Mountagnà, s. m. Montain, pinson des Ardennes.
Mountagni, s. f. Montagne. (Celt. *Montagna*. (V. *Kéuta*).
Mountagnoux, ousa, adj. Montagneux, euse.
Mountant, a, s. m. et adj. Montant, e.
Mountardella, s. f. Mortadelle.
Mountchialla, s. f. Belette, fouine. *Groëin de mountchialla* : figure de fouine.
Mountchura, s. f. Monture, partie de l'armurerie ; mettre les pièces au bois de fusil.
Mountéia, s. f. Montée.
Mounterla, s. f. Moutarde.
Mounterlie, s. m. Moutardier.

MOUR

Mountéu, s. m. Monteur : monteur de fusils.
Mountéu, adv. Peut-être. (V. *Massurou*).
Et que mountéu j'érins jusqu'au neuviémou.
Et que peut-être j'irais jusqu'au neuvième.
(CHAPELON).
Mountoun, s. m. Mouton.
Mountoun, s. m. Menton, au-dessous de la bouche. *Mountoun de galochi ;* grand menton.
Mountra, s. f. Montre.
Mountrâ, v. a. 1ʳᵉ conj. Montrer.
Mountrablou, bla. Montrable.
Mountraquiéu, s. m. Déguenillé, couvert de haillons, à peine vêtu.
Mountréu, sa, s. Montreur, euse.
Monumont, s. m. Monumênt.
Monumontal (alou), a, aôx, adj. Monumental, e, aux.
Mouquâ, arda, adj. Moqueur, euse.
Mouquâ (se). v. pr. 1ʳᵉ conj. com. *Bouquâ.* Se moquer.
Mouquarit, s. f. Moquerie.
Mouquétta, s. f. Moquette.
Moura, s. f. Mûre, fruit, vache noire.
Mourâ, s. m. Petit sac contenant une ration d'avoine ou de foin, que l'on attache à la tête des chevaux et des vaches pour les faire manger en route. Sorte de filet attaché au museau pour les préserver des mouches, et par all. : voilette que portent les femmes.
Mouraî ou rais, s. m. Museau, figure, minois.
Mouraillîe, v. a. et n. 1ʳᵉ conj. irrég. com. *Criaillîe.* Fouiller avec le museau. *Mourais* dans la terre et dans les ordures comme font les porcs. Peine infligée au perdant au jeu du *baculot*, qui est tenu de prendre avec la bouche l'objet jeté à terre.
Moural (alou), a, aôx, adj. Moral, e, aux.
Mourala, s. f. Morale.
Mouralamont, adv. Moralement.
Mouralisâ, v. a. 1ʳᵉ conj. Moraliser.
Mouralisacioun, s. f. Moralisation.
Mouralistou, ta, adj. Moraliste.
Mouralitâ, pl. ais, s. f. Moralité.
Moureilles, s. f. pl. Morailles pour les chevaux.
Moureilloun, s. m. Moreillon pour les serrures.
Mouriboun, a, adj. et s. Moribond, e.

MOUV

Mouricaôd, a, adj. et s. Moricaud, e.
Mourîe, s. m. Mûrier.
Mouriginâ, v. a. 1ʳᵉ conj. Morigéner, gouverner, corriger.
Mourina, s. f. Cendre, poussière noire de forge.
Que sount si pléins de mourina et de fûm
Qu'eis pesariant doux quintaôx plutéut qu'ûn.
Qu'ils sont si pleins de poussière de forge et
[de fumée,
Qu'ils pèseraient deux quintaux plutôt qu'un.
(Ant. CHAPELON).
Mouroun, s. m. Mouron, plante.
Mourua, s. f. Morue.
Mousaïqua, s. f. Mosaïque.
Mousaïquou, qua, adj. Mosaïque.
Mousaïstou, s. m. Mosaïste.
Mouse, v. a. 3ᵉ conj. Traire les vaches, exprimer le lait.
Mousquèia, s. f. Mosquée.
Mousquét, s. m. Mousquet.
Mousquetairou, s. m. Mousquetaire.
Mousquetarit, s. f. Mousqueterie.
Mousquetoun, s. m. Mousqueton.
Moussa, s. f. Mousse, plante.
Moussâ, v. n. 1ʳᵉ conj. comme *Bouxâ.* Mousser.
Mousselina, s. f. Mousseline.
Mousseroun, s. m. Mousseron.
Moussillot, s. m. Petit monsieur, muscadin.
Moussou, s. m. Mousse, apprenti marin.
Moussoux, ousa, adj. Mousseux, euse.
Moustachi, s. f. Moustache.
Moussû, s. m. Monsieur. (V. *Mounsû*).
Moustiquairou, s. m. Moustiquaire.
Moustchiquou, s. m. Moustique.
Mout, s. m. Mot.
Moutâ, s. m. Moutard.
Moutâ, v. n. 1ʳᵉ conj. comme *Accoutâ.* Toucher la borne du point de départ, au jeu de la tape.
Moutchif (ifou), s. m. Motif.
Moutchivâ, v. a. 1ʳᵉ conj. Motiver.
Moutchura, s. f. Mouture.
Moutét, s. m. Mottet, morceau de chant.
Moutounâ, v. n. et a. 1ʳᵉ conj. com. *Boundounâ.* Moutonner.
Moutta, s. f. Motte de terre.
Moutta, adj. et s. f. Chèvre sans cornes.
Mouvamont, s. f. Mouvement.

MURM / MYTH

Mouvamontâ, v. a. et n. 1re conj. Mouvementer.
Mouvamontà, f. pl. **ais,** adj. Mouvementé, e.
Mouvant, a, adj. Mouvant, e.
Mouveire, v. a. et pr. 3e conj. com. *Benére*. Mouvoir.
Mouyenâ, v. a. 1re conj. com. *Démenâ*. Moyenner.
Mouyenant, prép. Moyennant.
Mouyeu, s. m. Moyeu (V. *Mayéu*).
Mouyon, s. m. Moyen. (Celt. *Moyon*).
Mouyon, yéna, adj. Moyen, enne.
Muâ, v. n. 1re conj. com. *Couâ*. Muer. (V. *Péumiâ*).
Muà, pl. **ais,** s. f. Orage, Ondée. (Celt. *Mua*).
Mua, s. f. Mue, changement de plumes.
Mûe, Mueuta, adj. et s. Muet, ette.
Muflîe, s. m. Muflier, plante.
Muflou, s. m. Mufle.
Mugî, v. n. 2e conj. com. *Càrî*. Mugir.
Mugissamont, s. m. Mugissement.
Muid, s. m. Muid.
Mula, s. f. Mule.
Mulâtrou, tra, adj. et s. Mulâtre.
Mulét, s. m. Mulet.
Muletchîe, s. m. Muletier. (V. *Boutaire*).
Multchipliâ, v. a. 1re conj. Multiplier.
Multchiplicacioun, s. f. Multiplication.
Multchiplou, pla, adj. Multiple.
Munî, v. a. et pr. 2e conj. Munir.
Municipal (alou), **a, aôx,** adj. Municipal, e, aux.
Municipalamont, adv. Municipalement.
Municipalità, pl. **ais,** s. f. Municipalité.
Municioun, s. f. Munition.
Municiounâ, v. a. 1re conj. comme *Affectiounà*. Munitionner.
Mûnîe, iéri, s. Meunier, ière.
Munificeonci, s. f. Munificence.
Muquoux, ousa, adj. Muqueux, euse.
Mur (urou), s. m. Mur, muraille. (Celt. *Mur*).
Murâ, v. a. 1re conj. Murer.
Murailli, s. f. Muraille. (Celt. *Muraillia*). (V. *Paré*).
Murmurâ, v. n. 1re conj. Murmurer.
Murmurou, s. m. Murmure.

Mûsa, s. f. Muse.
Musaî, pl. **Musiaôx,** s. m. Museau.
Musc (usquou), s. m. Musc. (Celt. *Musq*).
Muscada, s. f. Muscade.
Muscadjïn, s. f. Muscadin. (V. *Moussillot*).
Muscat, s. m. Muscat.
Musclà, f. pl. **ais,** adj. Musclé, e.
Musclou, s. m. Muscle.
Musculairou, ra, adj. Musculaire.
Musculoux, ousa, adj. Musculeux, euse.
Musé, s. m. Musée.
Muselâ, v. a. 1re conj. comme *Baritelâ*. Museler.
Museléri, s. f. Muselière.
Musellamont, s. m. Musellement.
Musétta, s. f. Musette. (V. *Chiórétta*).
Musical (alou), **a, aôx,** adj. Musical, e, aux.
Musicalamont, adv. Musicalement.
Musicion, iéna, s. Musicien, enne.
Musiqua, s. f. Musique.
Musiquâ, v. n. 1re conj. Musiquer.
Musquâ, v. a. 1re conj. Musquer.
Mutacioun, s. f. Mutation.
Mutchilâ, v. a. 1re conj. Mutiler.
Mutchilacioun, s. f. Mutilation.
Mutchïn, ina, adj. et s. m. Mutin, e. (Celt. *Mutin*).
Mutchinâ (se), v. pr. 1re conj. Se mutiner.
Mutchinarit, s. f. Mutinerie.
Mutchismou, s. m. Mutisme.
Mutchualità, pl. **ais,** s. f. Mutualité.
Mutchuel (elou), **la,** adj. Mutuel, elle.
Mutchuellamont, adv. Mutuellement.
Myopou, pa, adj. et s. Myope.
Myoupit, s. f. Myopie.
Myrtha, s. f. Myrthe.
Mystchifiâ, v. a. 1re conj. Mystifier.
Mystchificacioun, s. f. Mystification.
Mystchiquamont, adv. Mystiquement.
Mystchiquou, qua, adj. Mystique.
Mysteriousamont, adv. Mystérieusement.
Mystérioux, ouse, adj. Mystérieux, euse.
Mystèrou, s. m. Mystère.
Mythoulougiquou, qua, adj. Mythologique.
Mythoulougit, s. f. Mythologie.

N (enna), s. f. Quatorzième lettre de l'alphabet et onzième des consonnes ; joue le même rôle qu'en français.
Nacella, s. f. Nacelle.
Nacioun, s. f. Nation.
Naciounal (alou), a, aôx, adj. National, e. aux.
Naciounalamont, adv. Nationalement.
Naciounalisâ, v. a. 1re conj. Nationaliser.
Naciounalità, pl. ais, s. f. Nationalité.
Nâcola, s. f. Niaise, femme sans allure.
Nacrâ, v. a. 1re conj. Nacrer.
Nacrà, f. pl. ais, adj. Nacré, e.
Nacrou, s. m. Nacre.
Nagéu, sa, s. Nageur, euse.
Nageoi (oua), s. m. Nageoire.
Nagi, s. f. Nage.
Nagîe, v. n. 1re conj. irrég. com. *Ablagie*. Nager.
Naguêrou, adv. Naguère.
Naiada, s. f. Naïade.
Naïf (ifou), **iva**, adj. Naïf, ive.
Naïvamont, adv. Naïvement.
Naïvetà, pl. ais, s. f. Naïveté.
Nânais, s. m. Dodo, sommeil d'enfant.
Nanét, s. m. Homme dominé par sa femme. (V. *Coualana, cacounét*).
Nâni, Mot négatif, pour nenni.
Nanoun ou **Nanoù**, n. pr. Nanon.
Nantchî, v. a. et pr. 2e conj. com. *Amortchi*. Nantir.
Nantchissamont, s. m. Nantissement.
Naôfrageou, s. m. Naufrage.
Naôfragîe, v. n. 1re conj. irrég. com. *Ab'agie*. Naufrager.

Naôfragit, già, f. pl. ais, adj. et s. Naufragé, e.
Naôtchiquou, qua, adj. Nautique.
Naôtounîe, s. m. Nautonier.
Napouleoun, s. m. Napoléon, pièce de 20 francs.
Napouleounion, iéna, adj. Napoléonien, ienne.
Napouleounismou, s. m. Napoléonisme.
Napoulitéin, a, adj. et s. Napolitain, e.
Nappa, s. f. Nappe. (V. *Mantchi*).
Nâra, s. f. Niaise, pauvre d'esprit. *O l'ia des niares faites dj'una façoun. — Qui maôgrà pares et maires, seguount tous lous garçouns; il y a des niaises faites d'une façon, etc.* (CHAPELON).
Nârâ, v. a. 1re conj. Narrer.
Nâracioun, s f. Narration.
Nâratœu, trici, s. Narrateur, trice.
Narcî, v. a. 2e conj. com. *Adouci*. Noircir.
Nargoussâ, v. n. 1re conj. comme *Bouxi*. Nasiller.
Nargousséu, s. m. Nasilleur.
Narguâ, v. a. 1re conj. Narguer.
Narina, s. f. Narine. (V. *Nifla*).
Narquouais, a, adj. Narquois, e.
Narquouaisamont, adv. Narquoisement.
Narziéu, s. m. Orgelet qui vient au bord des paupières.
Nasal (alou), **a, aôx**, adj. Nasal, e, aux.
Nasalamont, adv. Nasalement.
Nasaôx, s. m. pl. Naseaux.
Nasillà, arda, adj. Nasillard, e.
Nasillamont, s. m. Nasillement.
Nasilléu, sa, s. Nasilleur, euse. (V. *Nargoussiu*).

NÈFL

Nasillie, v. n. 1ʳᵉ conj. irrég. comme *Criaillie*. Nasiller. (V. *Nargoussâ*).
Natacioun, s. f. Natation.
Natal (alou), a, adj. Natal, e.
Natchif (ifou, iva, adj. Natif, ive.
Natchivitâ, pl. ais, s. f. Nativité.
Natchura, s. f. Nature.
Natchuralisâ, v. a. 1ʳᵉ conj. Naturaliser.
Natchuralisacioun, s. f. Naturalisation.
Natchuralismou, s. m. Naturalisme.
Natchuralistou, s. m. Naturaliste.
Natchuralitâ, pl. ais, s. f. Naturalité.
Natchurel (elou), la, adj. et s. Naturel, elle.
Natchurellamont, adv. Naturellement.
Natta, s. f. Natte.
Nattâ, v. a. 1ʳᵉ conj. Natter.
Naval (alou), a, adj. Naval, e.
Navét, s. f. Navet.
Navetaire, s. m. Qui fait des navettes.
Navétta, s. f. Navette.
Navigablou, bla, adj. Navigable.
Navigacioun, s. f. Navigation.
Navigatœu, s. m. Navigateur.
Naviguâ, v. n. 1ʳᵉ conj. Naviguer.
Navirou, s. m. Navire, vaisseau.
Navrâ, v. a. 1ʳᵉ conj. Navrer.
Naz, s. m. Nez.
Nazot, s. m. Petit nez.
Ne, particule négative. Ne. (Celt. *Ne*).
Né, s. f. Neige.
Néanmoéins, conj. Néanmoins.
Neant, s. m. Néant. (Celt. *Neant*).
Necessairamont, adv. Nécessairement.
Necessairou, ra, s. m. et adj. Nécessaire.
Necessitâ, v. a. 1ʳᵉ conj. Nécessiter.
Necessitâ, pl. ais, s. f. Nécessité.
Necessitoux, ousa, adj. Nécessiteux, euse.
Necroulougiquou, qua, adj. Nécrologique.
Necroulougit, s. f. Nécrologie.
Necroumancion, iéna, s. Nécromancien, ienne.
Necroumancit, s. f. Nécromancie.
Necroupoula, s. f. Nécropole.
Nectâ, s. m. Nectar, breuvage.
Nef (efa), s. f. Nef. (Celt. *Nef*).
Nefastou, ta, adj. Néfaste.
Néfla, s. f. Nèfle.

NÉUV

Neflie, s. m. Néflier.
Negacioun, s. f. Négation.
Negatchif (ifou), **iva,** adj. Négatif, ive.
Negatchivamont, adv. Négativement.
Negligeamont, adv. Négligemment.
Negligeonci, s. f. Négligence.
Negligeont, a, adj. et s. Négligent, e. (Celt. *Negligeant*).
Negligîe, v. a. et pr. 1ʳᵉ conj. irrég. comme *Ablagie* Négliger.
Négligit, s. m. Négligé, tenue.
Negouciâ, v. a. 1ʳᵉ conj. Négocier.
Negouciablou, bla, adj. Négociable.
Negouciacioun, s. f. Négociation.
Negouciant, s. m. Négociant.
Negouciatœu, trici, s. Négociateur, trice.
Negrou, gressa, s. Nègre, négresse.
Néin, a, s. Nain. e.
Nei, ri, adj. Noir, e.
Neïe (ne-i-e), v. a. et pr. 1ʳᵉ conj. irrég. comme *Détaffeie*. Noyer.
Neirâtrou, tra, adj. Noirâtre.
Neiraôd, a, adj. et s. Noiraud, e.
Neiri, s. f. Noire, note de musique.
Neiri, s. f. Bouteille de vin; sans doute à cause de la couleur noire du verre des anciennes bouteilles.
Neiri, s. m. Tristesse, humeur noire.
Nês, s. m. Nerf.
Néssu, a, adj. Né, e.
Nét (etou), **étta,** adj. Net, ette. (Celt. *Net*).
Neteiageou s. m. Nettoyage.
Neteïe, v. a. 1ʳᵉ conj. irrég. com. *Approupreïe*. Nettoyer.
Nettamont, adv. Nettement.
Nettetâ, pl. ais, s. f. Netteté.
Néu, particule négative. Non. (Celt. *Neu, neuz*). Loc. adv. *Néu-mei*; un *Non* plus affirmatif.
Néu, adj. num. Neuf.
Néures, s. f. pl. Neuf heures.
Néutra-Dama, s. f. Notre-Dame.
Néutralisâ, v. a. 1ʳᵉ conj. Neutraliser.
Néutralisacioun, s. f. Neutralisation.
Néutralitâ, pl ais, s. f. Neutralité.
Neutrou, tra, adj. Neutre.
Néutrou, tra, adj. poss. Notre.
Néuviémamont, adv. Neuvièmement.
Néuviémou, ma, adj. num. ord. Neuvième.

NIPP

Nevoun ou **Nevoù**, s. m. Neveu.
Nevralgiquou, qua, adj. Névralgique.
Nevralgit, s. f. Névralgie.
Névréusou, sa, s. Névrose.
Ni, conj. Ni, négation. (Celt. *Ni, Ny*).
Nià, pl. **ais**, s. f. Nichée, famille, race. *Vou'é tout de la même nià;* c'est tout de la même nichée, la même race. *Una nià de péurous;* une famille de pauvres. *Una nià de Maòrous;* une race de Maures (Arabes).
Niâ, s. m. Nid, endroit où la poule fait ses œufs.
Nià, (ni-à), v. a. 1ʳᵉ conj. Nier, dénégation.
Niâ, v. n. 1ʳᵉ conj. Rester tranquille; se dit d'un enfant turbulent. *O ne pot pas nià;* il ne peut rester tranquille, il faut qu'il agisse.
Niablou, bla, adj. Niable.
Niais, a, adj. Niais, e. (V. *Bignozet*).
Niaisamont, adv. Niaisement.
Niaisarit, s. f. Niaiserie.
Niaqua, s. f. Nique.
Nichi, s. f. Niche. (Celt. *Nichi*).
Nichià, pl. **ais**, s. f. Nichée. (V. *Nià*).
Nichîe, v. a. et pr. 1ʳᵉ conj. irrég. comme *Appinchie*. Nicher.
Nickel (elou), s. m. Nickel, métal.
Nickelâ, v. a. 1ʳᵉ conj. comme *Baritelâ*. Nickeler.
Nickelageou, s. m. Nickelage.
Nicoutchina, s. f. Nicotine.
Niéci, s. f. Nièce.
Niéla, s. f. Nielle, plante; personne niaise.
Niéu, adv. Même. *N'aïns pas niéu djix meis que counussins ma mâre;* je n'avais pas même dix mois que je connaissais ma mère. (Jacq. CHAPELON).
Niéu-bon, loc. adv. Même bien (vieux).
Nifla, s. f. Personne ayant toujours la morve au nez.
Niflâ, v. n. 1ʳᵉ conj. Souffler par le nez, renifler, moucher.
Nifles, s. f. pl. Narines. *Avei les nifles on l'ait;* avoir les narines en l'air.
Nigaôd, a, adj. et s. Nigaud, e.
Ni-maís, loc. adv. Ni plus, non plus.
Niochi, s. f. Niaise, nitouche.
Niôles ou **Niaôles**, s. f. pl. Nuées, brouillards. (Celt. *Neillin*).
Nippâ, v. a. et pr. 1ʳᵉ conj. Nipper.
Nippa, s. f. Nippe.

NOUM

Nitochi, s. f. Nitouche. (V. *Niochi*).
Nitriquou, qua, adj. Nitrique.
Nivaî, pl. **Niviaôx**, s. m. Niveau.
Nivelâ, v. a. 1ʳᵉ conj. comme *Baritelâ*. Niveler.
Niveléu, s. m. Niveleur.
Nivellamont, s. m. Nivellement.
Nò ou **Nod**, s. m. Nord. (Celt. *Nord*).
Noblou, bla, s. m. et adj. Noble. (Celt. *Nobl*).
Noci, s. f. Noce.
Nona, s. f. Nonne, religieuse.
Not, s. f. Nuit.
Nota, s. f. Note.
Nôviou, via, adj. s. Marié, e; fiancé, e.
Novou, va, adj. Neuf, neuve.
Noubiliairou, ra, adj. Nobiliaire.
Noublamont, adv. Noblement.
Noublessa, s. f. Noblesse.
Noucâ, v. n. 1ʳᵉ conj. com. *Bouxâ*. Nocer.
Noucéu, sa, s. Noceur, euse.
Noucioun, s. f. Notion.
Nouctchurnamont, adv. Nocturnement.
Nouctchurnou, na, adj. Nocturne.
Noud, s. m. Nœud.
Noueisetchîe, s. m. Noisetier. (V. *Oulagnie*).
Noueisétta, s. f. Noisette. (V. *Oulagni*).
Noueisi ou **Nouaisi**, s. f. Noise, dispute.
Noueix, s. f. Noix, fruit.
Nouês ou **Nouais**, s. m. Noël.
Noum ou **Noù**, s. m. Nom.
Noum de guerra, s. m. Sobriquet.
Noum de noum, s. m. Sorte de juron. Nom de nom.
Noumâ, v. a. 1ʳᵉ conj. comme *Dégoumâ*. Nommer.
Noumadou, da, adj. et s. Nomade.
Noumbrâ, v. a. 1ʳᵉ conj. Nombrer.
Noumbrit, s. m. Nombril. (V. *Ombignoun*).
Noumbrou, s. m. Nombre.
Noumbrousamont, adv. Nombreusement.
Noumbroux, ousa, adj. Nombreux, euse.
Nouminacioun, s. f. Nomination.
Nouminal (alou), **a, aôx**, adj. Nominal, e, aux.
Nouminalamont, adv. Nominalement.
Nouminatchivamont, adv. Nominativement.

NU

Noumonclatchura, s. f. Nomenclature.
Nounchalamont, adv. Nonchalamment.
Nounchalanci, s. f. Nonchalance.
Nounchalant, a, adj. Nonchalant, e.
Nounciatchura, s. f. Nonciature.
Nounçou, s. m. Nonce, ambassadeur.
Nourmal (alou), **a, aôx,** adj. Normal, e, aux.
Nourmalamont, adv. Normalement.
Nourmand, a, adj. et s. Normand, e.
Nous, pr. pers. 1re pers. pl. Nous.
Noustalgiquou, qua, adj. Nostalgique.
Noustalgit, s. f. Nostalgie.
Noutâ, v. a. 1re conj. com. *Accoutá*. Noter.
Noutabilità, pl. **ais,** s. f. Notabilité.
Noutablamont, adv. Notablement.
Noutablou, bla, adj. Notable.
Noutairou, s. m. Notaire.
Noutamont, adv. Notamment.
Noutarià, f. pl. **ais,** s. f. Notarié, e.
Noutariat, s. m. Notariat.
Noutchiçou, s. m. Notice.
Noutchifiâ, v. a. 1re conj. Notifier.
Noutchificacioun, s. f. Notification.
Noutéu, s. m. Noteur.
Noutouairamont, adv. Notoirement.
Noutouairou, ra, adj. Notoire.
Noutouriétà, pl. **ais,** s. f. Notoriété.
Nouvaî, pl. **Nouviaôx,** s. m. Nouveau.
Nouvaî, Nouvel, adj. Nouveau, nouvel.
Nouvaôtà, pl. **ais,** s. f. Nouveauté.
Nouveina ou **Nouvenna**, s. f. Neuvaine.
Nouvella, s. f. Nouvelle.
Nouvellamont, adv. Nouvellement.
Nouviciat, s. m. Noviciat.
Nouviçou, ça, s. Novice.
Nouvombrou, s. m. Novembre, mois.
Nu, a, adj. Nu, e.

NYMP

Nuâ, v. a. 1re conj. Nouer. — Ind. prés. : *Ji nuous, tchu nues, o nue, nous nuouns, vous nuaz, eis nuount.* — Imparfait : *Ji nuâva, etc.*
Nuageou, s. m. Nuage.
Nuageousamont, adv. Nuageusement.
Nuageoux, ousa, adj. Nuageux, euse.
Nuanci, s. f. Nuance.
Nuancie, v. a. 1re conj. irrég. com. *Agconcie*. Nuancer.
Nubilità, pl. **ais,** s. f. Nubilité.
Nubilou, la, adj. Nubile.
Nudjità, pl. **ais,** s. f. Nudité.
Nûes, s. f. pl. Nues. *Cheire de les nùes.*
Nuire, v. n. 3e conj. comme *Assûre*. Nuire.
Nuisiblamont, adv. Nuisiblement.
Nuisiblou, bla, adj. Nuisible.
Nul (ulou), **Nulla,** adj. Nul, nulle.
Nullamont, adv. Nullement.
Nullità, pl. **ais,** s. f. Nullité.
Numerairou, s. m. Numéraire.
Numeral (alou), **a, aôx,** adj. Numéral, e, aux.
Numeriquamont, adv. Numériquement.
Numeriquou, qua, adj. Numérique.
Numeréu, s. m. Numéro.
Numeréutâ, v. a. 1re conj. Numéroter.
Numeréutageou, s. m. Numérotage.
Nuoux, ousa, adj. Noueux, euse.
Nupcial (alou), **a, aôx,** adj. Nuptial, e, aux.
Nûrî, v. a. et pr. 2e conj. comme *Cûri*. Nourrir.
Nûrici, s. f. Nourrice.
Nûricie, s. m. Nourricier.
Nûrrissageou, s. m. Nourrissage.
Nûrissant, a, adj. Nourrissant, e.
Nûrisséu, s. m. Nourrisseur.
Nûrissoun, s. m. Nourrisson.
Nuritchura, s. f. Nourriture.
Nympha ou **Néympha**, s. f. Nymphe.

O, s. m. Quinzième lettre de l'alphabet et quatrième des voyelles; il est muet, fermé et ouvert. (V. Gram. n° 4).

O, pr. pers. 3ᵉ pers. sing. Il. *O fat, o djit ;* il fait, il dit. (Celt. *O*, lui).

Ocrou, s. m. Ocre.

Oda ou **Ouda**, s. f. Ode, poème.

Odre ou **Ordre**, s. m. Ordre.

Oèindre, v. a. 3ᵉ conj. Oindre.

Oeisif (ifou), **iva**, adj. et s. Oisif, ive.

Oeisivamont, adv. Oisivement.

Oeisivetà, pl. **ais**, s. f. Oisiveté. (V. *Perési*).

Œsouphageou, s. m. Œsophage. (V. *Cornièula*).

Œuvra, s. f. Œuvre. (V. *Éura*).

Oh! interj. Oh! surprise. (Celt. *Oh*).

Ohé! interj. Ohé! appel.

Oï, pl. **Oies**, s. f. Oie, oiseau de basse-cour.

Oli, s. f. Oïl, langue d'oïl.

Ombabiéulâ, v. a. 1ʳᵉ conj. Embabouiner.

Omballâ, v. a. 1ʳᵉ conj. Emballer.

Omballageou, s. m. Emballage.

Omballéu, s. m. Emballeur.

Ombana, s. f. Bedaine.

Ombanà f. pl. **ais**, adj. Encorné, e.

Ombaôchageou, s. m. Embauchage.

Ombaôchîe, v. a. et pr. 1ʳᵉ conj. irrég. com. *Appinchie*. Embaucher.

Ombaômâ, v. a. 1ʳᵉ conj. Embaumer.

Ombaômamont, s. m. Embaumement.

Ombarbouillîe, v. a. et pr. 1ʳᵉ conj. irrég. com. *Appinchie*. Embarbouiller.

Ombarcacioun, s. f. Embarcation.

Ombarcadairou, s. m. Embarcadaire.

Ombarliéudâ, v. a. 1ʳᵉ conj. Donner la berlue, éblouir.

Ombarlificoutâ, v. a. et pr. 1ʳᵒ conj. com. *Accoutà*. Emberlificoter.

Ombarquâ, v. a. et pr. 1ʳᵉ conj. Embarquer.

Ombarquamont, s. m. Embarquement.

Ombarras, s. m. Embarras.

Ombarrassant, a, adj. Embarrassant, e.

Ombarrassîe, v. a. et pr. 1ʳᵉ conj. irrég. com. *Acassie*. Embarrasser.

Ombarrassit, assià, f. pl. **ais**, adj. Embarrassé, e.

Ombâtâ, v. a. 1ʳᵉ conj. Embâter. (V. *Batâ*).

Ombeguinâ, v. a. et pr. 1ʳᵉ conj. Embeguiner.

Ombeire, v. a. et pr. 3ᵉ conj. com. *Beire*. Emboire.

Ombeuvageou, s. m. Embuvage, terme de fabrique; ce que les fils de chaine ont perdu de leur longueur après le tissage.

Ombelî, v. a. et pr. 2ᵉ conj. Embellir.

Ombelissamont, s. m. Embellissement.

Ombelousâ, v. a. 1ʳᵉ conj. Blouser, tromper.

Omberâ, v. a. 1ʳᵉ conj. com. *A berâ*. Elever, nourrir. *Omberâ ûn usai ;* élever un oiseau.

Ombétant, a, adj. Embêtant, e.

Ombéubinâ, v. a. 1ʳᵉ conj. Enjoler, Embabouiner. (V. *Ombabiéulà*).

Omblé (d'), loc. adv. D'emblée.

Omblématchiquamont, adv. Emblématiquement.

Omblematchiquou, qua, adj. Emblématique.

Omblêmou, s. m. Emblème.

OMMA

Ombléugie, v. a. 1re conj. irrég. comme *Ablagie*. Embouer, salir; fig. : embêter, chagriner.

Omboeitamont, s. m. Emboîtement.

Omboeitchîe, v. a. 1re conj. irrég. comme *Couëtchie*. Emboîter.

Omboeitéuri, s. f. Emboîture.

Omborbâ, v, a. et pr. 1re conj. Embourber.

Ombormâ, v. a. 1re conj. Embourber, arrêter le courant d'un ruisseau.

Ombouchéuri, s. f. Embouchure.

Ombouchîe, v. a. et pr. 1re conj. irrég. com. *Abouchie*. Emboucher.

Ombouchit, chià, f. pl. ais, adj. Embouché, e.

Ombouchoi (oua), s. m. Embouchoir, embauchoir.

Omboucounâ, v. a. et pr. 1re conj. comme *Boundounâ*. Empoisonner, répandre une odeur puante.

Ombounpoéint, s. m. Embonpoint.

Omboutchî, v. a. 2e conj. com. *Amortchî*. Emboutir.

Omboutelâ, v. a. 1re conj. comme *Baritelâ*. Botteler, lier en bottes.

Ombranchamont, s. m. Embranchement.

Ombranchîe, v. a. et pr. 1re conj. irrég. comme *Appinchie*. Embrancher.

Ombrasâ, v. a. 1re conj. Embraser.

Ombrasamont, adv. Embrasement.

Ombraséuri, s. f. Embrasure.

Ombrassada, s. f. Embrassade.

Ombrassamont, s. m. Embrassement.

Ombrassîe, v. a. et pr. 1re conj. irrég. comme *Acassie*. Embrasser. (V. *Bouqua*).

Ombrigadâ, v. a. 1re conj. Embrigader.

Ombrigadamont, s. m. Embrigadement.

Ombringuâ, v. a. 1re conj. Embarrasser, encombrer, tout entreprendre et ne rien finir.

Ombringuéu, s. m. Entreprenant, qui ne sait rien terminer, sans ordre.

Ombrouillageou, s. m. Embrouillage.

Ombrouillîe, v. a. et pr. 1re conj. irrég. comme *Ageanouillie*. Embrouiller.

Ombryoun, s. m. Embryon.

Ombryounairou, ra, adj. Embryonnaire.

Ombûchi, s. f. Embûche.

Ombuscada, s. f. Embuscade.

Ombusquâ, v. a. et pr. 1re conj. Embusquer.

Ommagasinâ, v. a. 1re conj. Emmagasiner.

OMPE

Ommagasinageou, s. m. Emmagasinage.

Ommailloutâ, v. a. 1re conj. com. *Accoutâ*. Emmailloter.

Ommailloutageou, s. m. Emmaillotage.

Ommanchageou, s. m. Emmanchage.

Ommanchamont, s. m. Emmanchement.

Ommanchéuri, s. f. Emmanchure.

Ommanchîe, v. a. et pr. 1re conj. irrég. comme *Appinchie*. Emmancher.

Ommélâ, v. a. 1re conj comme *Apprêtâ*. Emmêler.

Ommélant, a, adj. et s. Qui se mêle de tout.

Ommenâ, v. a. 1re conj. comme *Démenâ*. Emmener.

Ommenageamont, s. m. Emménagement.

Ommenagîe, v. n. 1re conj. irrég. comme *Ablagie*. Emménager.

Ommialâ, v. a. 1re conj. Emmieller. (V. *Amialâ, Amierlâ*).

Ommitouflâ, v. a. 1re conj. com. *Coufflâ*. Emmitoufler.

Ompachamont, s. m. Empêchement.

Ompachîe, v. a. et pr. 1re conj. irrég. com. *Appinchie*. Empêcher.

Ompaillageou, s. m. Empaillage.

Ompailléu, sa, s. Empailleur, euse.

Ompaillîe, v. a. 1re conj. irrég. comme *Criaillie*. Empailler.

Ompalâ, v. a. 1re conj. Empaler.

Ompalamont, s. m. Empalement.

Ompanachîe, v. a. 1re conj. irrég. comme *Appinchie*. Empanacher.

Ompassâ (s'), v. pr. 1re conj. Trépasser, rendre le dernier soupir.

Ompaquetâ, v. a. 1re conj. com. *Briquetâ*. Empaqueter.

Ompaquetageou, s. m. Empaquetage.

Omparâ (s'), v. pr. 1re conj. S'emparer.

Ompâtâ, v. a. 1re conj. Empâter.

Ompâtamont, s. m. Empâtement.

Empatouillîe, v. a. 1re conj. irrég. comme *Ageanouillie*. Empêtrer, encombrer, enchevêtrer.

Ompegîe, v. a. et pr. 1re conj. irrég. comme *Abregie*. Empoisser, engluer; fig. : s'attacher désagréablement à quelqu'un.

Ompeigni, s. f. Empeigne.

Omperésîe, v. a. et pr. 1re conj. irrég. com. *Alésie*. Rendre paresseux, devenir paresseux.

Ompereu, s. m. Empereur.

OMPO

Ompèsa, s. f. Empois.
Ompesâ, v. a. 1re conj. Empeser. — Ind. prés : *J'ompèsou, tch'ompèses, o-l-ompèse, n'ompesouns, vou'ompezaz, cis-l-ompesount.* — Imparfait : *J'ompesáva*, etc. — Subj : *Que j'empèsa, que tch'ompèses, qu'o-l-ompèse, que n'ompesiouns, que vou'ompesiz, qu'eis l'ompèsant.*
Ompesà, f. pl. **ais,** adj. Empesé, e.
Ompesageou, s. m. Empesage.
Ompeséu, sa, s. Empeseur, euse.
Ompestâ, v. a. 1re conj. Empester. (V. *Omboucouná*).
Ompétrâ, v. a. et pr. 1re conj. comme *Apprétá*. Empétrer. (V. *Ompatouillie*).
Omphâsa, s. f. Emphase.
Omphatchiquamont, adv. Emphatiquement.
Omphatchiquou, qua, adj. Emphatique.
Ompiatâ, v. a. et n. 1re conj. Empiéter.
Oppiatament, s. m. Empiètement.
Ompiérâ, v. a. 1re conj. Empierrer.
Ompiéramont, s. m. Empierrement.
Ompilâ, v. a. 1re conj. Empiler.
Ompilageou, s. m. Empilage.
Ompirâ, v. a. et n. 1re conj. Empirer.
Ompiriquou, qua, s. m. et adj. Empirique.
Ompirou, s. m. Empire.
Omplaçamont, s. m. Emplacement.
Omplâtrâ, v. a. 1re conj. Emplâtrer, garnir de plâtre, mettre un emplâtre.
Omplâtrou, s. m. Emplâtre.
Omplêtchi, s. f. Emplette.
Ompleïe, v. a. et pr. 1re conj. irrég. comme *Détaffeïe*. Employer.
Ompleït, s. m. Employé, commis.
Ompleyablou, bla, adj. Employable.
Omplire, v. a. 3e conj. com. *Frire*. Emplir.
Omploei ou **Omploi,** s. m. Emploi.
Omplumâ, v. a. 1re conj. Emplumer.
Omportchu, a, adj. et s. Ambitieux, qui recherche toujours la plus grosse part. (V. *Onchopou*).
Omportchumâ, v. a. 1re conj. Importuner. (V. *Eimportchuná*).
Ompoueisoun, s. m. Poison. (V. *Boucoun*). *Eis baillount l'ompoueisoun ou vous vondant la goutta;* ils donnent le poison en vous vendant la goutte. (Murgues, *l'Esprit*).
Ompoueisounâ, v. a. n. et pr. 1re conj. Empoisonner. (V. *Omboucouná*).

ONCA

Ompoueisounamont, s. Empoisonnement.
Ompoueisounéu, sa, s. Empoisonneur, euse.
Ompoulâ, v. a. 1re conj. Fixer un étau sur son billot ou *poula*.
Ompourtà ou **Omportâ,** v. a. et pr. 1re conj. Emporter.
Ompourtà ou **Omportà,** f. pl. **ais,** adj. Emporté, e.
Ompour ou **Omportamont,** s. m. Emportement.
Ompour ou **Omporta-piéci,** s. m. Emporte-pièce.
Ompoutâ, v. a. 1re conj. comme *Accoutá*. Empoter.
Ompoutageou, s. m. Empotage.
Ompréinta, s. f. Empreinte.
Omprésounâ, v. a. 1re conj. comme *Boundouná*. Emprisonner.
Ompresounamont, s. m. Emprisonnement.
Ompressâ (s'), v. pr. 1re conj. S'empresser.
Ompressà, f. pl. **ais,** adj. et s. Empressé, e.
Ompressamont, s. m. Empressement.
Omprïnt ou **Omprünt,** s. m. Emprunt.
Omprïntâ, v. a. 1re conj. Emprunter.
Omprïntà, f. pl. **ais,** adj. Emprunté, e.
Omprïntéu, sa, s. Emprunteur, euse.
Ompüntchiâ, v. a. 1re conj. Exciter secrètement, monter la tête à quelqu'un, pousser à la résistance.
Ompyré, s. m. Empyrée, séjour des dieux.
On, prép. de temps et de lieu. En. *On ün joû.*
Oncadrâ, v. a. 1re conj. Encadrer.
Oncadramont, s. m. Encadrement.
Oncadréu, s. m. Encadreur.
Oncafeurnâ, v. a. et pr. 1re conj. Encaverner, enfermer, se retirer, se blottir dans un recoin obscur, dans une hutte sombre. (V. *Cafeurna*).
Oncagie, v. a. 1re conj. irrég. com. *Ablagie*. Encager.
Oncaissamont, s. m. Encaissement.
Oncaissi, s. f. Encaisse.
Oncaissîe ou **Onkeissîe,** v. a. 1re conj. irrég. comme *Abeissie*. Encaisser.
Oncan, s. m. Encan, vente.
Oncanâ, v. a. et pr. 1re conj. Faire pousser des cals, des durillons aux mains, aux pieds, aux genoux.
Oncanaillîe, v. a. et pr. 1re conj. irrég. comme *Cruaillie*. Encanailler.

ONCO

Oncapuchounâ, v. a. et pr. 1re conj. com. *Boundouná*. Encapuchonner.
On-cas, s. m. En-cas.
Oncaôstchiquâ, v. a. 1re conj. Encaustiquer.
Oncastrâ, v. a. 1re conj. Encastrer.
Oncastramont, s. m. Encastrement.
Oncavâ, v. a. 1re conj. Encaver.
Oncavageou, s. m. Encavement.
Oncavéu, s. m. Encaveur.
Oncéintchi, s. f. Enceinte, espace clos.
Oncéintchi, adj. f. Enceinte, femme grosse.
Onceons, s. m. Encens.
Onceonsâ, v. a. 1re conj. Encenser.
Onceonsamont, s. m. Encensement.
Onceonséu, s. m. Encenseur.
Onceonsoi (oua), s. m. Encensoir.
Onchant, s. m. montant, jambage d'une porte, d'une fenêtre, etc. (V. *Eliinda*).
Onchantamont, s. m. Enchantement.
Onchantéu, sa, s. m. et adj. Enchanteur, euse.
Onchaplâ, v. a. 1re conj. Marteler une faux, rabattre le tranchant. (V. *Chaplá*).
Onchâsséuri, s. f. Enchassure.
Onchâssîe, v. a. 1re conj. irrég. comme *Acassie*. Enchasser.
Oncheinâ, v. a. et pr. 1re conj. comme *Décheiná*. Enchaîner.
Oncheinamont, s. m. Enchaînement.
Oncheinéu, s. m. Enchaîneur, celui qui, dans les mines de charbon, enchaîne les bennes ou petits vagonnets.
Onchèra, s. f. Enchère.
Oncherî, v. a. et n. 2e conj. comme *Cúri*. Enchérir.
Oncherissamont, s. m. Enchérissement.
Onchérisséu, s. m. Enchérisseur.
Onchopou, pa, adj. Genre d'ambitieux qui n'est jamais content. (V. *Omportchu*).
Onclavâ, v. a. 1re conj. Enclaver.
Ancléin, a, adj. Enclin, e.
Oncléure, v. a. 3e conj. com. *Désoncléure*. Enclore.
Oncléus, s. m. Enclos.
Oncléutrâ, v. a. 1re conj. Enclouer.
Oncléutrageou, s. m. Enclouage.
Onclüm, s. m. Enclume.
Oncochi, s. f. Encoche.
Oncôdre, v. a. 3e conj. comme *Accôdre*. Encourir.

ONDE

Oncorbellamont, s. m. Encorbellement.
Oncornà, f. pl. ais, adj. Encorné, e. (V. *Ombaná*).
Oncoublâ, v. a. et pr. 1re conj. com. *Affoulâ*. Entraver, embarrasser.
Oncoubles, s. f. pl. Entraves.
Oncouchîe, v. a. 1re conj. irrég. comme *Abouchie*. Encocher.
Oncoufrâ, v. a. 1re conj. comme *Afflourá*. Encoffrer.
Oncougnéuri, s. f. Encoignure.
Oncoulâ, v. a. 1re conj. comme *Affoulá*. Encoller.
Oncoulageou, s. m. Encollage.
Oncoumbrâ, v. a. 1re conj. Encombrer.
Oncoumbramont, s. m. Encombrement.
Oncoumbrant, a, adj. Encombrant, e.
Oncoumbrou, s. m. Encombre.
Oncountra (à l'), loc. prép. A l'encontre.
Oncourageamont, s. m. Encouragement.
Oncourageant, a, adj. Encourageant, e.
Oncouragîe, v. a. 1re conj. irrég. comme *Ablagie*. Encourager.
Oncrâ, v. a. 1re conj. Encrer.
Oncrageou, s. m. Encrage.
Oncrassamont, s. m. Encrassement.
Oncrassîe, v. a. et pr. 1re conj. irrég. com. *Acassie*. Encrasser.
Oncrérî, s. f. Encrier, où l'on met l'encre.
Oncréusâ (s'), v. pr 1re conj. S'embarrasser les intestins en avalant les noyaux des fruits que l'on mange et ne pouvoir en faire déjection. Se dit à un enfant qui mange des cerises sans cracher les noyaux. *Crachi lous créus que tchu vais t'oncréusâ,* crache les noyaux, que tu vas t'embarrasser.
Oncroûtâ, v. a. et pr. 1re conj. Encroûter.
Oncycliquou, qua, adj. et s. Encyclique.
Oncycloupedjiquou, qua, adj. Encyclopédique.
Oncycloupedjit, s. f. Encyclopédie.
Ondaré, s. m. Automne, arrière-saison. *Sus l'ondaré,* sur la fin de la saison.
Ondarérîe, v. a. et pr. 1re conj. irrég. com. *Aérie*. Arriérer, retarder. S'ondarérie, s'arriérer, se mettre en retard.
Ondeïe, v. a. 1re conj. irrég. com. *Approupreïe*. Ondoyer, baptiser.
Ondetâ, v. a. et pr. 1re conj. com. *Assetâ*. Endetter.
Ondeurmant, a, adj. Endormant, e.
Ondeurméu, sa, s. Endormeur, euse.

ONFA

Ondeurmî, v. a. et pr. 2ᵉ conj. comme *Deurmi*. Endormir.
Ondeurmit, mia, adj. et s. Endormi, e.
Ondéussâ, v. a. 1ʳᵉ conj. Endosser.
Ondéussageou, s. m. Endossement.
Ondéusséu, s. m. Endosseur.
Ondevâ, v. n. 1ʳᵉ conj. Endêver.
Ondjiablâ, v. n. 1ʳᵉ conj. Endiabler.
Ondjablâ, f. pl. ais, adj. et s. Endiablé, e.
Ondjiéuméingîe (s'), v. pr. 1ʳᵉ conj. irrég. comme *Ablagie*. S'endimancher.
Ondjiguâ, v. a. 1ʳᵉ conj. Endiguer.
Ondjiguamont, s. m. Endiguement.
Ondjurâ, v. a. 1ʳᵉ conj. Endurer.
Ondjurant, a, adj. Endurant, e.
Ondjurcî, v. a. et pr. 2ᵉ conj. com. *Adouci*. Endurcir.
Ondjurcissamont, s. m. Endurcissement.
Ondjûre, v. a. 3ᵉ conj. com. *Coundjûre*. Enduire.
Ondjut, s. m. Enduit.
Ondoutrinâ, v. a. 1ʳᵉ conj. Endoctriner.
Ondoutrinamont, s. m. Endoctrinement.
Ondoulourî, v. a. 2ᵉ conj. comme *Aguarri*. Endolorir.
Ondoumagîe, v. a. 1ʳᵉ conj. irrég. comme *Ablagie*. Endommager.
Ondoumageamont, s. m. Endommagement.
Ondressîe, v. a. 1ʳᵉ conj. irrég. comme *Acassie*. Parer, préparer, faire la toilette d'un mort. *Ondressie soun cô*.
Ondreit, s. m. Endroit, lieu.
On éliœu, loc. adv. En aucun lieu, nulle part.
Onfeitâ, v. a. 1ʳᵉ conj. Enfaiter. — Ind. prés. : *J'onfèitou, tch'onfèites, o-l-onfèite, n'onfeitouns, vou'onfèitaz, cis-l-onfèitouns.* — Imparfait : *J'onfèitâva*, etc. — Impératif : *Onfèita, onfèitouns, onfèitaz.* — Subj. : *Que j'onfèita, que tch'onfèites, qu'o-l-onfèite, que n'onfeitchiouns, que vou'onfèitchiz, qu'cis-l-onfèitant.*
Onfeitamont, s. m. Enfaitement.
Onfanci ou **Effanci**, s. f. Enfance.
Onfantâ ou **Effantê**, v. a. 1ʳᵉ conj. Enfanter.
Onfantamont ou **Effant...**, s. m. Enfantement.
Onfantchillageou ou **Effantillageou**, s. m. Enfantillage.
Onfantchïn ou **Effant..., ina**, adj. Enfantin, e.
Onfarenâ, v. a 1ʳᵉ conj. comme *Démenâ*. Enfariner.

ONGA

Onfarenà, f. pl. ais, adj. Enfariné e.
Onfarrâ, v. a. et pr. 1ʳᵉ conj. Enferrer.
Onfê, s. m. Enfer.
Onfessî, v. a. 2ᵉ conj. comme *Défessi*. Infester, encombrer, embarrasser.
Onfessimont, s. m. Embarras, encombre.
Onfialâ ou **Onfilâ**, v. a. 1ʳᵉ conj. Enfiler.
Onfialada, s. f. Enfilade.
Onfialageou ou **Onfilageou**, s. m. Ensemble de fils passés dans les lisses pour l'exécution d'un ruban ou d'un tissu quelconque.
Onfiéulâ, v. a. et pr. 1ʳᵉ conj. Enivrer. *Lou vin onfièule*, le vin enivre.
Onfiéulageou, s. m. Enivrement.
Onfin, adv. Enfin.
Onflâ, v. a. et n. 1ʳᵉ conj. Enfler. (V. *Coufflâ*).
Onflamâ, v. a. 1ʳᵉ conj. Enflammer.
Onflamâ, f. pl. ais, adj. Enflammé, e.
Onfléuri, s. f. Enflure.
Onflou, îla, adj. Enflé, e. (V. *Coufflou*).
Onforchéuri, s. f. Enfourchure.
Onforchîe, v. a. 1ʳᵉ conj. irrég. comme *Appinchie*. Enfourcher.
Onfornà, v. a. 1ʳᵉ conj. Enfourner.
Onfornageou, s. m. Enfournage.
Onfoueirîe, v. a. et pr. 1ʳᵉ conj. irrég. Répandre des ordures liquides, se salir lorsqu'on a la foire. — Ind. prés. : *J'onfoueirôu, tch'onfoueires, o-l-onfoueire, n'onfoueirouns, vou'onfoueiries, cis-l-onfoueirount.* — Imparfait : *J'onfoueirâva*, etc. — Impératif : *Onfoueiri, onfoueirouns, onfoueiries.* — Subj. : *Que j'onfoueira, que que tch'onfoueires, qu'o-l-onfoueire, que n'onfoueirouns, que vou'onfoueiriz, qu'cis-l-onfoueirant.*
Onfouî, v. a. 2ᵉ conj. Enfouir. (V. *Recoundre*).
Ounfouissageou, s. m. Enfouissement.
Onfouisséu, s. m. Enfouisseur.
Onfounçâ, v. a. et n. 1ʳᵉ conj. Enfoncer.
Onfounçageou, s. m. Action d'enfoncer.
Onfounçéu, s. m. Enfonceur.
Onfounçéuri, s. f. Enfonçure.
Onfréindre, v. a. 3ᵉ conj. com. *Atteindre*. Enfreindre.
Onfumâ, v. a. 1ʳᵉ conj. Enfumer.
Onfûre (s'), v. a. et pr. 3ᵉ conj. comme *S'enfuir*.
Ongageamont, s. m. Engagement.

ONGR

Ongagîe, v. a. et pr. 1ʳᵉ conj. irrég. comme *Ablagie*. Engager.
Ongagit, già, pl. **ais,** s. m. et adj. Engagé, e.
Ongantâ, v. a. 1ʳᵉ conj. Gagner quelqu'un, l'amener à faire une chose contre son gré. Entortiller, amadouer.
Ongantéu, s. m. Amadoueur, flatteur.
Ongarceïe, v. a. 1ʳᵉ conj. irrég. comme *Délaffeïe*. Enjoler, gagner la confiance.
Ongealâ (s'), v. pr. 1ʳᵉ conj. S'engeler, prendre des engelures.
Ongealéuri, s. f. Engelure.
Ongearbâ, v. a. 1ʳᵉ conj. Engerber.
Ongearbageou, s. m. Engerbage.
Ongeondrâ, v. a. 1ʳᵉ conj. Engendrer.
Ongïn ou **Ongéin,** s. m. Engin.
Onglouba, v. a. 1ʳᵉ conj. comme *Coupâ*. Englober.
Onglounâ, v. a. et pr. 1ʳᵉ conj. comme *Boundounâ*. Engluer. Fig. : *S'onglounâ*, tremper dans une mauvaise affaire, avoir une compagnie gênante.
Onglounageou, s. m. Engluement.
Ongloutchî, v. a. et pr. 2ᵉ conj. comme *Amortchî*. Engloutir.
Ongloutchissamont, s. m. Engloutissement.
Ongordjî, v. a. et pr. 2ᵉ conj. comme *Agrandji*. Engourdir.
Ongordjissamont, s. m. Engourdissement.
Ongorgeamont, s. m. Engorgement.
Ongorgîe, v. a. et pr. 1ʳᵉ conj. irrég. com. *Ablagie*. Engorger.
Ongouffrâ, v. a. et pr. 1ʳᵉ conj. comme *Couffâ*. Engouffrer.
Ongoulâ, v. a. 1ʳᵉ conj. comme *Affoulâ*. Engouler.
Ongouguâ, v. a. et pr. 1ʳᵉ conj. com. *Bouguâ*. Empiffrer, gorger, appâter la volaille, oie, dinde, etc. *S'ongouguâ*, s'empiffrer, manger à l'excès.
Ongrais, s. m. Engrais.
Ongraléuri, s. f. Engrêlure. (V. *Picot*).
Ongranâ, v. a. et n. 1ʳᵉ conj. Engrener.
Ongranageou, s. m. Engrenage.
Ongranéuri, s. f. Engrenure.
Ongrangeamont, s. m. Engrangement.
Ongrangîe v. a. 1ʳᵉ conj. irrég. com. *Ablagie*. Engranger, mettre en grange.
Ongravâ, v. a. 1ʳᵉ conj. Engraver.
Ongreissageou, s. m. Engraissement.

ONNO

Ongreisséu, s. m. Engraisseur.
Ongreissîe, v. a. et pr. 1ʳᵉ conj. irrég. com. *Abeissie*. Engraisser.
Ongréunîe ou **gnîe,** v. a. 1ʳᵉ conj. irrég. comme *Abaragnie*. Egratigner. (Celt. *Digroeni*, ôter la peau, causer des ulcères).
Ongréuniéu ou **gnéu,** s. m. Egratigneur; fig. : mauvais ouvrier.
Ongréutà, f. pl. **ais,** adj. Engourdi, inhabile, lourdaud.
Onguirlandâ, v. a. 1ʳᵉ conj. Enguirlander.
Onhardjî, v. a. et pr. 2ᵉ conj. comme *Agrandji*. Enhardir.
Onjafetâ ou **Onjafétrâ,** v. a. et pr. 1ʳᵉ conj. Enchevêtrer, entraver.
Onjambâ, v. a. 1ʳᵉ conj. Enjamber.
Onjambà, pl. **ais,** s. f. Enjambée.
Onjambamont, s. m. Enjambement.
Onjavelâ, v. n. 1ʳᵉ conj. comme *Baritelâ*. Enjaveler.
Onjetâ, v. a. et pr. 1ʳᵉ conj. com. *Briquetâ*. Tordre, fausser, tourmenter en parlant du bois; par all. : *s'onjetâ*, prendre les jambes tordues.
Onjeu, s. m. Enjeu, mise.
Onjoéindre, v. a. 3ᵉ conj. com. *Attéindre*. Enjoindre.
Onjouà, f. pl. **ais.** Enjoué, e.
Onjouamont, s. m. Enjouement.
Onjoulâ, v. a. 1ʳᵉ conj. comme *Affoulâ*. Enjôler. (V. *Ongantâ*, *ongarceïe*).
Onjouléu, sa, s. Enjôleur, euse. (V. *Ongantéu*).
Onjoulivâ, v. a. 1ʳᵉ conj. Enjoliver.
Onjoulivéu, s. m. Enjoliveur.
Onjoulivéuri, s. f. Enjolivure.
Onlaçamont, s. m. Enlacement.
Onlacîe, v. a. et pr. 1ʳᵉ conj. irrég. comme *Agconcie*. Enlacer.
Onlevâ, v. a. 1ʳᵉ conj. comme *Démenâ*. Enlever.
Onlevamont, s. m. Enlèvement.
Onliâ, v. a. 1ʳᵉ conj. Enlier, joindre ensemble.
Onluminâ, v. a. 1ʳᵉ conj. Enluminer.
Onluminéu, sa, s. Enlumineur, euse.
Onluminéuri, s. f. Enluminure.
Onmoulounâ, v. a. 1ʳᵉ conj. comme *Boundounâ*. Mettre en meule. (V. *Moulounâ*).
Onnoublî, v. a. 1ʳᵉ conj. comme *Assoupli*. Ennoblir.
Onnouîe, v. a. et pr. 1ʳᵉ conj. irrég. comme *Allouie*. Ennuyer.

ONRO

Onnouiousamont, adv. Ennuyeusement.
Onnouioux, ousa, adj. Ennuyeux, euse.
Onnui, s. m. Ennui.
Onnuiant ou **Onnouiant, a,** adj. Ennuyant, e.
Onquerî (s'), v. pr. 2ᵉ conj. comme *Cûri.* S'enquérir.
Onquêta, s. f. Enquête.
Onquétâ (s'), v. pr. 1ʳᵉ conj. com. *Apprêtâ.* S'enquêter.
Onquétéu, s. m. Enquêteur.
Onquéu ou **Onqu'un,** adv. Aujourd'hui. (V. *Aujord'héu*).
Onquissîe, v. a. et pr. 1ʳᵉ conj. irrég. com. *Acassie.* Enchâsser dans le sol une petite gobille. *Quissi* ou *quisét,* afin de la rendre moins accessible au joueur qui la vise.
Onracinâ, v. a. et pr. 1ʳᵉ conj. Enraciner.
Onracinageou, s. m. Enracinement.
Onragîe, v. n. 1ʳᵉ conj. irrég. com. *Ablagie.* Enrager.
Onragit, già, f. pl. **ais,** adj. et s. Enragé, e.
Onraiageou, s. m. Enraiement.
Onraïe (ra-i-e), v. a. et pr. 1ʳᵉ conj. irrég. comme *Désandaïe.* Enrayer.
Onraiéuri, s. f. Enrayure.
Onregimontâ, v. a. 1ʳᵉ conj. Enrégimenter.
Onregistrâ, v. a. 1ʳᵉ conj. Enregistrer.
Onregistramont, s. m. Enregistrement.
Onregistréu, s. m. Enregistreur.
Onreinâ, v. a. et pr. 1ʳᵉ conj. Ereinter, fatiguer.

Lou joû d'aôparavant, eis-l-aiant tant sounâ,
Que lou péurou Minguéi n'erre tout onreinâ.
Le jour avant, on avait tant sonné,
Que le pauvre Minguet en était tout éreinté.
(CHAPELON).

Onréuchageou, s. m. Enrouement.
Onréuchîe, v. a. et pr. 1ʳᵉ conj. irrég. com. *Appinchîe.* Enrouer.
Onréuchit, ià, f. pl. **ais,** adj. Enroué, e.
Onrhumâ, v. a. et pr. 1ʳᵉ conj. Enrhumer.
Onribandâ, v. a. 1ʳᵉ conj. Enrubanner.
Onrichî, v. a. et pr. 2ᵉ conj. com. *Blanchî.* Enrichir.
Onrichissamont, s. m. Enrichissement.
Onrichit, chia, s. Enrichi, e.
Onroûlâ, v. a. 1ʳᵉ conj. comme *Affoulâ.* Enrouler.
Onroulâ, v. a. 1ʳᵉ conj. comme *Affoulâ.* Enrôler.

ONTA

Onroûlamont, s. m. Enroulement.
Onroulamont, s. m. Enrôlement.
Onrouléu, s. m. Enrouleur.
Onrûlîe, v. a. et pr. 1ʳᵉ conj. com. *Baôlie.* Enrouiller ; fig. : engourdir, endormir.
Onrûlit, ià, f. pl. **ais,** adj. Mal réveillé, e, sans vigueur, ni agilité.
Onsachageou, s. m. Ensachement.
Onsachéu, s. m. Qui met en sac.
Onsachîe, v. a. 1ʳᵉ conj. irrég. comme *Appinchic.* Ensacher, mettre en sac.
Onsarrâ, v. a. 1ʳᵉ conj. Enserrer.
Onseignamont, s. m. Enseignement.
Onseigni, s. f. Enseigne.
Onseignîe, v. a. 1ʳᵉ conj. irrég. comme *Abaragnie.* Enseigner.
Onsevelissamont, s. m. Ensevelissement.
Onsevelisséu, sa. Ensevelisseur, euse.
Onsevelî, v. a. 2ᵉ conj. Ensevelir.
Onsiéuprâ, v. a. 1ʳᵉ conj. Ensoufrer. (V. *Siéuprou*).
Onsiéure (s'), v. pr. et impers. 3ᵉ conj. comme *Siéure.* S'ensuivre.
Onsiéuta, adv. Ensuite.
Onsion, adv. Ensemble, l'un avec l'autre.
Onsomblou, s. m. Ensemble, agir avec ensemble.
Onsonglontâ, v. a. 1ʳᵉ conj. Ensanglanter.
Onsorcelâ, v. a. 1ʳᵉ conj. comme *Baritelâ.* Ensorceler.
Onsorcelageou, s. m. Ensorcellement.
Onsorceléu, sa, adj. Ensorceleur, euse.
Onsoufrâ, v. a. 1ʳᵉ conj. comme *Coufflâ.* Ensoufrer. (V. *Onsiéuprâ*).
Onsuplou, s. m. Ensouple, terme de fabrique ; chaque groupe de fils de chaîne pour l'exécution d'un tissu ; rouleau de métier de tisserand.
Onta, s. f. Ente.
Ontâ, v. a. 1ʳᵉ conj. Enter.
Ontablamont, s. m. Entablement.
Ontachîe, v. a. 1ʳᵉ conj. irrég. comme *Appinchic.* Entacher.
Ontailli, s. f. Entaille.
Ontaillîe, v. a. 1ʳᵉ conj. irrég. comme *Criaillie.* Entailler.
Ontamenâ, v. a. 1ʳᵉ conj. comme *Demenâ* Entamer.
Ontamenéuri, s. f. Entamure.
Ontarrâ, v. a. et pr. 1ʳᵉ conj. Enterrer

ONTR

Ontarramont, s. m. Enterrement.
Ontassâ, v. a. 1ʳᵉ conj. Entasser.
Ontassamont s. m. Entassement.
Ontasséu, s. m. Entasseur.
Ontchichîe, v. a. et pr. 1ʳᵉ conj. irrég. com. *Appinchie*. Enticher.
Ontchupinâ, v. a. 1ʳᵉ conj. Enchifrener, soit rhume de cerveau.
Ontchupinà, f. pl. **ais,** adj. Enchifrené, e, qui subit l'effet d'un rhume de cerveau.
Ontchupinageou, s. m. Enchifrènement, embarras dans le nez, le cerveau, causé par un rhume.
Onte, adv. Où. *D'onte,* d'où.
Onté, ri, adv. et s. Entier, ière.
Ontenéu, s. m. Etau à main.
Ontérimont, adv. Entièrement.
On-têta, s. m. En-tête.
Ontétâ, v. a. et pr. 1ʳᵉ conj. com. *Apprétà*. Entêter.
Ontétà, f. pl. **ais,** adj. et s. Entêté, e.
Ontétamont, s. m. Entêtement.
Ontéuri, s. f. Enture.
Onthousiasmâ, v. a. et pr. 1ʳᵉ conj. Enthousiasmer.
Onthousiasmou, s. m. Enthousiasme.
Onthousiastou, ta, adj. et s. Enthousiaste.
Ontondamont, s. m. Entendement.
Ontondéu, s. m. Entendeur.
Ontondju, a, adj. et s. Entendu, e.
Ontondre, v. a. et pr. 3ᵉ conj. Entendre.
Ontonta, s. f. Entente.
Ontortchillageou, s. m. Entortillage.
Ontortchilléu, sa, s. Entortilleur, euse.
Ontortchillîe, v. a. 1ʳᵉ conj. irrég. comme *Criaillie*. Entortiller.
Ontoû, s. m. Entour, circuit. Prend un *e* muet devant une voyelle. *L'ontoûe erre gardà,* l'entour était gardé.
Ontounâ, v. a. 1ʳᵉ conj. com. *Boundounà*. Entonner.
Ontounoi (oua), s. m. Entonnoir.
Ontourâ, v. a. 1ʳᵉ conj. comme *Afflourà*. Entourer.
Ontourageou, s. m. Entourage.
Ontrà, pl. **ais,** s. f. Entrée.
Ontrafichîe, v. a. et pr. 1ʳᵉ conj. irrég. com. *Appinchie*. Entraver. (V. *Ompatouillie*).
Ontr'amâ (s'), v. pr. 1ʳᵉ conj. S'entr'aimer.

ONTR

Ontrava, s. f. Entrave. (V. *Oncoublà*).
Ontravâ, v. a. 1ʳᵉ conj. Entraver. (V. *Oncoublà*).
Ontre, prép. de lieu. Entre. (V. *Ontremé*).
Ontre-bâdâ, v. a. 1ʳᵉ conj. Entr'ouvrir.
Ontre-bâillamont, s. m. Entrebâillement.
Ontre-bâillîe, v. a. 1ʳᵉ conj. irrég. comme *Criaillie*. Entrebâiller.
Ontrechat, s. m. Entrechat, danse.
Ontrekéuta, s. m. Entrecôte, viande de boucherie.
Ontrecoupâ, v. a. 1ʳᵉ conj. comme *Coupà*. Entrecouper.
Ontrecroueisîe (s'), v. pr. 1ʳᵉ conj. irrég. comme *Beissie*. Entrecroiser.
Ontre-doux, s. m. Entre-deux.
Ontrefaitchi, s. f. Entrefaite.
Ontr'eidjîe (s), v. pr. 1ʳᵉ conj. irrég. com. *Devouèdjie*. S'entr'aider.
Ontréin, s. m. Entrain.
Ontreinâ, v. a. 1ʳᵉ conj. comme *Decheinà*. Entraîner.
Ontreinamont, s. m. Entraînement.
Ontreinéu, s. m. Entraîneur.
Ontrelaçageou, s. m. Entrelacement.
Ontrelacîe, v. a. 1ʳᵉ conj. irrég. comme *Agconcie*. Entrelacer.
Ontrelardâ, v. a. 1ʳᵉ conj. Entrelarder.
Ontrelardà, f. pl. **ais,** adj. Entrelardé, e.
Ontremâ, v. a. et pr. 1ʳᵉ conj. Rentrer. *Ontremà lou féin,* rentrer le foin. *O féut s'ontremà,* il faut rentrer au logis.
Ontremé, prép. de lieu. Entre. *Ontremé doux geondarmous,* entre deux gendarmes.
Ontremé, s. m. Entre-deux, séparation.
Ontreméclâ, v. a. 1ʳᵉ conj. com. *Apprétà*. Entremêler.
Ontremésa, s. f. Entremise.
Ontremets, s. m. Entremets.
Ontreméttéu, sa, Entremetteur, euse.
Ontrepéusâ, v. a. 1ʳᵉ conj. Entreposer.
Ontrepéusitairou, s. m. Entrepositaire.
Ontrepéut, s. m. Entrepôt.
Ontreprésa, s. f. Entreprise.
Ontreprenant, a, adj. Entreprenant.
Ontreprenéu, sa, s. Entrepreneur, euse.
Ontreprondre, v. a. 3ᵉ conj. Entreprendre. v. pr. *S'ontreprondre,* s'entre-quereller, discuter.
Ontresola, s. f. Entresol.

ORA

Ontretchïn, s. m. Entretien.
Ontre-tchiom, s. m. Entre-temps.
Ontretenî, v. a. et pr. 2e conj. com. *Reveni.* Entretenir.
Ontreveire, v. a. 3e conj. comme *Creire.* Entrevoir.
Ontrevéuva, s. f. Entrevue.
Ontr'éuveû, eurta, adj. Entr'ouvert, e.
Onvahî, v. a. 2e conj. Envahir.
Onvahissamont, s. m. Envahissement.
Onvahisséu, s. m. Envahisseur.
Onvarâ, v. a. et pr. 1re conj. Obstruer, encombrer. *S'onvará,* se fourrer dans une ornière en parlant d'une voiture.
Onvargéuri, s. f. Envergure.
Onvéin, s. m. Envie, désir. Envi (à l').
Onveioux, ousa, adj. et s. Envieux, euse.
Onveloppa, s. f. Enveloppe.
Onveloupâ, v. a. 1re conj. comme *Coupá.* Envelopper. (V. *Onvorpá).*
Onvenimâ, v. a. 1re conj. comme *Boundouná.* Envenimer.
Onvês, s. m. Envers ; loc. adv. *A l'onvés.*
Onviâ, v. a. 1re conj. Envier.
Onviablou, bla, adj. Enviable.
Onviroun, adv. Environ, à peu près.
Onvirounâ, v. a. 1re conj. com. *Boundouná.* Environner.
Onvirouns, s. m. pl. Environs.
Onvisagîe, v. a. 1re conj. irrég. comme *Ablagîe.* Envisager.
Onvisinà, f. pl. **ais,** adj. Envoisiné, e.
Onvorpâ ou **Onvourpâ,** v. a. 1re conj. Envelopper.
Onvouei ou **Onvoi,** s. m. Envoi.
Onvouîe, v. a. 1re conj. irrég. com. *Allouîc.* Envoyer.
Onvouït, s. m. Envoyé.
Onvoulâ (s'), v. pr. 1re conj. com. *Affoulá.* S'envoler.
Ora, s. f. Brise, air, vent. Il y a quatre sortes de vent : *lou madjiná* (est), *la travarsa* (ouest), *la bîsi* (nord), *lou vent* (vent du midi), puis *la chambounairi* (sud-ouest), *l'aóvargnássi* (nord-ouest). Prov. : *l'ora que mène la banèri, mène la meissounèri ;* c'est-à-dire, le vent qui souffle et conduit la bannière à la procession des Rogations, préside à la moisson.

« *Madjiná avant méjou*
« *Plairi avant trèis jous,*
« *Madjiná les vèpres*
« *Bai tchiom senaifie*
« *Quand o plot de la bîsi*
« *Vou trafole la chamisi.*

OUMB

Les *ores se countrassount,* les vents se contrarient, le temps va changer.
Orbiatan, s. m. Mannequin.
Ors (orsou), s. m. Ours, animal.
Orsoun, s. m. Ourson.
Otobrou, s. m. Octobre, mois.
Otogenairou ou **Outougenairou, ra,** adj. et s. Octogénaire.
Otogonou, s. m. Octogone.
Ou, conjonct. alternative. Ou.
Ouàilli, s. f. Ouaille.
Ouais (vouais), particule affirmative. Oui.
Ouais ! interj. Ouais. (Celt. *Ouais*).
Ouata, s. f. Ouate.
Ouatâ, v. a. 1re conj. Ouater.
Oudourâ, v. a. et n. 1re conj. com. *Affourâ.* Odorer.
Oudourant, a, adj. Odorant, e.
Oudourat, s. m. Odorat.
Oudouriferant, a, adj. Odoriférant, e.
Ouest (estou), s. m. Ouest, couchant.
Ougiva, s. f. Ogive.
Ougival (alou), **a, aôx,** adj. Ogival.
Ouillî, v. a. 1re conj. irrég. comme *Ageanouillie.* Ouiller, remplir. *N'on volou beire à m'on ouillie,* je veux en boire à me remplir. (CHAPELON).
Oûla, s. f. Marmite. (V. *Tchupin*).
Oulagni, s. f. Noisette.
Oulagnîe, s. m. Noisetier, arbre.
Ouleaginoux, ousa, adj. Oléagineux, euse.
Ouliva, s. f. Olive. (Celt. *Cliva*).
Oulivâtrou, tra, adj. Olivâtre.
Oulivîe, s. m. Olivier, arbre.
Oulougraphou, a, adj. Olographe.
Oulympa, s. f. Olympe.
Oulympion, iéna, adj. Olympien, ienne.
Oulympiquou, qua, adj. Olympique.
Oumbella, s. f. Ombelle.
Oumbilical (alou), **a, aôx,** adj. Ombilical, e, aux.
Oumbra, s. f. Ombre.
Oumbrâ, v. a. 1re conj. Ombrer.
Oumbrageou, s. m. Ombrage.
Oumbrageousamont, adv. Ombrageusement.
Oumbrageoux, ousa, adj. Ombrageux, euse.
Oumbrella, s. m. Ombrelle.

OURA

Oumbroux, ousa, adj. Ombreux, euse.
Oumouplata, s. m. Omoplate.
Ounci, s. f. Once, poids.
Ouncioun, s. f. Onction. *Extréma-ouncioun.*
Ounclou ou **cle,** s. m. Oncle. Prend un *i* euphonique à la suite d'une voyelle. *Bounjoûe iounclou.*
Ounda, s. f. Onde.
Oundà, pl. **ais,** s. f. Ondée, grosse pluie. (V. *Mua*).
Oundjulâ, v. n. 1re conj. Onduler.
Oundjulà, f. pl. **ais,** adj. Ondulé, e.
Oundjulacioun, s. f. Ondulation.
Oundjulousamont, adv. Onduleusement.
Oundjuloux, ousa, adj. Onduleux, euse.
Oundouîe, v. n. 1re conj. irrég. comme *Allouîe*. Ondoyer, flotter par onde.
Oundouyant, a, adj. Ondoyant, e.
Ounerousamont, adv. Onéreusement.
Ouneroux, ousa, adj. Onéreux, euse.
Oungla, s. f. Ongle.
Ounglét, s. m. Onglet.
Ounglétta, s. f. Onglette, dé en fer blanc à l'usage des brodeuses au tambour.
Oungloun, s. m. Ongle, griffe, serre et, par ext. : doigt.
Oungloun, s. m. Jeu de gobilles où le perdant ayant le poing fermé, tient serré, entre la phalange de deux doigts, une petite gobille appelée *quissi* ou *quissét*, et repose ainsi sa main sur le rebord du trou du jeu. De l'autre extrémité du trou, le gagnant tire sa gobille contre, ce qui, en toquant la bille, pince sensiblement la peau.
Ounguant, s. m. Onguent.
Ounoumatoupéia, s. f. Onomatopée.
Ounze ou **iounze,** adj. num. Onze.
Oun ou **iounziémamont,** adv. Onzièmement.
Oun ou **iounziémou, ma,** adj. num. ord. Onzième.
Ouraclou, s. m. Oracle.
Ourageou, s. m. Orage. (V. *Mua*).
Ourageousamont, adv. Orageusement.
Ourageoux, ousa, adj. Orageux, euse.
Oural (alou), **a, aôx,** adj. Oral, e, aux.
Ouralamont, adv. Oralement.
Ourangearit, s. f. Orangerie.
Ourangi, s. f. Orange.
Ourangîe, s. m. Oranger, arbre.

OURI

Ouratœu, s. m. Orateur.
Ouratouairamont, adv. Oratoirement.
Ouratouairou, s. m. Oratoire.
Ouratouairou, ra, adj. Oratoire.
Ouratourion, s. m. Oratorien.
Ourbita, s. f. Orbite.
Ourdjinacioun, s. f. Ordination.
Ourdjura, s. f. Ordure. (Celt. *Ordura*).
Ourdjurîe, iéri, adj. Ordurier, ière.
Ourdounâ, v. a. 1re conj. com. *Boundounâ*. Ordonner.
Ourdounanci, s. f. Ordonnance.
Ourdounatœu, trici, s. Ordonnateur, trice.
Oureilli, s. f. Oreille.
Oureillîe, s. m. Oreiller. (V. *Chavét*).
Oureilloun, s. m. Petite oreille, oreille de veau.
Oureisoun, s. f. Oraison.
Oremus (uçou), s. m. *Oremus*.
Ourgana, s. f. Organe.
Ourganiquamont, adv. Organiquement.
Ourganiquou, qua, adj. Organique.
Ourganisâ, v. a. 1re conj. Organiser.
Organisablou, bla, adj. Organisable.
Ourganisacioun, s. f. Organisation.
Ourganisatœu, trici, s. Organisateur, trice.
Ourganismou, s. m. Organisme.
Ourganistou, s. m. Organiste.
Ourganséin, s. m. Organsin, soie.
Ourgiaquou, qua, adj. Orgiaque.
Ourgit, s. f. Orgie.
Ourgœu ou **Orgœu,** s. m. Orgueil.
Ourgœuillousamont, adv. Orgueilleusement.
Ourgœuilloux, ousa, adj. et s. Orgueilleux, euse.
Ourgua ou **Orgua,** s. f. Orgue.
Ourificeou, s. m. Orifice.
Ouriflamou, s. m. Oriflamme.
Ourigina, s. f. Origine.
Ouriginairamont, adv. Originairement.
Ouriginairou, ra, adj. Originaire.
Ouriginal (alou), **a, aôx,** adj. Original, e, aux.
Ouriginalamont, adv. Originalement.
Ouriginalità, pl. **ais,** s. f. Originalité.
Ouriginel (elou) ou **Ouriginet, ella,** adj. Originel, le.

OURT

Ouriginellamont, adv. Originellement.
Ouriont, s. m. Orient. (V. *Madjinâ*).
Ouriontâ, v. a. et pr. 1re conj. Orienter.
Ouriontacioun, s. f. Orientation.
Ouriontal (alou), **a, aôx,** adj. Oriental, e, aux.
Ouriontalismou, s. m. Orientalisme.
Ouripaî, pl. **piaôx,** s. m. Oripeau.
Ourleans, s. m. Orléans, étoffe légère.
Ourmaî, pl. **maôx,** s. m. Ormeau, arbre.
Ourmou ou **Éumou,** s. m. Orme, arbre. *Croueix-de-l'Eumou*, Croix-de-l'Orme, près Saint-Etienne.
Ournâ, v. a. 1re conj. Orner.
Ournamont, s. m. Ornement.
Ournamontâ, v. a. 1re conj. Ornementer.
Ournamontacioun, s. f. Ornementation.
Ournamontal (alou), **a,** adj. Ornemental, e.
Ourphelïn, ina, s. Orphelin, e.
Ourphelinat, s. m. Orphelinat.
Ourphé, s. m. Orphée.
Ourpheoun, s. m. Orphéon.
Ourpheounistou, ta, s. Orphéoniste.
Ourquestrâ, v. a. 1re conj. Orchestrer.
Ourquestracioun, s. f. Orchestration.
Ourthoudoxou, a, adj. Orthodoxe.
Ourthougraphiâ, v. a. 1re conj. Orthographier.
Ourthougraphiquamont, adv. Orthographiquement.
Ourthougraphiquou, qua, adj. Orthographique.
Ourthougraphou, s. m. Orthographe.
Ourthoupedjiquou, qua, adj. Orthopédique.

OUXY

Ourthoupedjistou, ta, adj. et s. Orthopédiste.
Ourthoupedjit, s. f. Orthopédie.
Ourtoulan, s. m. Ortolan, oiseau.
Oustaô, s. m. Maison, domicile.
Outra, prép. Outre. Loc. adv. : *on outra*.
Outrâ, v. a. 1re conj. Outrer.
Outrà, f. pl. **ais,** adj. Outré, e.
Outrageant, a, adj. Outrageant, e.
Outrageou, s. m. Outrage.
Outrageousamont, adv. Outrageusement.
Outrageoux, ousa, adj. Outrageux, euse.
Outragîe, v. a. 1re conj. irrég. comme *Ablagîe*. Outrager
Outranci (à), loc. adv. A outrance.
Outrapassâ, v. a. 1re conj. Outrepasser.
Outra-toumba, adv. Outre-tombe.
Ouvrâ, v. a. 1re conj. Ouvrer, travailler la soie.
Ouvrà, f. pl. **ais,** adj. Ouvré, e; soie ouvrée.
Ouvrageou, s. m. Ouvrage. Ne s'emploie que pour désigner une production littéraire ; pour les autres cas, v. *Eura, reya*.
Ouvréu, sa, s. Ouvreur, euse ; qui ouvre, travaille la soie.
Ouvroi (oua), s. m. Ouvroir.
Ouxydâ, v. a. et pr. 1re conj. Oxyder (V. *Rûli*).
Ouxydablou, bla, adj. Oxydable.
Ouxydacioun, s. f. Oxydation. (V. *Rûli*).
Ouxydou, s. m. Oxyde.
Ouxygénâ, v. a. 1re conj. com. *Abouénâ*. Oxygéner.
Ouxygenablou, bla, adj. Oxygénable.
Ouxygenacioun, s. f. Oxygénation.
Ouxygênou, s. m. Oxygène.

P, s. m. Seizième lettre de l'alphabet et douzième des consonnes; joue le même rôle qu'en français.

Pa, s. m. Abréviation de papa. (Celt. *Pab*, père).

Pa, prép. Par. *Prond-lou pa lou bras*, prends-le par le bras.

Pâ, s. f. Part, portion.

Pacageou, s. m. Pacage.

Pacagîe, v. n. 1re conj. irrég. comme *Ablagie*. Pacager.

Pacha, s. m. Pacha.

Pachi, s. f. Pacte, marché, convention. *Par moun chançai, mes geons fasiant la pachi;* pour mon cercueil, mes gens faisaient le marché. (CHAPELON).

Pachydermou, s. m. Pachyderme.

Paciamont, adv. Patiemment.

Pacifiâ, v. a. 1re conj. Pacifier.

Pacificacioun, s. f. Pacification.

Pacificatœu, trici, s. Pacificateur, trice.

Pacifiquamont, adv. Pacifiquement.

Pacifiquou, qua, adj. Pacifique.

Pacionci, s. f. Patience.

Paciont, a, adj. Patient, e.

Paciontâ, v. n. 1re conj. Patienter.

Pacique ou **Paciquét**, conj. Parce que.

Pa counsequont, loc. adv. Par conséquent.

Pacoutchilli, s. f. Pacotille.

Pactchisâ, v. n. 1re conj. Pactiser.

Pactolou, s. m. Pactole.

Pactou, s. m. Pacte. (V. *Pachi*).

Padrix, s. f. Perdrix, oiseau.

Paganismou, s. m. Paganisme.

Pageou, s. m. Page, jeune serviteur.

Pagi s. f. Côté d'un feuillet.

Paginâ, v. a. 1re conj. Paginer.

Paginacioun, s. f. Pagination.

Pagoda, s. f. Pagode.

Paî, pl. **piaóx**, s. f. Peau.

Paï, s. f. Paye, solde.

Paiablou, bla, adj. Payable.

Paiageou, s. m. Péage, droit de péage.

Paiamont, s. m. Paiement.

Paiant, a, s. Payant, e.

Païe (i-e), v. a. 1re conj. irrég. comme *Désandaïe* Payer.

Paiéu, sa, s. Payeur, euse.

Paillà, f. pl. **ais**, s. f. Quantité de blé que l'on étend sur le sol pour chaque tournée de battage; ce qu'il faut de paille pour la litière des animaux. *Faire la paillà*, faire la litière, étendre le blé, la paille.

Paillà, arda, adj. et s. Paillard, e. (Celt. *Pailhard*).

Paillardjîsi, s. f. Paillardise. (Celt. *Paillardiza*).

Paillâssi, s. f. Paillasse, couche.

Paillassou, s. m. Paillasse, bateleur.

Paillassoun, s. m. Paillasson.

Paillat, s. m. Corbeille servant de moule pour le pain; enroulement de la corde d'une toupie; tortillon que forme un serpent.

Pâilli, s. f. Paille, défaut dans les métaux.

Pailli, s. f. Paille, tige de blé.

Pâillie, s. m. Pailler, où l'on retire la paille.

Pailletta, s. f. Paillette.

Paira, s. f. Paire, couple; deux choses de même espèce; dans l'armurerie, un canon de fusil double; les deux platines ensemble.

PALP

Païs, s. m. Pays. (Celt. *Paï*).
Païsa, s. f. Payse.
Païsageou, s. m. Paysage.
Paysagistou, s. m. Paysagiste.
Païsan, da, s. Paysan, anne. (Celt. *Paesan, Païsan*).
Paître, v. a. et n. 3° conj. com. *Apparcitre.* Paitre.
Paix, s. f. Paix, accord.
Palâ, s. m. Pelle de terrassier.
Paladjïn, s. m. Paladin.
Palais, s. m. Palais.
Palanquïn, s. m. Palanquin.
Paleïe (l-e), v. a. 1re conj. irrég. comme *Détaffeïe.* Remuer avec la pelle.
Paléingün, una, s. Vaurien, vagabond, paresseux.

*Ci-gît lou rei dos paléingüns
Que tous sous joüs errant des lüns.*
(CHAPELON).

Paléri, s. f. Pelle de boulanger.
Palét, s. m. Palet.
Palét a saôtâ, s. m. Jeu de la marelle.
Paletô, s. m. Paletot.
Palétta, s. f. Palette. (Celt. *Paleta*).
Paléuri, s. f. Personne gauche, maladroite, qui tombe en marchant, qui échappe facilement un objet de ses mains ; se dit beaucoup aux enfants.
Pâlî, v. n. 2° conj. Pâlir.
Palichoun, a, adj. Un peu pâle, blême, pâlot, otte.
Palie, s. m. Palier, plate-forme.
Palissâ, v. a. 1re conj. Palisser.
Palissada, s. f. Palissade.
Palissadâ, v. a. 1re conj. Palissader.
Palissadamont, s. m. Palissadement.
Palissageou, s. m. Palissage.
Palissandrou, s. m. Palissandre, bois appelé aussi bois de Sainte-Luce.
Pâlissant, a, adj. Pâlissant, e, qui pâlit.
Palla, s. f. Pelle (Celt. *Paella, pala*).
Palma, s. f. Palme.
Palmétta, s. f. Palmette.
Palmîe, s. m. Palmier, arbre.
Palmipedou, s. m. Palmipède.
Pâlou, la, adj. Pâle.
Palpâ, v. a. 1re conj. Palper.
Palpablou, bla, adj. Palpable.
Palpablamont, adv. Palpablement.

PANO

Palpitâ ou **Parpitâ,** v. n. 1re conj. Palpiter.
Pal ou **Parpitacioun,** s. f. Palpitation.
Pamâ, v. a. et pr. 1re conj. Pâmer.
Pamoueisoun, s. f. Pamoison.
Pamphlét, s. m. Pamphlet.
Pamphletairou, s. m. Pamphlétaire.
Pamprou, s. m. Pampre.
Pan, s. m. Pan, partie d'un vêtement.
Pan, interj. Pan, onomatopée d'un coup frappé.
Pana, s. f. Serviette, torchon, chiffon pour essuyer ; panne, étoffe.

*J'ailliéus d'abô changie de lingeou, de soutana
Et fretchiéus tout moun séu mes viailles dj'una
[pana.*
(CHAPELON).

Panâ, v. a. 1re conj. Essuyer, torcher.

*A lù parmé quand o-l-aura la foueiri
De lous panâ avoués sa roba neiri.*
(CHAPELON).

Panâ, f. pl. **ais,** adj. Pané, e ; eau panée.
Panachéuri, s. f. Panachure.
Panachit, chià, f. pl. **ais,** adj. Panaché, e.
Panachou, chi, s. m. et f. Panache.
Panada, s. f. Panade. (V. *Pon-cot*).
Panaî, pl. **Paniaôx,** s. m. Panneau.
Panama, s. m. Panama, chapeau.
Panaris, s. m. Panaris, mal au doigt.
Panassat, s. m. Parnasse, ancien quartier de la ville en haut de Polignais (séjour des poètes gagas).

*Bai Panassat, aôtreveis lou Parnasse,
Ta glouairi è loén et toun lustrou s'efface.*
(Ant. CHAPELON).

Pancarta, s. f. Pancarte.
Pancraceou, s. m. Pancrace, homme qui se carre, qui se croit. *Pare Pancraccou.*
Pané, s. m. Panier. (Celt. *Paner*).
Panéri, s. f. Panier, corbeille que l'on fixe de chaque côté du bât d'un âne pour porter les provisions au marché.
Panérià, pl. **ais,** s. f. Panerée, contenu d'un panier.
Panetchîe, s. m. Panetier.
Panetéri, s. f. Coffre, meuble dans lequel on retire le pain.
Pâni, s. m. Panic, sorte de millet.
Panifiâ, v. a. 1re conj. Panifier.
Paniqua, s. f. Panique.
Panna, s. f. Panne, arrêt, rester en panne.
Panetoun, s. m. Panneton.
Panouplit, s. f. Panoplie.

PAQU

Panourama, s. m. Panorama.
Panouramiquou, qua, adj. Panoramique.
Panoussa, s. f. Guenille, torchon ; fig. : personne sans énergie, bon enfant. *Bouna panoussa.*
Pansétta, s. f. Petite panse ; ventre de mouton, de porc.
Pansi, s. f. Panse.
Pansu, a, adj. et s. Pansu, e.
Pantagruéliquou, qua, adj. Pantagruélique.
Pantéin, s. m. Pantin.
Pantelâ, v. n. 1re conj. Panteler.
Pantéumina, s. f. Pantomime.
Panthéismou, s. m. Panthéisme.
Pantheoun, s. m. Panthéon.
Panthêra, s. f. Panthère.
Panthougraphou, s. m. Pantographe.
Pantofla ou **Pantoufla,** s. f. Pantoufle. (Celt. *Pantofla*).
Pantoumètrou, s. m. Pantomètre.
Pantrou, s. m. Paysan, rustre.
Paôma, s. f. Paume.
Paôpiéri, s. f. Paupière.
Paôsa, s. f. Pause.
Paôsâ, v. n. et a. 1re conj. Pauser.
Papa, s. m. Papa. (V. *Pare*).
Papal (alou), **a,** adj. Papal, e.
Papaôtà, pl. **ais,** s. f. Papauté.
Pape ou **Papou,** s. m. Pape, chef de l'Église.
Papegaî, s. m. Papegai, oiseau de bois à l'usage du tir dans les jeux d'arc.
Paperâssi, s. f. Paperasse.
Paperassîe, v. n. 1re conj. irrég. comme *Acassie*. Paperasser.
Paperassîe, s. m. Paperassier.
Papetchîe, téri, s. Papetier, ière.
Papetarit, s. f. Papeterie.
Papîe, s. m. Papier.
Papillota, s. f. Papillote.
Papilloun, s. m. Papillon. (V. *Parpailloun*).
Papillounâ, v. n. 1re conj. comme *Boundounâ*. Papillonner.
Papilloutâ, v. n. 1re conj. comme *Accoutâ*. Papilloter.
Pâqua, s. f. Pâque, fête des Juifs.
Pâque ou **Paquou,** s. m. Pâques. Il est fém. au pl. *Faire ses Pâques*.

PARB

Paquebot, s. m. Paquebot, navire.
Paquét, s. f. Paquet. *Rapporta-paquét,* rapporteur, indiscret, qui va répéter.
Paquetâ, v. a. 1re conj. comme *Briquetâ.* Mettre en paquet. *Paquetâ ;* se dit d'un moribond qui, dans l'agitation de l'agonie, crispe avec les mains son drap, ses couvertures, comme s'il faisait des paquets. Par all. : divaguer, parler sans raison.
Paquetageou, s. m. Paquetage.
Paquetoun, s. m. Petit paquet.
Par, prép, Pour. *Par avei,* pour avoir, ne pas confondre avec *pa*, par.
Parâ, v. a. et pr. 1re conj. Parer, orner. (Celt. *Para*).
Parâ, v. a. 1re conj. Garder les troupeaux, défendre, garantir, préserver (Celt. *Para*).
Parabola, s. f. Parabole, allégorie.
Parabouliquamont,adv. Paraboliquement.
Parabouliquou, qua, adj. Parabolique.
Parachutou,s. m. Parachute.
Parada, s. f. Parade.
Paradâ, v. n. 1re conj. Parader.
Paradjis, s. m. Paradis.
Paradoxou, s. m. Paradoxe.
Paradouxal (alou), **a, aôx,** adj. Paradoxal, e, aux.
Paradouxalamont, adv. Paradoxalement.
Parafa ou **Parafla,** s. f. Parafe.
Parafâ, v. a. 1re conj. Parafer.
Parafiquou, qua, adj. et s. Paralytique, estropié, maladif, invalide.
Parageou, s. m. Parage.
Paralelamont, adv. Parallèlement.
Paralèlou, la, adj. et s. Parallèle.
Paralysâ, v. a. 1re conj. Paralyser.
Paralysit, s. f. Paralysie.
Paralytchiquou, qua, adj. et s. Paralytique. (V. *Parafiquou*).
Paramont, s. m. Parement.
Parapét, s. m. Parapet.
Paraphrâsâ, v. a. 1re conj. Paraphraser.
Paraplaîvi, s. m. Parapluie. (V. *Parassoi*).
Parasina, s. f. Poix-résine.
Parasitou, ta, adj. et s. Parasite.
Parassoi (oua), s. m. Parasol, parapluie. (V. *Paraplaivi*).
Paratounéurou, s. m. Paratonnerre.
Paravont, s. m. Paravent.
Parbeire, s. m. Pourboire.

PARD

Parblœu, interj. Parbleu, jurement.
Parbulli, v. a. 2º conj. Faire légèrement bouillir, passer dans l'eau bouillante.
Parc (arquou), s. m. Parc. (Celt. *Parc*).
Parcageou, s. m. Parcage.
Parcala, s. f. Percale, toile.
Parcalina, s. f. Percaline, toile.
Parçamont, s. m. Percement.
Parçant, a, adj. Perçant, e.
Parcella, s. f. Parcelle. (V. *Breisa*).
Parcellâ, v. a. 1re conj. Parceller.
Parcellamont, s. m. Parcellement.
Parcepcioun, s. f. Perception.
Parceptchiblamont, adv. Perceptiblement.
Parcepchiblou, bla, adj. Perceptible.
Parceptœu, s. m. Percepteur.
Parcéu, sa, s. Perceur, euse. (V. *Parcisséu*).
Parçevablou, bla, adj. Percevable.
Parcèvre ou **Parciéure**, v. a. 3e conj. comme *Apparciéure*. Percevoir.
Parchéu, sa, adj. Percheur, euse.
Parchie, v. n. et pr. 1re conj. irrég. com. *Appinchie*. Percher.
Parchoi (oua), s. m. Perchoir.
Parcî, v. a. 2e conj. comme *Adouci*. Percer.
Parcià, pl. **ais**, s. f. Percée.
Parcial (alou), **a, aôx**, adj. Partial, e, aux.
Parcialamont, adv. Partialement.
Parcialitâ, pl. **ais**, s. f. Partialité.
Parciel (elou), **la**, adj. Partiel, le.
Parciellamont, adv. Partiellement.
Parcimouniousamont, adv. Parcimonieusement.
Parcimounioux, ousa, adj. Parcimonieux, euse.
Parcimounit, s. f. Parcimonie.
Parcisséu, sa, s. Perceur, euse. (V. *Parcéu*).
Parcôdre, v. a. 3e conj. comme *Accôdre*. Parcourir.
Parcoû, s. m. Parcours.
Pardablou, bla, adj. Perdable.
Pardant, a, s. Perdant, e.
Parcussioun, s. f. Percussion.
Pardessus ou **Padessus**, s. m. Pardessus, vêtement ; gratification, ce que l'on donne en plus du marché, par dessus le marché. Lorsque les enfants vont chez l'épicier chercher quelques provisions, ils demandent : *ún mouçaï d'aigualici padessus*, un morceau de réglisse par dessus le marché.

PARI

Pardjicioun, s. f. Perdition.
Pardjiét ! interj. Pardi ! Pardienne.
Pardoun, s. m. Pardon. (Celt. *Pardoun*).
Pardounâ, v. a. et n. 1re conj. comme *Boundounâ*. Pardonner.
Pardounablou, bla, adj. Pardonnable.
Pardre ou **Pêdre**, v. a. et pr. 3e conj. Perdre. — Ind. prés. : *Ji pardou, tchu pês, o pê, nous pardouns, vous pardédes, eis pardount.* — Imparfait : *Ji pardjins*, etc.
Pare, s. m. Père.
Paré, s. f. Muraille. (Celt. *Pared*).
Paré, Pareilli, adj. et s. Pareil, le.
Pareillamont, adv. Pareillement.
Pareitre, v. n. 3e conj. comme *Apparcitre*. Paraître.
Paressa, s. f. Paresse. (V. *Perési*).
Paréssousamont, adv. Paresseusement. (V. *Perésousamont*).
Paressoux, ousa, adj. et s. Paresseux, euse. (V. *Perésoux, ousa*).
Paréu, s. m. Pareur, gardeur de bestiaux.
Paréuri ou **Parura**, s. f. Parure.
Pariat, Parfaitchi, adj. Parfait, e.
Parfacioun, s. f. Perfection.
Parfaciounâ, v. a. 1re conj. comme *Affetciounâ*. Perfectionner.
Parfaciounamont, s. m. Perfectionnement.
Parfatamont, adv. Parfaitement.
Parfidamont, adv. Perfidement.
Parfidou, da, adj. Perfide.
Parfourâ, v. a. 1re conj. comme *Afflourâ*. Perforer, percer. (V. *Partchusâ*).
Parfouracioun, s. f. Perforation.
Parfouratœu, trici, adj. et s. Perforateur, trice.
Parfüm, s. m. Parfum, odeur agréable.
Parfumâ, v. a. et pr. 1re conj. Parfumer.
Parfumarit, s. f. Parfumerie.
Parfuméu, sa, s. Parfumeur, euse.
Pargemit, s. m. Parchemin.
Pargeminâ, f. pl. ais, adj. Parcheminé, e.
Pariâ, v. a. 1re conj. Parier, faire une gageure.
Paria, s. m. Paria, malheureux. (V. *Gréliéu*).
Pariéu, sa, s. Parieur, euse, qui parie.
Parieu, reilli, adj. et s. Pareil, le. (V. *Paré*).
Pariéuri, s. f. Gageure.
Pariqui, adv. Par ici, par là.

PARO

Parision, iéna, adj. et s. Parisien, ienne.
Parità, pl. **ais,** s. f. Parité.
Parjurâ (se), v. pr. 1re conj. Se parjurer.
Parjurou, s. m. Parjure.
Parlâ, v. n. et a. 1re conj. Parler.
Parlageou, s. m. Parlage.
Parlamont, s. m. Parlement.
Parlamontâ, v. n. 1re conj. Parlementer.
Parlamontairamont, adv. Parlementairement.
Parlamontairou, ra, s. m. et adj. Parlementaire.
Parlamontarismou, s. m. Parlementarisme.
Parléu, sa, s. Parleur, euse.
Parloi (oua), s. m. Parloir.
Parmanonci, s. f. Permanence.
Parmanont, a, adj. Permanent, e.
Parmé, prép. de lieu. Parmi.
Parmé ou **Proumé, ri,** adj. Premier, ière. *Parméri* signifie première messe. *Allà à la parméri,* aller à la première messe.
Parmeabilità, pl. **ais,** s. Perméabilité.
Parmeablou, bla, adj. Perméable.
Parmenâ ou **Proumenâ,** v. a. et pr. 1re conj. comme *Demenà.* Promener.
Parmenada ou **Proumenada,** s. f. Promenade.
Parmenéu ou **Proumenéu, sa,** s. Promeneur, euse.
Parmé ou **Prouмérimont,** adv. Premièrement.
Parmés, s. m. Permis, permission.
Parméttre, v. a. 3e conj. comme *Déméttre.* Permettre.
Parmissioun, s. f. Permission.
Parmissiounâ, v. a. 1re conj. com. *Affetciounâ.* Permissionner.
Parmutâ, v. a. 1re conj. Permuter.
Parmutablou, bla, adj. Permutable.
Parmutacioun, s. f. Permutation.
Parniciousamont, adv. Pernicieusement.
Parnicioux, ousa, adj. Pernicieux, euse.
Parochi, s. f. Paroisse.
Parola, s. f. Parole.
Parouchial (alou), a, aôx, adj. Paroissial, e, aux.
Parouchin, chiéna, s. Paroissien, ienne.
Paroudjiâ, v. a. 1re conj. Parodier.
Paroudjit, s. f. Parodie.

PARS

Paroundella, s. f. Craquelin, pâtisserie.
Parouquét, s. m. Perroquet (V. *Jacot*).
Parouxysmou, s. m. Paroxysme.
Parpailloun ou **Papilloun,** s. m. Papillon. (Celt. *Papillon*).
Parpavola, s. f. Chose, étoffe légère et de peu de valeur. *Una roba de parpavola,* une robe en étoffe légère.
Parpetchuâ, v. a. 1re conj. Perpétuer.
Parpetchuacioun, s. f. Perpétuation.
Parpetchuel (elou), la, adj. Perpétuel, le. On dit aussi *parpetchuet, mouvamont parpetchuet.*
Parpetchuellamont, adv. Perpétuellement.
Parpetchuità, pl. **ais,** s. f. Perpétuité.
Parpétrâ, v. a. 1re conj. comme *Apprêtâ.* Perpétrer.
Parpetracioun, s. f. Perpétration.
Parpïn, s. m. Dalle, pierre tombale. *Sous iquais parpin repéuse...,* sous cette dalle repose.
Parpondjiculairamont, adv. Perpendiculairement.
Parpondjiculairou, ra, adj. et s. Perpendiculaire.
Parplexità, pl. **ais,** s. f. Perplexité.
Parplexou, xa, adj. Perplexe.
Parqua, s. f. Parque, divinité des enfers.
Parquâ, v. a. 1re conj. Parquer les troupeaux.
Parquét, s. m. Parquet. (Celt. *Parqued*).
Parquetâ, v. a. 1re conj. comme *Briquetâ.* Parqueter.
Parquetageou, s. m. Parquetage.
Parquetéu, s. m. Parqueteur.
Parquisicioun, s. f. Perquisition.
Parquisiounâ, v. n. 1re conj. comme *Affetciounâ.* Perquisitionner.
Paruchi, s. f. Perruche.
Paruqua ou **Pariqua,** s. f. Perruque.
Paruquîe, iéri, s. Perruquier, ière.
Parsan, a, adj. et s. Persan, e; de la Perse.
Parsecucioun, s. f. Persécution.
Parsecutâ, v. a. 1re conj. Persécuter.
Parsecutà, f. pl. **ais,** adj. et s. Persécuté, e.
Parsecutéu, trici, s. Persécuteur, trice.
Parseverâ, v. n. 1re conj. comme *Aberâ.* Persévérer.
Parseveramont, adv. Persévérément.
Parseveranci, s. f. Persévérance.
Parseverant, a, adj. Persévérant, e.

Parsi, s. f. Perse, toile.
Parsicairou, s. m. Parsicaire, plante.
Parsiéna, s. f. Persienne.
Parsiflâ, v. a. et n. 1re conj. Persifler.
Parsiflageou, s. m. Persiflage.
Parsifléu, s. m. Persifleur.
Parsistâ, v. n. 1re conj. Persister.
Parsistanci, s. f. Persistance.
Parsistant, a, adj. Persistant, e.
Parsouna ou **Pressouna,** s. f. Personne.
Par ou **Pressounageou,** s. m. Personnage.
Par ou **Pressounalità,** pl. **ais,** s. f. Personnalité.
Par ou **Pressounel** (elou), **la,** s. m. et adj. Personnel, le.
Par ou **Pressounellamont,** adv. Personnellement.
Par ou **Pressounifiâ,** v. a. 1re conj. Personnifier.
Par ou **Pressounificacioun,** s. f. Personnification.
Parspettchiva, s. f. Perspective.
Parspicacità, ais, s. f. Perspicacité.
Parspicaçou, ça, adj. Perspicace.
Parsuadâ, v. a. et pr. 1re conj. Persuader.
Parsuasif (ifou), **iva,** adj. Persuasif, ive.
Parsuasioun, s. f. Persuasion.
Partageablou, bla, adj. Partageable.
Partageou, s. m. Partage.
Partagéu, s. m. Partageur.
Partagîe, v. a. 1re conj. irrég. comme *Ablagie.* Partager.
Partanci, s. f. Partance.
Partant, s. m. Partant.
Partarét, s. m. Couperet.
Partchî, v. n. 2e conj. com. *Deurmi.* Partir. (V. *Moudâ*).
Partchî (à), loc. prép. A partir, à dater.
Partchicioun, s. f. Partition.
Partchicipacioun, s. f. Participation.
Partchicipant, a, adj. Participant, e.
Partchicipou, s. m. Participe.
Partchicula, s. f. Particule.
Partchicularisâ, v. a. 1re conj. Particulariser.
Partchicularismou, s. m. Particularisme.
Partchicularità, pl. **ais,** s. f. Particularité.
Partchiculîe, iéri, adj. et s. Particulier, ière.

Partchiculiéramont, adv. Particulièrement.
Partchîes, s. f. pl. Parties génitales, testicules.
Partchisan, s. m. Partisan.
Partchia, s. f. Partie, portion d'un tout.
Partchit, s. m. Parti, union de personnes.
Partchus, s. m. Trou, pertuis.
Partchusâ, v. a. 1re conj. Trouer.
Partenairou, ra, s. Partenaire.
Partéri (à), loc. adv. Sans restriction, indistinctement, partout. *Aussi bion voù ros fèut djire à partéri;* aussi bien il faut le dire sans restriction. (CHAPELON, *Entrée*). *Tous, à partéri, ont fat des éffôs;* tous, indistinctement, on fait des efforts. (LINOSSIER, *Patassoun*).
Parterra ou **Paterra,** s. m. Parterre.
Partout, adv. Partout, en tout lieu.
Parvenî, v. n. 2e conj. comme *Revenî.* Parvenir.
Parvenu, a, s. Parvenu, e.
Parvis, s. m. Parvis. (V. *Plâtrou*).
Pas, s. m. Pas, mouvement des pieds. (Celt. *Pas*).
Pas, négation. Pas.
Pascal (alou), **a,** adj. Pascal, e.
Pas-d'ânou, s. m. Pas-d'âne, plante.
Passâ, v. n. et a. 1re conj. Passer. (Celt. *Passea*).
Pâssa, s. f. Passe, travail supplémentaire, bénéfice de ce travail. *Faire de pâssa.*
Passà, s. m. Passé, temps écoulé.
Passablamont, adv. Passablement.
Passablou, bla, adj. Passable.
Pâssa-djiâblou, s. m. Jeu d'enfants. Les joueurs, rangés sur deux lignes parallèles et face à face, tiennent à la main leur mouchoir de poche noué, ou simplement tordu en corde, et, lorsque le partenaire passe au milieu, s'il déclare passer pour le *djiâblou,* tous lui frappent sur le dos; mais tous doivent s'abstenir s'il déclare passer pour le *boun Djièu* ou quelques saints. Celui qui fait infraction à cette règle le remplace dans son rôle.
Pâssa-dreit, s. m. Passe-droit, injustice.
Passageou, s. m. Passage.
Passagérimont, adv. Passagèrement.
Passagîe, géri, s. m. et adj. Passager, ère.
Pâssa-lurétta, s. m. Jeu d'enfants. Deux joueurs debout, se tenant par les mains,

PATA

forment avec leurs bras tendus une sorte de grand anneau.
Les autres joueurs rangés, tête à dos, passent et repassent avec précipitation au-dessous de cet anneau qui doit faire l'office du lasso, pour tâcher d'en saisir un au passage; alors le captif subit un interrogatoire et, suivant la réponse, il sort du troupeau et se range derrière l'un des deux ; ainsi de suite, jusqu'au dernier; puis, le côté le plus fort entraîne l'autre, fait rompre le lien et le jeu recommence.

Passant, a, adj. Passant, e.
Passamontarit, s. f. Passementerie.
Pâssa-partout, s. m. Passe-partout.
Passapô, s. m. Passeport, permis.
Passarella, s. f. Passerelle.
Passa-tchiom, s. m. Passe-temps.
Passa-veloû, s. m. Passe-velours, plante.
Passerat, s. m. Passereau, moineau en général.
Passerat-de-bogi, s. m. Moineau des bois.
Passibilità, pl. **ais,** s. f. Passibilité.
Passiblou, bla, adj. Passible.
Passif (ifou), **iva,** s. m. et adj. Passif, ive.
Passioun, s. f. Passion.
Passiounâ, v. a. et pr. 1re conj. comme *Affeciounà*. Passionner.
Passiounà, f. pl. **ais,** adj. Passionné, e.
Passiounamont, adv. Passionnément.
Passiounel (elou), **la,** adj. Passionnel, le.
Passivamont, adv. Passivement.
Passoi (oua), s. m. Passoire. (V. *Grivai*).
Pastchilli, s. f. Pastille.
Pastel (elou), s. m. Pastel, crayon.
Pastœu, s. m. Pasteur.
Pastounada, s. f. Carotte, racine jaune. (Celt. *Pastounadez*). *L'hivé n'a ron leissit, que quéuques pastounades*; l'hiver n'a rien laissé, que quelques racines jaunes. (CHAPELON).
Pastouraî, rella, adj. et s. Pastoureau, relle.
Pastoural (alou), **a, aôx,** adj. Pastoral, e, aux.
Pastourala, s. f. Pastorale.
Pastouralamont, adv. Pastoralement.
Pâta, s. f. Pâte. (Celt. *Pasta*).
Pâtâ, v. a. 1re conj. Faire la pâte, broyer.
Patachi, s. f. Patache. (Celt. *Patach*).
Patafiéulâ, v. a. 1re conj. Terme burlesque. *Que lou djiâblou te patafiéule!* Que le diable

PATO

te prenne, t'embrouille, te perde, etc. *Ne vïns pas me patafiéulà!* Ne viens pas me tourmenter, me chagriner.
Pataire ou **Patêre,** s. m. Chiffonnier qui, muni d'un sac sur l'épaule, parcourt les rues en criant : *O pataire !*
Patantaina, s. f. Pretantaine.
Pataôgéu, sa, s. Pataugeur, euse.
Pataôgi, s. f. Boue, eau bourbeuse.
Pataôgie, v. n. 1re conj. irrég. comme *Ablagie*. Patauger.
Patarnel (elou), **la,** adj. Paternel, le; on dit aussi *Patarnet* pour le masculin.
Partarnelllamont, adv. Paternellement.
Patarnità, pl. **ais,** s. f. Paternité.
Patchî, v. n. 1re conj. comme *Coutchi*. Pâtir, souffrir. (V. *Bareie*).
Pâtchîe, s. m. Pâté, pâtisserie.
Patchibulairou, ra, adj. Patibulaire.
Patchîn, s. m. Patin, chaussure.
Patchîn, s. m. Drapeau de petit enfant.
Patchinâ, v. n. 1re conj. Patiner.
Patchinageou, s. m. Patinage.
Patchinéu, sa, s. Patineur, euse.
Pâtchissarit, s. f. Pâtisserie.
Pâtchissîe, iéri, s. Patissier, ière.
Pâtelâ, v. a. et n. 1re conj. com. *Baritelâ*. Dire le *Pater*, prier Dieu, être en prière. (V. *Matrolli-boun-Djiéu*).
Pâtella, s. f. Bouillie, pâtée.
Pâtelïn, ina, s. Patelin, e.
Patelinâ, v. n. 1re conj. Pateliner.
Patenéutra, s. f. Patenôtre.
Patère, s. m. Chiffonnier. (V. *Pataire*).
Pâtéri, s. f. Pétrin. (V. *Mat*).
Pâtet, s. m. *Pater*, oraison dominicale.
Pathétchiquamont, adv. Pathétiquement.
Pathétchiquou, qua, adj. et s. Pathétique.
Pathoulougiquamont, adv. Pathologiquement.
Pathoulougiquou, qua, adj. Pathologique.
Pathoulougit, s. f. Pathologie.
Patont, a, adj. Patent, e.
Patonta, s. f. Patente.
Patontà, f. pl. **ais,** s. Patenté, e.
Patontâ, v. a. 1re conj. Patenter.
Patontablou, bla, adj. et s. Patentable.
Patouais ou **Patoueis,** s. m. Patois, langage.

PAVÉ

Patoueisîe, v. n. 1ʳᵉ conj. irrég. comme *Onfoueirie*. Patoiser, parler patois.
Pâtoux, ousa, adj. Pâteux, euse.
Patraqua, s. f. Patraque. (V. *Baranqua*). Personne en mauvaise santé.
Patriarcal (alou), **a, aôx**, adj. Patriarcal, e, aux.
Patriarcalamont, adv. Patriarcalement.
Patriarcat, s. m. Patriarcat.
Patriarchou, s. m. Patriarche.
Patricion, iéna, adj. et s. Patricien, ienne.
Patrimoueinou, s. m. Patrimoine.
Patrimounial (alou), **a, aôx**, adj. Patrimonial, e, aux.
Patriotou, ta, adj. Patriote.
Patrioutchiquamont, adv. Patriotiquement.
Patrioutchiqou, qua, adj. Patriotique.
Patrioutchismou, s. m. Patriotisme.
Patrit ou **Patria**, s. f. Patrie.
Patroa (ouà), n. de l. Patroa, au S.-E. de la ville. (Celt. *Pa*, lieu, *Troad*, détour de chemin, lieu où il fait un coude).
Patroun, s. m. Patron, modèle.
Patroùn, a, s. Patron, onne ; maître, chef d'une maison, d'un atelier. (V. *Singeou*).
Patrounageou, s. m. Patronage.
Patrounal (alou), **a**, adj. Patronal, e.
Patrouillageou, s. m. Patrouillage, action de patrouiller.
Patrouilli, s. f. Patrouille.
Patrouillie, v. a. 1ʳᵉ conj. irrég. comme *Ageanouillie*. Patrouiller, toucher, palper.
Patta, s. f. Patte, pied. (V. *Plotta*).
Patta, s. f. morceau d'étoffe, chiffon. *Blet coumma una patta*, mou comme un chiffon. (M. ALLARD).
Patta, s. f. Economie, argent caché dans un morceau d'étoffe, un chiffon. *Faire sa patta*, mettre de l'argent de côté.
Pattét, a, adj. Lourdaud, engourdi, indécis, e.
Pattoux, ousa, adj. et s. Pattu, e ; ne se dit que pour les pigeons et les poules.
Pavâ, v. a. 1ʳᵉ conj. ou **Pavî**, v. a. 2ᵉ conj. comme *Agî*. Paver. (Celt. *Pavare*).
Pavageou ou **Pavissageou**, s. m. Pavage.
Pavanâ (se), v. pr. 1ʳᵉ conj. Se pavaner. (V. *Pavounâ*).
Pavé, s. m. Pavé. (Celt. *Pavé*).
Pavéu ou **Pavisséu**, s. m. Paveur.

PEDA

Pavilloun, s. m. Pavillon.
Pavot, s. m. Pavot.
Pavoueis, s. m. Pavois.
Pavoueisamont, s. m. Pavoisement.
Pavoueisîe, v. a. 1ʳᵉ conj. irrég. comme *Onfoueirie*. Pavoiser.
Pavoun, s. m. Paon, oiseau.
Pavounâ (se), v. pr. 1ʳᵉ conj. com. *Boundounâ*. Se pavaner.
Pecabilità, pl. **ais**, s. f. Peccabilité.
Pecablou, bla, adj. Peccable.
Pecada, s. f. Peccadille.
Pecan, s. m. Rustre, montagnard, paysan.
Péchéu, sa, s. Pêcheur, euse ; qui pratique la pêche.
Péchéuri, s. f. Vivier, petit réservoir que font les enfants en barrant les ruisseaux et les rigoles. Petit amas d'eau, bourbier.
Pêchi, s. f. Pêche, action de pêcher les poissons.
Pêchie, v. a. 1ʳᵉ conj. irrég. comme *Alésie*. Pêcher, prendre des poissons.
Pechîe, v. n. 1ʳᵉ conj. irrég. comme *Alésie*. Pécher, faillir. (Celt. *Pechi*).
Pechit, s. m. Péché, faute.
Peçoun, s. m. Pivot, pointe, fer de toupie. *Demourâ, crevâ sus lou peçoun ;* demeurer, crever, mourir sur place, par allusion à la toupie qui meurt sur la pointe.
Pecoun, s. m. Pied de table, de chaise ou de banc. *Douès selles à treis pecouns*, deux chaises à trois pieds (CHAPELON). Fig. : jambe, mollets, bras, biceps ; *avei de bouns pecouns de bras, ûn boun pecoun de jamba*, forts bras, gros biceps, gros mollets.
Péculou, s. m. Pécule, bien, économie.
Pécuna, s. f. Pécune, argent monnayé.
Pecuniairamont, adv. Pécuniairement.
Pecuniairou, ra, adj. Pécuniaire.
Pedagoguou, s. m. Pédagogue.
Pedagougiquamont, adv. Pédagogiquement.
Pedagougiqou, qua, adj. Pédagogique.
Pedagougismou, s. m. Pédagogisme.
Pedagougit, s. f. Pédagogie.
Pédala, s. f. Pédale.
Pedant, a, s. et adj. Pédant, e. (V. *Puant*).
Pedantarit, s. f. Pédanterie.
Pedantchismou, s. m. Pédantisme.
Pedantesquamont, adv. Pédantesquement.

PEIS

Pedantesquou, qua, adj. Pédantesque.
Pedestramont, adv. Pédestrement.
Pedestrou, tra, adj. Pédestre.
Pedjiculà, f. pl. **ais,** adj. Pédiculé, e.
Pedjiculairou, ra, adj. Pédiculaire.
Pedjiculou, s. m. Pédicule.
Pedjicurou, s. m. Pédicure.
Pedounculà, f. pl. **ais,** adj. Pédonculé, e·
Pedounculairou, ra, adj. Pédonculaire.
Pedounculou, s. m. Pédoncule.
Pèdre, v. a. et pr. 3ᵉ conj. Perdre. (V. *Pardre*).
Pégassou, s. m. Pégasse.
Pegeat ou **Pejat,** s. m. Morceau, quantité, chose qui reste accolée, dette impayée, pouf.
Pegeoù ou **Pejoù,** s. m. Savetier, cordonnier.
Pègi, s. f. Poix, résine ; par all. : personne qui s'attache à vos pas, qui devient gênante et dont on a de la peine à se débarrasser. (Celt. *Pég*).
Peignoi (oua), s. m. Peignoir.
Peillanchi, s. f. Femme de mauvaises mœurs, de basse condition, déguenillée, dépenaillée.
Peillan, s. m. Traîne guenille, vagabond.
Peillandroux, ousa, adj. et s. Déguenillé, e.
Peillarot, a, s. Jeune vagabond déguenillé, chiffonnier.
Peilli, s. f. Guenille. (Celt. *Pilleun*, guenille).
Peilloun, s. m. Cil des paupières ; par ext. : poil, pellicule, morceau de peau qui se soulève au-dessous des ongles, paille sur le métal, petite éraflure.
Peillounâ, v. n. 1ʳᵉ conj. com. *Affetciounâ*. Mouvoir les paupières, sourciller, cligner. *Avisâ sans peillounâ;* regarder fixement sans sourciller, ni cligner.
Péindre, v. a. 3ᵉ conj. Peindre.
Peina ou **Penna,** s. f. Peine (Celt. *Pena*).
Péintchura, s. f. Peinture.
Péintchurlurâ, v. a. 1ʳᵉ conj. Peinturer.
Péintchurlurageou, s. m. Peinturage.
Péintchurluréu, s. m. Peintureur.
Péintrou ou **Pïntrou,** s. m. Peintre.
Peis, s. m. Pois, légume. (Celt. *Pes*).
Peisiblamont, adv. Paisiblement.
Peisiblou, bla, adj. Paisible. (Celt. *Paesibl*).

PENE

Peissoun, s. m. Poisson.
Peissounailli, s. f. Poissonnaille.
Peissounéri, s. f. Poissonnière, ustensile.
Peissounîe, iéri, s. Poissonnier, ière.
Peitrâ, s. m. Poitrail. (V. *Pitrou*).
Peitras, âssi, s. Rustre, balourd.
Peitrassot, a, adj. Petit rustre, un peu lourdaud.
Peitrena, s. f. Poitrine, partie de viande de boucherie.
Peitrenairou, ra, adj. et s. Poitrinaire.
Pêla, s. f. Poêle à frire.
Pélà, pl. **ais,** s. f. Poêlonnée.
Pelat, a, s. Polisson, coquin. (Celt. *Pelat*, qui ne vaut rien).
Pelatarit, s. f. Polissonnerie, coquinerie.
Pelaut ou **Pelaôt,** s. m. Jeu du Papegai (vieux).
Pelerïn, ina, s. Pèlerin, e.
Pelerina, s. f. Pèlerine, vêtement.
Pelerinageou, s. m. Pèlerinage.
Peléudâ, v. a. et pr. 1ʳᵉ conj. Surmener, fatiguer, tourmenter.
Peléudageou, s. m. Surmenage.
Peléudéu, s. m. Surmeneur.
Péléuri, s. f. Ruban sans trame, bout d'une pièce où il ne reste que la chaîne.
Pelissé, s. m. Persil.
Pelissi, s. f. Pelisse.
Pella, s. f. Truie ; par all. : mauvaise femme.
Pellatarit, s. f. Pelleterie, art de préparer les peaux. Polissonnerie.
Pellicula, s. f. Pellicule.
Pelliculoux, ousa, adj. Pelliculeux, euse.
Pélota, s. f. Pelote. (Celt. *Pelota*).
Pèlou-mêlou, s. m. Pêle-mêle.
Peloussa, s. f. Pelouse, couche d'herbe fine.
Pelûchi, s. f. Peluche.
Pelura, s. f. Pelure. (V. *Quiliorchi*).
Penâ, arda, s. Vieux radoteur, pénible.
Penablamont, adv. Péniblement.
Penablou, bla, adj. Pénible.
Pénal (alou), a, adj. Pénal, e.
Penalità, pl. **ais,** s. f. Pénalité.
Penaôd, a, adj. Penaud, e.
Penetrâ, v. a. et n. 1ʳᵉ conj. Pénétrer.
Penetrà, f. pl. **ais,** adj. Pénétré, e.

PERI

Penetrabilità, pl. ais, s. f. Pénétrabilité.
Penetrablou, bla, adj. Pénétrable.
Penetracioun, s. f. Pénétration.
Penetrant, a, adj. Pénétrant, e.
Penitonci, s. f. Pénitence.
Penitoncîe, s. Pénitencier.
Penitont, a, s. m. et adj. Pénitent, e.
Pennoun, s. m. Pennon, étendard.
Penoumbra, s. f. Pénombre.
Penounageou, s. m. Brigade, compagnie ayant son pennon ou bannière. *L'òdre que s'é douná djïns tous lous penounageous;* l'ordre qui s'est donné dans toutes les brigades. (CHAPELON).
Penurit, s. f. Pénurie. (V. *Dèchi*).
Pepïn, s. m. Pépin.
Pepiniéri, s. f. Pépinière.
Pepineristou, s. m. Pépiniériste.
Pepita, s. f. Pépite.
Pérat, s. m. Gros morceau de charbon de terre. (Celt. *Peira*, pierre).
Perchi ou **Pertchi**, s. f. Perche, longue barre de bois. (Celt. *Perchia*).
Peré, s. m. Gésier, pierrier, ventricule. (Celt. *Per*, pierre). *Avei ūn boun peré*, avoir un bon estomac, une forte constitution.
Peréréu, s. m. Mineur, ouvrier travaillant dans les mines.
Peréri, s. f. Carrière, mine de houille. (Celt. *Pereria, pererium*).
Eis-l-aiant créu veire
L'étchiala à grand quoua
Davé les peréres.
(CHAPELON).
Pérétta, s. m. Marmite; par all. : sourd, e. (V. *Tchupïn*).
Perî, v. n. 2ᵉ conj. comme *Cùrî*. Prendre fin.
Periclità, v. n. 1ʳᵉ conj. Péricliter.
Peril (ilou), s. m. Péril, danger. (Celt. *Perill*).
Perillousamont, adv. Périlleusement.
Perilloux, ousa, adj. Périlleux, euse.
Perimà, v. n. 1ʳᵉ conj. Périmer.
Perimètrou, s. m. Périmètre.
Perioda, s. f. Période.
Perioudjicità, pl. ais, s. f. Périodicité.
Perioudjiquamont, adv. Périodiquement.
Perioudjiquou, qua, adj. Périodique.
Peripecit, s. f. Péripétie.
Periphrâsa, s. f. Périphrase.
Periphrâsâ, v. n. 1ʳᵉ conj. Périphraser.

PEST

Perissablou, bla, adj. Périssable.
Peristchylou, s. m. Péristyle.
Peritoueinou, s. m. Péritoine.
Peritounita, s. f. Péritonite.
Perla, s. f. Perle. (Celt. *Perla*).
Perlâ, v. a. 1ʳᵉ conj. Perler.
Perlà, pl. ais, adj. Perlé, e.
Perlìe, iéri, adj. Perlier, ière.
Perlïmpïnpïn, s. m. Perlimpinpin.
Pérolla, s. f. Chaudière. (Cel. *Peyrol*).
Peroroù ou **Pirouroù**, s. m. Chaudronnier ambulant, rétameur criant dans les rues : « *O pirouroù!* » (Celt. *Peirol*).
Péroù, s. m. Pérou.
Perourâ, v. n. 1ʳᵉ conj. comme *Afflourâ*. Pérorer.
Péroureisoun, s. f. Péroraison.
Péroureu, s. m. Péroreur.
Persi ou **Parsi**, s. f. Pêche, fruit.
Persìe ou **Parsìe**, s. m. Pêcher, arbre.
Perta, s. f. Perte. Loc. adv. *A perta*.
Perû, s. m. Poire, fruit.
Pesâ, v. a. et n. 1ʳᵉ conj. comme *Ompesâ*. Peser. (Celt. *Pesare*).
Pesà, pl. ais, s. f. Pesée.
Pesageou, s. m. Pesage.
Pesamont, adv. Pesamment.
Pesant, a, adj. Pesant, e.
Pesantoù, s. f. Pesanteur.
Pesa-zūe, s. m. Pingre, homme qui s'occupe du ménage, qui achète au marché, qui pèse les œufs dans sa main.
Pesét, s. m. Petit grain, chose infime; par all. : gringalet.
Pesétta, s. f. Pois rond que l'on donne aux pigeons, grésile de neige.
Pesettâ, v. impers. 1ʳᵉ conj. Grésiller.
Peséu, s. m. Peseur.
Pesoun, s. m. Petit poids à peser l'or ou l'argent ; par all. : Prêteur sur gages, acheteur de vieux bijoux. *O-l-a portá sa mountra chîz pesoun ;* il est allé vendre ou engager sa montre.
Pessimismou, s. m. Pessimisme.
Pessimistou, s. m. Pessimiste.
Pesta, s. f. Peste.
Pestâ, v. n. 1ʳᵉ conj. Pester.
Pestchiferà, f. pl. ais, adj. et s. Pestiféré, e.
Pestchilonciel (elou) **la**, adj. Pestilentiel, le.

PETO

Pét, s. m. Pet, bruit. *Pét-foueiroux,* petfoireux.

Petâ, v. n. 1re conj. com. *Assetâ.* Peter.

Petâ, s. m. Pétard ; fig. : soufflet sur la joue.

Petâ de mana (au), s. m. Jeu d'enfants, qui consiste à prendre un morceau de terre grasse (mana), et le modeler en forme de cuvette ; puis, le lancer avec force et adresse sur le sol, de manière à produire une détonation et faire éclater le fond. — *A romplacie* : l'adversaire prélève sur sa part un morceau de la grosseur du trou et *remplace* ce qui a volé en éclat.

Pétala, s. m. Pétale de fleur.

Petarada, s. f. Pétarade.

Petardâ, v. a. 1re conj. Pétarder.

Petchicioun, s. f. Pétition.

Petchiciounâ, v. n. 1re conj. com. *Affetciounâ.* Pétitionner.

Petchiciounairou, ra, s. Pétitionnaire.

Petchiciounamont, s. m. Pétitionnement.

Petchiéutoun, a, adj. et s. Tout petit.

Petchillamont, s. m. Pétillement.

Petchillant, a, adj. Pétillant, e.

Petchillîe, v. n. 1re conj. irrég. comme *Agreillie.* Pétiller.

Petchit, a, adj. et s. Petit, e ; on dit quelquefois *Petta* pour petite.

Petchitamont, adv. Petitement.

Petchita-semana, s. f. Courte échéance et gros intérêts. Faire la *petchita-semana,* action des usuriers ou des prêteurs sur gages, qui suivent les marchés en gros et prêtent aux revendeurs pour faire leurs achats ; puis, le soir même, se font rembourser avec un intérêt exagéré.
Ji voudrias, do pais, pouaire écartâ la grana Djiquellous grands feiséus de petchita-semana.
(MURGUES, l'Esprit).

Petchitessa, s. f. Petitesse.

Petchit-garçoun, s. m. Petit-fils, fils du fils ; au fémin. : *Petchita-filli.*

Petchit-lat, s. m. Petit lait. (V. *Létchia*).

Petchulanci, s. f. Pétulance.

Pété, s. m. Pilon pour mortier.

Petéu, sa, s. Péteur, euse.

Petorlâ, v. n. 1re conj. Péter fréquemment sans faire beaucoup de bruit.

Petorgîe, v. a. 1re conj. irrég. com. *Ablagîe.* Donner des soins de propreté à une personne malade, la servir, la soigner.

Petoun, s. m. Petit pied.

Petoural (alou), **a, aôx,** adj. Pectoral, e, aux.

PÉUR

Pétrî, v. a. 2e conj. comme *Crépi.* Pétrir.

Pétrifiâ, v. a. 1re conj. Pétrifier.

Petrifiant, a, adj. Pétrifiant, e.

Petrificacioun, s. f. Pétrification.

Pétrïn ou **Pétréin,** s. m. Pétrin. (V. *Mat*).

Pétrissablou, bla, adj. Pétrissable.

Pétrissageou, s. m. Pétrissage.

Pétrisséu, s. m. Pétrisseur.

Pétrolou, s. m. Pétrole.

Pétrouléu, sa, s. Pétroleur, euse.

Péu, adv. de quantité. Peu ; loc. adv. : *lou péu que ji poussédou ;* loc. adv. : *djins péu, sous péu, péu à péu,* etc.

Péu, s. f. Peur, crainte.

Péu, s. m. Puy, sommet. *Lou Péu,* le Puy-en-Velay. (Celt. *Peu,* montagne, sommet).

Péu ou **Poucioun,** s. f. Potion.

Péumiâ, v. n. 1re conj. Muer, changer de peau, de plume, de poil.

Péupâ, v. a. 1re conj. Troubler un joueur, lui faire peur au moment d'agir et faire manquer le coup.

Peuplâ, v. a. et n. 1re conj. Peupler.

Peuplada, s. f. Peuplade.

Peuplou, s. m. Peuple.

Peuplîe, s. m. Peuplier, arbre. (V. *Piblou*).

Péu ou **Poupulâci,** s. f. Populace.

Péu ou **Poupulacioun,** s. f. Population.

Péu ou **Poupulairamont,** adv. Populairement.

Péu ou **Poupulairou, ra,** adj. Populaire.

Péu ou **Poupularisâ,** v. a. et pr. 1re conj. Populariser.

Péu ou **Poupularitâ,** pl. **ais,** s. f. Popularité.

Péu ou **Poupuloux, ousa,** adj. Populeux, euse.

Péura, s. f. Pore de la peau.

Péuramont, adv. Pauvrement.

Péurâssi, s. f. Frayeur, panique, terreur. *La péurâssi me sèche coumma una dela ;* la frayeur me sèche comme un copeau. *L'an de la granda péurâssi* (27 juillet 1789), panique, terreur répandue subitement dans toute la France et qui arriva à Saint-Etienne au moment où l'on faisait une procession religieuse, ce qui dispersa les assistants affolés par la frayeur.
On l'appela aussi la *Mirabella,* parce qu'on en attribuait l'idée et le conseil à Mirabeau.

Péuréin ou **Poréin,** s. m. Parrain.

Péuretâ, pl. **ais,** s. f. Pauvreté.

PHIL

Peurgacioun, s. f. Purgation.
Peurgatchif (ifou), **iva,** s. m. et adj. Purgatif, ive.
Purgatouairou, s. m. Purgatoire.
Peurgi, s. f. Purge.
Peurgîe, v. a. et pr. 1re conj. com. *Ablayie*. Purger ; fig. : battre, rosser quelqu'un.
Péurou, ra, adj. et s. Pauvre, mendiant.
Péurousamont, adv. Peureusement.
Péuroux, ousa, adj. et s. Peureux, euse. (Celt. *Peur*).
Péuroux, ousa, adj. Poreux, euse, qui a des pores.
Péus, adv. Puis, ensuite, après ; loc. adv. : *Péus son*, puis ensuite.
Péusa, s. f. Pose, attitude.
Péusâ, v. a. 1re conj. Poser, mettre en place.
Péusà, f. pl. **ais,** adj. Posé, e.
Péusamont, adv. Posément.
Péuséu, s. m. Poseur.
Péusicioun, s. f. Position.
Péu ou **Pousitchif** (ifou), **iva,** adj. Positif, ive.
Péu ou **Pousitchivamont,** adv. Positivement.
Péu ou **Pousitchivismou,** s. m. Positivisme.
Phâsa, s. f. Phase.
Phébé, s. f. Phébé, nom poétique de la lune.
Phébus (uçou), s. m. Phébus, le soleil.
Phelippou, n. pr. Philippe.
Phenicion, ciéna, adj. et s. Phénicien, ienne.
Phéniquou, qua, adj. Phénique.
Phénix (ixou), s. m. Phénix, oiseau fabuleux.
Phénol (olou), s. m. Phénol.
Phenoumenal (alou), **a, aôx,** adj. Phénoménal, e, aux.
Phenoumènou, s. m. Phénomène.
Philantropou, s. m. Philanthrope.
Philantroupiquou, qua, adj. Philanthropique.
Philantroupit, s. f. Philanthropie.
Philharmouniquou, qua, adj. Philharmonique.
Philharmounit, s. f. Philharmonie.
Philologou, s. m. Philologue.
Philoulougiquamont, adv. Philologiquement.
Philoulougiquou, qua, adj. Philologique.
Philoulougit, s. f. Philologie.

PHYS

Philousophou, s. m. Philosophe.
Philousouphâ, v. n. 1re conj. com. *Affoulà*. Philosopher.
Philousouphala, adj. f. Philosophale.
Philousouphiquamont, adv. Philosophiquement.
Philousouphiquou, qua, adj. Philosophique.
Philousouphit, s. f. Philosophie.
Phoquou, s. m. Phoque, animal.
Phouceon, ceéna, adj. et s. Phocéen, enne.
Phounétchiquamont, adv. Phonétiquement.
Phounétchiquou, qua, adj. Phonétique.
Phouniquou, qua, adj. Phonique.
Phounougraphou, s. m. Phonographe.
Phousphorou, s. m. Phosphore.
Phousphouresceonci, s. f. Phosphorescence.
Phousphouresceont, a, adj. Phosphorescent, e.
Phoutougraphiâ, v. a. 1re conj. Photographier.
Phoutougraphiquamont, adv. Photographiquement.
Phoutougraphiquou, qua, adj. Photographique.
Phoutougraphit, s. f. Photographie.
Phoutougraphou, s. m. Photographe.
Phrâsa, s. f. Phrase.
Phrâsâ, v. n. 1re conj. Phraser.
Phrâseoulougiquou, qua, adj. Phraséologique.
Phrâseoulougit, s. f. Phraséologie.
Prâséu, s. m. Phraseur.
Phrenoulougiquamont, adv. Phrénologiquement.
Phrenoulougiquou, qua, adj. Phrénologique.
Phrenoulougistou, s. m. Phrénologiste.
Phrenoulougit, s. f. Phrénologie.
Phrygion, giéna, adj. et s. Phrygien, enne.
Phtchisiquou, qua, s. Phtisique.
Phtchisit, s. f. Phtisie.
Phyllouxera, s. m. Phylloxera.
Physicion, s. m. Physicien.
Physioulougiquou, qua, adj. Physiologique.
Physioulougistou, s. m. Physiologiste.
Physioulougit, s. f. Physiologie.

PICA

Physiounoumistou, s. m. Physionomiste.
Physiounoumit, s. f. Physionomie.
Physiqua, s. f. Physique.
Physiquamont, adv. Physiquement.
Physiquou, s. m. Physique, physionomie.
Pia ou **Piat**, s. m. Morceau, tronçon. *Un pia de bacoun*, un morceau de lard ; *grèus pia de pon*, gros tronçon de pain ; fig. : gros lourdaud, mastoc.
Pia ou **Piat**, s. m. Morceau d'étoffe, chiffon. *Milla-piats*, nom que l'on donne aux mendiants dont les vêtements sont raccommodés en mille pièces, rapiécés à l'infini.
Piaffâ, v. n. 1re conj. Piaffer.
Piafféu, s. m. Piaffeur.
Piaillageou, s. m. Parlage.
Piaillamont, s. m. Action de parler.
Piailléu, sa, s. Parleur, euse.
Piaillie, v. n. 1re conj. irrég. com. *Criaillie*. Parler, piailler.
Piala, s. f. Pile, colonne, massif de maçonnerie qui soutient les arches d'un pont. *Faire lou toû de la piala*.
Pialâ, v. a. 1re conj. Peler, ôter le poil.
Pialà, f. pl. **ais**, adj. Pelé, e. *Têta pialà*, se dit d'une tête chauve, pelée.
Pialoussa, s. f. Prunelle. *Vin de pialousses*, vin de prunelles, mauvais vin.
Piana-piana, adj. Piane-piane, doucement.
Pianéu, s. m. Piano, instrument.
Pianistou, ta, s. Pianiste.
Piarre ou **Piarrot**, n. pr. Pierre.
Piarrot, otta, s. Pierrot, pierrette.
Piassîe, v. a. 1re conj. irrég. com. *Accassie*. Rapiécer, raccommoder, mettre des pièces.
Piassot, s. m. Petit tailleur, raccommodeur.
Piassoutâ, v. a. 1re conj. comme *Accoutâ*. Rapiécer, ravauder.
Piassoutageou, s. m. Rapiécetage.
Piassoutéu, sa, s. Qui fait des rapiécetages.
Piastrou, s. m. Piastre, monnaie.
Piatâ, v. n. 1re conj. Piétiner, trotter, marcher.
Piatoun, s. m. Piéton.
Piblou, s. m. Peuplier, arbre. (Celt. *Pibol*).
Pibrou ou **Pouaivrou**, s. m. Poivre.
Pic ou **Pit**, s. m. Pic. (Celt. *Pic*, pioche).
Picabrot, s. m. Bouvreuil, oiseau.
Picasséuri, s. m. Marque de la petite vérole.

PIDA

Picassîe, v. a. et n. 1re conj. irrég. comme *Acassie*. Grêler, marquer de la petite vérole, cribler de petits trous.
Picassit, ià, f. pl. **ais**, adj. Qui est marqué de la petite vérole, criblé de trous.
Picaréugnéu, s. m. Jeu d'enfants, très ancien, cité par Chapelon. Les enfants se placent en cercle ; l'un d'eux, armé d'un petit piquet de bois, tourne au tour en chantant : « j'ai *pardju la couévélta*, etc. » et il laisse tomber le morceau de bois derrière l'un des joueurs; celui-ci poursuit le premier en le piquant dans le dos, jusqu'à ce qu'il ait pris une place dans le cercle, et recommence à son tour le même manège. Si celui derrière lequel est le morceau de bois (*picaréugnéu*) ne s'en aperçoit pas, l'autre, au tour suivant, le ramasse et en pique le joueur distrait en le poursuivant jusqu'à ce qu'il ait retrouvé sa place.
Pichorgnéu, s. m. Qui *Pichorgne*. (V. *Pichorgnie*).
Pichorgni, s. f. Personne délicate et difficile dans ses goûts pour la nourriture.
Pichorgnîe, v. a. 1re conj. irrég. comme *Abaragnie*. Toucher, gratter, entamer une chose avec les ongles, faire un travail du bout des doigts, mal l'achever. *Se pichorgnie lou naz ;* se fourrer les doigts dans le nez. *Pichorgnie la frûtchi* ; entamer le fruit avec les ongles, pignocher.
Picot, s. m. Picot, engrelure sur le bord des rubans, des dentelles.
Picotta, s. f. Maladie des moutons ; par ext. : maladie secrète. (V. *Castapiana*).
Picoun, s. m. Piquant, épine, pointe aiguë.
Picourà, v. n. 1re conj. comme *Afflourâ*. Picorer, aller en maraude.
Picouréia, s. f. Picorée, maraude, aventure. *Côdre la picouréia* ; courir, aller en maraude.
Picoutâ, v. a. 1re conj. comme *Accoutâ*. Picoter, becqueter, tacheter, griveler. (V. *Pintoulà*).
Picoutâ, v. n. a. et pr. com. *Accoutâ*. Fil de chaîne qui se tisse mal. — Irriter. *Se picoutâ*, s'irriter, se vexer par des paroles, se fâcher.
Picoutageou, s. m. Action de becqueter.
Picoutamont, s. m. Picotement.
Picoutchïn, s. m. Picotin.
Picoutéu, s. m. Becqueteur.
Pidâ, s. f. Pitié. *Les geons vous fant pidâ pas toutes les chavères ;* les gens vous font pitié par toutes les rues. (CHAPELON).
Pidâ, v. a. 1re conj. Plaindre, prendre en

PIÉU

pitié. *Má lèingûn ne me pide…* Mais personne ne me plaint. (CHAPELON).

Pidanci, s. f. Pitance.

Pidousamont, adv. Piteusement.

Pidoux, ousa, adj. Piteux, euse.

Pie, s. m. Pied. Loc. adv. *A pie,* à pied.

Pie-à-terra, s. m. Pied-à-terre.

Piéci, s. f. Pièce.

Piéci-Rounda, Ancien nom de la place de la Charité, à Saint-Etienne.

Pie-Coupét, s. m. Cloche-pied. *A pie-coupét;* mal conditionné, chose qui ne va pas, qui marche mal.

Pie-de-béu, s. m. Pied-bot, pied difforme.

Piedestal (alou), s. m. Piédestal.

Piégeou, s. m. Piège.

Pie-Kéuta, s. m. Courte-échelle, aide. *Eis se fant pie-kéuta par appià la frûtchi dos aibrous;* ils se font la courte-échelle pour attraper, atteindre le fruit des arbres. *Un sat de triffes nous fara pie-kéuta l'hicé;* un sac de pommes de terre nous aidera à vivre l'hiver.

Pierléuriéu, s. m. Loriot, oiseau.

Piérra, s. f. Pierre, corps dur.

Piérraríes, s. f. pl. Pierreries.

Piérroux, ousa, adj. Pierreux, euse.

Piétá, pl. **ais,** s. f. Piété.

Piétchinâ, v. n. 1re conj. Piétiner, (V. *Piatâ*).

Piétchinâ, v. a. 1re conj. Piétiner, fouler. (V. *Chéupissie*).

Piétramont, adv. Piètrement.

Piétrou, tra, adj. Piètre.

Piéu, s. m. Pou, insecte.

Piéuchageou, s. m. Piochage.

Piéuchéu, s. m. Piocheur.

Piéuchi, s. f. Pioche.

Piéuchîe, v. a. 1re conj. irrég. com. *Appinchie.* Piocher.

Piéuchoun, s. m. Petite pioche.

Piéulâ, v. n. 1re conj. Piauler, parler, crier. (V. *Piéutâ*).

Piéuillâ, pl. **ais,** s. f. Rossée, volée de coups.

Piéuillîe, v. a. et pr. 1re conj. irrég. comme *Criaillie.* Prendre les poux; fig. : rosser quelqu'un, le gagner au jeu; vendre cher, exploiter.

Piéuilloux, ousa, adj. Pouilleux, euse, s. Personne misérable et de basse condition.

Piéu! piéu! Onomatopée du piaulement des poussins et des petits oiseaux.

PIMP

Piéusoù ou **Piéusot,** s. m. Petit enfant, petit oiseau, terme de caresse.

Piéutâ, v. n. 1re conj. Piauler, imiter le cri des petits oiseaux.

Pif (ifou), s. m. Pif, nez.

Pif, paf! Onomatopée d'une souffletade.

Pigeoun, s. m. Pigeon.

Pigeounaire, s. m. Qui élève des pigeons, qui en fait le commerce.

Pigeounîe, s. m. Pigeonnier.

Pigeoun-vola, s. m. Pigeon-vole, jeu d'enfants.

Pigîe, v. a. 1re conj. irrég. com. *Ablagie.* Piger.

Piglâ, v. a. 1re conj. Poisser, enduire de matières gluantes; salir.

Pigloux, ousa, adj. Poisseux, gluant.

Pignoun ou **Pignoù,** s. m. Pignon. (Celt. *Pignoun*).

Pila, s. f. Pile, amas, appareil électrique; fig. : rossée, volée de coups. (Celt. *Pilla,* tas. *Pila,* battre).

Pilastrou, s. m. Pilastre.

Pilîe, s. m. Pilier.

Pillâ, s. m. Pillard.

Pillageou, s. m. Pillage.

Pillardâ, v. a. 1re conj. Piller, voler.

Pilli, s. f. Pile, côté d'une pièce de monnaie. (Celt. *Pila*). *A crouéix-pilli;* pile ou face.

Pillîe, v. a. 1re conj. irrég. com. *Criaillie.* Piller.

Pillot, a, s. Poussin, jeune poulet; petit enfant, terme d'amitié.

Pilloutâ, v. n. 1re conj. irrég. com. *Accoutâ.* Etre en état de grossesse. *Equella fenna pillote;* se dit d'une femme enceinte.

Pilotou, s. m. Pilote, marin.

Piloun, s. m. Pilon.

Pilounâ, v. a. 1re conj. com. *Boundounâ.* Pilonner.

Pilourit, s. m. Pilori, potence.

Piloutâ, v. a. 1re conj. comme *Accoutâ.* Piloter.

Piloutageou, s. m. Pilotage.

Piloutchis, s. m. Pilotis.

Pilula, s. f. Pilule.

Pimpan, s. m. Fusil de chasse à un seul coup et de mauvaise fabrication.

Pimpand, a, adj. Paré, élégant, recherché.

Pimpandâ, v. a. et pr. 1re conj. Attifer, parer, ajuster.

PIQU

Pïmpignéla, s. f. Coccinelle; bête du bon Dieu. *Pimpignéla, virivéla, vais vitou djire au boun Djièu qu'o féze bai tchion deméu;* petit refrain que l'on chante aux coccinelles.

Pïmpiguéla, s. f. Pimprenelle, herbe. (Celt. *Pimpinella*).

Pïmpïn, ina, adj. Minutieux. *Souvont quand nous fasouns quéuqua veya par d'aôtrous. Nous semmous plus pimpïns que quand vou'é par nous aôtrous.* (MURGUES, l'*Esprit*).

Pïn, s. m. Pin, arbre. (Celt. *Pin*).

Pinâ, v. a. 1re conj. Peigner.

Pinâclou, s. m. Pinacle (Celt. *Pinacl*).

Pinaire, s. m. Peigneur, cardeur de laine, de chanvre. *Beire coumma ùn pinaire;* boire comme un peigneur, qui boit beaucoup à cause de la poussière de la laine ou du chanvre qu'il absorbe.

Pïnçaî, pl. **Pïnciaôx**, s. m. Pinceau.

Pïnchageou, s. m. Pinçage.

Pïnchià, pl. **ais**, s. f. Pincée.

Pïnchîe, v. a. 1re conj. irrég. com. *Appinchîe.* Pincer.

Pïnchi-naz, s. m. Pince-nez.

Pïnchi-gigua, s. m. Pointilleux, minutieux.

Pïnci, s. f. Pince.

Pïngoulîe, s. m. Etui à épingles, à aiguilles.

Pïngrou, s. m. Pingre.

Pïnou, s. m. Peigne. (V. *Découléu*).

Pïnquâ, v. a. 1ee conj. Planter, enfoncer, mettre en place.

Pïnta, s. f. Pinte, bouteille. (Celt. *Pinta*).

Pïntâ, v. n. 1re conj. Pinter, boire.

Pïntada, s. f. Pintade.

Pïntchura ou **Péïntchura**, s. f. Peinture. (Celt. *Pintura*).

Pïntoulâ, v. a. 1re conj. comme *Affoulà.* Tacheter, griveler.

Pïntouléuri, s. f. Grivelure, moucheture.

Pïntrou ou **Péïntre**, s. m. Peintre.

Pioun, s. m. Pion.

Piounçâ, v. n. 1re conj. Pioncer, dormir, se griser.

Pioux (i-oux), **ousa**, adj. Pieux, euse.

Piqua, s. f. Pique, arme; fig.: brouillerie.

Piquâ, v. a. et pr. 1re conj. Piquer.

Piquerla, s. f. Chassie, humeur des yeux.

Piquerloux, ousa, adj Chassieux, euse.

Piquét, s. m. Piquet.

Piquétta, s. f. Piquette, boisson.

PISS

Piquétta do joû, s. f. Pointe du jour. Aube.

Piquéu, sa, s. Piqueur, euse.

Piquéuri, s. f. Piqûre.

Pirailli, s. f. Fête, réjouissance. *Faire pirailli;* se livrer à la joie.

Piratâ, v. n. 1re conj. Pirater.

Piratarit, s. f. Piraterie.

Piratou, s. m. Pirate.

Pirogua, s. f. Pirogue, barque.

Pirou, ra, s. m. et adj. Pire. *La pira espéça.*

Pirouetâ, v. n. 1re conj. comme *Briquetâ.* Pirouetter.

Pirouétta, s. f. Pirouette.

Pis, s. m. Pis, mamelle. (V. *Poussi*).

Pis, adv. Pis, plus mal.

Piscicultchura, s. f. Pisciculture.

Pisciculteu, s. m. Pisciculteur.

Piscina, s. f. Piscine, pièce d'eau.

Pïsé, s. m. Pisé, maçonnerie en terre.

Pïsîe, v. a. 1re conj. irrég. comme *Brisîe.* Piler. *Pisie la sâ*, piler le sel.

Pissamont, s. m. Pissement.

Pissarotta, s. f. Jet d'urine, filet d'eau, petite source; fig.: voies urinaires, pissotière.

Pissat, s. m. Pissat, urine. (Celt. *Pisya*).

Pisséu, sa, s. Pisseur, euse; qui pisse.

Pisséurou, s. m. Pissoir, lieu où l'on pisse.

Pissi, s. f. Urine, pissat.

Pissichïn, s. m. Pissenlit, plante; mal d'aventure, mal au doigt, panaris.

Pissie, v. a. et n. 1re conj. irrég. comme *Acassie.* Pisser, uriner; par extens.: supurer, verser un liquide. (V. imp. Pleuvoir).

Pissi-prïm, s. m. Chiche, avare.

Pissi-vinaigrou, s. m. Avare, qui verse à boire avec retenue, goutte à goutte.

Pissonliét, s. m. Pissenlit, plante.

Pissonliét, s. m. Enfant qui pisse au lit.
Pissonliét, pissonpailli,
Lous ûsiaôx sus la mountagni,
Lou couèrou au càrou do liét
Par fouèlá lou pissonliét.
Refrain que les enfants chantent à celui qui a pissé au lit.

Pissotta, s. f. Laiteron, plante laiteuse dont les enfants mâchent la tige.

Pissoutâ, v. n. 1re conj. comme *Accoutâ.* Pissoter, uriner peu et souvent.

Pissoux, ousa, adj. Chose imprégnée d'urine ou qui en a la couleur. *Pissousa*, s. f., terme injurieux à une fille.

PLAF

Pista, s. f. Piste.
Pistâ, v. n. 1re conj. Courir, aller à la piste; être toujours hors de son logis.
Pistachi, s. f. Pistache.
Pistéu, s. m. Pisteur.
Pistola, s. f. Pistole, monnaie.
Pistoulét, s. m. Pistolet.
Pistoun, s. m. Piston.
Pistounâ, v. a. 1re conj. com. *Boundounâ.* Pistonner.
Pistounéu, s. m. Ouvrier armurier faisant le piston des fusils.
Pitoun, s. m. Piton, clou à vis. (Celt. *Pitoun*).
Pitouyablamont, adv. Pitoyablement.
Pitouyablou, bla, adj. Pitoyable.
Pitrâ, v. a. et pr. 1re conj. Empiffrer, gorger.
Pitrogni, s. f. Boue, ordure, eau bourbeuse.
Pitrou, s. m. Gorge, poitrail, estomac. (V. *Pétrâ*).
Pitrou, s. m. Pitre, paillasse.
Pitrougnéu, s. m. Qui pétrit, qui palpe.
Pitrougnîe, v. a. 1re conj. irrég. comme *Besougnîe.* Pétrir, broyer avec les doigts, ramollir en touchant.
Pitrou-rougeou, s. m. Rouge-gorge, oiseau.
Pittouresquamont, adv. Pittoresquement.
Pittouresquou, qua, adj. Pittoresque.
Pivat, s. m. Pivert, oiseau.
Pivoina, s. f. Pivoine; on dit bien *Ivrougni.*
Pivot, s. m. Pivot.
Pivoutâ, v. n. 1re conj. comme *Accoutâ.* Pivoter.
Placâ, s. m. Placard. (Celt. *Placard*).
Placageou, s. m. Placage.
Plaçamont, s. m. Placement.
Placardâ, v. a. 1re conj. Placarder.
Placét, s. m. Placet.
Placéu, sa, s. Placeur.
Plâci, s. f. Place. (Celt. *Placi*).
Placidamont, adv. Placidement.
Placidjidà, pl. **ais,** s. f. Placidité.
Placidou, da, adj. Placide.
Placîe, s. m. Placier, courtier.
Placîe, v. a. et pr. 1re conj. irrég. comme *Agconcîe.* Placer.
Plafounâ, v. a. 1re conj. com. *Boundounâ.* Plafonner.
Plafounageou, s. m. Plafonnâge.

PLAN

Plafound, s. m. Plafond.
Plafounéu, s. m. Plafonneur.
Plagi, s. f. Plage.
Plagiairou, s. m. Plagiaire.
Plagiat, s. m. Plagiat.
Plagni ou **Plana,** s. f. Plaine.
Plaï, s. f. Plaie. (Celt. *Pla*).
Plaire, v. n. et pr. 3e conj. com. *Coumplaire.* Plaire.
Plaivi, s. f. Pluie.
Plan, s. m. Plan ; fig. : rendez-vous.
Plan, a, adj. Plain, e ; uni, plat. Loc. adv. *Plan-pîe,* plain-pied.
Plana, s. f. Plaine, outil. (V. *Coutai-paréu*).
Planâ, v. a. 1re conj. Planer, polir avec la plane, unir.
Planâ, v. a. 1re conj. Planer, tenir en l'air.
Planâ, arda, s. Habitant de la plaine.
Planchat, s. m. Passerelle, pont fait avec une planche. (Celt. *Plancha*).
Planchéiageou, s. m. Planchéiage.
Plancheïe, v. a. 1re conj. irrég. comme *Détaffeic.* Planchéier.
Planchétta, s. f. Planchette.
Planchi, s. f. Planche. (Celt. *Plancha*).
Planchîe, s. m. Plancher.
Planchîe, v. a. 1re conj. irrég. com. *Appînchîe.* Quitter, abandonner, délaisser, camper là quelqu'un. *Sa fenna l'a planchit;* sa femme l'a quitté. *O m'a planchit sans ron djire;* il m'a campé là sans rien dire.
Planéta, s. f. Planète. (Celt. *Planed*).
Planetairou, ra, adj. Planétaire.
Planéu, s. m. Planeur.
Planfoy, n. d. l. Planfoy, petite commune, près Saint-Etienne, au Sud. (Celt. *Plan,* arbre. *Foy,* fayard).
Plan-paré, s. m. Jeu qui consiste à tracer un petit cercle, ou poser un but sur le sol et près d'une muraille (*paré*); les joueurs placés latéralement, lancent à plat contre celle-ci une pièce de monnaie de dix centimes (*una doubla*) qui, en rebondissant, va tomber sur le sol, où le plus près du but gagne l'enjeu.
Plant, s. m. Plant, jeune tige pour planter.
Planta, s. f. Plante. (Celt. *Planda*).
Plantâ, v. a. 1re conj. Planter, mettre une plante en terre. (Celt. *Planta*).
Plantâ, v. n. 1re conj. Pauser, rester en place, s'arrêter. *O m'a fat plantâ;* il m'a fait pauser. *Moda et ne planta pas;* pars et ne t'arrête pas.

PLAT

Planta-chéus ou **Piqua-chéus**, s. m. Plantoir.
Plantchurousamont, adv. Plantureusement.
Plantchuroux, ousa, adj. Plantureux, euse.
Plantéu, s. m. Planteur.
Plantoi (oua), s. m. Plantoir. (V. *Plantachéu*).
Plaôsiblamont, adv. Plausiblement.
Plaôsiblou, bla, adj. Plausible.
Plaqua, s. f. Plaque.
Plaquâ, v. a. 1re conj. Plaquer.
Plaquétta, s. f. Plaquette.
Plaquéu, s. m. Plaqueur.
Plastchicità, pl. **ais**, s. f. Plasticité.
Plastchiquou, qua, adj. et s. f. Plastique.
Plastroun, s. m. Plastron.
Plastrounâ, v. a. 1re conj. com. *Boundounâ*. Plastronner.
Plat, s. m. Plat, pièce de vaisselle. (Celt. *Plat*).
Plat, a, s. m. et adj. Plat, e. (Celt *Pladt*).
Plata-bonda, s. f. Plate-bande.
Plata-forma, s. f. Plate-forme.
Plataî, pl. **Platchiaôx**, s. m. Plateau.
Platamont, adv. Platement.
Platana, s. f. Platane. (Celt. *Platanoa*).
Platchina, s. f. Platine, pièce d'arme. (Celt. *Platinenn*).
Platchinâ, v. a. 1re conj. Repasser le linge.
Platchinairou, s. m. Qui fait les platines de fusil.
Platchinou, s. m. Platine, métal.
Platchitchuda, s. f. Platitude.
Platoun, s. m. Petit plateau. *Lou platoun*; quartier de la ville, rues Mulatière et Pélissier.
Platoun, Platon, philosophe grec.
Platouniquou, qua, adj. Platonique.
Platounismou, s. m. Platonisme.
Plâtrâ, v. a. 1re conj. Plâtrer, couvrir de plâtre. (Celt. *Ptastra*).
Plâtrageou, s. m. Plâtrage.
Plâtras, s. m. Plâtras, débris de plâtre, quantité de plâtre gâché, mortier, terre grasse, etc.
Plâtréri, s. f. Plâtrière, carrière de plâtre.
Plâtrîe, s. m. Plâtrier.

PLEN

Plâtrou, s. m. Plâtre à plâtrer. (Celt. *Plastr*).
Plâtrou, s. m. Parvis, place devant la porte d'une église, espace autour de l'ouverture d'un puits de houille.
Plâtroux, ousa, adj. Plâtreux, euse.
Plèba, s. f. Plèbe, vile populace.
Plebeion, iéna, adj. Plébéien, ienne.
Plebiscitairou, ra, adj. Plébiscitaire.
Plebiscitou, s. m. Plébiscite.
Pléia, s. f. Levée au jeu de cartes.
Pleiablou, bla, adj. Pliable, aisé à plier.
Pleiada, s. f. Pléiade, groupe, réunion.
Pleiageou, s. m. Pliement, action de plier.
Pleiageou, s. m. Machine à plier les rubans. Atelier où l'on plie.
Pleiant, a, s. m. et adj. Pliant, e.
Pleid, s. m. Plaid, plaidoyer.
Pleidâ ou **Pleidjiâ**, v. n. et a. 1re conj. Plaider.
Pleidablou ou **Pleibjiablou, bla**, adj. Plaidable.
Pleidéu ou **Pleidjiéu, sa**, s. Plaideur, euse.
Pleidoueirit, s. f. Plaidoirie.
Pleïe (e-i-e), v. a. et n. 1re conj. irrég. com. *Détaffèic*. Plier.
Pleiéu, sa, s. Plieur, euse ; qui plie.
Pleiéusa, s. f. Femme qui plie les rubans dans les fabriques et magasins de Saint-Etienne.
Pleignant, a, s. Plaignant, e.
Pléin, a, adj. Plein, e ; tout à fait rempli. *A pléin pun*, à pleine poignée, beaucoup. Loc. adv. *On plein*, en plein, entièrement.
Pleinamont, adv. Pleinement. (V. *On pléin*).
Pléin-chant, s. m. Plain-chant.
Pléindre, v. a. et pr. 3e conj. com. *Attéindre*. Plaindre.
Pléintchi, s. f. Plainte, plinthe.
Pléintchif (ifou), **iva**, adj. Plaintif, ive.
Pléintchivamont, adv. Plaintivement.
Pleisamont, adv. Plaisamment.
Pleisanci, s. f. Plaisance.
Pleisant, a, adj. Plaisant, e.
Pleisantâ ou **Pleisontâ**, v. a. et n. 1re conj. Plaisanter.
Pleisantarit ou **sontarit**, s. f. Plaisanterie.
Pleisî, s. m. Plaisir.
Pleniéri, adj. f. Plénière.
Plenipoutonciairou, ra, s. m. et adj. Plénipotentiaire.

PLOU

Plenitchuda, s. f. Plénitude.
Pleounasmou, s. m. Pléonasme.
Pléure, v. impers. 3ᵉ conj. Pleuvoir. — Ind. prés. : *O plot*. — Imparfait : *O plouit*. — Futur : *O pléura*. — Cond. : *O pléurit*. — Subj. : *Qu'o ploie* (o-ie). — Imparfait : *Qu'o plouièze*. — Part. prés. : *Plouyant*; passé : *Pléu*.
Pleyablou, bla, adj. Ployable, qui se ploie.
Pleye ou **Pleïe** (i-e), v. a. et n. 1ʳᵉ conj. irrég. comme *Détaffeie*. Ployer, courber, fléchir.
Pli, s. m. Pli. *Prendre lou pli*, prendre la forme, l'habitude, etc.
Plissageou ou **Plechageou**, s. m. Plissage.
Plisséuri ou **Plechéuri**, s. f. Plissure.
Plissîe ou **Plechîe**, v. a. 1ʳᵉ conj. irrég. comme *Acassie* ou *Abregie*. Plisser, faire des plis. (Celt. *Plissa*).
Plon ou **Plan**, adv. Doucement, posément, avec attention. *Allà plon*, aller doucement ; *vais plon*, vas posément ; *fais plon*, fais attention.
Plot, s. m. Tabouret, billot de bois, escabeau ; par ext. : piédestal.
Plotta, s. f. Patte d'animal. *Marquis de cortes plottes*, marquis de courtes pattes ; satyre, par all. au porc qui a de courtes pattes.
Ploû ou **Plœu**, s. f. Pleur, affliction.
Ploumb, s. m. Plomb, métal. (Celt. *Plouin*).
Ploumbâ, v. a. 1ʳᵉ conj. Plomber.
Ploumbageou, s. m. Plombage.
Ploumbagina, s. m. Plombagine.
Ploumbarit, s. f. Plomberie.
Ploumbéu, s. m. Plombeur.
Ploumbîe, s. m. Plombier.
Ploungeoun, s. m. Plongeon.
Ploungeoun, s. m. Meule de gerbes.
Ploungéu, s. m. Plongeur.
Ploungîe, v. a. et n. 1ʳᵉ conj. irrég. comme *Ablagie*. Plonger.
Plourâ, v. n. 1ʳᵉ conj. Pleurer.
Plournichéu, sa, s. Pleurnicheur, euse.
Plournichîe, v. n. 1ʳᵉ conj. irrég. comme *Appinchie*. Pleurnicher.
Plouroux, ousa, s. Pleureux, euse. (V. *Baroux*).
Ploutâ, v. a. 1ʳᵉ conj. Peloter, se livrer à des attouchements.
Ploutagecu, s. m. Pelotage, attouchements.
Ploutéu, s. m. Peloteur, flatteur, libertin.

POÉI

Ploutoun, s. m. Peloton.
Ploutounâ, v. a. et pr. 1ʳᵉ conj. com. *Boundounâ*. Pelotonner.
Ploutounageou, s. m. Action de pelotonner.
Plouvinassarit, s. f. Bruine, pluie fine, petite pluie.
Plouvinassîe, v. impers. 1ʳᵉ conj. irrég. com. *Acassie*. Bruiner, faire une petite pluie intermittente.
Pluvioux, ousa, adj. Pluvieux, euse.
Pluma, s. f. Plume. (Celt. *Pluma*).
Plumâ, v. a. 1ʳᵉ conj. Plumer, arracher les plumes ; fig. : gagner son adversaire au jeu, usurper.
Plumageou, s. m. Plumage.
Plumaî, pl. **Plumiaôx**, s. m. Plumeau.
Plumassîe, s. m. Plumassier.
Plumét, s. m. Plumet.
Plumorci, s. f. Pelure. *Un vin couloû plumorci d'ignoû*, un vin couleur pelure d'oignon. (LINOSSIER, *Patassoun*).
Plupâ (la), s. f. La plupart ; loc. adv. : *par la plupâ*, pour la plupart.
Plurialisâ, v. a. 1ʳᵉ conj. Pluraliser.
Plurialità, pl. **ais**, s. f. Pluralité.
Pluriel (clou), la, s. m. et adj. Pluriel, le.
Plus, adv. Plus.
Plus-que-parfat, s. m. Plus-que-parfait.
Plusûes, adj. pl. des deux genres. Plusieurs.
Plus-valua, s. f. Plus-value.
Plutéut, adv. Plutôt.
Pluviala, adj. f. Pluviale. *Aigua pluviala*.
Pluviéusou, s. m. Pluviôse, cinquième mois.
Pnéutmatchiquou, qua, adj. Pneumatique.
Pneumouniquou, qua, adj. Pneumonique.
Pneumounit, s. f. Pneumonie.
Pô, s. m. Port.
Poalou ou **Poilou**, s. m. Poêle, fourneau. (Celt. *Poyli*).
Poalie ou **Poilie**, s. m. Poêlier, fabricant de poêles.
Poéinçoun, s. m. Poinçon.
Poéinçounâ, v. a. 1ʳᵉ conj. comme *Boundounâ*. Poinçonner.
Poéinçounageou, s. m. Poinçonnage.
Poéinçounéu, s. m. Poinçonneur.
Poéindre, v. n. 3ᵉ conj. comme *Atteindre*. Poindre.
Poéint, s. m. Point.

PONT

Poéintâ, v. a. 1re conj. Pointer.
Poéintageou, s. m. Pointage.
Poéintchi, s. f. Pointe, bout piquant, trait d'esprit.
Poéintchillageou, s. m. Pointillage.
Poéintchillîe, v. n. a. et pr. 1re conj. irrég. comme *Criaillie*. Pointiller.
Poéintchilloux, ousa, adj. Pointilleux, euse.
Poéintchu, a, adj. Pointu, e.
Poéintéu, s. m. Pointeur.
Poéintéuri, s. f. Pointure.
Poil, s. m. Poil, filets déliés sur la peau.
Poilu, a, adj. Poilu, e.
Poissâ, arda, adj. Poissard, e.
Pôlou ou **Péulou**, s. m. Pôle, extrémité de l'axe.
Pon, s. m. Pain. *Pon bené*, pain bénit.
Ponchamont, s. m. Penchement.
Ponchant, s. m. Penchant.
Ponchîe, v. a. et n. 1re conj. irrég. comme *Appinchie*. Pencher.
Pondâ, arda, s. Pendard, e, vaurien.
Pondablou, bla, adj. Pendable.
Pondant, prép. Pendant, durant.
Pondant, a, s. m. et adj. Pendant, e.
Pondeisoun, s. f. Pendaison.
Pondelota, s. f. Pendeloque.
Pondéu, s. m. Pendeur.
Pondjù, s. m. Pendu, homme pendu.
Pondjula, s. f. Pendule, horloge.
Ponsâ, v. n. et a. 1re conj. Penser, réfléchir.
Ponsâ, v. a. 1re conj. Panser une plaie, un cheval.
Ponsageou, s. m. Lieu où l'on panse, action de panser, pansement.
Ponsamont, s. m. Action de penser, réfléchir.
Ponsé, s. f. Pensée, fleur.
Ponseia, s. f. Pensée, acte de l'esprit.
Ponséu, s. m. Penseur.
Ponsif (ifou), **iva**, adj. Pensif, ive.
Ponsioun, s. f. Pension.
Ponsiounâ, v. a. 1re conj. com. *Affetciouná*. Pensionner.
Ponsiounairou, ra, s. Pensionnaire.
Ponsiounat, s. m. Pensionnat.
Ponsivamont, adv. Pensivement.
Ponta, s. f. Pente, inclinaison.

PORT

Pontecoûta ou **Pontakéuta**, s. f. Pentecôte.
Poqua, s. f. Toquage de deux gobilles au jeu. *Poqua avant lou tréu!* toquer la gobille adversaire avant d'aller dans le trou du jeu.
Pouquâ, v. a. 1re conj. comme *Bouquâ*. Toquer.
Porcelaina, s. f. Porcelaine. (V. *Tarrailli*).
Porcharit, s. f. Porcherie.
Porchassîe, v. a. 1re conj. irrég. comme *Acassie*. Pourchasser.
Porchét, s. m. Porc frais.
Porchéuri, s. f. Reprisure.
Porchi, s. f. Femme orgueilleuse, prétentieuse, dédaigneuse. *Faire sa porchi;* se gonfler d'orgueil.
Porchîe, v. a. 1re conj. irrég. com. *Appinchie*. Repriser le linge.
Porchîe, chéri, s. Porcher, ère.
Porcina, adj. f. Porcine. *Ráci porcina*.
Porcioun, s. f. Portion.
Pormoun ou **Pormoù**, s. m. Poumon.
Pormounairou, ra, adj. Pulmonaire.
Pormouniquou, qua, adj. Pulmonique.
Pormounit, s. f. Pulmonie.
Porpa, s. f. Chair, viande sans os.
Porpaî, pl. **piaôx**, s. m. Jabot, gorge, sein. *Un porpaî de graissi;* un jabot de graisse.
Porparlâ, s. m. Pourparler.
Porpie, s. m. Pourpier, plante.
Porpoéint, s. m. Pourpoint.
Porpu, a, adj. Charnu, e; fourni en chair.
Porsiéure, v. a. 3e conj. irrég. com. *Siéure*. Poursuivre.
Porsiéuta, s. f. Poursuite.
Porta, s. f. Porte, ouverture. *Les treis Portes;* autrefois rue Cité, quartier mal réputé.
Portâ, s. m. Portail.
Portâ, v. a. et pr. 1re conj. Porter.
Portà, pl. **ais**, s. f. Portée.
Portablou, bla, adj. Portable.
Portageou, s. m. Portage.
Porta-crâilloun, s. m. Porte-crayon.
Portafaix, s. m. Portefaix. (V. *Crouchetéu*).
Portafolli, s. m. Portefeuille.
Portamont, s. m. Tempérament, santé.
Portant, adv. Pourtant, cependant.
Portant, a, adj. Portant, e; en bonne santé.

POUD

Portassoun, s. f. Petite porte, partie inférieure d'une porte s'ouvrant en deux.
Portatchif (ifou), **iva,** adj. Portatif, ive.
Portchîe, iéri, s. Portier, ière.
Portchiquou, s. m. Portique.
Portéu, sa, s. Porteur, euse.
Portoû, s. m. Pourtour.
Porveire, v. a. n. et pr. 3ᵉ conj. irrég. com. *Creire.* Pourvoir.
Porvoi, s. m. Pourvoi.
Porvouyéu, s. m. Pourvoyeur.
Porvu que, loc. conj. Pourvu que.
Posta, s. f. Poste. (Celt. *Posta*).
Postou, s. m. Poste, lieu, emploi.
Pot, s. m. Pot, vase. Ne s'emploie que pour désigner le vase de nuit, *pot de chambra;* à part cela, on dit *bichoun.*
Potrait ou **Poutrait,** s. m. Portrait. (Celt. *Poutrez*). (V. *Retrat*).
Poû, s. f. Bouillie, farine avec du lait, aliment des nourrissons.
Poû, s. m. Pouls, battement des artères.
Pouaire, v. a. et imp. 1ʳᵉ conj. comme *Couaire.* Pouvoir, v. impers. : *O se pot, o se pouît, o se poura, qu'o se poie* (o-ie), *qu'o se pouchéze, pouchant, poué.*
Pouaivrâ, v. a. 1ʳᵉ conj. Poivrer.
Pouaivréri, s. f. Poivrière.
Pouaivrîe, s. m. Poivrier.
Pouaivrou, s. m. Poivre. (V. *Pibrou*).
Pouate ou **tou,** s. m. Orgueilleux, vaniteux.
Pouate de Cambroûsa, s. m. Orgueilleux sans ressources.
Poucéttes, s. f. pl. Poucettes.
Pouchâ, arda, s. et adj. Pochard, e. (Celt. *Pochard*).
Pouchada, s. f. Pochade.
Pouchardâ, v. a. et pr. 1ʳᵉ conj. Pocharder.
Pouchardjîsi, s. f. Pochardise, ivresse.
Pouchoun, s. m. Tache d'encre sur les cahiers d'écoliers.
Poûçou, s. m. Pouce, doigt, petite rosette incrustée aux bois de fusils de chasse.
Poudra, s. f. Poudre.
Poudrâ, v. a. 1ʳᵉ conj. Poudrer.
Poudrarit, s. f. Poudrerie.
Poudréri, s. f. Poudrière, magasin.
Poudrétta, s. f. Poudrette.
Poudroux, ousa, adj. Poudreux, euse. (V. *Flourous*).

POUL

Pouêmou, s. m. Poème.
Poués, s. m. Puits, trou profond.
Pouésâ, s. m. Puisard.
Pouésatchîe, s. m. Puisatier.
Pouésîe, v. a. 1ʳᵉ conj. irrég. com. *Acrouérie.* Puiser.
Pouésit (ou-ésit), s. f. Poésie.
Pouétchiquamont, adv. Poétiquement.
Pouétchiquou, qua, adj. Poétique.
Pouétchisâ, v. a. 1ʳᵉ conj. Poétiser.
Pouète ou **Pouètou,** s. m. Poète.
Pouf (oufou), s. m. Pouf.
Pouffâ, v. n. 1ʳᵉ conj. com. *Coufflâ.* Pouffer.
Pouffiâssi, s. f. Femme grosse, joufflue, épatée.
Pougnâ, s. m. Poignard.
Pougnardâ, v. a. 1ʳᵉ conj. Poignarder.
Pougni, s. f. Poigne, force du poignet.
Pougnoun, s. m. Terme employé au jeu de gobilles pour désigner le mouvement en avant que fait le joueur avec son poignet, pour se rapprocher du but. *Faire ûn pougnoun,* avancer le poignet.
Poula, s. f. Poule (V. *Jalenna*). *Poula d'avit,* billot de bois sur lequel on fixe un étau. *Poula d'ourdisséu,* pièce mobile faisant un mouvement ascensionnel pour guider les fils à leur enroulement sur l'ourdissoir.
Poula-mouillà, pl. **ais,** s. f. Personne sans force ni courage, faible de constitution.
Poulairou, ra, adj. Polaire, des pôles.
Poularda, s. f. Poularde.
Poulat, s. m. Poulet.
Poulegnais, n. de l. Polignais, nom d'un quartier Sud-Ouest, très ancien de la ville. (Celt. *Poull,* fosse, creux, profondeur. — *Pol, poul,* Dieu gaulois, présidant aux travaux des mines. — *Gnaer,* habitation). *Poulegnais* indiquerait la résidence du dieu minéralogique dans les fosses profondes des mines. (V. la *Légende des Gagas,* A. CALLET).
Pouléia, s. f. Poulie, roue.
Pouleiageou, s. m. Terme de fabrique : arrangement, disposition d'un métier à tisser les rubans.
Pouleïe, v. a. 1ʳᵉ conj. irrég. com. *Détaffeïe.* Arranger, disposer le mécanisme d'un métier à tisser ; fig. : malmener, tourmenter quelqu'un.
Pouleiéu, s. m. Qui arrange les métiers.
Polémiqua, s. f. Polémique.
Poulémistou, s. m. Polémiste.

POUM

Poulî, v. a. 2ᵉ conj. Polir.
Pouliçâ, v. a. 1ʳᵉ conj. Policer.
Poulichi, s. f. Pouliche, jeune cavale.
Poulichinet, s. m. Polichinelle.
Poulici, s. f. Police.
Poulicîe, adj. et s. m. Policier, qui est de la police.
Poulignac (aquou), s. m. Polignac, jeu de cartes.
Poulimont, adv. Poliment.
Poulïn, s. m. Poulain, jeune cheval, échelle à décharger les tonneaux, tumeur, bubon.
Poulinâ, v. n. 1ʳᵉ conj. Pouliner.
Pouliniéri, s. f. Poulinière, jument.
Poulïnta, s. f. Polente, bouillie.
Poulissageou, s. m. Polissage.
Poulissairi, s. f. Femme qui polit les pièces d'armes.
Poulisseiri, s. f. Polissoir, outil.
Poulisséu, sa, s. Polisseur, euse.
Poulissoun, a, adj. et s. Polisson, onne.
Poulissounâ, v. n. 1ʳᵉ conj. comme *Boundounâ*. Polissonner.
Poulissounarit, pl. îes, s. f. Polissonnerie.
Poulisséuri, s. f. Polissure.
Poulit, ia, adj. Poli, e.
Poulitchiqua, s. f. Politique.
Poulitchiquâ, v. n. 1ʳᵉ conj. Politiquer.
Poulitchiquairou, s. m. Qui fait de la politique.
Poulitchiquamont, adv. Politiquement.
Poulitchiquou, qua, adj. Flatteur, adroit.
Poulitessa, s. f. Politesse.
Poulka, s. f. Polka, danse.
Poulkâ, v. n. 1ʳᵉ conj. Polker, danser.
Poultroun, a, adj. et s Poltron, onne. (Celt. *Poeltron, Poultron*). (V. *Capoun*).
Poulygamit, s. f. Polygamie.
Poulygamou, ma, s. Polygame.
Poulygonou, s. m. Polygone.
Poulygounal (alou), a, adj. Polygonal, e.
Poulypou, s. m. Polype.
Poulytechnicion, s. m. Polytechnicien.
Poulytechniquou, qua, adj. Polytechnique.
Pouma, s. f. Pomme. (Celt. *Pouma*).
Poumâ, f. pl. ais, adj. Pommé, e.
Poumâ. v. n. 1ʳᵉ conj. comme *Dégoumâ*. Pommer, se former en pomme.

POUP

Poumada, s. f. Pommade.
Poumadâ, v. a. et pr. 1ʳᵉ conj. Pommader.
Poumaî, pl. **maôx,** s. m. Pommeau.
Poumat, s. m. Petite pomme très dure.
Poumelâ, v. a. et pr. 1ʳᵉ conj. comme *Baritelâ*. Pommeler.
Poumelà, f. pl. **ais,** adj. Pommelé, e.
Poumîe, s. m. Pommier, arbre.
Poumpa, s. f. Pompe. (Celt. *Pompa*).
Poumpa, s. f. Petit pain rond. *Poumpachatta*, petit pain rond fait avec du froment.
Poumpâ, v. a. 1ʳᵉ conj. Pomper, fig. : boire à l'excès.
Poumpîe, s. m. Pompier.
Poumpoun, s. m. Pompon.
Poumpounâ, v. a. et pr. 1ʳᵉ conj. comme *Boundounâ*. Pomponner.
Poumpousamont, adv. Pompeusement.
Poumpoux, ousa, adj. Pompeux, euse.
Pounçâ, v. a. 1ʳᵉ conj. Poncer.
Pounçageou, s. m. Ponçage.
Pounci, s. f. Ponce, pierre.
Pouncioun, s. f. Ponction.
Pounçoun, s. m. Poinçon.
Pounctchuâ, v. a. 1ʳᵉ conj. Ponctuer.
Pounctchuacioun, s. f. Ponctuation.
Pounctchualità, pl. **ais,** s. f. Ponctualité.
Pounctchuel (elou), **la,** adj. Ponctuel, le.
Pounctchuellamont, adv. Ponctuellement.
Poundre, v. a. 3ᵐᵉ conj. Pondre.
Pouney, s. m. Poney.
Pount, s. m. Pont (Celt. *Pount*). *Pount do béus*, pont du Bois, sur le Furan, rue de la Caserne. *Pount do Biâ*, pont du Bief, sur la place du Peuple, rue Mercière.
Pounta, s. f. Ponte.
Pountâ, v. n. 1ʳᵉ conj. Ponter.
Pountchifical (alou), **a, aôx,** adj. Pontifical, e, aux.
Pountchificalamont, adv. Pontificalement.
Pountchificat, s. m. Pontificat. Signifie aussi plénitude de force et de santé. *Etre djïns soun pountchificat*, être en parfait état.
Pountchifou, s. m. Pontife.
Pountét, s. m. Pontet.
Pountoun, s. m. Ponton.
Pountounageou, s. m. Pontonage.
Pountounîe, s. m. Pontonnier.
Poupa, s. f. Poupe, l'arrière d'un vaisseau.

POUT

Poupâ, s. m. Poupard.
Poupou, s. m. Soupe, terme enfantin.
Poupoun, a, s. Poupon, onne ; petit enfant.
Poupoun, s. m. Borne, bute-roue.
Poupouna, s. f. Poupée.
Poupouna, s. f. Prunelle de l'œil.
Pouquâ, v. a. 1ʳᵉ conj. comme *Bouquâ*. Toquer. (V. *Poqua*).
Pourat, pl. **rais**, s. f. Poireau, plante potagère. (Celt. *Pourraen, Pouren*).
Pourétta, s. f. Ciboulette, plante potagère.
Poûssa, s. f. Poussière (V. *Flouva*). fig. : embarras, prétention, orgueil bruyant. *Coumma o fai de poûssa !* Comme il fait des embarras !
Poûssa, s. f. Pousse, essoufflement, asthme.
Poûssa, s. f. Pousse, jet que produit la végétation.
Poussâ, pl. **ais**, s. f. Poussée, action de pousser.
Poûssâ ou **Boûssâ**, v. a. et n. 1ʳᵉ conj. Pousser.
Poûssa-quiéu, s. m. Recors, porteur de contraintes.
Poussedâ, v. a. et pr. 1ʳᵉ conj. comme *Assetâ*. Posséder.
Poussedà, f. pl. **ais**, adj. et s. Possédé, e.
Poussessif (itou), adj. Possessif.
Poussessioun, s. f. Possession.
Poussessœu, s. m. Possesseur.
Poussi, s. f. Mamelle d'animal, vache, chèvre.
Poussibilità, pl. **ais**, s. f. Possibilité.
Poussiblou, bla, adj. Possible.
Poûssu, a, adj. Poussif, ive.
Poustâ, v. a. et pr. 1ʳᵉ conj. com. *Adouptâ*. Poster.
Poustchichi, s. f. Postiche.
Ponstchilloun, s. m. Postillon.
Poustchulâ, v. a. et n. 1ʳᵉ conj. Postuler.
Poustchulant, a, s. Postulant, e.
Poustchuma, s. f. Humeur, pus, chassie.
Poustchura, s. f. Posture, maintien.
Poutâ, pl. **ais**, s. f. Potée. On dit de préférence : *Bichounâ*.
Poutarit, s, f. Poterie. (V. *Bartassaillì*).
Poutâssi, s. f. Potasse.
Poutassium (omou), s. m. Potassium.
Poutchîe, s. m. Potier. (V. *Bartassaire*).
Poutelà, f. pl. **ais**, adj. Potelé, e.

PREC

Poutét, s. m. Cruche à eau.
Par veire la fin
De treis pouteis de vin.
Pour voir la fin
De trois cruches de vin.
(CHAPELON, chanson).
Poutonci, s. f. Potence.
Poutoun ou **Poutoù**, s. m. Baiser mignon, caresse.
Poutoun, s. m. Galandage, cloison en planches anciennement très usitée et que l'on retrouve encore dans la campagne.
Poûtra, s. f. Poutre. (V. *Mayérä*).
Poutrella, s. f. Poutrelle. (V. *Travoun*),
Poutrïngageou, s. m. Action de médeciner.
Poutrïnguâ, v. a. et pr. 1ʳᵉ conj. Médeciner, médicamenter, tripoter.
Pouvei, s. m. Pouvoir.
Pràou Prat, s. m. Pré, prairie. (Celt. *Prad*).
Prâ-de-la-Feiri, s. m. Pré-de-la-Foire, aujourd'hui place du Peuple à Saint-Etienne. On dit, par abréviation, *Pralafeiri*.

D'on vïnt tchu petchita, d'on vïnt tchu ?
Do Prâ-de-la-Feiri, achetâ dos perus,
J'ai trouva ïn ânou, n'yai mountâ dessus.
— *Tchïns-tei bion petchita, tchïns-tei bion*
Si tchu veni à cheire tchu te faries mâ.
Nôu pas à la tèta, mais au but do nas !

Vieux refrain que l'on chante en faisant sauter les enfants sur les genoux.

Praniéri, s. f. Sieste, petit somme.
Prârit, s. f. Prairie. (Celt. *Prada*).
Pratchicablou, bla, adj. Praticable.
Pratchicion, s. m. Praticien.
Pratchiqua, s. f. Pratique. fig. : vagabond, débauché.
Pratchiquâ, v. a. 1ʳᵉ conj. Pratiquer.
Pratchiquamont, adv. Pratiquement.
Préaî, pl. **Préiaôx**, s. m. Préau.
Prébonda, s. f. Prébende.
Prebondà, f. pl. **ais**, s. m. et adj. Prébendé, e.
Prebondjîe, s m. Prébendier.
Précairamont, adv. Précairement.
Précairou, ra, adj. Précaire.
Precaôcioun, s. f. Précaution.
Precaôciounâ (se), v. pr. 1ʳᵉ conj. comme *Affeciounâ*. Précautionner.
Precedâ, v. a. et n. 1ʳᵉ conj. com. *Assetâ*. Précéder.
Precedamont, adv. Précédemment.
Precedont, a, s. m. et adj. Précédent, e.
Preceptœu, s. m. Précepteur.

PREF

Preceptou, s. m. Précepte.
Prechéu, s. m. Prêcheur.
Prechîe, v. a. et n. 1re conj. irrég. comme *Abregîe*. Prêcher.
Preciousamont, adv. Précieusement.
Precioux, ousa, adj. et s. Précieux, euse.
Precipîçou ou **Parcepîçou**, s. m. Précipice.
Precipitâ ou **Parcepitâ**, v. a. et pr. 1re conj. Précipiter.
Precipitacioun, s. f. Précipitation.
Precipitamont, adv. Précipitamment.
Precis, a, adj. Précis, e.
Precisâ, v. a. 1re conj. Préciser.
Precisamont, adv. Précisément.
Precisioun, s. f. Précision.
Precoçou, ça, adj. Précoce.
Precouçamont, adv. Précocement.
Precoucitâ, pl. **ais**, s. f. Précocité.
Precounciéure, v. a. 3e conj. com. *Apparciéure*. Préconcevoir.
Precounisâ, v. a. 1re conj. Préconiser.
Precounisacioun, s. f. Préconisation.
Precurséu, s. m. Précurseur.
Predecedâ, v. n. 1re conj. com. *Assetâ*. Prédécéder.
Predecessœu, s. m. Prédécesseur.
Predestchinâ, v. a. 1re conj. Prédestiner.
Predestchinà, f. pl. **ais**, adj. et s. Prédestiné, e.
Predjicacioun, s. f. Prédication.
Predjicatœu, s. m. Prédicateur.
Predjiletcioun, s. f. Prédilection.
Predjire, v. a. 3e conj. com. *Djire*. Prédire.
Predjispéusâ, v. a. 1re conj. Prédisposer.
Predjispéusicioun, s. f. Prédisposition.
Predouminâ, v. n. 1re conj. Prédominer.
Predouminanci, s. f. Prédominance.
Preeminonci (pre-e), s. f. Prééminence.
Preeminont, a (pre-e), adj. Prééminent, e.
Preéuccupâ, v. a. et pr. 1re conj. Préoccuper.
Preéuccupacioun, s. f. Préoccupation.
Preéupinâ, v. n. 1re conj. Préopiner.
Preéupinant, s. m. Préopinant.
Prefâci, s. f. Préface.
Preferâ, v. a. 1re conj. comme *Aberâ*. Préférer.
Preferà, f. pl. **ais**, s. Préféré, e.

PREP

Preferablamont, adv. Préférablement.
Preferablou, bla, adj. Préférable.
Preferonci, s. f. Préférence.
Prefet, s. m. Préfet.
Prefetchura, s. f. Préfecture.
Prefetoural (alou), a, adj. Préfectoral, e.
Prefixou, adj. et s. m. Préfixe.
Preï-Djiéu, s. m. Prie-Dieu.
Preïe (e-i-e), v. a. 1re conj. irrég. comme *Approupreïe*. Prier.
Preiéri, s. f. Prière.
Preiéu, s. m. Prieur.
Prejudjiciâ, v. n. 1re conj. Préjudicier.
Prejudjiciablou, bla, adj. Préjudiciable.
Prejudjiçou, s. m. Préjudice.
Prejugîe, v. a. 1re conj. irrég. comme *Ablagîe*. Préjuger.
Prejugit, s. m. Préjugé.
Prelassâ (se), v. pr. 1re conj. Se prélasser.
Prélat, s. m. Prélat.
Prelevâ, v. a. 1re conj. comme *Ompesâ*. Prélever.
Preliminairamont, adv. Préliminairement.
Preliminairou, ra, s. m. et adj. Préliminaire.
Preludâ, v. n. 1re conj. Préluder.
Preludou, s. m. Prélude.
Prematchurà, f. pl. **ais**, adj. Prématuré, e.
Prematchuramont, adv. Prématurément.
Premedjitâ, v. a. 1re conj. Préméditer.
Premedjitacioun, s. f. Préméditation.
Premunî, v. a. et pr. 2e conj. Prémunir.
Prenablou, bla, adj. Prenable.
Prenant, a, adj. Prenant, e.
Prenéu, sa, s. Preneur, euse.
Prenoum, s. m. Prénom.
Prenoumà, f. pl. **ais**, s. Prénommé, e.
Preparâ, v. a. et pr. 1re conj. Préparer.
Preparacioun, s. f. Préparation.
Preparatchif (ifou), s. m. Préparatif; on dit aussi *preparatchit*.
Preparatœu, s. m. Préparateur.
Preparatouairou, ra, adj. Préparatoire.
Prepéusâ, v. a. 1re conj. Préposer.
Prepéusà, f. pl. **ais**, s. Préposé, e.
Prepéusicioun, s. f. Préposition.
Prepounderanci, s. f. Prépondérance.
Prepounderant, a, adj. Prépondérant, e.

PRES

Prerougatchiva, s. f. Prérogative.
Prês, prép. Près, proche. (Celt. *Presa*).
Prés, a, adj. Pris, e.
Présa, s. f. Prise.
Presageou, s. m. Présage.
Presagîe, v. a. 1ʳᵉ conj. irrég. com. *Ablagie*. Présager.
Presarvâ, v. a. 1ʳᵉ conj. Préserver.
Presarvacioun, s. f. Préservation.
Presarvatchif (ifou), **iva**, s. m. et adj. Préservatif, ive.
Presarvatœu, trici, adj. Préservateur, trice.
Presbyteral (alou) **a**, adj. Presbytéral, e.
Presbytèrou, s. m. Presbytère.
Presbytou, ta, adj. et s. Presbyte.
Prescionci, s. f. Prescience.
Prescripcioun, s. f. Prescription.
Prescriptchiblou, bla, adj. Prescriptible.
Prescrîre, v. a. et pr. 3ᵉ conj. com. *Ecrire*. Prescrire.
Presidâ, v. a. 1ʳᵉ conj. Présider.
Presidonci, s. f. Présidence.
Presidonciel (elou), **la**, adj. Présidentiel, le.
Presidont, a, s. Président, e.
Presonci, s. f. Présence.
Presont, s. m. Présent, don, libéralité.
Presont, a, s. m. et adj. Présent, e.
Presontâ, v. a. et pr. 1ʳᵉ conj. Présenter.
Presountablou, bla, adj. Présentable.
Presontacioun, s. f. Présentation.
Presontamont, adv. Présentement.
Presoumpcioun, s. f. Présomption.
Presoumptchif (ifou), **iva**, adj. Présomptif, ive.
Presoumptchuousamont, adv. Présomptueusement.
Presomptchuoux, ousa, adj. et s. Présomptueux, euse.
Présoun, s. f. Prison. (Celt. *Prisoun*).
Presounîe, ièri, adj. et s. Prisonnier, ière.
Presqu'îla, s. f. Presqu'île.
Presquou, adv. Presque. (V. *Quasi*).
Pressa, s. f. Presse. (Celt. *Pressa*).
Pressâ, v. a. et pr. 1ʳᵉ conj. Presser.
Pressà, pl. **ais**, s. f. Pressée, masse de fruits.
Pressà, f. pl. **ais**, adj. Pressé, e; qui a hâte.

PREV

Pressageou, s. m. Pressage, action de presser.
Pressioun, s. f. Pression.
Pressoi (oua), s. m. Pressoir.
Pressontchî, v. a. 2ᵉ conj. com. *Amortchi*. Pressentir.
Pressontchimont, s. m. Pressentiment.
Pressurâ, v. a. 1ʳᵉ conj. Pressurer.
Pressurageou, s. m. Pressurage.
Pressuréu, s. m. Pressureur.
Prestacioun, s. f. Prestation.
Prestamont, adv. Prestement.
Prestanci, s. f. Prestance.
Prestchidjigitacioun, s. f. Prestidigitation.
Prestchidjigitatœu, s. m. Prestidigitateur.
Prestchigeou, s. m. Prestige.
Prestigioux, ousa, adj. Prestigieux, euse.
Prestou, ta, adj. Preste. (Celt. *Presta*, agile).
Presumâ, v. a. et n. 1ʳᵉ conj. Présumer.
Presumà, f. pl. **ais**, adj. et s. Présumé, e.
Presumablou, bla, adj. Présumable.
Presura, s. f. Présure.
Prét, s. m. Prêt, action de prêter. (Celt. *Prest*).
Prétâ, v. a. 1ʳᵉ conj. com. *Apprétâ*. Prêter.
Prétà, s. m. Prêté. *Un prêtà par ün rondju*.
Préta-noum, s. m. Prête-nom.
Prétéu, sa, adj. et s. Prêteur, euse.
Pretextâ, v. a. 1ʳᵉ conj. Prétexter.
Pretextou, s. m. Prétexte.
Pretonciousamont, adv. Prétentieusement.
Pretoncioux, ousa, adj. Prétentieux, euse.
Pretondant, a, s. Prétendant, e.
Pretondju, a, adj. et s. Prétendu, e.
Pretondre v. a. et n. 3ᵉ conj. Prétendre.
Prêtou, ta, adj. Prêt, e. (Celt. *Prest*).
Prétouairou s. m. Prétoire.
Prétrailli, s. f. Prêtraille.
Prêtre ou **Prêtrou**, s. m. Prêtre.
Prêtrîsi, s. f. Prêtrise.
Préunâ, v. a. 1ʳᵉ conj. Prôner, vanter.
Préunéu, sa, s. Prôneur, euse.
Préunou, s. m. Prône.
Préusa, s. f. Prose.
Prévalei, v. n. et pr. 3ᵉ conj. comme *Valei*. Prévaloir.
Prevaricacioun, s. f. Prévarication.

PRIN

Prevaricatœu, s. m. Prévaricateur.
Prevariquâ, v. n. 1re conj. Prévariquer.
Preveire, v. a. 3e conj. com. *Creire*. Prévoir.
Prevenanci, s. f. Prévenance.
Prevenant, a, adj. Prévenant, e.
Preveni, v. a. 2e conj. comme *Ilereni*. Prévenir.
Prevenu, a, adj. et s. Prévenu, e.
Previsioun, s. f. Prévision.
Prevoncioun, s. f. Prévention.
Prevontchif (ifou), **iva**, adj. Préventif, ive.
Prevontchivamont, adv. Préventivement.
Prevot, s. m. Prévôt.
Prevoutalamont, adv. Prévôtalement.
Prevouyanci, s. f. Prévoyance.
Prevouyant, a, adj. et s. Prévoyant, e.
Priéurità, pl. **ais**, s. f. Priorité.
Prïm, Prima, adj. Mince, léger, fluet. *Jamba prima*, jambe mince.
Prima, s. f. Prime.
Prima, s. f. Première, prime-saison, printemps. *A la prima*, au printemps.
Primâ, v. a. 1re conj. Primer.
Primacial (alou), **a, aôx**, adj. Primatial, e, aux.
Primageou, s. m. Primage.
Primairou, ra, adj. Primaire.
Primaôtà, pl. **ais**, s. f. Primauté.
Primat, s. m. Primat.
Primitchif (ifou), **iva**, adj. Primitif, ive.
Primitchivamont, adv. Primitivement.
Primo, adv. Primo, premièrement.
Primourdjial (alou), **a, aôx**, adj. Primordial, e, aux.
Primourdjialamont, adv. Primordialement.
Prïn, s. m. Peu, rare, épargné. (Celt. *Prin*). (V. *Fïngeou*).
Prïnce, cessa, s. Prince, cesse. (Celt. *Prïnc, princesse*).
Prïncîe, iéri, adj. Princier, ière.
Prïn ou **Préincipal** (alou), **a, aôx**, s. m. et adj. Principal, e, aux. (Celt. *Principal*).
Prïn ou **Préincipalamont**, adv. Principalement.
Prïn ou **Préincipaôtà**, pl. **ais**, s. f. Principauté.
Prïn ou **Préincipou**, s. m. Principe.
Prïntanîe, iéri, adj. Printanier, ière.

PROU

Prïntchiom, s. m. Printemps.
Prion, adv. Profondément.
Prion, da, adj. Profond, e. *Tchu chais djïns ïn bourbie, prion jusqu'à les oureilles*; tu tombes dans un bourbier profondément jusqu'aux oreilles (CHAPELON).
Priséu, sa, s. Priseur, euse.
Prisîe, v. a. 1re conj. irrég. comme *Brisîe*. Priser.
Prismou, s. m. Prisme.
Privâ, v. a. et pr. 1re conj. Priver. (Celt. *Priva*).
Privà, f. pl. **ais**, adj. Privé, e.
Privacioun, s. f. Privation.
Privaôtà, pl. **ais**, s. f. Privauté.
Privatchif (ifou), **iva**, adj. et s. Privatif, ive.
Privatchivamont, adv. Privativement.
Privilègeou, s. m. Privilège.
Privilegîe, v. a. 1re conj. irrég. comme *Abregîe*. Privilégier.
Privilegit, già, f. pl. **ais**, adj. et s. Privilégié, e.
Prix, s. m. Prix, valeur. (Celt. *Pris*).
Probou, ba, adj. Probe.
Prochou, chi, adj. Proche, près.
Proi ou **Proei**, s. f. Proie.
Proprou, pra, adj. Propre.
Protou, s. m. Prote, imprimerie.
Prova, s. f. Preuve. (Celt. *Proba*).
Prou, adv. Assez. *Péu ou prou*.
Proubablamont, adv. Probablement.
Proubabilità, pl. **ais**, s. f. Probabilité.
Proubablou, bla, adj. Probable.
Proubità, pl. **ais**, s. f. Probité.
Proublematchiquamont, adv. Problématiquement.
Proublematchiquou, qua, adj. Problématique.
Proublêmou, s. m. Problème.
Proucedà, s. m. Procédé.
Proucedâ, v. n. 1re conj. Procéder.
Proucedjura, s. f. Procédure.
Proucês, s. m. Procès. (Celt. *Proces*).
Proucessioun ou **Precissioun**, s. f. Procession.
Proucessiounel (elou), **la**, adj. Processionnel, le.
Proucessiounellamont, adv. Processionnellement.

PROU

Proucês-verbal (alou) ou **varbat**, s. m. Procès-verbal.
Prouchéin ou **chïn**, s. m. Prochain, semblable.
Prouchéin, a, adj. Prochain, e, proche.
Proucheinamont, adv. Prochainement.
Prouclamâ, v. a. 1re conj. Proclamer.
Prouclamacioun, s. f. Proclamation.
Prouclamatœu, s. m. Proclamateur.
Proucounsul (ulou), s. m. Proconsul.
Proucounsulairou, ra, adj. Proconsulaire.
Proucounsulat, s. m. Proconsulat.
Proucreâ, v. a. 1re conj. comme *Agreâ*. Procréer.
Proucréacioun, s. f. Procréation.
Proucurâ v. a. et pr. 1re conj. Procurer.
Prou ou **Parcuracioun**, s. f. Procuration.
Prou ou **Parcuréu**, s. m. Procureur.
Proucuréusa, s. f. Femme proxénète.
Proudjiguâ, v. a. 1re conj. Prodiguer.
Proudjigalamont, adv. Prodigalement.
Proudjigalità, pl. **ais**, s. f. Prodigalité.
Proudjigeou, s. m. Prodige.
Proudjigiousamont, adv. Prodigieusement.
Proudjigioux, ousa, adj. Prodigieux, euse.
Proudjiguâ, v. a. 1re conj. Prodiguer.
Proudjigou, gua, adj. et s. Prodigue.
Proudjucioun, s. f. Production.
Proudjûre, v. a. 3me conj. comme *Dédjùre*. Produire.
Proudjutchif (ifou), **iva**, adj. Productif, ive.
Prouéminonci, s. f. Proéminence.
Prouessa, s. f. Prouesse.
Proufanâ, v. a. 1re conj. Profaner.
Proufanacioun, s. f. Profanation.
Proufanatœu, trici, s. Profanateur, trice.
Proufanou, na, adj. et s. Profane.
Prouferâ, v. a. 1re conj. comme *Aberâ*. Proférer.
Proufessâ, v. a. et n. 1re conj. Professer.
Proufessioun, s. f. Profession.
Proufessiounel (elou), **la**, adj. Professionnel, le.
Proufessœu, s. m. Professeur.
Proufessoural (alou), **a, aôx**, adj. Professoral, e, aux.
Proufessourat, s. m. Professorat.
Proufi, s. m. Profil, vue de côté.

PROU

Proufilâ, v. a. 1re conj. Profiler.
Proufit, s. m. Profit.
Proufitâ, v. n. et a. 1re conj. Profiter. (Celt. *Profitu*).
Proufitablou, bla, adj. Profitable.
Proufitablamont, adv. Profitablement.
Proufound, a, adj. Profond, e. (V. *Prion*).
Proufoundamont, adv. Profondément.
Proufoundoù, s. f. Profondeur.
Proufusioun, s. f. Profusion.
Prougenitchura, s. f. Progéniture.
Prougramou, s. m. Programme.
Prougrês, s. m. Progrès.
Prougressâ, v. n. 1re conj. Progresser.
Prougressif (ifou) **iva**, adj. Progressif, ive.
Prougressioun, s. f. Progression.
Prougressistou, ta, adj. et s. Progressiste.
Prougressivamont, adv. Progressivement.
Prouhibâ, v. a. 1re conj. Prohiber.
Prouhibâ, f. pl. **ais**, adj. Prohibé, e.
Prouhibicioun, s. f. Prohibition.
Proujet, s. m. Projet.
Proujetâ, v. a. 1re conj. comme *Assetâ*. Projeter.
Proujetcioun, s. f. Projection.
Proujettchilou, s. m. Projectile.
Prouletariat, s. m. Prolétariat.
Prouletairou, s. m. Prolétaire.
Proulifiquou, qua, adj. Prolifique.
Proulogou, s. m. Prologue.
Prouloungacioun, s. f. Prolongation.
Prouloungeamont, s. m. Prolongement.
Prouloungiè, v. a. 1re conj. irrég. comme *Ablagiè*. Prolonger.
Proumé ou **Parmé, ri**, adj. Premier, ière.
Prou ou **Parmenâ**, v. a. et pr. 1re conj. com. *Démenâ*. Promener.
Prou ou **Parmenada**, s. f. Promenade.
Prou ou **Parmenéu, sa**, s. Promeneur, euse.
Prou ou **Parmérimont**, adv. Premièrement.
Proumessa, s. f. Promesse.
Proumestchiqua, s. f. Prophétie, oracle, pronostic.
Proumestchiquâ, v. a. et pr. 3me conj. Prophétiser, pronostiquer.
Proumettéu, sa, s. Prometteur, euse.
Prouméttre, v. a. et pr. 3me conj. comme *Démettre*. Promettre.

PROU

Proumoucioun, f. f. Promotion.
Proumountouairou, s. m. Promontoire.
Proumoutœu, s. m. Promoteur.
Proumpt, a, adj. Prompt, e. (Cell. *Prount*).
Proumptamont, adv. Promptement.
Proumptchitchuda, s. f. Promptitude.
Proumu, a, adj. Promu, e.
Proumulgacioun, s. f. Promulgation.
Proumulguâ, v. a. 1ʳᵉ conj. Promulguer.
Prounoum, s. m. Pronom.
Prounouminal (alou), **a, aôx,** adj. Pronominal, e, aux.
Prounouminalamont, adv. Pronominalement.
Prounounciâ, v. a. et pr. 1ʳᵉ conj. Prononcer.
Prounounciâ, f. pl. **ais,** adj. Prononcé, e.
Prounounciablou, bla, adj. Prononçable.
Prounounciacioun, s. f. Prononciation.
Prounoustchic (iquou), s. m. Pronostic. (V. *Proumestchiqua*).
Prounoustchiquâ, v. a. 1ʳᵉ conj. Pronostiquer. (V. *Proumestchiquâ*).
Prounoustchiquéu, s. m. Pronostiqueur.
Proupagacioun, s. f. Propagation.
Proupaganta, s. f. Propagande.
Proupagatœu, s. m. Propagateur.
Proupagîe, v. a. 1ʳᵉ conj. irrég. comme *Ablagie*. Propager.
Proupéus, s. m. Propos. Loc. adv. *A proupéus*.
Proupéusâ, v. a. 1ʳᵉ conj. Proposer.
Proupéusablou, bla, adj. Proposable.
Proupéusicioun, s. f. Proposition.
Prouphecit, s. f. Prophétie. (V. *Proumestchiqua*).
Prouphetchiquamont, adv. Prophétiquement.
Prouphetchiquou, qua, adj. Prophétique.
Prouphetchisâ, v. a. 1ʳᵉ conj. Prophétiser.
Prouphétou, ta, s. Prophète, phétesse.
Proupîciou, ça, adj. Propice.
Proupourcioun, s. f. Proportion. Loc. adv. *A proupourcioun*.
Proupourciounâ, v. a. 1ʳᵉ conj. comme *Affeciounâ*. Proportionner.
Proupourciounel (elou), **la,** adj. Proportionnel, le.

PROU

Proupourciounellamont, adv. Proportionnellement.
Proupramont, adv. Proprement.
Prouprét, ta, adj. Propret, te.
Proupretà, pl. **ais,** s. f. Propreté.
Proupriétà, pl. **ais,** s. f. Propriété.
Proupriétairou, ra, s. Propriétaire.
Proupulséu, s. m. Propulseur.
Proupulsioun, s. f. Propulsion.
Prourata (au), loc. prép. Au prorata.
Prourougacioun, s. f. Prorogation.
Prourougatchif (ifou), **iva,** adj. Prorogatif, ive.
Prourougîe, v. a. 1ʳᵉ conj. irrég. comme *Ablagie*. Proroger.
Prousaïquamont, adv. Prosaïquement.
Prousaïquou, qua, adj. Prosaïque.
Prousatœu ou **Préusatœu,** s. m. Prosateur.
Prouscripcioun, s. f. Proscription.
Prouscriptœu, s. m. Proscripteur.
Prouscrîre, v. a. 3ᵉ conj. comme *Ecrire*. Proscrire.
Prouscrit, a, s. Proscrit, e.
Prouselytou, s. m. Prosélyte.
Prousoudjiquou, qua, adj. Prosodique.
Prousoudjit, s. f. Prosodie.
Prousperâ, v. n. 1ʳᵉ conj. comme *Aberà*. Prospérer.
Prousperità, pl. **ais,** s. f. Prospérité.
Prouspèrou, ra, adj. Prospère.
Prouspetchus (uçou), s. m. Prospectus.
Proustchitchuâ, v. a. et pr. 1ʳᵉ conj. Prostituer.
Proustchitchuà, pl. **ais,** s. Prostitué, e. (V. *Puta, putarassi*).
Proustchitchucioun, s. f. Prostitution.
Prousternâ (se), v. pr. 1ʳᵉ conj. Se prosterner.
Prousternamont, s. m. Prosternement.
Proustracioun, s. f. Prostration.
Proutegîe, v. a. 1ʳᵉ conj. irrég. comme *Abregie*. Protéger.
Proutegit, già, f. pl. **ais,** s. Protégé, e.
Proutestâ, v. a. et n. 1ʳᵉ conj. Protester.
Proutestacioun, s. f. Protestation.
Proutestant, a, s. Protestant, e.
Proutestantchismou, s. m. Protestantisme.

PRUD

Proutêt, s. m. Protêt.
Proutetcioun, s. f. Protection.
Proutetciounismou, s. m. Protectionnisme.
Proutetciounistou, s. m. Protectionniste.
Proutettœu, trice, s. Protecteur, trice.
Proutoucolou, s. m. Protocole.
Prouvâ, v. a. 1re conj. comme *Bouxá*. Prouver.
Prouvenonci, s. f. Provenance.
Prouvonçal (alou), **a, aôx,** adj. et s. Provençal, e, aux.
Prouvonci, s. f. Provence.
Prouvanda, s. f. Provende.
Prouvenî, v. n. 2e conj. comme *Reveni*. Provenir.
Prouverbial (alou), **a, aôx,** adj. Proverbial, e, aux.
Prouverbialamont, adv. Proverbialement.
Prouverbou, s. m. Proverbe.
Prouvidonci, s. f. Providence.
Prouvidonciel (elou), **la,** adj. Providentiel, le.
Prouvidonciellamont, adv. Providentiellement.
Prouvïnci ou **Prouvéinci,** s. f. Province.
Prouvïn ou **véincial** (alou), **a, aôx,** adj. et s. Provincial, e, aux.
Prouviséu, s. m. Proviseur.
Prouvisioun, s. f. Provision.
Prouvisiounel (elou), **la,** adj. Provisionnel, le.
Prouvisiounellamont, adv. Provisionnellement.
Prouvisiounairamont, adv. Provisionnairement.
Prouvisouairou, ra, adj. Provisoire.
Prouvisouairou, s. m. Contrôleur provisoire.
Prouvoucacioun, s. f. Provocation.
Prouvoucatœu, trici, adj. et s. Provocateur, trice.
Prouvouquâ, v. a. 1re conj. com. *Bouquá*. Provoquer.
Prouximitâ, pl. **ais,** s. f. Proximité.
Prudamont, adv. Prudemment.
Prudarit, s. f. Pruderie.
Prud'hommou, s. m. Prud'homme.
Prudonci, s. f. Prudence.
Prudont, a, adj. Prudent, e.

PUIS

Prudou, da, adj. et s. f. Prude.
Pruna, s. f. Prune, fruit. Peu ou pas usité; on dit *Daraigni*. (V. ce mot).
Prunie, s. m. Prunier, arbre. (V. *Daraignie*).
Prussion, iéna, adj. et s. f. Prussien, ienne; cheminée.
Psalmoudjiâ, v. a. et n. 1re conj. Psalmodier.
Psaômou, s. m. Psaume.
Psaôtchîe, s. m. Psautier.
Pséudounymou, ma, adj. et s. Pseudonyme.
Psycoulougiquou, qua, adj. Psychologique.
Psycoulougit, s. f. Psychologie.
Pua, pl. **Pûes,** s. f. Dent de peigne, d'engrenage, d'outil, de rateau, etc. *J'ai cassá una pua de moun pinou;* j'ai cassé une dent de mon peigne.
Puâ, v. n. et a. 1re conj. Puer, sentir mauvais. (V. *Pire*).
Puant, a, adj. et s. Puant, e. fig. : Orgueilleux, opulent. *Vou'é-tch-ùn puant.*
Puantoû, s. f. Puanteur.
Pubartâ, pl. **ais,** s. f. Puberté.
Publiâ, v. a. 1re conj. Publier.
Public (iquou), **iqua,** s. m. et adj. Public, ique.
Publicacioun, s. f. Publication.
Publicitâ, pl. **ais,** s. f. Publicité.
Publiquamont, adv. Publiquement.
Puceroun, s. m. Puceron.
Pudelâ, v. a. 1re conj. comme *Bariteló*. Puddler.
Pudelageou, s. m. Puddlage.
Pudeléu, s. m. Puddleur.
Pudjibound, a, adj. Pudibond, e.
Pudjiquamont, adv. Pudiquement.
Pudjiquou, qua, adj. Pudique.
Pudœu ou **Pudoû,** s. f. Pudeur.
Puéril (ilou), **a,** adj. Puéril, e.
Puérilamont, adv. Puérilement.
Puérilitâ, pl. **ais,** s. f. Puérilité.
Pueulâ, v. n. 1re conj. Germer. Se dit du blé qui germe avant d'être levé, lorsque le grain est mouillé. *La plaivi fat pueulá lou gron;* la pluie fait germer le grain.
Pugnà, pl. **ais,** s. f. Poignée. *Una pugná de méu;* une poignée de main.
Pugnét, s. m. Poignet.
Puissamont, adv. Puissamment.

PURI

Puissanci, s. f. Puissance.
Puissant, a, s. m. et adj. Puissant, e.
Pululâ, v. n. 1re conj. Pulluler.
Pululacioun, s. f. Pullulation.
Pulsacioun, s. f. Pulsation.
Pulverisâ, v. a. 1re conj. Pulvériser. (V. *Pisie*).
Pulverisablou, bla, adj. Pulvérisable.
Pulverisacioun, s. f. Pulvérisation.
Pulverisatœu, s. m. Pulvérisateur.
Pün ou **Püng,** s. m. Poing. (Celt. *Pun*).
Punais, a, adj. et s. Punais, e.
Punaisa, s. f. Punaise, insecte. (V. *Singi*).
Punch (pounchou), s. m. Punch.
Punî, v. a. 2e conj. Punir.
Punicioun, s. f. Punition.
Punissablou, bla, adj. Punissable.
Punisséu, s. m. Punisseur.
Pupa, s. f. Pipe à fumer le tabac.
Pupâ, v. a. 1re conj. Fumer du tabac.
Pupéu, s. m. Fumeur de tabac.
Pupitrou, s. m. Pupitre.
Pur (ùrou), **a,** adj. Pur, e.
Puramont, adv. Purement.
Pûre, v. n. 3e conj. com. *Assùre*. Puer, sentir mauvais.
Puréia, s. f. Purée, bouillie. (Celt. *Purea*).
Puréin, s. m. Purin.
Pûrî, v. n. et a. 2e conj. com. *Cùri*. Pourrir.
Purifiâ, v. a. 1re conj. Purifier.
Purifiant, a, adj. Purifiant, e.
Purificacioun, s. f. Purification.
Purificatœu, s. m. Purificateur.
Purisïn, s. m. Pleurésie.
Pûrî-paillâssi, s. m. Qui reste au lit, qui pisse au lit; terme injurieux.
Pûrissageou, s. m. Pourrissage.

PYRA

Puristou, s. m. Puriste.
Puritchura, s. f. Pourriture.
Puritéin, a, adj. Puritain, e.
Purulonci, s. f. Purulence.
Purulont, a, adj. Purulent, e.
Pus, s. m. Pus, humeur épaisse. (V. *Poustchuma*).
Pùsaire, s. m. Qui a des puces.
Pûsi, s. f. Puce, insecte.
Pusilanimou, a, adj. Pusillanime.
Pusilanimità, pl. **ais,** s. f. Pusillanimité.
Pustchula, s. f. Pustule.
Pustchuloux, ousa, adj. Pustuleux, euse.
Pusque, conj. Puisque.
Puta, s. f. Putain, prostituée.
Putabêtchi, s. f. Mauvaise bête, personne difficile à gouverner, qui n'entend pas la raison.
Putafin, s. f. Mauvaise fin.

> *Car lou mélchie de sat de vin*
> *Mène toujoùe a putafin.*
> (CHAPELON).

Putafinâ, v. a. et n. 1re conj. Gâter, faire mauvais profit d'une chose; par ext.: périr, mourir.
Putarâssi, s. f. Coureuse, femme de mauvaises mœurs.
Putéin, s. f. Putain. (V. *Puta*).
Putéin, s. m. Mérisier, son fruit que les grives mangent.
Putéin-d'ânou, s. m. Ane difficile à conduire; par all.: mauvaise tête, entêté.
Putrefacioun, s. f. Putréfaction.
Putréfiâ, v. a. 1re conj. Putréfier.
Putridou, da, adj. Putride, corrompu.
Pyramida, s. f. Pyramide.
Pyramidal (alou), **a, aôx,** adj. Pyramidal, e, aux.

Q, s. m. Dix-septième lettre de l'alphabet et treizième des consonnes; joue le même rôle qu'en français.
Quâ, s. m. Quart. (Celt. *Qàrt*).
Quadragésima, s. f. Quadragésime.
Quadragesinairou, ra, adj. et s. Quadragésinaire.
Quadrangulairou, ra, adj. Quadrangulaire.
Quadratchura, s. f. Quadrature.
Quadrétta, s. f. Partie de cartes à quatre.
Quadrilatéral(alou), a, adj. Quadrilatéral, e.
Quadrilatêrou, s. m. Quadrilatère.
Quadrillageou, s. m. Quadrillage.
Quadrillie, v. a. 1re conj. irrég. comme *Criaillie*. Quadriller, faire des carrés.
Quadrillit, ià, f. Pl. **ais**, adj. Quadrillé, e.
Quadrillou, s. m. Quadrille, danse.
Quadrupèdou, da, s. m. et adj. Quadrupède.
Quadruplâ, v. a. et n. 1re conj. Quadrupler.
Quadruplou, pla, s. m. et adj. Quadruple.
Quaî, s. m. Quai, rivage.
Quaî, s. m. Vessie de chevreau dont on fait la présure pour cailler le lait.
Quan, adv. Combien. *Quan sount-tchis?*
Quantês (éssou), s. m. Bienvenue que doit payer un nouvel ouvrier dans un atelier.
Quarta, s. f. Quarte.
Quartchîe, s. m. Quartier.
Quatchuô, s. m. Quatuor, à quatre.
Quarteroun, s. m. Quarteron, vingt-cinq.
Quâsî ou **Quasimont**, adv. Quasi, quasiment. (Celt. *Quasî*).
Quasimoudo, s. m. Quasimodo.
Quatorze, adj. num. Quatorze.

Quatorziémamont, adv. Quatorzièmement.
Quatorziémou, ma, adj. num. ord. Quatorzième.
Quatréin, s. m. Quatrain.
Quatriémamont, adv. Quatrièmement.
Quatriémou, ma, adj. et s. Quatrième.
Quatrou, s. m. et adj. num. Quatre, deux fois deux.
Quatrou-Tchioms, s. m. pl. Quatre-Temps.
Quatrou-vïngts, adj. num. Quatre-vingts.
Quatrou-vïntchiémou, ma, adj. num. ord. Quatre-vingtième.
Que, pr. rel., conj., adv. Que. Que est mis pour *qui* devant la 3me pers. d'un verbe. *Jean que ploure et Jean que rit*; Jean qui pleure et Jean qui rit. *Vou'é là que vïnt*; c'est lui qui vient, etc.
Quei, pron. rel. Quoi. *A quei pansaz-vous?* A quoi pensez-vous? Subst. : *ün ji ne saôt quei*, un je ne sais quoi.
Quelcounquou, qua, adj. indéf. Quelconque.
Quemandâ, v a. et n. 1re conj. Quémander. (V. *Quéugnie, caônie*).
Quemandéu, s. m. Quémandeur. (V. *Quéugnant, caônian, da*).
Quenella, s. f. Quenelle.
Querelâ, v. a. et pr. 1re conj. com. *Baritetd*. Quereller.
Quereléu, sa, adj. et s. Querelleur, euse.
Querellâ, s. f. Querelle. (Celt. *Qarell*).
Querî, v. a. 2me conj. com. *Cùri*. Quérir.
Questchioun, s. f. Question.
Questchtiounâ, v. a. 1re conj. comme *Affetciouná*. Questionner.
Questchiounairou, s. m. Questionnaire.
Questchiounéu, sa, s. Questionneur, euse.

QUIN

Questchura, s. f. Questure.
Questéu, s. m. Questeur.
Quêta, s. f. Quête.
Quêtâ, v. a. 1re conj. com. *Apprétâ*. Quêter.
Quétéu, sa, s. Quêteur, euse.
Quéugnand, a, s. et adj. Quémandeur, dicton. *Quéugnand coumma ûn portéu de fricaôda* ; quémandeur comme un porteur de fricassée de boudins. (V. *Caônian, da*).
Quéugnîe ou **Quéugnassîe**, v. a. et n. 1re conj. irrég. com. *Abaragnie* ou *Acassie*. Quémander. (V. *Caônie*).
Quéuquaveis ou **feis**, adv. Quelquefois.
Quéuquou, qua, adj. indéf. Quelque.
Quéuqu'ün, una, pron. indéf. Quelqu'un, e.
Quéutâ ou **Quouatâ**, v. n. 1re conj. Queuter.
Qui, pron. rel. Qui. *J'amou qui m'ame* ; j'aime qui m'aime.
Quia ou **Véquia**, prép. Voici, voilà.
Quibus ou **Gibus**, s. m. Chapeau haut de forme, chapeau de cérémonie.
Quichoun, s. m. Amas, tas, monceau.
Quichounà, pl. **ais**, s. f. Amas.
Quiéu, s. m. Cul, derrière, fesse.
Quiéu-blanc, s. m. Cul-blanc, motteux, oiseau.
Quiéu-de-Jatta, s. m. Cul-de-jatte.
Quiéu-de-Plot, s. m. Cul-de jatte.
Quiéu-de-sat, s. m. Cul-de-sac.
Quiéulassoun, s. m. Sorte de petit tablier que l'on attache au derrière de jeunes enfants par soins de propreté. Petit coussin pour s'asseoir dessus.
Quignéudâ, v. n. 1re conj. Cabrioler, faire des cabrioles.
Quiliorchi, s. f. Ecorce, enveloppe, surface.
Quinâ, v. n. 1re conj. Grincer, pleurer, crier. (Celt. *Quyna, Keina*).
Quïncaillaire, s. m. Quincaillier, fabricant.
Quïncaillarit, s. f. Quincaillerie.
Quïncailli, s. f. Quincaille, vieux objets de métal.
Quïncaillîe, s. m. Quincaillier, marchand.
Quïncanella, s. f. Faillite, banqueroute.
Quinina, s. f. Quinine.
Quïnsîe, v. n. et a. 1re conj. irrég. comme *Acassie*. Forniquer, coïter ; terme bas.
Quïnquagésima, s. f. Quinquagésime.
Quïnquaina, s. f. Fête de village, courses, réjouissance, parade. *La quinquaina de viallâ.* (CHAPELON).

QU'UN

Quïnquét, s. m. Quinquet.
Quïnquî, v. n. 2e conj. com. *Crépi*, Parler, souffler, bouger ou faire un signe quelconque. *Demourà una houra sans quînqui* ; rester une heure sans parler, ni bouger. *O n'a pas quinquit* ; il n'a pas soufflé mot.
Quirioux, ousa, adj. Curieux, euse.
Quïnsoun, s. m. Pinson, oiseau.
Quïntâ, pl. **aôx**, s. m. Quintal.
Quïnta, s. f. Quinte.
Quïntchuplâ, v. a. 1re conj. Quintupler.
Quïntchuplou, pla, s. m. et adj. Quintuple.
Quïntéssonci, s. f. Quintescence.
Quïntoux, ousa, adj. Quinteux, euse.
Quïnze, adj. num. Quinze.
Quïnze-Vingts, s. m. pl. Quinze-Vingts, hospice.
Quïnziémamont, adv. Quinzièmement.
Quïnziémou, ma, adj. num. ord. Quinzième.
Quiprouquo, s. m. Quiproquo.
Quiquétta, s. f. Pénis d'enfant ; terme enfantin.
Quisét, s. m. Petite gobille ; fig. : petit enfant.
Quissi, s. f. Très petite gobille.
Quittâ, v. a. 1re conj. Quitter. (Celt. *Quita*).
Quittanci, s. f. Quittance.
Quittancîe, v. a. 1re conj. irrég. comme *Agcoucie*. Quittancer.
Quittou, quitta, adj. Quitte.
Qui-vivou, s. m. Qui-vive.
Quoique, conj. Quoique.
Quoua, s. f. Queue.
Quoualèva ou **Coualèva**, s. f. Bascule, bielle qui fait marcher un soufflet de forge.
Quoua-roussâ, s. f. Rossignol des murailles, oiseau à queue rousse.
Quouciont, s. m. Quotient, résultat de la division.
Quouta-pâ, s. f. Quote-part.
Quoutchidjion, djiéna, adj. Quotidien, ienne.
Quoutchità, pl. **ais**, s. f. Quotité.
Qu'ün, una, adj. Quel, quelle. *Qu'ün malheu ! qu'una chanci !* Quel malheur ! quelle chance !

R (èra), s. f. Dix-huitième lettre de l'alphabet et quatorzième des consonnes. L'*r* a la même valeur qu'en français, mais n'existe pas à la fin des mots, si ce n'est dans *par*, prép. pour, et quelquefois dans *car*.

Rabâchageou, s. m. Rabâchage.
Rabâchéu, sa, s. Rabâcheur, euse.
Rabâchîe, v. a. 1re conj. irrég. comme *Appînchîe*. Rabâcher.
Rabais, s. m. Rabais.
Rabat, s. m. Rabat.
Rabattageou, s. m. Rabattage.
Rabattre, v. a. et pr. 3e conj. com. *Battre*. Rabattre.
Rabeissamont, s. m. Rabaissement.
Rabeissîe, v. a. et pr. 1re conj. irrég. com. *Coueiffîe*. Rabaisser.
Rabeleision, iéna, adj. Rabelaisien, ienne.
Rabillageou, s. m. Action de rhabiller.
Rabilléu, s. m. Qui rhabille, ouvrier armurier qui règle la marche des platines d'un fusil.
Rabilléu, s. m. Rebouteur.
Rabillîe, v. a. 1re conj. irrég. com. *Criaillîe*. Réparer, mettre une chose en état, régler la marche des platines d'un fusil, rebouter.
Rabïn ou **Rabéin,** s. m. Rabin, juif.
Rabiquou, qua, adj. Rabique.
Rabot, s. m. Rabot. (Celt. *Rabot*).
Rabougrî, v. a. et pr. 2e conj. com. *Câri*. Rabougrir.
Rabougrit, gria, adj. Rabougri, e.
Raboulét, ta, adj. et s. Ragot, e; gros et court.
Raboutâ, v. a. 1re conj. comme *Accoutâ*. Raboter.
Raboutageou, s. m. Rabotage.

Raboutéu, sa, s. Raboteur, euse; machine.
Racailli, s. f. Racaille. (Celt. *Racailh*).
Raccô, s. m. Raccord.
Raccorcî, v. a. et n. 2e conj. com. *Adouci*. Raccourcir.
Raccorcissageou, s. m. Raccourcissage.
Raccorcit, cia, s. m. et adj. Raccourci, e.
Raccordâ, v. a. 1re conj. Raccorder.
Raccordageou, s. m. Raccordement.
Raccrot, s. m. Raccroc.
Raccrouchageou, s. m. Action de raccrocher, racolage.
Raccrouchéu, sa, s. Raccrocheur, racoleur, euse.
Raccrouchîe, v. a. et pr. 1re conj. irrég. comme *Abouchîe*. Raccrocher, racoler; fig. : rassembler, grouper.
Râchat, s. m. Milan, épervier, oiseau.
   Moun estoumat fieule coumma ûn râchat.
   Mon estomac siffle comme un milan.
                            (Ant. CHAPELON).
Râchat, s. m. Partie de viande de boucherie.
Rachetâ, v. a. et pr. 1re conj. com. *Assetâ*. Racheter.
Rachetablou, bla, adj. Rachetable.
Râchi, s. f. Teigne. *Vou tchînt coumma la râchit*; ça tient comme la teigne. (Celt. *Rach*).
Râchitchiquou, qua, adj. Rachitique.
Râchoux, ousa, adj. Teigneux, scrofuleux; fig. : personne peu traitable. (Celt. *Rachous*).
Râci, s. f. Race.
Racina, s. f. Racine.
Racioun, s. f. Ration, portion.
Raciounâ, v. a. 1re conj. com. *Affetciounâ*. Rationner.

RAFA

Raciounel (elou), la, adj. Rationnel, le.
Raciounellamont, adv. Rationnellement.
Râclâ, v. a. 1ʳᵉ conj. Racler. (Celt. *Racla*).
Râclà, pl. ais, s. f. Raclée, volée de coups.
Râclétta, s. f. Racloire.
Râcléu, s. m. Racleur, mauvais joueur de violon.
Râcloi (oua), s. m. Racloir.
Râclün, s. m. Raclure.
Racouériéu, s. m. Ecureuil, animal.
Racoulâ, v. a. 1ʳᵉ conj. comme *Affoulâ*. Racoler.
Racoulageou, s. m. Racolage.
Racouléu, s. m. Racoleur.
Racountâ, v. a. et n. 1ʳᵉ conj. Raconter. (Celt. *Raconti*).
Racountageou, s. m. Racontage.
Racountéu, sa, s. Raconteur, euse.
Racournî, v. a. 2ᵉ conj. Racornir. (V. *Gremissillie*).
Racournissageou, s. m. Racornissement.
Rada, s. f. Rade. (Celt. *Rad*).
Radâ, v. a. 1ʳᵉ conj. Rader.
Radaigua, s. m. Radeau, bateau.
Radéu, s. m. Radeur.
Radjiâ, v. a. 1ʳᵉ conj. Radier, rayer, effacer.
Radjiacioun, s. f. Radiation.
Radjical (alou), a, aôx, adj. Radical, e, aux.
Radjicalamont, adv. Radicalement.
Radjicalismou, s. m. Radicalisme.
Radjioux, ousa, adj. Radieux, euse.
Radjis, s. m. Radis. (V. *Rifâ*).
Râdjissi, s. f. Brioche, gâteau, prix des courses dans les fêtes de villages, courses de chevaux.
Les aôtres reis quand couriant la râdjissi
Lous musicious n'erriant jamais d'accù.
(LINOSSIER, *Patassoun*).
Radjûre, v. a. 3ᵉ conj. comme *Adjûre*. Rapporter une chose au lieu où elle était.
Radoueiri, s. f. Radoire ; fig. : femme de mauvaise vie.
Radoucî, v. a. et pr. 2ᵉ conj. Radoucir.
Radoucissageou, s. m. Action de radoucir.
Radoutâ, v. n. 1ʳᵉ conj. comme *Accoutâ*. Radoter.
Radoutageou, s. m. Radotage.
Radoutéu, sa, s. Radoteur, euse.
Rafala, s. f. Rafale.

RAIE

Rafardailli, s. f. Fretin, reste, débris, ferraille.
Queuquous mouciaôx de coûrou, de ferrailli,
Et ne saôs quan de matrua rafardailli.
Quelques morceaux de cuivre, de ferraille,
Et je ne sais combien de menu fretin.
(CHAPELON).
Rafét ou **Rafœu**, s. m. Toux. *Un rafét de tronte ans* ; une toux de trente ans (CHAPELON).
Rafetâ, v. n. 1ʳᵉ conj. comme *Briquetâ*. Tousser.
Raffarmî, v. a. et pr. 2ᵉ conj. comme *Agi*. Raffermir.
Raffarmissamont, s. m. Raffermissement.
Raffinâ, v. a. 1ʳᵉ conj. Raffiner.
Raffinageou, s. m. Action de raffiner.
Raffinamont, s. m. Raffinement.
Raffinarit, s. m. Raffinerie.
Raffinéu, s. m. Raffineur.
Rafistoulâ, v. a. 1ʳᵉ conj. comme *Affoulâ*. Rafistoler.
Rafistoulageou, s. m. Action de rafistoler.
Râflâ, v. a. 1ʳᵉ conj. Rafler, prendre, emporter.
Râfle-tout, s. m. Osselet, jeu de l'osselet.
Râfola, s. f. Fable, conte, vieille histoire, baliverne.
J'erra charmà d'ontondre des râfoles.
J'étais charmé d'entendre des contes.
(CHAPELON).
Râfoulâ, v. n. 1ʳᵉ conj. comme *Affoulâ*. Radoter, redire la même chose.
Parquei tant râfoulâ, quand vou'é prou rafoulà.
Pourquoi tant radoter quand c'est déjà répété.
(CHAPELON).
Râfouloux, ousa, adj. Radoteur, euse.
Rafreichî, v. a. et pr. 2ᵉ conj. com. *Blanchi*. Rafraîchir.
Rafreichissamont, s. m. Rafraîchissement.
Rafreichissant, a, adj. et s. Rafraîchissant, e.
Rageoux, ousa, adj. et s. Rageur, euse.
Ragi, s. f. Rage.
Ragîe, v. n. 1ʳᵉ conj. irrég. com. *Ablagie*. Rager, pester.
Ragout, s. m. Ragoût.
Ragoutâ, v. a. 1ʳᵉ conj. comme *Accoutâ*. Ragoûter.
Ragoutant, a, adj. Ragoûtant, e.
Ragueiri, s. f. Rapière, épée.
Raïe (i-e), v. a. 1ʳᵉ conj. irrég. com. *Désandaïe*. Rayer.

RAME

Raiéuri, s. f. Rayure.
Raillarit, s. f. Raillerie.
Railléu, sa, adj. et s. Railleur, euse.
Râilli, s. f. Rail de chemin de fer.
Raillie, v. a. et n. 1re conj. irrég. comme *Criaillie*. Railler, plaisanter.
Raioun, s. m. Rayon.
Raiounâ, v. n. 1re conj. com. *Affeteiounâ*. Rayonner.
Raiounamont, s. m. Rayonnement.
Raiounant, a, adj. Rayonnant, e.
Rais ou **Rês**, adv. Point. (V. *Jin*).
Raîssi, s. f. Raie, trait.
Raït iâ, pl. **ais**, adj. Rayé, e.
Rajouénî, v. n. et pr. 2e conj. com. *Reveni*. Rajeunir.
Rajustâ, v. a. 1re conj. Rajuster.
Rajustageou, s. m. Action de rajuster.
Râclâ, v. a. 1re conj. Râcler.
Râlâ, v. n. 1re conj. Râler.
Râlamont, s. m. Râlement.
Ralliâ, v. a. et pr. 1re conj. Rallier, rassembler.
Ralliamont, s. m. Ralliement.
Ralloungeamont, s. m. Rallongement.
Ralloungi, s. Rallonge.
Ralloungîe, v. a. 1re conj. irrég. comme *Ablagie*. Rallonger.
Rallumâ, v. a. 1re conj. Rallumer.
Ralontchî, v. a. 2e conj. com. *Amortchi*. Ralentir.
Ralontchissamont, s. m. Ralentissement.
Râlou, s. m. Râle.
Rama, s. f. Rame.
Rama, s. f. Fane de légume. (V. *Chavissi*). *Una jonta rama de triffa*; une joli fane de pomme de terre.
Ramâ, v. a. 1re conj. Ramer.
Ramageou, s. m. Ramage.
Ramagîe, v. n. 1re conj. irrég. com. *Ablagie*. Ramager.
Râmaî, pl. **râmaôx**, s. m. Rameau. (V. *Rampaô*).
Ramasilli, s. f. Reste, débris, rognures.
Ramâssa, s. f. Outil d'armurerie.
Ramassâ, v. a. 1re conj. Ramasser.
Ramassâ, f. pl. **ais**, adj. Ramassé, e ; trapu.
Ramasséu, s m. Ramasseur.
Ramat, s. m. Râcloir pour pétrin.
Ramenâ, v. a. 1re conj. com. *Démenâ*. Ra-

RANÇ

mener ; fig. : rappeler, remémorer, redire, rabacher : *toujoù ramenâ la méma chéusa*.
Raméu, s. m. Rameur.
Ramîe, s. m. Ramier, pigeon.
Ramifiâ (se), v. pr. 1re conj. Ramifier.
Ramificacioun, s. f. Ramification.
Ramoéindrî, v. a. et n. 2e conj. com. *Câri*. Ramoindrir.
Râmoulâ, v. n. 1re conj. comme *Affoulâ*. Râler, respirer avec peine ayant la poitrine embarrassée.
Ramoulî, v. a. et pr. 2e conj. Ramollir.
Ramoulissamont, s. m. Ramollissement.
Ramoulissant, a, adj. et s. Ramollissant, e.
Ramounâ, v. a. 1re conj. com. *Boundounâ*. Ramoner.
Ramounageou, s. m. Ramonage.
Ramounéu, s. m. Ramoneur.
Rampa, s. f. Rampe: se dit aussi pour crampe, contraction. *J'aî la rampa a una méa*, j'ai la crampe à une main.
Rampâ, v. n. 1re conj. Ramper.
Rampamont, s. m. Rampement.
Rampant, a, adj. Rampant, e.
Rampô, s. m. Rampot, au jeu; à recommencer.
Ramura, s. f. Ramure.
Rancâ, s. m. Rancart.
Ranchét, s. m. Bois servant de ridelle à une charrette.
Ranchi, s. f. Rang, ligne droite. *Lous soudas on ranchi*, les soldats en ligne.
Ranchiâ, pl. **ais**, s. f. Rangée, suite de. *Una ranchiâ de freid*, une rangée de jours froids.
Ranchi-franchi, s. f. Marelle, jeu très ancien, cité par Chapelon. L'on trace un carré traversé par deux lignes diagonales et deux en croix. Chaque joueur a trois jetons, qu'il place l'un après l'autre sur un point d'intersection, et le jeu consiste à parvenir à disposer les trois jetons sur une même ligne ; former une *ranchi-franchi*, rangée franche.
Rancî, v. n. 2e conj. com. *Adouci*. Rancir.
Rancisséuri, s. f. Rancissure.
Rançou, ci, s. m. et adj. Rance.
Rançoun, s. f. Rançon.
Rançounâ, v. a. 1re conj. com. *Boundounâ*. Rançonner.
Rançounamont, s. m. Rançonnement.
Rançounéu, sa, s. Rançonneur, euse.

Rancuna, s. f. Rancune. (Celt. *Rancuna*).
Rancunoux, ousa, adj. et s. Rancunier, ière.
Rang, s. m. Rang. (Celt. *Rang*). (V. *Ranchi*).
Rangeamont, s. m. Rangement.
Rangîe, v. a. et pr. 1re conj. irrég. comme *Ablagie*. Ranger.
Ranglou, s. m. Chiendent, plante.
Ranimâ, v. a. 1re conj. Ranimer.
Raôchi ou **Réuchi,** s. f. Raucité, enrouement.
Râpa, s. f. Râpe.
Râpâ, v. a. 1re conj. Râper.
Râpà, f. pl **ais,** adj. Râpé, e.
Rapacità, pl. **ais,** s. f. Rapacité.
Rapaçou, ça, adj. Rapace.
Râpaô ou **Rampaô,** s. m. Buis, rameau.
Rapidamont, adv. Rapidement.
Rapidjità, pl. **ais,** s. f. Rapidité.
Rapidou, da, adj. Rapide.
Rapiéri, s. f. Rapière. (V. *Ragueiri*).
Rapillageou, s. m. Action de grimper.
Rapillîe, v. a. et n. 1re conj. irrég. comme *Criaillie*. Grimper, gravir.
Râpïn, ina, adj. Avare, rogneur de portions.
Rapina, s. f. Rapine. (Celt. *Rapina*).
Rapinâ, v. a. 1re conj. Rapiner.
Râpoux, ousa, adj. Râpeux, euse.
Rappaî pl. **piaôx,** s. m. Appeau pour la chasse. *Un rappai de cailli,* un appeau de caille. (CHAPELON).
Rappel (elou), s. m. Rappel.
Rappelâ, v. a. et pr. 1re conj. comme *Baritelâ*. Rappeler. (V. *Sourontà*).
Rappô, s. m. Rapport.
Rapportâ, v. a. et pr. 1re conj. Rapporter.
Rapportablou, bla, adj. Rapportable.
Rapporta-paquét, s. m. Rapporteur indiscret.
Rapportéu, sa, s. Rapporteur.
Rapprouchamont, s. m. Rapprochement.
Rapprouchîe, v. a. et pr. 1re conj. irrég. com. *Abouchie*. Rapprocher.
Raquétta, s. f. Raquette. Petite mécanique Jacquard pour les métiers à tisser.
Râramont, adv. Rarement.
Raréfacioun, s. f. Raréfaction.
Raréfiâ, v. a. 1re conj. Raréfier.
Râretà, pl. **ais,** s. f. Rareté.

Rârou, ra, adj. Rare.
Ras, a, adj. Ras, e. Rase campagne.
Rasada, s. f. Rasade. (V. *Chana*).
Rasageou, s. m. Action de raser.
Raséu, s. m. Raseur, qui rase.
Rasîe, v. a. 1re conj. irrég. comme *Brisîe*. Raser. (Celt. *Rasa, Rasare*).
Rasoi (oua), s. m. Rasoir.
Rasün, s. m. Ce que l'on a rasé d'une barbe. Racine d'une plante.
Rassasiâ, v. a. et pr. 1re conj. Rassasier. (V. *Beneisie*).
Rassetâ, v. a. et pr. 1re conj. com. *Assetâ*. Rasseoir.
Rassit, sia, adj. Rassis, e.
Rassomblâ, v. a. 1re conj. Rassembler.
Rassomblamont, s. m. Rassemblement.
Rassortchî, v. a. 2e conj. com. *Amortchi*. Rassortir.
Rassortchimont, s. m. Rassortiment.
Rassurâ, v. a. et pr. 1re conj. Rassurer.
Rassurant, a, adj. Rassurant, e.
Rat, s. m. Rat, quadrupède. (Celt. *Rat*).
Rat, s. m. Caprice, fantaisie.
Rat, s. m. Taquet d'échappement.
Rat, s. m. Jeu d'enfants. Les joueurs disposés en rond et à distance les uns des autres échangent leur place sans que le partenaire, placé au centre, puisse s'emparer d'un poste vacant, sinon, celui à qui il appartient le remplace au milieu du rond.
Rata, s. m. Rata, ragoût.
Ratâ, v. n. et a. 1re conj. Rater. (Celt. *Rata*).
Ratafia, s. m. Ratafia, liqueur.
Râtaî, pl. **Ratchiaôx,** s. m. Rateau; fig. : tibia, devant de la jambe.
Ratatchinâ, v. a. et pr. 1re conj. Réparer, rajuster, remettre en bon état, rendre apparent. *O sat bion se ratatchinâ;* il sait bien se rajuster.
Ratatchinà, f. pl. **ais,** adj. Restauré, paré.
Ratatouillà, pl. **ais,** s. f. Rossée, volée de coups.
Ratatouilli ou **Ratatolli,** s. f. Ratatouille, ragoût; fig. : rossée.
Ratatouillie, v. n. et a. 1re conj. irrég. comme *Agenouillie*. Faire de la ratatouille ; rosser quelqu'un.
Ratavoulagi, s. f. Chauve-souris.
Ratchiéulant, s. m. Rat de gouttière.
Ratchifiâ, v. a. 1re conj. Ratifier.

RAZI

Ratchificacioun, s. f. Ratification.
Ratchurâ, v. a. 1re conj. Raturer.
Ratchura, s. f. Rature.
Râtelâ, v. a. 1re conj. com. *Baritelâ.* Rateler.
Râtelà, pl. **ais,** s. f. Ratelée.
Râteléu, s. m. Râteleur.
Râtelîe, s. m. Râtelier.
Râtella, s. f. Rate, viscère. *Couflâ la ratella;* gonfler la rate, indisposer quelqu'un par des manières contrefaites, exagérées; faire le pédant.
Ratéri, s. f. Ratière.
Ratoun, s. m. Raton.
Ratta, s. f. Rate. (V. *Ratella*).
Ratta, s. f. Dent de petit enfant; enfantin.
Rattachîe, v. a. 1re conj. irrég. comme *Appïnchie.* Rattacher.
Rattrapâ, v. a. et pr. 1re conj. Rattraper.
Rava, s. f. Rave, plante potagère; fig. : trou au talon de la chaussure.
Ravageou, s. m. Ravage. (Celt. *Ravech*).
Ravagéu, s. m. Ravageur.
Ravagîe, v. a. 1re conj. irrég. com. *Ablagie.* Ravager.
Ravalâ, v. a. et pr. 1re conj. Ravaler.
Ravalamont, s. m. Ravalement.
Ravéri, s. f. Ravière, champ de raves.
Ravéri, s. f. Teigne des petits enfants.
Ravî, v. a. 2me conj. com. *Crépi.* Ravir.
Ravicoulâ, v. a. et pr. 1re conj. comme *Affoulâ.* Revenir à la santé, se relever, venir dans l'aisance. Dicton : *Piéu ranicoulâ,* pour désigner un gueux venu dans l'aisance.
Ravigota, s. f. Ravigote.
Ravigoutâ, v. a. et pr. 1re conj. comme *Accoutâ.* Ravigoter.
Ravïn, s. m. Ravin.
Ravinâ, v. a. 1re conj. Raviner.
Ravinamont, s. m. Ravinement.
Ravisâ (se), v. pr. 1re conj. Se raviser.
Ravissamont, s. m. Ravissement.
Ravissant, a, adj. Ravissant, e.
Ravisséu, s. m. Ravisseur.
Ravitaillamont, s. m. Ravitaillement.
Ravitaillîe, v. a. et pr. 1re conj. irrég. com. *Criaillîe.* Ravitailler.
Râza, s. f. Rigole.
Razat, s. m. Ruisseau.
Razibut, prép. Rez, tout contre, rez du but.

RECA

Razzia, s. f. Razzia.
Ré, s. m. Ré, note de musique.
Ré, s. f. Raie, sillon de labour. *Etre au bout de la ré,* être au bout du sillon de la vie; être à sa fin.
Réacioun, s. f. Réaction.
Réaciounairou, ra, adj. et s. Réactionnaire.
Reagî, v. n. 2e conj. com. *Agi.* Réagir.
Realisâ, v. a. 1re conj. Réaliser.
Realisablou, bla, adj. Réalisable.
Realismou, s. m. Réalisme.
Realistou, ta, s. m. et adj. Réaliste.
Realità, pl. **ais,** s. f. Réalité.
Reatchif (ifou), **iva,** s. m. et adj. Réactif, ive.
Rebaillün, s. m. Bavure de la fonte ou de la forge.
Rebâtchî, v. a. 3e conj. comme *Amortchi.* Rebâtir
Rebellioun, s. m. Rébellion.
Rebellou, la, adj. et s. Rebelle.
Rebiffâ (se), v. pr. Se rebiffer.
Rebïnchîe (se), v. pr. 1re conj. irrég. com. *Appïnchie.* Se rebiffer, regimber.
Reblanchî, v. a. et pr. 2e conj. comme *Blanchi.* Reblanchir. *Se reblanchî,* refaire un peu sa toilette, se mettre en petite tenue.
Rebô, s. m. Rebord.
Rebordâ, v. a. 1re conj. Reborder.
Reboù, s. m. Rebours. Prend un *e* muet devant une voyelle. *A reboùe ou néu.*
Reboueisamont, s. m. Reboisement.
Reboueisîe, v. a. 1re conj. irrég. comme *Onfouérie.* Reboiser.
Reboundjî, v. n. 2e conj. comme *Agrandjî.* Rebondir.
Reboundjissamont, s. m. Rebondissement.
Reboutounâ, v. a. et pr. 1re conj. comme *Boundounâ.* Reboutonner; fig. : *se reboutounâ,* se rendre à l'évidence.
Rebreïe (i-e), v. a. 1re conj. irrég. comme *Approupreïe.* Rebroyer.
Rébus (ucou), s. m. Rébus.
Rebut, s. m. Rebut.
Rebutâ. v. a. 1re conj. Rebuter.
Reçamont, adv. Récemment.
Recal ou **Recarcitrant, a,** adj. Récalcitrant, e.
Recapitchulâ, v. a. 1re conj. Récapituler.
Recapitchulacioun, s. f. Récapitulation.

RECL

Recâtâ, v. a. et pr. 1ʳᵉ conj. Ranger, recueillir, retirer, sortir du passage.
Recelâ, v. a. 1ʳᵉ conj. comme *Baritelâ*. Recéler.
Recelageou, s. m. Action de recéler.
Receléu, sa, s. Receleur, euse.
Receonsâ, v. a. 1ʳᵉ conj. Recenser.
Receonsamont, s. m. Recensement.
Receonséu, s. m. Recenseur.
Receont, a, adj. Récent, e.
Recepâ, v. a. 1ʳᵉ conj. com. *Assetâ*. Receper.
Recepcioun, s. m. Réception.
Recepissé, s. m. Récépissé.
Recétta, s. f. Recette.
Recéu, s. m. Reçu.
Recevablou, bla, adj. Recevable.
Recevéu, sa, s. Receveur, euse.
Rechangeou, s. m. Rechange.
Rechaôd, s. m. Réchaud.
Rechaôffâ, v. a. 1ʳᵉ conj. Réchauffer. (V. *Echandji*).
Rechaôssîe, v. a. 1ʳᵉ conj. irrég. comme *Acassie*. Rechausser.
Rechaplâ, v. a. 1ʳᵉ conj. Rehacher ; retailler les limes, les râpes.
Recharchi, s. f. Recherche.
Recharchîe, v. a. 1ʳᵉ conj. irrég. comme *Appinchie*. Rechercher.
Recharchit, chià, f. pl. **ais**, adj. Recherché, e.
Recidjiva, s., f. Récidive.
Recidjivâ, v. n. 1ʳᵉ conj. Récidiver.
Recidjivistou, ta, adj. et s. Récidiviste.
Reciéure, v. a. 3ᵉ conj. comme *Aparciéure*. Recevoir.
Recif (ifou), s. m. Récif.
Recipiondairou, s. m. Récipiendaire.
Recipiont, s. m. Récipient.
Reciproquou, qua, adj. Réciproque.
Reciproucità, pl. **ais**, s. f. Réciprocité.
Reciprouquamont, adv. Réciproquement.
Recit, s. m. Récit.
Recitâ, v. a. 1ʳᵉ conj. Réciter.
Recitacioun, s. f. Récitation.
Recitatchif (ifou), s. m. Récitatif.
Recitatœu, s. m. Récitateur.
Reclama, s. f. Réclame.
Reclamâ, v. a. 1ʳᵉ conj. Réclamer.
Reclamacioun, s. f. Réclamation.

RECR

Reclavelâ, v. a. 1ʳᵉ conj. comme *Baritelâ*. Reclouer.
Recléure, v. a. 3ᵉ conj. comme *Désoncléure*. Reclure.
Recléus, a, adj. et s. Reclus, e.
Reclusioun, s. f. Réclusion.
Recoéin, s. m. Recoin.
Recopa, s. f. Recoupe.
Recorta ou **Recolta**, s. f. Récolte.
Recortâ ou **Recoltâ**, v. a. 1ʳᵉ conj. Récolter.
Recot, Recouaitchi, s. Recuit, recuite.
Recoû, s. m. Recours. Prend un *e* muet devant une voyelle, *recoûe on gràci*.
Recouaire, v. a. 3ᵉ conj. comme *Couaire*. Recuire.
Recouaitchi, s. f. Lait caillé, sorte de fromage blanc. (V. *Touma*).
Recoulét, s. m. Récollet.
Recoumandâ, v. a. 1ʳᵉ conj. Recommander.
Recoumandablou, bla, adj. Recommandable.
Recoumandacioun, s. f. Recommandation.
Recoumponsa, s. f. Récompense.
Recoumponsâ, v. a. 1ʳᵉ conj. Récompenser.
Recounciliâ, v. a. et pr. 1ʳᵉ conj. Réconcilier.
Recounciliacioun, s. f. Réconciliation.
Recoundailli ou **Ecoundailli**, s. f. Cachette, lieu secret où l'on retire ou cache quelques objets.
Recoundjûre, v. a. 3ᵉ conj. com. *Coundjûre*. Reconduire.
Recounfortâ, v. a. et pr. 1ʳᵉ conj. Réconforter.
Recounfortablou, bla, adj. Réconfortable.
Recounussablou, bla, adj. Reconnaissable.
Recounussanci, s. f. Reconnaissance.
Recounussant, a, adj. Reconnaissant, e.
Recounûtre, v. a. et pr. 3ᵉ conj. comme *Counûtre*. Reconnaître.
Recoupâ, v. a. 1ʳᵉ conj. comme *Coupâ*. Recouper.
Recoussa, s. f. Recousse, rescousse.
Recouvrâ, v. a. 1ʳᵉ conj. Recouvrer.
Recouvrablou, bla, adj. Recouvrable.
Recouvramont, s. m. Recouvrement.
Recreâ, v. a. et pr. 1ʳᵉ conj. comme *Agreâ*. Récréer.
Recreacioun, s. f. Récréation.

REDR

Recreatchif (ifou), **iva**, adj. Récréatif, ive.
Recréu, sa, adj. Exténué, rompu, fatigué.
Recriminâ, v. n. 1ʳᵉ conj. Récriminer.
Recrua, s. f. Recrue.
Recrudesceonci, s. f. Recrudescence.
Recrutâ, v. a. 1ʳᵉ conj. Recruter.
Recrutamont, s. m. Recrutement.
Recrutéu, s. m. Recruteur.
Recueil (ueillou), s. m. Recueil.
Recueillamont, s. m. Recueillement.
Reculli ou **Recueilli,** v. a. et pr. 2ᵉ conj. Recueillir.
Recurâ, v. a. 1ʳᵉ conj. Récurer. (V. *Echarâ*).
Recurageou, s. m. Récurage.
Recusâ, v. a. 1ʳᵉ conj. Récuser.
Recusablou, bla, adj. Récusable.
Recusacioun, s. f. Récusation.
Rédacioun, s. f. Rédaction.
Rédatœu, s. m. Rédacteur.
Redeire, v. a. 3ᵉ conj. com. *Deire*. Redevoir.
Redevablou, bla, adj. Redevable.
Redévalâ, v. n. 1ʳᵉ conj. Redescendre.
Redevanci, s. f. Redevance.
Redjigîe, v. a. 1ʳᵉ conj. irrég. com. *Ablagie*. Rédiger.
Redjimâ (se), v. pr. 1ʳᵉ conj. Se rédimer.
Redjingota ou **Redéingota,** s. f. Redingote, vêtement.
Redjire, v. a. 3ᵉ conj. com. *Djire*. Redire.
Redjita, s. f. Redite.
Redjucioun, s. f. Réduction.
Redjûre, v. a. 3ᵉ conj. com. *Coundjûre*. Réduire, retirer en lieu sûr.
Redjut, s. m. Réduit.
Redompcioun, s. f. Rédemption.
Redomptœu, s. m. Rédempteur.
Redomptouristou, s. m. Rédemptoriste.
Redoublâ, v. a. et n. 1ʳᵉ conj. com. *Couffla*. Redoubler.
Redoublageou, s. m. Redoublement.
Redoundâ, v. n. 1ʳᵉ conj. Redonder, rejaillir, refléter.
Redouta, s. f. Redoute.
Redoutâ, v. a. 1ʳᵉ conj. com. *Accoutâ*. Redouter.
Redoutablou, bla, adj. Redoutable.
Redoux, s. m. Adoucissement de la température, dégel.
Redressamont, s. m. Redressement.

REFU

Redresséu, s. m. Redresseur.
Redressîe, v. a. 1ʳᵉ conj. irrég. comme *Acassie*. Redresser.
Reédjifiâ, v. a. 1ʳᵉ conj. Réédifier.
Reédjitâ, v. a. 1ʳᵉ conj. Rééditer.
Reéinstalâ, v. a. 1ʳᵉ conj. Réinstaller.
Reéintegrâ, v. a. 1ʳᵉ conj. com. *Execrâ*. Réintégrer.
Reel (elou), **la,** adj. Réel, le.
Reéletcioun, s: f. Réélection.
Reéligiblou, bla, adj. Rééligible.
Reellamont, adv. Réellement.
Reéuvartchura, s. f. Réouverture.
Refaire, v. a. 3ᵉ conj. comme *Countrafaure*. Refaire.
Refat, Refaitchi, adj. Refait, e.
Referâ, v. a. et n. 1ʳᵉ conj. comme *Aberâ*. Référer.
Referonci, s. f. Référence.
Refetcioun, s. f. Réfection.
Refettouairou, s. m. Réfectoire.
Refléchî, v. a. et n. 2ᵉ conj. com. *Blanchi*. Réfléchir.
Reflechissamont, s. m. Réfléchissement.
Reflét, s. m. Reflet.
Refletâ, v. a. et n. 1ʳᵉ conj. com. *Assetâ*. Refléter.
Reflettéu, s. m. Réflecteur.
Reflexiblou, bla, adj. Réflexible.
Reflexioun, s. f. Réflexion.
Refluâ, v. n. 1ʳᵉ conj. Refluer.
Reflux, s. m. Reflux.
Reforma, s. f. Réforme.
Reformâ, v. a. et pr. 1ʳᵉ conj. Réformer.
Reformablou, bla, adj. Réformable.
Reformatœu, trici, s. Réformateur, trice.
Refoundre, v. a. 3ᵉ conj. Refondre.
Refounta, s. f. Refonte.
Refoulâ, v. a. 1ʳᵉ conj. comme *Affoulâ*. Refouler.
Refoulamont, s. m. Refoulement.
Refratairou, ra, s. m et adj. Réfractaire.
Refréin, s. m. Refrain.
Refresî, v. a. et n. 2ᵉ conj. comme *Défessi*. Refroidir.
Refresissamont ou **Refreidjissamont,** s. m. Refroidissement.
Refugeou, s. m. Refuge.
Refugiâ, v. a. et pr. 1ʳᵉ conj. Réfugier.

RÊGN

Refus, s. m. Refus.
Refusâ, v. a. et pr. 1re conj. Refuser.
Refusablou, bla, adj. Refusable.
Refutâ, v. a. 1re conj. Réfuter.
Refutablou, bla, adj. Réfutable.
Refutacioun, s. f. Réfutation.
Regâ, s. m. Regard.
Regagnîe, v. a. 1re conj. com. *Abaragnie*. Regagner.
Regaillardjî, v. a. 2e conj. com. *Agrandji*. Regaillardir.
Regal (alou), s. m. Régal.
Regalâ, v. a. et pr. 1re conj. Régaler.
Regata, s. f. Régate.
Regenerâ, v. a. 1re conj. comme *Aberâ*. Régénérer.
Regeneracioun, s. f. Régénération.
Regeonci, s. f. Régence.
Regeont, a, adj. et s. Régent, e.
Regeontâ, v. a. 1re conj. Régenter.
Regî, v. a. 2e conj. com. *Agi*. Régir.
Regicidou, s. m. Régicide.
Regiclâ, v. n. 1re conj. Rejaillir. (V. *Repiclâ*).
Regïmbâ, v. n. 1re conj. Regimber.
Regimont, s. m. Régiment.
Regimontairou, ra, adj. Régimentaire.
Regimou, s. m. Régime.
Regioun, s. f. Région.
Regiounal (alou), **a, aôx,** adj. Régional, e, aux.
Regisséu, s. m. Régisseur.
Registrou, s. m. Registre.
Regla, s. f. Règle.
Reglâ, v. a. 1re conj. com. *Démenâ*. Régler.
Reglageou, s. m. Action de régler.
Reglamont, s. m. Règlement.
Reglamontâ, v. a. 1re conj. Réglementer.
Reglamontacioun, s. f. Réglementation.
Reglamontairamont, adv. Réglementairement.
Reglamontairou, ra, adj. Réglementaire.
Reglanâ, v. a. 1re conj. Glaner, marauder.
Reglanageou, s. m. Glanage, maraudage.
Reglanéu, s. m. Glaneur, maraudeur.
Regléu, s. m. Régleur.
Regléuri, s. f. Réglure.
Regnâ, v. n. 1re conj. Régner.
Rêgnou, s. m. Règne.

REIS

Regorgeamont, s. m. Regorgement.
Regorgîe, v. n. 1re conj. irrég. com. *Ablagîe*. Regorger.
Regounflou, s. m. Surabondance. Loc. adv. *A regounflou*, surabondamment.
Regrét, s. m. Pitié, compassion. ...*Que farit grand regrét*; qui ferait grand'pitié. (CHAPELON).
Regretâ, v. a. 1re conj. comme *Assetâ*. Regretter.
Regretablou, bla, adj. Regrettable.
Regroulâ, v. a. 1re conj. comme *Affoulâ*. Réparer la chaussure « *groula* », faire le savetier.
Regrouléu, s. m. Savetier.
Reguéin, s. m. Regain, foin.
Reguïnsîe, v. pr. 1re conj. irrég. comme *Brisie*. Se redresser, se donner des airs.
Reguïnsit, ia, f. pl. **ais,** adj. Retapé, paré.
Reguliarisâ, v. a. 1re conj. Régulariser.
Reguliarisacioun, s. f. Régularisation.
Reguliaritâ, pl. **ais,** s. f. Régularité.
Regulatœu, trici, s. m. et adj. Régulateur, trice.
Regulie, iéri, adj. Régulier, ière.
Reguliéramont, adv. Régulièrement.
Rehabilitâ, v. a. et pr. 1re conj. Réhabiliter.
Rehabilitacioun, s. f. Réhabilitation.
Rehiaôssâ, v. a. 1re conj. Rehausser.
Rehiaôssamont, s. m. Rehaussement.
Rei, s. m. Roi, souverain. (Celt. *Rey*).
Reia, s. f. Raie, poisson de mer.
Reidjî, v. a. et pr. 2e conj. com. *Agrandji*. Raidir, roidir.
Reidou, Reidjî, adj. Raide, roide.
Reidoû, s. f. Raideur, roideur.
Reina, s. f. Reine, souveraine.
Reina-mâre-grand, s. f. Arrière-grand'mère; par abrév. : *reina-grand*.
Reinura, s. f. Rainure.
Rei-pare-grand, s. m. Arrière-grand-père; par abrév. : *rei-grand*.
Reisïn, s. m. Raisin.
Reisinéia, s. f. Confiture, mélasse, miel.
Reisoun, s. f. Raison. (Celt. *Resoun*).
Reisounâ, v. n. et pr. 1re conj. com. *Boundounâ*. Raisonner.
Reisounablamont, adv. Raisonnablement.
Reisounablou, bla, adj. Raisonnable.
Reisounamont, s. m. Raisonnement.

RELI

Reisounéu, s. m. Raisonneur.
Reïterâ, v. a. 1re conj. com. *Aberá*. Réitérer.
Rejaillî, v. n. 2e conj. Rejaillir. (V. *Repiclâ*).
Rejaillissamont, s. m. Rejaillissement. (V. *Repiclageou*).
Rejét, s. m. Rejet.
Rejetâ, v. a. 1re conj. com. *Assetâ*. Rejeter, rendre, vomir.
Rejetablou, bla, adj. Rejetable.
Rejetoun, s. m. Rejeton.
Rejéunîe, v. a. 1re conj. comme *Abaragnîe*. Rabrouer, grogner, gronder. (Celt. *Regoni*).
Rejéugnoux, ousa, adj. Qui rabroue, grogne.
Rejoéindre, v. a. 3e conj. com. *Attëindre*. Rejoindre.
Rejoéint, s. m. Frein. *Teni de rejoéint*, tenir bridé, serré, garder à vue.
Rejoéintamont, s. m. Rejointement.
Rejoéinteïe (i-e), v. a. 1re conj. irrég. com. *Détaffeïe*. Rejointoyer.
Rejotta, s. f. Nase en osier pour prendre le poisson.
Rejouî, v. a. et pr. 2e conj. Réjouir.
Rejouissanci, s. f. Réjouissance.
Rejouit, ia, adj. Réjoui, e.
Relâchamont, s. m. Relâchement.
Relâchîe, v. a. et pr. 1re conj. irrég. comme *Appïnchîe*. Relâcher. (Celt. *Relachi*).
Relâchît, iâ, f. pl. **ais**, adj. Relâché, e.
Relâchou, s. m. Relâche. (Celt. *Relach*).
Relacioun, s. f. Relation.
Relaïe (i-e), v. n. et pr. 1re conj. irrég. comme *Désandaïe*. Relayer.
Relaiéu, s. m. Relayeur.
Relais, s. m. Relais.
Relassit, siâ, f. pl. **ais**, adj. Resserré, gêné, misérable.
Relatâ, v. a. 1re conj. Relater.
Relatchif (ifou), **iva**, adj. Relatif, ive.
Relatchivamont, adv. Relativement.
Relegacioun, s. f. Relégation.
Releguâ, v. a. et pr. 1re conj. Reléguer.
Relevâ, v. a. et pr. 1re conj. com. *Ompesâ*. Relever.
Relevà, s. f. Relevée, après midi.
Relevailles, s. f. pl. Relevailles.
Relevamont, s. m. Relèvement.
Releveusa, s. f. Accoucheuse.
Reliâ, v. a. 1re conj. Relier.

REMO

Reliageou, s. m. Reliage.
Relichîe, v. a. et pr. 1re conj. irrég. comme *Appïnchîe*. Parer, orner, embellir, restaurer. *Etre toujoû bion relichit*; être toujours bien paré.
Relief (efou), s. m. Relief.
Reliéu, s. m. Relieur.
Religioun, s. f. Religion.
Religiounairou, ra, s. Religionnaire.
Religiousamont, adv. Religieusement.
Religioux, ousa, adj. Religieux, euse.
Reliqua, s. f. Relique.
Reliquairou, s. m. Reliquaire.
Reliquat, s. m. Reliquat.
Reliura ou **Reliéuri**, s. f. Reliure.
Relogeou, s. m. Horloge.
Relougîe, s. m. Horloger.
Reluquâ, v. a. 1re conj. Reluquer.
Relûre, v. n. 3me conj. com. *Assûre*. Reluire. (V. *Tralûre*).
Remarciâ, v. a. 1re conj. Remercier.
Remarciamont, s. m. Remerciement.
Remarqua, s. f. Remarque.
Remarquâ, v. a. 1re conj. Remarquer.
Remarquablamont, adv. Remarquablement.
Remarquablou, bla, adj. Remarquable.
Remedjiâ, v. n. 1re conj. Remédier.
Remedjiablou, bla, adj. Remédiable.
Remèdou, s. m. Remède. (Celt. *Remed*).
Remeiageou, s. m. Pèlerinage.
Rememouriâ, v. a. et pr. 1re conj. Remémorer.
Remésa, s. f. Remise.
Reméttre, v. a. et pr. 3me conj. comme *Déméttre*. Remettre.
Reminiceonci, s. f. Réminiscence.
Remisâ, v. a. 1re conj. Remiser.
Remissillîe, v. a. et pr. 1re conj. irrég. com. *Criaillîe*. Froncer, plisser, rider.
Remissillounâ (se), v. pr. 1re conj. comme *Affeïounâ*. Se rebiffer, froncer le nez.
Remissiblou, bla, adj. Rémissible.
Remissioun, s. f. Rémission.
Remô, s. m. Remords.
Remombranci, s. f. Remembrance, souvenir.
Remorquâ, v. a. 1re conj. Remorquer.
Remorqua, s. f. Remorque.

REPA

Remorquageou, s. m. Remorquage.
Remorquéu, sa, adj. et s. Remorqueur, euse.
Remouchîe, v. a. 1re conj. irrég. comme *Abouchîe*. Reprendre vertement quelqu'un, rabrouer, rosser.
Remous, s. m. Remous.
Rénâ, s. m. Renard, animal.
Renâ, v. a. et n. 1re conj. comme *Démenâ*. Grogner, rager, grincer des dents. *Rénâ de les donts*.
Renardéri, s. f. Renardière.
Renegat, a, adj. et s. Renégat, e.
Renétta, s. f. Reinette, pomme. (Celt. *Reneta*).
Reniâ, v. a. 1re conj. Renier.
Reniablou, bla, adj. Reniable.
Reniamont, s. m. Reniement.
Reniéu, s. m. Renieur.
Reniflâ, v. n. et a. 1re conj. Renifler.
Reniflageou, s. m. Reniflement.
Renifléu, sa, s. Renifleur, euse.
Renna, s. f. Rêne, courroie, bride.
Renna, s. f. Crécelle.
Rennou, s. m. Renne, quadrupède.
Renoum ou **Renoù**, s. m. Renom.
Renoumâ, v. a. 1re conj. comme *Dégoumâ*. Renommer.
Renouméia, s. f. Renommée.
Renounciâ, v. a. et n. 1re conj. Renoncer.
Renounciacioun, s. f. Renonciation.
Renounciamont, s. m. Renoncement.
Renouncula, s. f. Renoncule, plante.
Renouvacioun, s. f. Rénovation.
Renouvatœu, trici, adj. et s. Rénovateur, trice.
Renouvaî, pl. **viaôx**, s. m. Renouveau.
Renouvelâ, v. a. 1re conj. comme *Baritelâ*. Renouveler.
Renouvelablou, bla, adj. Renouvelable.
Renouvellamont, s. m. Renouvellement.
Renoux, ousa, adj. Grondeur, rageur, euse.
Repairou, s. m. Repaire, retraite.
Reparâ, v. a. 1re conj. Réparer.
Reparablou, bla, adj. Réparable.
Reparacioun, s. f. Réparation.
Reparatœu, trici, s. Réparateur, trice.
Reparcussioun, s. f. Répercussion.
Reparcutâ, v. a. 1re conj. Répercuter.

REPO

Reparcutéu, s. m. Répercuteur.
Repareitre, v. n. 3e conj. com. *Appareitre*. Reparaître.
Repartchî, v. a. 2e conj. com. *Amortchî*. Répartir.
Repartchia, s. f. Repartie, réplique.
Repartchicioun, s. f. Répartition.
Repartchitéu, s. m. Répartiteur.
Repas, s. m. Repas, nourriture.
Repassâ, v. a. et n. 1re conj. Repasser. (Celt. *Repas*).
Repassageou, s. m. Repassage, aiguisage, retouchage du fusil après la monture.
Repasséu, s. m. Repasseur, aiguiseur; ouvrier armurier qui retouche le fusil après la monture.
Repatriâ, v. a. 1re conj. Rapatrier.
Repatriamont, s. m. Rapatriement.
Repeillîe, v. a. et pr. 1re conj. irrég. com. *Agreillîe*. Remonter, recouvrer la santé, revenir dans l'aisance, se rattraper au jeu.
Repeitre, v. a. n. et pr. 3e conj. comme *Appareitre*. Repaître.
Reperâ, v. a. 1re conj. com. *Aberâ*. Repérer.
Reperou, s. m. Repère, marque faite.
Repetâ, v. a. et pr. 1re conj. comme *Assetâ*. Répéter.
Repetaraî, pl. **riaôx**, s. m. Roitelet, oiseau; fig.: indiscret, qui répète.
Repetchicioun, s. f. Répétition.
Repéus, s. m. Repos.
Repéusâ, v. a. et pr. 1re conj. Reposer.
Repéusà, f. pl. **ais**, Reposé, e.
Repéusoi (oua), s. m. Jeu de la marelle.
Repéusoi (oua), s. m. Reposoir, chapelle.
Repîclâ, v. n. 1re conj. Rejaillir. (V. *Regiclâ*).
Repiquâ, v. a. 1re conj. Repiquer.
Repiquageou, s. m. Repiquage.
Repit, s. m. Répit, relâche, délai.
Replâtrâ, v. a. 1re conj. Replâtrer.
Replâtrageou, s. m. Replâtrage.
Repleïe (i-e), v. a. et pr. 1re conj. irrég. com. *Détaffeïe*. Replier.
Repleiageou, s. m. Repliement.
Repliqua, s. f. Réplique.
Repliquâ, v. a. et n. 1re conj. Répliquer.
Repô, s. m. Report.
Repondre, v. a. 3e conj. Rependre, pendre de nouveau.

Repondre, v. a. 3ᵉ conj. Répandre, laisser tomber, épandre, verser.

Repontanci, s. f. Repentance.

Repontchî ou **Repïntchî**, s. m. Repentir, regret.

Repon ou **Repïntchî** (se), v. pr. 2ᵉ conj. irrég. Se repentir. — Ind. prés. : *Ji me repontou, tchu te reponts, o se repont, nous nous repontouns, vous vous repontédes, eis se repontount*. — Imparfait : *Ji me repontchīns*, etc. — Passé défini : *Ji me repontchiéus*, etc. — Futur : *Ji me repontchirei*, etc. — Cond. : *Ji me repontchirins*, etc. — Subj. : *Que ji me reponta*, etc. — Imparfait : *Que ji me repontéza*, etc. — Part. prés. : *Reponchissant*. — Passé : *Repontchit, ia;* pl. *ies*.

Reportâ, v. a. 1ʳᵉ conj. Reporter.

Reportéu, s. m. Reporteur.

Repoundant, s. Répondant.

Repoundre, v. a. et n. 3ᵉ conj. Répondre.

Repounsa, s. f. Réponse.

Repoussâ, v. a. et n. 1ʳᵉ conj. Repousser.

Repoussageou, s. m. Action de repousser.

Repoussoi (oua), s. m. Repoussoir, outil.

Reprehonsiblou, bla, adj. Répréhensible.

Reprehonsioun, s. f. Répréhension.

Représ, s. m. Repris.

Represa, s. f. Reprise.

Representâ, v. a. et pr. 1ʳᵉ conj. Représenter.

Representacioun, s. f. Représentation.

Representant, s. m. Représentant.

Repressailli, s. f. Représailles.

Represεioun, s. f. Répression.

Reprimâ, v. a. 1ʳᵉ conj. Réprimer.

Reprimablou, bla, adj. Réprimable.

Reprimonda, s. f. Réprimande.

Reprimondâ, v. a. 1ʳᵉ conj. Réprimander.

Reprïn, s. m. Recoupe, son remoulu.

Reprochou, s. m. Reproche.

Reproubacioun, s. f. Réprobation.

Reproubatœu, trici, adj. Réprobateur, trice.

Reprouchablou, bla, adj. Reprochable.

Reprouchîe, v. a. 1ʳᵉ conj. irrég. comme *Abouchîe*. Reprocher.

Reproudjucioun, s. f. Reproduction.

Reproudjûre, v. a. 3ᵉ conj. irrég. comme *Coundjûre*. Reproduire.

Reprouvâ, v. a. 1ʳᵉ conj. comme *Bouxâ*. Réprouver.

Reprouvablou, bla, adj. Réprouvable.

Reprouvà, f. pl. ais, adj. et s. Réprouvé, e.

Reptchilou, s. m. Reptile, animal.

Republicainamont, adv. Républicainement.

Republicanisâ, v. a. 1ʳᵉ conj. Républicaniser.

Republicanismou, s. m. Républicanisme.

Republiqua, s. f. République.

Republiquéin, a, adj. et s. Républicain, e.

Repudjiâ, v. a. 1ʳᵉ conj. Répudier.

Repudjiacioun, s. f. Répudiation.

Repugnâ, v. n. 1ʳᵉ conj. Répugner.

Repugnanci, s. f. Répugnance.

Repugnant, a, adj. Répugnant, e.

Repulsioun, s. f. Répulsion.

Reputâ, v. a. 1ʳᵉ conj. Réputer.

Reputà, f. pl. ais, adj. Réputé, e.

Reputacioun, s. f. Réputation.

Requerablou, bla, adj. Requérable.

Requerant, a, adj. et s. Requérant, e.

Requerî, v. a. 2ᵉ conj. com. *Cûri*. Requérir.

Requiéu, s. m. Recoin, impasse ; fig. : reste, débris, fonds de marchandises.

Requiéulâ, v. a. et n. 1ʳᵉ conj. Reculer.

Requiéulà, f. pl. ais, adj. Reculé, e.

Requiéulamont, s. m. Reculement.

Requiéuloun (à), loc. adv. A reculons.

Requïn ou **Requéin**, s. m. Requin, poisson.

Requïnquillîe (se), v. pr. 1ʳᵉ conj. comme *Criaillîe*. Se requinquer, se parer.

Requisicioun, s. f. Réquisition.

Requisitouairou, s. m. Réquisitoire.

Resaî, pl. **saôx**, s. m. Réseau, ensemble.

Rescripcioun, s. f. Rescription.

Resarvâ, v. a. et pr. 1ʳᵉ conj. Réserver.

Resarva ou **Reserva**, s. f. Réserve.

Reservà, f. pl. ais, adj. Réservé, e.

Resarvistou, s. m. Réserviste.

Reservoi (oua), s. m. Réservoir.

Reséudre, v. a. et pr. 3ᵉ conj. irrég. Résoudre. — Ind. prés. : *Ji résolvou, tchu resévs, o resévu, nous resoulvouns, vous resoulvédes, eis resolvount*. — Imparfait : *Ji resoulvīns*, etc. — Passé défini : *Ji résolvriéu*, etc. — Futur : *Ji reséudrei*, etc. —

RESP

Cond. pr. : *Ji reséudrins*, etc. — Impératif : *Reséus, resoulvouns, resoulvédes*. — Subj. : *Que ji resolva, que tchu resolves, qu'o resolve, que nous resoulvions, que vous resoulviz, qu'eis resolvant*. — Imparfait : *Que ji resoulvéta*, etc. — Part. prés. : *Resoulvant*. — Passé : *Reséu* ou *resoulu, a* ; pl. *resoulus, ŭes*.

Résidâ, s. m. Réséda, plante.
Residâ, v. n. 1re conj. Résider.
Residjù, s. m. Résidu.
Residonci, s. f. Résidence.
Residont, s. m. Résident.
Resignâ, v. a. et pr. 1re conj. Résigner.
Resignà, f. pl. ais, adj. Résigné, e.
Resignacioun, s. f. Résignation.
Resiliâ, v. a. 1re conj. Résilier.
Resiliacioun, s. f. Résiliation.
Résilli, s. f. Résille, coiffure.
Résina, s. f. Résine. (V. *Parésina*).
Resinoux, ousa, adj. Résineux, euse. (V. *Pigloux*).
Resistâ, v. n. 1re conj. Résister.
Resistanci, s. f. Résistance.
Resistant, a, adj. Résistant, e.
Résoulâ, v. a. 1re conj. comme *Afflourâ*. Rissoler.
Resoulageou, s. m. Action de rissoler.
Resouléuri, s. f. Poêle trouée pour rissoler les marrons. *Groüin de resouléuri*, injure à une personne marquée de la petite vérole.
Resoulu, a, adj. Résolu, e.
Resoulublou, bla, adj. Résoluble.
Resoulucioun, s. f. Résolution.
Resoulumont, adv. Résolument.
Resounâ, v. n. 1re conj. com. *Boundounâ*. Résonner.
Resounanci, s. f. Résonnance.
Résounamont, adv. Résonnement, retentissement.
Respet, s. m. Respect. (Celt. *Resped*).
Respettâ, v. a. et pr. 1re conj. com. *Assetâ*. Respecter.
Respettablou, bla, adj. Respectable.
Respettchivamont, adv. Respectivement.
Respettchuousamont, adv. Respectueusement.
Respettchuoux, ousa, adj. Respectueux, euse.
Respirâ, v. a. et n. 1re conj. Respirer.
Respirablou, bla, adj. Respirable.

RESU

Respiracioun, s. f. Respiration.
Respiratouairou, ra, adj. Respiratoire.
Resplondjî, v. n. 2e conj. com. *Agrandji*. Resplendir.
Resplondjissamont, adv. Resplendissement.
Resplondjissant, a, adj. Resplendissant, e.
Respounsabilità, pl. **ais**, s. f. Responsabilité.
Respounsablou, bla, adj. Responsable.
Ressanâ, v. a. 1re conj. Assainir.
Ressaôt, s. m. Ressaut.
Ressaôtâ, v. n. 1re conj. Ressauter.
Ressarrâ, v. a. et n. 1re conj. Resserrer.
Ressarà, f. pl. **ais**, adj. Resserré, e ; fig. : avare.
Ressarrageou, s. m. Resserrement.
Resseisî, v. a. 2e conj. comme *Défessî*. Ressaisir.
Ressemenâ, v. a. 1re conj. comme *Démenâ*. Ressemer.
Ressimelà, v. a. 1re conj. comme *Bâritelâ*. Ressemeler.
Ressimelageou, s. m. Ressemelage.
Ressô, s. m. Ressort.
Ressomblâ, v. n. 1re conj. Ressembler. (V. *Retrairc*).
Ressomblanci, s. f. Ressemblance. (V. *Retra*).
Ressomblant, a, adj. Ressemblant, e.
Ressontchî ou **Ressïntchî**, v. a. et pr. 2e conj. comme *Repontchî*. Ressentir. (V. *Aberâ*).
Ressontchimont, s. m. Ressentiment.
Ressorça, s. f. Ressource.
Ressortchî, v. n. 2e conj. com. *Amortchî*. Ressortir.
Réssuscitâ, v. a. et n. 1re conj. Ressusciter.
Restâ, v. n. 1re conj. Rester. (V. *Demourâ*).
Restaôrâ, v. a. et pr. 1re conj. Restaurer.
Restaôracioun, s. f. Restauration.
Restaôrant, s. m. Restaurant.
Restaôratœu, s. m. Restaurateur.
Restchitchuâ, v. a. 1re conj. Restituer.
Restchichuablou, bla, adj. Restituable.
Restchitchucioun, s. f. Restitution.
Restou, s. m. Reste. (Celt. *Rest*).
Restréindre, v. a. et pr. 3e conj. comme *Attéindre*. Restreindre.
Restricioun, s. f. Restriction.
Resultâ, v. n. 1re conj. Résulter.

RETR

Resultat, s. m. Résultat.
Resumâ, v. a. et pr. 1ʳᵉ conj. Résumer.
Resumà s. m. Résumé ; loc. adv. *On resumà*.
Resuretcioun, s. f. Résurrection.
Retâ, s. m. Retard.
Retablî, v. a. et pr. 2ᵉ conj. com. *Assoupli*. Rétablir.
Retablissamont, s. m. Rétablissement.
Retapâ, v. a. 1ʳᵉ conj. Retaper.
Retardâ, v. a. 1ʳᵉ conj. Retarder.
Retardamont, s. m. Retardement.
Retardatairou, ra, s. Retardataire.
Retchiceoncî, s. f. Réticence.
Retchif (ifou), **iva**, adj. Rétif, ive.
Retchirageou, s. m. Retirement.
Retchirîe, v. a. et pr. 1ʳᵉ conj. irrég. comme *Caravirie*. Retirer.
Retenî, v. a. et pr. 2ᵉ conj. com. *Reveni*. Retenir.
Retenu, a, adj. Retenu, e.
Retenua, s. f. Retenue.
Retô, orsa, adj. Retors, e.
Retochi, s. f. Retouche.
Retôdre, v. a. 3ᵉ conj. Retordre. — Ind. prés. : *Ji retordou, tchu retôs, o retô, nous retordouns, vous retordédes, eis retordount*. — Imparfait : *Ji retordjins*, etc.
Retoncioun, s. f. Rétention.
Retontchî, v. n. 2ᵉ conj. comme *Amortchi*. Retentir.
Retontchissamont, s. m. Retentissement.
Retontchissant, a, adj. Retentissant, e.
Retornâ, v. a. n. et pr. 1ʳᵉ conj. Retourner.
Retoû, s. m. Retour. Prend un *e* muet devant une voyelle : *retoûe on arrè*, retour en arrière.
Retouchîe, v. a. et n. 1ʳᵉ conj. irrég. com. *Abouchie*. Retoucher.
Retoumbâ, v. n. 1ʳᵉ conj. Retomber.
Retra, s. m. Ressemblance, portrait.
Retracîe, v. a. et pr. 1ʳᵉ conj. irrég. comme *Ageoncie*. Retracer.
Retracioun, s. f. Rétraction.
Retraire, v. n. 3ᵉ conj. irrég. comme *Maôtraire*. Ressembler, avoir de la ressemblance. *Ma gaôpa que retra de sa reinagrand* ; ma gaupe qui ressemble à son arrière-grand'mère. (CHAPELON).
Retrait, s. m. Retrait, action de se retirer.
Retraitchi, s. f. Retraite.
Retrat, s. m. Abandonné, mis de côté.

RÉUG

Retratâ, v. a. 1ʳᵉ conj. Rétracter.
Retratacioun, s. f. Rétractation.
Retranchamont, s. m. Retranchement.
Retranchîe, v. a. et pr. 1ʳᵉ conj. irrég. comme *Appinchie*. Retrancher.
Retrecî, v. a. et pr. 2ᵉ conj. com. *Adouci*. Rétrécir.
Retrecissamont, s. m. Rétrécissement.
Retreitâ, v. a. 1ʳᵉ conj. Retraiter.
Retreità, f. pl. **ais**, adj. Retraité, e.
Retribuâ, v. a. 1ʳᵉ conj. Rétribuer.
Retribucioun, s. f. Rétribution.
Retrompâ, v. a. et pr. 1ʳᵉ conj. Retremper.
Retroucedâ, v. a. 1ʳᵉ conj. com. *Démend*. Rétrocéder.
Retroucessif (ifou), **iva**, adj. Rétrocessif, ive.
Retroucessioun, s. f. Rétrocession.
Retrougradâ, v. n. 1ʳᵉ conj. Rétrograder.
Retrougradacioun, s. f. Rétrogradation.
Retrougradou, da, adj. Rétrograde.
Retroupestchif (ifou), **iva**, adj. Rétrospectif, ive.
Retroupestchivamont, adv. Rétrospectivement.
Retroussâ, v. a. 1ʳᵉ conj. com. *Bouxà*. Retrousser.
Retroussageou, s. m. Action de retrousser.
Rettanglou, s. m. Rectangle.
Rettangulairou, ra, adj. Rectangulaire.
Rettchifiâ, v. a. 1ʳᵉ conj. Rectifier.
Rettchifiablou, bla, adj. Rectifiable.
Rettchificacioun, s. f. Rectification.
Réudâ, v. n. 1ʳᵉ conj. Rôder, errer.
Réudâ, v. a. 1ʳᵉ conj. User par le frottement ; aléser à l'émeri un tube, un robinet.
Réudéu, sa, s. Rôdeur, euse.
Réugeamont, s. m. Rongement.
Réugearoun, s. m. Petit fromage de brebis.
Lou grôus Sant-Jean, par dressie soun épéia M'a-t-approumés doux réugearouns de féia.
Le gros Saint-Jean, pour dresser son épée, M'a promis deux fromages de brebis.
(CHAPELON).
Réugéu, adj. m. Rongeur.
Réugîe, v. a. 1ʳᵉ conj. irrég. com. *Ablagie*. Ronger.
Réugnéu, sa, adj. Rogneur, euse.
Réugnéuri, s. f. Rognure.
Réugnîe, v. a. 1ʳᵉ conj. irrég. com. *Abaragnie*. Rogner.

REVE

Réugnoi (oua), s. m. Rognoir.
Réulâ, v. n. 1re conj. Rouler, vagabonder.
Réuléu, sa, s. Rouleur, euse ; vagabond, e.
Réusa, s. f. Rose, fleur.
Réusâci ou **Rousâci,** s. f. Rosace.
Réusbif (ifou), s. m. Rosbif.
Réusîe, s. m. Rosier, arbrisseau.
Reusiéri ou **Rousiéri,** s. f. Rosière.
Reünî, v. a. et pr. 2e conj. Réunir.
Reünioun, s. f. Réunion.
Reüssî, v. n. 2e conj. com. *Défessi*. Réussir.
Reüssita, s. f. Réussite.
Révâ, v. a. et n. 1re conj. comme *Déciá*. Rêver.
Revanchi ou **gi,** s. f. Revanche. (V. *Reviri*).
Revanchîe ou **gîe,** v. a. et pr. 1re conj. irrég. com. *Ablayie*. Revancher.
Revarberâ, v. a. 1re conj. Réverbérer.
Revarberacioun, s. f. Réverbération.
Revarbêrou, s. m. Réverbère.
Revardjî, v. a. et n. 2e conj. com. *Agrandji*. Reverdir.
Revardjissamont, s. m. Reverdissement.
Révarit, s. f. Rêverie.
Revarsâ, v. a. 1re conj. Reverser.
Revarsiblou, bla, adj. Reversible.
Reveil (eillou), s. m. Réveil.
Reveillîe, v. a. 1re conj. irrég. comme *Agreillie*. Réveiller. (V. *Déveillie*).
Reveilloun, s. m. Réveillon.
Reveillounâ, v. n. 1re conj. com. *Affetciouná*. Réveillonner.
Reveire, v. a. 3e conj. com. *Creire*. Revoir.
Reveire, s. m. Revoir : *au reveire*.
Revelâ, v. a et pr. 1re conj. com. *Baritelá*. Révéler.
Revelacioun, s. f. Révélation.
Revelatœu, trici, adj. et s. Révélateur, trice.
Revenant, s. m. Revenant, esprit.
Revenant-boun, s. m. Revenant-bon, profit éventuel. *Revenant-boun!* se au dit jeu de boules ou de gobilles pour approuver le mouvement de recul d'une boule.
Revenî, v. n. 2e conj. Revenir. (V. *Retorná*). — Ind. pr. : *Ji revenou, tchu revins, o revint, nous revenouns, vous revenèdes, cis revenount.* — Imparfait : *Ji revenins*, etc. — Passé défini : *Ji reveniéus*, etc. — Futur : *Ji revindrei*, etc. — Cond. : *Ji revindrins*, etc. — Impératif : *Revins, revenouns, reve-*

REVO

nèdes. — Subj. prés. : *Que ji revena*, etc. Imparfait : *Que ji revenéza*, etc. — Part. prés. : *Revenant ;* passé : *revenu, a*.
Revenu, s. m. Revenu, intérêt.
Reveronci, s. f. Révérence.
Reveronciousamont, adv. Révérencieusement.
Reveroncioux, ousa, adj. Révérencieux, euse.
Reveront, a, adj. et s. Révérend, e.
Revês, s. m. Revers.
Revétamont, s. m. Revêtement.
Revétchî, v. a. 2e conj. comme *Amortchi*. Revêtir.
Reviéure, v. n. 3e conj. irrég. com. *Viéure*. Revivre.
Revint, s. m. Revient, prix de revient.
Reviramont, s. m. Revirement.
Revirîe, v. n. 1re conj. irrég. com. *Caravirie*. Revirer, tourner d'un autre côté.
Reviri, s. f. Revanche au jeu de cartes.
Reviri-marioun. Reviri-vachi, s. m. Soufflet du revers de la main, forte taloche.
Revisâ, v. a. 1re conj. Reviser.
Revisablou, bla, adj. Revisable.
Reviséu ou **Raviséu,** s. m. Reviseur, sous-contrôleur d'armes à Saint-Etienne.
Revisioun, s. f. Révision.
Revolta ou **Revorta,** s. f. Révolte. (Celt. *Revolt*).
Revoucablou, bla, adj. Révocable.
Revoucacioun, s. f. Révocation.
Revoucatouairou, ra, adj. Révocatoire.
Revoultâ, v. a. et pr. 1re conj. comme *Adouptá*. Révolter.
Revoulu, a, adj. Révolu.
Revoulucioun, s. f. Révolution.
Revolluciounâ, v. a. 1re conj. comme *Affetciouná*. Révolutionner.
Revoluciounairamont, adv. Révolutionnairement.
Revoluciounairou, ra, s. m. et adj. Révolutionnaire.
Revoulün, s. m. Tourbillon de vent, revolin.
Revoulvê, s. m. Revolver.
Revoundre, v. a. et pr. 3e conj. Enfouir, cacher, retirer.

*Et se reroundre djins la benna
De calamitá et de penna.*

Et s'enfouir dans la benne
De calamité et de peine.
(*Ballet forézien*, M. ALLARD).

RICO

Revouquâ, v. a. 1ʳᵉ conj. comme *Bouquâ*. Révoquer.
Revua, s. f. Revue.
Rez, prép. Rez, tout contre, à côté. (Celt. *Rez*, bord, ras).
Rez-de-chaôssià, s. m. Rez-de-chaussée.
Rhétouricioun, s. m. Rhétoricien.
Rhétouriqua, s. f. Rhétorique.
Rhubarba, s. f. Rhubarbe.
Rhum (omou), s. m. Rhum, eau-de-vie.
Rhumatchisà, f. pl. **ais**, adj. Rhumatisé, e.
Rhumatchismal (alou), **a, aôx**, adj. Rhumatismal, e, aux.
Rhumatchismou, s. m. Rhumatisme. (V. *Douloû*).
Riablou, s. m. Fourgon de four. (V. *Forgoun*).
Riant, a, adj. Riant, e.
Ribambella, s. f. Ribambelle.
Riban, s. m. Ruban. (Celt. *Riband*).
Ribanarit, s. f. Rubanerie.
Ribandjîe, déri, s. Rubanier, ière; qui fait des rubans.
Ribloun, s. m. Vieux débris, vieille ferraille, blocaille.
Ribota, s. f. Ribote, excès.
Riboulâ, v. n. 1ʳᵉ conj. comme *Affoulâ*. Manger jusqu'à satiété, se rassasier de fruits au moment de leur maturité.
Riboulla, s. f. Fête, festin qui clôture les moissons, la fenaison, fin des travaux.
Riboutâ, v. n. 1ʳᵉ conj. comme *Accoulâ*. Riboter.
Ribouteû, sa, s. Riboteur, euse.
Ricanâ, v. n. 1ʳᵉ conj. Ricaner; fig. : braire. *On veyant la siva, l'ânou a ricanà* ; en voyant l'avoine, l'âne a brait (ricané).
Ricanamont, s. m. Ricanement, action de braire, de rire.
Ricandaina, s. f. Racaille, séquelle.
Ricanéu, sa, adj. et s. Ricaneur, euse.
Richâ, s. m. Richard, très riche.
Richamont, adv. Richement.
Richessa, s. f. Richesse.
Richou, chi, adj. et s. Riche. (Celt. *Rich*).
Ricin ou **Ricéin**, s. m. Ricin, plante.
Ricla ou **Riclatta**, s. f. Foire, cours de ventre.
Riclâ ou **Riclatâ**, v. n. 1ʳᵉ conj. Foirer.
Riclant, a, adj. et s. Foireux, euse ; fig. : poltron.
Ricouchét, s. m. Ricochet.

RIOS

Ricouchîe, v. n. 1ʳᵉ conj. irrég. comme *Abouchîe*. Ricocher. (V. *Riquâ*).
Ric-Rac (riquou-raquou), loc. adv. Ric-à-rac.
Rida, s. f. Ride.
Ridâ, v. a. 1ʳᵉ conj. Rider.
Ridâ, f. pl. ais, adj. Ridé, e ; couvert de rides.
Ridaî, pl. **Ridjiaôx**, s. m. Rideau.
Ridella, s. f. Ridelle. (V. *Ranchét*).
Ridjiculamont, adv. Ridiculement.
Ridjiculisâ, v. a. 1ʳᵉ conj. Ridiculiser.
Ridjiculou, la, adj. Ridicule.
Riéu, s. m. Ruisseau. (Celt. *Riu, Rio*). *Pas-do-Riéu* ; Pas-du-Riot, à Rochetaillée, passage du ruisseau.
Riéu ou **Reiéu, sa**, adj. et s. Rieur, euse.
Riflâ, s. m. Riflard, rabot.
Riflâ, v. a. et pr. 1ʳᵉ conj. Rifler, enlever. *Se riflâ* ; se griser, s'enivrer.
Riflou, fla, adj. Ivre, rassasié, e.
Rigidamont, adv. Rigidement.
Rigidjità, pl. **ais**, s. f. Rigidité.
Rigidou, da, adj. Rigide.
Rigola, s. f. Rigole. (Celt. *Rhigol*). (V. *Râza, Razat*).
Rigoulâ, v. n. 1ʳᵉ conj. comme *Affoulâ*. Rigoler.
Rigourismou, s. m. Rigorisme.
Rigouristou, ta, adj. et s. Rigoriste.
Rigourousamont, adv. Rigoureusement.
Rigouroux, ousa, adj. Rigoureux, euse.
Rigoutâ, v. a. 1ʳᵉ conj. com. *Accoulâ*. Vieux mot employé par Chapelon, pour réchauffer.
Riguéudoun, s. m. Rigodon, danse.
Riguignoun ou **gnoû**, s. m. Petit festin, repas intime.
Riguœu, s. f. Rigueur.
Rîma, s. f. Rime. (Celt. *Rim*).
Rîmâ, v. n. et a. 1ʳᵉ conj. Rimer.
Rîmailléu, s. m. Rimailleur.
Rîmaillîe, v. a. et n. 1ʳᵉ conj. irrég. comme *Criaillîe*. Rimailler.
Rîméu, s. m. Rimeur.
Rin ou **Rinçageou**, s. m. Rinçage.
Rin ou **Reincéuri**, s. f. Rinçure.
Rin ou **Reincîe**, v. a. 1ʳᵉ conj. irrég. com. *Ageoncîe*. Rincer. (V. *Echarâ*).
Ringua, s. f. Rosse, vieux cheval. (V. *Bigua*).
Riosta, s. f. Latte, bâton que l'on passe sur une mesure de grains pour l'égaliser. Liens

RIZ

en branches d'arbres tordues, pour les fagots.

Ripa, s. f. Ripe, outil ; fig. : traînard, paresseux, débauché.

Ripâ, v. a. 1re conj. Riper ; fig. : faire bamboche.

Riposta, s. f. Risposte, repartie.

Ripoustâ, v. n. 1re conj. comme *Accoutâ*. Risposter.

Ripuairou, ra, adj. Ripuaire.

Riquâ, v. a. 1re conj. Encorner, heurter, ricocher. *Una vachi l'a riquâ et l'ia fat riquâ la paré ;* une vache l'a encorné et lui a fait heurter la muraille.

Riquageou, s. m. Action de *riquâ*.

Riquét, s. m. Bobine courte et grosse, porte-foret pour percer à l'archet.

Rire, v. n. 3e conj. Rire. — Ind. prés. : *Ji rioüs* ou *reioüs, tchu ris, o rit, nous rioüns* ou *reioüns, vous riédes* ou *reiédes, eis rioünt* ou *reioünt*. — Imparfait : *Ji rins* ou *reïns, tchu ries* ou *reïes, o riït* ou *reït, nous rians* ou *reiant, vous riaz* ou *reiaz, eis riant* ou *reiant*. — Passé défini : *Ji rieüs* ou *reieüs,* etc. — Futur : *Ji rirei,* etc. — Cond. : *Ji ririns,* etc. — Impératif : *Ris, ri* ou *reioüns, ri* ou *reiédes*. — Subj. : *Que ji ri* ou *reia,* etc. — Imparfait : *Que ji ri* ou *reieza,* etc. — Part. prés. : *Ri* ou *reiant ;* passé : *Ris*.

Rîrou, s. m. Action de rire. *Soun franc-rirou*.

Risà, pl. **ais,** s. f. Risée.

Risétta, s. f. Risette.

Risiblamont, adv. Risiblement.

Risiblou, bla, adj. Risible.

Risqua, s. f. Risque, rixe.

Risquâ, v. a. 1re conj. Risquer.

Risquablou, bla, adj. Risquable.

Ritornella, s. f. Ritournelle.

Ritou, s. m. Rite, ordre, prescrit.

Riva, s. f. Rive. (Celt. *Riva*).

Rivâ, v. a. 1re conj. River. (Celt. *Riva*).

Rivageou, s. m. Rivage.

Rival (alou)**, a, aôx,** adj. Rival, e, aux.

Rivalisâ, v. n. 1re conj. Rivaliser.

Rivalità, pl. **ais,** s. f. Rivalité.

Riveréin, a, adj. et s. Riverain, e.

Rivéri, s. f. Rivière. (Celt. *Reveria*).

Rivét, s. m. Rivet, clou.

Rivéuri, s. f. Rivure.

Riz, s. m. Riz, céréale. (Celt. *Riz*).

ROND

Rizéri, s. f. Rizière, champ de riz.

Ro, s. m. Roc (mot celt.), masse de pierre. *Cré de Ro,* montagne de roc ; nom de la montagne où se trouve le principal cimetière à Saint-Etienne, que l'on écrit à tort *Crêt-de-Roch,* au lieu de *Roc*.

Roba, s. f. Robe. (Celt. *Roba*).

Rochi, s. f. Roche, masse de pierre.

Rolou, s. m. Rôle.

Romballâ, v. a. 1re conj. Remballer.

Romballageou, s. m. Remballage.

Rombarquâ, v. a. et pr. 1re conj. Rembarquer.

Rombarquamont, s. m. Rembarquement.

Romblei, s. m. Remblai. (V. *Marëin*).

Rombleïe (i-e)**,** v. a. 1re conj. irrég. comme *Détaffeïe*. Remblayer.

Romborsâ, v. a. 1re conj. Rembourser.

Romborsâ, v. a. 1re conj. Rebrousser.

Romborsablou, bla, adj. Remboursable.

Romborsamont, s. m. Remboursement.

Romboueitchîe, v. a. 1re conj. irrég. com *Couétchie*. Remboîter.

Rombourrâ v. a. 1re conj. com. *Affloûrâ*. Rembourrer, garnir de bourre.

Rombourrâ, v. a. 1re conj. comme *Affloûrâ*. Rembarrer, reprendre vivement.

Rombruni, v. a. n. et pr. 2e conj. Rembrunir.

Rommanchîe, v. a. 1re conj. irrég. comme *Appînchie*. Remmancher.

Rommenâ, v. a. 1re conj. comme *Démenâ*. Remmener.

Ron, s. m. et pr. ind. Rien, néant.

Roncaissageou ou **Ronkeissageou,** s. m. Rencaissage.

Roncaissîe ou **Ronkeissîe,** v. a. 1re conj. irrég. comme *Beissie*. Encaisser.

Roncheinâ, v. a. 1re conj. comme *Décheinâ*. Renchaîner.

Roncherî, v. a. et n. 2e conj. comme *Cûri*. Renchérir.

Roncherissamont, s. m. Renchérissement.

Roncountrâ, v. a. et pr. 1re conj. Rencontrer.

Roncountrou, tra, s. Rencontre.

Rondamont, s. m. Rendement.

Rondez-vous, s. m. Rendez-vous. (V. *Plan*).

Rondeurmî, v. a. et pr. 2e conj. comme *Deurmi*. Rendormir.

Rondju, a, adj. Rendu, e ; fatigué.

ROUA

Rondjurcî, v. a. 2ᵉ conj. comme *Adouci*. Rendurcir.
Rondjurcit, cia, adj. Robuste, dur-à-cuire.
Ronfarmâ, v. a. et pr. 1ʳᵉ conj. Renfermer. (V. *Sarrâ*).
Ronflâ, v. a. et n. 1ʳᵉ conj. Renfler.
Ronflamont, s. m. Renflement.
Ronflouâ, v. a. et n. 1ʳᵉ conj. com. *Bafouâ*. Renflouer.
Ronflouage, s. m. Renflouage.
Ronfô, s. m. Renfort.
Ronforçamont, s. m. Renforcement.
Ronforcîe, v. a. 1ʳᵉ conj. irrég. comme *Ageoncîe*. Renforcer.
Ronforcit, cià, pl. **ais**, adj. Renforcé, e; achevé.
Ronfounçâ, v. a. 1ʳᵉ conj. Renfoncer.
Ronfounçamont, s. m. Renfoncement.
Rongageamont, s. m. Rengagement.
Rongagîe, v. a. et pr. 1ʳᵉ conj. irrég. com. *Ablagie*. Rengager.
Rongaina, s. f. Rengaine.
Rongorgeamont, s. m. Rengorgement.
Rongorgîe (se), v. pr. 1ʳᵉ conj. irrég. com. *Ablagie*. Se rengorger.
Rongranâ, v. a. 1ʳᵉ conj. Rengréner.
Rongueinâ, v. a. 1ʳᵉ conj. com. *Décheinâ*. Rengainer.
Ronseignamont, s. m. Renseignement.
Ronseignîe, v. a. 1ʳᵉ conj. irrég. comme *Agreillîe*. Renseigner.
Ronta, s. f. Rente.
Rontâ, v. a. 1ʳᵉ conj. Renter, assigner une rente.
Rontà, f. pl. **ais**, adj. Renté, e.
Rontchîe, téri, s. Rentier, ière.
Rontrâ, v. n. et a. 1ʳᵉ conj. Rentrer.
Rontrà, pl. **ais**, s. f. Rentrée.
Ronvarsa (à la), loc. adv. A la renverse.
Ronvarsâ, v. a. 1ʳᵉ conj. Renverser.
Ronvarsamont, s. m. Renversement.
Ronvouei ou **Ronvoi**, s. m. Renvoi.
Ronvouîe, v. a. 1ʳᵉ conj. irrég. com. *Allouîe*. Renvoyer.
Rossi, s. f. Rosse. (V. *Bigua*).
Roua, s. f. Roue.
Rouâ, v. a. 1ʳᵉ conj. Rouer.
Rouà, f. pl. **ais**, adj. et s. Roué, e; rusé, e.
Rouageou, s. m. Rouage.

ROUG

Rouaila ou **Rouêla**, s. f. Rouelle, viande de boucherie. Jeu de gobilles (à la *rouêla*). Chaque joueur pose à son tour une gobille sur le haut d'une petite pente, et celle qui, en roulant, va toucher le but ou une autre gobille, fait gagner la partie à son joueur, qui ramasse tout ce qu'il y a sur le jeu.
Rouanaî ou **nê**, n. de l. Roannel, vieux quartier de Saint-Etienne. (Celt. *Rouan*, passage de ruisseau, gué).
Rouanna, s. f. Roanne, sous-préfecture de la Loire.
Rouannarit, s. f. Rouennerie.
Rouannîe, s. m. Qui fait ou vend de la rouennerie.
Roubâ, v. a. 1ʳᵉ conj. com. *Coupâ*. Dérober, voler. (Celt. *Roba*).
Roubê-Macairou, s. m. Robert-Macaire.
Roubinét, s. m. Robinet.
Roubustamont, adv. Robustement.
Roubustou, ta, adj. Robuste.
Roucailléu, s. m. Rocailleur.
Roucailli, s. f. Rocaille.
Roucailloux, ousa, adj. Rocailleux, euse.
Rouchét, s. m. Rochet.
Rouchîe, s. m. Rocher.
Rouchoux, ousa, adj. Rocheux, euse.
Rouét, s. m. Rouet.
Roufian, s. m. Rufien, homme impudique. (Celt. *Rufian*).
Rouflâ, v. a. 1ʳᵉ conj. com. *Couflâ*. Mugir, râler, faire des cris étouffés.
Roufflou, s. m. Mugissement, râlement, cris étouffés.
Rougaciouns, s. f. pl. Rogations.
Rougatouairou, ra, adj. Rogatoire.
Rougeâtrou, tra, adj. Rougeâtre.
Rougeola, s. f. Rougeole, maladie.
Rougeou, gi, s. m. et adj. Rouge, couleur.
Rougeoû, s. f. Rougeur, couleur rouge.
Rougét, s. m. Rouget, poisson.
Rougî, v. a. et n. 2ᵉ conj. com. *Agi*. Rougir.
Rougnà, âssi, s. Grondeur, querelleur, maussade.
Rougni, s. f. Rogne. (Celt. *Rougn*); fig.: querelle. *Charcha-rougni*, s. m. Querelleur, taquin.
Rougnoun ou **gnoû**, s. m. Rognon. (Celt. *Rougnou*).
Rougnoux, ousa, adj. Rogneux, euse.

ROUQ

Roûlâ, v. a. et n. 1re conj. Rouler.
Roûlada, s. f. Roulade.
Roûlageou, s. m. Roulage.
Roûlaî, pl. **Roûliaôx**, s. m. Rouleau.
Roûlamont, s. m. Roulement.
Roûlétta, s. f. Roulette.
Roûléu, sa, s. m. et adj. Rouleur, euse; ouvrier mineur qui fait rouler les bennes de charbon dans la mine.
Roûlie, s. m. Roulier, voiturier.
Roulis, s. m. Roulis, oscillation.
Rouman, s. m. Roman, récit.
Rouman, a, adj. et s. Roman, e; langue.
Roumana, s. f. Romaine, balance.
Roumanci, s. f. Romance, chant.
Roumancîe, s. m. Romancier, auteur.
Roumanesquamont, adv. Romanesquement.
Roumanesquou, qua, adj. et s. Romanesque.
Roumantchiquou, qua, adj. et s. Romantique.
Roumaréin, s. m. Romarin, plante.
Roumpamont, s. m. Rompement.
Roumpre, v. a. 3e conj. Rompre.
Roumpu, a, adj. Rompu, e; accablé, e.
Rounci ou **Rounzi**, s. f. Ronce, arbrisseau épineux.
Round, s. m. Rond, cercle. (Celt. *Round*).
Round, a, adj. Rond, e.
Rounda, s. f. Ronde; loc. adv. *A la rounda*.
Roundachi, s. f. Rondache, bouclier.
Roudaî, pl. **djiaôx**, s. m. Rondeau, petit poème.
Roundamont, adv. Rondement.
Roundei, s. m. Couteau de chasse.
Roundéin, s. m. Rondin, fer rond en barre.
Round-Poéint, s. m. Rond-Point.
Rounflâ, v. n. 1re conj. Ronfler.
Rounflamont, s. m. Ronflement.
Rounflant, a, adj. et s. Ronflant, e; grognon.
Rounroun, s. m. Ronron, bruit du chat.
Roupa, s. f. Casaque, manteau, vêtement.
Roupillie, v. n 1re conj. irrég. comme *Criaillie*. Roupiller.
Rouplét, a, adj. Replet, ète; gras.
Rouquefô, s. m. Roquefort, fromage.
Rouquét, s. m. Roquet, petit chien.

RUDE

Rouquétta, s. f. Roquette, plante.
Rouquetéin, s. m. Gros fil de chaîne tendu sur le bord du ruban et que la trame entraîne dans le tissu.
Rouquilli, s. f. Roquille, petit flacon d'eau-de-vie appelé aussi *téupétta*, de la contenance d'un demi-quart de litre.
Rouquilli (Guillaômou), Roquille (Guillaume), poète populaire de Rive-de-Gier, mort en 1860.
Rousâ, pl. **ais**, s. f. Rosée, vapeur.
Rou ou **Réusâci**, s. f. Rosace.
Rousairou, s. m. Rosaire.
Rousétta, s. f. Rosette.
Roûssa, s. f. Rousseur, tache sur la peau; fig. : police secrète. *O-l-é- de la roûssa;* il appartient à la police secrète.
Roussâ, v. a. 1re conj. com. *Bouxâ*. Rosser.
Roussâ, arda, adj. et s. Paresseux, sans vigueur, usé.
Roussailli, s. f. Canaille, gens de basse condition.
Roussignéu ou **Ressignéu**, s. m. Rossignol, oiseau.
Roussî, v. a. et n. 2e conj. comme *Défessi*. Roussir.
Roussïn, s. m. Roussin.
Roussoû, s. f. Rousseur.
Routa, s. f. Route.
Routchîe, téri, adj. et s. Routier, ière.
Routchina, s. f. Routine, habitude.
Routchinîe, iéri, s. Routinier, ière.
Roux, Roûssa, s. m. et adj. Roux, ousse. (Celt. *Rous*).
Rouyal (alou), a, aôx, adj. Royal, e, aux.
Rouyala, s. f. Royale, barbiche.
Rouyalamont, adv. Royalement.
Rouyalismou, s. m. Royalisme.
Rouyalistou, s. m. Royaliste.
Rouyaômou, s. m. Royaume.
Rouyaôtà, pl. **ais**, s. f. Royauté.
Ruâ, v. n. et pr. 1re conj. Ruer.
Ruada, s. f. Ruade.
Rubis, s. m. Rubis, pierre précieuse. (Celt. *Rubis*).
Rubriqua ou **Rebriqua**, s. f. Rubrique.
Rûchi, s. f. Ruche.
Rûchîe, s. m. Rucher.
Rudamont, adv. Rudement.
Rudessa, s. f. Rudesse.

Rudeiageou, s. m. Rudoiement.
Rudeïe (e-i-e), v. a. 1ʳᵉ conj. irrég. comme *Détaffeie*. Rudoyer.
Rudjimont, s. m. Rudiment.
Rudjimontairou, ra, adj. Rudimentaire.
Rudou, da, adj. Rude.
Ruêla, s. f. Ruelle. (Celt. *Ruella*). (V. *Rueuta*).
Rueuta, s. f. Ruelle.
Rueuta d'onfê, s. f. Nom ancien de la rue Saint-Pierre, à Saint-Etienne.
Rugî, v. n. 2ᵉ conj. com. *Agi*. Rugir. (V. *Beurlâ*).
Rugissamont, s. m. Rugissement.
Ruissaî, pl. **siaôx**, s. m. Ruisseau. (V. *Razat*).
Ruisselâ, v. n. 1ʳᵉ conj. comme *Baritelâ*. Ruisseler.
Rûli, s. f. Rouille, oxyde de fer.
Rûliâ, arda, adj. et s. Traitre, méchant.
Rûlie, v. a. 1ʳᵉ conj. irrég. comme *Baôlie*. Rouiller, produire de la rouille.
Rûlie, v. n. 1ʳᵉ conj. irrég. comme *Baôlie*. Regarder avec feu, darder les yeux.
  Rûliant lous yèux sus la mayéri.
  Dardant les yeux sur la poutre du plafond.
  (Chanson de Linossier, *Patassoun*).
Ruliéuri, s. f. Rouillure.
Rûliün, s. m. Rouille. *Lous'chaômesit et lou rûliün m'ant putafinâ tous mous ûtchits ;* la moisissure et la rouille m'ont détérioré tous mes outils. (Chapelon).
Rûmâ, v. a. 1ʳᵉ conj. Roussir par le feu, trop chauffer le lait.
  .....Gardâ de rûmâ lou tchupin.
  Se garder de roussir la marmite.
  (Ballet forèz. M. Allard).
Rumà, f. pl. **ais**, adj. Roussi, e. *Lat rûmà*, lait trop chauffé.
Ruminâ, v. a. et n. 1ʳᵉ conj. Ruminer.
Rûna, s. f. Ruine.
Rûnâ, v. a. et pr. 1ʳᵉ conj. Ruiner.
Rûnousamont, adv. Ruineusement.
Rûnoux, ousa, adj. Ruineux, euse.
Ruptchura, s. f. Rupture.
Rural (alou), **a, aôx**, adj. Rural, e, aux.
Rusa, s. f. Ruse.
Rusâ, v. n. 1ʳᵉ conj. Ruser.
Rusà, f. pl. **ais**, adj. et s. Rusé, e ; fin.
Rustchiquâ, v. a. 1ʳᵉ conj. Rustiquer. (Celt. *Rustica*).
Rustchiquamont, adv. Rustiquement.
Rustchiquou, qua, adj. Rustique.
Rustrou, tra, adj. et s. Rustre, grossier. V. *Cagnat*).
Rûtchia, s. f. Rôtie de beurre.
Rytmou, s. m. Rythme.
Rytmiquou, qua, adj. Rythmique.

S (essa), s. f. Dix-neuvième lettre de l'alphabet et quinzième des consomnes ; joue le même rôle qu'en français.

Sa, adj. poss. Sa.

Sâ, s. f. Sel. (Celt. *Sal*).

Sabat, s. m. Sabbat, tapage. (Celt. *Sabat*, bruit).

Sabla, s. f. Sable, gravier fin. (Celt. *Sabla*).

Sablâ, v. a. 1re conj. Sabler.

Sablîe, s. m. Sablier.

Sabliéri, s. f. Sablière, carrière de sable.

Sablounîe, s. m. Sablonnier.

Sabloux, ousa, adj. Sablonneux, euse.

Sabouillat, s. m. Bourbier, trou fangeux. Creux plein d'eau, petits trous formés par les sabots des bestiaux. *Vou'é pléin de sabouillats onte ûn péurou charouaï. — Se ficharit dedjins finamont jusqu'au couaï.* (CHAPELON).

Sabrâ ou **Saprâ,** v. a. 1re conj. Sabrer.

Sabradachi, s. f. Sabretache.

Sabréu, s. m. Sabreur, qui sabre. Fig. : ouvrier qui tombe beaucoup d'ouvrage, mais peu soigneux.

Sâbrou ou **Sâprou,** s. m. Sabre, épée.

Sacaréu, s. m. Enfant turbulent, tapageur, saccageur.

Saccada, s. f. Saccade.

Saccadâ, v. a. 1re conj. Saccader.

Saccadâ, f. pl. **ais,** adj. Saccadé, e.

Saccageameont, s. m. Saccagement.

Saccageou, s. m. Saccage.

Saccagéu, s. m. Saccageur. (V. *Sacaréu*).

Saccagîe, v. a. 1re conj. irrég. com. *Ablagie*. Saccager.

Sacerdéuceou, s. m. Sacerdoce.

Sacerdoutal (alou), **a, aôx,** adj. Sacerdotal, e, aux.

Sachét, s. m. Sachet. (V. *Sachoun*).

Sachi, s. f. Sac très large ; sac à ballot de soie.

Sachià, pl. **ais,** s. f. Sachée, contenu d'un sac.

Sachoun, s. m. Sachet, petit sac dans lequel les mineurs portent leurs provisions de bouche dans la mine.

Saciétà, s. f. Satiété.

Sacochi, s. f. Sacoche.

Sacrâ, v. a. 1re conj. Sacrer.

Sacrà, f. pl. **ais,** adj. Sacré, e.

Sacramont, s. m. Sacrement.

Sacramontal (alou), **a, aôx,** adj. Sacramental, e, aux.

Sacramontalamont, adv. Sacramentalement.

Sacreïe (e-i-e), v. n. 1re conj. irrég. comme *Approupreïe*. Sacrer, jurer, blasphémer.
Et ne parlâ de Djiéu que par lou sacreïe.
Et ne parler de Dieu que pour le blasphémer
(CHAPELON).

Sacrifiâ, v. a. et pr. 1re conj. Sacrifier.

Sacrificatœu, s. m. Sacrificateur.

Sacrifiçou, s. m. Sacrifice.

Sacrilegeamont, adv. Sacrilègement.

Sacrilègeou, s. m. Sacrilège.

Sacristchit, s. f. Sacristie.

Sacristéin, s. m. Sacristain.

Sadou, da, adj. Sapide, qui a de la saveur ; sain, agréable au goût ; *pon sadou,* pain sain.

Safran, s. m. Safran.

Safranâ, v. a. 1re conj. Safraner.

Sagaceou, ci, adj. Sagace.

SALÉ

Sagacità, pl. **ais,** s. f. Sagacité.
Sageamont, adv. Sagement.
Sageou, gi, adj. Sage.
Sagessa, s. f. Sagesse.
Sagi-fenna, s. f. Sage-femme, accoucheuse. (V. *Releveusa*).
Sagitairou, s. m. Sagittaire, signe du Zodiaque.
Sagnà, pl. **ais,** s. f. Saignée.
Sagnâ, s. m. Signe, grain de beauté garni de poils de barbe.
Sagnamont, s. m. Saignement.
Sagnant, a, adj. Saignant, e.
Sagnat, s. m. Petit pâquis marécageux.
Sagnéu, s. m. Saigneur, qui saigne les bestiaux.
Sagni, s. f. Prairie marécageuse saignée par des rigoles. (Celt. *Sagne*, jonc de marais).
Sagnîe, v. a. et pr. 1re conj. irrég. comme *Abaragnie*. Saigner.
Sagnoux, ousa, adj. Saigneux, euse.
Saillant, a, adj. Saillant, e.
Saillî, v. n. 2e conj. Saillir.
Saillia, s. f. Saillie.
Salâ, v. a. 1re conj. Saler. (Celt. *Sala*). Dans les jeux d'enfants *salâ* signifie consacrer, rendre inviolable, inattaquable ; on frappe trois petits coups sur l'objet ou la personne en disant : *Un, dous, treis, o-l-é salâ !* alors le jeu commence.
Salà, s. m. Salé, chair de porc salée ; on dit aussi *Petchit salà*, petit salé.
Salà, f. pl. **ais,** adj. Salé, e ; saupoudré de sel.
Salabichoun, s. m. Homme minutieux, s'occupant des détails de la cuisine. (V. *Cacounét*).
Salada, s. f. Salade.
Saladjîe, s. m. Saladier.
Salageou, s. m. Salage.
Salairou, s. m. Salaire. (Celt. *Saler*).
Salamandra, s. f. Salamandre.
Sâlamont, adv. Salement.
Salariâ, v. a. 1re conj. Salarier.
Salarià, f. pl. **ais,** adj. et s. Salarié, e.
Saleisoun, s. f. Salaison.
Saléri, s. f. Salière.
Saletà, pl. **ais,** s. f. Saleté. (V. *Salouparit*).
Saléumoun ou **moù,** s. m. Salomon.
Saléurou, s. m. Saloir.

SAMP

Sâlî, v. a. 2e conj. Salir. (V. *Saloupâ*).
Saligot, a, adj. et s. Saligaud, e.
Salin, ina, adj. Salin, e.
Saliquou, qua, adj. Salique.
Salisséuri, s. f. Salissure, souillure.
Saliva, s. f. Salive.
Salivâ, v. n. 1re conj. Saliver.
Salivacioun, s. f. Salivation.
Salla, s. f. Salle, pièce d'appartement. (Celt. *Salla*).
Salopou, pa, adj. et s. Salope, malpropre ; fig. : avare, ne rendant pas la politesse.
Sâlou, a, adj. Sale, malpropre. (Celt. *Sal*).
Saloupâ, v. a. et pr. 1re conj. com. *Coupâ*. Salir ; fig. : abimer un travail.
Saloupageou, s. m. Action de salir.
Saloupamont, adv. Salopement.
Salouparit, s. f. Saloperie, saleté.
Saloun, s. m. Salon.
Salpétrâ, v. a. 1re conj. comme *Apprêtâ*. Salpêtrer.
Salpétrarit, s. f. Salpêtrerie.
Salpétréri, s. f. Salpêtrière.
Salpêtrou, s. m. Salpêtre.
Salsapareilli, s. f. Salsepareille, plante.
Saltchîmbanquou, qua, s. Saltimbanque ; on dit aussi *saltéimbanquou*.
Saluâ, v. a. 1re conj. Saluer.
Saluada, s. f. Saluade.
Salubramont, adv. Salubrement.
Salubrità, pl. **ais,** s. f. Salubrité.
Salubrou, bra, adj. Salubre.
Salut, s. m. Salut.
Salutacioun, s. f. Salutation.
Salutairou, ra, adj. Salutaire.
Salvaris, n. de l. Salvaris, village de la commune de Rochetaillée, près Saint-Etienne. (Celt. *Salva*, métairie, village ; *ris*, haut, élevé ; village élevé).
Sampa, s. f. Femme mal réputée, d'une tenue débraillée ; terme injurieux. (V. *Peillanchi*).
Sampeillarit, s. f. Viande de mauvaise qualité, ventraille ; fig. : gens de mœurs relâchées, de basse condition.
Sampeilléu, s. m. Chiffonneur, peloteur.
Sampeilli-bacoun, s. m. Personnage libre qui aime à chiffonner, peloter.
Sampeillîe, v. a. 1re conj. irrég. comme *Agreillie*. Chiffonner, peloter, houspiller.

SAOT

O m'é-t-évi déjà qu'ûn lutchin te sampeille.
Il me semble déjà qu'un lutin te chiffonne.
(CHAPELON).
Sana, adj. f. Saine.
Sandà, s. f. Santé.
Sandablou, bla, adj. Qui a bonne santé.
Sandala, s. f. Sandale. (Celt. *Sandalia*).
Sandou ou **Djissandou**, s. m. Samedi.
Sandrolli, s. f. Souillarde, qui lave, récure et fait la cendrillon.
Sanépoun, s. m. Maladie d'enfant, éruption cutanée.
Sanilloun, s. m. Salière de table.
Sanitairou, ra, adj. Sanitaire.
Sans, prép. Sans.
Sans-cœu, s. m. Sans-cœur.
Sans-chiaî, s. m. Décharné, très maigre.
Sansua ou **Sansotta**, s. f. Sangsue. (Celt. *Sant*).
Sant, a, s. et adj. Saint, e. (V. *Séint*).
Saôça, s. f. Sauce.
Saôcéri, s. f. Saucière.
Saôcissi, s. f. Saucisse.
Saôcissoun, s. m. Saucisson.
Saôf, prép. Sauf, excepté.
Saôf (aôfou), **Saôva**, adj. Sauf, sauve. (V. *Saôvou*).
Saôgranu, a, adj. Saugrenu, e.
Saôlou, s. m. Saule, arbre.
Saôma, s. f. Anesse.
Saôma, s. f. Femme travaillant dans les moulinages et filatures de soies, dans les fabriques de lacets, rubans, etc. (par allusion à bête de somme).
Saômâtrou, tra, adj. Saumâtre, couleur.
Saômouéri, s. f. Saumure.
Saômoun ou **moù**, s. m. Saumon, poisson.
Saumounà, f. pl. **ais**, adj. Saumoné, e.
Saôpoudrâ, v. a. 1re conj. Saupoudrer.
Saôsa, s. f. Sauge, plante.
Saôtâ, v. n. et a. 1re conj. Sauter.
Saôtà, f. pl. **ais**, s. m. et adj. Sauté, e.
Saôtaraî, s. m. Freluquet qui sautille en marchant.
Saôtarella, s. f. Sauterelle, insecte.
Saôta-razat, s. m. Saute-ruisseau.
Saôtchillamont, s. m. Sautillement.
Saôtchillant, a, adj. Sautillant, e.
Saôtchillie, v. n. 1re conj. irrég. comme *Criaillie*. Sautiller.

SARF

Saôtéu, sa, s. Sauteur, euse.
Saôtoi (oua), s. m. Sautoir.
Saôvâ, v. a. et pr. 1re conj. Sauver.
Saôvagarda, s. f. Sauvegarde.
Saôvagardâ, v. a. 1re conj. Sauvegarder.
Saôvageamont, adv. Sauvagement.
Saôvagearit, s. f. Sauvagerie.
Saôvageou, gi, adj. et s. Sauvage.
Saôvageoun, s. m. Sauvageon.
Saôva qui pot ! interj. et s. m. Sauve-qui-peut !
Saôvatageou, s. m. Sauvetage.
Saôvatœu, s. m. Sauveteur.
Saôvœu, s. m. Sauveur.
Saôvou, va, adj. Sauvé, e.
Sapâ, v. a. 1re conj. Saper.
Sapïn, s. m. Sapin, arbre.
Sapina, s. f. Petit sapin. (Celt. *Sapina*).
Sapinéri, s. f. Sapinière, lieu planté de sapins.
Saqua, s. f. Poche. *Avei de liâs djïns sa saqua;* avoir de l'argent dans sa poche.
Saquâ (se), v. pr. 1re conj. Se glisser, se faufiler.
Ji me saquou à travès de tous lous mousquetairous. Je me glisse parmi les mousquetaires.
(CHAPELON).
Sarabanda, s. f. Sarabande.
Sarabacana, s. f. Sarbacane.
Sarcasmou, s. m. Sarcasme.
Sarcastchiquou, qua, adj. Sarcastique.
Sarceià, pl. **ais**, s. f. Rossée, verte correction.
Sarceiéu, s. m. Mauvais ouvrier, monteur de fusils.
Sarcella, s. f. Sarcelle.
Sarcî, v. a. 2e conj. com. *Adouci*. Piquer, battre le fer ou le bois pour garnir autour d'une pièce mal ajustée sur un fusil. Sertir.
Sarcî, v. a. 2e conj. com. *Adouci*. Couvrir, remplir. *Ji souais tout sarcit de déutes;* je suis tout couvert d'infirmités.
Sarclâ, v. a. 1re conj. Sarcler.
Sarclageou, s. m. Sarclage.
Sarcléu, sa, s. Sarcleur, euse.
Sarcouphageou, s. m. Sarcophage.
Sardjina, s. f. Sardine, poisson.
Sarfé ou **Çarfé**, s. m. Cerfeuil, plante.
Sarfûsa, s. f. Petit enfant fluet, vif et remuant.

Sargeont, s. m. Sergent, sous-officier; outil de menuisier pour serrer, joindre le bois.
Sarmoun ou **moù,** s. m. Sermon, prêche.
Sarmounâ, v. a. 1ʳᵉ conj. com. *Boundounâ.* Sermonner.
Sarmounéu, sa, s. Sermonneur, euse.
Sarpa, s. f. Serpe.
Sarpeilléri, s. f. Serpillère, toile, chiffon.
Sarpétta, s. f. Serpette.
Sarpont, s. f. Serpent.
Sarpontâ, v. n. 1ʳᵉ conj. Serpenter.
Sarpontaî, pl. **tchiaôx,** s. m. Serpenteau.
Sarpontchïn, s. m. Serpentin.
Sarpoulét, s. m. Serpolet, plante.
Sarsefït, s. m. Salsifis. (V. *Corsounella*).
Sarrâ, v. a. et pr. 1ʳᵉ conj. Serrer, fermer. (Celt. *Sarra,* fermer); fig. : geler fort. *Equétta not vou'a sarrà;* cette nuit il a gelé fort.
Sarrà, f. pl. **ais,** adj. Serré, e; fig. : avare, égoïste.
Sarrailli, s. f. Serrure. (Celt. *Sarralla*).
Sarraillie, s. m. Serrurier.
Sarraillarit, s. f. Serrurerie.
Sarra-quiéu, s. m. Avare, peureux.
Sarra-quiéu, s. m. Gratte-cul, fruit de l'églantier; on dit aussi *Bouchi-quiéu.*
Sarrétta, s. f. Serre-tête, coiffe sans bord.
Sarrassoun, s. m. Fromage blanc fait avec du lait écrémé et que l'on apporte au marché dans un petit morceau de linge « *patta* »; *una patta de sarrassoun.*
Sartchî, v. a. 2ᵉ conj. com. *Amortchi.* Sertir, enchâsser. (V. *Sarci*).
Sartchissageou, s. m. Action de sertir.
Sartchisséu, s. m. Sertisseur.
Sartchisséuri, s. f. Sertissure.
Sarvageou, s. m. Servage.
Sarvant, adj. et s. m. Servant.
Sarvî, v. a. et pr. 2ᵉ conj. irrég. Servir. — Ind. prés. : *Ji sarvou, tchu siais, o siai, nous sarvouns, vous sarvédes, eis sarvount.* — Imparfait : *Ji sarvïns,* etc. — Passé défini : *Ji sarviéus,* etc. — Futur : *Ji sarvirai,* etc. — Cond. : *Ji sarvirïns,* etc. — Impératif : *Siais, sarvouns, sarvédes.* — Subj. : *Que ji sarva, que tchu sarves,* etc. — Imparfait : *Que ji sarvéza,* etc. — Part. prés. : *Sarvant;* passé : *sarvit, sarvia.*
Sarviablou, bla, adj. Serviable.
Sarviçou, s. m. Service.

Sarviéta, s. f. Serviette. (Celt. *Scrvieta*).
Sarvilamont, adv. Servilement.
Sarvilità, pl. **ais,** s. f. Servilité.
Sarvilou, la, adj. Servile.
Sarvitchuda, s. f. Servitude.
Sarvitœu, s. m. Serviteur.
Sarvonta, s. f. Servante, domestique.
Sarvonta, s. f. Sorte d'étrier en fer suspendu à la crémaillère (*crimouais*) et sur lequel on pose la poêle à frire.
Sat, s. m. Sac.
Satan, s. m. Satan, diable.
Satanà, f. pl. **ais,** adj. Satané, e.
Sataniquou, qua, adj. Satanique.
Satchïn, s. m. Satin. (Celt *Satin*).
Satchinâ, v. a. 1ʳᵉ conj. Satiner.
Satchinà, f. pl. **ais,** adj. Satiné, e.
Satchinada, s. f. Satinade.
Satchinageou, s. m. Satinage.
Satchinéu, s. m. Satineur.
Satchira, s. f. Satire.
Satchiriquamont, adv. Satiriquement.
Satchiriquou, qua, s. m. et adj. Satirique.
Satchisfacioun, s. f. Satisfaction.
Satchisfaire, v. a. et n. 3ᵉ conj. comme *Countrafaire.* Satisfaire.
Satchisfasant ou **feisant, a,** adj. Satisfaisant, e.
Satchisfat, faitchi, adj. Satisfait, e.
Satchurâ, v. a. 1ʳᵉ conj. Saturer.
Satchuracioun, s. f. Saturation.
Satchurnales, s. f. pl. Saturnales.
Satchurnion, niéna, adj. Saturnien, ienne.
Satchurnou, s. m. Saturne, le temps.
Satchyriquou, qua, adj. Satyrique.
Satchyrou, s. m. Satyre, demi-dieu.
Satelitou, s. m. Satellite.
Sava, s. f. Sève.
Savâ, v. a. 1ʳᵉ conj. Dégager la sève. Les enfants qui font des sifflets avec des branches d'arbres, frappent avec le manche de leur couteau, en chantant en cadence : *sava, sava moun fiéulai.*
Savamont, adv. Savamment.
Savana, s. f. Savane.
Savant, a, s. m. et adj. Savant, e.
Savata, s. f. Savate. (V. *Groula*).
Savatâ, v. a. 1ʳᵉ conj. Saveter, gâter un ouvrage.

SCÉN

Savatchîe, s. m. Savetier. (V. *Regrouléu*).
Savei, v. a. 3e conj. irrég. Savoir. — Ind. prés. : *Ji saôs, tchu sas, o sait, nous savouns, vous savédes, eis sant*. — Imparfait : *Ji saïns, tchu saies, o sait, nous saïans, vous saiaz, eis saiant*. — Passé défini : *Ji saiéus, tchu saïs, o sait, nous saïmous, vous saïtes, eis saïrant*. — Futur : *Ji saôrei*, etc. — Cond. prés. : *Ji saôrins*, etc. — Impératif : *Sas, savouns* ou *sachouns, savédes* ou *sachédes*. — Subj. prés. : *Que ji sacha*, etc. — Imparfait : *Que ji sachéza*, etc. — Part. prés. : *Sachant*; passé : *séu*. (V. *Séupre*).
Savei-faire, s. m. Savoir-faire.
Savei-viéure, s. m. Savoir-vivre.
Savoû, s. m. Saveur. (Celt. *Savour*).
Sâvouais, adv. Çà-bas, ici-bas. (V. *Seyon*).
Savoun, s. m. Savon. (Celt. *Saoun*).
Savounâ, v. a. 1re conj. com. *Boundounâ*. Savonner.
Savounageou, s. m. Savonnage.
Savounarit, s. f. Savonnerie.
Savounétta, s. f. Savonnette.
Savounoux, ousa, adj. Savonneux, euse.
Savourâ, v. a. 1re conj. comme *Affiourâ*. Savourer.
Savouramont, s. m. Savourement.
Savourousamont, adv. Savoureusement.
Savouroux, ousa, adj. Savoureux, euse.
Savouyâ, arda, adj. et s. Savoyard, e.
Saxifrageou, s. m. Saxifrage, plante.
Saxoun, a, adj. et s. Saxon, onne.
Saxouphonou, s. m. Saxophone.
Sayétta, s. f. Sayette, étoffe. (Celt. *Saya*).
Scabiousa, s. f. Scabieuse, plante.
Scabroux, ousa, adj. Scabreux, euse.
Scalpâ, v. a. 1re conj. Scalper.
Scapel (elou), s. m. Scapel.
Scandâ, v. a. 1re conj. Scander.
Scandalisâ, v. a. et pr. 1re conj. Scandaliser.
Scandal (alou), s. m. Scandale. (Celt. *Scandal*).
Scandalousamont, adv. Scandaleusement.
Scandaloux, ousa, adj. Scandaleux, euse.
Sca ou **Escapulairou**, s. m. Scapulaire.
Scarifiâ, v. a. 1re conj. Scarifier.
Scarlatchina, adj. f. Scarlatine (fièvre).
Sçeaô, s. m. Sceau, cachet.
Scêna, s. f. Scène.
Scéniquou, qua, adj. Scénique.

SECU

Scionci, s. f. Science.
Sciontchifiquamont, adv. Scientifiquement.
Sciontchifiquou, qua, adj. Scientifique.
Se, pr. de la 3e pers., des deux genres et des deux nombres, comme en français.
Sé ou **Sei**, s. m. Seau, vase.
Seanci, s. f. Séance.
Seant, a, s. m. et adj. Séant, e.
Sebila, s. f. Sébile, écuelle.
Secatœu, s. m. Sécateur.
Sechageou, s. m. Séchage.
Sechamont ou **Sechimont**, adv. Sèchement.
Secheressa, s. f. Sécheresse.
Sechîe, v. a. 1re conj. irrég. com. *Abregie*. Sécher.
Sechoi (oua), s. m. Séchoir.
Secoû, s. m. Secours, aide. Prend un e muet devant une voyelle. *Secoùe utchilou*.
Secoûre, v. a. et pr. 3e conj. irrég. Secouer, agiter. — Ind. prés. : *Ji secouiou, tchu secous, o secout, nous secouiouns, vous secouiédes, eis secouiount*. — Imparfait : *Ji secouïns, tchu secouïes, o secouït, nous secouïans, vous secouïaz, eis secouïant*. — Passé défini : *Ji secouiéus*, etc. — Futur : *Ji secourei*, etc. — Cond. prés. : *Ji secourins*, etc. — Impératif : *Secous, secouiouns, secouiédes*. — Subj. prés. : *Que ji secouïa*, etc. — Imparfait : *Que ji secouïéza*, etc. — Part. prés. : *Secouïant*; passé : *secout, secoùtchi*; pl. *secouts, secoùtes*.
Secourablou, bla, adj. Secourable.
Secourî, v. a. 2e conj. com. *Cûrî*. Secourir, aider.
Secoussa, s. f. Secousse, ébranlement.
Recouyéu ou **iéu**, s. m. Secoueur, panier à salade.
Secrét, s. m. Secret; loc. adv. *On secrét*.
Secrét, a, adj. Secret, ète.
Secretâ, v. a. 1re conj. comme *Assetâ*. Secréter.
Secretairou, s. m. Secrétaire.
Secretamont, adv. Secrètement.
Secretariat, s. m. Secrétariat.
Secta, s. f. Secte.
Sectairou, s. m. Sectaire.
Seculairou, ra, adj. Séculaire.
Secularisâ, v. a. 1re conj. Séculariser.
Seculie, iéri, adj. Séculier, ière.
Seculiéramont, adv. Séculièrement.

Securità, s. f. Sécurité.
Sedatchif (ifou), **iva,** adj. Sédatif, ive.
Sedjicioun, s. f. Sédition.
Sedjicioux, ousa, adj. et s. Séditieux, euse.
Sedjucioun, s. f. Séduction.
Sedjûre, v. a. 3ᵉ conj. comme *Dédjûre*. Séduire.
Sedjusant, a, adj. Séduisant, e.
Seductœu, trice, s. et adj. Séducteur, trice.
Sedontairamont, adv. Sédentairement.
Sedontairou, ra, adj. Sédentaire.
Segound, a, adj. Second, e.
Segoundâ, v. a. 1ʳᵉ conj. Seconder.
Segoundairamont, adv. Secondairement.
Segoundamont, adv. Secondement.
Segoundairou, ra, adj. Secondaire.
Segu, a, adj. Suivi, e.
Seguant, a, adj. et s. Suivant, e.
Segua-pan, s. m. Qui suit partout, qui est toujours aux trousses.
Segusion, iéna, s. Ségusien, ienne ; peuple de la Gaule celtique. Leur pays comprenait le Forez, le Lyonnais, le Beaujolais et la Bresse. César en fait mention dans ses Commentaires. Ce guerrier historien nous apprend qu'ils étaient sous la dépendance des Eduens ; qu'ils étaient les premiers au-delà du Rhône et les plus proches de la province romaine. Ils furent rendus indépendants sous l'empire d'Auguste, et Pline les appelle *Liberi*. C'est dans leur territoire que Munacus Plancus bâtit la ville de Lyon, colonie romaine ; leur capitale était Feurs, sur la Loire, *forum segusianorum*, d'où est formé dans la suite *le pagus forensis* qui a donné son nom au Forez. (*Encycl*. DIDEROT.)
Sei, s. f. Soif.
Sei, s. m. Soir.
Sei ou **Sét,** pr. sing. des deux genres Soi.
Séia, s. f. Soie.
Seiageou, s. m. Fauchage.
Seiarit, s. f. Soierie.
Sei-djisant, adj. inv. Soi-disant.
Seïe (e-i-e), v. a. 1ʳᵉ conj. irrég. comme *Approupreie*. Faucher.
Seigla, s. f. Seigle.
Seigne, s. m. Sieur, monsieur. *Seigne Grabiais*, sieur Gabriel. (*Noël* IV, de CHAPELON).
Seignîe (se), v. pr. 1ʳᵉ conj. irrég. comme *Abaragnie*. Se signer, faire le signe de la croix.

Seignœu, s. m. Seigneur.
Seignœurial (alou), **a, aôx,** adj. Seigneurial, e, aux.
Seignœurit, s. f. Seigneurie.
Seilli, s. f. Seille, seau en bois. (Celt. *Saill*).
Seilloun, s. m. Petit seau à traire les vaches.
Séin, s. m. Sein, poitrine.
Seina, s. f. Seine, rivière.
Séindoux, s. m. Saindoux, graisse de porc.
Séing, s. m. Seing, signature.
Séint, Séintchi, s. et adj. Saint, e. (V. *Sant*).
Seit ou **Séze,** prép. Soit.
Seitageou, s. m. Sciage.
Seitaire, s. m. Scieur, scieur de long.
Seitchi, s. f. Scie et Scierie, outil et atelier.
Seitchîe, v. a. 1ʳᵉ conj. irrég. com. *Couétchie*. Scier.
Seitchün, s. m. Sciure.
Seitre, s. m. Faucheur.
Sejornâ, v. n. 1ʳᵉ conj. Séjourner.
Sejoû, s. m. Séjour. Prend un *e* muet devant une voyelle. *Sejoûe onchantà*.
Seletcioun, s. f. Sélection.
Sella, s. f. Selle de cheval, évacuation.
Sella, s. f. Chaise, siège.
 Doués selles à treis peçouns.
 Deux chaises à trois pieds.
  (CHAPELON).
Sellâ, v. a. 1ʳᵉ conj. Seller un cheval.
Sellarit, s. f. Sellerie.
Sellétta, s. f. Sellette.
Sellie, s. m. Sellier.
Seloun, prép. Selon.
Semana, s. f. Semaine.
Semenâ, v. a. 1ʳᵉ conj. comme *Démenà*. Semer.
Semenailles, s. f. pl. Semailles, graines pour semer.
Seméin ou **Semis,** s. m. Semis.
Seméin-countrat, s. m. Semen-contra.
Semenéu, s. m. Semeur.
Semestriel (elou), **la,** adj. Semestriel, le.
Semestrou, s. m. Semestre.
Seminairou, s. m. Séminaire.
Seminal (alou), **a, aôx,** adj. Séminal, e, aux.
Seminaristou, s. m. Séminariste.
Semitchiquou, qua, adj. Sémitique.
Semounci, s. f. Semonce.

SESS

Semounciâ, v. a. 1ʳᵉ conj. Semoncer.
Semounéu, s. m. Sonneur, chantre d'église (vieux mot).
Sénat, s. m. Sénat.
Senatourial (alou), **a, aôx,** adj. Sénatorial, e, aux.
Séné, s. m. Séné, purgatif.
Senéchaôssià, pl. **ais,** s. f. Sénéchaussée.
Senilità, pl. **ais,** s. f. Sénilité.
Senilou, la, adj. Sénile.
Separâ, v. a. et pr. 1ʳᵉ conj. Séparer.
Separà, f. pl. **ais,** adj. Séparé, e.
Separablou, bla, adj. Séparable.
Separacioun, s. f. Séparation.
Separamont, adv. Séparément.
Separatchistou, ta, adj. et s. Séparatiste.
Sépi ou **Seipi,** s. f. Sèche, mollusque, sépia.
Sepucral (alou), **a, aôx,** adj. Sépulcral, e, aux.
Sepucrou, s. m. Sépulcre. *Lou Sant-Sepucrou.*
Seputchura, s. f. Sépulture.
Séquestrâ, v. a. et pr. 1ʳᵉ conj. Séquestrer.
Sequestracioun, s. f. Séquestration.
Sequestrou, s. m. Séquestre.
Serail (aillou), s. m. Sérail.
Seraphïn, s. m. Séraphin.
Seraphiquou, qua, adj. Séraphique.
Seréin, s. m. Serein, vapeur de nuit.
Seréin, a, adj. Serein, e ; clair. (V. *Emerà*).
Serenâ, v. a. et pr. 1ʳᵉ conj. com. *Démenâ.* Rasséréner.
Serenada, s. f. Sérénade.
Serenità, pl. **ais,** s. f. Sérénité.
Sergé ou **Sargé,** s. m. Genre de tissu, armure diagonale. (V. *Armura*).
Sergi ou **Sargi,** s. f. Serge, étoffe. (Celt. *Serch*).
Seria, s. f. Série, suite de choses.
Serïn, ina, s. Serin, e ; canari.
Serinâ, v. a. 1ʳᵉ conj. Seriner ; fig. : rabâcher.
Serinétta, s. f. Serinette.
Serïngua, s. f. Seringue.
Serïnguâ, v. a. 1ʳᵉ conj. Seringuer.
Seriousamont, adv. Sérieusement.
Serra, s. f. Serre. (Celt. *Serra*).
Serioux, ousa, s. m. et adj. Sérieux, euse.
Sessioun, s. f. Session.

SI

Sét, Sechi, adj. Sec, sèche ; loc. adv. *à sét.*
Set, adj. num. et s. m. Sept.
Setchîe ou **Stchîe,** s. m. Setier, mesure.
Setcioun, s. f. Section.
Setciounâ, v. a. 1ʳᵉ conj. com. *Affetciounâ.* Sectionner.
Setciounamont, s. m. Sectionnement.
Setoun, s. m. Séton.
Settanta, adj. num. Septante.
Settchiémamont, adv. Septièmement.
Settchièmou, ma, adj. num. ord. et s. Septième.
Settchuagenairou, ra, adj. et s. Septuagénaire.
Settchuagésima, s. f. Septuagésime.
Settchuplâ, v. a. 1ʳᵉ conj. Septupler.
Settchuplou, pla, adj. et s. Septuple.
Settombrou, s. m. Septembre, mois.
Séu, s. m. Sureau ; *floû de séu,* fleur de sureau.
Séu, s. m. Sou, monnaie.
Séu, s. m. Su, connaissance d'une chose.
Séu, la, adj. Soûl, e. (V. *Fiéulou*).
Séulâ, v. a. et pr. 1ʳᵉ conj. Soûler. (V. *Onfiéulâ*).
Séupre, 2ᵉ forme du verbe savoir. *Savei.* — Imparfait : *Ji séupïns, tchu séupïes, o séupït, nous séupians, vous séupiaz, eis séupiant.* — Passé déf. : *Ji séupiéus,* etc. — Impératif : *Sas, séupıouns, séupédes.* — Subj. : *Que ji séupa,* etc. — Imparfait : *Que ji séupéza,* etc. — Part. prés. : *Séupant ;* passé : *séupu, a.* (V. *Savei*).
Seurpelis, s. m. Surplis, vêtement d'église.
Seurplus, s. m. Surplus.
Seut, s. m. Seuil de la porte ; *pas de la porta.*
Severamont, adv. Sévèrement.
Severità, pl. **ais,** s. f. Sévérité.
Sevèrou, ra, adj. Sévère.
Sevî, v. n. 2ᵉ conj. com. *Cùri.* Sévir.
Sexagenairou, ra, adj. et s. Sexagénaire.
Sexagésima, s. f. Sexagésime.
Sexou, s. m. Sexe.
Sextchuplâ, v. a. 1ʳᵉ conj. Sextupler.
Sextchuplou, pla, s. m. et adj. Sextuple
Sexuel (elou), **la,** adj. Sexuel, le.
Seyon, adv. Ici-bas. (V. *Savouais*).
Si, conj. adv. Si, comme en français.
Si, s. m. Note de musique.

SIGN

Si ou **Sie**, particule affirmative. Si. (Celt. *Si*). *Tchu djis que néu, ji djiéus que sie;* tu dis que non, je dis que si. *Et mais sie,* mais si. *Si fait.*

Sia, pr. poss. 3ᵉ pers. fém. sing. Sienne.

Siamouais, a, adj. et s. Siamois, e.

Siberâ, v. impers. 1ʳᵉ conj. com. *Aberâ*. Neiger avec bourrasque. (Celt. *Sin*, neiger).

Siberion, iéna, adj. et s. Sibérien, ienne.

Siberit, s. f. Sibérie.

Siberra, s. f. Tourmente de neige.

Sibylla, s. f. Sibylle, prophétesse.

Sicatchif (ifou), **iva**, adj. et s. Sicatif, ive.

Sicila, s. f. Sicile.

Sicilion, iéna, adj. et s. Sicilien, ienne.

Sicrâ, v. a. 1ʳᵉ conj. Sucrer.

Sicrâ, f. pl. ais, adj. Sucré, e.

Sicrageou, s. m. Sucrage.

Sicrarit, s. f. Sucrerie.

Sicrîe ou **Sucrîe**, s. m. Sucrier, vase.

Sicrou, s. m. Sucre.

Siéclou, s. m. Siècle.

Siégeou, s. m. Siège.

Siégîe, v. n. 1ʳᵉ conj. irrég. comme *Alésie*. Siéger.

Siesta, s. f. Sieste. (V. *Praniéri*).

Siéu, Siéna, s. et pr. poss. de la 3ᵉ pers. du sing. Sien, sienne (le, la).

Siéuplait, adv. S'il vous plait.

Siéuprâ, v. a. 1ʳᵉ conj. Soufrer.

Siéuprageou, s. m. Soufrage.

Siéuprou, s. m. Soufre.

Siéure, v. a. n. et pr. 3ᵉ conj. irrég. Suivre. — Ind. prés. : *Ji segou, tchu siéus, o siéu, nous segouns, vous seguédes, eis segount.* — Imparfait : *Ji seguïns, tchu seguies,* etc. — Passé déf. : *Ji seguiéus,* etc. — Futur : *Ji siéurei,* etc. — Cond. prés. : *Ji siéurins,* etc. — Impératif : *Siéus, segouns, seguèdes.* — Subj. : *Que ji segua,* etc. — Imparfait : *Que ji seguéza,* etc. — Part. pr. : *Seguant;* passé : *Segu, a.*

Siéus, s. m. Endroit où les foreurs de canons de fusils placent la pierre à l'huile sur laquelle ils affûtent leurs forets; *piéra do siéus.*

Siéuta, s. f. Suite. Loc. adv. *De siéuta, on siéuta, à la siéuta,* tout de siéuta.

Signâ, v. a. et pr. 1ʳᵉ conj. Signer.

Signal (alou), pl. **gnaôx**, s. m. Signal, gnaux.

Signalâ, v. a. et pr. 1ʳᵉ conj. Signaler.

SIMP

Signalà, f. pl. ais, Signalé, e.

Signalamont, s. m. Signalement.

Signatairou, ra, s. Signataire.

Signatchura, s. f. Signature.

Signifiâ, v. a. 1ʳᵉ conj. Signifier.

Significacioun, s. f. Signification.

Significatif (ifou), **iva**, adj. Significatif, ive.

Signou, s. m. Signe. (Celt. *Sign*).

Silex (exou), s. m. Silex, pierre à fusil.

Silouétta, s. f. Silhouette.

Sillageou, s. m. Sillage.

Silloun, s. m. Sillon.

Sillounâ, v. a. 1ʳᵉ conj. com. *Affetciounâ*. Sillonner.

Silonceou, s. m. Silence.

Silonciousamont, adv. Silencieusement.

Siloncioux, ousa, adj. Silencieux, euse.

Simâ, v. n. 1ʳᵉ conj. Maronner, bouder, être vexé.

Simagréia, s. f. Simagrée.

Simella, s. f. Semelle.

Simella (à la), s. f. Jeu, exercice gymnastique. — Après avoir tracé une ligne droite sur le sol, un des joueurs se place sur le côté du trait en faisant le dos d'âne et les autres doivent, en appuyant les mains sur le dos courbé et écartant les jambes, le franchir d'un seul bond (*boumba*) ; puis, après chaque tour, le partenaire s'éloigne du trait de la longueur d'une semelle de soulier, et celui qui, dans son élan, marche sur le trait ou touche le captif avec ses pieds, remplace ce dernier et la partie recommence.

Ce jeu a des variétés ; il se fait par exemple avec un mouchoir de poche, que chaque joueur dépose sur le dos et l'enlève en bondissant, selon les conditions prescrites ; c'est la *simella au moucheù*.

Similairou, ra, adj. Similaire.

Similitchuda, s. f. Similitude.

Simouilli, s. f. Semoule, pâte.

Simoussa, s. f. Lisière, bordure, bande d'étoffe pour emmailloter les enfants.

..... *Doués aônes de simoussa.*
..... deux aunes de lisières.
(CHAPELON).

Simplamont, adv. Simplement.

Simplaroun, a, s. Petit fou, pauvre d'esprit.

Simpletà, pl. ais, s. f. Petite folie, aliénation.

SITO

Sïmplicità, pl. **ais**, s. f. Simplicité.
Sïmplifiâ, v. a. 1re conj. Simplifier.
Sïmplificacioun, s. f. Simplification.
Sïmplou, **pla**, adj. et s. Fou, folle.
Sïmplou, **pla**, adj. Simple. (Celt. *Simpl*).
Simulâ, v. a. 1re conj. Simuler.
Simulâcrou, s. m. Simulacre.
Simultanà, f. pl. **ais**, adj. Simultané, e.
Simultanamont, adv. Simultanément.
Sïn ou **Séinceramont**, adv. Sincèrement.
Sïn ou **Séincérità**, pl. **ais**, s. f. Sincérité.
Sïn ou **Séincèrou**, **ra**, adj. Sincère.
Sinécura, s. f. Sinécure.
Sinéu, conj. Sinon, autrement, sans quoi.
Sïngearit, s. f. Singerie.
Sïngeou, s. m. Singe. (V. *Mouna*).
Sïngéu, adj. et s. m. Singeur.
Sïngîe, v. a. 1re conj. irrég. com. *Ablagie*. Singer.
Sïn ou **Séingularisâ** (se), v. pr. 1re conj. Se singulariser.
Sïn ou **Séingularità**, pl. **ais**, s. f. Singularité.
Sïn ou **Séingulîe**, **iéri**, adj. Singulier, ière.
Sïn ou **Séinguliéramont**, adv. Singulièrement.
Sinistramont, adv. Sinistrement.
Sinistrou, s. m. Sinistre.
Sïntchî, v. a. 2e conj. irrég. com. *Repontchi*. Sentir.
Sïntoû, s. f. Senteur.
Sinuéusità, pl. **ais**, s. f. Sinuosité.
Sinuoux, **ousa**, adj. Sinueux, euse.
Siphoun, s. m. Siphon.
Siquella, s. f. Séquelle.
Sirêna, s. f. Sirène.
Siridont, s. m. Surdent.
Siriguétta, s. f. Cime, sommet.
Sirop, s. m. Sirop.
Sirou, s. m. Sire, seigneur, souverain.
Siroutâ, v. a. et n. 1re conj. com. *Accoutâ*. Siroter.
Sis, **a**, adj. Sis, e; situé.
Sitchuâ, v. a. 1re conj. Situer, placer, poser.
Sitchuacioun, s. f. Situation.
Sitéut, adv. Sitôt.
Sitou, s. m. Site, aspect d'un lieu.

SONS

Sô, s m. Sort, destinée.
Sobrou, **bra**, adj. Sobre.
Soc (oquou), s. m. Soc. (Cel. *Sock*).
Soclou, s. m. Socle et socque.
Sœu, s. f. sœur, religieuse.
Sœu, **Sura**, adj. Sûr, e. *Ji n'on souais sœu, j'ai la méu sura*; j'en suis sûre, j'ai la main sûre.
Soffla, s. f. Souffle, oppression. (V. *Boffa*).
Soffla (jeu de), s. Jeu de sarbacane.
Soixanta, adj. num. Soixante.
Soixantchiémou, **ma**, adj. num. ord. Soixantième.
Soixanteina, s. f. Soixantaine.
Sol (olou), s. m. Sol, terre.
Sol (olou), s. m. Sol, note de musique.
Sola, s. f. Sole, poisson.
Solda, s. f. Solde, paye.
Soldou, s. m. Solde de compte.
Solo, s. m. Solo, seul.
Somblâ, v. n. 1re conj. Sembler.
Somblablamont, adv. Semblablement.
Somblant, s. m. Semblant, apparence.
Somblablou, **bla**, adj. Semblable.
Somblou, **bla**, adj. Simple, qui n'est point composé.
Sompitarnel (elou), **la**, adj. Sempiternel, le.
Sompitarnellamont, adv. Sempiternellement.
Son, **Sana**, adj. Sain, e.
Song, s. m. Sang.
Song-freid, s. m. Sang-froid.
Songlâ, v. a. 1re conj. Sangler, serrer.
Songla, s. f. Sangle.
Songlîe ou **Songlâ**, s. m. Sanglier, porc.
Songlot ou **Sanglot**, s. m. Sanglot.
Songloutâ, v. n. 1re conj. com. *Accoutâ*. Sangloter.
Songuïn, **ina**, adj. Sanguin, e.
Songuina, s. f. Sanguine, craie rouge.
Songuinairou, **ra**, adj. Sanguinaire.
Songuinoulont, **a**, adj. Sanguignolent, e.
Sons (onsou), s. m. Sens.
Sonsà, f. pl. **ais**, adj. Sensé, e.
Sonsamont, adv. Sensément.
Sonsiblamont, adv. Sensiblement.
Sonsiblou, **bla**, adj. Sensible.
Sonsibilità, pl. **ais**, s. f. Sensibilité.

SOUB

Sonsitchiva, s. f. Sensitive, plante.
Sonsualismou, s. m. Sensualisme.
Sonsualistou, s. f. Sensualiste.
Sonsualità, pl. **ais**, s. f. Sensualité.
Sonsuel (elou), la, s. f. Sensuel, le.
Sonsuellamont, adv. Sensuellement.
Sontchimont, s. m. Sentiment.
Sontchimontal (alou), a, adj. Sentimental, e.
Sontchimontalamont, adv. Sentimentalement.
Sontchimontalismou, s. m. Sentimentalisme.
Sontchimontalità, pl. **ais**, s. f. Sentimentalité.
Sontchinella, s. f. Sentinelle. (Celt. *Santinell*).
Sorba, s. f. Sorbe, fruit du sorbier.
Sorbîe, s. m. Sorbier, arbre.
Sorça, s. f. Source. (Celt. *Sorcia*).
Sorcellarit, s. f. Sorcellerie.
Sorceilli, s. f. Sourcil.
Sorceillîe, v. n. 1re conj. irrég. comme *Agreillie*. Sourciller.
Sorcîe, Sorcéri, adj. et s. Sorcier, ière.
Sorda, adj. f. Sourde.
Sordamont, adv. Sourdement.
Sordjina, s. f. Sourdine ; loc. adv. *A la sordjina*.
Sorliat, liâssi, adj. et s. Sourdaud, e.
Sorta, s. f. Sorte, espèce.
Sortant, adj. m. Sortant. (V. *Menu sortant*).
Sortchia, s. f. Sortie.
Sortchî, v. a. et n. 2e conj. irrég. comme *Repontchi*. Sortir. — Ind. prés. : *Ji sortou, tchu sos, o so, nous sortouns*, etc. (V. *Sôtre*).
Sot, Sotta, adj. et s. Sot, sotte. (Celt. *Sot*).
Sôtre, v. a. et n. 3e conj. comme *Môdre*. Sortir. (V. *Sortchi*).
Sottamont, adv. Sottement.
Soû, adj. et s. m. Sourd. Prend un *e* muet devant une voyelle. *Soûe et mûe*, sourd et muet.
Soû, Soula, adj. et s. Seul, e.
Soubassamont, s. m. Soubassement.
Soubrelâ, v. a. 1re conj. comme *Baritelâ*. Secouer, ébranler ; fig. : mettre en train, en mouvement. *Si tchu véus, par nous soubrelâ* ; si tu veux, pour nous mettre en train. (ALLARD).
Soubressaôt, s. m. Soubressaut, cahotage.

SOUF

Soubrétta, s. f. Soubrette.
Soubriquét, s. m. Sobriquet, surnom.
Souchi, s. f. Souche.
Souci, s. m. Souci.
Souciâ (se), v. pr. 1re conj. Se soucier.
Soucial (alou), a, aôx, adj. Social, e, aux.
Souciablamont, adv. Sociablement.
Souciablou, bla, adj. Sociable.
Soucialismou, s. m. Socialisme.
Soucialistou, s. m. Socialiste.
Souciétà, pl. **ais**, s. f. Société.
Souciétairou, ra, adj. et s. Sociétaire.
Soucioux, ousa, adj. Soucieux, euse.
Soucoupa ou **Secoupa**, s. f. Soucoupe.
Soûdâ, v. a. 1re conj. Souder. (Celt. *Souda*).
Soûdageou, s. m. Soudage, action de sonder.
Soudas, s. m. Soldat, homme de guerre.
Soûdéuri, s. f. Soudure.
Soûdoi (oua), s. m. Soudoir.
Soudouîe, v. a. 1re conj. irrég. comme *Allouie*. Soudoyer.
Soufa, s. m. Sofa, lit de repos.
Soufflâ, v. n. et a. 1re conj. comme *Coufflâ*. Souffler. (V. *Bouffâ*).
Soufflageou, s. m. Soufflage. (V. *Bouffageou*).
Soufflét, s. m. Soufflet, coup de plat de main.
Souffletâ, v. a. 1re conj. comme *Assetâ*. Souffleter.
Souffletta, s. f. Petit soufflet de ménage.
Souffléu, sa, s. Souffleur, euse.
Souffléuri, s. f. Soufflure.
Souffranci, s. f. Souffrance.
Souffrant, a, adj. Souffrant, e.
Souffretoux, ousa, adj. Souffreteux, euse.
Souffrî, v. n. et a. 2e conj. irrég. Souffrir. Ce verbe a deux formes de conjugaison. — Ind. prés. : *Ji soffrou* ou *souffréssou, tchu soffres, souffrés, o soffre, souffré, nous souffrouns, souffréssouns, vous souffrédes, souffréssédes, eis soffrount, souffréssount*. — Imparfait : *Ji souffrins* ou *souffréssins*, etc. — Passé défini : *Ji souffriéus* ou *souffréssieus*, etc. — Futur : *Ji souffrirci*, etc. — Cond. : *Ji souffririns*, etc. — Impératif : *Soffras* ou *souffrés, souffrouns* ou *souffréssouns, souffrédes* ou *souffréssédes*. — Subj. prés. : *Que ji soffra* ou *souffréza*, etc. — Part. prés. : *Souffrant* ; passé : *souffé* ou *souffrit* ; fém. *soufferta* ou *souffria*.

SOUL

Soufrâ, v. a. 1ʳᵉ conj. Soufrer. (V. *Siéuprá*).
Soufrageou, s. m. Soufrage. (V. *Siéuprageou*).
Soufrou, s. m. Soufre. (V. *Siéuprou*).
Sougarda, s. f. Sous-garde, pièce d'arme.
Sougardaire, s. m. Qui fait la sous-garde.
Souhait, s. m. Souhait, vœux.
Souhatâ, v. a. 1ʳᵉ conj. Souhaiter.
Souillâ, arda, s. Souillard, e. Souillon qui lave la vaisselle et fait le nettoyage. (V. *Sandrotli*).
Souilléuri, s. f. Souillure.
Souillîe, v. a. 1ʳᵉ conj. irrég. com. *Ageunouillie*. Souiller, salir. (V. *Saloupá*).
Soulâ, s. m. Soulier, chaussure. (Celt. *Soulas*).
Soulageamont, s. m. Soulagement.
Soulagîe, v. a. et pr. 1ʳᵉ conj. irrég. com. *A blagie*. Soulager.
Soulairou, ra, adj. Solaire.
Soulanel (clou), **la**, adj. Solennel, le ; on dit aussi : *Soulanel*.
Soulanellamont, adv. Solennellement.
Soulanisâ, v. n. 1ʳᵉ conj. Solenniser.
Soulanisacioun, s. f. Solennisation.
Soulanità, pl. **ais**, s. f. Solennité.
Soulas, s. m. Soulagement, consolation. (Celt. *Solas*). *Trouvá un soulas* ; trouver un soulagement, une consolation. *Faire soulas;* faire compagnie à quelqu'un.
Soulâtroux, ousa, adj. Désert, sauvage, triste, monotone. (V. *Déssoulassit*).
Souldâ, v. a. 1ʳᵉ conj. comme *Adouptá*. Solder.
Soulé ou **Soulei**, s. m. Soleil. (Celt. *Soul*).
Sou ou **Sulevâ**, v. a. 1ʳᵉ conj. comme *Démená*. Soulever.
Sou ou **Sulevamont**, s. m. Soulèvement.
Soulfegeou, s. m. Solfège.
Soulidairamont, adv. Solidairement.
Soulidairou, ra, adj. Solidaire.
Soulidamont, adv. Solidement.
Soulidarità, pl. **ais**, s. f. Solidarité.
Soulidjifiâ, v. a. 1ʳᵉ conj. Solidifier.
Soulidjità, pl. **ais**, s. f. Solidité.
Soulidou, da, s. m. et adj. Solide.
Soulistou, s. m. Soliste.
Soulitairamont, adv. Solitairement.
Soulitairou, ra, adj. et s. Solitaire.
Soulitchuda, s. f. Solitude.

SOUP

Souliva, s. f. Solive.
Soullicità, v. a. et n. 1ʳᵉ conj. Solliciter.
Soullicitacioun, s. f. Sollicitation.
Soullicitchuda, s. f. Sollicitude.
Soullicitéu, sa, s. Solliciteur, euse.
Soulublou, bla, adj. Soluble.
Soulucioun, s. f. Solution.
Soulvabilità, pl. **ais**, s. f. Solvabilité.
Soulvablou, bla, adj. Solvable.
Soumbrâ, v. n. 1ʳᵉ conj. Sombrer.
Soumbrou, bra, adj. Sombre.
Soumés, a, adj. Soumis, e.
Souméttre, v. a. et pr. 3ᵉ conj. comme *Déméttre*. Soumettre.
Soumissioun, s. f. Soumission.
Soumissiounâ, v. a. 1ʳᵉ conj. com. *Affetciouná*. Soumissionner.
Soummissiounairou, s. m. Soumissionnaire.
Soumma, s. m. Somme.
Soummâ, v. a. 1ʳᵉ conj. comme *Dégouná*. Sommer.
Soummacioun, s. f. Sommation.
Soummairamont, adv. Sommairement.
Soummairou, ra, s. m. et adj. Sommaire.
Soummét, s. m. Sommet. (V. *Péu, créi*).
Soummità, pl. **ais**, s. f. Sommité.
Soumnambulismou, s. m. Somnambulisme.
Soumnambulou, la, adj. et s. Somnambule.
Soumnoulonci, s. f. Somnolence.
Soun, s. m. Son, bruit.
Soun, adj. pos. Son.
Soun, s. m. Fil, bout d'un écheveau. *Pédre lou soun ;* embrouiller un écheveau; fig. : perdre le fil de son discours.
Sounâ, v. n. et a. 1ʳᵉ conj. com. *Boundouná*. Sonner ; par ext. : appeler, héler. *Sounaz-lou*, appelez-le.
Sounarit, s. f. Sonnerie.
Sounét, s. m. Sonnet, poésie.
Sounétta, s. f. Sonnette. (V. *Campana*).
Sounéu, s. m. Sonneur. (V. *Campanaire*).
Sounorou, ra, adj. Sonore.
Sounourità, f. pl. **ais**, s. f. Sonorité.
Soupa, s. f. Soupe. (Celt. *Soupa*).
Soupâ, s. m. Souper, repas.
Soupâ, v. n. 1ʳᵉ conj. com. *Coupá*. Souper, manger.

SOUT

Soupapa, s. f. Soupape.
Soupçoun, s. m. Soupçon.
Soupçounâ, v. a. 1ʳᵉ conj. comme *Boundounâ*. Soupçonner.
Soupçounablou, bla, adj. Soupçonnable.
Soupçounoux, ousa, adj. Soupçonneux, euse.
Soupéu, s. m. Soupeur, qui soupe.
Soupî, s. m. Soupir. (V. *Gémi*).
Soupîe, s. m. Sous-pied.
Soupiéri, s. f. Soupière.
Soupirâ, v. n. 1ʳᵉ conj. Soupirer.
Soupirail (aillou), s. m. Soupirail.
Soupiréu, s. m. Soupireur, qui soupire.
Souplamont, adv. Souplement.
Souplantâ, v. a. 1ʳᵉ conj. Supplanter.
Souplessa, s. f. Souplesse.
Souplou, pla, adj. Souple.
Soûrâ, v. a. 1ʳᵉ conj. Economiser, sauver, mettre de côté.
O-l-aôrit poué soûrâ par allâ jusqu'a Rouma.
Il aurait pu sauver de l'argent pour aller jusqu'à [Rome.
(CHAPELON).
Soûres, s. f. pl. Economies, bien, épargne.
S'iô li reste des soûres.
S'il lui reste des économies.
(CHAPELON).
Souriant, a, adj. Souriant, e.
Sourîre, s. m. Sourire.
Sourîre, v. n. 3ᵉ conj. com. *Rire*. Sourire.
Sourmaisi, s. f. Broc, vase pour le vin.
Sous, prép. Sous.
Souscripcioun, s. f. Souscription.
Souscriptéu, s. m. Souscripteur.
Souscrîre, v. a. et n. 3ᵉ conj. com. *Ecrire*. Souscrire.
Soussignà, f. pl. ais, adj. et s. Soussigné, e.
Soustracioun, s. f. Soustraction.
Soustraire, v. a. et pr. 3ᵉ conj. comme *Maôtraire*. Soustraire.
Soutachi, s. f. Soutache.
Soutachîe, v. a. 1ʳᵉ conj. irrég. comme *Appïnchîe*. Soutacher.
Soutana, s. f. Soutane. (Celt. *Sotana*).
Soutarréin, s. m. Souterrain.
Sou ou **Sutchïn**, s. m. Soutien.
Soutchirageou, s. m. Soutirage.
Soutchirîe, v. a. 1ʳᵉ conj. irrég. comme *Cararîrie*. Soutirer.

SPO

Souvenî, s. m. Souvenir.
Souvenî (se), v. pr. 2ᵉ conj. com. *Reveni*. Se souvenir. (V. *Souvontâ*).
Souvenonci, s. f. Souvenance.
Souveréin, a, adj. et s. Souverain, e.
Souverainamont, adv. Souverainement.
Souvereinetà, pl. **ais**, s. f. Souveraineté.
Souvont, adv. Souvent, fréquemment.
Souvontâ (se), v. pr. 1ʳᵉ conj. Se souvenir.
Souyoux, ousa, adj. Soyeux, euse.
Spaciousamont, adv. Spacieusement.
Spacioux, ousa, adj. Spacieux, euse.
Spatchula, s. f. Spatule.
Special (alou), **a, iaôx**, adj. Spécial, e, aux. (Celt. *Special*).
Specialamont, adv. Spécialement.
Specialistou, ta, adj. et s. Spécialiste.
Specialità, pl. **ais**, s. f. Spécialité.
Specifiâ, v. a. 1ʳᵉ conj. Spécifier.
Specificacioun, s. f. Spécification.
Specifiquamont, adv. Spécifiquement.
Specifiquou, qua, adj. Spécifique.
Specimén, s. m. Spécimen.
Spetâclou, s. m. Spectacle.
Spetatœu, trici, s. Spectateur, trice.
Spetrou, s. m. Spectre.
Speculâ, v. n. 1ʳᵉ conj. Spéculer.
Speculacioun, s. f. Spéculation.
Speculatœu, trici, s. Spéculateur, trice.
Sphèra, s. f. Sphère.
Spheriquamont, adv. Sphériquement.
Spheriquou, qua, adj. Sphérique.
Spirala, s. f. Spirale.
Spiritchismou, s. m. Spiritisme.
Spiritchistou, ta, s. Spiritiste.
Spiritchualismou, s. m. Spiritualisme.
Spiritchualistou, s. m. Spiritualiste.
Spiritchualità, pl. **ais**, s. f. Spiritualité.
Spiritchuel (elou), **la**, adj. Spirituel, le.
Spiritchuellamont, adv. Spirituellement.
Spiritchuoux, ousa, s. m. et adj. Spiritueux, euse.
Spiritou, ta, adj. et s. Spirite.
Splondjidamont, adv. Splendidement.
Splondjidou, da, adj. Splendide.
Splondoû, s. f. Splendeur.
Spô, s. m. Sport.

STCH

Spouliâ, v. a. 1re conj. Spolier.
Spouliacioun, s. f. Spoliation.
Spouliatœu, trici, adj. et s. Spoliateur, trice.
Spoungiousità, pl. ais, s. f. Spongiosité.
Spoungioux, ousa, adj. Spongieux, euse.
Spountanâ, f. pl. ais, adj. Spontané, e.
Spountanamont, adv. Spontanément.
Spountaneïtà, pl. ais, s. f. Spontanéité.
Squelétta ou **Esquelétta,** s. f. Squelette.
Squirou, s. m. Squire.
Squiroux, ousa, adj. Squireux, euse.
Stabilità ou **Estabilità,** pl. ais, s. f. Stabilité.
Stablou ou **Establou, bla,** adj. Stable.
Sta ou **Estacioun,** s. f. Station.
Sta ou **Estaciounâ,** v. n. 1re conj. comme *Affetciounâ*. Stationner.
Sta ou **Estaciounairou, ra,** s. m. et adj. Stationnaire.
Sta ou **Estaciounamont,** s. m. Stationnement.
Stageou, s. m. Stage.
Stagiairou, ra, adj. et s. Stagiaire.
Sta ou **Estala,** s. f. Stalle.
Stanci, s. f. Stance.
Statchistchiqua, s. f. Statistique.
Sta ou **Estatchua,** s. f. Statue.
Statchuâ, v. a. et n. 1re conj. Statuer.
Sta ou **Estatchuairou, ra,** adj. Statuaire.
Sta ou **Estatchuétta,** s. f. Statuette.
Statchura, s. f. Stature.
Sta ou **Estatchut,** s. m. Statut.
Stchimulâ, v. a. 1re conj. Stimuler.
Stchimulacioun, s. f. Stimulation.
Stchimulatœu, trici, adj. Stimulateur, trice.
Stchipulâ, v. a. 1re conj. Stipuler.
Stchipulacioun, s. f. Stipulation.
Stchudjiousamont, adv. Studieusement.
Stchudjioux, ousa, adj. Studieux, euse.
Stchupefacioun, s. f. Stupéfaction.
Stchupéfat, faitchi, adj. Stupéfait, e.
Stchupefiâ, v. a. 1re conj. Stupéfier.
Stchupidamont, adv. Stupidement.
Stchupidjità, pl. ais, s. f. Stupidité.
Stchupidou, da, adj. et s. Stupide.
Stchylâ, v. a. 1re conj. Styler.
Stchylét, s. m. Stylet.

SUBM

Stchylou, s. m. Style.
Stellairou, ra, adj. Stellaire.
Stenougraphiâ, v. a. 1re conj. Sténographier.
Stenougraphiquou, qua, adj. Sténographique.
Stenougraphit, s. f. Sténographie.
Stenougraphou, s. m. Sténographe.
Ste ou **Estephanouais, a,** adj. et s. Stéphanois, e.
Stereouscopou, s. m. Stéréoscope.
Sterilamont, adv. Stérilement.
Sterilisâ, v. a. 1re conj. Stériliser.
Sterilità, pl. ais, s. f. Stérilité.
Sterilou, la, adj. Stérile.
Stok (okou), s. m. Stock.
Stouïcion, ciéna, adj. et s. Stoïcien, ienne.
Stouïquamont, adv. Stoïquement.
Stouïquou, qua, adj. Stoïque.
Stou ou **Estoumacal (alou), a, aôx,** adj. Stomacal, e, aux.
Stou ou **Estoumachiquou, qua,** adj. Stomachique.
Stratagêmou, s. m. Stratagème.
Strategiquou, qua, adj. Stratégique.
Stratégit, s. f. Stratégie.
Strict (ictou), a, adj. Strict, e.
Strictamont, adv. Strictement.
Stroupha, s. f. Strophe.
Strutchura, s. f. Structure.
Suâ, v. n. et a. 1re conj. Suer.
Suairou, s. m. Suaire.
Suavamont, adv. Suavement.
Suavou, va, adj. Suave.
Sulbaternamont, adv. Subalternement.
Sulbaternou, na, adj. et s. Subalterne.
Subdjivisâ, v. a. 1re conj. Subdiviser.
Subdjivisioun, s. f. Subdivision.
Subî, v. a. 2e conj. com. *Càrì*. Subir.
Subit (itou), a, adj. Subit, e.
Subitamont, adv. Subitement.
Subjountchif (ifou), s. m. Subjonctif.
Subjuguâ, v. a. 1re conj. Subjuguer.
Sublimamont, adv. Sublimement.
Sublimou, ma, adj. Sublime.
Submargie, v. a. 1re conj. irrég. comme *Ablagie*. Submerger.
Submarsiblou, bla, adj. Submersible.

SUCC

Submarsioun, s. f. Submersion.
Subordjinacioun, s. f. Subordination.
Subourdounâ, v. a. 1ʳᵉ conj. com. *Boundouná*. Subordonner.
Snbourdounâ, f. pl. **ais**, s. Subordonné, e.
Subourdounamont, adv. Subordonnément.
Subournâ, v. a. 1ʳᵉ conj. Suborner.
Subournacioun, s. f. Subornation.
Subournéu, sa, s. Suborneur, euse.
Subricot, s. m. Subrécot, surplus.
Subrougacioun, s. f. Subrogation.
Subrougîe, v. a. 1ʳᵉ conj. irrég. comme *Abrougie*. Subroger.
Subrougit-tchutéu, s. m. Subrogé-tuteur. On dit aussi *Soubrougeou-tchutéu*.
Subsequamont, adv. Subséquemment.
Subsequont, a, adj. Subséquent, e.
Subsidjiairamont, adv. Subsidiairement.
Subsidjiairou, ra, adj. Subsidiaire.
Subsidou, s. m. Subside.
Subsistâ, v. n. 1ʳᵉ conj. Subsister.
Subsistanci, s. f. Subsistance.
Substanci, s. f. Substance.
Substanciel (elou), la, adj. Substantiel, le.
Substanciellamont, adv. Substantiellement.
Substantchif (ifou), s. m. Substantif.
Substantchivamont, adv. Substantivement.
Substchitchuâ, v. a. 1ʳᵉ conj. Substituer.
Substchitchucioun, s. f. Substitution.
Substchichut, s. m. Substitut.
Subtchilamont, adv. Subtilement.
Subtchilisâ, v. a. 1ʳᵉ conj. Subtiliser.
Subtchilisacioun, s. f. Subtilisation.
Subtchilità, pl. **ais**, s. f. Subtilité.
Subvarsif (ifou), iva, adj. Subversif, ive.
Subveni, v. n. 2ᵉ conj. comme *Reveni*. Subvenir.
Subvoncioun, s. f. Subvention.
Subvounciounâ, v. a. 1ʳᵉ conj. com. *Affeciouná*. Subventionner.
Suc (uquou), s. m. Suc.
Suçâ, v. a. 1ʳᵉ conj. Sucer.
Suçageou, s. m. Sucement.
Succedâ, v. n. 1ʳᵉ conj. comme *Asseta*. Succéder.
Succéint, a, adj. Succinct, e.
Succéintamont, adv. Succinctement.

SUIS

Succês, s. m. Succès.
Successif (ifou), iva, adj. Successif, ive.
Successioun, s. f. Succession.
Successœu, s. m. Successeur.
Suceptchibilità, pl. **ais**, s. f. Susceptibilité.
Suceptchiblou, bla, adj. Susceptible.
Sucéu, s. m. Suceur.
Sucitâ, v. a. 1ʳᵉ conj. Susciter.
Sucitacioun, s. f. Suscitation.
Suçoi (oua), s. m. Suçoir.
Sucoumbâ, v. n. 1ʳᵉ conj. Succomber.
Suçoutâ, v. a. 1ʳᵉ conj. comme *Accoutá*. Suçoter.
Suculonci, s. f. Succulence.
Suculont, a, adj. Succulent, e.
Sucursala, s. f. Succursale.
Sud (udou), s. m. Sud, le Midi.
Sud-Est (estou), s. m. Sud-Est.
Sud-Oest (estou), s. m. Sud-Ouest.
Sûe, s. f. Sœur, fille née des mêmes père et mère.
Suéintâ, v. a. 1ʳᵉ conj. Suinter.
Suéintamont, s. m. Suintement.
Suffîre, v. n. et pr. 3ᵉ conj. irrég. Suffire. — Ind. prés. : *Ji suffésou, tchu suffés, o suffé, nous suffisouns, vous suffisédes, cis suffésount*. — Imparfait : *Ji suffisins, tchu suffisies*, etc. — Passé défini : *Ji suffisicus*, etc. — Futur : *Ji suffirei*, etc. — Cond. : *Ji suffiróns*, etc. — Impératif : *Suffés, suffisouns, suffisédes*. — Subj. prés. : *Que ji suffisa*, etc. — Imparfait : *Que ji suffiséa*, etc. — Part. prés. : *Suffisant* ; passé : *Suffit* ou *suffé, sa*.
Suffisamont, adv. Suffisamment.
Suffisanci, s. f. Suffisance.
Suffisant, a, s. m. et adj. Suffisant, e.
Suffixou, adj. et s. m. Suffixe.
Suffoucacioun, s. f. Suffocation.
Suffouquâ, v. a. et n. 1ʳᵉ conj. com. *Bouquá*. Suffoquer.
Suffrageou, s. m. Suffrage.
Sugerâ, v. a. 1ʳᵉ conj. com. *Aberá*. Suggérer.
Sugessioun, s. f. Suggestion.
Sui ou Sucidâ (se), v. pr. 1ʳᵉ conj. Se suicider.
Sui ou Sucidâ, s. m. Suicidé.
Sui ou Sucidou, s. m. Suicide.
Suifi, s. f. Suie, matière que produit la fumée.
Suissa, s. m. Suisse, Helvétie.

Suissou, ssa, s. Suisse, suissesse.
Sujecioun, s. f. Sujétion.
Sujét, s. m. Sujet. (Celt. *Suget*).
Sujét, ta, adj. Sujet, te; soumis à une autorité.
Sulfatâ, f. pl. **ais,** adj. Sulfaté, e.
Sulfata, s. f. Sulfate.
Sulfura, s. f. Sulfure.
Sulfuriquou, qua, adj. Sulfurique.
Sulfuroux, ousa, adj. Sulfureux, euse.
Sultan, a, s. Sultan, e.
Süm, s. m. et f. Sommeil. *La süm m'éublige d'allà faire ûn süm* ; le sommeil m'oblige d'aller faire un somme. — *Que la süm vene, vene, vene ; que la süm vene à moun effant ; l'effant voudrit bion deurmi ; mais la süm ne véu pas veni.* — *Süm, süm, vene,* etc. Berceuse que les mamans chantent à leurs bébés pour les endormir.
Suoû ou **Sioû,** s. f. Sueur, transpiration.
Supaitchi (à la), loc adv. Au crépuscule, à bord de nuit (vieux mot).
Suparficiel (elou), **la,** adj. Superficiel, le.
Suparficiellamont, adv. Superficiellement.
Suparficit, s. f. Superficie.
Suparfin, ina, adj. Superfin, e.
Suparflu, a, adj. Superflu, e.
Suparpéusâ, v. a. 1re conj. Superposer.
Suparpéusicioun, s. f. Superposition.
Supartchicioun, s. f. Superstition.
Supartchiciousamont, adv. Superstitieusement.
Supartchicioux, ousa, adj. Superstitieux, euse.
Superbamont, adv. Superbement.
Superbou, ba, adj. Superbe.
Superieuramont, adv. Supérieurement.
Supericeu, ra, adj. et s. Supérieur, e.
Superiourità, pl. **ais,** s. f. Supériorité.
Supesâ, v. a. 1re conj. comme *Ompesâ*. Soupeser.
Supeséu, sa, adj. et s. Soupeseur, euse.
Supéusâ, v. a. 1re conj. Supposer.
Supéusà, prép. Supposé ; loc. adv. *Supéusà que*.
Supéusà, f. pl. **ais,** adj. Supposé, e.
Supéusablou, bla, adj. Supposable.
Supéusicioun, s. f. Supposition.
Supleâ, v. a. et n. 1re conj. comme *Agreâ*. Suppléer.

Supleant, a, adj. et s. Suppléant, e,
Suplémont, s. m. Supplément.
Suplemontairou, ra, adj. Supplémentaire.
Supliâ, v. a. 1re conj. Supplier.
Supliant, a, adj. et s. Suppliant, e.
Suplicacioun, s. f. Supplication.
Supliciâ, f. pl. **ais,** s. Supplicié, e.
Supliçou, s. m. Supplice.
Supliqua, s. f. Supplique.
Supô, s. m. Support.
Suportâ, v. a. 1re conj. Supporter.
Suportablamont, adv. Supportablement.
Suportablou, bla, adj. Supportable.
Supressioun, s. f. Suppression.
Suprimâ, v. a. 1re conj. Supprimer.
Supurâ, v. n. 1re conj. Suppurer.
Supuracioun, s. f. Suppuration.
Supuratchif (ifou), **iva,** adj. et s. Suppuratif, ive.
Suputâ, v. a. 1re conj. Supputer.
Suputacioun, s. f. Supputation.
Supremacit, s. f. Suprématie.
Suprèmou, ma, adj. Suprême.
Sura, adj. f. Sûre. (V. *Sieu*).
Suraboundâ, v. n. 1re conj. Surabonder.
Suraboundamont, adv. Surabondamment.
Suraboundanci, s. f. Surabondance.
Suraboundant, a, adj. Surabondant, e.
Suramont, adv. Sûrement.
Surchaôffâ, v. a. 1re conj. Surchauffer.
Sur ou **Seurchargi,** s. f. Surcharge.
Sur ou **Seurchargiâ,** v. a. 1re conj. irrég. comme *Ablagiâ*. Surcharger.
Surdjità, pl. **ais,** s. f. Surdité.
Suronchèra, s. f. Surenchère.
Suroncherî, v. a. 2e conj. com. *Curî*. Surenchérir.
Suronchérisséu, sa, s. Surenchérisseur, euse.
Suretà, pl. **ais,** s. f. Sûreté.
Surexcitacioun, s. f. Surexcitation.
Surexcitâ, v. a. 1re conj. Surexciter.
Sur ou **Seurfâci,** s. f. Surface.
Sur ou **Seurfaire,** v. a. et n. 3e conj. com. *Countrafaire*. Surfaire.
Surgeon, s. m. Recors.
Sur ou **Seurgî,** v. n. 2e conj. comme *Agî*. Surgir.

SUR

Sur ou **Seurjét**, s. m. Surjet.
Sur ou **Seurjetâ**, v. a. 1re conj. comme *Assetâ*. Surjeter.
Sur ou **Seurlondeméu**, s. m. Surlendemain.
Sur ou **Seurmenâ**, v. a. 1re conj. comme *Démenâ*. Surmener.
Sur ou **Seurmenageou**, s. m. Surmenage.
Sur ou **Seurmountâ**, v. a. et pr. 1re conj. Surmonter.
Sur ou **Seurmountablou, bla**, adj. Surmontable.
Sur ou **Seurnagîe**, v. n. 1re conj. irrég. comme *Ablagie*. Surnager.
Sur ou **Seurnatchurel** (elou), **la**, adj. Surnaturel, le.
Sur ou **Seurnaturellamont**, adv. Surnaturellement.
Surnouais, a, adj. et s. Sournois, e.
Surnouaisamont, adv. Sournoisement.
Sur ou **Seurnoum** ou **noù**, s. m. Surnom.
Sur ou **Seurnoumâ**, v. a. 1re conj. comme *Dégoumâ*. Surnommer.
Sur ou **Seurnumerairou, ra**, adj. et s. Surnuméraire.
Sur ou **Seurpassâ**, v. a. et pr. 1re conj. Surpasser.
Sur ou **Seurploumbâ**, v. n. 1re conj. Surplomber.
Sur ou **Seurprenant, a**, adj. Surprenant, e.
Sur ou **Seurprésa**, s. f. Surprise.
Sur ou **Seurprondre**, v. a. 3e conj. Surprendre.
Sur ou **Seursaôt** (on), loc. adv. En sursaut.
Sur ou **Seursis**, s. m. Sursis.
Sur ou **Seurtaxa**, s. f. Surtaxe.
Sur ou **Seurtaxâ**, v. a. 1re conj. Surtaxer.
Sur ou **Seurtout**, adv. Surtout.
Sur ou **Seurveillanci**, s. f. Surveillance.
Sur ou **Seurveillant, a**, s. Surveillant, e.
Sur ou **Seurveillîe**, v. a. 1re conj. irrég. comme *Agreillie*. Surveiller.
Sur ou **Seurvenant**, s. Survenant, e.
Sur ou **Seurviéure**, v. n. 3e conj. comme *Viéure*. Survivre.
Sur ou **Seurviquant, a**, adj. et s. Survivant, e.

SYN

Sus, prép. Sur. *Sus la gaôchi*, sur la gauche.
Suscripcioun, s. f. Suscription.
Sudjit, a, adj. Susdit, e.
Susnoumâ, f. pl. **ais**, adj. et s. Susnommé, e.
Suspet, ta, adj. Suspect, e.
Suspettâ, v. a. 1re conj. Suspecter.
Suspondre, v. a. 3e conj. Suspendre.
Suspons (on), loc. adv. En suspens.
Susponcioun, s. f. Suspension.
Susponsoi (oua), s. m. Suspensoir.
Susponta, s. f. Soupente.
Sutchïn, s. m. Soutien.
Sutenablou, bla, adj. Soutenable.
Sutenamont, s. m. Soutènement.
Sutenéu, s. m. Souteneur.
Sutenî, v. a. 2e conj. comme *Ilereni*. Soutenir.
Suzerein, a, adj. et s. Suzerain, e.
Suzereinetâ, pl. **ais**, s. f. Suzeraineté.
Syllaba, s. f. Syllabe.
Syllabet, s. m. Syllabaire.
Syllabiquou, qua, adj. Syllabique.
Sÿm ou **Séimbolou, la**, s. m. Symbole.
Sÿm ou **Séimbouliquou, qua**, adj. Symbolique.
Sÿm ou **Séimboulisâ**, v. a. 1re conj. Symboliser.
Symétriquamont, adv. Symétriquement.
Symétriquou, qua, adj. Symétrique.
Symétrisâ, v. a. 1re conj. Symétriser.
Symétrit, s. f. Symétrie.
Sÿm ou **Séimpatchiquamont**, adv. Sympathiquement.
Sÿm ou **Séimpatchiquou, qua**, adj. Sympathique.
Sÿm ou **Séimpatchisâ**, v. n. 1re conj. Sympathiser.
Sÿm ou **Séimpatchit**, s. f. Sympathie.
Sÿm ou **Séimphounistou**, s. m. Symphoniste.
Sÿm ou **Séimphounit**, s. f. Symphonie.
Sÿm ou **Séimptéumou**, s. m. Symptôme.
Synagogua, s. f. Synagogue.
Sÿn ou **Séincopa**, s. f. Syncope.
Sÿn ou **Séincoupâ**, v. a. 1re conj. comme *Coupâ*. Syncoper.

SYNO

Sÿn ou **Séindjic** (iquou), s. m. Syndic.
Sÿn ou **Séindjical** (alou), a, aôx, adj. Syndical, e, aux.
Sÿn ou **Séindjicat**, s. m. Syndicat.
Synodou, s. m. Synode.
Synounymou, ma, s. m. et adj. Synonyme.
Synounymiquou, qua, adj. Synonymique.

SYST

Sÿntaxa, s. f. Syntaxe.
Syrion iéna, adj. et s. Syrien, ienne.
Systematchiquamont, adv. Systématiquement.
Systematchiquou, qua, adj. Systématique.
Systématchiséu, v. a. 1re conj. Systématiser.
Systèmou, s. m. Système.

T, s. m. Vingtième lettre de l'alphabet et seizième des consonnes. Le *t* joue un rôle particulier devant *i*, *y* ou *u*, comme il a été démontré plus haut. (V. Gram., n° 14).

Ta, adj. poss. fém. Ta.

Tâ, s. m. et adj. Tard.

Tabacéri, s. f. Tabatière.

Tabagit, s. f. Tabagie.

Tabat, s. m. Tabac.

Tabellioun, s. m. Tabellion.

Tabernâclou, s. m. Tabernacle.

Tâbla ou **Trâbla**, s. f. Table. (Celt. *Tabl*).

Tablaî ou **Trablaî**, pl. **iaôx**, s. m. Tableau.

Tablà pl. **ais** s. f. Tablée.

Tabletarit, s. f. Tabletterie.

Tablétta, s. f. Tablette.

Tabourét, s. m. Tabouret.

Tabut, s. m. Bruit. (Celt. *Tabut*).

Ta ou **Tambûtâ**, v. a. 1re conj. Frapper, cogner, faire du bruit. *Qui tabûte à ma porta* ; qui frappe à ma porte. (Celt. *Tabuta*).

Tâcheroun, s. m. Tâcheron, entrepreneur.

Tachetâ, v. a. 1re conj. comme *Assetâ*. Tacheter, marquer de diverses taches. (V. *Pintoulâ*).

Tachetà, f. pl. **ais**, adj. Tacheté, e. (V. *Bayâ*).

Tachi, s. f. Clou, pointe. (Celt. *Tach*).
Un écritai que brande à una tachi.
Un écriteau qui est suspendu à un clou.
(CHAPELON).

Tachi, s. f. Tache, souillure. (Celt. *Tacha*).

Tâchi, s. f. Tâche, ouvrage.

Tachîe, v. a. 1re conj. irrég. com. *Appinchie*. Tacher, salir.

Tâchîe, v. n. 1re conj. irrég. com. *Appinchie*. Tâcher, s'efforcer.

Tacitamont, adv. Tacitement.

Tacitchurnamont, adv. Taciturnement.

Tacitchurnità, pl. **ais**, s. f. Taciturnité.

Tacitchurnou, na, adj. Taciturne.

Tacoun, s. m. Tronçon, morceau informe. (Celt. *Tacoun*). *Un tacoun de pon* ; un gros morceau de pain.

Tacounâ, v. a. et n. 1re conj. com. *Bounndounâ*. Taper, frapper, battre ; remettre des talons aux souliers. (Celt. *Tacoun*).

Tact (tou), s. m. Tact.

Tatchiqua, s. f. Tactique.

Taffetas, s. m. Taffetas, tissu.

Taî (à), loc. adv. A bord, à pleins bords. *Beire à taî* ; boire à bord. *Vés lou Grand-Moulêin, les lavandéres, n'amount pas lou rin, quand eis n'ant jin !*
Mais quand eis n'ant, à taî d'écuêla, à taî de bichoun vant veire au found ! (Bourrée des lavandières).

Taillablou, bla, adj. Taillable.

Taillandarit, s. f. Taillanderie.

Taillandjie, s. m. Taillandier.

Taillant, s. m. Taillant, tranchant.

Taillants, s. f. pl. Ciseaux de couturière. *Sa paira de taillants* ; sa paire de ciseaux. (CHAPELON).

Tailleusa, s. f. Tailleuse, qui fait les vêtements.

Tailli, s. f. Taille, manière de tailler.

Tailli, s. f. Taille, stature. (Celt. *Tail*).

Taillie, v. a. 1re conj. irrég. com. *Criaillie*. Tailler, couper.

Taillis, s. m. Taillis.

Tailloeu, s. m. Tailleur, qui taille, qui fait les vêtements.

Tailloun, s. m. Morceau coupé. (V. *Tacoun*).

TAN

Talapa, s. f. Gauche, maladroit, qui bronche en marchant, qui tombe à terre.
Talét, s. m. Morceau de bois suspendu à une corde que l'on attache au cou des vaches ou des porcs pour les empêcher de courir.
Talioun, s. m. Talion, punition.
Talissamon, s. m. Talisman.
Talochi, s. f. Taloche.
Talot, s. m. Gros soulier à semelle de bois.
Taloun, s. m. Talon. (Celt. *Taloun*).
Talounâ, v. a. 1re conj. com. *Boundounâ*. Talonner.
Talus (uçou), s. m. Talus. (V. *Tchurâ*).
Tambolli, s. f. Mauvaise cuisine.
Tamboû, s. m. Tambour, prend un *e* muet devant une voyelle; *tamboûe et cleiroun*.
Tambouilléu, sa, s. Mauvais cuisinier.
Tambouillie, v. n. 1re conj. irrég. comme *Ageanouillie*. Faire de la mauvaise cuisine.
Tamboû-majò, s. m. Tambour-major.
Tambourïn, s. m. Tambourin.
Tambourinâ, v. n. 1re conj. Tambouriner.
Tambourinageou, s. m. Tambourinage.
Tambourinaire ou **rinîe,** s. m. Tambourineur, qui bat du tambour.
Tamis, s. m. Tamis.
Tamisâ, v. a. 1re conj. Tamiser.
Tamisageou, s. m. Tamisage.
Tamiséu, s. m. Tamiseur.
Tampis, adv. Tant pis.
Tampoun, s. m. Tampon.
Tampounâ, v. a. 1re conj. comme *Boundounâ*. Tamponner.
Tampounamont, s. m. Tamponnement.
Tampoun de jaônéri, s. m. Tampon, bouchon pour le trou pratiqué au bas d'une porte pour le passage des chats ; fig. : personne grosse et de courte taille.
Tânâ, v. a. 1re conj. Tanner, préparer les cuirs ; fig. : battre, rosser.
Tânà, f. pl. **ais,** adj. Tanné, e : fig. : rossé, e.
Tânageou, s. m. Tannage.
Tânarit, s. f. Tannerie.
Tandjiéus, conj. Tandis; loc. conj. *Tandiéus que*.
Tânein, s. m. Tanin.
Taneisit, s. f. Tanaisie, plante.
Tânéri, s. f. Tanière, caverne.
Tânéu, s. m. Tanneur, ouvrier.

TAPO

Tan ou **Tongageou,** s. m. Tangage.
Tanna, s. f. Herbe salée sauvage, longue tige.
Tannâ, v. a. et n. 1re conj. Monter, pousser en tige.
Tant, adv. Tant.
Tanta, s. f. Tante. (V. *Talan*).
Tantarina, s. f. Mouche bovine, cantharide.
Mouchi tantarina.
Piqua la bourina.
Tantchïn, s. m. Ménage, cuisine. *Faire soun tantchïn* ; faire son ménage, sa cuisine, se passer de domestique.
Tantequant, adv. Aussitôt, tout de suite.
Tantéut, adv. Tantôt.
Taô ou **Tel** (elou), **Tella,** adj. Tel, telle. La forme *taô* ne s'emploie que précédée du subst. un : *ün taô, appelâ ün taô*.
Taô, s. m. Taux, prix, intérêt.
Taôdjis ou **Taôdjioun,** s. m. Taudis, taudion.
Taôla ou **Téula,** s. f. Tôle, fer en feuille.
Taô ou **Téularit,** s. f. Tôlerie, fabrique de tôle.
Taô ou **Téulîe,** s. m. Tôlier, ouvrier.
Taôna, s. f. Taon, guêpe, grosse mouche ; par all. : femme grognon, qui bougonne.
Ji la fasîns voulâ plus vitou qu'una taôna.
Je la faisais voler plus vite qu'une guêpe.
(CHAPELON).
Taônâ, v. n. 1re conj. Gronder, bougonner.
Taôniâ, arda, adj. et s. Qui grogne toujours comme une guêpe qui bourdonne.
Taôpa, s. f. Taupe. (V. *Draboun*).
Tapa, s. f. Tape, coup.
Tapâ, v. a. 1re conj. Taper, battre, frapper.
Tapà, f. pl. **ais,** adj. Bien dit, bien fait.
Tapà, pl. **ais,** s. f. Tapée, quantité, nombre.
Una tapà de chiòres ; une quantité de chèvres.
Tapageou, s. m. Tapage.
Tapagéu, s. m. Tapageur.
Tapaquiéu, s. m. Habit de cérémonie.
Tapétta, s. f. Tapette. (V. *Maluchï*).
Tapiouca, s. m. Tapioca.
Tapis, s. m. Tapis.
Tapissarit, s. f. Tapisserie.
Tapissîe, v. a. 1re conj. irrég. com. *Acassie*. Tapisser, revêtir de tapisserie.
Tapissîe, iéri, s. Tapissier, ière.
Tapoutâ, v. a. 1re conj. comme *Accoutâ*. Tapoter.

TARR

Taqua, s. f. Enclume cannelée pour les forgeurs de canons de fusils.
Taquét, s. m. Taquet.
Taquïn, ina, adj. et s. Taquin, e.
Taquinâ, v. a. et n. 1ʳᵉ conj. Taquiner.
Taquinarit, s. f. Taquinerie.
Tara, s, f. Tare, défaut, déchet.
Tarâ, v. a. et pr. 1ʳᵉ conj. Tarer, gâter.
Tarà, pl. f. **ais**, adj. Taré, e; vicié, e.
Tarabat, s. m. Bruit, tapage, querelle.
Tarabâta, adj. Turbulent, tapageur. (Celt. *Tarabat*).
Tarabûtâ, v. a. 1ʳᵉ conj. Tarabuster, rudoyer.
Tarantaise, n. de l. Tarentaize. Nom d'un antique village au Sud de Saint-Etienne et d'un quartier à l'Ouest de la ville. (Celt. *Taran*, tonnerre, éclair; dieu gaulois. *Toes*, esprit follet). (V. en plus la *Légende des Gagas*, A. CALLET).
Tarasqua, s. f. Tarasque, de Tarascon.
Taraôdâ, v. a. 1ʳᵉ conj. Tarauder; fig. : rosser.
Taraôdà, pl. **ais**, s. f. Rossée, volée de coups.
Taraôdageou, s. m. Taraudage.
Taraôrou, s. m. Taraud.
Tarciairou, ra, adj. Tertiaire.
Tardâ, v. n. 1ʳᵉ conj. Tarder.
Tardjif (ifou), **iva**, adj. Tardif, ive.
Tardjivamont, adv. Tardivement.
Targetaire, s. m. Qui fait des targettes.
Targétta, s. f. Targette.
Targivarsâ, v. n. 1ʳᵉ conj. Tergiverser.
Targivarsacioun, s. f. Tergiversation.
Targuâ (se), v. pr. 1ʳᵉ conj. Se targuer.
Tarî, v. a. 2ᵉ conj. com. *Càri*. Tarir. (V. *Agoutâ*).
Tariéri, s. f. Tarière.
Tarif (ifou), s. m. Tarif.
Tarifâ ou **fiâ**, v. a. 1ʳᵉ conj. Tarifer.
Tarissableou, bla, adj. Tarissable.
Tarissageou, s. m. Tarissement. V. *Agoutageou*).
Tarminâ, v. a. 1ʳᵉ conj. Terminer.
Tarmineisoun, s. f. Terminaison.
Tarnî, v. a. 2ᵉ conj. Ternir.
Tarnissageou, s. m. Ternissage.
Tarnisséuri, s. f. Ternissure.
Tarra ou **Terra**, s. f. Terre. (Celt. *Terra*).

TATO

Tarranéri, Terrenoire, nom d'une commune près Saint-Etienne.
Tarraî, s. m. Terreau.
Tarrailléu, s. m. Terrailleur.
Tarailli, s. f. Terraille, poterie. (V. *Bartassailli*).
Tarrailloun, s. m. Espèce de martinet, oiseau.
Tarrassamont, s. m. Terrassement.
Tarrâssi, s. f. Terrasse, nom d'un quartier au Nord de Saint-Etienne.
Tarrassîe, s. m. Terrassier. (V. *Muraire*).
Tarrassîe, v. a. 1ʳᵉ conj. irrég. comme *Acassie*. Terrasser.
Tarréin, s. m. Terrain.
Tarrestrou, tra, adj. Terrestre.
Tarriblamont, adv. Terriblement.
Tarriblou, bla, adj. Terrible.
Tarrîe, s. m. Terrier.
Tarrifiâ, v. a. 1ʳᵉ conj. Terrifier.
Tarrina, s. f. Terrine.
Tarritouairou, s. m. Territoire.
Tarritourial (alou), **a, aôx**, adj. Territorial, e, aux.
Tarrœu ou **Terrœu**, s. f. Terreur.
Tarroux, ousa, adj. Terreux, euse.
Tartan, s. m. Tartan, châle.
Tartârou, s. m. Tartare.
Tartchina, s. f. Tartine. (V. *Râtchia*).
Tartchufou, s. f. Tartufe.
Tartra ou **Tâtra**, s. f. Tarte, espèce de tourte à la crème, faite à Saint-Rambert-sur-Loire et que l'on vend sur le marché.
Tartrou, s. m. Tartre, dépôt salique.
Tas, s. m. Tas, amas.
Tâssa, s. f. Tasse. (Celt. *Tassa*).
Tassâ, v. a. et pr. 1ʳᵉ conj. Tasser.
Tassageou, s. m. Tassage.
Tassamont, s. m. Tassement.
Tassaô, s. m. Tasseau.
Tâtâ, v. a. et n. 1ʳᵉ conj. Tâter. (Celt. *Tasta*).
Tâtaminétta, s. m. Tâte-minette.
Tâtamont, s. m. Tâtement.
Tâtéu, sa, s. Tâteur, euse.
Tatolli, s. f. Mauvaise laveuse de linge.
Tatouâ, v. a. 1ʳᵉ conj. com. *Bafouâ*. Tatouer.
Tatouage, s. m. Tatouage.
Tatouéu, s. m. Tatoueur.

TCHI

Tatouillîe, v. a. 1ʳᵉ conj. irrég. com. *Ageanouillie*. Mal laver le linge, laver sur la pierre d'évier.

Tâtoun (à), loc. adv. A tâtons.

Tâtounâ, v. n. 1ʳᵉ conj. comme *Boundounâ*. Tâtonner.

Tâtounamont, s. m. Tâtonnement.

Tâtounéu, sa, s. Tâtonneur, euse.

Tavan, s. m. Taon, grosse mouche; c'est le mâle de la *taôna*, il est noir et l'autre est jaune.

Tavella, s. f. Gaule, bâton, gourdin.

Taverna, s. f. Taverne.

Taxa, s. f. Taxe.

Taxâ, v. a. 1ʳᵉ conj. Taxer. (Celt. *Taxa*).

Tchia, s. f. Résine, bois résineux dont les gens de la montagne se servent de torche et de flambeau.

Tchiala, s. f. Toile. (Celt. *Tela*).

Tchialaire, s. m. Fabricant et marchand de toiles.

Tchiâra, s. f. Tiare.

Tchic (iquou), s. m. Tic.

Tchickét, s. m. Ticket.

Tchic-Tac (iquou, aquou), s. m. Tic-tac.

Tchîe, s. m. Tiers, troisième partie.

Tchiédamont, adv. Tiédement.

Tiédjî, v. n. 2ᵉ conj. com. *Agrandji*. Tiédir.

Tchierça, s. f. Tierce; religieuse du tiers-ordre.

Tchierçâ, v. a. 1ʳᵉ conj. Tiercer.

Tchierçamont, s. m. Tiercement.

Tchiéu (lou), **Tchiéna** (la), adj. poss. Le tien, la tienne.

Tchiéula, s. f. Tuile.

Tchiéulaire, s. m. Tuilier.

Tchiéulairi, s. f. Tuilerie.

Tchiéve (Sant), n. de l. Saint-Etienne en Forez; jusqu'au xiᵉ siècle portait le nom de la rivière *Furan*, *Furania*. En 1040, saint Robert, fondateur du monastère de la Chaise-Dieu, vint dans le pays s'y occuper de fondations pieuses. Il fit agrandir la chapelle de Saint-Laurent et dédia cette église à saint Etienne, 47ᵉ archevêque de Lyon. De ce moment, *Furania*, le bourg du Furan, prit le nom de Saint-Etienne.

Tchigi, s. f. Tige.

Tchignâssi ou **Quignâssi**, s. f. Tignasse.

Tchignoun ou **gnoù**, s. m. Tignon.

Tchigrâ, f. pl. **ais**, adj. Tigré, e, moucheté.

Tchigrou. **gressa**, s. Tigre, esse.

TCHI

Tchilbury, s. m. Tilbury.

Tchillot, s. m. Tilleul, arbre à fleurs. (Celt. *Tillo*).

Tchïmbalie, s. m. Timbalier, qui bat de la grosse caisse.

Tchïmballa, s. f. Timballe, grosse caisse, cymbale; l'un et l'autre ensemble. (Celt. *Timbala*).

Tchïmbrâ, v. a. 1ʳᵉ conj. Timbrer.

Tchïmbrâ, f. pl. **ais**, adj. Timbré, e; un peu fou.

Tchïmbréu, s. m. Timbreur.

Tchïmbrou, s. m. Timbre.

Tchimidamont, adv. Timidement.

Tchimidjitâ, pl. **ais**, s. f. Timidité.

Tchimidou, da, adj. Timide.

Tchimoun, s. m. Timon. (V. *Limoun*).

Tchimounîe, s. m. Timonier, matelot.

Tchinétta, s. f. Tinette.

Tchïntâ, v. a. et n. 1ʳᵉ conj. Tinter, sonner les cloches.

Tchïntamârou, s. m. Tintamarre.

Tchïntamont, s. m. Tintement, sonnerie.

Tchioms, s. m. Temps.

Tchir (iron), s. m. Tir.

Tchirada, s. f. Tirade.

Tchirageou, s. m. Tirage.

Tchiraillamont, s. m. Tiraillement.

Tchiraillarit, s. f. Tiraillerie.

Tchirailléu, s. m. Tirailleur.

Tchiraillîe, v. n. et a. 1ʳᵉ conj. irrég. com. *Criaillie*. Tirailler.

Tchiran, s. m. Tiroir.

Tchirancharit, s. f. Tiraillerie.

Tchiranchîe, v. a. et pr. 1ʳᵉ conj. irrég. com. *Appinchie*. Tirailler.

Tchirant, s. m. Tirant de botte.

Tchireur, sa, s. Tireur, euse.

Tchiri-balla, s. m. Tire-balle.

Tchiri-botta, s. m. Tire-botte. (V. *Ombouchoi*).

Tchiri-bouchoun, s. m. Tire-bouchon.

Thiri-bourra, s. m. Tire-bourre.

Tchirîe, v. a. 1ʳᵉ conj. irrég. com. *Caravirie*. Tirer.

Tchirilarigot (à), loc. adv. A tire-larigot.

Tchiri-ligni, s. m. Tire-ligne.

Tchirilira, s. f. Tirelire.

Tchiri-pîe, s. m. Tire-pied.

TCHU

Tchiripoéint, s. m. Tiers-point.
Tchiri-séu, s. m. Tire-sou.
Tchiri-t-élaî, s. m. Horion ; retire-toi là-bas.
Tchisana, s. f. Tisane.
Tchisoun, s. m. Tison.
Tchisounâ, v. a. 1re conj. com. *Boundouná.* Tisonner (*piquá lou feu*).
Tchissageou, s. m. Tissage.
Tchisserant, s. m. Tisserand.
Tchisséu, s. m. Tisseur.
Tchissîe, v. a. 1re conj. irrég. com. *Acassie.* Tisser.
Tchissu, s. m. Tissu.
Tchitchulairou, ra, adj. et s. Titulaire.
Tchitrâ, v. a. 1re conj. Titrer.
Tchitrà, f. pl. **ais,** adj. Titré, e.
Tchitrageou, s. m. Titrage.
Tchitrou, s. m. Titre.
Tchu ou **Tchi,** pron. de la 2e pers. sing. Tu.
Tchuâ, v. a. et pr. 1re conj. Tuer ; fig. : éteindre. *Tchuâ lou feu, tchuâ lou criziéu ;* éteindre le feu, la lampe.
Tchua-têta (à), loc. adv. A tue-tête.
Tchuablou, bla, adj. Tuable.
Tchubarcula, s. f. Tubercule.
Tchubarculoux, ousa, adj. Tuberculeux, euse.
Tchuberoux, ousa, adj. Tubéreux, euse.
Tchubou, s. m. Tube.
Tchubulairou, ra, adj. Tubulaire.
Tchudesquou, qua, adj. Tudesque.
Tchuéu, s. m. Tueur.
Tchulipa, s. f. Tulipe.
Tchulipîe, s. m. Tulipier, arbre.
Tchullou, s. m. Tulle, tissu.
Tchumefacioun, s. f. Tuméfaction. (V. *Baófia*).
Tchumefiâ, v. a. 1re conj. Tuméfier.
Tchumœu, s. f. Tumeur. (V. *Baófia, gandoula*).
Tchumultchuoux, ousa, adj. Tumultueux, euse.
Tchumultou, s. m. Tumulte.
Tchuniqua, s. f. Tunique. (Celt. *Tunica*).
Tchunel (elou), s. m. Tunnel. (V. *Voûta*).
Tchunision, iéna, adj. et s. Tunisien, ienne.
Tchupïn, s. m. Marmite. (Celt. *Tupina*) ; fig. : sourd, e.

TCHY

Vous ne veit que pots, que pèles, que tchupins.
On ne voyait que pots, que poêles, que marmites.
(CHAPELON).

.....Gardá de ríuná lou tchupïn.
Se garder de roussir la marmite.
(*Ballet forér.* M. ALLARD).

Tchupinâ, pl. **ais,** s. f. Contenu d'une marmite.
Tchupinot, s. m. Petite marmite.
Tchurâ, s. m. Tertre, éminence de terrain, talus.
Tchurban ou **Teurban,** s. m. Turban.
Tchurbina, s. f. Turbine.
Tchurbinâ, v. n. 1re conj. Travailler, peiner.
Tchurbot, s. m. Turbot, poisson.
Tchur ou **Teurbulonci,** s. f. Turbulence.
Tchur ou **Teurbulont, a,** adj. Turbulent, e.
Tchur ou **Teurco,** s. m. Turco, soldat.
Tchur ou **Teurlupinâ,** v. a. 1re conj. Turlupiner. (Celt. *Turlupina*).
Tchur ou **Teurlupinada,** s. f. Turlupinade.
Tchur ou **Teurpitchuda,** s. f. Turpitude.
Tchur ou **Teurquit,** s. f. Turquie.
Tchur ou **Teurquou, qua,** s. et adj. Turc.
Tchussilageou, s. m. Tussilage. (V. *Pas-d'ánou*).
Tchuteiageou, s. m. Tutoiement.
Tchuteïe (e-i-e), v. a. et pr. 1re conj. irrég. com. *Approupeïe.* Tutoyer.
Tchutelairou, ra, adj. Tutélaire.
Tchutella, s. f. Tutelle.
Tchuyaî, pl. **aôx,** s. m. Tuyau.
Tchuyaôtâ, v. a. 1re conj. Tuyauter.
Tchÿmpan, s. m. Tympan.
Tchyphouïdou, da, adj. Typhoïde.
Tchyphoun, s. m. Typhon.
Tchyphus (uçou), s. m. Typhus.
Tchypiquou, qua, adj. Typique.
Tchypougraphiquamont, adv. Typographiquement.
Tchypougraphiquou, qua, adj. Typographique.
Tchypougraphit, s. f. Typographie.
Tchypougraphou, s. m. Typographe.
Tchyran, s. m. Tyran, autoritaire.
Tchyraniquamont, adv. Tyranniquement.
Tchyraniquou, qua, adj. Tyrannique.
Tchyranisâ, v. a. 1re conj. Tyranniser.
Tchyranit, s. f. Tyrannie.

TENA

Tchyroulion, iéna, adj. et s. Tyrolien, ienne.
Te, pr. pers. 2ᵉ pers. sing. Te.
Tecniquamont, adv. Techniquement.
Tecniquou, qua, adj. Technique.
Tei, pr. pers. 2ᵉ pers. sing. Toi. (Celt. *Te*).
Teigni, s. f. Teigne. (V. *Râchi*).
Teignoux, ousa, adj. et s. Teigneux, euse. (V. *Râchoux*).
Téinchi, s. f. Tanche, poisson.
Téindre, v. a. 3ᵉ conj. com. *Attéindre*. Teindre.
Téint, s. m. Teint, coloris du visage.
Téintâ, v. a. 1ʳᵉ conj. Teinter, colorier.
Téintchi, s. f. Teinte, nuance.
Téintchura, s. f. Teinture.
Téintchurarit, s. f. Teinturerie.
Téintchurîe, iéri, s. Teinturier, ière.
Téintouéin, s. m. Tintouin, embarras.
Teisa ou **Toueisa,** s. f. Toise, mesure de six pieds. (Celt. *Teisia, tezia*).
Teisâ ou **Toueisa,** v. a. 1ʳᵉ conj. comme *Décheinâ*. Toiser, mesurer; fig. : regarder avec défi.
Teisit ou **Toueisit,** s. m. Toisé.
Tejou, ji, adj. Gonflé de nourriture. (V. *Coufflou*).
Tel (clou), **la,** adj. Tel, le. (V. *Taô*).
Telegramou, s. m. Télégramme.
Telegraphiâ, v. a. 1ʳᵉ conj. Télégraphier.
Telegraphiquamont, adv. Télégraphiquement.
Telegraphiquou, qua, adj. Télégraphique.
Telegraphit, s. f. Télégraphie.
Telegraphou, s. m. Télégraphe.
Telephonou, s. m. Téléphone.
Telephounit, s. f. Téléphonie.
Telescopou, s. m. Télescope.
Telescoupiquou, qua, adj. Télescopique.
Tellamont, adv. Tellement.
Temerairamont, adv. Témérairement.
Temerairou, ra, adj. et s. Téméraire.
Temeritâ, pl. **ais,** s. f. Témérité.
Temoéin, s. m. Témoin.
Temougnâ, v. a. et n. 1ʳᵉ conj. Témoigner.
Temougnageou, s. m. Témoignage.
Tenablou, bla, adj. Tenable.
Tenacitâ, pl. **ais,** s. f. Ténacité.
Tenaçou, ci, adj. Tenace.

THEI

Tenaillamont, s. m. Tenaillement.
Tenailli, s. f. Tenaille.
Tenaillîe, v. a. 1ʳᵉ conj. irrég. com. *Criaillie*. Tenailler.
Tenancîe, iéri, s. Tenancier, ière.
Tenant, a, adj. Tenant, e.
Tenèbrous, s. m. pl. Ténèbres.
Tenebrousamont, adv. Ténébreusement.
Tenebroux, ousa, adj. Ténébreux, euse.
Tenéu, s. m. Teneur. *Tenéu de livrous*.
Tenî, v. a et pr. 2ᵉ conj. com. *Reveni*. Tenir.
Tenò, s. m. Ténor.
Tenoun ou **Tenoù,** s. m. Tenon.
Therebontchina, s. f. Thérébenthine.
Teréin, s. m. Tarin, petit oiseau.
Teréin, s. m. Toupie qui ressaute en tournant, dont la pointe en fer est mal assujettie.
Tereinâ, v. n. 1ʳᵉ conj. comme *Décheinâ*. Ressauter. *Faire tereinâ una mouéni*, faire ressauter une toupie en tournant.
Termou, s. m. Terme.
Testâ, v. n. 1ʳᵉ conj. Tester, faire son testament.
Testamont, s. m. Testament.
Testamontairou, ra, adj. Testamentaire.
Testatœu, trici, s. Testateur, trice.
Testchicula, s. f. Testicule. (V. *Couilli*).
Tet ! interj. de surprise, pour *ha ! Tet ! vous véquia* ; ha ! vous voilà.
Tetâ, v. a. 1ʳᵉ conj. comme *Assetâ*. Téter. (Celt. *Tetare*).
Têta, s. f. Tête.
Tetarella, s. f. Téterelle.
Tétchu, a, adj. et s. Têtu, e.
Tetét, s. m. Tétin, bout et toute la mamelle.
Tetoun, s. m. Teton, mamelle, tout petit bout arrondi.
Teu, s. m. Têt, tesson. *Faire des teux ;* casser, briser la vaisselle, les vitres.
Teurgi, s. et adj. f. Vache stérile ; par all. : insulte à une femme. *Vieilli teurgi*.
Teurna, s. f. Taverne, cahute, masure ; fig. : cabaret borgne.
Téut, adv. Tôt ; loc. adv. *Trop téut*, trop tôt.
Textchuellamont, adv. Textuellement.
Textchuel (clou), **la,** adj. Textuel, le.
Textou, s. m. Texte.
Thé, s. m. Thé, arbrisseau de Chine.
Theiâtral (alou), **a, aôx,** adj. Théâtral, e.

TOMP

Theiâtralamont, adv. Théâtralement.
Theiâtrou ou **Tchiâtrou,** s. m. Théâtre.
Théim, s. m. Thym. (Celt. *Teim*). (V. *Sarpoulèt*).
Theiéri, s. f. Théière.
Thémis (iça), s. f. Thémis, déesse de la Justice.
Thêmou, s. m. Thème.
Theoucracit, s. f. Théocratie.
Theoucratchiquamont, adv. Théocratiquement.
Theoucratchiquou, qua, adj. Théocratique.
Theoulougal (alou), **a, aôx,** adj. Théologal, e, aux.
Theoulougion, s. m. Théologien.
Theoulougiquamont, adv. Théologiquement.
Theoulougiquou, qua, adj. Théologique.
Theoulougit, s. f. Théologie.
Theouriquamont, adv. Théoriquement.
Theouriquou, qua, adj. Théorique.
Theourit, s. f. Théorie.
Thermidò, s. m. Thermidor.
Thermoumetriquou, qua, adj. Thermométrique.
Thermoumètrou, s. m. Thermomètre.
Thêsa, s. f. Thèse.
Tô, s. m. Tort; loc. adv. *A tò,* à tort.
Tochi, s. f. Touche; fig. : tournure, allure.
Tochi-mollie (qui), loc. adv. Compromission, engagement pour la personne à qui l'on adresse ces paroles, au moment où elle touche un objet ou prend part à une compagnie.
Lorsqu'un joueur de boules veut choisir, si on lui crie « *Qui tochi-mollie !* » (qui touche-mouille), il est forcé de garder celle qu'il a touchée.
Lorsqu'en entrant dans une compagnie, acceptant un verre, prenant place à un festin, on vous crie « *qui tochi-mollie !* », c'est vous obliger à payer votre part ou offrir quelque chose aux convives.
Tôdre, v. a. 3ᵉ conj. Tordre; fig. : voler, dérober.
Togi, s. f. Toge, manteau, robe.
Tompa, s. f. Tempe; on dit aussi *Tomplou.*
Tomperà, v. a. 1ʳᵉ conj. comme *Abevà.* Tempérer.
Tomperà, f. pi. **ais,** adj. Tempéré, e.
Tomperamont, s. m. Tempérament.

TORC

Tomperanci, s. f. Tempérance.
Tomperatchura, s. f. Température.
Tompétâ, v. n. 1ʳᵉ conj. comme *Apprètà.* Tempêter.
Tompéta, s. f. Tempête.
Tomplîe, s. m. Templier.
Tomplou, s. m. Temple.
Tompourairamont, adv. Temporairement.
Tompourairou, ra, adj. Temporaire.
Tompourel (elou), **la,** adj. Temporel, le.
Tompourellamont, adv. Temporellement.
Tompourisâ, v. n. 1ʳᵉ conj. Temporiser.
Tompourisacioun, s. f. Temporisation.
Tompouriséu, s. m. Temporiseur.
Ton, s. m. Nœud du bois; par all. : chose dure et résistante; personne robuste.
Tondanci, s. f. Tendance.
Tondant, a, adj. Tendant, e.
Tondéu, s. m. Tendeur.
Tondju, a, adj. Tendu, e.
Tondoun, s. m. Tendon, muscle.
Tondramont, adv. Tendrement.
Tondre, v. a. et n. 3ᵉ conj. Tendre, bander.
Tondréri, adj. et s. f. Génisse qui vient de faire son premier veau et dont le lait tourne facilement. *Vou'é lou lat dj'una tondréri, o-l-a broutà.*
Tondressa, s. f. Tendresse.
Tondrou, dra, adj. Tendre. (V. *Moulèt*).
Tonsioun, s. f. Tension.
Tonta, s. f. Tente, abri.
Tontâ ou **Tchiontâ,** v. a. 1ʳᵉ conj. Tenter.
Tontacioun, s. f. Tentation.
Tontant, a, adj. Tentant, e.
Tontchura, s. f. Teinture.
Toqua, s. f. Toque, coiffure. (Celt. *Tok*).
Torba, s. f. Tourbe.
Torbéri, s. f. Tourbière.
Torbilloun, s. m. Tourbillon.
Torbillounà, v. a. 1ʳᵉ conj. comme *Affeciounà.* Tourbillonner.
Torbillounamont, s. m. Tourbillonnement.
Torboux, ousa, adj. Tourbeux, euse.
Torchi, s. f. Torche, flambeau. (Celt. *Torch*).
Torchîe ou **Tourchîe,** v. a. et pr. 1ʳᵉ conj. irrég. com. *Appinchie.* Torcher.
Torchis ou **Tourchis,** s. m. Torchis, mortier.

TOUC

Torchoun, s. m. Torchon. (Celt. *Torchon*). (V. *Pana*).
Tordageou, s. m. Tordage.
Tormage, s. m. Tourment.
Tormontâ, v. a. et pr. 1re conj. Tourmenter.
Tormonta, s. m. Tourmente.
Tormontâ, f. pl. **ais**, adj. Tourmenté, e.
Tornâ, v. n. 1re conj. Abréviation de *Retornâ*. Retourner, revenir, recommencer.
Tornant, s. m. Tournant, coin de rue.
Tornéia, s. f. Tournée, visite.
Torneiageou, s. m. Tournage.
Torneiéu, s. m. Tourneur.
Tourneïe (e-i-e), v. a. 1re conj. irrég. com. *Détafféïc*. Tourner, tournoyer.
Torniquét, s. m. Tourniquet.
Torniquetâ, v. a. et pr. 1re conj. comme *Briquetâ*. Faire le tourniquet; se tortiller en marchant.
Torsada ou **Toursada**, s. f. Torsade.
Tor ou **Toursioun**, s. f. Torsion.
Torsou, s. m. Torse.
Torta, s. f. Tourte, pâté. (Celt. *Torta*).
Tortaî, pl. **tchiaôx**, s. m. Tourteau.
Tortaraî, pl. **riaôx**, s. m. Tourtereau.
Tortarella, s. f. Tourterelle.
Torteilloun, s. m. Tortillon.
Tortéri, s. f. Tourtière.
Tostou, s. m. Toste, toast.
Toû, s. m. Tour, mouvement circulaire; prend un *e* muet devant une voyelle. *Un toûe éimpoussiblou;* farce, ruse.
Toû, s. m. Tour, machine à tourner; prend un *e* muet devant une voyelle : *ũn toûe on fé*.
Toû, s. f. Tour, bâtiment de forme ronde.
Toû (la), nom d'une commune, près Saint-Etienne, où les Gaulois avaient élevé une tour leur servant de phare. (V. *Mémoire sur l'origine du parler gaga*).
Toûe à toû, loc. adv. Tour à tour, alternativement.
Touchant, prép. Pour contre. *Sa meisoun é touchant la néutra;* sa maison est contre la nôtre. (V. *Rez*).
Touchant, a, adj. Touchant, e.
Touchéu, s. m. Toucheur.
Touchîe, v. a. et n. 1re conj. irrég. comme *Abouchîe*. Toucher, mener, conduire, jouer d'un instrument, chanter ou siffler une danse. *Touchîe una bourréia;* jouer une bourrée. *Vés chiz nous se marioun̄t tous,*

TOUN

n'ya que meï que tochou l'ânou. — Mais péu quand moun toû vīndra — Touchara l'ânou qui voudra; vieux refrain des filles à marier.
Toueilétta, s. f. Toilette.
Toueisoun, s. f. Toison.
Touéri, s. f. Tuyère de forge, foyer.
Toufla, s. f. Touffe.
Touffù, a, adj. Touffu, e.
Toujoû, adv. Toujours; prend un *e* muet devant une voyelle : *toujoûe amouroux*.
Toulerâ, v. a. 1re conj. com. *Aberâ*. Tolérer.
Toulerablamont, adv. Tolérablement.
Toulerablou, bla, adj. Tolérable.
Touleranci, s. f. Tolérance.
Toulerant, a, adj. Tolérant, e.
Toumata, s. f. Tomate.
Toumba, s. f. Tombe. (Celt. *Tumba*).
Toumbà, pl. **ais**, s. f. Tombée.
Toumbâ, v. a. n. et impers. 1re conj. Tomber. (V. *Cheire*).
Toumbal (alou), **a**, adj. Tombal, e.
Toumbant, a, adj. Tombant, e.
Toumbaraî, pl. **riaôx**, s. m. Tombereau.
Toumbeau ou **bô**, s. m. Tombeau. Il serait plus vrai de dire *toumbaî;* pl. *toumbaôx*.
Toumboulà, s. f. Tombola.
Touma, s. f. Lait caillé. (Celt. *Tom*, lait caillé par le feu). (V. *Recouaïtchi*).
Toumou, s. m. Tome, volume, livre.
Toun, adj. poss. Ton.
Toun, s. m. Ton, air. (Celt. *Toun*).
Tounalità, pl. **ais**, s. f. Tonalité.
Toundageou, s. m. Tondage.
Toundailli, s. f. Tondaille.
Toundeisoun, s. f. Tondaison.
Toundéu, sa, s. Tondeur, euse.
Toundju, a, adj. Tondu, e.
Touniquou, qua, adj. et s. Tonique.
Tounna, s. f. Tonne. (Celt. *Tunna*).
Tounna, s. f. Tonnelle.
Tounnâ ou **Tounâ**, v. impers. Tonner. (V. Gram. n° 121).
Tounnaî, pl. **iaôx**, s. m. Tonneau.
Tounnelie, s. m. Tonnelier.
Tounnella, s. f. Tonnelle. (Celt. *Tunnella*).
Tounnellarit, s. f. Tonnellerie.
Tounnéurou, s. m. Tonnerre.
Tounsura ou **Tounséuri**, s. f. Tonsure.

TOUT

Tounsurâ, v. a. 1re conj. Tonsurer.
Tounsurà, s. m. Tonsuré.
Tountchina, s. f. Tontine.
Tountchinâ, v. n. 1re conj. Mettre à la tontine.
Tountchinéu, sa, s. Tontinier, ière.
Tountoun, s. m. Oncle.
Toupâ, v. n. et a. 1re conj. com. *Coupá*. Toper.
Toupâza, s. f. Topaze.
Toupét, s. m. Toupet.
Toupinamboû, s. m. Topinambour. (V. *Carabichoun*; prend un *e* muet devant une voyelle.
Toupiquou, adj. et s. m. Topique.
Toupougraphiquou, qua, adj. Topographique.
Toupougraphit, s. f. Topographie.
Toupougraphou, s. m. Topographe.
Touquâ, v. a. 1re conj. com. *Bouquá*. Toquer. (V. *Pouquá*).
Touquà, f. pl. **ais,** adj. Toqué, e. (V. *Simplou*).
Touraî, pl. **riaôx,** s. m. Taureau. (V. *Jàrou*).
Tourella, s. f. Tourelle.
Touridou, da, adj. Toride.
Tourilloun, s. m. Tourillon.
Touristou, s. m. Touriste.
Touronciel (elou), la, adj. Torrentiel, le.
Touront, s. m. Torrent.
Tourpilli, s. f. Torpille.
Tourpœu, s. f. Torpeur.
Tourtchicoulis, s. m. Torticolis.
Tourtchillageou, s. m. Tortillage.
Tourtchillamont, s. m. Tortillement.
Tourtchillie, v. a. et pr. 1re conj. irrég. com. *Criaillie*. Tortiller. (V. *Torniquetà*).
Tourtchua, s. f. Tortue.
Tourtchuâ, v. a. 1re conj. Tortuer.
Tourchuousamont, adv. Tortueusement.
Tourchuousità, pl. **ais,** s. f. Tortuosité.
Tourtchuoux, ousa, adj. Tortueux, euse.
Tourtchura, s. f. Torture.
Tourtchurâ, v. a. 1re conj. Torturer.
Toussein, s. f. Toussaint, fête.
Tout, a, adj. Tout, e.
Tout, adv. Tout.
Tout, s. m. Tout. (Celt. *Tout*). Lou tout, le tout; loc. adv. : *tout héure,* tout à l'heure.

TRAF

Touta-bouna, s. f. Toute-bonne, plante.
Toutal (alou), a, aôx, adj. Total, e, aux.
Toutalamont, adv. Totalement.
Toutalisâ, v. a. 1re conj. Totaliser.
Toutalità, pl. **ais,** s. f. Totalité.
Toutaveis, adv. Toutefois.
Tout-échas, loc. adv. Tout au plus, à peine. *Betta-non tout-échas,* mets-en à peine.
Tout-tchün, adv. Absolument, aussi bien. *Voü'é tout-tchün lou mêmou;* c'est absolument le même.
Trabuchageou, s. m. Action de trébucher.
Trabuchét, s. m. Trébuchet.
Trabuchîe, v. n. 1re conj. irrég. comme *Appinchie*. Trébucher.
Trac (aquou), s. m. Trac, peur.
Tracanâ, v. a. 1re conj. Envider, sur une bobine, du fil ou de la soie qui l'était sur une autre; fig. : babiller, jacasser.
Tracanéu, s. m. Dévidoir; fig. : babillard.
Tracas, s. m. Tracas.
Tracassarit, s. f. Tracasserie.
Tracassîe, v. a. et pr. 1re conj. irrég. com. *Acassie*. Tracasser. (Celt. *Tracassi*).
Tracassîe, iéri, adj. et s. Tracassier, ière.
Traceageou, s. m. Tracement.
Trâci, s. f. Trace.
Tracîe, v. a. 1re conj. irrég. com. *Ageoncie*. Tracasser.
Tracit, s. m. Tracé.
Traçoi (oua) ou Tracéu, s. m. Traçoir, poinçon.
Tracoulâ, v. n. 1re conj. comme *Accoulá*. Tomber en syncope, faire la culbute, trépasser.
Tradjicioun, s. f. Tradition.
Tradjiciounel (elou), la, adj. Traditionnel, le.
Tradjiciounellamont, adv. Traditionnellement.
Tradjucioun, s. f. Traduction.
Tradjûre, v. a. et pr. 3e conj. com. *Dédjûre*. Traduire.
Tradjutœu, s. m. Traducteur.
Trafilâ, v. a. 1re conj. Tréfiler.
Trafilageou, s. m. Tréfilage.
Trafiléu, s. m. Tréfileur.
Trafilarit, s. f. Tréfilerie.
Trafiquâ, v. n. 1re conj. Trafiquer. (Celt. *Trafiqa*).
Trafit, s. m. Trafic.

TRAN

Trafolla, s. f. Traverse, pierre qui traverse et qui sert à lier dans un mur de maçonnerie.
Trafoulâ, v. a. et n. 1re conj. com. *Affoulà.* Traverser. *Trafoulà lou prà,* traverser le pré. *Trafoulà de l'aòtrou là,* traverser, aller de l'autre côté.
Tragedion, iéna, s. Tragédien, ienne.
Tragedjit ou **djia,** s. f. Tragédie.
Tragiquamont, adv. Tragiquement.
Tragiquou, qua, adj. Tragique.
Trahî, v. a. 2e conj. Trahir.
Trahisoun, s. f. Trahison.
Trâilli, s. f. Traille.
Traire, v. a. 3e conj. com. *Maôtraire.* Traire le lait des vaches.
Traire, v. a. 3e conj. com. *Maôtraire.* Jeter, lancer, tirer. *Traire ün malhœu;* jeter un mauvais sort. *O plòt coumma qui zos tra;* il pleut comme qui le jette.
Trait, s. m. Trait, flèche.
Traitchi, s. f. Traite, action de traire les vaches, produit de cette opération.
Traîtrou, tra, adj. et s. Traître, traîtresse.
Trajét, s. m. Trajet.
Tralûre, v. n. 3e conj. com. *Assûre.* Reluire, briller, refléter.
Trama, s. f. Trame.
Tramâ, v. a. 1re conj. Tramer un tissu; fig.: machiner, comploter.
Trameis, s. m. Tremois. (Celt. *Traman*). Blé que l'on sème en mars et qui ne reste que trois mois en terre.
Tramountana, s. f. Tramontane.
Trampalâ, v. n. 1re conj. Tituber, chanceler.
Tramou, s. m. Abréviation de Tramway.
Tramouvay, s. m. Tramway.
Tranchant, a, s. m. et adj. Tranchant, e.
Tranchét, s. m. Tranchet.
Tranchi, s. f. Tranche, morceau coupé, outil, ciseau à trancher sur l'enclume.
Tranchià, pl. **ais,** s. f. Tranchée, ouverture.
Tranchîe, v. a. 1re conj. irrég. comme *Appînchie.* Trancher. (Celt. *Trancha*).
Tranchit, chià, f. pl. **ais,** adj. Tranché, e.
Tranquillamont, adv. Tranquillement.
Tranquillisâ, v. a. et pr. 1re conj. Tranquilliser.
Tranquillità, pl. **ais,** s. f. Tranquillité.
Tranquillou, la, adj. Tranquille.

Transa, s. f. Transe, frayeur.
Transacioun, s f. Transaction.
Transatlantchiquou, qua, adj. Transatlantique.
Transbordâ, v. a. 1re conj. Transborder.
Transbordamont, s. m. Transbordement.
Transceondant, a, adj. Transcendant, e.
Transcripcioun, s. f. Transcription.
Transcrîre, v. a. 3e conj. comme *Ecrîre.* Transcrire.
Transferâ, v. a. 1re conj. comme *Aberâ.* Transférer.
Transferamont, s. m. Transfèrement.
Transfês, s. m. Transfert.
Transfigurâ, v. a. et pr. 1re conj. Transfigurer.
Transfiguracioun, s. f. Transfiguration.
Transformâ, v. a. et pr. 1re conj. Transformer.
Transformacioun, s. f. Transformation.
Transfugeou, s. m. Transfuge.
Transfusâ, v. a. 1re conj. Transfuser.
Transfusioun, s. f. Transfusion.
Transgressâ, v. a. 1re conj. Transgresser.
Transgresséu, s. m. Transgresseur.
Transgressioun, s. f. Transgression.
Transî, v. a. et n. 2e conj. com. *Défessi.* Transir.
Transicioun, s. f. Transition.
Transigîe, v. n. 1re conj. irrég. comme *Ablagie.* Transiger.
Transit, sia, adj. Transi, e.
Transitchif (ifou), **iva,** adj. Transitif, ive.
Transitchivamont, adv. Transitivement.
Transitouairamont, adv. Transitoirement.
Transitouairou, ra, adj. Transitoire.
Translacioun s. f. Translation.
Translatâ, v. a. 1re conj. Translater.
Transméttre, v. a. 3e conj. com. *Déméttre.* Transmettre.
Transmigrâ, v. n. 1re conj. Transmigrer.
Transmigracioun, s. f. Transmigration.
Transmissiblou, bla, adj. Transmissible.
Transmissioun, s. f. Transmission.
Transmutacioun, s. f. Transmutation.
Transoun, s. m. Gros morceau.
Transparonci, s. f. Transparence.
Transparont, a, adj. Transparent, e.

TRAV

Transpéusâ, v. a. 1re conj. Transposer.
Transpéusablou, bla, adj. Transposable.
Transpéusicioun, s. f. Transposition.
Transpéusitœu, s. m. Transpositeur.
Transpirâ, v. n. 1re conj. Transpirer. On dit de préférence *Suâ*, suer.
Transpiracioun, s. f. Transpiration. (V. *Suoû*).
Transplantâ, v. a. 1re conj. Transplanter.
Transplantablou, bla, adj. Transplantable.
Transplantacioun, s. f. Transplantation.
Transpô, s. m. Transport.
Transpourtâ, v. a. et pr. 1re conj. Transporter.
Transpourtablou, bla, adj. Transportable.
Transpourtacioun, s. f. Transportation.
Transvasâ, v. a. 1re conj. Transvaser.
Transvasamont, s. m. Transvasement.
Transvarsalamont, adv. Transversalement.
Trapan, s. m. Trépan, machine à percer.
Trapèzou, s. m. Trapèze.
Trapillounâ, v. n. 1re conj. comme *Affelciounâ*. Trépigner.
Trappa, s. f. Trappe, porte horizontale ; piège. (Celt. *Trappa*).
Trappistou, s. m. Trappiste, religieux.
Trappoun, s. m. Porte horizontale sur le plancher d'un rez-de-chaussée pour fermer la cave.
Trapu, a, adj. Trapu, e. (V. *Raboulét*).
Traqua, s. f. Trace, voie, chemin tracé dans la neige ; *faire la trequa*, faire la trace ; *siéure la traqua*, suivre la trace.
Traquâ, v. a. 1re conj. Traquer.
Traquanâ, s. m. Traquenard. (Celt. *Traquanard*).
Traquéu, s. m. Trognon ; *traquéu de chéu*, trognon de chou. Fig. : bossu, contrefait.
Traquéu, s. m. Traqueur.
Travailléu, sa, s. Travailleur, euse.
Travaillie, v. n. et a. 1re conj. irrég. com. *Criaillie*. Travailler.
Travaôx (lous), s. m. pl. Nom ancien des places de l'Hôtel-de-Ville et Marengo, en raison des importants travaux qu'ont nécessité leur nivellement. On appelait aussi ces quartiers *Châlis*, nom du personnage par les soins de qui ces travaux avaient été exécutés.
Travarsâ, v. a. 1re conj. Traverser.

TREI

Travarsà, pl. **ais**, s. f. Traversée, sur mer.
Travarsïn, s. m. Traversin, coussin.
Traversa, s. f. Traverse.
Traversa (la), s. f. Vent du Nord-Ouest qui traverse la plaine du Forez. (V. *Aôrargnàssi*).
Travês, s. m. Travers. Loc. adv. *On travês, à tô ou à travês, de travês*, etc ; fig. : revers, tracas ; adj. étourdi, contrariant.
Travestchî, v. a. et pr. 2e conj. comme *Amortchî*. Travestir.
Travestchissamont, s. m. Travestissement.
Travirîe, v. a. et pr. 1re conj. irrég. com. *Cavaririe*. Bouleverser, émotionner, épouvanter.
Travouaî, pl. **vaôx**, s. m. Travail.
Travoun, s. m. Chevron, poutre, solive.
Trazérîe (se), v. pr. 1re conj. irrég. comme *Alérie*. Se tourmenter, se tracasser.

> *Que siét-où de se trazérie.*
> Que sert-il de se tourmenter.
> (*Ballet forèz*. M. ALLARD).

Trê ou **Traî**, s. m. Treuil, nom d'un quartier de la ville, venant du grand treuil servant à remonter les blocs de pierre des carrières établies jadis à cet endroit.
Trèflou, s. m. Trèfle. (V. *Triéulou*).
Trefound, s. m. Tréfonds.
Treillageou, s. m. Treillage.
Treillagéu, s. m. Treillageur.
Treillagîe, v. a. 1re conj. irrég. com. *Ablagie*. Treillager.
Treilli, s. f. Treille, vigne.
Treillis, s. m. Treillis.
Tréin, s. m. Train.
Treinâ, v. a. et pr. 1re conj. com. *Déchèind*. Traîner. (Celt. *Traina*) ; fig. : battre.
Treinà, pl. **ais**, s. f. Traînée ; fig. : rossée ; femme de mauvaises mœurs.
Treinâ, s. m. Traînard.
Treinaî, pl. **naôx**, s. m. Traîneau.
Treina-quiéu, s. m. Traînard.
Treinassarit, s. f. Action de traînasser.
Treinâssi, s. f. Traînasse ; convolvulus, plante traînante.
Treinassie, v. n. 1re conj. irrég. comme *Acassie*. Traînasser, traîner en longueur ; être maladif.
Treinéu, s. m. Traîneur.
Treis, adj. num. Trois.
Treisiémamont, adv. Troisièmement.

TRÉV

Treisiémou, ma, adj. num. ord. et s. Troisième.
Trema, s. m. Tréma, double point.
Tremiéri, s. f. Trémière. (V. *Guimaôra*).
Trenna, s. f. Tresse d'oignons.
Trennâ, v. a. 1ʳᵉ conj. Tresser la paille.
Trepas, s. m. Trépas.
Trepassâ, v. n. 1ʳᵉ conj. Trépasser. (V. *Tracoulâ*).
Trepassà, f. pl. ais, s. Trépassé, e.
Trepidacioun, s. f. Trépidation.
Trépie, s. m. Trépied.
Trepignamont, s. m. Trépignement.
Trepignîe, v. n. 1ʳᵉ conj. irrég. comme *Abaragnie*. Trépigner.
Três, adv. Très.
Tresî ou **Trezî,** v. a. 2ᵉ conj. comme *Agi*. Mâcher, écraser dans la bouche, manger.
Ci que n'arouns trezit, chargo pas la fountana.
Ce que nous avons mangé ne charge pas l'estomac (CHAPELON).
Tresò, s. m. Trésor.
Tresourarit, s. f. Trésorerie.
Tresourîe, iéri, s. Trésorier, ière.
Tressa, s. f. Tresse, fils entrelassés. (V. *Trenna*).
Tressâ, v. a. 1ʳᵉ conj. Tresser.
Treissaillamont, s. m. Tressaillement.
Tressaillî, v. n. 2ᵉ conj. Tressaillir.
Tresséu, sa, s. Tresseur, euse.
Tretaî, pl. **Tretchiaôx,** s. m. Tréteau.
Trétout, adj. Tout, tous. *Venez trétout;* venez tous. (Noël, CHAPELON).
Tréu, s. m. Trou, cavité. (V. *Partchus*).
Tréuchîe, v. n. 1ʳᵉ conj. irrég. com. *Appinchie*. Aller, traverser, arriver jusqu'à. *Tréuchie jusqu'on vialla;* aller jusqu'en ville. *La plaivi a tréuchit ma capa;* la pluie a traversé mon manteau.
Tréunâ, v. n. 1ʳᵉ conj. Trôner.
Tréunou, s. m. Trône.
Tréva, s. f. Trève, suspension d'hostilités.
Trévou, s. m. Nom de plusieurs quartiers de Saint-Etienne et de sés environs. Il y a un *Trévou* à Saint-Chamond, à Saint-Genest-Lerpt; *lou Trévou,* au N.-E. de la ville; la *Croueix-do-Trévou,* dans le S.-E., et *lou Trévou,* près l'église Notre-Dame.
Ce nom semble indiquer d'anciens petits groupes d'habitations gauloises. (Celt. *Trèv; mas,* bourgades) plutôt que d'après le mot latin *Trivium,* point de rencontre

TRIG

de trois chemins. Car tous les *Trèves* de notre région se prêtent peu à cette définition, soit par le plus ou le moins de chemins aboutissants.
Treze, adj. num. Treize.
Treziémamont, adv. Treizièmement.
Treziémou, ma, adj. num. ord. Treizième.
Triâ, v. a. 1ʳᵉ conj. Trier.
Triageou, s. m. Triage.
Triâilles, s. f. pl. Triures, débris du triage.
Trianglou, s. m. Triangle.
Triangulairamont, adv. Triangulairement.
Tribla, s. f. Truelle.
Tribô, s. m. Tribord.
Triboulâ, v. a. 1ʳᵉ conj. comme *Coufflâ*. Troubler, bouleverser, détraquer.
Tribu, s. f. Tribu. (Celt. *Tribu*).
Tribulacioun, s. f. Tribulation.
Tribuna, s. f. Tribune.
Tribunal (alou), s. m. Tribunal. (Celt. *Tribunala*).
Tribut, s. m. Tribut. (Celt. *Tribut*).
Tributairou, ra, adj. Tributaire.
Tricharit, s. f. Tricherie.
Trichéu, sa, s. Tricheur, euse.
Trichîe, v. a. et n. 1ʳᵉ conj. irrég. comme *Appinchie*. Tricher. (Celt. *Tricha*).
Trichina, s. f. Trichine.
Tricornou, s. m. Tricorne.
Tricot, s. m. Tricot, vêtement.
Tricoulôrou, ra, adj. Tricolore.
Tricoutâ, v. a. 1ʳᵉ conj. com. *Accoutâ*. Tricoter, carillonner; fig. : donner des coups.
Tricoutageou, s. m. Tricotage, carillonnage.
Tricoutéu, sa, s. Tricoteur, euse; carillonneur.
Tricyclou, s. m. Tricycle.
Tridont, s. m. Trident, fourche à trois pointes.
Trienal (alou), a, aôx, adj. Triennal, e, aux.
Triéu (i-éu), sa, s. Trieur, euse.
Triéulou, s. m. Trèfle, plante.
Triffa, s. f. Truffe, pomme de terre.
Triffâ, v, a. 1ʳᵉ conj. Truffer.
Trifféri, s. f. Truffière.
Trignoutâ, v. n. 1ʳᵉ conj. comme *Accoutâ*. Carillonner.
Trignoutéu, s. m. Carillonneur. (V. *Semounéu*).

TRIS

Trilli, s. f. Trille.
Trilloun, s. m. Trillon.
Trimâ, v. n. 1re conj. Trimer.
Trimardâ, v. n. 1re conj. Trimarder, aller à pied de bourg en ville.
Trimestriel (elou), **la,** adj. Trimestriel, le.
Trimestriellamont, adv. Trimestriellement.
Trimoussâ, v. pr. et a. 1re conj. comme *Bouxâ*. Trémousser.
Trimoussageou, s. m. Trémoussage.
Trïngla, s. f. Tringle.
Trinità, s. f. Trinité.
Trïnquâ, v. n. 1re conj. Trinquer. (Celt. *Trincqua*).
Trïnquéu, s. m. Trinqueur.
Trio, s. m. Trio, à trois.
Trioulét, s. m. Triolet, pièce de vers.
Triouphâ, v. n. 1re conj. Triompher.
Triouphal (alou), **a, aôx,** adj. Triomphal, e, aux.
Triouphalamont, adv. Triomphalement.
Triouphant, a, adj. Triomphant, e.
Triouphatœu, s. m. Triomphateur.
Triouphou, s. m. Triomphe.
Tripa, s. f. Tripe. (Celt. *Tripa*).
Tripailli, s. f. Tripaille.
Triparit, s. f. Triperie.
Triphtoungua, s. f. Triphthongue.
Tripîe, iéri, s. Tripier, ière.
Triplâ, v. a. 1re conj. Tripler.
Triplageou, s. m. Triplage.
Triplamont, s. m. et adv. Triplement.
Triplou, pla, s. m. et adj. Triple.
Tripot, s. m. Tripot, maison de jeu ; fig. : bavardages.
Tripoulit, s. m. Tripoli.
Tripoutâ, v. n. 1re conj. com. *Accoutâ*. Tripoter.
Tripoutâ, pl. **ais,** s. f. Tripotée, volée de coups.
Tripoutageou, s. m. Tripotage.
Tripoutéu, sa, s. Tripoteur, euse.
Triqua, s. f. Trique. (V. *Tarella*).
Trisanuel (elou), **la,** adj. Trisannuel, le.
Trissyllabou, s. m. et adj. Trissyllabe.
Tristamont, adv. Tristement.
Tristessa, s. f. Tristesse.
Tristou, ta, adj. Triste. (Celt. *Tristi*).

TROU

Tritchurâ, v. a. 1re conj. Triturer, broyer.
Tritchura, s. f. Triture.
Tritchurablou, bla, adj. Triturable.
Tritchurageou, s. m. Action de triturer.
Trivial (alou), **a, aôx,** adj. Trivial, e, aux.
Trivialamont, adv. Trivialement.
Trivialità, pl. **ais,** s. f. Trivialité.
Trop, adv. Trop.
Trop-séu, la, adj. et s. Trop soûl, e : repu, rassasié ; qui n'a plus d'appétit et ne trouve rien de bon. (V. *Benaisou*).
Trot, s. m. Trot. (Celt. *Trot*).
Trotta, s. f. Trotte.
Troubadoû, s. m. Troubadour.
Troubadou, s. m. Soldat.
Troublâ, v. a. et pr. 1re conj. com. *Couffiâ*. Troubler. (Celt. *Troubla*).
Troublou, bla, s. m. et adj. Trouble.
Trouênou, s. m. Troène, arbrisseau.
Trouétchi ou **Truita,** s. f. Truite, poisson.
Troufignoun ou **gnoû,** s. m. Anus.
Trougni, s. f. Trogne.
Troumba, s. f. Trombe.
Troula, s. f. Grosse femme débraillée ; all. à la truie (injurieux).
Troumbina, s. f. Trogne, binette.
Troumbloun, s. m. Tromblon.
Troumpa, s. f. Trompe.
Troumpâ, v. a. et pr. 1re conj. Tromper.
Troumparit, s. f. Tromperie.
Troumpetâ, v. a. et n. 1re conj. comme *Assetâ*. Trompeter.
Troumpétta, s. f. Trompette. (Celt. *Trompeta*).
Troumpéu, sa, adj. et s. Trompeur, euse.
Troumpousamont, adv. Trompeusement.
Troun, s. m. Tronc.
Trouncoun, s. m. Tronçon. (V. *Grougnoun*).
Trouncounâ, v. a. 1re conj. comme *Affetciounâ*. Tronçonner.
Trounquâ, v. a. 1re conj. Tronquer.
Troupa, s. f. Troupe. (Celt. *Tropa*). On dit aussi *Troupala*.
Troupaî, pl. **piaôx,** s. m. Troupeau.
Trouphé, s. m. Trophée.
Troupical (alou), **a, aôx,** adj. Tropical, e, aux.
Troupîe, s. m. Troupier, soldat.

TROU

Troupiquou, s. m. Tropique.
Trouquâ, v. a. 1ʳᵉ conj. comme *Bouquá*. Troquer. (V. *Bigagic*).
Trouquéu, sa, s. Troqueur, euse. (V. *Bigagéu*).
Troussa, s. f. Trousse. (Celt. *Troussa*).
Troussâ, v. a. 1ʳᵉ conj. comme *Bouxâ*. Trousser.
Troussà, f. pl. **ais,** adj. Troussé, e.
Troussaî, pl. **iaôx,** s. m. Trousseau.
Troussün, s. m. Fagot, botte de paille, de foin.
Trouttâ, v. n. 1ʳᵉ conj. comme *Agouttâ*. Trotter.

TRUS

Trouttchinâ, v. n. 1ʳᵉ conj. Trottiner.
Troutteu, s. m. Trotteur.
Trouvâ, v. n. 1ʳᵉ conj. com. *Coupâ*. Trouver.
Trouvablou, bla, adj. Trouvable.
Trouvailli, s. f. Trouvaille.
Trouvêrou, s. m. Trouvère.
Trouvéu, s. m. Trouveur.
Truc (uquou), s. m. Truc.
Truêla, s. f. Truelle, outil de maçon. (V. *Tribla*).
Truélà, pl. **ais,** s. f. Truellée.
Trusquïn ou **Trousquéin,** s. m. Trusquin, outil. (Celt. *Trusquin*).

U, s. m. Vingt et unième lettre de l'alphabet et cinquième des voyelles. Il est muet *u*, fermé *ù* et ouvert *û*. (V. Gram. n° 3).
Ue, s. m. Œuf. *Un ùe de poula*.
Ulcerâ, v. a. 1ʳᵉ conj. com. *Aberâ*. Ulcérer.
Ulcèrou, s. m. Ulcère. (V. *Galét*).
Ulceroux, ousa, adj. Ulcéreux, euse.
Ulliét, s. m. Œillet, petit trou.
Ulliétta, s. f. Œillette.
Ultchimatum (omou), s. m. Ultimatum.
Ultra, s. m. Ultra.
Ultramountanismou, s. m. Ultramontanisme.
Ultramountéin, a, adj. et s. Ultramontain, e.
Ün ou Ïn, s. m. Un, premier des nombres. (Celt. *Un*).
Ün ou Ïn, a, adj. Un, e.
Unanimamont, adv. Unanimement.
Unanimità, pl. **ais**, s. f. Unanimité.
Unî, v. a. et pr. 2ᵉ conj. Unir.
Uni, a, adj. Uni, e.
Uniémamont, adv. Unièmement.
Uniémou, ma, adj. num. ord. Unième.
Unifiâ, v. a. 1ʳᵉ conj. Unifier.
Unificacioun, s. f. Unification.
Uniformamont, adv. Uniformément.
Uniformità, pl. **ais**, s. f. Uniformité.
Uniformou, ma, adj. Uniforme.
Unimont, adv. Uniment. *Tout-tchunimont*.
Unioun ou Unioù, s. f. Union.
Uniparsounel (elou), adj. m. Unipersonnel.
Uniquamont, adv. Uniquement.
Uniquou, qua, adj. Unique.
Unissoun, s. m. Unisson.

Unità, pl. **ais**, s. f. Unité.
Unitairou, s. m. Unitaire.
Unitarismou, s. m. Unitarisme.
Univarsel (elou), **la**, adj. Universel, le.
Univarsellamont, adv. Universellement.
Univarsità, pl. **ais**, adj. Université.
Univarsitairou, adj. Universitaire.
Univês, s. m. Univers.
Urbanità, pl. **ais**, s. f. Urbanité.
Urbéin, a, adj. Urbain, e.
Urètrou, s. m. Urètre.
Ur ou Eurgeonci, s. f. Urgence.
Ur ou Eurgeont, a, adj. Urgent, e.
Urina, s. f. Urine. (V. *Pissat*).
Urinâ, v. n. 1ʳᵉ conj. Uriner.
Urinairou, ra, adj. Urinaire.
Urinoi (oua), s. m. Urinoir. (V. *Pisséurou*).
Urinoux, ousa, adj. Urineux, euse. (V. *Pissoux*).
Urna ou Eurna, s. f. Urne.
Ur ou Eurtchicairou, s. m. Urticaire.
Usâ, v. a. 1ʳᵉ conj. User. (Celt. *Usô*).
Usà, f. pl. **ais**, adj. Usé, e.
Usageou, s. m. Usage.
Usaî, pl. **ûsiaôx**, s. m. Oiseau, animal.
Usaî, pl. **ûsiaôx**, s. m. Oiseau, instrument de maçon.
Uselâ, v. n. 1ʳᵉ conj. com. *Baritelâ*. Oiseler.
Useléri, s. f. Volière, cage. (V. *Jairi*).
Useléu, s. m. Oiseleur.
Usina, s. f. Usine.
Usinîe, s. m. Usinier.
Usità, f. pl. **ais**, adj. Usité, e.
Ustonsilou, s. m. Ustensile.

UTCH

Usuel (elou), **la**, adj. Usuel, e.
Usuellamont, adv. Usuellement.
Usufrut ou **fruit,** s. m. Usufruit.
Usufrutchîe, téri, s. Usufruitier, ière.
Usura, s. f. Usure, effet de l'usage.
Usura, s. f. Usure, gros intérêts.
Usurairamont, adv. Usurairement.
Usurie, iéri, s. Usurier, ière.
Usurpâ ou **Useurpâ,** v. a. 1re conj. Usurper.
Usurpacioun, s. f. Usurpation.
Usurpatœu, trici, s. Usurpateur, trice.
Utchilamont, adv. Utilement.
Utchilisâ, v. a. 1re conj. Utiliser.

UTOU

Utchilisablou, bla, adj. Utilisable.
Utchilisacioun, s. f. Utilisation.
Utchilità, pl. **ais,** s. f. Utilité.
Utchillageou, s. m. Outillage.
Utchilléu, s. m. Outilleur.
Utchillîe, v. a. et pr. 1re conj. irrég. comme *Criaillie.* Outiller.
Utchillit, ià, f. pl. **ais,** adj. Outillé, e.
Utchilou, la, adj. Utile.
Utchit, s. m. Outil.
Utoupiquou, qua, adj. Utopique.
Utoupistou, s. m. Utopiste.
Utoupit, s. f. Utopie.

V, s. m. Vingt-deuxième lettre de l'alphabet et dix-septième des consonnes. Joue le même rôle qu'en français.

Vacacioun, s. f. Vacation.
Vacanci, s. f. Vacance.
Vacant, a, adj. Vacant, e.
Vacarmou, s. m. Vacarme. (V. *Varé, Boucan*).
Vaccïn, s. m. Vaccin
Vaccinâ, v. a. 1re conj. Vacciner.
Vaccina, s. f. Vaccine.
Vaccinablou, bla, adj. Vaccinable.
Vaccinacioun, s. f. Vaccination.
Vaccinatœu, s. m. Vaccinateur.
Vachi, s. f. Vache ; fig. : femme paresseuse.
Vacillacioun, s. f. Vacillation.
Vacillant, a, adj. Vacillant, e.
Vacillîe, v. n. 1re conj. irrég. com. *Criaillie*. Vaciller.
Va-et-Vïnt, s. m. Va-et-vient.
Vagabound, a, s. m. et adj. Vagabond, e.
Vagaboundâ, v. n. 1re conj. Vagabonder.
Vagaboundageou, s. m. Vagabondage.
Vagoun, s. m. Vagon.
Vagua, s. f. Vague.
Vaguamont, adv. Vaguement.
Vaguemestrou, s. m. Vaguemestre.
Vaguou, gua, adj. Vague, inculte, indéfini.
Vaî, pl. **Viaôx**, s. m. Veau, petit d'une vache.
Vaillamont, adv. Vaillamment.
Vaillanci ou **Vaillonci**, s. f. Vaillance.
Vaillant, s. m. et adv. Vaillant.
Vaillont, a, adj. Vaillant, e.

Valablamont, adv. Valablement.
Valablou, bla, adj. Valable.
Valei v. n. 3e conj. irrég. Valoir. — Ind. prés. : *Ji valou, tchu vaôs, o vaôt, nous valouns, vous valédes, eis valount.* — Imparfait : *Ji valïns*, etc. — Passé défini : *Ji valiéus*, etc. — Futur : *Ji vaôdrei*, etc. — Cond. prés. : *Ji vaôdrïns.* — Impératif : *Vaôx, valouns, valédes*. — Subj. : *Que ji vala*, etc. — Imparfait : *Que ji valéza*. — Part. prés. : *Valant* ; passé : *valu, a*.
Valeriana, s. f. Valériane, plante.
Valét, s. m. Valet.
Valetâ, v. n. 1re conj. comme *Assetâ*. Valeter.
Valetageou, s. m. Valetage.
Valetailli, s. f. Valetaille.
Valetchudjinairou, ra, adj. et s. Valétudinaire.
Validâ, v. a. 1re conj. Valider.
Validacioun, s. f. Validation.
Validamont, adv. Validement.
Validjità, pl. **ais**, s. f. Validité.
Validou, da, adj. Valide.
Valisa, s. f. Valise.
Valléia, s. f. Vallée.
Valloun, s. m. Vallon.
Valonciéna, s. f. Valenciennes, dentelle.
Valoû, s. f. Valeur.
Valourousamont, adv. Valeureusement.
Valouroux, ousa, adj. Valeureux, euse.
Valsa, s. f. Valse, danse.
Valsâ, v. n. 1re conj. Valser.
Valséu, sa, s. Valseur, euse.
Vampirou, s. m. Vampire.
Van, s. m. Van, corbeille.

VARB

Van, s. m. Elan, branle, impulsion. *Prendre lou van par côdre ;* prendre l'élan pour courir.

Vanâ, v. a. et n. 1ʳᵉ conj. Vanner le grain ; vaciller. *L'ora fat vanà lou criziéu ;* le vent fait vaciller la lampe.

Vanâ, v. a. 1ʳᵉ conj. Affaiblir, amollir. *Equella corsa m'a vanà ;* cette course m'a affaibli, rompu.

Vanà, f. pl. **ais**, adj. Rompu, affaibli, abattu.

Vanà, pl. **ais**, s. f. Troupe, bande. *Eis sount una vanà ;* ils sont une troupe.

Vanageou, s. m. Vannage.

Vanarit, s. f. Vannerie.

Vandalismou, s. m. Vandalisme.

Vandalou, s. m. Vandale.

Vanéu, s. m. Vanneur.

Vanîe, s. m. Vannier.

Vanilli, s. f. Vanille.

Vanità, pl. **ais**, s. f. Vanité.

Vanitoux, ousa, adj. et s. Vaniteux, euse.

Vanna, s. f. Vanne, porte d'écluse. (V. *Etrot*).

Vantâ, v. a. et pr. 1ʳᵉ conj. Vanter, glorifier.

Vantâ, arda, adj. et s. Vantard, e.

Vantaraî, rella, adj. et s. Vantard, e.

Vantardjîsi, s. f. Vantardise.

Vantarit, s. f. Vanterie.

Vaô, s. m. Val, vallée.

Vaôbenétchi, nom d'une paroisse de Saint-Étienne que l'on appelle par erreur *Valbenoite*, et dont le vrai nom devrait être *Valbénit* ou *Vallée-Bénite*.

Vaôfluria, Valfleury, nom d'une petite commune du département où l'on va beaucoup en pèlerinage.

Vaôdevilla, s. m. Vaudeville.

Vaôdevillistou, s. m. Vaudevilliste.

Vaôron, s. m. Vaurien.

Vaôtoû, s. m. Vautour, oiseau de proie.

Vaôtrâ (Se), v. pr. 1ʳᵉ conj. Vautrer. (V. *Viéulà*).

Vapœu, s. f. Vapeur.

Vapourisâ, v. a. 1ʳᵉ conj. Vaporiser.

Vapourisacioun, s. f. Vaporisation.

Vapouroux, ousa, adj. Vaporeux, euse.

Vaquâ, v. n. 1ʳᵉ conj. Vaquer.

Varat, s. m. Verrat, pourceau.

Varbal (alou), a, aôx, adj. Verbal, e, aux.

Varbalamont, adv. Verbalement.

VARL

Varbalisâ, v. n. 1ʳᵉ conj. Verbaliser.

Varbalisacioun, s. f. Verbalisation.

Varberacioun, s. f. Verbération.

Varbiageou, s. m. Verbiage.

Varbou ou **Verbou**, s. m. Verbe.

Varboux, ousa, adj. Verbeux, euse.

Varchéri, s. f. Pièce de terre cultivée auprès d'une ferme. Dot assignée primitivement sur un fonds de terre. Aujourd'hui ce mot ne s'emploie guère que pour désigner la dot d'une fille, un patrimoine quelconque.

Vardâtrou, adj. Verdâtre.

Vardeïe (e-i-e), v. n. 1ʳᵉ conj. irrég. comme *Détaffeïe*. Verdoyer.

Vardelét, ta, adj. Verdelet, te.

Vardjic (iquou), s. m. Verdict.

Vardjura, s. f. Verdure.

Vardoû, s. f. Verdeur.

Vardouyant, a, adj. Verdoyant, e.

Varé, s. m. Bruit, tapage, tumulte, embarras. *Tout s'é fat sans varé ;* tout s'est fait sans bruit. *Mena-varé*, tapageur, faiseur d'embarras ; fig. : orgueilleux.

Vareiablamont, adv. Variablement.

Vareiablou, bla, adj. Variable.

Vareiacioun, s. f. Variation.

Vareiant, a, adj. Variant, e.

Vareïe (e-i-e), v. a. et n. 1ʳᵉ conj. irrég. comme *Détaffeïe*. Varier.

Varenna, s. f. Varenne, terre.

Vargetâ, v. a. 1ʳᵉ conj. comme *Assetâ*. Vergeter, brosser.

Ji venou sans tardâ vargetâ mes guenilles.
Je viens sans tarder brosser mes guenilles.
(MURGUES, l'*Esprit*).

Vargétta, s. f. Vergette, brosse pour les habits.

Vargi ou **Vergi**, s. f. Verge.

Vargià, pl. **ais**, s. f. Vergée, ancienne mesure.

Vargîe, s. m. Verger.

Varglas, s. m. Verglas.

Vargougni, s. f. Vergogne.

Vargua, s. f. Vergue.

Varjua, s. f. Pièce de l'*écoussou*, fléau à battre.

Varjus, s. m. Verjus.

Varjûtâ, v. a. 1ʳᵉ conj. Verjuter.

Varlopa, s. f. Varlope, rabot ; fig. : abruti, débauché.

VART

Varmeil (eillou), s. m. Vermeil, argent doré.
Varmeil (eillou), eilli, adj. Vermeil, le.
Varmicel (elou), s. m. Vermicel.
Varmicelîe, s. m. Vermicelier.
Varmiculairou, ra, adj. Vermiculaire.
Varmifugeou, gi, s. m. et adj. Vermifuge.
Varmilloun, s. m. Vermillon.
Varmillounâ, v. a. 1re conj. com. *Affetciounâ*. Vermillonner.
Varmina, s. f. Vermine.
Varminoux, ousa, adj. Vermineux, euse.
Varmissaî, pl. **iaôx**, s. m. Vermisseau.
Varmoulâ (se), v. pr. 1re conj. irrég. com. *Affoulâ*. Se vermouler.
Varmouléuri, s. f. Vermoulure.
Varmoulu, a, adj. Vermoulu, e.
Varnéri, s. f. Aunaie, lieu planté de vernes.
Varnî, v. a. 2e conj. Vernir.
Varnis, s. m. Vernis.
Varnissageou, s. m. Vernissage.
Varnisséu, s. m. Vernisseur.
Varnisséuri, s. f. Vernissure.
Varnou ou **Vernou**, s. m. Verne, aunaie.
Varrarit, s. f. Verrerie.
Varrie, s. m. Verrier.
Varrou ou **Verrou**, s. m. Verre.
Varroutarit, s. f. Verroterie.
Varrouillîe, v. a. 1re conj. irrég. comme *Ageanouillie*. Verrouiller.
Varrua, s. f. Verrue.
Varsâ, v. a. et n. 1re conj. Verser.
Varsà, f. pl. **ais**, adj. Versé, e.
Varsaî, pl. **aôx**, s. m. Verseau, signe du Zodiaque.
Varsageou, s. m. Versement.
Varsét, s. m. Verset.
Varsifiâ, v. a. et n. 1re conj. Versifier.
Varsificacioun, s. f. Versification.
Varsificatœu, s. m. Versificateur.
Varsioun, s. f. Version.
Varso, s. m. Verso.
Varsoi (oua), s. m. Versoir, coutre de la charrue.
Var ou **Vertamont**, adv. Vertement.
Vartchical (alou), **a, aôx**, adj. Vertical, e, aux.
Vartchicalamont, adv. Verticalement.

VEIL

Vartchiginoux, ousa, adj. Vertigineux, euse.
Vartchigeou, s. m. Vertige. (V. *Lorda*).
Vartchu, s. f. Vertu.
Vartchuousamont, adv. Vertueusement.
Vartchuoux, ousa, adj. Vertueux, euse.
Varva ou **Verva**, s. f. Verve.
Varvêina, s. f. Verveine.
Vas, s. m. Tombeau. (Celt. *Vez*).
Davant la Gran-tch-'glési o vent sa sepultchura,
Dedjins ün vas qu'o-l-a vis-à-vis la cura.
Devant la Grand'Eglise il veut sa sépulture,
Dans un tombeau qu'il a vis-à-vis la cure.
(Jacq. CHAPELON).
Vâsa, s. f. Vase. (V. *Boua*).
Vasistas (àssou), s. m. Vasistas. (V. *Fenétroun*).
Vâsou, s. m. Vase, pot.
Vâsoux, ousa, adj. Vaseux, euse.
Vasqua, s. f. Vasque.
Vassal (alou), **a, siaôx**, adj. et s. Vassal, e, aux.
Vasselageou, s. m. Vasselage.
Vassiéu, s. m. Gars, garçon amoureux.
Aòssi gai qu'un vassiéu quand o vint de fiancie.
Aussi gai qu'un amoureux quand il vient de fiancer.
(CHAPELON, entrée sol).
Vastamont, adv. Vastement.
Vastou, ta, adj. Vaste.
Vatchican, s. m. Vatican.
Vê, s. m. Ver, animal rampant.
Vedétta, s. f. Vedette.
Vegetâ, v. n. 1re conj. com. *Assetâ*. Végéter.
Vegetacioun, s. f. Végétation.
Vegetal (alou), pl. **aôx**, s. m. Végétal, aux.
Vehémonci, s. f. Véhémence.
Véhémont, a, adj. Véhément, e.
Vehémontamont, adv. Véhémentement.
Vehiculou, s. m. Véhicule.
Véia ou **Véya**, s. f. Chose, affaire, ouvrage.
Feùt que l'hommou à la fin faséze la véia.
Il faut que le mari à la fin fasse l'ouvrage.
Un charmant ceintchuroun et milla aòtres veies.
Un charmant ceinturon et mille autres choses.
(CHAPELON).
Veici, prép. et adv. Voici. (V. *Véquia*).
Veilléu, s. m. Veilleur.
Veilleusa, s. f. Veilleuse.
Veilli, s. f. Veille.
Veilliâ, pl. **ais**, s. f. Veillée.

VELI

Veillîe, v. n. et a. 1re conj. irrég. comme *Criaillie*. Veiller.

Véin, a, adj. Vain, e ; loc. adv. *On véin*.

Veina ou **Venna**, s. f. Veine, canal du sang ; chance.

Veinâ, v. a. 1re conj. Veiner, imiter les veines.

Veinâ, arda, s. Veinard, e ; qui a de la chance.

Veinà, f. pl. **ais**, adj. Veiné, qui a des veines.

Veinamont, adv. Vainement.

Véincre, v. a. 3e conj. comme *Couréincre*. Vaincre.

Véincu, a, adj. Vaincu, e.

Véindjicatchif (ifou), **iva**, adj. Vindicatif, ive.

Véindjicatchivamont, adv. Vindicativement.

Véindjita, s. f. Vindicte.

Véinquœu, s. m. Vainqueur.

Veire, v. a. et pr. 3e conj. irrég. Voir. — Ind. prés. : *Ji veyou, tchu veis* ou *vœux, o veit* ou *vœut, nous veyouns, vous veyédes* ou *védes, eis veyount*. — Imparfait : *Ji veyïns, tchu veyies, o veyit, nous veyans, vous veyaz, eis veyiant*. — Passé défini : *Ji veyiéns, tchu veyis, o veyit, nous vouyimous, vous vouyites, eis veyirant*. — Futur : *Ji veirei, tchu veirais*, etc. — Cond. prés. : *Ji veirïns*, etc. — Impératif : *Veis* ou *vœus, veyouns, veyédes* ou *védes*. — Subj. prés. : *Que ji veya, que tchu veyes, qu'o veye, que nous veyiouns, que vous veyiz, qu'eis veyant*. — Imparfait : *Que ji veyéza, que tchu veyézes*, etc. — Part. prés. : *Veyant* ; passé : *véu*.

Veire, adv. Voire, même, aussi.

Veis, s. f. Fois. *O se trouvarit près par una bouna reis* ; il se trouverait pris pour une bonne fois. (CHAPELON). Loc. adv. *A la reis*, à la fois ; adv. : *deveis*, des fois, parfois. *Quand de reis*, combien de fois. *Quèuquareis*, quelquefois

Veissaî, pl. **siaôx**, s. m. Vaisseau.

Veisselâ, v. n. 1re conj. com. *Baritelâ*. Laver la vaisselle.

Veisselîe, s. m. Vaisselier. (V. *Dresséu*).

Veissella, s. f. Vaisselle. (Celt. *Vessella*). (V. *Bortassaillï*).

Veissellarit, s. f. Vaissellerie. (V. *Bortassaillï*).

Vélâ, v. n. 1re conj. com. *Apprétâ*. Vêler.

Vélageou, s. m. Vêlage.

Velïn, s. m. Vélin, papier.

VÊS

Veleïtà, pl. **ais**, s. f. Velléité.

Veloû, s. m. Velours.

Veloucipèdou, s. m. Vélocipède.

Veloucità, pl. **ais**, s. f. Vélocité.

Veloûtâ, v. a. 1re conj. Velouter.

Veloûtâ, f. pl. **ais**, adj. Velouté, e.

Veloûtageou, s. m. Veloutage.

Velu, a, adj. Velu, e.

Venenoux, ousa, adj. Vénéneux, euse.

Venerâ, v. a. 1re conj. comme *Aberâ*. Vénérer.

Venerablamont, adv. Vénérablement.

Venerablou, bla, adj. Vénérable.

Veneracioun, s. f. Vénération.

Venéu, s. m. Veneur.

Venî, v. n. 2e conj. com. *Reveni*. Venir.

Veniel (elou), **la**, adj. Véniel, le. Au masc. on dit souvent *Veniel* ; *pechit veniel*.

Veniellamont, adv. Véniellement.

Venu, a, adj. Venu, e,

Venua, s. f. Venue, crise, trouble, syncope. *Prendre una vrnua* ; prendre une venue.

Vénus, s. f. Vénus.

Véprà, s. f. Après-diner.

Vêpres, s. f. pl. Vêpres, office, le soir.

Véquia ou **Veiquia**, prép. Voilà, voici.

Veracità, pl. **ais**, s. f. Véracité.

Verandà, s. f. Véranda.

Verbou ou **Varbou**, s. m. Verbe. (Celt. *Verb*).

Veridjiquamont, adv. Véridiquement.

Veridjiquou, qua, adj. Véridique.

Verifiâ, v. a. 1re conj. Vérifier.

Verificacioun, s. f. Vérification.

Varificatœu, s. m. Vérificateur.

Verina, s. f. Verrine, verre, vitre, vitrine.

Verità, pl. **ais**, s. f. Vérité.

Veritablamont, adv. Véritablement.

Veritablou, bla, adj. Véritable.

Vernou ou **Varnou**, s. m. Verne, aune. (Celt. *Vern*).

Vérola, s. f. Vérole.

Verouniqua, s. f. Véronique, plante.

Verrou ou **Varrou**, s. m. Verre.

Versa (à), loc. adv. A verse.

Verün, s. m. Venin, virus ; fig. : haine, méchanceté.

Vês, s. m. Vers, poésie.

Vês, prép. Vers, direction. *Vês méjoù;* vers midi. *Lous effants de vés Saint-Tchiére;* les enfants de Saint-Etienne. (CHAPELON). S'emploie pour *à* devant un nom de lieu. *Allâ vês Poulegnais, vês la Tarrâssi;* pour aller à Polignais, à la Terrasse.

Vesicula, s. f. Vésicule.

Vesiculoux, ousa, adj. Vésiculeux, euse.

Vesiculairou, ra, adj. Vésiculaire.

Vesoun, s. m. Ver, larve d'insecte ; fig. : crotte que les enfants ont dans les narines ; enfant qui rechigne, se rebiffe ; chenille.

Vesounâ, f. pl. **ais**, adj. Qui a des vers, chose en état de putréfaction. *Équelles davaignes sount vesounais;* ces prunes ont des vers.

Vessa, s. f. Vesse, vent qui sort de l'anus.

Vessâ, v. n. 1re conj. Vesser.

Vesséu, sa, s. Vesseur, euse.

Vesta, s. f. Veste. (Celt. *West*). (V. *Carmagnola*).

Vestala, s. f. Vestale, prêtresse.

Vestchiairou, s. m. Vestiaire.

Vestchibulou, s. m. Vestibule.

Vestchigeou, s. m. Vestige.

Vestoun, s. m. Veston. (V. *Roundéin*).

Vet, adj. num. Huit, deux fois quatre.

Vet, Verda, adj. Vert, e ; de couleur verte.

Vétamont, s. m. Vêtement. (V. *Bagageou*).

Vétchî ou **Vitchî**, v. a. et pr. 2e conj. com. *Amortchi*. Vêtir.

Vétoû (Sant), s. m. Saint-Victor-sur-Loire.

Vettchiémamont, adv. Huitièmement.

Vettchiémou, ma, adj. num. ord. Huitième.

Vettéin, s. m. Huitain, de huit vers.

Vetteina ou **tenna**, s. f. Huitaine, huit environ.

Véu, prép. Vu. *Véu lou tchioms,* vu le temps ; s. m. *Au véu et au séu;* loc. conj. *Véu que.*

Veuf (eufou), **Veuva**, adj. et s. Veuf, veuve.

Véumî ou **Béumî**, v. a. 2e conj. com. *Agi*. Vomir.

Véumitchif (ifou), **iva**, adj. Vomitif, ive.

Véurâceou, ci, adj. et s. Vorace.

Véuracità, pl. **ais**, s. f. Voracité.

Véutâ, v. n. et a. 1re conj. Voter.

Véutchif (ifou), **iva**, adj. Votif, ive.

Véutou, s. m. Vote.

Véutrou, pl. **trous**, adj. poss. Votre, vos.

Véutrou, tra (lou, la), pr. poss. Le vôtre la vôtre.

Véuva, s. f. Vue ; *traire sa véuva.*

Veuvageou, s. m. Veuvage.

Vexâ, v. a. 1re conj. Vexer.

Vexacioun, s. f. Vexation.

Vexatouairou, ra, adj. Vexatoire.

Via, s. f. Vie ; fig. : vivre, nourriture. *La via et lou gére;* le vivre et le coucher. Par ext. bruit, tapage. *Ne fais pas la via, ji volou deurmi;* ne fais pas du bruit, du tapage, je veux dormir.

Viablou, bla, adj. Viable.

Viadjuc (uquou), s. m. Viaduc.

Viagîe, géri, adj. et s. Viager, gère.

Viâilli, s. f. Joue. (Celt. *Biaill*). *O l'ongréugne à la viàill et li saute aux chaviéus;* il l'égratigne à la joue et lui saute aux cheveux. (Jac. CHAPELON).

Blounda couma ïn fi d'ô, les doués viàilles varmeilles. Blonde comme un fil d'or, les deux joues vermeilles. (Ant. CHAPELON).

Vialla, s. f. Ville. Quartier de Saint-Etienne ; ancienne ville.

Viallageou, s. m. Village.

Viallageouais, a, s. Villageois, e.

Viallegiatchura, s. f. Villégiature.

Vialétta, s. f. Villette, petite ville. (Celt. *Villeta*).

Vianda, s. f. Viande.

Viaôla, s. f. Violon (vieux mot).

Viatchiquou, s. m. Viatique.

Vibrâ, v. n. 1re conj. Vibrer.

Vibracioun, s. f. Vibration.

Vicairou, s. m. Vicaire.

Vicariat, s. m. Vicariat.

Viceou, s. m. Vice.

Viceou-varsa, loc. adv. Vice versa.

Vicinal (alou), **a, aôx**, adj. Vicinal, e, aux.

Viciousamont, adv. Vicieusement.

Vicioux, ousa, adj. Vicieux, euse.

Vicissitchuda, s. f. Vicissitude.

Vicoumtessa, s. f. Vicomtesse.

Vicoumtou, s. m. Vicomte.

Vidangéu, s. m. Vidangeur.

Vidangi, s. f. Vidange.

Viéillâ, s. m. Vieillard.

Viéillarit, s. f. Vieillerie.

Viéillessa, s. f. Vieillesse.

VIGN

Viéilli, s. f. Vieille, instrument de musique. (V. *Chanforgni*).
Viéillî, v. n. et a. 2ᵉ conj. Vieillir.
Viéillissamont, s. m. Vieillissement.
Viéilloun, a, adj. Vieillot, te.
Viergi, s. f. Vierge.
Viéu, Viéilli, adj. et s. Vieux, vieille.
Viéul (ou), ou **Viol** (olou), s. m. Viol.
Viéulâ, v. a. 1ʳᵉ conj. Violer.
Viéulacioun, s. f. Violation.
Viéulacit, cià, f. pl. **ais,** adj. Violacé, e.
Viéulamont, adv. Violemment.
Viéulatœu, trici, s. Violateur, trice.
Viéulâtrou, tra, adj. Violâtre.
Viéulét, s. m. Sentier, petit chemin.
Viéulét, ta, adj. Violet, te.
Viéulétta, s. f. Violette, fleur. (Celt. *Vyoleta*).
Viéulîe, s. m. Violier, plante.
Viéulonci, s. f. Violence.
Viéulont, a, adj. Violent, e.
Viéulontâ, v. a. 1ʳᵉ conj. Violenter.
Viéuloun, s. m. Violon. (V. *Viaóla*).
Viéulounaire, s. m. Violoniste.
Viéulouncellistou, s. m. Violoncelliste.
Viéulouncellou, s. m. Violoncelle.
Viéulounistou, s. m. Violoniste. (V. *Viéulounaire*).
Viéure, v. n. 3ᵉ conj. irrég. Vivre, être en vie. — Ind. prés. : *Ji viquou, tchu vis, o vit, nous viquouns, vous viquédes, eis viquount*. — Imparfait : *Ji viquins, tchu viquies*, etc. — Passé défini : *Ji viquiéus*, etc. — Futur : *Ji viéurei*, etc. — Cond. prés. : *Ji viéurîns*, etc. — Impératif : *Vis, Viquouns, viquédes*. — Subj. : *Que ji viqua*, etc. — Imparfait : *Que ji véquéza*. — Part. prés. : *Viquant*; passé : *vicu, a*.
Viéurou ou **Viéulou,** s. m. Regain, nourriture, herbe qui repousse après avoir été fauchée.
Viéusî, v. a. 2ᵉ conj. com. *Defessi*. Perdre de sa valeur, baisser de prix ; se dit beaucoup des denrées sur le marché. *Les triffes, lou burrou ant viéusit*; les pommes de terre, le beurre ont baissé de prix.
Viéutâ, v. a. et pr. 1ʳᵉ conj. Vautrer.
Vigeailli, s. f. Vigile, abstinence.
Vigeaillimont, adv. Vigilement.
Vigilanci, s. f. Vigilance.
Vigilant, a, adj. Vigilant, e.
Vignat, s. m. Roseau, petite verge, branche d'arbre.

VIRI

Vigneroun, a, s. Vigneron, onne.
Vignétta, s. f. Vignette.
Vigni, s. f. Vigne.
Vignoblou, bla, s. m. et adj. Vignoble.
Vigoû ou **Vigœu,** s. f. Vigueur.
Vigourousamont, adv. Vigoureusement.
Vigouroux, ousa, adj. Vigoureux, euse.
Vil (ilou), **a,** adj. Vil, e.
Vilamont, adv. Vilement.
Vilanit, s. f. Vilenie. (Celt. *Villania*).
Viléin, a, adj. Vilain, e.
Vileinamont, adv. Vilainement.
Vilipondâ, v. a. 1ʳᵉ conj. Vilipender.
Vin, s. m. Vin, jus du raisin. (Celt. *Win*). Prov. : *Vin sus lat porte sandà ; lat sus vin fat purisin*. Vin sur lait porte santé ; lait sur vin fait pleurésie.
Vinâ, v. a. 1ʳᵉ conj. Viner.
Vinageou, s. m. Vinage.
Vinaigrou, s. m. Vinaigre.
Vin-avant, loc. adv. Viens en avant, viens ici.
Vineigrâ, v. a. 1ʳᵉ conj. Vinaigrer.
Vineigrarit, s. f. Vinaigrerie.
Vineigrétta, s. f. Vinaigrette.
Vineigrîe, s. m. Vinaigrier.
Vingt, adj. num. Vingt.
Vingtchiémou, ma, adj. num. ord. Vingtième.
Vingteina ou **tenna,** s. f. Vingtaine.
Vinicolou, la, adj. Vinicole.
Vinificacioun, s. f. Vinification.
Viornou, s. m. Viorne, arbrisseau.
Vipèra, s. f. Vipère, serpent.
Virageou, s. m. Virage, action de virer.
Virâgot, s. m. Virago, femme aux allures d'un homme.
Viramont, s. m. Virement,
Virginal (alou), **a, aôx,** adj. Virginal, e, aux.
Virginalamont, adv. Virginalement.
Virginità, pl. **ais,** s. f. Virginité.
Virgula, s. f. Virgule.
Viribrouquin, s. m. Vilebrequin.
Viricouâssi, s. f. Contour, détour, sinuosité. *Equais chamit é tout ou viricouâsses ;* ce chemin est tout en contours.
Viricouassîe, v. n. 1ʳᵉ conj. irrég. comme *Acassi*. Contourner, faire des tours et des détours.

VISQ

Virîe, v. a. et pr. 1ʳᵉ conj. irrég. comme *Aérie*. Virer, tourner. *Ji me viriéus du lâ de la murailli;* je me tournai du côté de la muraille. (Ant. CHAPELON).
Virifouillét, s. m. Tripes de bœuf.
Viril (ilou), **a**, adj. Viril, e.
Virilamont, adv. Virilement.
Virilità, pl. **ais**, s. f. Virilité.
Virola, s. f. Virole, petit cercle.
Virorlâ, v. n. 1ʳᵉ conj. Tournoyer, tourner, rôder de ci, de là.
Viroulét, s. m. Objet qui tourne sur son axe; pièce d'artifice de forme circulaire, qui tourne une fois enflammée.
Viroundâ, v. n. 1ʳᵉ conj. Tourner autour.
Viroundà, pl. **ais**, s. f. Tournée.
Virounéri, s. f. Tarière à percer; espèce de danse montagnarde mélangée de valse et de bourrée.
Virtchuel (elou), **la**, adj. Virtuel, le.
Virtchuellamont, adv. Virtuellement.
Virtchuéusità, pl. **ais**, s. f. Virtuosité.
Virtchuéusou, sa, s. Virtuose.
Virulonci, s. f. Virulence.
Virulont, a, adj. Virulent, e.
Virus (uçou), s. m. Virus. (V. *Verûm*).
Visâ, v. a. et n. 1ʳᵉ conj. Viser.
Visà, pl. **ais**, s. f. Visée.
Visageou, s. m. Visage.
Vis-à-vis, loc. adv. et s. m. Vis-à-vis.
Visceral (alou), **a, aôx**, adj. Viscéral, e, aux.
Viscèrou, s. m. Viscère.
Viscousità, pl. **ais**, s. m. Viscosité.
Visèri, s. f. Visière, hausse de fusil.
Visiblamont, adv. Visiblement.
Visiblou, bla, adj. Visible.
Visicatouairou, s. Vésicatoire.
Visïn, ina, adj. et s. Voisin, e.
Visinâ, v. n. 1ʳᵉ conj. Voisiner.
Visinageou, s. m. Voisinage.
Visioun, s. f. Vision.
Visiounairou, ra, adj. et s. Visionnaire.
Visita, s. f. Visite. (Celt. *Visita*).
Visitâ, v. a. 1ʳᵉ conj. Visiter.
Visitacioun, s. f. Visitation.
Visitandjina, s. f. Visitandine.
Visitéu, sa, s. Visiteur, euse.
Visquoux, ousa, adj. Visqueux, euse.

VIVI

Vissina, s. f. Petite vesse.
Vissoula, s. f. Vessie.
Visuel (elou), **la**, adj. Visuel, le.
Vit, Viva, adj. Vif, vive.
Vital (alou), **a, aôx**, adj. Vital, e, aux.
Vitalità, pl. **ais**, s. f. Vitalité.
Vitamont, adv. Vitement.
Vitchicol (olou), **la**, adj. et s. Viticol, e.
Vitchicultchura, s. f. Viticulture.
Vitchicultéu, s. m. Viticulteur.
Victchima, s. m. Victime.
Vitchimâ, v. a. 1ʳᵉ conj. Victimer.
Vitchuailli, s. f. Victuaille. (V. *Viéurou*).
Vitchura, s. f. Voiture.
Vitchurâ, v. a. 1ʳᵉ conj. Voiturer.
Vitchurageou, s. m. Voiturage.
Vitchurîe, s. m. Voiturier.
Vitouairi, s. f. Victoire.
Vitoulét, s. m. Alouette gaie, oiseau.
Vitouriousamont, adv. Victorieusement.
Vitourioux, ousa, adj. Victorieux, euse.
Vitra, s. f. Vitre. (V. *Verina*).
Vitrâ, v. a. 1ʳᵉ conj. Vitrer; fig.: regarder indiscrètement.
Vitrà, f. pl. **ais**, adj. Vitré, e.
Vitrageou, s. m. Vitrage.
Vitrail (aillou), pl. **Vitraôx**, s. m. Vitrail, vitraux.
Vitrarit, s. f. Vitrerie.
Vitrîe, Vitréri, s. Vitrier, ière.
Vitrifiâ, v. a. 1ʳᵉ conj. Vitrifier.
Vitrificacioun, s. f. Vitrification.
Vitrina, s. f. Vitrine.
Vitriol (olou), s. m. Vitriol.
Vitrioularit, s. f. Vitriolerie.
Vitriouliquou, qua, adj. Vitriolique.
Vitroux, ousa, adj. Vitreux, euse.
Vivaceou, Vivaci, adj. Vivace.
Vivacità, pl. **ais**, s. f. Vivacité.
Vivamont, adv. Vivement.
Vivant ou **Viquant, a**, s. m. et adj. Vivant, e.
Vivéu, s. m. Viveur.
Vivîe, s. m. Vivier.
Vivifiâ, v. a. 1ʳᵉ conj. Vivifier.
Vivifiant, a, adj. Vivifiant, e.
Vivificacioun, s. f. Vivification.

VONT

Vivoutâ, v. n. 1re conj. comme *Accoutâ*. Vivoter.
Vœu, s. m. Vœu, souhait.
Vogua, s. f. Vogue, fête votive ; fig. : chose à la mode. *La vogua do reloucipédous.*
Voi ou **Vouê**, s. f. Voie, trace.
Voilâ, v. a. 1re conj. Voiler.
Voilâ, pl. **ais**, adj. Voilé, e.
Voila, s. f. Voile, marine.
Voilarit, s. f. Voilerie, fabrique de voiles.
Voilétta, s. f. Voilette.
Voiléuri, s. f. Voilure.
Voilie, s. m. Voilier.
Voirit ou **Voueirit**, s. f. Voirie.
Voix ou **Voueix**, s. f. Voix, son.
Vol (olou), s. m. Vol ; loc. adv. *A vol dj'ôsai*, à vol d'oiseau ; *à la rola*, au vol.
Vondablou, **bla**, adj. Vendable.
Vondangi, s. f. Vendange. (V. *Vondéma*).
Vondangeablou, **bla**, adj. Vendangeable.
Vondangéu, **sa**, s. Vendangeur, euse.
Vondangîe, v. a. 1re conj. irrég. comme *Ablagie*. Vendanger. (V. *Vondéma*).
Vondéma, s. f. Vendange.
Vondémâ, v. a. 1re conj. Vendanger.
Vondémablou, **bla**, adj. Vendangeable.
Vondéméu, **sa**, s. Vendangeur, euse.
Vondémiairou, s. m. Vendémiaire.
Vondéu, **sa**, s. Vendeur, euse.
Vondju, **a**, adj. Vendu, e.
Vondre, v. a. 3e conj. Vendre.
Vondrou ou **Djivondrou**, s. m. Vendredi.
Vongeanci, s. f. Vengeance.
Vongéu, **sa**, s. Vengeur, vengeresse.
Vongîe, v. a. et pr. 1re conj. irrég. comme *Ablagie*. Venger.
Vont, s. m. Vent. (V. *Oro*). *Vont*, désigne ordinairement le vent du Midi. *Lou ront et la bisi*.
Vonta, s. f. Vente, marché.
Vontâ, v. impers. 1re conj. Venter, faire du vent.
Vontchilacioun, s. f. Ventilation.
Vontchilatœu, s. m. Ventilateur.
Vontéusou, s. m. Ventôse, mois.
Vontoûsa, s. f. Ventouse.
Vontoûsâ, v. a. 1re conj. Ventouser.
Vontousità, pl. **ais**, s. f. Ventosité.
Vontral (aloui), **a**, **aôx**, adj. Ventral, e, aux.

VOUL

Vontrà, pl. **ais**, s. f. Ventrée.
Vontréri, s. f. Ventrière.
Vontriculou, s. m. Ventricule.
Vontriloguou, **gua**, adj. et s. Ventriloque.
Vontrou, s. m. Ventre.
Vontru, **a**, adj. et s. Ventru, e.
Vortâ, v. n. 1re conj. Voler, voltiger. *Faire vortâ*, lâcher, faire voler les pigeons ; fig. : aller, courir. *O ne fat que vortâ touta la journa* ; il ne fait que courir toute la journée.
Vortà, pl. **ais**, s. Volée, envolée ; fig. : course.
Voù, pr. ind. m. s. On. *Voù djirit*, on dirait.
Vou, pr. dém. Ce. *Voué là*, c'est lui.
Vouâ, v. a. et pr. 1re conj. comme *Bafouâ*. Vouer.
Voucablou, s. m. Vocable.
Voucabulairou, s. m. Vocabulaire.
Voucal (alou), **a**, **aôx**, adj. Vocal, e, aux.
Voucalamont, adv. Vocalement.
Voucalisâ, v. a. 1re conj. Vocaliser.
Voucalisacioun, s. f. Vocalisation.
Voucalisatœu, **trici**, s. Vocalisateur, trice.
Voucacioun, s. f. Vocation.
Vouciferâ, v. n. 1re conj. comme *Aberâ*. Vociférer.
Vouciferacioun, s. f. Vocifération.
Vouédjîe, v. a. 1re conj. irrég. comme *Accouèrie*. Vider. (V. *Vougancie*).
Vouêdou, **dji**, adj. Vide. (V. *Vougant*).
Vouê ou **Voi** s. f. Voie, chemin.
Vouérîe, v. a. et pr. 1re conj. irrég. comme *Accouèrie*. Ouvrir, en parlant du grain à sa maturité. *Lou ront fat vouérie lou gron do blà* ; le vent fait ouvrir le grain du blé.
Vouguâ, v. n. 1re conj. com. *Bouquâ*. Voguer.
Voulâ, v. n. 1re conj. com. *Affoulâ*. Voler, aller en l'air. (V. *Vortâ*).
Voulâ, v. a. et n. 1re conj. comme *Affoulâ*. Voler, prendre. (V. *Roubâ*).
Voulablou, **bla**, adj. Volable.
Voulageou, **gi**, adj. Volage.
Voulailli, s. f. Volaille.
Voulant, s. m. Volant, faucille de moissonneur, cerf-volant.
Voulant, **a**, adj. Volant, e.
Voulatchil (iloui), **a**, adj. Volatil, e.
Voulatchilisâ, v. a. 1re conj. Volatiser.
Voulatchilisacioun, s. f. Volatilisation.
Voulcan, s. m. Volcan.

27

VOUL

Voulcaniquou, qua, adj. Volcanique.
Voulcanisâ, f. pl. **ais,** adj. Volcanisé, e.
Voulei, s. m. Vouloir. *Soun boun voulei.*
Voulei, v. a. et n. 3ᵉ conj. irrég. Vouloir. — Ind. prés. : *Ji volou, tchu véux, o véut, nous voulouns, vous voulédes, cis volount.* — Imparfait : *Ji voulïus, tchu voulies,* etc. — Passé défini : *Ji vouliéus,* etc. — Futur : *Ji voudrei,* etc. — Cond. prés. : *Ji voudriûs,* etc. — Impératif : *Véux, voulouns, voulédes.* — Subj. prés. : *Que ji vola, que tchu voles, qu'o vole, que nous vouliouns, que vous vouliïz, qu'cis voulant.* — Imparfait : *Que ji vouléza,* etc. — Part. prés. : *Voulant ;* passé : *voulu, a.*
Vouléri, s. f. Volière. (V. *Jaïri, àscléri*).
Voulét, s. m. Volet. (Celt. *Volet*).
Vouligi, s. f. Volige, planche de bois.
Voulountà, pl. **ais,** s. f. Volonté.
Voulountairamont, adv. Volontairement.
Voulountairou, ra, s. m. et adj. Volontaire.
Voulountchie, adv. Volontiers, de bon cœur.
Voulountoux, ousa, adj. et s. De bonne volonté.
Voulta, s. f. Volte. *Voulta-fàci.*
Voultchigeageou, s. m. Voltigement.
Voul ou **Vortchigeant, a,** adj. Voltigeant, e.
Voul ou **Vortchigéu,** s. m. Voltigeur.
Voul ou **Vortchigi** s. f. Voltige.
Voul ou **Vortchigîe,** v. n. 1ʳᵉ conj. irrég. comme *Ablagie.* Voltiger.
Vouluminoux, ousa, adj. Volumineux, euse.
Voulumou, s. m. Volume ; fig. : embarras. *O fat de voulumou,* il fait des embarras.
Vouluptà, pl. **ais,** s. f. Volupté.

VULN

Vouluptchuousamont, adv. Voluptueusement.
Vouluptchuoux, ousa, adj. Voluptueux, euse.
Vouluta, s. f. Volute, spirale.
Vous, pr. pers., pl. de *tu.* Vous.
Voûta, s. f. Voûte.
Voûtâ, f. pl. **ais,** adj. Voûté, e.
Voûtâ, v. a. 1ʳᵉ conj. Voûter. (Celt. *Vota*).
Vouyageou, s. m. Voyage.
Vouyancîe, v. a. 1ʳᵉ conj. irrég. comme *Agcoucie.* Vider, verser.
Vouyant, a, adj. Vide.
Vouyant, a, adj. Voyant, e, éclatant.
Vouyella, s. f. Voyelle, lettre.
Vraimont, adv. Vraiment.
Vrais, adj. Vrai, e.
Vraisomblablamont, adv. Vraisemblablement.
Vraisomblablou, bla, adj. et s. Vraisemblable.
Vraisomblanci, s. f. Vraisemblance.
Vrîlli, s. f. Vrille à percer.
Vua ou **Véuva,** s. f. Vue, faculté de voir.
Vulcanisâ, v. a. 1ʳᵉ conj. Vulcaniser.
Vulcanisacioun, s. f. Vulcanisation.
Vulcanisme, s. m. Vulcanisme.
Vulgairamont, adv. Vulgairement.
Vulgairou, ra, adj. Vulgaire.
Vulgarisâ, v. a. 1ʳᵉ conj. Vulgariser.
Vulgarisacioun, s. f. Vulgarisation.
Vulgarisatœu, trici, s. Vulgarisateur, trice.
Vulgarità, pl. **ais,** s. f. Vulgarité.
Vulnerablou, bla, adj. Vulnérable.
Vulnerairou, ra, adj. et s. Vulnéraire.

X (iksou), s. m. Vingt-troisième lettre de l'alphabet et dix-huitième des consonnes. Joue le même rôle qu'en français.

Xavie (zavie), n. pr. Xavier.

Y (igrèquou), s. m. Vingt-quatrième lettre de l'alphabet et sixième des voyelles. Joue le même rôle qu'en français.

Y, adv. relatif (i). Il est toujours précédé d'un *n* euphonique et se lie avec la voyelle suivante. *Vous n'y étes*, vous y êtes; *n'yallaz-vous?* y allez-vous? *vais-n'y*, vas-y, etc.

Yéu, pl. **Yéux,** s. m. Œil, yeux. Au sing. lorsque ce mot vient après une consonne, il prend, comme initiale, un *z* euphonique. *Un zyéu*, un œil; *soun zyéu*, son œil. On dit également *Un cop d'éu* et *ün cop de zyéu*, pour un coup d'œil.

Yéure, adv. Maintenant, à présent.

Yssïngeaôx, n. de l. Yssingeaux (Haute-Loire).

Z

Z (izèdâ), s. f. (Celt. *Zedu*). Vingt-cinquième lettre de l'alphabet et dernière des consonnes. Joue le même rôle qu'en français; s'emploie quelquefois euphoniquement devant *yéu*, œil. *Zyéu de béu*, œil-de-bœuf. *Zeffants*, enfants.

Zazyéu, s. m. Qui a les yeux endommagés ou malades.

Zebrâ, v. a. 1re conj. com. *Execrâ*. Zébrer.

Zebrà, f. pl. **ais**, adj. Zébré, e.

Zèbrou, s. m. Zèbre, quadrupède.

Zéin, s. m. Zinc, métal.

Zéingageou, s. m. Zingage.

Zéinguâ, v. a. 1re conj. Zinguer.

Zéinguarit, s. f. Zinguerie.

Zéinguéu, s. m. Zingueur.

Zélà, f. pl. **ais**, adj. et s. Zélé, e.

Zelatœu, trici, s. Zélateur, trice.

Zèlou, s. m. Zèle.

Zénit (itou), s. m. Zénith.

Zénital (alou), a, adj. Zénithal, e.

Zéphy ou **Zéphirou**, s. m. Zéphyr, Zéphyre.

Zerô, s. m. Zéro, chiffre. *Un zérô ou chiffrou*; sans valeur, qui ne compte pas.

Zigou, s. m. Zigue, camarade; *ûn boun zigou*.

Zigzag (agou), s. m. Zigzag.

Zigzaguâ, v. a. 1re conj. Zigzaguer.

Zig-Zang-Zoug! Exclamation de jeu d'enfants. Lorsqu'on veut désigner le captif, trois des joueurs se faisant face, tiennent leur main droite derrière le dos, et, au moment où l'on pousse l'exclamation *Zig-zang-zoug!* ils la ramènent au centre du groupe, présentant le revers ou le plat; alors celui dont la main se trouve tournée à l'opposé des autres deux s'en sort; un autre le remplace, jusqu'au dernier qui reste le captif.

Zizanit, s. f. Zizanie.

Zognes (à les), s. f. pl. Jeu de gobilles. *Jouic à les zognes*; jouer aux gobilles; fig.: *n'on connaître à les zognes*; être rusé, malin, en connaître, en savoir long.

Zos, pr. rel. et prép. Le. *Moda, ji zos volou*; pars, je le veux.

Zouâvou, s. m. Zouave, soldat.

Zoudjiaquou, s. m. Zodiaque.

Zouna, s. f. Zone.

Zououlougiquou qua, adj. Zoologique.

Zououlougistou, s. m. Zoologiste.

Zououlougit, s. f. Zoologie.

Zozo, s. m. Pitre de parade.

Zut! (utou), interj. Zut! exclamation.

Zün-ou-Zâ, s. m. Jeu, pair ou impair. On prend un ou plusieurs objets dans la main et l'on présente le poing fermé, en disant: *Zün ou zâ?* ce qui répond à pair ou impair.

ABRÉVIATIONS

EMPLOYÉES DANS LE DICTIONNAIRE

Adj...............	Adjectif.
Adv...............	Adverbe.
Art...............	Article.
Celt...............	Celtique.
Com...............	Comme.
Cond...............	Conditionnel.
Conj...............	Conjonction.
Dém...............	Démonstratif.
Déterm............	Déterminatif.
Ex.................	Exemple.
F..................	Féminin.
F. pl..............	Féminin pluriel.
Fig................	Figurément.
Gram...............	Grammaire.
Impers.............	Impersonnel.
Ind................	Indicatif.
Indéf..............	Indéfini.
Interj.............	Interjection.
Irr., irrég........	Irrégulier.
Loc................	Locution.
Loc. adv...........	Locution adverbiale.
M..................	Masculin.
N..................	Nom.
N. de l............	Nom de lieu.
N. pr..............	Nom propre.
N°.................	Numéro.
Num................	Numéral.
Num. ord...........	Numéral ordinal.
Par ext............	Par extension.
Part...............	Participe.
Pas................	Passé.
Pers...............	Personne, personnel.
Pl., plur..........	Pluriel.
Poss...............	Possessif.
Pr., prés..........	Présent.
Pr.................	Pronom, pronominal.
Prép...............	Préposition.
Prov...............	Proverbe.
S..................	Substantif.
S. f...............	Substantif féminin.
S. m...............	Substantif masculin.
Sing...............	Singulier.
Subj...............	Subjonctif.
V..................	Voyez.
V. a...............	Verbe actif.
V. n...............	Verbe neutre.
V. pr..............	Verbe pronominal.
V. impers..........	Verbe impersonnel.
1re conj...........	Première conjugaison.
2e conj............	Deuxième —
3e conj............	Troisième —

ERRATA ET APPENDICE

Le lecteur voudra bien rétablir l'orthographe de quelques mots et corriger les petites erreurs en consultant les indications ci-après.

Le chiffre *arabe* indique la page et le chiffre *romain*, la colonne.

Pages	Col.		Pages	Col.	
117	I	**Abregîe**, v. a. et pr..... Subj. : Que j'abrègea, que tch'abrèges, qu'o-l-abrège, que n'abregiouns, que vou'abregiiz, qu'eis-l-abregeunt.	154	II	**Borguignéu, sa,** s.....
			156	II	**Bounificacïoun,** s. f. Bonification.
			158	II	**Brandâ,** v. a. et n. 1ʳᵉ conj. Pendre.
117	II	**Absontâ** (s'), v. pr.....	159	II	**Brida,** s. f. Bride. (Celt. *Brida*).
121	I	**Admissiblou, bla,** adj.....	163	I	**Cabriéula,** s. f. Cabriole. (Celt. *Cabriola*).
122	II	**Affialâ,** v. a.....			
»	II	**Affligîe,** v. a. et pr. 1ʳᵉ conj. irrég. comme *Abregîe*. Affliger.	173	I	**Chansounét,** s. m. Sansonnet, étourneau.
124	I	**Agreillîe,** v. a..... Subj. : Que j'agreilla, que tch'agreilles, qu'o-l-agreille, que n'agreilliouns, que.	»	II	**Chapa,** s. f. Chape.....
			182	I	**Couaire,** v. a. 3ᵉ conj. Cuire..... Futur : *Ji coueirei*, etc. — Cond. prés. : *Ji coueirins, tchu coueiries*, etc.....
»	II	**Aguéunisant, a,** adj.....			
126	II	**Altchitchuda,** s. f. Altitude.			
127	I	**Ameutâ,** v. a. et pr.....	199	II	**Débâtchî,** v. a. 2ᵉ conj. comme *Amortchî*.....
»	II	**Amondablou, bla,** adj.....	204	II	**Dégoubillîe**..... (V. *Dégouémâ*).
128	II	**Anévrismou,** s. m.....	207	I	**Démontchit,** s. m. Démenti.....
»	II	**Angeliquou, qua,** adj.....	209	I	**Dépleïe,** v. a. 1ʳᵉ conj. irrég. com. *Approupreïe*. Déplier.
129	II	**Antchipatchiquou, qua,** adj.....			
133	II	**Aquoux, ousa,** adj.....	211	I	**Désassortchî,** v. a. 2ᵉ conj.....
134	II	**Archi-djiâcrou,** s. m.....	»	I	**Désastroux, ousa,** adj.....
»	II	**Aréoupageou,** s. m.....	»	I	**Désavantageoux, ousa,** adj.....
139	II	**Attchitrâ,** f. pl. **ais,** adj. Attitré, e.	»	I	**Déséubeï** (e-i), v. n. 2ᵉ conj. Désobéir.
140	I	**Avachî** (s'), v. pr. 2ᵉ conj. S'avachir. — Ind. prés. : *Ji m'avachéssou, tchu t'avachés, o s'avaché, nous nous avachissouns, vous vous avachissédes, cis s'avachéssount*.	212		**Désoncléure,** v. a. 3ᵉ conj..... Ind. prés. : *..... cis désoncléusount*.... . Subj. : *..... que vous désoncléusiz*.....
143	II	**Bâillamont,** s. m. Bâillement. (V. *Bâdaillounn*).	»	I	**Désonréuchîe,** ..... (V. *Deréuchîe*).
148	I	**Bassïn, ina,** s. Bassin, e.....	213	I	**Détchirîe,** v. a. 1ʳᵉ conj. irrég. com. *Caravirîe*. Détirer.
»	II	**Batounâ,** v. a. 1ʳᵉ conj. comme *Boundounâ*. Bâtonner.	218	II	**Douminâ,** v. a.....
150	I	**Benére,** v. a..... Impératif : *Benés*.....	223	I	**Écléure,** v. n. 3ᵉ conj. comme *Désoncléure*. Eclore. (V. *Epeli*).

Pages	Col.		Pages	Col.	
232	I	**Éinstrûre**, v. a. et pr. 3ᵉ conj....	338	II	**Phrâséu**, s. m. Phraseur.
234	II	**Eisselîe**, s. m. Aisselier....	339	II	**Picoutâ**, v. n. a. et pr. 1ʳᵉ conj. comme.....
»	II	**Eissella**, s. f. Aisselle.	»	II	**Pidà**, s. f. Pitié. *Les geous vous fant pidà pa toutes les charéres*.....
238	II	**Escrima**, s. f. Escrime.
241	II	**Étréindre**, v. a....	342	I	**Placidjità**, pl. ais.....
243	I	**Éuméttre**, v. a. 3ᵉ conj. irrég. Omettre. — Ind. prés.: *J'éumétton, tch'éumméts*....	348	I	**Poussessif** (ifou), adj. Possessif.
			350	I	**Presontablou**, bla, adj....
245	II	**Excûsa**, s. f. Excuse. (Celt. *Excusa*).	353	I	**Proumoucioun**, s. f.....
246	I	**Expatriaçioun**, s. f.....	354	I	**Prouvonda**, s. f. Provende.
251	II	**Felounit**, s. f. Félonie, trahison. (Celt. *Felonia*).	355	I	**Pûri-paillâssi**, s. m.....
			360	I	**Ralloungi**, s. f. Rallonge.
253	II	**Final** (alou), a, adj. Final, e.	362	II	**Rebâtchî**, v. a. 2ᵉ conj.....
267	II	**Gouguenardâ**, v. n.....	363	I	**Recepcioun**, s. f. Réception.
276	II	**Houchîe**, ... comme *Abouchîe*. Hocher.	368	I	**Repoundant**, s. m. Répondant.
			»	II	**Resarvà**, f. pl. ais.....
279	II	**Inactchif** (ifou)....	373	II	**Roncaissîe** ou **Ronkeissîe**, v. a. 1ʳᵉ conj. irrég. comme *Beissîe*. Rencaisser.
299	I	**Mâre-nu**, a, adj.....
304	I	**Mésallianci**, s. f.....
309	II	**Mounoupoulisâ**, v. a.....	381	I	**Savoû**, s. f. Saveur. (Celt. *Savoura*).
314	II	**Nouçâ**, v. n....	383	I	**Seréin**, a, adj. Serein, e; clair. (V. *Emerà*).
315	II	**Nûrissageou**, s. m.....
321	II	**Onnoublî**, v. a. 2ᵉ conj.....	390	I	**Substchitchut**, s. m. Substitut.
323	II	**Outreméttéu**, sa, s. Entremetteur.....	391	II	**Sura**, adj. f. Sûre. (V. *Sou*).
			392	II	**Sym** ou **Séimbolou**, s. m. Symbole.
324	II	**Ouillîe**, v. a.....
330	II	**Paria**, s. m. Paria, malheureux. (V. *Greliéu*).	397	II	**Tchir** (irou), s. m. Tir.
»	II	**Pariéu, reilli**, adj. et s.....	399	II	**Teisâ** ou **Toueisâ**, v. a.....
			411	I	**Tormonta**, s. f. Tourmente.
331	II	**Parméabilità**, pl. ais, s. f....	413	II	**Veritablamont**, adv. Véritablement.

LISTE DES SOUSCRIPTEURS

ÉDITION DE LUXE

Balay (Urbain), directeur de la *Loire Républicaine*.
Berne (Simon), banquier.
Bibliothèque (la) du Palais des Arts.
Bichon (Jules), président du Cercle républicain.
Blanc (Ed.), docteur en médecine.
Bonnardel (Eugène), directeur de l'Eden-Concert.
Bonnet (Jules), avoué.
Bordet (Louis), avoué.
Boy (Charles), imprimeur.
Brossy (Clément), fabricant de rubans.
Chambovet (C.-M.), avoué.
Chavanon (Louis), maire de Saint-Etienne.
Chénet, propriétaire.
Coadon (Alexandre).
Cohn (Léon), préfet de la Loire.
Coignet (C.-M.), professeur.
Crozet-Fourneyron (E.), ancien député.
Déchaud (Henri), adjoint au maire.
Desjoyeaux (Noël), propriétaire.
Durif (Gabriel), maître de verrerie.
Ebrard (Gabriel), libraire, à Lyon.
Eenberg (J.), directeur de la Manufacture franco-norvégienne (Terrenoire).
Epitalon (J.-M.), fabricant de rubans.

FRÉMINVILLE (DE), archiviste du département.
GARAND, docteur en médecine.
GARDE (Pierre), fabricant de rubans.
GAUCHER-BERGERON, fabricant d'armes.
GAUTHIER (Pierre), propriétaire.
GAY (Victor), avocat.
GERMAIN DE MONTAUZAN, notaire.
GIDROL (Antoine), fabricant de rubans.
GIRON (Marcellin), fabricant de rubans.
GRANJON-ROZET, docteur en médecine.
GRUBIS (Ferdinand), notaire.
LOUISON (Ferdinand), maître de forges.
MATRAS, commissionnaire en rubans.
PAGAT (Eustache), représentant.
PARET (Eugène), fabricant de rubans.
POINAT (Jules), avoué.
ROBERT, fabricant de fourneaux.
RONCHARD-CIZERON, fabricant de canons de fusils.
SOULENC (Félix), avocat.
TESTENOIRE-LAFAYETTE, notaire honoraire.
VACOUTAT (Jules), homme de lettres.
VINSON (Louis), fabricant de rubans.

ÉDITION ORDINAIRE

Abougit, entrepreneur.
Argellier (Paul), commerçant.
Balay (Ferdinand), notaire.
Balay (Auguste).
Barratte, juge d'instruction.
Barrot (Antoine), pharmacien.
Bauzin, carrossier.
Bayle (P.), teinturier.
Bernoux et Cumin, libraires, à Lyon.
Bibliothèque (la), de Saint-Etienne, Palais des Arts.
Bibliothèque (la) de Saint-Chamond.
Bibliothèque (la) de Roanne.
Biron (Joseph), chef de division honoraire à la Préfecture.
Borie (J.-M.), notaire honoraire.
Bourgeat (Clément).
Brossard, pharmacien.
Brun (Louis), libraire, à Lyon.
Brunod (Pierre), restaurateur.
Buhet (Fleury).
Buhet (Jérôme), fabricant de rubans.
Cailliat, professeur d'Espagnol.
Castel (Henri), à Izieux.
Cénas, docteur en médecine.
Cercle (le Grand) républicain.
Chaize, fabricant de lisses.
Champier-Duplay (Mme).
Charles (Louis), employé.
Chaumier (Sébastien), graveur-ciseleur.
Chauvet-Fournier, fabricant de chaux.
Chebroux (Ernest), président de la *Lice Chansonnière* de Paris.

Chéri-Rousseau, photographe.
Chevalier (C.-A.), dessinateur.
Cœur (abbé), directeur de la Maison paternelle de Saint-Genest.
Coignet-Frappa, propriétaire.
Coron (Mathieu).
Couffinhal (G.), ingénieur, adjoint au Maire.
Courbon (Ferdinand), avocat.
Courbon, marchand de bois.
Croizier (J.-B.), expert-agronome.
Crozet-Fourneyron, ancien député.
Cuisson (Victor), avocat.
Descos (Michel), fabricant de limes.
Duloisy (Joseph), huissier.
Duplay (Antonin), fabricant de voitures.
Duplay (Charles), mécanicien.
Duplay (Louis), marchand de bois.
Duplay (Pierre-Antoine), employé.
Durif (P.), fabricant d'armes.
Ebrard (Gabriel), libraire, à Lyon.
Epitalon (J.-M.), fabricant de rubans.
Epitalon (Jean-Jacques), avocat.
Fayolle-Michel, Epicerie Parisienne.
Fayolle, fabricant d'armes.
Fontvielle (Benoît), mécanicien.
Fougerolle (E.), notaire.
Fournier, employé de banque.
Fraisse (Paul), fabricant de rubans.
Freyssinet (Cl.), fabricant d'armes.
Galley (J.-B.), conseiller général.
Gardon (L.), comptable.
Gardon (J.-B.), agent-général de la Caisse d'Epargne.
Gattel (André), horticulteur.
Gauthier (Louis), prote d'imprimerie.
Gay (abbé).
Gerest (A.), fabricant d'armes.
Germain de Montauzan, avocat.
Gillier (abbé).
Ginot (Jules), président de la Société d'Agriculture.
Giron (Marcellin), fabricant de rubans.
Gras-Bonnefoy, marchand de farines.
Guérin (Vve), marchande de soies.

Guy (Raphaël), abbé.
Imbert (Ag.), président de la Société des Foréziens, à Paris.
Laforge, entrepreneur.
Lapala (Louis), chef de division honoraire à la Préfecture.
Lentillon (J.-M.), poète, à Lyon.
Limousin (Charles), publiciste, à Paris.
Lionard, entrepreneur.
Marandon, propriétaire.
Marcoux-Chateauneuf, fabricant de rubans.
Martel (J.-F.), commis principal aux Mines.
Masson (Louis), à Béthune.
Mathieu (Benoit), comptable.
Merle (Pétrus), marchand de papiers peints.
Meyret et Deville, entrepreneurs.
Michalon (J.), métallurgiste.
Milamant, entrepreneur.
Mistral (Frédéric), poète provençal.
Montmartin-Prudhomme.
Muller (Eugène), homme de lettres.
Mulsant (Sébastien), avocat.
Munos (Cl.), comptable.
Murgue (Daniel), directeur des Mines de Montrambert.
Nicolas-Ferrari, dentiste.
Pacalon, camionneur, rue d'Annonay, 156.
Pénard, percepteur.
Périer (Louis), adjoint au Maire.
Plaudien (frere), de l'institution des Sourds-Muets.
Ploton (L.), commis-greffier.
Ploton (Jacques), employé
Point (Paulin), notaire.
Poméon (Joannès), marchand de soies.
Poncetton (Paul), avocat.
Porte (Ed.), marchand de soies.
Portier (Léon), avocat.
Ramel et Bréchignac, banquiers.
Reure (abbé), professeur à la Faculté catholique de Lyon.
Rivoirard (Louis).
Rochette (Aug.), abbé, professeur aux Minimes, à Lyon.
Russier (Pierre), contrôleur de mines.
Saignol, ingénieur.
Salanon, propriétaire.

Sismonde (F.), ingénieur.
Société (la) d'Agriculture, Industrie, Sciences, Arts et Belles-Lettres de la Loire.
Staron (Pierre), fabricant de rubans.
Taravellier (Charles), propriétaire.
Tézenas du Montcel, courtier en soies.
Thomas (J.), agent d'assurances.
Théolier (Henri), directeur du *Mémorial*.
Théolier (Philippe), de Paris.
Treille (Victor), pharmacien.
Varinard des Côtes, architecte, à Paris.
Vésigot (Pierre), marchand de soies.
Vier, du Comité des Houillères de Saint-Etienne.
Villemagne, fabricant d'armes.
Volff (Joseph), fabricant de broderies.
Voytier (F.), fabricant d'armes.

TABLE DES MATIÈRES

	PAGES
Dédicace	7
Préface de l'Auteur	9
Mémoires sur l'origine du Parler Gaga	19
Grammaire gagasse : des Lettres	55
Voyelles composées et Diphthongues	59
Des Mots : Substantifs	67
De l'Article	69
De l'Adjectif	71
Du Pronom	75
Du Verbe	81
Du Participe	107
Adverbes, Prépositions, Conjonctions et Interjections	109
Grand Dictionnaire gaga-français	115
Abréviations	421
Errata et Appendice	423
Liste des Souscripteurs	425

Saint-Etienne, imprimerie Urbain Balay, rue de la Bourse, 26.

www.ingramcontent.com/pod-product-compliance
Lightning Source LLC
Chambersburg PA
CBHW060544230426
43670CB00011B/1682